中国中古社会和政治研究丛书
主编 何兹全

中国社会史研究导论

何兹全 著

商务印书馆

2010·北京

图书在版编目(CIP)数据

中国社会史研究导论/何兹全著.—北京:商务印书馆,
2010
(中国中古社会和政治研究丛书)
ISBN 978 - 7 - 100 - 06704 - 1

Ⅰ.中… Ⅱ.何… Ⅲ.社会发展史—研究—中国
Ⅳ.K207

中国版本图书馆 CIP 数据核字(2009)第 111913 号

**教育部哲学社会科学研究
后期资助重大项目**

**北京市社会科学理论著作
出版基金重点资助项目**

中国中古社会和政治研究丛书
中国社会史研究导论
何 兹 全 著

───────────────────

商 务 印 书 馆 出 版
(北京王府井大街36号 邮政编码100710)
商 务 印 书 馆 发 行
北京市白帆印务有限公司印刷
ISBN 978 - 7 - 100 - 06704 - 1

───────────────────

2010 年 4 月第 1 版　　　开本 880×1230　1/32
2010 年 4 月北京第 1 次印刷　　印张 22½
定价:45.00 元

总　序

何　兹　全

　　为了进一步推动中国古代史学科建设与发展,我们策划组织了《中国中古社会和政治研究》丛书,并把它作为国家重点学科——中国古代史学科建设的一个重要内容。

　　中国社会史和政治史,是中国历史发展演变的主流,研究中国社会和政治史应该是研究中国史的主流。

　　北京师范大学历史系有重视中国社会与政治史研究的传统。解放初期,侯外庐同志任历史系主任,为重视社会与政治史研究奠定了基础。以后多年在白寿彝教授的主持下,这一传统一直得到了保持并有所发展。

　　中国历史分期问题,迄今尚无定论,这是坏现象,也是好现象。这正好促使中国历史研究者,特别是中国社会和政治史研究者,对中国社会历史作更深入的研究。

　　我在上世纪三、四十年代,即开始发表了多篇关于中国社会和政治史的论文。我在这些文章里提出了一些与别人不同的见解。

　　上世纪 90 年代初,我出版了《中国古代社会》(原由河南人民出版社出版,2001 年北京师范大学出版社作为"北京师范大学教授文库"之一再版),2003 年晁福林教授出版了《先秦社会形态研究》(北京师范大学出版社),这两部书,在中国史学界都起到了推动中国社会和政治史研究的作用。

我指导的硕士生、博士生和博士后,很多学有所成,大部分成为高等学校和研究部门的学术带头人和学术骨干。他们出版了不少有关中国社会和政治史的专著和论文。他们也是这套丛书的主要作者。

通观中外学术思想的历史,无论哪一门学科,往往走着一时重思想一时重材料,一时重整体一时重局部的发展路程。孔子所说"学而不思则罔,思而不学则殆"(《论语·为政篇》),可以引申来说就是偏颇的为害。孔子高明!

中国社会史研究虽然时间尚短,但大体上说,也不免有走这种偏颇道路的情况。上世纪二、三十年代,中国社会史研究一出生就是以社会史论战的面貌出现的,偏重理论;不久就出现《食货》派,被认为重材料。解放后中国社会史的研究,自然是重理论的,其结果则是被目为走向教条主义。上世纪 80 年代后的社会史研究又出现重材料,重局部,重个别社会问题的研究的动向。

历史经验是值得重视的。任何一门学科都应当理论、材料并重,宏观、微观并重,不能偏重哪一方面。

理论不是天上掉下来的。理论是研究深入中一点一滴积累下来的认识客观的能力。认识能力的不断提高,对客观的认识才一步步地深入。

因此,理论和材料的关系是相互为用。要两条腿走路,缺一条腿就成为瘸子。

自古就有这样一句话,说是"坐井观天曰天小。非天小也,所见者小也"。坐在井里看天,只能看到天的一部分,就说天小。不是天小,是你所看见的小。做学问,要宏观、微观结合。要能真实的看到整个社会,才能认识你看到那一部分社会和问题。研究任何一点一面的社会,必须有全面的观点,认识了社会的全面,才能真正认识你所见的部分。

自古以来,研究学问,往往出现这两者的偏差,不是重宏观、重理论,就是重微观、重材料。

我们编这套《中国中古社会和政治研究》丛书,要重视历史上所走过的弯路,重视这种偏差。一本书也可能材料多些,也可能理论多些;一本书可能重在宏观,也可能重在微观。但我们希望整套书,是在理论、材料并重,宏观、微观并重的思想指导下完成的。这是中国社会和政治史研究的正路,是做学问的正路,也是我们编这套书的指导思想。

上世纪 80 年代后,随着改革开放,海外商品经济、技术和资本涌入中国,西方国家的学术、史学思潮和著作也涌入中国。辩证唯物史观一时有进入低潮的趋势。这是学术因素以外的人为原因造成的。辩证唯物史观还有极强的生命力,是先进的。

我们坚持辩证唯物史观,以辩证唯物史观推动中国社会和政治史研究,我们坚持理论、材料并重,宏观、微观并重的道路,避免偏颇,并决定从《中国中古社会和政治研究》丛书做起,以后再逐步扩展,我们希望这套丛书的出版,能推动中国历史学科的建设和发展,为中国学术走向世界作出我们应有的贡献。

目　　录

下编　中国中世社会史论

自　序

　　我自 1934 年起从事中国社会史的研究，从魏晋佛教寺院入手，而及于中世社会经济，最先提出魏晋封建说。后来我的研究由中世社会上溯到古代社会，我的见解主要集中体现在《中国古代社会》一书中。近年来，我乐见中国社会史研究重新获得重视，自以为老马识途，对中国社会史这一学科的历史和现状发表了一些看法。现在，我把自己关于中国社会史研究的论文结集为这本书，内容包括总论、古代社会史论、中世社会史论三个部分。我对中世以后社会史研究也有所涉及，但数量不多，概不收入。

　　我从事社会史研究，从一开始就得益于理论与史料相结合的方法，且终生受益。20 世纪 20 年代末 30 年代初的中国社会史论战，是马克思主义历史理论冲入中国学术界掀起的一股强大的思潮。因为辩证唯物史观刚进入中国不久，而参加社会史论战的人，大多对中国历史缺乏研究，很难说到点子上，争论虽然热热闹闹，但深入不下去。20 世纪 30 年代初，我进入北京大学史学系时，已初步接触马克思主义辩证唯物史观，又选修了陶希圣教授开设的《中国社会史》、《中国政治思想史》课程，从此走上了中国社会史研究的道路。幸运的是,我在研究社会史的起点上,就把理论和史料结合起来。我在 1934 年发表的《中古时代之中国佛教寺院》[①]和 1936 年发表的《中古大族寺院领户研究》[②],是两篇以辩证唯物史观为指导,对魏晋时期的寺院、寺院经济所进行的开创性研究的论文,是运用理论与史料相结合的研究方法取得的可喜成果。陶希圣教授在他所主办的《食货》杂志创刊号的《编辑的话》里说:"中国社会史的理论争斗,总算热闹过了。但是如不经一番史料的搜求,特殊问题的提出和解决,局部历史的大翻修、大改造,那进一步的理论争斗,断断是不能出现的。""有些史料,非预先有正确的理论和方法,不能认识,不能评定,不能活用;也有些理论和方法,非先得到充分的史料,不能证实,不能精致,甚至不能产生。"[③]这番反思社会史论战的话无疑是正确的,比起我们某些人在 20 世纪 60 年代的"以论代史"或"以论带史"高明多了。我对中国社会史的研究,无非就是一贯坚持把理论与史料相结合。理论,即马克思主义的辩证唯物史观;史料,当然不限于文献,此不赘言。

这本书记录了我研究中国社会史的行踪,集中体现了我的社会史研究的主要成果和主要学术思想。我强调学术研究要有创始性、突破性,那么,我在中国社会史研究中有哪些创始性的成果,有些什么样的突破呢?下面试加说明。

---

① 《中国经济》第 2 卷第 9 期。
② 《食货》第 3 卷第 4 期。
③ 陶希圣:《编辑的话》,《食货》第 1 卷第 5 期。

一、早期国家

国家不是伴随着人类的起源就产生的。人类最初的群体是以血缘为基础的氏族,其后有部落、部落联盟;在部落联盟的基础上出现国家。这大约是人类古代史的一般规律。

早期国家说包含两个层次:一是不平等部落联盟说,二是早期国家说。

夏的材料有限,社会性质现在还说不清楚。殷商社会是氏族部落社会,氏族组织仍是它的社会基础,即社会仍由氏族部落组成,血缘关系仍是主要的社会纽带。而武王伐纣,是以姬、姜两大部落为核心,联合庸、蜀、羌、髳、微、卢、彭、濮人,共同对殷纣的战争。武王在伐纣的盟誓中称八族的首领为"友邦冢君",可证他们是部落联盟。

商、周部落和部落联盟社会形态究竟如何? 商族和四周臣属于它的各族的关系、灭商后的周族与商族及其他各族的关系,到底是奴隶和奴隶主的关系,农奴、依附民和封建主的关系,抑或是其他型的关系? 因为这是理解周初社会性质及国家性质的关键问题。关于商族和四周臣属于它的各族的关系,大体上是不平等的氏族部落间的联盟。关于灭商后的周族与商族及其他各族的关系,根据文献和铜器铭文等考古资料,周灭殷后,把大批殷遗民迁到洛邑,同时把大批殷族分给东方建立国家的姬姓贵族:以殷民七族分给康叔,六族分给鲁伯禽,以怀姓九宗分给唐叔等。新国所到的地方的原有居民,也成为新国的组成部分。商氏族贵族继续保持着贵族地位,保有土地和自己的居住地区,氏族部落组织未被打破,原有的社会结构也没有改变。商族贵族仍是氏族长,他们还可能被"迪简到王庭",到周王朝去做官。因此,用不平等部落结合的关系来解释商周两族的关系似乎更符合实际些。在古代,氏族部落和氏族部落以不平等的关系结合在一起是常见的。周人和商人、怀姓九宗等被征服的关系就是这种不平等的部落结合关系。各自的氏族部落体仍存在,但却因征服关系,以不平等的地位结合在一起。因此,商族和四周臣属于他的各族的关系、灭商后的周族与商族及其他各族的关系,当然不是奴隶和奴隶主的关系,也不会是农奴、依附民和封建主的关系。不平等部落联盟说使我们在认识、判断商周社会结构、社会形态时不至于陷入传统的窠臼;可以为观察我国历史上各少数民族,尤其是北方各少数民族之间关系提供有价值的学说。

不平等部落联盟的进一步发展,才有了早期国家。通常我们是把周王朝和诸侯国都作为国家来看待的。从以上分析看,我们看到这时的国家是在部落的不平等结合的基础上建立起来的,是在部落对部落的征服的基础上建立起来的,可以称之为"部落国家",它是国家形成的初期,是萌芽时期的国家。通过征服,商周两族所建立的国家,有点像早期希腊和罗马的国家,都是早期国家。

我在 20 世纪 50 年代的《关于中国古代社会的几个问题》一文中只提"部落国家"。认为"周灭殷后,社会组织有发展,氏族制进一步解体,阶级分化扩大,在对外征服的基础上,形成部落国家",并把这一阶段概括为"前期古代社会",而"前期古代社会是从氏族贵族统治到发展的奴隶制国家的过渡阶段"。早期国家的概念是在《中国古代社会》一书中首次提出的。20 世纪 60 年代,美国人类学家色维斯(Elman R Service)提出酋邦(chiefdom)说。我是赞同酋邦说的,因为酋邦也就是部落国家的意思。在汉语中,"酋邦"是"酋"和"邦"两字组成的。"酋"是部落首长,"邦"是国家。一头是部落,一头是国家,极具由部落到国家的含义。

早期国家说是以辩证法的观点观察国家起源的。它在部落和国家之间,划出了一个独立的发展阶段。"阶段越古占的时间越长,日新月异是近代的事,在古代是没有的。氏族部落是一个长时期,国家的产生也是一个长时期"。所以,不是有了阶级,有了阶级分化,或是考古中发现青铜器、文字、城市之类的所谓"标志物",就可以断定为国家的产生。

关于早期国家的特征,可以从阶级分化、土地制度和国家形式三方面加以说明。在阶级分化方面,贵族是从氏族贵族演化来的,还有很浓厚的氏族贵族气息,他们和他们的族之间的血缘纽带还是很强的。氏族组织是他们的权力基础,而他们的政治活动、权力斗争又往往是和整个氏族的命运联系在一起的。国人则是由氏族成员演化下来的,是贵族以外的自由平民。他们有权参与政治活动,是国家政治生活中一股强大的势力,国君、贵族都必须争取国人的支持。而国人的政治权力,是氏族社会氏族成员民主权力的遗留。至于众、庶、民,从起源上看,众可能来自商,庶来自周。众、庶都是劳动者,后来,殷人、周人逐渐融合在一起,众人、庶人都混同起来称作"民"。在土地制度方面,起源于原始社会的把土地划分为长条或方块分给氏族耕种的原始井田制已经变质,土地公有制让位于王、诸侯、贵族所有,即贵族土地所有制。周代土地制度中有公田私田之分,农民的私田,就是井田制下的分田。井田原是氏族的公有土地,被划分成大小相等的方块分给氏族成员各家庭去耕种,而向公家交纳一定的贡纳。随着私有制的发展,公有土地被氏族贵族篡夺成为贵族的私田,原来向公家交纳的贡纳现在转交给贵族。在国家形式方面,早期国家的形态,在国家组织,地缘血缘,礼、刑、兵、税、役诸方面都保留着氏族部落社会的许多痕迹。内外朝制度,反映周人由氏族制度向早期国家的转化,氏族制式微,但仍能看见它的权力地位的传统遗迹,而王权却在生长。国和家两系的合一,构成周代国家形式的一面。这一国家形式的性格,在中国历史上有着深远的影响。氏族一级消灭了,家却保留下来成为社会组织的基层单位。个人组成家庭,家组成国。还有兵制的变化也可说明西周春秋时期是由部落到国家的转化时期,等等。

我一再强调,必须认真领会恩格斯关于国家起源的论述:"国家是社会在一定发展阶段上的产物;国家是表示:这个社会陷入了不可解决的自我矛盾,分裂为不可调和的对立面,而为了使这些对立面、这些经济利益互相冲突的阶级,不致在无谓的斗争中把自己和社会消灭,就需要有一种表面上凌驾于社会之上的力量,这种力量应当缓和冲突,把冲突保持在'秩序'的范围以内;这种从社会中产生但又自居于社会之上并且日益同社会脱离的力量,就是国家。"[①]拿恩格斯的标准来看中国历史,春秋战国之前是没有达到这样水平的。

恩格斯列举的国家在氏族制度的废墟上兴起的三种主要形

---

① 恩格斯:《家庭、私有制和国家的起源》,《马克思恩格斯选集》第2卷,人民出版社1972年版,第166页。

式,即雅典型、罗马型和日耳曼型,深入分析它们同样具有物质经济基础:生产力的发展、社会分工引发起来的阶级分化、社会分裂;而并非对外征服就可以建立国家。对外征服产生国家是有条件的,条件就是被征服者生产力发展、阶级矛盾已经进入国家或接近进入国家了。比较恩格斯的国家起源论和国内国外学者的国家起源说,二者并不十分吻合,如此说来,现在关于国家起源的学说,大体上可以说有两大学派。一派可以称作西方学派。他们抓住国家现象出现的头,部落社会中一出现国家现象的头,就认为是国家产生的开始。一派则是马克思主义学派。他们把由部落到国家也看成一个长期发展过程,但一般说他们把这个过程仍看作部落的内部变化,直到最后发展到矛盾不可调和时才产生国家。他们抓的是这个变化过程的尾。在这个问题上,我认为:"马克思主义的国家起源论学说是科学的。任何事物由一个阶段向另一个阶段的转化,都要有一个质的变化。这个质的变化,就是事物变化的标准。由部落到国家,是一个长期发展演化过程。何时才算是演化完成出现了国家,最好有个质的变化作标准。这个质的变化就是:社会陷入了不可解决的自我矛盾、分裂为不可调和的对立面而又无力摆脱这些对立面。"①

二、古代社会

　　持西周封建说的学者,认为春秋战国是由封建领主制转入封

---

①　见拙作:《中国的早期文明和国家的起源》,《中国史研究》1995 年第 2 期。

建地主制的时期;持西周奴隶社会说的学者,认为春秋战国是由奴隶社会进入封建社会时期。我则认为,春秋战国之际,是中国以部落为基础的早期国家进入古代社会的时期。

古代社会,学术界传统称为奴隶社会。古代社会的名称,来源于马克思《政治经济学批判序言》的论断。马克思说:"大体说来,亚细亚的、古代的、封建的与资本主义的生产方式,是社会经济形态向前发展的几个时代。"①马克思讲历史上的生产方式使用"古代的"而不使用"奴隶的",所以,我不用"奴隶社会"这个名词,这个名词会引起许多繁杂的争论,无益于对历史客观真实的认识。

我对古代社会的认识主要有以下几点:

(一)古代社会是小农社会

由于氏族贵族逐渐突破氏族贵族的外壳而成为没有血缘部落区别的贵族阶级;各氏族部落的成员,不论是征服或被征服族,现在慢慢融合成一个新的自由民阶级。这样,一个小农社会就代替过去氏族分居的社会。小农占编户齐民中的绝大部分,汉代编户齐民有五千万左右。从战国以来,或者说从氏族制解体个体小家庭出现之时算起,小农之家是五口之家耕田百亩。小农的任务是"耕"和"战"。韩非的耕、战思想就是这种社会现实的反映。小农是战国秦汉时代国家的支柱。秦始皇"重农抑末"、"奖励耕战",汉文帝"农,天下之大本"的思想和政治,都是商鞅思想的继续,秦汉数百年的基本国策。小农经济稳定繁荣,帝国就安定强大,小农

---

① 《马克思恩格斯全集》第13卷,人民出版社1971年版,第9页。

经济动荡破坏,帝国就衰落。小农是自由民,可以自由出卖他们的土地和劳动力,可以由受爵上升为贵族;小农是当时国家的支柱,承担赋税兵役和徭役。战国西汉时期的小农经济,是小农经济的黄金时代,它以新生事物方兴未艾的精神努力成长着,健康存在着。正因为小农经济是社会健康的基础,是政治稳定的基础,因此,战国秦汉的统治者,对于小农经济总是采取保护政策的。

战国秦汉时期的小农经济在中国社会经济发展史的长河中是属于比较繁荣的时期;但它又是不稳定的,因为小农经济被兼并和破产是与生俱来的。

有的论者觉得你既然主张魏晋封建说,那么此前奴隶社会的奴隶应该在人口上占多数,人口上占不了多数,就不是奴隶社会。我不仅不回避这个问题,而且指出小农构成古代社会的经济基础,这恰恰是古代社会的特点,既符合战国秦汉的历史实际,也符合马克思、恩格斯的论述。马克思说:"自耕农的这种自由小块土地所有制形式,作为占统治地位的正常形式,一方面,在古典古代的极盛时期,形成社会的经济基础;另一方面,在现代各国,我们又发现它是封建土地所有制解体所产生的各种形式之一。"①恩格斯说:"公社的产品愈是采取商品的形式,就是说,产品中为自己消费的部分愈小,为交换目的而生产的部分愈大,在公社内部,原始的自发的分工被交换排挤得越多,公社各个成员的财产状况就愈加不平等,旧的土地公有制就被埋葬得愈深,公社也就愈加迅速地瓦解

---

① 马克思:《资本论》第3卷,人民出版社1975年版,第909页。

为小农的乡村。"①

(二) 古代社会交换经济发达,城市经济繁荣

小农经济在汉武帝时期达到它的顶点。武帝以后,小农和小农经济日渐走上下坡路,其原因是交换经济的继续发展。所以,我认为交换经济发达,城市经济繁荣是古代社会的另一个特点。而这一点,恰恰是过去中国史学家们认识不足、强调不够的。由于他们大多认为战国秦汉是封建社会、封建社会是以自给自足的农业为基础的,先天意识使他们忽视交换经济和城市经济的发达。

商业交换经济在春秋战国之际已有显著发展,荀子说:"泽人足乎木,山人足乎鱼,农夫不斫削不陶冶而足械用,工贾不耕田而足菽粟。"秦汉时期则更加发展:"汉兴,海内为一,开关梁,弛山泽之禁,是以富商大贾周流天下,交易之物莫不通,得其所欲。"交换经济的发展,极大地促进城市经济的繁荣。以司马迁《史记·货殖列传》为例,列传中有大段材料概括地描绘了西汉前期的社会经济面貌,记录下来各个地区的重要物产、贸易关系、城市和经济生活。这使我们看到汉帝国在汉武帝时期,各地区交换经济的活跃和交换在各个地区经济生活中的重要性。司马迁还把汉帝国划分为四大经济区域,不谈农业,而从商品交换的角度谈各地的土特产,然后说:"此其大较也,皆中国人民所喜好,谣俗被服饮食奉生送死之具也。故待农而食之,虞而出之,工而生之,商而通之。"列传还记述了各地区许多大城市,如邯郸、燕、临淄、陶、睢阳、吴、寿春、番

---

①　《马克思恩格斯全集》第 20 卷,人民出版社 1971 年版,第 176—177 页。

禺、宛等,都是"一都会也"。《货殖列传》的记载是真实可信的,而司马迁重视交换经济的思想是他生活于其中的客观社会现实在他头脑里的反映。

交换经济的发展,促进了氏族社会的分化瓦解,促进了古代城市经济的繁荣,也促进了帝国的统一。但交换经济的进一步发展却危及小农经济的稳定,使小农破产、流亡,这是交换经济从娘胎里就带来的性格。

农民流亡城市、逃亡山泽外,或被卖为奴隶,所谓"卖田宅鬻子孙以偿责者矣"。导致小农破产卖为奴隶,这是古代交换经济发展的必然结果。马克思研究欧洲古代社会后已洞察到这种情况,他在《资本论》中说:"在古代世界,商业的影响和商人资本的发展,总是以奴隶经济为其后果。"小农破产、流亡,转为奴隶,奴隶经济的扩张又促使交换经济发展兼并小农,从而也促进古代社会向中世纪的转变。奴隶是和交换经济有联系的,它是古代交换经济发展的产物。古代社会的运转——交换经济发展使农民破产、流亡,转为奴隶,奴隶经济的扩张又促使交换经济发展兼并农民——这条轨道,却是制约着整个社会的发展规律的[①]。

(三) 战国秦汉时期是中国历史上奴隶数量最多的时期, 也是在社会经济生活中起作用最大的时期

在原始社会氏族公社解体时期,各民族的历史上大约都出现

[①]　《我在史学理论方面提出过的一些问题》,《北大史学》第 3 辑,北京大学出版社 1996 年版,第 116 页。

过奴隶和奴隶制。不过奴隶的数量和奴隶劳动在随后出现的社会中所占的地位,是有很大差别的。有的奴隶数量多些,在社会经济生活中所处的地位重要些,所起的作用大些;有的不那么重要,不那么大。虽然典型奴隶社会的希腊、罗马奴隶多,作用大,但大千世界千差万别,必须实事求是地加以分析。

据估算,汉代的奴隶大约在四百五十万到六百万之间,这与五千万编户齐民相比,只占约十分之一,但不能低估奴隶在古代社会所起的作用,不能低估奴隶制生产方式在当时的地位和影响。当时社会上的上层高层如京师的大贵族、大官僚,各地的大商人、大手工业、矿业、渔业家,各有成千甚至上万的奴隶。社会的中产阶级、中等贵族、官僚、工商业家可能有十几、几十和上百的奴隶。所以,对当时奴隶的数量不能低估,除一部分家内奴隶外,他们所参加的产业一般是商品生产,是大产业,在交换经济中起着重要的作用。

自由农民有的也使用奴隶。文献记载和考古发掘都有农业方面使用奴隶的记录。湖北江陵凤凰山 168 号汉墓中的《遗册》,就记载着有一个五大夫之家:"田者男女各四人,大奴大婢各四人。"①在汉代,"使奴执耕稼,婢典炊爨",已和"鸡主司晨,犬主吠盗,牛负重载,马涉远路"一样是社会上的正常现象②。

奴隶是和交换经济有联系的,它是古代交换经济发展的产物。奴隶人数虽少,奴隶制生产方式在中国古代社会中的地位和影响

---

① 《文物》1975 年第 9 期。
② 《三国志》卷四五《杨戏传》注引《襄阳记》。

是不可低估的。古代社会的运转——交换经济发展使农民破产、流亡,转为奴隶,奴隶经济的扩张又促使交换经济发展兼并农民——这条轨道,却是制约着整个社会的发展规律的。

但"奴隶社会"这个词不科学,不知是谁最早使用的。我愿用马克思"古代社会"的说法。

三、汉魏之际封建说

汉魏之际封建说的意思是汉魏之际,即三国前后,中国社会才进入封建社会。我执持此说,起于 20 世纪 30 年代,我在 30 年代一系列的论文中,逐渐对魏晋社会形态有了自己的判断,揭示了魏晋时期所具有的封建社会性质。

随着对汉魏社会认识的不断丰富和深化,20 世纪 50 年代,我从四个方面系统地论述了从战国到魏晋南北朝社会经济各方面的深刻变化:

其一是由城市交换经济到农村自然经济。汉魏之际繁荣的城市交换经济遭受毁灭性的破坏。土地荒芜,坞壁林立,人口虚耗,十不存一。生产衰落,商业交换经济凋敝,布帛谷物取代了金属货币,自然经济占主要地位,整个社会经济面貌和战国秦汉比较起来,简直是两个世界。

其二是从自由民、奴隶到部曲、客。战国秦汉时代的劳动者主要是编户齐民(自由民)和奴隶,他们身份的转化,主要形式是从自由的编户齐民转化为奴隶,或由奴隶转化为自由的编户齐民。魏晋南北朝虽然也有自由民和奴隶,但劳动者的身份,突出的是半自由的依附民。由于小农无法生存,只能投靠豪族大姓,沦为徒附、佃客、部曲。劳动者身份的转化,是自由民和奴隶都向部曲、客转化。

其三是从土地兼并到人口争夺。战国秦汉时期社会问题的集中表现是土地兼并,小农在国家租税徭役的威逼和商人地主的剥削下不断破产,土地日益集中在大商人、官僚、地主手里。而魏晋南北朝的人口的争夺超过了土地的兼并,充斥了这个动荡的时代。由于人口锐减、土地荒芜等原因,各种政治势力疯狂争夺人口,世族豪强分割国家户口。争夺人口就是争夺劳动力,争夺武装力量,争夺财富,故人口的争夺,国家政权虽屡加抑制,但收效甚微。

其四是从民流到地著。流民的出现是汉代的严重问题,是生产关系发展过程中出现的必然结果。如何使流民回到土地上来,即所谓"地著",必须靠经济外强制。这个问题到魏晋南北朝才得以解决,曹操实行屯田是地著的最鲜明的开端。这四个方面的变化,正是中国社会从古代到中世社会变化的主要内容。

战国秦汉城市交换经济繁荣发达,而那种车如流水马如龙、万家灯火的城市经济,东汉末年开始却遭到毁灭性的破坏。

董卓乱后,四百年帝都的洛阳、长安夷为平地。洛阳是"宫室烧尽,街陌荒芜"①;郊区是"二百里内,无复孑遗";长安是"强者四散,赢者相食,二三年间,关中无复人迹"②。全国破坏的情况用当时人的话说是"中国萧条,或百里无烟。城邑空虚,道殣相望"③,

---

① 《三国志》卷六《魏志·董卓传》。
② 《后汉书》卷七二《董卓传》。
③ 《三国志》卷五六《吴志·朱治传》。

"以及今日,名都空而不居,百里绝而无民者,不可胜数"①,"今者土广民稀,中土未垦"②。人口大量减少。两汉时期,全国编户齐民通常是五千万户左右;三国晚期,魏灭蜀两国加起来,也不过五百三十万左右。晋灭吴,太康年间人口只有一千六百万,约当汉时人口三分之一左右。两汉四百年通行五铢钱,三国时期全不得通行使用,谷帛代替了金属货币。财富以布帛计价,买卖通过布帛,出门上路要带布帛为路费。全国社会经济情况,一下由繁荣的城市交换经济,跌入自然经济深渊。这是经济大倒退。

这种萧条经济情况,在两晋南北朝时期,时在恢复又时在破坏,直到唐中叶才接近两汉水平,还未达到两汉水平。唐中叶以后,城市经济在复兴,金属货币又在使用。

严格地讲,董卓之乱并不是太大的战乱,比起战国时期战争的频繁和陈胜吴广、绿林赤眉战争波及面之广,或尚不如。何以战国时期战争越打社会越发展、越繁荣,秦末、西汉末之战后不久社会经济即恢复?而董卓乱后社会经济之破坏却如此之严重而又持续几百年才得以恢复?

战争的破坏是不能说明问题的,只能从生产方式的新老交替方面予以阐释。简而言之,汉代农民是自由平民,他们有离开土地的自由,虽然在皇权统治下,他们的自由已受到限制。在交换经济发展下,他们却受高利贷盘剥而贫困而不得不卖掉土地而流亡。农民流亡意味着劳动力(人)和生产资料(土地)的分离;劳动力和

---

① 《昌言·理乱篇》,见《后汉书》卷四九《仲长统传》。
② 《昌言·损益篇》,见《后汉书》卷四九《仲长统传》。

生产资料的分离就意味着生产破坏、生产衰落。汉代大量人口逃入城市靠城市经济生活,一方面说明城市经济的发展,另一方面却反映农业生产的破坏和衰落,而其中也就潜伏着城市经济的危机。一遇战争,整个社会就崩溃了。

曹操的屯田和社会上出现的地主坞堡,都是生产组织。屯田、坞堡庄园中的生产都包含着强制性质,强制力使劳动力和生产资料重新结合,而生产也就得以重新恢复。屯田、坞堡生产,是有生命力的。自由与强制,代表着古代的和封建的两种生产方式的不同,新的代替了旧的。新旧交替,使生产滑坡得到制止,而恢复却只能慢慢进行。

汉魏之际社会经济的变化,第二点我提出自由平民和奴隶向依附民的转化。两汉的劳动者主要是自由平民和奴隶,魏晋以下是依附民,其中主要是部曲、客。

两汉流民的多,意味着小农经济的衰落。经济地位的变化,必然会影响着自由民的身份和社会地位。

据文献记载,东汉初年出现宾客、部曲、客。这些人对主人都或多或少的有着依附关系,宾客地位高些,部曲、客有多种情况,有高有低。部曲和客来自自由平民和奴隶。来自奴隶的,有迹可寻;来自自由平民的,却很少文献可证。

王莽改制中有一条是:"更名天下田曰王田,奴婢曰私属,皆不得买卖。"[①]私属就是依附民。王莽改制失败了,改奴婢为私属却施行下来,因为这对奴隶主有利。魏晋南北朝时期,自由民和奴隶

---

① 《汉书》卷二四《食货志》。

向依附民转化,在文献记载中就非常明显了。魏晋南北朝时期,编户齐民大量减少,一部分是死亡、逃亡了,一大部分是投到门阀豪族和寺院之下做了他们的依附民。据我估计,魏晋南北朝时期依附民和编户民的比率,大约是1:1,或依附民稍多。

四条变化中,上述前两条是主要的,是主线,后两条"从土地兼并到人口争夺"和"从民流到地著"是从第一条中派生的。两汉时,疯狂兼并土地,是有土斯有财;魏晋南北朝,土地大量荒芜着,是有人斯有土。争人口就是争劳动力。为了不丧失劳动力,就加强对劳动者的约束,劳动者失去自由,成为依附民。

西汉初年贾谊就提出"欧(驱)民而归之农,皆著于本"①。但人民有流亡的自由,地著就不可能。魏晋南北朝依附关系强化。屯田客是"军法部勒",依附民是"身系于主"、"皆注家籍"。流民问题才得解决。由民流到地著,是自由平民失掉人身自由的过程。它反映古代到中世纪封建的转化。

汉魏之际,社会经济有变化,这大约是研究这段历史的都能看到的,因为这是历史事实。但认识这变化是由古代到封建的社会形态的变化,并给它以系统的理论说明及以可靠历史文献证成其说的,大约我是第一个。

为了使汉魏封建说能引起更多的历史学家的考虑和沉思,对农奴制和依附关系在历史上的出现,我想再申述几点想法。

在中国史的研究和著作中,有一种并不明晰但很有影响的意识,即认为农奴制和依附关系是封建社会的产物,因此一看见农

---

① 《汉书》卷二四《食货志》。

奴、依附关系，就认为是封建社会了。

历史并不如此。农奴制、依附关系在社会历史上曾两次出现，一次在封建社会，一次是古老的，在氏族社会解体时就出现了。

由氏族社会到阶级社会和国家出现，有一个漫长的过渡阶段，一般有上千年或几千年。氏族制的解体、阶级的出现，一般也是复杂的，不是只有奴隶，还有农奴、依附关系，乃至雇佣。

对欧洲古代史有研究的马克思、恩格斯都曾谈到过这个问题。恩格斯在《家庭、私有制和国家的起源》一书里曾说："马克思补充说：'现代家庭在萌芽时，不仅包含着奴隶制，而且也包含着农奴制，因为它一开始就是同田间耕作的劳役有关的。它以缩影的形式包含了一切后来在社会及国家中广泛发展起来的对立。'"[①]"现代家庭在萌芽时"，是指的氏族社会的晚期。这个时期，氏族制在解体，阶级在产生。这段话是恩格斯和马克思两人的意见。这段话就是"马克思补充"的，恩格斯引用的。

马克思、恩格斯的这些意见，是他们从研究古希腊史得来的。恩格斯就认为斯巴达的赫罗泰（或译作希洛特或黑劳士）就是农奴不是奴隶。他在《家庭、私有制和国家的起源》里说："斯巴达至少在其全盛时代，还不知有家庭奴隶，而处于农奴地位的赫罗泰则另自居住在庄园里。"[②]

马克思、恩格斯关于农奴制在氏族社会解体阶段分化时就出现的话，并不是泛泛一说，而是经过深思熟虑多年研究的结果。在

---

①　《马克思恩格斯全集》第 21 卷，人民出版社 1971 年版，第 70 页。
②　同上书，第 76 页。

1882 年 12 月 22 日,马克思去世前不久,恩格斯写给马克思的一封信中说:"我很高兴,关于农奴制的历史,照实业界人士的说法,我们'达成协议'了。毫无疑问,农奴制和依附关系并不是某种特有的中世纪封建形式,在征服者迫使当地居民为其耕种土地的地方,我们到处,或者说几乎到处都可以看到——例如在特萨利亚很早就有了。这一事实甚至曾使我和另一些人在中世纪农奴问题上感到迷惑不解;人们很爱轻易地单纯用征服来说明它,这样解决问题又顺当又省事。"①

我们应当重视的是"农奴制在氏族社会解体时期就出现了",是马克思、恩格斯两人共同的意见,而且是晚年的共同意见,而且是经过"迷惑不解"到"解"的共同意见。由迷惑不解到解所得出的结论,是更深刻的。

在马克思、恩格斯思想里,农奴制、依附关系在氏族社会解体和国家产生时期出现是普遍现象,只要是"在征服者迫使当地居民为其耕种土地的地方,我们到处,或者说几乎到处都可以看到"。恩格斯举出特萨利亚的情况,只是作个例子。恩格斯说斯巴达的赫罗泰是农奴,也是在举例。

指出农奴制在人类社会历史上曾在不同时代两次出现是有益的。它可以斩断我们头脑里农奴制和封建社会的联系,一看见农奴就认为是封建社会了。

和农奴起源早有联系的问题,我还提出氏族社会解体时期阶级分化是复杂的,不是单一的。这在前面已提及,还要再说两句。

---

① 《马克思恩格斯全集》第 21 卷,第 131 页。

对"早期国家"阶段(殷盘庚到东周)的提出,对早期国家时期社会结构的形态(部落国家,国家建立在部落基础上)的认识,对中国历史上古代的时代(战国秦汉)的认识,对古代社会向封建社会的转化,我都提出了与史学界大多同志所持不同的意见,而且相距甚远。我对我的认识和理解是有信心的。但对学问,我接受两点古训,一是《中庸》所说"择善而固执之",绝不轻易自己所认为是对的;二是要"不以所已藏害所将受"①,不要以所已有主观,妨碍接受新东西。实事求是,坚持真理。即便不同意我的意见,希望能认真地考虑我的意见,并有以教之。

---

① 《荀子·解蔽篇》。

上编　总论

我所经历的 20 世纪中国社会史研究

一、中国社会史研究的历史

从 20 世纪 20 年代末 30 年代初的中国社会史论战算起,中国社会史研究已有七十多年的历史了。这七十多年的社会史研究,大体可以分作三个阶段:解放前是一个阶段,50 年代初到 70 年代末是一个阶段,80 年代以后是一个阶段。

1926—1928 年北伐战争时期,我十六七岁,已稍稍懂事。这是一次革命高潮,在革命高潮中,处处可以感觉到马克思主义的存在,马克思主义是这次革命高潮的灵魂。当时,上海出现很多小书店,争着出版辩证法、唯物论、唯物史观的书。我是这些书的贪婪的读者。随后在思想界出现三次论争:当代社会性质的讨论;当代农村社会性质的争论;中国社会史的论战。对前两个问题的讨论,我兴趣不大,很少接触。对社会史论战,我兴趣很高,各派的文章我读过很多。当时神州国光出版社把中国社会史论战的文章集结起来，先后出版了几大厚册，大都自称为马克思主义者，骂别人为非马克思、反马克思主义者。我认为，20—30年代之交出现的这三次论战，反映的是马克思主义在中国发展的一次高潮，是一次影响很大的高潮，是20世纪中国史学史上应该大书特书的。

解放后，学习马克思主义是每个人的政治任务，这是思想改造的大问题。我们的马克思主义是从前苏联进来的，教条主义也跟着进来。在史学界，范老（文澜）的西周封建说正独步天下，郭老（沫若）的"春秋战国之际封建说"也有很多人支持。在"百家争鸣，百花齐放"口号的感召下，我也大胆地写了《关于中国古代社会的几个问题》[①]，提出"东汉以来，奴隶制向封建制的过渡和封建社会的成立"。"文化大革命"后期，郭老的"春秋战国之际封建说"代替了范老的西周封建说，成为中国社会史分期的主流。当然，残酷的"文化大革命"时期，是谈不到学术文化的，更没有什么历史、社会史分期问题了。

粉碎"四人帮"后，学术再次解放。1978年，在长春召开了中国社会史分期讨论会。当时分期说的主流是郭老的"春秋战国封建说"，但西周封建说又东山再起，魏晋封建说也卷土重来。我在会上也作了"汉魏之际封建说"的发言[②]。改革开放以来，大气候在变化，西方科学技术涌向中国来，人文社会科学的思想理论也涌向中国来。中国知识分子，特别是青年学子，一向生活在闭塞圈子里，忽然门窗大开，看到外部世界，什么都是新鲜的，贪婪地吸收学

---

① 见拙作：《关于中国古代社会的几个问题》，《文史哲》1956年8月。

② 见拙作：《汉魏之际封建说》，《历史研究》1979年第1期。

习。我理解这情况大约和七十多年前马克思主义进入中国时我们那一代人的境遇一样,看见新东西贪婪地学习。中国社会史研究复兴了,但方向大有改变。辩证唯物史观少了,不见了,法国年鉴学派的理论、方法兴起了。社会史研究的内容,已不是社会结构、社会形态,而是衣食住行、风俗习惯、家庭、宗教等。内容、理论和20世纪80年代以前的社会史研究已是两代了。

思想理论转化的原因,我认为主要有三个方面:一是随着改革开放,西方人文社会科学理论也传入中国。新思想、新理论总是有吸引力的。大家争相接受新思想理论。二是"城门失火,殃及池鱼",某些共产党员的贪污腐败,伤害了人民群众对共产党的感情,也就伤害了对辩证唯物史观的感情。三是教条主义伤害了马克思主义辩证唯物史观的宽容性和发展性,它以它的狭隘、专横代替了辩证唯物史观的宽容和发展。此三者,促使中国社会史研究离开了辩证唯物史观,离开了社会结构、社会形态的研究。

如果我说的这三种原因不差,就可以看出,这种转化主要是学术外的原因而非学术本身。我认为辩证唯物史观仍是研究中国社会史、认识社会实际的最先进的方法。辩证唯物史观并没有落后。这问题且待后面分解。

二、《食货》半月刊的应运而生

《食货》半月刊是1934年12月创刊的,主编陶希圣。《食货》的出现是应"运"而生的。这个"运",就是中国社会史论战陷入理论之争,参加争论的人中国书读得不多,争论半天也争不出个结果。读书、搜集材料成为需要,《食货》应运而生。

　　我现在回想,20世纪20年代末30年代初参加中国社会史论战的战士,真正研究中国史的人很少,大都是些理论家,读了一些马克思主义的书。因此,论战虽然很热烈,但争来争去多半是些理论问题,很少真正涉及中国历史的实质。可以肯定,很少人读过二十四史,遇到问题临时查查《文献通考》之类的书就写文章。因此,争来争去,也没有争出个名堂。"临渊羡鱼,不如退而结网"。要解释和解决中国社会史问题,需要读中国书,掌握中国社会史料。在中国社会史论战热闹之后,自然会产生这样的反思。因此,《食货》半月刊的出现,是在社会史论战大潮之后,对大潮的反思。可以说,它的出现,是顺应当时史学发展形势演变的大潮流的,是应运而生。陶希圣先生抓住了这个机遇。

　　陶希圣创办《食货》半月刊,重视材料的收集。他在《食货》创刊号的《编辑的话》里说:"中国社会史的理论争斗,总算热闹过了。但是如不经一番史料的搜求,特殊问题的提出和解决,局部历史的大翻修、大改造,那进一步的理论争斗,断断是不能出现的。"他并不轻视理论,但他认为理论必须与材料相结合,由材料来实证:"有些史料,非预先有正确的理论和方法不能认识,不能评定,不能活用;也有些理论和方法,非先得到充分的史料,不能证实,不能精致,甚至不能产生。""做房子必须要图案画,但图案画并不是房子。方法是史学所必需,方法不就是历史。观念中的方法,必须从历史现象里再产生出来,才是正确的方法。"①对于搜集材料有成绩的,

---

① 陶希圣:《编辑的话》,《食货》第1卷第5期。

又会希望他们加强理论方法的学习。如他在称赞李剑农先生指导下的研究风气时说："龚化龙先生是在武汉大学李剑农先生指导下研究中国经济史的。李先生指导下的学人，自有一种风气。他们详细地搜求材料、慎重地发言，他们没有多少自己的话。这种治学精神，如果再加以经济理论的陶冶，历史哲学的引导，必能为了这门学问大张旗鼓的。"①有了材料，就更显得理论方法的重要，需要理论的陶冶和哲学的引导了。

不持偏见、公平地说，主编《食货》半月刊和在北京大学教书时代的陶希圣，他的历史理论和方法正是辩证唯物史观。使陶希圣高明超出他的同辈史学家的正是他的辩证唯物史观。宣传他的《中国政治思想史》的广告就说："国内的唯物辩证法叙述古代政治思想史发展概况及各派主张之详细内容者，本书实首屈一指。"②陶希圣曾颇为幽默地用很俏皮的话来反击对唯物史观的攻击。他说："学术界对于唯物史观的攻击，好像锋头很猛。我要声明的是：一、食货学会会员不都是用唯物史观研究历史的。二、这个方法又与什么主义不是一件事情。三、这个方法的毛病是在用来容易指破历史上隐蔽在内幕或黑暗里的真实。因为他指出别人不肯又不敢指出的真实，便易受别人的攻击。"③从他这三点声明看：（一）"食货学会会员不都是用唯物史观研究历史的"，虽然不都是，主编人应该是吧？这句话本身就包含着主编是的意思。（二）"这个方法又与什么主义不是一件事"，这是和当时"左派"所执的他认为是

---

① 陶希圣：《编辑的话》，《食货》第 1 卷第 11 期。

② 见《食货》半月刊多期。

③ 陶希圣：《编辑的话》，《食货》第 2 卷第 4 期。

教条主义的划清界限。(三)"这个方法的毛病是在用来容易指破历史上隐蔽在内幕或黑暗里的真实",这是真实而又有感情地道出他内心的深处是执著唯物史观的。

陶希圣先生晚年,反思他过去的学术思想时,曾说他是"社会史观",是"旁门左道"。他说:"民国20年至26年(1931—1937),我在北京大学讲课及演说,又往天津、济南、太原、南京、武昌讲课及演说,全是以社会史观为研究古来历史及考察现代问题之论点与方法。在正统历史学者心目中,我是旁门左道。正统历史学可以说是考据学,亦即由清代考据与美国实证主义之结晶。我所持社会史观可以说是社会观点、历史观点与唯物观点之合体。两者格格不入。"①

所谓"由清代考据与美国实证主义之结晶"的正统历史学,很清楚的是指以胡适先生为首的当时在中国历史学界占支配地位的学派。

这里,他说他的观点是"社会史观",是"社会观点、历史观点与唯物观点之合体",以示与唯物史观的区别。他又说:"我虽持唯物观点,仍与唯物史观不同。我自称为社会史观,而反对公式主义及教条主义。我主编《食货》半月刊,讲究方法论,同时注重资料,必须从资料中再产生之方法,才是正确的方法。《食货》半月刊出版两年半,自成一种学风。"②

在别处,他在追述他早期的史观时也说:"思想方法接近唯物

①　见陶希圣:《夏虫语冰录》,台北法令月刊社1980年出版。我没有看到过这本书,这里是从陶晋生的《陶希圣论中国社会史》一文中转引的。

②　见陶希圣:《夏虫语冰录》。

史观而不堕入唯物史观的公式主义圈套。使用的方法是社会的历史方法，与桑巴德的《资本主义史》和奥本海马尔的《国家论》如出一辙。用心用意，把《国家论》译为中文，交新生命书局出版。"①

细绎陶氏的著作，应该说他是个辩证唯物史观者。他的政治环境和身份，使"左派"不承认他是、他自己也不敢承认是辩证唯物史观者。

从《食货》创刊号起就刊有"食货学会会约"。但据我所知，即使按会约规定这极松散的学会，也是根本不存在的。但应该说，在20世纪中国社会史研究史上有个"食货学派"。

在《食货》上写稿的人，不都是完全同意《食货》的"宗旨"的。抗日战争一发生，《食货》停刊，《食货》的写稿人也就散了。称得上食货学派的人，主要有陶希圣直接指导的在北京大学法学院"中国经济史研究室"工作的：鞠清远、武仙卿、曾謇和后来与陶希圣有工作关系的连士升、沈巨尘、何兹全。当然，学术思想上属于食货学派的还有一些人，后来联系不多，连士升搞翻译，沈巨尘做官，都不再做社会史研究。食货人中，最有成就的是鞠清远。此人粗犷、厚道、勤奋，而有智慧。可惜！鞠、武、沈都误入政治歧途，做了汪精卫伪政府的官。

有个全汉昇，是我北京大学史学系同班。最近以90岁高龄在台湾去世。他在《食货》上写过文章。他最有成就、有贡献的文章是《中央研究院历史语言研究所集刊》第四本（1942年出版）刊载的《中古自然经济》。他1935年毕业后即进入历史语言研究所，所

---

① 转引自陶晋生：《陶希圣论中国社会史》，《古今论衡》第2期（1999年6月）。

写社会经济史论文很多。除《中古自然经济》这篇文章有《食货》风味外,其他文章多属史语所的《集刊》风格了。

《食货》是在 20 世纪 20—30 年代之际中国社会史论战理论之争而又争不出个名堂来之后应运而生的。它对中国社会史研究起了一定影响。在 20 世纪中国社会史研究的历史上,应该有它一席之地。

三、重材料和重理论

在任何学科研究中,材料和理论、方法都是应当并重的。材料是基础,理论是提高。没有材料,研究个啥? 没有理论,研究会停滞在低水平,很难提高甚或永远提不高。理论、材料并重,本来是个不成问题的问题,但在学术界都一直是个争论不休的问题。就中国社会史来说,也已争论了数十年。

理论、方法是什么? 就历史学科来说,理论、方法是人对客观历史的理解和认识。人对客观历史的理解和认识不断提高,人观察客观历史的理论方法也就不断提高,也就不断提高认识客观历史的能力。

胡适先生、傅斯年先生都强调"一分材料一分货,十分材料十分货,没有材料便没有货"。他们都忽略了同一分材料可以出低级货,还可以出高级货。举个例子说,《论语》上有一句话"子曰:先进于礼乐野人也,后进于礼乐君子也。如用之,则吾从先进"。[1] 两

---

① 《论语·先进篇》。

千多年来,对这句话有很多解释,大多从仕进先后释先进后进,从朴野释野人。实在说,对野人、君子都是不得其解。姑且承认它也是一种解释,一分材料出了一分货。也是低档货。直到近代,傅斯年先生才对这句话作出确切的解释。野人指殷人,君子指周人。周灭商后,把一些商人氏族部落分给周族贵族殖民,到处地组成不平等部落联盟。殷人居住在野,被称为野人。周人城居,比殷人高贵,被称为君子。礼乐代表文明。先进文明的是野人,是殷人。后进文明的周人,称为君子,即贵人①。

　　这段材料已存在两千年,为什么两千年来的古人不能从这一分材料里提出一分货,要等傅斯年先生才能提货? 无他,傅先生手里有了从认识客观历史总结出来的理论和方法,有了近代西方的先进史学理论和方法。从这角度来看,我们也可以说:"一分理论一分货,十分理论十分货,没有理论便没有货。"但这样说,和说"一分材料一分货,十分材料十分货,没有材料便没有货"一样,都失之偏颇。对待材料和理论方法的态度应当是:重材料,也重理论方法。材料是基础,没有材料便无货可出,没有原料,出个啥货? 理论、方法是提货单。有了理论方法才能提货,才能提出质量高的货。

　　和材料、理论问题有关的,我曾写过一篇《客观的历史和主观的历史学》。在这篇文章里我说过:"就人对客观历史的认识能力来说,它是随人类社会的发展、进步而进步的。……人对历史客观实际的认识,是逐渐接近历史客观实际的。由不认识到认识,由浅

<hr/>

　　① 参看傅斯年:《周东封与殷遗民》,《中央研究院历史语言研究所集刊》第四本第三分,1934年。

到深,由假到真。历史实际是客观的、客观存在的。历史学家对历史客观的认识,即历史学,是主观的。人类、历史学家要不断改进自己的照相机即认识能力(我在文章里曾把人认识客观的能力比作画像和照相机),使历史学逐步接近更接近客观历史实际,不要满足于路途中(过程中)所认识的假象。"①我还写过一篇《争论历史分期不如退而研究历史发展的自然段》②,我说:

　　人类历史长河在发展过程中是有变化的,有变化,就有段落,这就是我说的自然段落。我叫它自然段,重在它是自然存在的,客观的。各段落的特点、特征是什么,段落的变化在何处,这是历史学家首要的研究课题。

　　历史自然段和历史分期、社会性质的关系是:前者是客观实际,是基础,是本;后者是主观意识,是上层,是末。提出研究自然段的意义在于:重事实,重材料。研究中国历史,先重事实研究,少定框框。事实没有摸清楚,不要急于定社会性质。研究中国历史,先让中国史料说话。"一分材料出一分货,十分材料出十分货,没有材料便不出货。"这个提法是有问题的。但在空论太多时,不妨用来提醒自己。

　　重视材料,让史料说话,并不是反对理论,不用理论,至少我个人没有这个意思。理论就是思想。世上不存在没有思想的人,也就是说不存在没有理论的人。思想理论,就是人对自

---

　　① 《客观的历史与主观的历史学》,《北京日报·理论周刊》2001年8月20日文史版。

　　② 《争论历史分期不如退而研究历史发展的自然段》,《光明日报》1999年1月29日《史林》。

我和人对客观世界的认识。人的思想理论,是不断发展、不断进步的。现代人和古代人、原始人对自我和对客观世界的认识不一样。思想理论来自客观,是客观世界在人脑子里的反映。客观世界不断发展进步,人的思想理论就不断进步。人类社会越进步,人类的思想文化素质(也就是理论)就会越高,对社会历史的认识和对客观实际的认识也就会越高越深刻。理论是在反复中提高的,认识是在反复中加深的。提出先研究历史的自然段,重事实重材料,不是不要理论,要的是更高层次的理论。

两篇文章重点不是在论述材料和理论轻重的本身,但都在说明材料和理论的深层关系。

我为《人民日报》海外版新闻交流中心编撰的《中国专家学者辞典》自选词条里,曾对我的学术风格作了如下的评述,我说:"我继承了中国史学传统,重材料,重考证,重把问题本身弄清楚。我受有西方史学思想、马克思史学思想的训练和影响。我重视从宏观、微观看问题,从发展上看问题,从全面看问题,形成我宏观、微观并重,理论、材料并重的学术风格。"

四、辩证唯物史观

20世纪80年代以后辩证唯物史观已不迎时,但我仍认为辩证唯物史观是有前途的。我所认识到的辩证法重要的有两点。一是全面的观点。宇宙万事万物都是一体的,互相牵连着的。具体到人类社会,各个部分,各种现象都是互相牵连着的。研究人类社会、社会史，要有全面的观点。不从全面关系来看全面中的各个部分，各个点、面，就不能认识这全面中的一点一面的本质。中国有句古话，说是"坐井观天"。坐在井里看天，就说天"小"。那不是天"小"，而是你所看到的"小"。只看到一部分天，说天小，这就不是"天"，不是天的真义。辩证法里常常用一句话说明这个道理，叫作"只见树木，不见森林"。研究任何历史问题、历史现象，都要有全面的观点。把人类历史分成社会、政治、法律、家庭、宗教、思想、文化等方面，这是人为的。为了研究的方便，把它分成诸多方面、诸多点来研究是可以的，但切不要忘了这些方面、这些点，都是互相牵连的，是一个整体。忘了整体的、全面的观点，不从整体、全面来认识这些点、面，是不会认识"透"这些点和面的。有些新学派，倡导从综合方面研究历史，从整体方面研究历史，这和辩证法的全面观点是一家人，并没有超出辩证法。二是运动的观点。宇宙万事万物，都是在运动中的，发展着、变化着。人类社会也是在永远运动不息中，发展着、变化着。人类社会中的任何一点一面，都是时时息息在运动中、发展中、变化中。我们可以把历史分成段研究，如古代史、近代史，断代史。但心里要时时记住，这分段是人为的，是人为的为了研究的方便；客观历史却如一条长河，是在那里发展着、变化着。任何历史的一段，都是历史长河发展变化中的一段。研究任何历史的一段，都不要忘了这一段的来龙去脉。忘了它的来龙去脉，就不会认识这一段历史。

这是我所理解到的一点辩证法，它指导着我来研究历史、观察历史。

我所认识到的唯物史观是：以物为主，但不轻视精神的反作用。马克思、恩格斯的唯物史观,是辩证的唯物史观,不是机械唯物史观,更不是狭隘的经济史观。马克思、恩格斯的辩证唯物史观,只是认为物是第一义的,是根;精神、意识、思想、心态等,是第二义的。人的意识、心态,在某些条件下,对物,对客观,完全可以起到支配的作用,甚至在一定时间内,可以扭转历史发展的方向。但宇宙万事万物,都是有规律的,人类社会历史发展也是有规律的,这客观规律是不以人的意志为转移的。人认识了客观规律,掌握了客观规律,按规律办事就成功。好比游泳,不会水的(不懂游泳技术),到水里就会沉底,淹死。会水的(掌握水性、游泳技术),到水里就会浮在水面,俯仰自由。水性,就是水的运动规律。掌握了水性,就是掌握了水的运动规律。顺着水性、水的运动规律办事,就成功,就俯仰自由,就活。不按水性、水的运动规律办事,就失败,就会沉底,就死。人有时会觉得自己很能,水在他的支配下,他要浮就浮,要仰卧就仰卧,完全是自由王国。他忘了他是按水性、水的运动规律,才有他的自由王国。他的主动、支配,是来回顺应客观的支配。人对人的客观历史更是如此。人对历史,特别是伟大人物,好像处于支配、主动的地位。这里可能有两种情况:一种情况是,他的主动、支配,只不过仍是认识了客观规律,按着客观规律办事,取得成功,出现"英雄造时势"的局面;另一种情况是,他是逆社会历史发展办事的,他的权力很大,威望很高,一时可以取得成功,但这成功毕竟敌不过社会历史的客观发展规律,一时期之后,他的"成功"、主动、支配,敌不过历史规律,而终究仍是失败,而且还要付出代价,受历史的鞭挞。

当人的思想、主观,认识了客观规律并按客观规律办事,就会取得成功。此人的权力越大,地位越高,受他支配的区域范围越广大,那么,他的成就就越大,他会享盛名,功高盖世并传之很久,成为伟大的历史人物。如果他是个历史学家,他认识社会历史客观规律和客观实际越深刻、越透彻,他就越能享盛名,成为史学大师而传世。唯物史观,完全承认人的思想、心态等对客观、对社会、对历史所能起的作用,一点也不轻视这种作用。唯物史观只是说归根到底,他的思想、心态都是从认识了客观规律、掌握了客观规律,就像认识了水性、水的运动规律而取得游泳术可以在水里自由活动一样,才会发挥主观能动性。物,是第一义的,精神、思想、心态等,都是第二义的。

这就是我所理解和认识的辩证唯物史观。辩证唯物史观只是说:物是第一性的,但绝不轻视人的主观、心态、思想对客观、对"物"所能起的作用。人对客观事物的实际和运动规律认识得越深越透,按照客观规律办事,就会越成功,就越显得他的人格、思想、心态伟大,越显得客观世界是在他的主动和支配之下。但他的成功,他的主动和支配,是由于他顺应了客观规律,否则他就一定失败,一时成功了,终究要失败。

以上讲辩证唯物史观这段话,像是小孩子背诵给长者听,有些幼稚。都是些老生常谈了,向谁发讲义。是老生常谈,是有些幼稚。但如果说这是辩证法,这是真理,这是研究历史的最先进的方法,但却很少人说,很少人用了。即使用了,也总改变个说法,说是什么对历史的具体研究法,交叉学科研究法,边缘研究法。但究其实,都没有离开辩证法的涵盖,没有跳出老佛爷的手掌。

我相信,辩证唯物史观仍会有前途的。据我估计,随着改革开放,对西方科学技术的需要,重工轻文还要维持一段时间,但已不会太长。不久轻文为害的后果就会被掌权者所认识。随着改革开放科学技术涌入中国,西方人文社会科学仍会继续涌入中国,这种涌入也会继续一个时期,还会被中国知识分子所欢迎、接受、吸收。但过一个时期,随着对中国历史研究的深入发展,仍然是最先进的历史科学的理论——辩证唯物史观,又会被人反思,过后,会复兴,为历史学家再接受。时间会多久,不好说,十年、二十年吧!

五、中国社会史研究中我走过的道路

宁可教授在《我所认识的何兹全先生的治学道路》一文中指出:"何先生的研究,并没有到'魏晋封建说'为止。要弄清中国封建社会始于魏晋,不仅就魏晋谈魏晋,还必须看到秦汉社会是如何演化到魏晋的,还需要看到,中国的社会又是如何演变到秦汉魏晋的。这是涉及魏晋以前历史的全过程。这样,何先生的研究就从'发展过程的完成的结果'开始,一直上溯到中国文明的源头,再顺流而下,对这一阶段社会历史整体和其中重要的方面及其发展演化作全面系统的探索,从而对之有了一个清晰深入的贯通的看法。何先生在开始论述'魏晋封建说'的 50 年代,已经对中国古代社会的演变提出了自己的看法,而其结集,则是他在 1991 年出版的《中国古代社会》。"①我研究中国社会史的道路,正是这样走过来的,

---

① 宁可:《我所认识的何兹全先生的治学道路》,《何兹全先生八十五华诞纪念文集》,中国社会科学出版社 1997 年版。

但我自己并没有意识到。宁可教授的指出，实获我心焉。

　　我走上研究中国社会史的道路，是受陶希圣的影响。我在北京大学史学系读书时（1931—1935），陶先生正在北大教书。他开中国政治思想史、中国社会史的课，我都选听。不过那几年里，陶先生对中国社会史分期、发展阶段问题的看法常变。我读书是从《三国志》开始的，我写的文章都是关于魏晋的。我写的第一篇文章《中古时代之中国佛教寺院》（1934 年《中国经济》第 2 卷第 9 期）和在《食货》半月刊创刊号（1934 年 12 月出版）写的《魏晋时期庄园经济的雏形》，虽然没有用封建社会名称，但"中古时代"、"庄园经济"都有封建社会的含义。在陶希圣先生对中国社会史的看法常常变动的时期，他只是在魏晋是封建开始的站台上站了一会儿，又走他的追寻之路了。我却在这里扎根不动了（后来他又回到这一站来）。

　　20 世纪 20—30 年代之际的社会史论战，是中国社会史各种问题的全线战争，到处都是战场。50—70 年代的讨论集中在分期问题，特别是封建社会的起始时代。

　　毛泽东说过，周秦以来三千年来中国都是封建社会。毛的这话，可能是受范老（文澜）西周封建说的影响。解放后，西周封建说成为中国史学正统。魏晋封建说虽然没有受过政治压迫，气氛也是够重的。但肚子里有话，总是憋不住的。20 世纪 50 年代，在"百花齐放，百家争鸣"的气氛下，我就先写了《汉魏之际社会经济的变化》，随后又写了《关于中国古代社会经济的变化》，随后又写了《关于中国古代社会的几个问题》。70 年代末，"四人帮"垮台后又写了《汉魏之际封建说》。改革开放后，1991 年出版了《中国古代社会》,《中国古代社会》是我的总结性代表作。

在《中国古代社会》一书里,我论述了魏晋以前中国社会的演变。书分三部分:由部落到国家;古代社会;古代到中世纪。古代社会是中心,由部落到国家是古代社会的来龙,古代到中世纪是古代社会的去脉。简单概括地说,全书对中国古代社会及其前后提出了以下一些认识:(一)殷周以前是氏族部落时代。(二)殷(盘庚)周时代,氏族已在分解,有了氏族贵族和平民,也有奴隶、依附民。但氏族部落、部落联盟仍是社会的组成单位,是氏族部落向国家的过渡阶段。可称之为部落国家或早期国家。(三)战国秦汉时期,城市交换经济发展,农业生产也被卷入交换过程中来。交换经济进一步破坏了以血缘关系为基础的氏族组织,氏族成员解放为自由个体小农,小农经济构成古代社会的经济基础。交换经济进一步发展,商人兼并农民,农民破产流亡或卖为奴隶。这是城市支配农村的时代。这也是一般称为"奴隶社会"的时代。但我摈弃了"奴隶社会"这一名称。(四)汉魏之际(三国西晋)社会由古代向中世纪转化。我从古代社会的角度,提出三个方面的变化:城乡经济的衰落;依附关系的发展;宗教的兴起。

前面已经提到,20世纪50年代初我写过一篇《汉魏之际社会经济的变化》。这篇文章的重点在汉魏之际社会经济的变化。我提出四条变化:从城市交换经济到农村自然经济;从编户齐民、奴隶到部曲、客;从土地兼并到人口争夺;从民流到地著。我国秦汉城市交换经济发达,魏晋南北朝自然经济显著。变化之机在三国西晋。战国秦汉的劳动者,主要是自由农民和一部分奴隶,魏晋南北朝是依附民——部曲、客。变化之机在三国西晋。战国秦汉土地兼并、争夺土地现象严重,魏晋南北朝争夺对象不是土地而是劳动力、人口。变化之机在三国西晋。战国秦汉流民问题严重,魏晋南北朝劳动者依附在土地上,离开土地的自由受限制。变化之机在三国西晋。

《中国古代社会》中由"古代到中世纪"中所讲的三个方面的变化,就是从《汉魏之际社会经济的变化》中所列这四条线的变化中调整出来的。四条线归并为两条,增加了一条宗教的兴起。《中国中世社会》是《中国古代社会》的姊妹篇,两书合起来是我对中国社会史发展道路的全部论述了。宋以后的社会,我有些意见,写点论文吧,已不打算写书。

(原载《史学理论研究》2003 年第 2 期)

我所认识到的唯物史观和
中国社会史研究

我说"我所认识到的",是因为我谈到的面比较窄,对整个问题缺乏研究,多半只是我接触到的一些情况,可能挂一漏万。所以,就谈"我所认识到的"吧。

20世纪唯物史观和中国社会史的联系,大概可以分为三个阶段:一、1949年以前;二、50年代到70年代末;三、80年代以后。

一

1920年,李大钊写了一篇《唯物史观在现代史学上的价值》,这大约是中国最早的一篇关于唯物史观的史学著作了。随后国民革命军北伐。这次革命是中国国民党领导的,但在整个革命高潮中,处处可以感觉到马克思主义的存在。可以说,马克思主义是这次革命的灵魂。随后出版的周佛海著的《三民主义之理论的体系》和陈公博主编的《革命评论》,都可以说是在唯物史观引导下的产物。可悲的是这两个中国共产党第一次全国代表大会的参加者后来都堕落为汪精卫伪组织的汉奸。

20世纪20年代末30年代初,中国社会史论战,和前后出现的中国社会性质论战、中国农村社会性质论战,是唯物史观进入中国,在中国史学发展中产生影响的一个高潮。

在这次中国社会史论战中,对中国社会史的认识是五花八门的。这种情况应该说是正常的,是可以想象到的。唯物史观刚刚进入中国,参加论战的人又大多是对中国历史研究缺少基础的。在这种情况下,提出的意见、认识,自然是见仁见智,各有独到之处的。各有独到之见,凑到一块儿便是五花八门。

20世纪20年代末30年代初,在学术界、思想界、史学界,我感觉都是马克思主义、唯物史观独步天下的时代。上海的新书店,如雨后春笋,出现很多,都是出版马克思主义、唯物史观的书。旧的老牌书店,如商务,如中华,都一时黯然无色。当时学术界、思想界、史学界有影响的学者,如胡适等,一时都只能退避三舍。

其后,陶希圣创办中国社会史专刊《食货》半月刊,可以看作是中国社会史论战的余绪。陶希圣在《食货》半月刊创刊号的《编辑的话》里说:"有些史料,非预先有正确的理论和方法,不能认识,不能评定,不能活用;也有些理论和方法,非先得到充分的史料,不能证实,不能精致,甚至于不能产生。中国社会史的理论争斗,总算热闹过了。但是如果不经过一番史料的搜求,特殊问题的提出和解决、局部历史的大翻修、大改造,那进一步的理论争斗,断断是不能出现的。"这话是合乎辩证法的。

《食货》的出版,从时代形势上看,可以看作是对"中国社会史论战"的反思。在中国社会史论战中,对中国社会史发展形式,热烈地争论了一番,但并没有争出一个结果。论战者对中国社会史料掌握得不多,多半是只有一些唯物史观的理论、方法在手。争来争去,只是理论之争;对中国社会史,争不出名堂来。"临渊羡鱼,不如退而结网。"大家心目中便产生了读中国书,搜集中国史料的愿望。

因此,《食货》半月刊的出现,是在社会史论战大潮之后,对大潮的反思。它的出刊,是顺应当时史学发展形势演变的潮流的,是人心所思。陶希圣抓住了这个机遇而已。

二

解放后,学习马克思列宁主义是大时代对每个中国人的要求。学习唯物史观,是对每个历史工作者的必然要求。对史学工作者说,这是思想改造、是任务。

随着唯物史观的输入,教条主义也就跟着进来。学习唯物史观的范本,主要的是斯大林的《辩证唯物主义和历史唯物主义》。这在前苏联已是教条,到中国也被当作教条。五种生产方式就是五种生产方式,不准有变动。雷海宗教授就因为说中国没有奴隶社会,成了右派。

在 20 世纪 50 年代到 70 年代末漫长的岁月里,唯物史观的发展也出现两次小高潮。一是 50 年代的社会史论战,一是 70 年代在长春举行的中国历史分期问题的讨论。50 年代的中国社会史论战,是在"百花齐放、百家争鸣"口号号召下出现的。论战大体是一面倒的,是在"西周封建说"领导下进行的。虽然也有杂音,但声音不大。我大胆地写了一篇《关于中国古代社会的几个问题》,提出汉魏之际封建说,但是战战兢兢的,生怕招来麻烦。

三

长春的中国社会史分期问题讨论会是在"四人帮"彻底垮台之后召开的,政治气氛宽松多了。当时分期说的主导思想是郭老"春秋战国之际封建说",但"汉魏之际封建说"也敢发言。我就在会上作了关于"汉魏之际封建说"的发言。有位学者在会下就说:"这次会是西周封建说东山再起,魏晋封建说卷土重来。"可见这次会的宽松气氛。这位率直的好友,现在已不在人世了。

但大气候在变化。改革开放后,西方自然科学和技术不断涌向中国来,同时人文社会科学也涌向中国来。中国知识分子一向生活在闭塞圈内,一下开开门窗,看到外面一片新天地,什么都是新的。大家贪婪地吸收新东西。

我最早闻到的是新三论、旧三论。我没有深学过三论,我当时的感觉是:三论的内涵并没有超出辩证法。但我也感觉到我是不是对新思想、新东西不能接受了,落后于时代了。

今年4月3日在《光明日报》"史学版"读到对《中国社会史论》一书出版座谈会纪要的整版报道,大标题是:"拓宽社会史领域,深化社会史研究。"读后非常高兴,高兴到非常兴奋而又多有感慨。我是学中国社会史的,看到中国社会史研究新硕果、新成就的问世,看到中国社会史研究队伍的壮大,自然高兴、兴奋。这也是很自然的。

但读后回思,又略有失落、失望之感。我逐渐意识到:研究中国社会史的理论、方法变了,研究内容的重点变了! 辩证唯物史观不见了,法国年鉴派兴起了。社会生活,衣、食、住、行,宗教,家庭,风俗习惯等的研究多起来了,而社会形态、社会结构的研究萎缩了。

我不反对社会史研究要包括社会生活、宗教、家庭、风俗习惯等等,但我认为社会史研究的主流应该是社会形态史、社会发展史。我也不反对年鉴学派的理论、方法,因为它的理论、方法有些也符合辩证法。但我认为研究社会史的主要理论、方法应当是辩证唯物史观。研究社会史的主要方面应当是社会形态史、社会发展史。

我在今年4月7日南开大学召开的一个学术研讨会上以"研究人类社会形态、结构及其发展规律是社会史的主流"为题,讲了如下的话:"我完全理解,也完全同意,社会史的内容是比较广泛的,人类衣食住行、风俗习惯、宗教信仰、社会生活的各个方面,都是社会史研究的内容。但我总认为社会经济——生产方式、社会结构、社会形态,才是社会史研究的中心内容、核心内容。这是研究人类社会总体的发展和人类社会总体发展的规律的。掌握人类社会发展总规律、发展方向,知道人类社会向何处走,这是社会史研究的主导面。掌握人类社会历史发展的主导面,才能更好地发挥人的主动性,为改造世界作贡献。对人类来说,这是最主要的科学,是最大的学问。社会史的研究方面,可以是多方面的,但社会经济——生产方式、社会形态是主要方面,是主。方面,可以广;主,不能丢。"

我在另外一个地方也说过:"在我看来,辩证唯物史观,乃是当代历史理论、历史方法论的最高水平。辩证唯物史观一点也不轻视精神、思想、心态等对人类社会历史发展的作用。辩证唯物史观只是强调一点：物是'根'，是第一义的。离开这个根，便不能深入认识历史客观实际。如此而已。现代西方历史理论，如年鉴学派、政治文化学派等，如我所知，最好的观点，是对历史要作总体的研究，重视历史各种现象，政治、文化、思想等相互关联和交叉关系的研究。但这些不过是辩证法从整体看问题，从发展上看问题，宏观、微观观点的实际应用。它们都包含在辩证法之内，而没有超出辩证法。"

现在，我还坚持这些认识。

但 20 世纪 80 年代以后，思想解放了，唯物史观却有点不时兴了，不被重视了。西方的新思想、史学的新理论、新方法进来了。大家抢先去吸收。

现在是新世纪刚刚开始的年代，那么展望一下，唯物史观在 21 世纪、在今后的命运将如何呢？我的认识是：

（一）在近期，随着自然科学和技术的涌入，中国现代化向深处走，西方人文社会科学的影响会在中国更发展，更为多数人所支持。我说近期，这个"近期"，时间有多长，不好预料，不好说。

（二）但我相信，随着历史科学的发展，历史研究的深入，对人类社会历史实际认识的深入，辩证唯物史观会再次回来，为史学家所接受。真理，在没有完成它的历史使命之前，是打不倒的。因为它有生命力。换言之，有生命力的理论是打不倒的。

"五四"时代，提出打倒"孔家店"。"五四"运动的缺点是对中国传统文化缺乏科学分析。打倒"孔家店"，实际是对中国传统文化一笔抹杀。这对中国传统文化是不公正、不合理的。不公正、不合理，就不会成功。

"文化大革命"挖了孔子的坟墓，推倒孔子的塑像，但打不倒人心中的孔子。孔子思想中有合理的成分，这是孔子思想的有生命力处。对孔子思想中的优良传统部分不予分析、扬弃、吸取、保留，是不对的。孔子是打不倒的。

我相信，21世纪之初，西方史学理论和思想方法，还要兴盛一时。过了一个热闹时期，辩证唯物史观会受到反思，起来争地位。过后，会复兴，为史学家再接受。

江泽民同志说："一切从实际出发，自觉地把思想认识从那些不合时宜的观点、做法和体制中解放出来，从对马克思主义的错误和教条式的理解中解放出来，从主观主义和形而上学的桎梏中解放出来。坚持科学态度，大胆进行探索，使我们的思想和行动更加符合客观实际。"我拥护这段话。这段话，鼓舞我作了上面的发言。

最后，我希望研讨辩证唯物史观和史学理论的会，以后要多开。

2001年11月25日在"唯物史观与
21世纪中国史学研讨会"上的发言
（原载《高校理论战线》2002年第1期）

研究人类社会形态、结构
及其发展规律是社会史研究的主流

就中国社会史研究的问题,提几点想法,请批评指正。

一、20 年代末 30 年代初中国社会史论战,是马克思主义历史理论进入中国的一次高潮,要写入 20 世纪中国史学史。

20 世纪早期,中国传统史学受到两次大冲击。一次是"五四"时代,西方现代史学思想理论冲进中国。这次冲击使中国传统史学完全败下阵来。受西方史学思想影响的,前有梁启超、王国维、胡适,后有傅斯年、陈寅恪、顾颉刚。他们从西方接受来的西方史学思想,改变了中国传统史学,统治了中国史学界。

又一次冲击是 1930 年前后的中国社会史论战。这是一次马克思主义史学思想理论对中国史学的冲击。这次受冲击的,已不是中国的传统史学,而主要是西方史学思想。这时在中国史学界占统治地位的已不是传统史学思想,而是西方史学思想。但这次冲入中国的马克思主义历史理论,没有"五四"时期进入中国的西方史学思想幸运。"五四"后的西方史学,在中国站住了脚,走进了高等院校,首先是北京大学,随后是全国其他学校。这些高等院校,培养了一批批的史学家,完全占有了中国史学阵地。一直到解放后,这批人员仍是学术界、史学界的主力军。1930 年前后冲入的马克思主义史学思想理论,命运不佳,不久就遭到国民党的政治高压,没有机会进入教育界、高等院校,而沉默下去。同时,参加当年中国社会史论战的人,政治立场相当复杂,很多人被共产党视为托派、取消派、国民党文人,所以也不被承认是马克思主义的史学思潮。但在我的记忆里,当时冲击到中国学术界、史学界的,确是一个强大的马克思主义思潮。那时,不打着马克思主义辩证唯物论的旗帜就休想有发言权。参加中国社会史论战的人,无不以马克思主义者自居,称别人为假马克思主义者。就连当时被认为是国民党文人的陶希圣,在他的《中国政治思想史》的广告中也说:"本书是修改著者在北京大学政治学系所用讲义而成。国内以唯物辩证法叙述古代政治思想的发达概况及各派主张之详细内容者,本书实首屈一指。"一时之间,如雨后春笋,上海出现很多书店,都在出马克思主义的书,摆满了各处书摊。而那些老的有名书商,如商务、中华书局,一时都显得黯淡了。

我的想法,从纯学术的角度来看来想,研究和论述 20 世纪中国史学史的学者,是否可以考虑 1930 年左右的中国社会史论战,是马克思主义史学思想理论进入中国的一次高潮?尽管这次高潮是短命的,被压未展开的,内部也是复杂的、涣散的。

二、中国社会史研究应以社会经济史为主。

我是学中国社会史的,是在中国社会史论战的大潮下出身的。中国社会史论战的中心内容是社会形态、社会结构、社会史分期。这给我的学术思想打下了烙印。

在学术道路上,我受影响最大的是陶希圣和傅斯年两人。陶重史料也重方法(思想理论),傅则偏重材料。我受他们的影响,史论结合,既重材料也重方法,近年来更重材料。在 1999 年 1 月 29 日《光明日报·史林》上,我写了一篇题为《争论历史分期不如退而研究历史发展的自然段》文章,副题是"世纪之交对历史研究的思考"。我说:

　　所谓自然段落,就好比一年之中有四季一样,四季就是一年的四个自然段落。每个自然段落,各有自己的特点。一个自然段落,日暖花开,生意盎然;一个自然段落,天气炎热,万物茂盛;一个自然段落,果实累累,寸草结子;一个自然段落,冰雪盖地,草木枯萎。这就是一年的四个段落,以及各个段落的特点与特征。这四个段落以及特征,都是自然存在的,是先于它的名称,春夏秋冬而存在的。

　　人类历史长河在发展过程中是有变化的。有变化,就有段落,这就是我说的自然段落。我叫它自然段,重在它是自然存在的、客观的。各段落的特点、特征是什么、段落的变化在何处,这是历史学家首要的研究课题。

　　具体到中国历史研究,也要先研究这些自然段落。在中国历史发展过程中,有哪些自然段落?各段落有哪些特点、特征?哪些特点、特征是前后段所无而为它所特有、是使它和前后段区别开而自成一段落的?

　　历史自然段和历史分期、社会性质的关系是:前者是客观实际,是基础,是本;后者是主观意识,是上层,是末。提出研究自然段的意义在于:重事实,重材料。研究中国历史,先重事实研究,少定框框。事实没有摸清楚,不要急于定社会性质。研究中国历史,先让中国史料说话。"一分材料出一分货,十分材料出十分货,没有材料便不出货。"这个提法是有问题的。但在空论太多时,不妨用来提醒自己。

我认为摸透了历史各个时期,各个自然段的特征、特点,分期问题就自然出来了,自然解决了。

中国社会史论战给我的影响确实很大,我总认为社会史研究的对象、内容,应该是社会经济、社会结构、社会形态。近年来,我确实也有些感觉,社会史研究之风有些变,有些转向。社会史的研究方向,大多侧重在社会生活、衣食住行、风俗习惯、宗教信仰等方面。今天读了《光明日报》上"拓宽社会史领域,深化社会史研究"——《中国社会史论》出版座谈会纪要的报道,更清楚地认识到研究中国社会史的风向在变了。

我完全理解,也完全同意,社会史的内容是比较广泛的。人类衣食住行、风俗习惯、宗教信仰、社会生活的各个方面,都是社会史研究的内容。但我总认为社会经济——生产方式、社会结构、社会形态,才是社会史研究的中心内容,核心内容。这是研究人类社会总体的发展和人类社会总体发展的规律的。掌握人类社会发展总规律、发展方向,知道人类社会向何处走,这是社会史研究的主导面。掌握人类社会历史发展的主导面,才能更好地发挥人的主动性,为改造世界作贡献。对人类来说,这是最主要的科学,是最大的学问。社会史的研究方面,可以是多方面的,但社会经济——生产方式、社会形态是主。方面,可以广;主,不能丢!

20世纪80年代以来,社会史研究方向的转移,我想是否有以下几方面的原因:

1. 信仰危机

2. 教条主义

3. 封闭政策

这几条,我想用不着解释说明,大家都会明白。就拿当年苏联的情况为例来说,当年是斯大林说了算,到此为止。思想界、学术界只能为斯大林的话做注释谈体会,不能越雷池一步,越过了,就犯错误。

但社会是发展的。社会有发展,就会有反映新事物的思想理论出现。活的辩证唯物论,本来更会吸收新的思想理论,来丰富自己,发展自己。不幸的是:活的辩证唯物论变成死的教条主义,反映新事物的新思想、新理论,反而成为教条主义的对立面。

改革开放后,西方新思潮进入中国。受西方新思潮的影响,中国的思想界、学术界活跃起来,人的脑子活跃起来。对事物的新考虑出现了,新思想出现了。社会史研究的新动向也出现了。

但我总相信,社会史的主要方向,应该是人类社会发展的大方向,社会总体发展的大规律。我相信,我也希望,社会史研究的主流,在不远的将来会再转移到社会经济——社会生产、社会形态这条主线上来。

三、开展思想与社会互动关系的研究,是要重视的新思路。

唯物史观不是经济史观,它承认物以外的因素如政治、宗教、思想、心态对人类社会历史的作用,特别是人的思想、心态对人类社会历史的影响和作用。孔子的中庸思想,卢梭、孟德斯鸠的"主权在民"、"三权鼎立"思想,对人类社会历史的影响和作用,是人人看得见的。马克思主义对人类社会历史的影响和作用,更是人人都有亲身体会的。教条主义,害苦了辩证唯物主义。重新提出"思想与社会"互动关系的研究,这是高明的新思路。

(原载天津《社会科学》双月刊 2001 年第 4 期)

对中国古代社会形态演变过程中三个关键性时代认识的不够

中国古代历史上有三个关键性时代,即:一、殷周之际;二、春秋战国之际;三、汉魏之际。这三个时代,有的是承前启后,有的是开创一个新时代。非常巧,这三个时代却被不同的学者认为是中国封建时代的开始。这情况是大家所熟悉的。

这种认识中,当然有的是有问题的。中国封建社会不会同时有三个开始时代。它们之中,或者一说是对的,或者三说都是不对的。

所以出现这种情况,原因是很多的。这里我不想展开全面讨论,我只想就对这三个时代认识的不够处,提供一点意见。

一、对殷周之际是由氏族部落向阶级社会长期过渡时期中重要的一环认识不够

由氏族部落到阶级社会的过渡,是一个长期过程,而且很复杂。这情况,几乎是世界上大小民族历史上的通例。以古希腊、罗马为例,公元前11—前9世纪,希腊和稍后的罗马王政时代,氏族就分解为贵族、平民。希腊对外征服就出现边民、希洛特,罗马出

现被保护民。西方学者有的就称他们为依附民、农奴,甚至有的就称之为"一种类似欧洲中世纪的封建制度"。①

马克思、恩格斯都同意在人类历史上氏族社会解体时期出现过奴隶制、农奴制乃至雇佣制等。如马克思说:"现代家庭在萌芽时,不仅包含着奴隶制,而且也包含着农奴制,因为它一开始就是同田间耕作的劳役有关的。它以缩影的形式包含了一切后来在社会及其国家中广泛发展起来的对立。"②在马克思去世前几个月,恩格斯在信中很高兴地对马克思说,"关于农奴制的历史","我们达成协议了"。"毫无疑问,农奴制和依附关系并不是某种特有的中世纪封建形式,在征服者迫使当地居民为其耕作土地的地方,我们到处,或者说几乎到处都可以看得到,——例如在特萨利亚很早就有了。"③

周人灭商以后,以"殷民六族"分给鲁公,"殷民七族"分给康叔,以"怀姓九宗"分给唐叔④。把大批殷民迁到洛邑。殷人和周人的氏族组织都没有打破。他们分地居住,并不混居。大体说来,周人居住的地方叫国,殷人居住的地方叫作野。殷人的事还是殷人自己管理,殷朝的贵族还可以到周朝做官。周朝的统治者对殷人说:你们仍具有自己的土地、自己的房子,自己的事自己管理,你们自己的纠纷自己调和。⑤

---

① 　J. W. 斯文(Joseph Ward Swain):《古代世界》(*The Anciant World*)。
② 　恩格斯:《家庭、私有制和国家的起源》,《马克思恩格斯全集》第 21 卷,第 70 页。
③ 　《马克思恩格斯全集》第 35 卷,人民出版社 1972 年版,第 131 页。
④ 　《左传》定公四年。
⑤ 　参看《尚书·多士篇》和《多方篇》。

殷周两族的关系,是建立在征服基础上的不平等关系。他们之间的关系,是靠"盟约"来维持。这种"盟"的关系,一直到春秋时期还较突出。国与国,贵族与贵族,贵族与国人,都靠"盟"来维持。这种"盟"就是殷周两族关系的遗迹,也是氏族部落联盟时期"盟"的关系的遗迹。

从周初到春秋,氏族组织进一步分解。酋长、贵族长的权逐步扩大,他们慢慢向君权、王权路上发展。

这个社会、这个时代,是由氏族部落、氏族联盟向阶级社会或国家的过渡时期,但是长期以来学术界对这一问题重视不够。不重视它的长期性、不重视它的复杂性,好像氏族社会一下便迈到奴隶社会或封建社会,这就影响我们对中国社会形态发展变化的认识。

二、对春秋战国之际交换经济和城市经济
的发展水平和社会作用认识不够

春秋战国之际社会的大变化,是由自给自足的自然经济为主的农业农村经济向商业交换经济城市经济转化。由战国开始,交换经济的发展、城市经济的繁荣,一直维持到东汉六七百年。春秋以前,"城虽大,无过三百丈者;人虽众,无过三千家者"。战国"千丈之城,万家之邑相望也"。① 战国时临淄有七万户,到汉朝有十万户。《史记·货殖列传》对战国到西汉初年城市交换经济之发达

---

① 《战国策·赵策三》。

的描绘,给人以深刻的感性认识。他写出全国大小城市的星罗棋布,每个城市的交换网络,全国的交换经济形势。全国各阶层人的生活,大都卷入商业交换中。和孟子同时主张"自食其力"的神农学派的许行,在和孟子的辩论中,被迫也得承认日常生活用品、器皿,乃至农具都是和百工交换来的。孟子骂他们"何为纷纷然与百工交易?!"他们也无话可说。① 荀子在说完全国各地远距离的商品交换后,特别提出"泽人足乎木,山人足乎鱼,农夫不斫削不陶冶而足械用,工贾不耕田而足菽粟"。② 李悝估计农民生活,也是把粮食折成钱来计算的。③ 我们不能用后代"中国是以农立国"的思想意识来怀疑战国秦汉交换和城市经济的发展水平。汉代两位大官、大思想家的话,应该引起我们的认真思考。

汉元帝时,贡禹上疏说:"民弃本逐末,耕者不能半。贫民虽赐之田,犹贱卖以贾。何者?末利深而惑于钱也。"④

后汉中叶的学者思想家王符说:"今察洛阳浮末业者什于农夫,虚伪游手者什于末业。……天下百郡千县,市邑万数,类皆如此。"⑤

如何看待这两人的两段话?要说他们是胡说,不大可能。这两人一个是正派政治家,一个是学者政论家,而且贡禹是对皇帝说话,怎能胡说!我认为王符是严肃认真地提出问题。他的话有夸

---

① 《孟子·滕文公上》。
② 《荀子·王制篇》。
③ 《汉书》卷二四《食货志》。
④ 《汉书》卷七二《贡禹传》。
⑤ 《潜夫论·浮侈篇》,见《后汉书》卷四九《王符传》。

大,但夸大意在引人注意,认真看待问题,而不是胡说。胡说则必受人轻视。

我认为他们两人的话,都反映一个现实,即汉代城市人口是非常多的。像王符所说,大约是夸大了。不会有百分之九十以上的人口住在城市。但,我认为"耕者不能半",大约接近事实。可以大略地说,汉代城市人口大约有总人口的百分之四十左右。

战国秦汉是城市国家,人口一般可以说是由城区向外辐射的。那时全国五千万人口,大约居住在现在内地人烟稠密的十亿人口居住的地区,人口围住城市居住,远离城郭的地区,人口是越来越少的。汉代人说到农民流亡,都是说"离其城郭"[①]、"亡去城郭"[②]、"前去城郭"[③]。农民流亡应该说是"离开农村",为何说"离其城郭"、"亡去城郭"呢?无他,盖汉代人口多居住在城郊和城区辐射区以内也。

我们不要用现在的眼光说中国自古以来是农业国,以为百分之八十的人口居住在农村,以贬低战国汉代城市交换经济发展的高度。

三、对汉魏之际社会变化之大认识不够

20 世纪 50 年代,我写过一篇文章《汉魏之际社会经济的变化》,我:一从城市交换经济到农村自然经济;二从编户齐民、奴隶

---

① 《汉书》卷六四《贾捐之传》。

② 《汉书》卷七二《鲍宣传》。

③ 《汉书》卷八四《翟方进传》。

到部曲、客；三从土地兼并到人口争夺；四从民流到地著四个方面论述了汉魏之际的社会经济变化。四条中，前两条是主，后两条是由前两条派生出的。

汉魏之际，社会经济又一次出现大变化。战国秦汉发达的城市交换经济几乎被消灭。三国时代的人，说到当时的情况常常用"中国萧条，或百里无烟，城邑空虚，道殣相望"①或"以及今日，名都空而不居，百里绝而无民者，不可胜数"。② 人口大量减少，有"天下户口减少，十裁一在"③的估计。汉代编户齐民，一般在一千二百多万户，五千九百多万口上下。三国后期，魏灭蜀，合计只有九十四万户，五百三十七万口。西晋统一后的太康年间，有二百四十多万户，一千六百多万口。户口都是汉代的五分之一左右。金属货币五铢钱被废弃，布帛代替金属，成为交易的手段。可注意的是，这种经济衰落从汉末（公元 3 世纪初）一直延续到唐中叶天宝年间（公元 8 世纪初），五百来年才得恢复。人口恢复到汉代水平，金属货币又出来代替布帛。

这情况，不是战争所能解释的。顾名思义，战国是战争最多的时期，但战国时期却是中国历史上经济发展最快的时期。简单地讲，汉魏之际的社会经济的变化应从战国秦汉的社会生产结构中去找原因。交换经济的发展，促使土地兼并、农民破产流亡，变为奴隶。我虽不愿称战国秦汉为奴隶社会，但我承认汉代是中国历史上奴隶数量最多的时代。大量劳动力离开土地，使"耕者不能

---

① 《三国志》卷五六《朱治传》。
② 《昌言·理乱篇》，见《后汉书》卷四九《仲长统传》。
③ 《三国志》卷八《张绣传》。

半",大量游手集中在城市,必然是农业衰落。我们在这方面的发掘、研究是不够的。

　　我认为,我们对殷周之际的社会变化发展的长期性和复杂情况、战国秦汉城市经济繁荣的情况,以及汉魏之际的社会变动情况的认识和估计,都是不足的、忽略或不够重视的,这都影响了我们对中国古代社会发展变化的认识。

　　　　　　　　　　　　　　　　(原载《历史研究》2000年第2期)

中编　中国古代社会史论

关于中国古代社会的几个问题

从西周到秦汉这一时期的社会性质是问题最多的。中国历史分期问题之所以不能解决，主要是由于史学界对这一时期社会性质的认识存在着分歧。

历史学者对这一时期的社会性质存在着不同的看法。有些学者认为春秋以前是奴隶社会，战国时期才进入封建社会；有些学者认为从西周以来中国就进入封建社会了；有些学者认为西周春秋战国都是奴隶社会，秦以后才进入封建社会。也有学者认为春秋以前中国还是氏族社会，战国以后才进入奴隶社会。

我个人意见，认为西周春秋还是前期古代社会，或家长奴隶制时期，战国秦西汉是奴隶制社会的发展时期，东汉时期奴隶制衰落，魏晋时期中国才由奴隶社会进入封建社会，具体年代我放到公元196年曹操的许下屯田。东汉魏晋三四百年是中国奴隶制衰落，封建制生长的时期。封建制因素的生长在东汉已经开始，到魏晋时期还在发展，奴隶制的衰落在西汉末东汉初已经开始，到魏晋时期还在继续。在这个时期中，曹操的许下屯田可以看作是封建生产关系在社会生产中取得统治地位的事件,所以就拿这一年代和这一事件作为古代社会和封建社会的分线。

下面分三个问题来说明我的意见:一、西周春秋是前期古代社会;二、战国秦汉时代的奴隶制及其在社会经济中所起的作用;三、东汉以来奴隶制向封建制的过渡和封建社会的成立。

我的马克思列宁主义的水平是很低的,这里我所提出的见解是不成熟的。但我坚信在友好帮助的基础上开展批评是推动中国历史科学研究走向高潮的一个必要的动力。对中国历史分期有意见的人,都大胆地把意见提出来是解决这一问题的必要途径。因此,我才敢于把我不成熟的意见提出来,请求史学界的师友们教正。

一、西周春秋是前期古代社会

依我看,西周春秋的社会是前期古代社会。

前期古代社会是从氏族贵族统治到发展的奴隶制国家的过渡时期。在这时期,氏族制解体过程还在继续进行,氏族制的躯壳和氏族的习惯势力还强烈地保存着,社会虽已分解为对立的阶级,但除去奴隶主和奴隶的对立外,还有氏族贵族和公社成员的对立,也还有氏族贵族和依附农民或农奴的对立。

在前期古代社会这个过渡时期,奴隶制还是处于低级发展的阶段,主要的形式仍然是家长奴隶制,公社成员还是一个主要的生产阶级。对外征服,俘虏总被降做奴隶,但征服族和被征服族的关系,却有各种不同的形式:有的是以联盟的形式,由征服族把被征服族吸收到一个社会体中来,组成部落联盟或国家;有的被征服族的地位很低,他们的地位可以低到近乎奴隶;有的在和农业的服役有关系的条件下,又可以近乎农奴。但是无论是哪一种形式,被征服族原来的氏族部落组织,通常是并不被打散,仍然是各自聚族而居。

　　奴隶和奴隶主的对立,是氏族制解体过程中所产生的社会的最初的大分裂,但这并不是当时所出现的唯一的社会分裂。农奴制,就其在人类历史上的出现说,几乎是和奴隶制同样古老的。在《家庭、私有制和国家的起源》一书中,恩格斯曾引用马克思的话指出在家长制家庭时代,一切后世的社会对立形式,如奴隶制、农奴制就都出现了。他说:

　　　　对这一点(家长制家庭时期奴隶制的出现——兹全),马克思补充说:"现代家庭在萌芽时,不仅包含着奴隶制(servitus),而且也包含着农奴制,因为它从一开始就是同田间耕作的劳役有关的。它以缩影的形式包含了一切后来在社会及其国家中广泛发展起来的对立。"[1]

1882年12月22日,马克思逝世前不久,恩格斯给马克思的一封信中,也谈到农奴制起源之早。他说:

　　　　我很高兴,关于农奴制的历史,照实业界人士的说法,我们"达成协议"了。毫无疑问,农奴制和依附关系并不是某种特有的中世纪封建形式,在征服者迫使当地居民为其耕种土地的地方,我们到处,或者说几乎到处都可以看得到,——例

---

[1]　《马克思恩格斯全集》第21卷,第70页。

如在特萨利亚很早就有了。①

因为马克思、恩格斯是肯定农奴制起源是很早的,而且是和农业的服役有关系的,所以在《家庭、私有制和国家的起源》一书中,恩格斯就说斯巴达时期的赫罗泰人是处于农奴地位的。

农奴制起源很早,它不只是一种中世纪封建的特殊形式,也就是说,在人类社会发展史上,不是一有农奴制、依附关系就是封建社会。所以马克思、恩格斯都没有把古时的特萨利亚和斯巴达说成是封建社会。

在氏族制解体,奴隶制国家发展起来之前,不仅通过征服而产生农奴制,也还有其他形式的依附关系、隶属关系。在古代雅典和罗马,在氏族制解体过程中,在发展的奴隶制国家成立之前,出现过被保护人这一阶段。被保护人和主人的关系是隶属性的,是保护和被保护的关系。被保护人父子相承的属于一家,他们没有脱离主人的自由,他们耕种的土地是属于主人的,他们甚至于对于动产也没有完全的所有权,他们属于主人,一切听主人的指挥。

在氏族制向奴隶制过渡的时期,对外征服除了把俘虏作为奴隶,把被征服族(如果是与农业服役有关的条件下)作为农奴这两种关系形式外,还有第三种形式,即部落联盟的形式。古代罗马人,在开始对外征服时期,如对拉丁区的各氏族部落,就是采取的部落联盟形式。由于征服的关系,联盟的关系不可能是完全平等的。同时,不平等的程度也是不一样的。这种关系也是起源很早的。马克思曾经指出:"部落制度本身导致区分为高级和低级的氏

---

① 《马克思恩格斯全集》第 35 卷,第 131 页。

族——这种差别又由于胜利者与被征服部落之混合等等而更加发展。"①

严格地讲,古代对外征服中,以被征服族仍在原来的土地上为征服者服役的形式,仍然是不平等的部落联盟形式。被征服族和征服族是族与族的关系,他们各自仍是聚族而居的,各自的氏族部落制还没有完全解体。

以上的引证和叙述,在于以马克思列宁主义的经典著作和人类历史发展的具体事实来说明氏族制解体后不是一下子就出现了发展的奴隶制国家。在氏族制解体过程中以缩影的形式出现了后来在社会及其国家中广泛发展起来的对抗形式,有奴隶制,有农奴制,也有其他形式的依附制和隶属制。这一时期,奴隶制还不是支配的形式,社会上的生产劳动者主要的仍是氏族制解体过程中的公社成员,但由于阶级分裂、对外征服,国家已是初步出现了。我认为具有这些特征的这一阶段是前期古代社会,它是由氏族贵族统治到发展的奴隶制国家的过渡阶段。

西周春秋的社会正是处于这一阶段。这时期社会的主要特征就正是:氏族公社解体过程还在继续,氏族制的躯壳还保存着。公社已分解为敌对的阶级,有了氏族贵族、自由平民和奴隶,同时也出现了农奴或依附农民。战争中的俘虏是降为奴隶的。被征服族(主要的是殷族)的地位是低的,但他们间的关系基本上是联盟的关系。殷族的氏族部落组织通常并不被打破,他们是一族族、一部落一部落地被纳入征服族周族的社会体中来,组成不平等的部落

---

① 《资本主义生产以前各形态》,人民出版社1956年版,第8页。

联盟形式的国家。

周族兴起于现今陕西的西部,在和戎狄族人的斗争融合中发展起来。文王时代,周族似仍处于氏族制末期家长奴隶制阶段。王的地位似仍是氏族长,还没有蜕化为脱离氏族的统治者。文王还亲自参加生产劳动,《周书·无逸篇》说:"文王卑服,即康功田功。"我同意郭老对这句话的解释,郭老说:"文王这位氏族酋长都还在种田风谷。"[①]

周灭殷后,社会组织有发展,氏族制进一步解体,阶级分化扩大,在对外征服的基础上,形成部落国家。

但周人的氏族组织,直到春秋时期仍是特别顽强地被保存下来。西周春秋时期盛行的宗法制,实质上就是氏族组织保存下来的一种形式。西周到春秋,上自周天子、各国诸侯,下至卿、大夫、士都是大小不同的宗子,即家长。他们间的关系不是兄弟,就是甥舅。当然,这时的宗法氏族已不是原始公社时代的氏族,这时的氏族已经是把自己的氏族放在别的族的氏族之上的氏族,这时的氏族是在自己内部已经有了阶级分裂,有了王、氏族贵族、氏族平民对立的氏族。

周人的氏族为什么如此顽强地以宗法的形式保存下来了呢?这要从西周初年周族的发展来解释。周人起自西方,向东发展。在灭殷以后,以大氏族分裂的方式在东方建立了许多殖民国家。这种客观形势就要求周人特别需要加强族内的团结,一方面缓和周人族内贵族和氏族成员间的阶级矛盾,另一方面隔绝周族氏族

---

① 《奴隶制时代》,人民出版社 1954 年版,第 94—95 页。

成员和被征服的氏族成员的接近。这样一来，也就加强了周族贵族的统治力量。

《左传》所载"盟"这个字和它所代表的关系是应该特别注意的。西周春秋时期，国与国之间，诸侯、大夫、国人之间盛行着盟的习惯。盟是什么？盟就是氏族联盟的传统形式。违背了盟约是要"神明殛之"，"坠命亡氏"的[①]。这清楚表明盟和氏族制的关系。"宗法"和"盟"，表明氏族解体过程在西周春秋时期还在继续进行着。

周族向外发展中，征服了许多族人，其中最主要的当然是殷人。周族征服殷人后，殷、周两族人所建立起来的关系是怎样的呢？其性质是怎样的呢？

从文献中我们知道殷人被征服后，一部分仍被允许在商的旧都周围地区建立自己的国家，这就是宋国；一部分被迁到洛阳周天子的王畿；另外一部分被分给姬姓诸侯，和周人共同组成一些诸侯国家。《尚书·多士篇》、《多方篇》记载了迁到洛阳去的殷人的情况。《多士篇》说：

> 王曰：猷告尔多士。予惟时其迁居西尔。非我一人奉德不康宁，时惟天命。无违，朕不敢有后，无我怨。惟尔知，惟殷先人有册有典，殷革夏命。今尔又曰：夏迪简在王庭，有服在百僚。予一人惟听用德，肆予敢求尔于天邑商。予惟率肆矜尔。非予罪，时惟天命。
>
> 王曰：告尔殷多士，今予惟不尔杀，予惟时命有申。今朕

[①] 《左传》襄公十一年。

作大邑于兹洛，予惟四方罔攸宾。亦惟尔多士，攸服奔走臣我
多逊。尔乃尚有尔土，尔乃尚宁干止。尔克敬，天惟畀矜尔；
尔不克敬，尔不啻不有尔土，予亦致天之罚于尔躬。今尔惟时
宅尔邑，继尔居，尔厥有干有年于兹洛。

《多方篇》的记载，大体相同：

今尔尚宅尔宅，畋尔田，尔曷不惠王熙天之命。尔乃迪屡
不静，尔心未爱。尔乃不大宅天命，尔乃屑播天命，尔乃自作
不典，图忱于正。我惟时其教告之，我惟时其战要囚之。至于
再，至于三。乃有不用我降尔命，我乃其大罚殛之。非我有周
秉德不康宁，乃惟尔自速辜。王曰：呜呼！猷告尔有多方士暨
殷多士，今尔奔走臣我，监五祀，越惟有胥伯小大多正，尔罔不
克臬。自作不和，尔惟和哉！尔室不睦，尔惟和哉！尔邑克
明，尔惟克勤乃事。尔尚不忌于凶德，亦则以穆穆在乃位，克
阅于乃邑谋介。尔乃自时洛邑，尚永力畋尔田。天惟畀矜尔。
我有周惟其大介赉尔，迪简在王庭，尚尔事，有服在大僚。

《左传》定公四年记载周人以殷人分给诸侯国家：

昔武王克商，成王定之，选建明德，以藩屏周。故周公相
王室，以尹天下，于周为睦。分鲁公以大路、大旂、夏后氏之
璜，封父之繁弱，殷民六族——条氏、徐氏、萧氏、索氏、长勺
氏、尾勺氏，使帅其宗氏，辑其分族，将其类丑，以法则周公，用
即命于周。是使之职事于鲁，以昭周公之明德。分之土田陪
敦、祝、宗、卜、史，备物典策，官司彝器。因商奄之民，命以《伯
禽》，而封于少皞之虚。分康叔以大路、少帛、綪茷、旃旌、大
吕，殷民七族——陶氏、施氏、繁氏、锜氏、樊氏、饥氏、终葵氏，

封畛土略,自武父以南,及圃田之北境,取于有阎之土,以供王
职,取于相土之东都,以会王之东搜。聃季授土,陶叔授民,命
以《康诰》,而封于殷虚。皆启以商政,疆以周索。分唐叔以大
路、密须之鼓、阙巩、沽洗,怀姓九宗、职官五正。命以《康诰》,
而封于夏虚。启以夏政,疆以戎索。

《尚书》、《左传》中这几段材料,在讨论西周社会性质时,是常常被
引用的。认为西周是奴隶社会的学者就引用这些材料证明殷人是
被分降做奴隶。认为西周是封建社会的学者就引用这些材料以证
明殷人被分后是做农奴。从这些材料本身看,殷人被迁被分后是
做奴隶还是农奴都是不够明确的。这些材料里说明周族是征服
者,征服者对被征服者殷人的反抗采取最严厉的杀的手段,但这种
杀,只表明古代征服者对被征服者所可能采取的野蛮手段,并不表
明他们两者间的身份地位。《尚书·多士》、《多方篇》所记载的周
族征服者说话的对象——多士、多方,都是殷族或殷族的联盟族的
贵族。从说话的口气中我们可以看出,只要殷人不反抗,周族征服
者是愿意承认他们的身份地位的。所谓"迪简在王庭",似乎不是
以做官来引诱殷族中的任何一个单个人,而是说殷、周两族的关
系,和可能采取的制度。这是周族征服者和被征服的殷族的氏族
贵族、氏族长们在打交道。从这些文献中的"尔乃尚有尔土","今
尔尚宅尔宅,畋尔田","自作不和,尔惟和哉","尔室不睦,尔惟和
哉","使帅其宗氏,辑其分族,将其丑类,以法则周公","皆启以商
政,疆以周索"和"启以夏政,疆以戎索"看来,我们可以肯定的倒
是:他们还占有着土地,他们的氏族组织并未被打散,他们是一族
一族地被分出去的,而且仍然是由他们原来的族长和氏族贵族来

率领着他们的。他们氏族部落内部如果发生不和,有了问题,仍然是由他们自己的族长来处理的。

殷人的文化比周人先进,但就历史阶段说不会比周人高得多。如果殷族的公社已在解体或者殷人已经进入奴隶社会,殷人也一定还在古代社会的前期,殷人的氏族组织也一定还存在着。所以殷人还是以氏族为单位的被分出去的。但在氏族内部已经有氏族长、氏族贵族、氏族成员等的等级划分。从《左传》"帅其宗氏,辑其分族,将其类丑"中"宗氏"、"分族"、"类丑"的区分上,也可以看出其内部是有阶级分化的一点消息。

如果这样来理解这些材料没有错误,则周族征服殷族后,殷、周两族的关系,正是前期古代社会中族与族在征服中所常采取的结合形式中的一种形式——被征服族承认征服族的领导,二者结合到一起,组织成部落国家,被征服族的氏族部落组织并不被打散。

史籍中另外的一些材料也说明了周族和被征服族的关系。《左传》隐公六年有这样一段记载:

> 翼九宗、五正、顷父之子嘉父逆晋侯于随,纳诸鄂。晋人谓之鄂侯。

所谓九宗就是成王封唐叔时的怀姓九宗。这条记载说明公元前12世纪分给唐叔的怀姓九宗到前8世纪还维持着他们的氏族组织,九宗的族长已参与晋国诸侯的拥立。奴隶、农奴是没有这种资格的,他们的身份是贵族,是氏族长,杜预在注中就说他们"世为晋强家"。又《左传》定公六年载:

> 阳虎又盟公及三桓于周社,盟国人于亳社。

亳社是殷人的社。阳虎盟国人于亳社,使我们知道在公元前 6 世纪,殷民六族的地位已上升为鲁国的国人。

《左传》有一段关于郑国成立时郑人与商人的关系的记载。西周后期周宣王建立郑国的时候,也和成王、周公封伯禽、康叔、唐叔时一样,把一些殷人分给郑桓公。在《左传》的记载中我们看见,同去建立郑国的殷人和周人的关系是靠"盟"来建立和维持的。昭公十六年郑国子产对晋国韩宣子说:

> 昔我先君桓公,与商人皆出自周。庸次比耦,以艾杀此地。斩之蓬蒿藜藋,而共处之。世有盟誓,以相信也,曰:"尔勿我叛,我无强贾,毋或匄夺。尔有利市宝贿,我勿与知。"恃此质誓,故能相保以至于今。

郑桓公所领导的周人和殷人的盟,实质上就是部落国家从前代所承继下来的部落联盟形式。郑桓公之封,上距周之灭殷已有三个世纪,在这三个世纪中,殷周两族的关系已在改善,到宣王封郑桓公时,殷人与周人的关系比周初自然会有进步,所以文献已明确显示,他们间是联盟的关系了。

从另外的文献,如《周礼》、《孟子》,我们知道周代在一个国家之内,周族和被征服族是不住在一起的。他们各有各的居住区域,周人住在内圈,被征服族住在外圈。

《周礼》这部书是有问题的,但我们可以肯定的是它绝不会是刘歆伪造的。大约这是成于战国时期的一部书,里面有一些战国前的材料。

《周礼》有六乡六遂的制度。周王有六乡六遂两种不同的、同时并存的政治组织系统来管理他的人民。

依据《周礼》的记载,住在六乡的人民和住在六遂的人民政治地位是不同的。六乡的人民有参与政治的权利,六遂的人民没有。六乡人民在政治上能够享受的特权,六遂人民也享受的少或竟不能享受。同时,在服兵役的权利上也是不平等的。六乡的人民有当兵作战的权利,六遂的人民似乎就没有。[①]

《周礼》关于国内地方区域划分的记载是相当混乱的,于乡遂之外,又有国中、郊、野、都鄙等。乡遂和它们的关系怎样也不够明确。但综合起来看,我们不难理解乡和遂的关系,是一在内圈,一在外圈。乡是国中,是郊;遂是野。《周礼·秋官·小司寇》"乡士掌国中"条注说:"郑司农云:'谓国中至百里之郊也。'玄谓其地距王城百里内也。""遂士掌四郊"条注说:"郑司农云:谓百里外至三百里也。玄谓其地在距王城百里以外至二百里。"这都说明乡是内圈,是国中和城郊;遂是外圈,是野。当然事实上不可能是这样机械划一。

乡遂制不仅行于周天子王国,似乎也行于其他诸侯国家。如鲁国就是"鲁人三郊三遂"。

《孟子》曾谈到一国之中,国野之分。住在国中的是国人,是君子;住在野的是野人。《孟子》这段话见《滕文公上篇》,原文是:

> 夏后氏五十而贡,殷人七十而助,周人百亩而彻,其实皆什一也。彻者,彻也;助者,藉也。龙子曰:"治地莫善于助,莫不善于贡。"夫滕壤地褊小,将为君子焉,将为野人焉。无君子

① 参看蒙文通:《对殷周社会研究提供的材料和问题》,载《工商日报》(成都)1951年10月21日《学林》第12期。

莫治野人,无野人莫养君子。请野九一而助,国中什一使自赋。……方里而井,井九百亩,其中为公田,八家皆私百亩,同养公田;公事毕,然后敢治私事,所以别野人也。

《孟子》国野之分,就是《周礼》中乡遂之分。居于野的野人和居于国中的君子对国家的负担不同。野中所行的是助法,国中所行的是赋法。居于野的野人是殷人的后裔,他们行助法;居于国中的是周人的后裔,他们行彻法。

什么是赋呢? 赋与助既然都是"其实皆什一也",二者又有什么区别呢?《汉书·食货志》谈到周代人民的租税负担时,有这样一段话:

有赋有税。税谓公田什一及工商衡虞之入也。赋共车马甲兵士徒之役,充实府库赐予之用。税给郊社宗庙百神之祀,天子奉养百官禄食庶事之费。

颜师古注云:

赋谓计口发财,税谓收其田入也。

从这段材料,我们知道税和赋是两种不同性质的税收,税是作奉养用的,赋是供车马甲兵士徒之役的。班固、颜师古把赋和税只看作是两种不同的税收,他们已经不了解赋、税的古义了。他们是以汉代的制度——算赋、田租来解释周代的制度的,结合《孟子》的材料来看,我们可以看出赋和税的起源,在周代是有着征服族和被征服族的不同负担的区别的。国中,是什一使自赋。居住国中的是征服族周族本族的人,他们的负担主要的是出兵作战,包括甲兵车马之费。在氏族部落时期,每一氏族成员同时就是一个战斗员,作战是他们的权利。战时所用的武器、马匹、粮食是自带的。这是周人赋的起源。等周族公社解体,有了王、贵族、自由人,有了国家组织时,便成为周人对国家和王的一种义务。被征服的殷族和其他族人,他们没有兵役负担。像《孟子》和《周礼》上所记载的,他们住在野或外圈。因为他们的氏族组织并没有被打破,他们原来的助法也仍然延续下来。大约周灭殷后,周人和殷人对国家的负担上有了分工,周人负担兵役,出兵打仗;殷人没有兵役,仍以助的形式,提供租税粮食,所谓"无君子莫治野人,无野人莫养君子"。先秦文献中,君子小人、君子野人之分,最原始的意义,只是族的区分,君子指周人,小人野人皆殷人。《论语·先进篇》:"先进于礼乐,野人也;后进于礼乐,君子也。"如果不从族的区别,仅从野人是殷人、君子是周人来解释,是不好说明的。

根据以上《尚书》、《左传》、《周礼》、《孟子》的材料和我们的分析来看,西周初年的社会国家似乎还是建立在氏族部落组织上的部落国家,殷、周两族是通过征服以联盟的形式结合到一个国家社会体中来,征服者周族居于国境的中心——城市,即国中和近郊。被征服者居住在外圈,即野(当然,事实上不会是这样机械地分成内外)。被征服族,主要的是殷族,仍然是聚族而居的,他们的氏族宗长、氏族贵族便也一起被保存下来。随着时间的发展和公社的进一步解体,从春秋时代开始殷、周两族人逐步融合起来。在逐渐突破原来的血缘关系、氏族公社界限而融合起来的时候,被征服族的贵族便成为这一国家的贵族,而被征服族的公社成员也就和征服族的公社成员结合一起成为这一国家的自由人阶级。这种融合过程,各国可能有先有后,有快有慢。春秋初期晋的怀姓九宗的族长、贵族成为晋的贵族,可以参与拥立晋君的活动,春秋后期鲁国的殷人已成为鲁国的国人了。孟子时期,国与野的区别大约还是存在的,族的区分大约已不显著了。

征服族把被征服族降为次要地位,而又不打破他们的氏族部落组织,共同组织部落国家,是公社解体奴隶制生长时期的过渡形式。在氏族制时期,氏族部落的扩大是通过氏族部落联盟。在公社解体奴隶制生长的初期,限于生产力发展的条件,征服者是不可能一下子就把被征服族大量降为奴隶吸收到自己家长奴役制的家族下面来的。这时期,征服者就延用了部落联盟的形式,与被征服族结合起来。周族和殷族的关系就正是如此。

但是,在对外征服中,奴隶制也毕竟发展起来。周族在对外征服中,不都是采取像对殷人所采取的形式——联盟的形式的。对殷人所以采取联盟的形式,是因为当时周族生产力的发展条件还不能一下子把殷族这样一个大族以奴隶的形式吸收到自己的族内来。但灭殷以后,形式有了变化。在灭殷的基础上,周人的生产力有了迅速的发展,周族已经能够比较大量地吸收奴隶,使用奴隶。

在灭殷以后,周族继续向东向南向北发展。在战争中常常是把被俘虏的敌对部落的人民大量地转化为奴隶。其数量之大是很可观的,据小盂鼎的记载,在一次战争中就"俘人万三千八十一人"。

周王通过赏赐把一部分奴隶转给王以下的大小贵族。成王时代的令簋铭文说:"姜赏令贝十朋,臣十家,鬲百人。"康王时代的周公毁:"□井侯毁,锡臣三品:州人,重人,章人。"奴隶的赏赐数量有时是很大的。例如康王时的大盂鼎载:"锡汝邦司四伯,人鬲自驭至于庶人六百又五十又九夫。……锡夷司王臣十又三伯,人鬲千又五十夫。"

就《左传》的记载看,春秋时期,战争中的俘虏是作为奴隶的。晋景公"赏桓子(荀林父)狄臣千室"①。这一千室狄臣就是在对狄人作战中的俘虏。晋文公平王子带之乱,恢复周襄王的王位,襄王赏以阳樊之田。阳樊不服,文公围之。城人"苍葛呼曰:'德以柔中国,刑以威四夷,宜吾不敢服也。此谁非王之亲姻,其俘之也?'乃出其民"②。在西周和春秋,刑人和俘虏都是奴隶。出其民,就是不以其民做奴隶。

奴隶不仅参加家内劳作,也参加生产劳动。他们参加农业生产,如克鼎载:"锡汝井、絫、速人,耤耕;锡汝井人奔于量。"不娶殷:"锡汝臣五家,田十田,用从乃事。"

除了奴隶和奴隶主的对立外,依附关系,即农民对贵族的依附关系,在西周春秋时期也是存在的。《诗经·豳风·七月》和《魏风·硕鼠》所描述的农民和主人的关系,就是依附农民对氏族贵族的关系。依附人同主人的关系,隶属的程度和他们的身份地位,是不完全相同的。《七月》所描述的农民,身份是低的,有些像农奴;《硕鼠》里的农民,身份地位要高些,他可以"逝将去汝,适彼乐土"。

春秋时期的各国贵族多有私属或属徒。如晋大夫郤克曾请以其"私属"伐齐③。吴王孙弥庸曾以"属徒五千"与越人战④。齐大

---

① 《左传》宣公十五年。
② 《左传》僖公二十五年。
③ 《左传》宣公十七年。
④ 《左传》哀公十三年。

夫阚止与陈成子争政,曾以"属徒攻闱与大门"①。

　　所谓私属、属徒就是贵族的属下人口。不过,从《左传》的记载看,在春秋末年,贵族下面的依附者的身份地位,有些已是很高的。如鲁大夫微虎的私属徒七百人中,就有孔子的弟子有若,而且他们已被称作"国士"②。

　　从西周初到春秋末,氏族贵族和他们下面的人的隶属关系,不是一成不变的,而是在不断发展变化中。譬如"臣",在殷和西周是奴隶③;东周春秋时"臣"仍然包括着奴隶,甚至到商鞅变法时,使贵族"各以差次名田宅,臣妾衣服以家次"④,臣妾仍然是指的奴隶。但随着时间的推移,"臣"于奴隶之外,又逐渐成为臣属的通称,奴隶以外,还包括其他的和主人有依附关系、隶属关系的人。"徒"的变化发展也有这种情况。直到汉代,严格的法律上的"徒"仍是奴隶。但由上引《左传》的材料看,春秋时期,"徒"也已经包括身份高于奴隶的人了。原因是由于奴隶身份的提高,原为奴隶的臣、徒在实质上身份地位起了变化,但名称上仍使用原来的名称,于是名称的含义,前后就不同。

　　文献显示东周以后贵族领有的人口,是以室作单位的。齐国的贵族陈、鲍两家战败了栾、高两家,就"分其室"为己有⑤。"楚子

　　①　《左传》哀公十四年。
　　②　《左传》哀公八年。
　　③　依郭沫若先生说,参看郭著:《十批判书·古代研究的自我批判》,人民出版社1954年版。
　　④　《史记》卷六八《商君列传》。
　　⑤　《左传》昭公十年。

为令尹,杀大司马蒍掩而取其室"①。吴季札"弃其室而耕"②。齐贵族崔杼"杀高厚于洒蓝而兼其室"③。郑国子展、子西率国人"杀子孔而分其室"④。楚"子重、子反杀巫臣之族子阎、子荡及清尹弗忌及襄老之子黑要,而分其室。子重取子阎之室,使沈尹与王子罢分子荡之室,子反取黑要与清尹之室"⑤。贵族对于自己的人口是可以自由处置的,如"宋公子地嬖蘧富猎,十一分其室而以五与之"⑥。

有的历史学家认为,室是奴隶的群数单位。我认为室最初可能只使用于奴隶,春秋时仍然有的是指的奴隶,如前面所引《左传》赏桓子狄臣千室,一定是奴隶。但把贵族领下以室来计算的人口全部看作奴隶,恐怕是有问题的。鲁襄公十一年,鲁三桓"三分公室而各有其一";昭公五年又"四分公室,季氏择二,二子各一,皆尽征之而贡于公"。三分、四分的公室,很明显是指的鲁君的全部领户,而不是鲁君的奴隶。《论语·公冶长篇》:"子曰:求也,千室之邑,百乘之家,可使为之宰也。"这里也以理解为贵族领下的人口比理解为奴隶恰当。又:"子曰:十室之邑,必有忠信如丘者焉,不如丘之好学也。"更可以看出,室所包括的是一般居民而不是奴隶。

《左传》、《论语》关于室的记载,也就说明春秋时期贵族下面有

---

① 《左传》昭公十三年。
② 《左传》襄公十四年。
③ 《左传》襄公十九年。
④ 同上。
⑤ 《左传》成公七年。
⑥ 《左传》定公十年。参看侯外庐:《中国古代社会史论》,人民出版社1955年版,第68—69页。

大量的依附或隶属人口。

隶属于贵族的人口,和奴隶一起构成贵族的私人。《诗经·大雅·崧高》:"王命申伯,式是南邦,因是谢人,以作尔庸。王命召伯,彻申伯土田。王命傅御,迁其私人。"这里"因是谢人","彻申伯土田"就是授民授疆土。我们很难明确地指出"谢人"、"私人"是奴隶抑是农奴。但我们可以说它包括奴隶、农奴、各种依附关系隶属关系的人。在一家氏族贵族下有一大批奴隶和各种依附人民。

自由民更是大量存在的一个阶级。氏族解体中,绝大部分公社成员成为自由民阶级。

井田制的有无,是争论很久的问题。井田制是否存在过?它是一种什么制度?简单地说,井田制是战国时代的人如孟子,所理想化的一套古代土地制度。但这套土地制度不是纯出于理想,是有古代土地制度的影子作基础的。只是孟子没有弄清历史事实,他把公社解体前和公社解体后不同的土地制度混而为一了。

井田制度中的平均分配土地,是公社时代土地平均分配使用制度的反映。我们知道有些民族在氏族公社时期,它的土地就是以长条或方块的形式平均分配给各氏族成员去耕种和使用的。古代罗马就有这种制度①。最初,可能是一年一分,收获以后,公社的土地又成为一片公地,明年再分配。其后分配时间逐渐放长。随着公社的解体,氏族内部阶级的分化,私有财产的发展,氏族长就窃夺了公社的公权,把经由选举而被赋予的管理公社事务和公社财产的权力转化为个人的特权,同时也就窃夺了公社的公有财

---

① 参看郭沫若:《十批判书》,第29—30页。

产成为他的私有财产。和氏族长的权力、财产通过窃夺由公有转化为私有的过程同时,氏族成员的土地使用权也由一年一分、二年一分到终身分去不还,变成他们的私有土地。

井田制所反映的原始历史影子,就是这种制度。甲骨文中的"田"字,就是方块形式①。孟子所说的"夏后氏五十而贡,殷人七十而助,周人百亩而彻"②,可能就反映夏、商、周三族都曾实行过这种公有土地分配使用的办法。在公社解体后,公社成员就占有这些土地,成为自耕农民。

在文献中,西周春秋时代的国人,就是自由民阶级。西周初年的对外战争,负主要战斗任务的就是周族的这一自由民阶级。《诗经》里好些诗篇,如《豳风·东山》就是描写周公东征时的自由民战士,《唐风·鸨羽》所写的也是出征的自由民对征役的反抗。战士出征,家里有父母不得供养,田园也不得耕种,因而伤感愤怒。

从西周晚年起,在文献中我们也看见这个阶级在政治上的活跃。西周末,周的国人起来暴动,驱逐了厉王。春秋时期,各国的国人参与出君、弑君、内战等等活动③。

·　自由民国人的范围是逐步扩大的,不限于周人。从前引《左传》"阳虎盟公及三桓于周社,盟国人于亳社",知道在春秋晚期,殷人已是鲁国自由民国人的主要构成者。

前引《左传》周襄王以阳樊之田赏晋文公,阳樊人不服,文公围之。阳樊人呼曰:"此谁非王之亲姻,其俘之也?"乃出其民。这里

---

① 参看郭沫若:《奴隶制时代》,第 20 页。
② 《孟子·滕文公上》。
③ 参看侯外庐:《中国古代社会史论》第九章第二节《周代自由民(国人)》。

耕种阳樊之田的,显然也是自由民。"此谁非王之亲姻"表明他们的身份,"其俘之也?"表明自由民对于做奴隶的反抗,"乃出其民"是说文公不以阳樊之民为奴隶。

西周春秋时期,自由民这一阶级数量是很大的,而且是生产劳动的主要负担者。

不过,西周春秋时代的自耕农民,是具有古代东方社会的自耕农民的一些特点的。在古代中国,在公社解体过程中,原来的氏族长——王,不仅窃夺了公社的公权,公社的公有财产,而且对于原来属于公社后来被公社成员分去的土地的所有权也不放松。他以"代表共同体的个人"(马克思语,指古代东方的国王)的资格,要求这些土地也仍然是为他所有。

马克思在谈到古代波兰、罗马尼亚的自耕农民时曾说:

> 古代土地公有制的残余,在过渡到独立的农民经济以后,还在例如波兰和罗马尼亚保留下来。……土地一部分属于单个农民,由他们独立耕种。另一部分则共同耕种,形成剩余产品,它部分地用于公社的开支,部分地作为歉收时动用的储备等等。剩余产品的最后这两部分,以及最终全部剩余产品连同生长这个剩余产品的土地,都逐渐为国家官吏和私人所掠夺;原来的自由农民,有义务共同耕种这种土地的土地所有者,这样就变为有义务从事徭役或交纳产品地租的人,而公有地的掠夺者则变为不仅是被掠夺的公有地的所有者,并且也是农民自由土地的所有者。[1]

---

[1] 《资本论》第三卷,人民出版社 1975 年版,第 907 页。

马克思这里所说的古代波兰、罗马尼亚土地公有制过渡为独立自
耕农的过程中的情况,很可以启发我们来理解古代中国公社解体
后西周和春秋时期自耕农的情况,也可以启发我们来理解战国以
后自耕农民对国家租税徭役负担的起源和性质。在中国,窃夺了
这些公有土地的所有权的,不是国家的官吏,也不是私人,而是国
君,即代表共同体的个人。随着这些公有土地的被掠夺和掠夺者
成为王和国君,农民在公有土地上的共同耕作义务也就转化为农
民对王和国君的义务和负担。传说中的井田制的贡、助、彻和几家
共耕公田,就反映了这种情况。马克思、恩格斯都曾经指出,在古
代东方,"国家就是最高的地主"①;"国君是土地所有者的头子"②。
古代中国的情况,是具有马克思、恩格斯所指出的古代东方社会的
特征的,"国家就是最高的地主","国君是土地所有者的头子",就
是其中最重要的一点。

　　在古代中国,由于周族是征服者胜利者这一事实,就使得周族
共同体的代表人周王和各国诸侯们,成为最高的土地所有者。在
公社解体,土地公有制破坏的过程中,他们不仅成为公有土地的所
有者,并且也成为农民土地的所有者;不仅成为农民土地的所有
者,而且要求农民自身对他们的隶属。同时,由于周族是征服者胜
利者这一事实,也使得公社解体过程中出现的自耕农民的阶层比
较复杂。周族公社解体过程中所产生的自耕农民地位比较高,殷
族公社解体过程中所产生的自耕农民就比较低。先秦文献中,自

---

①　《资本论》第三卷,第 891 页。
②　《剩余价值学说史》第三卷,人民出版社 1978 年版,第 450 页。

耕农民中阶层的复杂,名称之多,就反映这种实际。自然,这里面也反映一个历史发展过程,在西周时期这种差异特别显著,到春秋末期尤其进入战国以后,他们中间因族姓、血缘、征服而带来的不同就逐渐淡薄了。

有些学者从西周春秋的农奴制、依附关系、隶属关系等方面认为西周春秋是封建社会。

就最可宝贵的金文材料来看,在西周发展起来的奴隶制,是强于农奴制的。就文献材料看,春秋时期,国与国战争中的俘虏,是要作为奴隶的。更重要的,从历史发展看,春秋战国之际,由于生产力的发展,商品货币关系的发展,奴隶制发展起来,由以家长式的生产直接生活资料为目标的奴隶劳动转化为以生产剩余价值为目标的奴隶劳动。春秋战国之际的这一转化,完全是和古代社会的发展规律相符合的(详下)。因此,也不可能于古代奴隶社会之前,先有一段封建社会。

有些学者把国有土地、自耕农民对国家的租税徭役负担和自耕农民对国家的隶属关系理解为封建关系,从而认为西周春秋是封建社会。

我认为尽管这些自耕农民对国家有租税徭役负担,同时对国家有很大的隶属关系,但在本质上他们是独立自耕农民,那是古代公社土地公有制过渡到独立的自耕农民经济过程中,东方条件下的产物。国有土地制是土地公有制的残余,国君作为"最高的地主"或"土地所有者的头子",他是"代表共同体的个人"而不是封建主。因此,我们不能把古代国有土地制和封建土地所有制等同起来,也不能把这种关系和封建关系等同起来。马克思和恩格斯在他们的著作中曾多次谈到这些情况，没有一处说过这是封建关系。相反，恩格斯在《反杜林论》中却说："在整个东方，公社或国家是土地的所有者……只有土耳其人才在被他们所征服的东方国家推行了一种地主封建制度。"①古代东方国有土地制的情况、程度如何，还要具体研究。但马克思、恩格斯没有说过这是封建制，似乎是明确的。

西周春秋还不是封建社会，也还没有进入发展的奴隶制时期。西周春秋时期氏族制解体过程还在进行，血缘关系还很顽强地保存下来，尤其在初期，各族仍是聚族而居的。这时期出现了依附关系和农奴制，同时更出现了奴隶制，但无论奴隶制或农奴制都还没有成为支配的生产形态，社会生产的主要担当者还是公社解体中发展出来的自耕农民，虽然这些自耕农民是具有东方特点的。所有这一切，正说明西周春秋时期，是由公社解体到发展的奴隶制国家的过渡时期，或者叫做前期古代社会。

二、战国秦汉时期的奴隶制及其在社会经济中所起的作用

春秋战国之际为一分界线，在这前后的社会经济情况是有变化的。西周春秋除去被掠取的人口和战争俘虏被降做奴隶，他们是离开了他们自己的部落以外，氏族部落还是社会的组成单位，征服族和被征服族还都是聚族而居的。其中尤以征服者周族的氏族

---

① 人民出版社1970年版，第173页。

组织保持得最顽固。

公元前5世纪,农业生产力有了显著的进步。铁制农具出现了,耕牛的使用更为推广,灌溉事业逐渐发达。在生产力发达的基础上,货币关系有了进一步的发展,商品流通活跃起来,城市也跟着发展起来。随着这些发展,公社更进一步地解体,氏族世袭贵族之外,在商品货币关系发展中出现了货币占有者和奴隶占有者。随着这个变化,奴隶制度发展起来了,奴隶制度由早期奴隶制转到发展的奴隶制。

早期的原始的奴隶制向发展的奴隶制的发展,和商品货币关系的发展是有密切的关系的。马克思说:"在古代世界,商业的影响和商人资本的发展,总是以奴隶经济为其结果;不过由于出发点不同,有时只是使家长制的、以生产直接生活资料为目的的奴隶制度,转化为以生产剩余价值为目的的奴隶制度。"[1]恩格斯在《家庭、私有制和国家的起源》中论述雅典奴隶制的发展时,曾详细叙述分析了商品货币关系在雅典奴隶制的发展中所起的作用。罗马是古典的古代社会的又一典型。罗马古典的古代社会的发展也典型地表现了古代社会的前后两期,从公元前6世纪末罗马原始公社解体,罗马就进入阶级社会,即古典的古代社会,但直到公元前3世纪中期,罗马统一意大利半岛,其势力向地中海沿岸发展时,奴隶制才发展起来,罗马社会才由古代社会前期,或原始的早期的奴隶制进入古代后期,或发展的奴隶制。我们都知道这一发展是和罗马商品货币关系的发展分不开的。公元前3世纪中叶罗马向

---

[1] 《资本论》第三卷,第371页。

地中海沿岸发展的时候,罗马的商业已跟着发展起来了。

　　春秋开始,氏族组织慢慢融合,聚族而居的氏族部落逐渐被打乱了,地缘关系代替了血缘关系。周人、殷人的区别已逐渐消失。全体人民,逐渐不问氏族或部落,被分为几个阶级——贵族、自由平民和奴隶等阶级。氏族贵族逐渐突破氏族贵族的外壳而成为没有血缘部落区别的贵族阶级。各氏族部落的成员,不论是征服或被征服族,现在慢慢融合起来成为一个新的自由民阶级。这样,一种小农社会就代替了过去氏族分居的社会。

　　由于文献不足,我们没法详细知道这一变化的过程,但鲁宣公十五年的"初税亩",成公元年的"作丘甲",昭公四年郑的"作丘赋",哀公十二年鲁的"用田赋",显示了这种变化。

　　从文献中保留下来的材料来看,最早完成这种发展过程的是魏国。所谓魏文侯用李悝尽地力之教,正是这种转化的反映。李悝改革后,社会上主要的生产劳动者是不分乡遂、不分国野、不问族姓而只以人头计算的"一夫挟五口,治田百亩"的小农。这些小农不论原来是哪一族,现在的地位都是一样的,对国家负担同样的义务。

　　这种泯除了氏族区别的小农经济是战国初期各国一般的发展趋势,并非魏国一个国家所特有的现象。《孟子·梁惠王上》篇所谓:"百亩之田,勿夺其时,数口之家可以无饥矣",说明到战国中期,维持这种"一家百亩"的小农经济是当时的理想情况。

　　就整个历史发展来看,商鞅变法是完成这一社会变革的标志。商鞅的"废井田,民得买卖"的土地改革,代表这一变化的完成。

　　从战国到秦汉,即公元前 5 世纪到公元 2 世纪末,六百多年的这一时期,是古代社会即发展的奴隶制的发展和衰落的过程。战国到西汉中叶是中国古代社会的繁荣时期,小农经济的繁荣是社会繁荣的一面,奴隶制的发展和奴隶经济在整个社会经济中的领导,构成社会繁荣的另一面。西汉中叶以后奴隶制的危机逐渐暴露,小农经济趋于衰落。当然,在这几百年的长时期中,这一发展过程并不是直线式的进行的,在全国范围内,这一发展也不是平衡的,而是曲折的、不平衡的。

对战国秦汉时期小农经济的性质的了解,是认识战国秦汉社会性质中一个重要的问题。为什么我强调从小农经济的繁荣衰落来看古代社会的发展呢? 这是因为在古代社会中,小农经济的繁荣正是一个典型形态。马克思说:

> 自耕农的这种自由小土地所有制形式,作为占统治地位的正常形式,一方面,在古典古代的极盛时期,形成社会的经济基础;另一方面,在现代各国,我们又发现它是封建土地所有制解体所产生的各种形式之一。①

恩格斯在《反杜林论》中也说过:

> 公社的产品愈是采取商品的形式,就是说,产品中为自己消费的部分愈小,为交换目的而生产的部分愈大,在公社内部,原始的自发的分工被交换排挤得越多,公社各个社员的财产状况就愈加不平等,旧的土地公有制就被埋葬得愈深,公社也就愈加迅速地瓦解为小农的乡村。②

---

① 《资本论》第三卷,第 909 页。
② 《马克思恩格斯全集》第 20 卷,第 176—177 页。

不但在古典的古代极盛的时期，自耕农的小土地所有制形态是支配的形态，形成社会的经济基础，在中国古代社会中，其情况也是如此。

不过，小农经济虽然在古代极盛的时期形成社会的经济基础，但正像在封建社会中小农经济是受封建经济支配的，在资本主义社会中是受资本主义经济支配的，在社会主义社会中是受社会主义经济领导的一样，在古代社会中的小农经济是受奴隶经济支配的。在商品货币关系和奴隶经济的发展下，在国家租税徭役负担的压迫下，它的命运是必然走向没落的。奴隶制和大土地所有制的发展，大土地兼并小农和小农破产沦为奴隶，是古代社会的发展规律。

春秋战国间生产力和商品货币关系的发展更进一步地促使公社解体，也就促成了最后彻底突破氏族组织的约束而以家族为单位的小农的出现。但商品货币关系的发展是不以此为满足的。商品货币关系在促进公社解体，变公社所有制为氏族贵族尤其周王的土地所有制和小生产农民所有制以后，更进一步的发展就是推动这个大地产所有者显贵阶级进而吞并小农，发展大土地所有制，使小农沦为奴隶。恩格斯在《家庭、私有制和国家的起源》中说：

　　除了表现为商品和奴隶的财富以外，除了货币财富以外，这时还出现了表现为地产的财富。各个人对于原来由氏族或部落给予他们的小块土地的占有权，现在变得如此牢固，以致这些小块土地作为世袭财产而属于他们了。……但是，当新的土地占有者彻底摆脱了氏族与部落的最高所有权这一桎梏的时候，他也就挣断了迄今把他同土地不可分割地连在一起的纽带。这意味着什么,和土地私有权同时被发明出来的货币,向他做了说明。土地现在可以成为出卖和抵押的商品了。土地所有权刚一确立,抵押制就被发明出来了。……这样,随着贸易的扩大,随着货币和货币高利贷、土地所有权和抵押制的产生,财富便迅速地积聚和集中到一个人数很少的阶级手中,与此同时,大众日益贫困化,贫民的人数也日益增长。①

战国到秦汉几百年的历史,可以归结为这样一种斗争过程的发展史,即大土地所有制和自耕农民小土地所有制的斗争过程和商业发展、土地集中、小农沦为奴隶过程的历史。1885 年马克思给恩格斯的一封信中说:

> 不久前我又仔细研究了奥古斯都时代以前的〔古〕罗马史。国内史可以明显地归结为小土地所有制同大土地所有制的斗争,当然这种斗争具有为奴隶制所决定的特殊形式。从罗马历史最初几页就有着重要作用的债务关系,只不过是小土地所有制的自然的结果。②

战国以来,商品货币关系的发展和奴隶制是结合在一起的,正如马克思所指出的“在古代世界,商业的影响和商人资本的发展,总是以奴隶经济为其结果”。战国以来,在社会经济中有支配地位的大商人、大矿业主同时多半就是大奴隶主,他们是使用奴隶来参加他们的商业活动的。魏文侯时的大商人白圭就是“与用事僮仆同苦乐”的。战国晚期阳翟大贾吕不韦有家僮万人。汉初齐地大

---

① 《马克思恩格斯全集》第 21 卷,第 190—191 页。
② 《马克思恩格斯全集》第 28 卷,第 438 页。

商人刁间使用奴隶"逐渔盐商贾之利","终得其力,起富数千万"①。

与人民生活有密切关系的冶铁业和其他矿业,大多数是使用奴隶劳动。秦末汉初的冶铁业者卓王孙富至僮千人。程郑亦冶铸,有奴隶数百人。官冶铁业的劳动者主要是铁官徒,就是官奴隶。文帝窦皇后的兄弟少君,幼时家贫,为人掠卖为奴。"传十余家至宜阳,为其主人入山作炭。暮卧岸下百余人,岸崩,尽厌(压)杀卧者,少君独脱不死"②。这例子说明私家作炭业也是使用奴隶劳动的。

政府的畜牧业是使用奴隶的。太仆属下"牧师诸苑三十六所,分布北边、西边……官奴婢三万人,养马三十万疋"③。西汉时期,畜牧业还是社会生产部门中一个重要的部门,在西部和北部,畜牧业尤为重要。

其他手工业也多使用奴隶。郭况家有资财数亿,家僮四百人。他家制造金属器皿,锻铸的声音传得很远,当时的人称:"郭氏之室,不雨而雷。"④昭帝时的大官僚张安世家有奴隶七百人,多从事纺织业。皇家东西织室的劳动者都是官奴婢。

大的土木工程,也使用奴隶劳动。秦始皇使用七十万奴隶修阿房宫和骊山墓。汉初惠帝曾发动奴隶两万人修筑长安城。

秦汉时代奴隶的数量无疑是很大的。从《史记》、《汉书》、《后

---

①　《史记》卷一二九《货殖列传》。

②　《汉书》卷九七《孝文窦后传》。

③　《汉书》卷五《景帝纪》如淳注引《汉仪注》。

④　《太平御览》卷八三三引《拾遗记》。

汉书》中,我们看到当时的大地主、大商人、大官僚大多保有成百成千的奴隶。司马迁把有"僮手指千"和有"马蹄躈千"、"牛千足,羊彘千双"一样,看成是构成富比千乘封君的大工商业家的财富之一。武帝时因为财政关系,与大商人、大地主、奴隶主发生冲突,杨可告缗遍天下,其结果:"得民财物以亿计,奴婢以千万数,田大县数百顷,小县百余顷。"①可以看出奴隶数量之大,也可以看出奴隶在社会经济中的重要性。哀帝时奴隶问题闹得太严重了,皇权想对私家奴隶数量加以限制,而当时所议定的限制额仍然是:诸侯王奴隶两百人,列侯公主百人,关内侯、吏、民三十人,而年六十以上十岁以下的尚不在数内。这个限制额仍然是很大的。

秦汉王朝在开拓疆土中,俘虏是作为奴隶的,俘虏以外,还半公开地掠取边境少数民族人民为奴隶。从西南少数民族中掠取僰僮是蜀地商人的重要活动。武帝时南越相吕嘉领导越人叛汉,他用以激怒越人的口号就是越王和太后专欲内属,"多从人,行至长安,虏卖以为僮"②。这不会完全出自吕嘉捏造,当时汉人掠取南粤人为奴的事实是存在的。汉在北方边境设立亭障是为了防御匈奴人的入侵,但也为北方奴隶主服务,因为亭障可以防止奴隶向匈奴逃亡。元帝时匈奴单于上书请罢边境亭障吏卒,素习边事的侯应就以为不可,他的理由之一就是:"边人奴婢愁苦,欲亡者多,曰:'闻匈奴中乐,无奈候望急何!'然时有亡出塞者。"③他认为一旦罢边塞,边境奴隶主的奴隶就要大量的逃入匈奴了。为了保障北方

---

① 《汉书》卷二四《食货志》。
② 《汉书》卷九五《南粤传》。
③ 《汉书》卷九四《匈奴传》。

奴隶主对奴隶的占有,侯应反对罢边塞。

武帝时,匈奴浑邪王率众降汉,武帝发车两万乘去迎接这些降人。"胡降者数万人皆得厚赏,衣食仰给县官"[1]。对于这样的处置,大臣汲黯竭力反对,他说:

> 夫匈奴攻当路塞,绝和亲,中国举兵诛之,死伤不可胜计,
> 而费以巨万百数。臣愚以为陛下得胡人,皆以为奴婢,赐从军
> 死者家;卤获,因与之,以谢天下,塞百姓之心。今纵不能,浑
> 邪帅数万之众来,虚府库赏赐,发良民侍养,若奉骄子。……
> 臣窃为陛下弗取也。[2]

这段话说明汉王朝是以俘虏做奴隶的。汲黯所说的"臣愚以为陛下得胡人,皆以为奴婢,赐从军死者家;卤获,因与之,以谢天下,塞百姓之心",正是当时对待外族俘虏的通常办法。降人当然和俘虏不同。

秦汉的国家或皇帝,就是大奴隶主。官有手工业,尤其其中的冶铁业和纺织业,就完全是以铁官徒和女奴隶的劳动来经营的。

法律体现统治阶级的意志,是阶级专政的重要工具。汉律虽然已不存在,但从《汉书·刑法志》中,我们可以清楚地看出汉律是一部奴隶主统治奴隶的法典。

关于战国秦汉奴隶劳动,争论比较多的问题是奴隶劳动是否大量使用于农业劳动。我认为奴隶是使用于农业劳动的,尤其在奴隶主的大地产上。季布在朱家做奴隶的时候,朱家曾置之田舍

---

① 《汉书》卷二四《食货志》。
② 《汉书》卷五○《汲黯传》。

并告诉他的儿子："田事听此奴。"①这句话固然可作"田事听此奴指挥"解,但合理的解释恐怕还是"田间劳动听此奴的便,不要督管太严"。武帝发布的贾人有市籍者及其家属皆无得籍名田以便农的诏令中有:"敢犯令,没入田僮。"②《汉书·食货志》载武帝在杨可告缗后,于"水衡、少府、大仆、大农各置田官,往往即郡县比没入田田之。其没入奴婢,分诸苑养狗马禽兽及与诸官"。是官奴隶用于农业劳动。又《后汉书·樊宏传》:

> 樊宏,南阳湖阳人也,世祖之舅……为乡里著姓。世善农稼,好货殖。……其营理产业,物无所弃,课役童隶,各得其宜,故能上下戮力,财利岁倍,乃至开广田土三百余顷。

这是一个大商人、大地主、大奴隶主而又使用奴隶于农业的最好的例子。

另外,明白记载汉代奴隶用于农业劳动的,尚有《太平御览》卷四七二引《风俗通义》下述一例:

> 庞俭凿井得钱千余万。……行求老苍头谨信属任者,年六十余,直二万钱,使主牛马耕种。

同时我们看到从汉初贾谊、晁错、董仲舒到哀帝时师丹等的限田议以及王莽的改制,无不是把土地问题、商业资本和奴隶问题相提并论的,认为这是当时社会三大中心问题。三国时蜀汉丞相府主簿杨颙对丞相诸葛亮说:"为治有体,上下不可相侵。请为明公以作家譬之。今有人使奴执耕稼,婢典炊爨,鸡主司晨,犬主吠盗,

---

① 《史记》卷一〇〇《季布列传》。
② 《史记》卷三〇《平准书》。《汉书·食货志》"田僮"作"田货"。

牛负重载,马涉远路,私业无旷,所求皆足,雍容高枕,饮食而已,忽一旦尽欲以身亲其役,不复付任,劳其体力,为此碎务,形疲神困,终无一成。"①杨颙的话,说明当时以奴隶任耕作是正常现象,就像以"鸡主司晨,犬主吠盗"一样。

马克思在《资本主义生产以前各形态》遗稿中指出:古代的城市有两个类型,一是古典的古代,在这里,是城市的历史,但是,是以土地财产和农民为基础的城市的历史;一是亚细亚的历史,这是一种城市和乡村不可分割的统一体,在这里大城市只能看作王公的营垒,看作在真正意义上只是经济制度的赘疣。中国古代的城市属于哪一类型或近于哪一类型呢?我的不成熟的意见,认为中国古代的城市是兼有两种性质而又近乎古典的古代的。这里牵涉到古代东方社会的问题,我认为中国古代社会具有马克思、恩格斯所指出的一些古代东方社会的特征,但中国社会又和古代埃及、印度、近东的古代国家有所不同。我所体会到的,马克思、恩格斯所说的东方亚细亚的社会,在基本意义上,它是前于古代奴隶社会的一个形态,所以在《政治经济学批判》序言中,马克思又说:"大体说来,亚细亚的、古代的、封建的和现代资产阶级的生产方式可以看作是社会经济形态演进的几个时代。"②这段话很明显是说亚洲的生产方式是前于古代生产方式的一个社会经济形态。在另外的地方,马克思也曾明确地以原始共产主义来注释亚洲的农村公社,并说:"我提出的欧洲各地的亚细亚的或印度的所有制形式都是原始

---

① 《三国志》卷四五《杨戏传》注引《襄阳记》。
② 《马克思恩格斯全集》第13卷,第9页。

形式。"①马克思为什么用"亚细亚的"或"亚洲的"一词来代表比古代社会更原始的社会形态呢？因为，照恩格斯后来所说的②，在当时对于社会的原始形态还不清楚。但马克思的伟大天才已经从亚洲的社会形态中看到这一比古代社会更原始的影子了，并断定这种形式最初在欧洲也一定到处存在过，所以就用了亚细亚的生产方式这一词来代替原始共产主义，并放在古代的生产方式之前，作为社会经济形态发展中几个演进时代的第一个阶段。把一个地理名词作为一个历史发展阶段，这完全是出于借用，犹如我们今天用仰韶文化、马家窑文化、龙山文化来称呼我国各地发现的新石器时代文化一样。

但是，这一原始形态在亚洲却以亚洲的特殊自然条件残存下来，使亚洲社会陷于停滞状态。因此，马克思、恩格斯又常常用它来说明亚洲各国家的社会③。这种停滞状态的社会是前于古代奴隶社会的，所以恩格斯在《反杜林论》中说：

> 古代的公社，在它继续存在的地方，在数千年中曾经是从印度到俄国的最野蛮的国家形式即东方专制制度的基础。只是在公社瓦解的地方，人民才靠自身的力量继续向前迈进，他们最初的经济进步就在于利用奴隶劳动来提高和进一步发展生产。④

---

① 马克思 1868 年 3 月 14 日给恩格斯的信，《马克思恩格斯全集》第 32 卷，第 43 页。

② 《共产党宣言》1888 年英文版注。

③ 参看《马克思恩格斯论中国》第一篇，人民出版社 1950 年版。

④ 《马克思恩格斯全集》第 20 卷，第 197 页。

马克思、恩格斯所指出的古代东方社会的许多特点,在古代中国社会中都是存在的,而且对中国历史发展是有很大的影响的。但中国社会的发展又不完全如此。具体地说,在中国原始公社解体中,代表共同体的个人,掠夺了公社的公有土地,同时也夺取了氏族公社解体中出现的独立自耕农民的土地所有权,把公社成员原来在公有土地上的共同耕作义务转变为对他个人或国家的租税和徭役,这就构成了中国历史上东方性专制主义的基础。这和古代东方各国是相近的。但中国历史又不完全如此,一方面这一"代表共同体的个人"把公有土地制保留下来,另一方面生产力的发展,商品货币关系的活跃,也"就像腐蚀性的酸类一样,渗入了农村公社的以自然经济为基础的传统的生活方式"①,于是就推动奴隶经济的发展,使中国社会沿着氏族制解体,奴隶经济发展的一般规律向前发展。中国原始公社的解体,奴隶制经济的出现和发展,以及后来奴隶制经济的解体和封建制的出现,都是沿着人类一般的历史发展规律向前发展的,并没有完全停留在原始状态下。这就使中国古代历史发展既不是东方型的,也不是希腊、罗马型的。一方面,它有东方社会的特点;另一方面又不是停滞于原始状态,而是像西方一样,按照历史规律,由原始社会向奴隶制、封建制发展。

西周春秋战国时代的历史,是城市的兴起和发展的历史,城市又是以土地财产和农民为基础的。城市是政治的中心,也是经济的中心。我们细读一下《史记·货殖列传》,我们体会得出战国秦汉的城市是一方的经济中心,它们不仅仅是王公的营垒,更不是经

---

① 《家庭、私有制和国家的起源》,《马克思恩格斯全集》第21卷,第127页。

济上的赘疣。古代中国的城市是接近于古典古代的城市，而不同于马克思所描述的古代亚细亚的城市的。

战国秦汉时期，主要地建立于奴隶劳动基础之上的城市手工业、商业和矿业以及官僚贵族大土地所有制经济，就是以城市为基础与小农经济处于对立地位的。商人、高利贷者、奴隶主、大土地所有者无情地剥削农民，从他们身上榨取脂膏，以致最后迫使小农破产沦为奴隶。晁错、董仲舒的话都反映了这种情况。晁错在汉文帝时上言：

> 今农夫五口之家，其服役者不下二人，其能耕者不过百亩，百亩之收不过百石。春耕夏耘，秋获冬藏，伐薪樵，治官府，给徭役；……四时之间亡日休息；又私自送往迎来，吊死问疾，养孤长幼在其中。勤苦如此，尚复被水旱之灾，急政暴赋，赋敛不时，朝令而暮改。当具有者半贾而卖，亡者取倍称之息，于是有卖田宅鬻子孙以偿责者矣。而商贾大者积贮倍息，小者坐列贩卖，操其奇赢，日游都市，乘上之急，所卖必倍。故其男不耕耘，女不蚕织，衣必文采，食必粱肉；亡农夫之苦，有仟伯之得。因其富厚，交通王侯，力过吏势，以利相倾；千里游敖，冠盖相望，乘坚策肥，履丝曳缟。此商人所以兼并农人，农人所以流亡者也。[①]

汉武帝时董仲舒又在对策中说：

> 身宠而载高位，家温而食厚禄，因乘富贵之资力，以与民争利于下，民安能如之哉！是故众其奴婢，多其牛羊，广其田

---

① 《汉书》卷二四《食货志》。

宅,博其产业,畜其积委,务此而亡已,以迫蹴民。民日削月
朘,寖以大穷。①

　　小农除受商人、地主、官僚的剥削外,同时又是国家租税赋役
的主要负担者。在商人兼并、国家租役双重剥削压迫下,小农便走
向破产没落的道路,失去土地之后,还要面对着沦为奴隶的危险。
上引晁错、董仲舒的话,都反映出汉代小农这种必然不可避免的命
运。汉武帝以后,土地集中,"富者田连仟佰,贫者亡立锥之地"。
"或耕豪民之田,见税什五"②,做大土地所有者的佃户,已经是幸
运的,悲惨的就只有沦为奴隶,或者流亡都市做流氓无产者了。

　　这里既然提到佃农,就要说明一下佃农的性质。我认为汉代
的佃农是作为奴隶制的补充而出现的,也可以看作东汉以后封建
关系的先驱。佃农制也是很古老的,恩格斯在《家庭、私有制和国
家的起源》一书中,曾指出因债务而失去土地所有权的雅典农民,
往往是把土地交给债权者后,只要他能被允许"作佃户租种原地,
能得自己劳动生产品的六分之一以维持生活,把其余六分之五以
地租的形式交给新主人,那他就谢天谢地了"③。

　　到了东汉,奴隶制已发生危机,大土地所有者、货币巨头、大奴
隶主形成这样的情况:

　　　　豪人之室,连栋数百,膏田满野,奴婢千群,徒附万计。④

　　　　井田之变,豪人货殖,馆舍布于州郡,田亩连于方国。身

---

① 《汉书》卷五六《董仲舒传》。
② 《汉书》卷二四《食货志》。
③ 《马克思恩格斯全集》第21卷,第128页。
④ 《昌言·理乱篇》,见《后汉书》卷四九《仲长统传》。

无半通青纶之命,而窃三辰龙章之服;不为编户一伍之长,而
有千室名邑之役。①

这里所刻画的大土地所有者、大商人、大奴隶主三位一体的豪人正
是古代社会性的。我们如果对照着古代罗马帝国后期的商人、地
主、奴隶主来看,我们会看出在性质上他们之间有很多相似处。东
汉的豪人已有向封建因素过渡的性质的一面。这些豪人一方面有
"奴婢千群",另一方面也有"徒附万计"了。

以奴隶劳动为主要基础的城市经济和大土地所有制经济对农
村的支配,小生产者、小土地所有者农民的大量存在,大土地所有
制与小农的斗争,以及小农在商业资本、高利贷资本的剥削下和国
家租税徭役负担的压迫下,逐渐走向破产,或则沦为奴隶,或则成
为大地主的佃农、雇佣劳动者,或则流亡都市成为流氓无产者,这
正是古代社会发展中一般的规律。战国秦汉时代的中国社会正是
沿此规律发展的,我是从这个角度来认为战国秦汉的社会是古代
社会。

三、东汉时期奴隶制向封建制的
过渡和封建社会的成立

奴隶制是野蛮的,但人类究竟是通过这种野蛮方式才把自己
从更野蛮的生活状态中振拔出来。所以奴隶制度的产生,标志着
人类历史上进了一大步。

---

① 《昌言·损益篇》,见《后汉书》卷四九《仲长统传》。

　　奴隶制原是适合当时生产力的发展的,它大大地促进了生产力的进步。没有这种适合,奴隶制是不会产生,更不会发展的。

　　但是到了奴隶社会的晚期,情况就完全不同了,这时期奴隶制的危机出现了。奴隶制在社会经济中所起的作用,已不是适应生产力的发展,而是阻碍生产力的发展了。

　　奴隶社会晚期的主要特征,恰如封建社会和资本主义社会的晚期一样,是生产力和生产关系的结合发生了危机,这种危机表现在劳动农民离开土地,使土地荒芜和生产破坏上,失去土地的农民,除去沦为奴隶或成为大地主、奴隶主的佃户或雇佣劳动者外,便是逃亡山林,或流落城市成为流氓无产者。奴隶社会危机的另一表现,是奴隶和自由农民起义的爆发。西汉后期人民起义一次一次地发生,最后出现绿林、赤眉大起义。

　　古代社会中,劳动力和生产资料二者之结合关系发生危机,这一过程的发展在古代罗马后期表现得很清楚。公元前3世纪到公元前1世纪是罗马小农经济鼎盛的时期。农业是罗马公民的光荣职业。罗马公民是勇于对外作战的,因为对外作战可以使他们发财致富,他们从战争中可以俘获奴隶,也可以分取土地,还可以分取房获物。但在战争中取得了更大的利益的是大商人、将军和贵族地主,他们获得了更多的土地、更多的奴隶和更多的财富。

　　原来可以致富的对外战争,不久便成为小农的灾祸之源。长期的战争使从事战争的小农经济,由获利变成受害了。战争带来了伤亡,也带来了出征兵士家乡田园的失耕和荒芜。总之,战争带来了破产。为了应付穷困生活,他们不得不向高利贷者低头举债,这就更加速了他们的破产过程,他们不得不出卖他们的土地以还债。他们离开家乡,流浪在城市街头。公元前 1 世纪末仅仅罗马城里的流浪无产者就有几十万人。

东汉的历史,就是中国古代社会晚期的历史。西汉武帝以来,小农在兵役租税的压迫下,在大土地所有者、商人、高利贷的兼并盘剥下,逐渐走向破产流亡的路。东汉以来,这种情况是继续发展并且更加严重了,破产的农民大量地离开土地,流浪集中在城市里。我们看王符的话,他说:

> 今举俗舍本农,趋商贾,牛马车舆,填塞道路,游手为巧,充盈都邑,务本者少,浮食者众。……今察洛阳,资末业者什于农夫,虚伪游手什于末业。是则一夫耕,百人食之,一妇桑,百人衣之,以一奉百,孰能供之! 天下百郡千县,市邑万数,类皆如此。[①]

王符是东汉中叶的人。这里所谈的是他亲眼看到的现象,为了加重他的重农抑末的理论,他的话不免有夸大的成分,但大体上必然是真实的。大量的人口逃离农村,离开生产,浮游都邑,一定是当时的历史事实。从王符这段话,我们看到在东汉中叶,由于大土地所有制的发展和小农的破产而引起的劳动力(农民)和生产资料(土地)分离的危机,到了如何严重的程度。

劳动力(农民)和生产资料(土地)分离的过程,就是生产衰落的过程。马克思、恩格斯在《德意志意识形态》一书中谈到罗马帝国晚期生产破坏的情况时说:

> 趋于衰落的罗马帝国的最后几个世纪和蛮族对它的征

---

① 《潜夫论·浮侈篇》,见《后汉书》卷四九《王符传》。

服,使得生产力遭到了极大的破坏;农业衰落了,工业由于缺乏销路而一蹶不振了,商业停顿或被迫中断了,城乡居民减少了。①

东汉的人口和垦田数字始终没有赶上西汉。西汉平帝时的一次人口、垦田统计数字是:垦田八百二十七万余顷,户一千二百二十三万余,口五千九百五十九万余②,这是西汉最高的数字。东汉户口最高的数字是冲帝永嘉元年统计的数字,户九百九十余万,口四千九百五十余万。垦田最高的统计数字是和帝末年的七百三十二万零一百七十顷③,这个数字是比西汉为低的。而且就是这个数字,也很有可能是被夸大了的。东汉户口、垦田虚报不实,殇帝延平元年的诏书就说:"郡国欲获丰穰虚饰之誉,遂覆蔽灾害,多张垦田,不揣流亡,竞增户口。"④到东汉末年黄巾大起义失败后,经过董卓与东方豪族的混战,生产力破坏更厉害,人口减少,土地荒芜。汉末的仲长统描写当时人口稀少,土地荒芜的情况说:"今者土广民稀,中地未垦。"⑤又说:"以及今日,名都空而不居,百里绝而无民者,不可胜数。"⑥赤壁战前,孙权的谋臣朱治对人说:"今曹公阻兵,倾覆汉室。……中国萧条,或百里无烟,城邑空虚,道殣相望。"⑦汉末魏初的人说到当时的户口的,都是说不及汉盛时一州、

① 《马克思恩格斯全集》第3卷,第27页。
② 《汉书》卷二八《地理志》。
③ 见《续汉志·郡国志》及注。
④ 《后汉书》卷四《殇帝纪》。
⑤ 《昌言·损益篇》,见《后汉书》卷四九《仲长统传》。
⑥ 《昌言·理乱篇》,见《后汉书》卷四九《仲长统传》。
⑦ 《三国志》卷五六《吴志·朱治传》注引《江表传》。

一郡或十分之一的人口数①。三国时合魏、蜀、吴三国的人口总数也只不过七百六十七万余,也实在是略等于汉盛时十分之一略强。史籍中所留下来的户口统计并不是当时社会上所存在的实际人口的统计,而只是国家领下的纳税人的户口统计,只有国家占有下的户口才登记在这些户口籍账中。三国开始,豪强大族占有大量人口,这些人口都不在国家户口统计之中,这是户口突降的一个重大原因。尽管如此,东汉末年生产力破坏,人口大量减少,土地大量破坏,则是无疑问的事实。我们从"土广民稀,中地未垦","中国萧条,或百里无烟"这些词句中,是不难想象汉末生产力破坏的严重程度的。

生产力的破坏,自然也影响到城市经济。西汉以来相当发达的古代城市经济到东汉末也完全破坏了。我们从上面所引仲长统的话"名都空而不居"和朱治的话"城邑空虚",知道城市是遭受了严重的破坏。东汉京都洛阳和旧京长安在董卓之乱中都破坏得非常厉害。长安被破坏到二三年内无复行人。在献帝从长安逃回洛阳时,洛阳全城荒芜如旷野。"宫室烧尽,街陌荒芜,百官披荆棘,依丘墙间。……尚书郎以下,自出樵采,或饥死墙壁间"②。由于商业凋敝,金属货币的使用大大缩减了。从公元 190 年董卓废五铢钱铸小钱后,谷帛开始在很大的地区和很大的经济活动范围内代替了金属货币作为流通手段,经济生活的支配权,由城市转移到乡村。

---

① 参看《三国志·魏志》之张绣、蒋济、杜恕、陈群等人传。
② 《三国志》卷六《董卓传》。

如何使背乡离土的流亡劳动者再回到荒芜的土地上去进行生产呢？这不是奴隶制自身所能解决的问题。在我国古代社会晚期，劳动力（农民）和生产资料（土地）重新结合问题的过程，也就是封建生产方式因素在古代社会中孕育发展并起而代替奴隶制的过程。

在罗马帝国后期，我们看见封建生产方式因素的生长。2、3世纪，罗马奴隶制的发展停止了，因为奴隶制生产不再是有利可图的了，奴隶制开始向农奴制形态上转化，其过渡形态就是隶农制。3世纪开始，罗马隶农制发展起来，国家为了增加税收，强制地把农民束缚在土地上，私家奴隶主也把土地划成小块租给破产的农民或半解放了的奴隶去耕种。他们都是固着于土地上而向土地所有者缴纳地租。这样就产生了隶农制，这种隶农制就是罗马从奴隶制到封建农奴制的过渡形态。到了5世纪，借助于蛮族日耳曼人的入侵，也就是加上日耳曼入侵这一条件，主要的是日耳曼人的军事性的编制，这种隶农制就发展为中世纪的封建农奴制，形成了封建社会。

自然，中国和罗马社会发展的具体过程不同，不能拿罗马情况来和中国相比，从而说明中国的问题。但中国古代和罗马古代，因为都是奴隶社会，所以，也就有共性。

东汉时代，我们同样看见封建农奴因素在古代社会体中的孕育和生长。这种发展是从两条线上来的，一条是自由民身份的下降，一条是奴隶身份的提高。

奴隶制的危机，在西汉后期就逐渐显露了。成、哀之际各地纷纷而起的铁官徒奴隶暴动和西汉政府限田、限奴议的提出，就是奴隶制危机的反应。

王莽以前，一些思想家和政府官吏所提出的解决土地兼并和小农破产沦为奴隶这一社会矛盾的办法是限田、限奴。但限制是不能解决问题的，事实上也是没有解决问题。王莽就来了一套"更名天下田曰王田，奴婢曰私属，皆不得买卖"[①]的办法。什么是私属？它和奴隶制的不同何在？我的了解，私属就是奴隶向农奴转化中的一种身份形态。私属与奴隶不同的是私属已不能买卖，这就意味着奴隶身份的提高。因为当时的奴隶是与牛马同栏，可以买卖的，改奴婢曰私属不得买卖，至少是使奴隶摆脱与牛马同栏的状态。不过，奴隶虽然已经不能买卖，但还不能离开主人，故名曰私属。私属和王田是对称的，王田要求土地属于皇帝，私属则是奴隶仍属于他原来的主人。已经不能买卖但还不能离开主人的私属身份是高于奴隶的，它是由奴隶转向农奴的初步过渡形态。

王莽失败了，但王莽改奴婢曰私属的措施却留下了影响。奴隶不好好生产，对奴隶主也是一个够伤脑筋的问题。从改奴婢曰私属中，奴隶主找到了一条出路，奴隶主发现提高一下奴隶的身份是可以刺激他们的生产情绪和缓和奴隶与奴隶主之间的斗争的，于是他们就乐得采用这种办法了。我们虽然没有直接材料来证明从王莽改奴婢曰私属以后，就开始了奴隶向隶农转化的过程，但东汉初年豪族羽翼下部曲、奴客这一阶层的大量出现，可能和奴隶的半解放为私属是有着联系。而刘秀之一次又一次地下令解放一部分奴隶，恐怕也是以此为背景的。

---

① 《汉书》卷二四《食货志》。

　　当然这里要说明一下,王莽并不反对奴隶制度,王莽正是奴隶制的拥护者。王莽所反对的只是私家的奴隶占有,对官奴隶制则是完全赞同的。用他自己的话说,"置奴婢之市,与牛马同栏,制于臣民,颛断其命",这是"逆天心,悖人伦,缪于'天地之性人为贵'之义"的,应该反对。但"《书》曰:'予则奴戮女。'唯不用命者,然后被此辜矣"①。就是说,因犯罪而没为官奴隶,却是《书》有明训,天经地义的。王莽时期曾大大扩大了官奴隶的数量,他把大量的犯法的自由农民转化为官奴隶。

　　西汉末年,在农民大起义推翻王莽的战争时期,各地豪族地主也都率领他们的宗族、宾客、部曲、奴客等起而自守,保护他们的田园财产,或起而参加夺取政权的活动。东汉的开国功臣很多都是这类豪族地主人物。

　　东汉豪族羽翼掩盖下发展起来的客、部曲这个阶层,身份地位是低于自由民高于奴隶而又和豪族主发生隶属关系的一个阶层,这个阶层的形成是缓慢的长期的。从西汉到东汉末是这一阶层发生、生长的过程。直到魏晋时期,这个阶层的发展过程才大体完成,它代替了奴隶、自由民成为社会上一个主导的生产阶级。

　　客的名称起于战国,战国时代的客有两种:一是受贵族主豢养的"食客",一是受贵族主雇佣的"庸客"。前一种客是寄生性的,后一种是从事生产的。

　　两种客都是公社解体、商品货币关系和奴隶制发展过程中的产物。在公社解体和奴隶制发展过程中,派生出来一种轻视劳动

────────────

　　①　《汉书》卷九九《王莽传》。

的观念。恩格斯说:"奴隶制,在它是生产的主要形式的地方,使劳动成为奴隶的活动,即成为自由民丧失体面的事情。"①恩格斯这里所说的劳动,最初是从手工业开始,后来才发展到农业的。马克思在《资本主义生产以前各形态》遗稿中曾指出:"古代人一致认为农业是适合于自由民的唯一的职业。"②恩格斯在《家庭、私有制和国家的起源》中,在分析雅典社会解体过程的情况时也曾具体指出:"随着商业和工业的发展,发生了财富积累和集中于少数人手中以及大批自由公民贫困化的现象;摆在自由公民面前的只有两条道路:或者从事手工业去跟奴隶劳动竞争,而这被认为是可耻的、卑贱的职业,并且不会有什么成功;或者变成穷光蛋。他们在当时条件下必不可免地走上了后一条道路。"③

西周春秋以来,手工业主要是使用奴隶劳动的。在公社解体,商品货币关系发展和财富积蓄在少数人手中的过程中,一些公社成员赤贫化,流入城市,他们轻视劳动,于是便形成战国时期出现的游侠、流氓无产者这一阶层。他们的本领,一方面是有口辩之才,可以给人出谋定计;一方面就是不怕死,能为人卖命。他们的生活仰仗贵族的豢养,做贵族的食客。

另一种佣客也出于战国时代。《韩非子·外储说左上篇》说:"夫卖庸而播耕者,主人费家而美食,调布而求易钱者,非爱庸客也,曰:如是,耕者且深,耨者熟耘也。庸客致力而疾耘耕者,尽巧而正畦陌畦畦畤者,非爱主人也,曰:如是,羹且美,钱布且易云也。"

---

① 《〈反杜林论〉的准备材料》,《马克思恩格斯全集》第 20 卷,第 676 页。
② 《资本主义生产以前各形态》,第 12 页。
③ 《马克思恩格斯全集》第 21 卷,第 135—136 页。

庸客就是雇佣劳动者。雇佣劳动也是商品货币关系发展、公社解体过程中古代社会的产物。恩格斯在《反杜林论》中说："包含着整个资本主义生产方式的萌芽的雇佣劳动是很古老的；它个别地和分散地同奴隶制度并存了几百年。"[1]

战国时代的食客，到秦西汉时代仍是社会上一个有势力的社会阶层，养客之风仍然是很盛的。西汉初年的大侠朱家、郭解、剧孟和大官僚贵族爰盎、田蚡、窦婴、汲黯、郑当时等都有很多宾客。

战国到西汉的食客或宾客的地位虽有不同，主人对客的礼遇有高有低，但一般地说，客是自由人。客与主人是敌体的，虽然因为他们依靠主人的豢养而生活，因而就必然产生忠于主人或为主人而死的观念，但他们对于主人是没有隶属关系的。如果主人穷了，或者对他们的礼遇使他们感到不满意，他们完全有离开主人家的自由。

东汉时客的地位逐渐降低。王莽时，马援曾于北地使用宾客垦田牧畜，受其役使者有数百家。东汉初他又役使宾客在上林苑中屯田。当时人桓谭说："今富商大贾，多放钱货，中家子弟，为之保役，趋走与臣仆等勤，收税与封君比入。"[2]这里没有用宾客的字眼，但这些中家子弟和富商大贾的关系当然是客与主人的关系，他们已是"趋走与臣仆等勤"了。东汉晚年的仲长统刻画宾客谒见主人的卑躬屈节情况说："宾客待见而不敢去，车骑交错而不敢进。"[3]

东汉时的客虽然还有一部分是雇用性的，如崔寔在《政论》中所说的："假令无奴，当复取客，客庸一月千。"但一般的趋势，客的

---

① 《马克思恩格斯全集》第 20 卷，第 296 页。
② 《后汉书》卷二八《桓谭传》。
③ 《昌言·理乱篇》，见《后汉书》卷四九《仲长统传》。

地位越来越低，雇佣的关系越来越消退，依附关系越来越增长。

部曲起于西汉，最初是军队中的编制。东汉初部曲成为士卒、军队的意思，某某人所帅领的士卒、军队，即称为某某的部曲，等到私家豪族兴起，他们自家私人的武装也被称作部曲。

东汉私家部曲、客的来源，一方面是奴隶的半解放，奴隶解放了，但仍不离开本主，成为主人的部曲、客；另一方面是自由民向豪族的依附，自由民因为生活所迫投依豪族成为豪族的部曲、客。东汉时期，尤其到了后期，小农因破产而依附大土地所有者豪族的情形是非常盛行的。前面所引仲长统的话："豪人之室，连栋数百，膏田满野，奴婢千群，徒附万计。"所谓徒附，就包括投靠依附豪族的自由民。

这样，在东汉历史发展中，我们就看见劳动人民身份变化的两个发展过程，一个是自由民身份的下降，一个是奴隶身份的上升。自由民身份的下降已不是如晁错所说的在西汉时的沦为奴隶，而是成为部曲、客；奴隶身份的提高也不是解放为自由民，而是成为私属，即部曲、客。这两个阶级身份地位的一升一降，和这一发展过程之在豪族翼盖下完成，也就使得前后汉的豪强在性质上起了变化。在《史记》《汉书》里所看到的西汉的豪人，都是大奴隶主或是流氓无产者所拥戴的游侠；在《后汉书》中所看到的东汉豪人，尤其东汉末年的豪人，则是占有多少家部曲、宾客、奴客、徒附的豪族。由宾客、奴隶、流氓无产者到部曲、客的变化，是有重要社会意义的。这体现着奴隶制的衰落和封建依附关系的生产发展。食客、宾客、庸客、流氓无产者、游侠是公社解体、奴隶制发展过程中的产物，部曲、奴客则是奴隶制衰落和奴隶制向封建农奴制转化过程中的产物,东汉豪族经济的发展和豪族翼盖下奴隶身份的上升,自由民依附户身份的下降,就是东汉古代社会体中所孕育的封建因素的发展。

所有这些发展变化,在黄巾大起义之前,只是在东汉王朝还维持着它的统治,在豪族的翼盖下进行的,旧的统治形式给这些封建因素的发展以外部的束缚力,使它不能充分发展起来。

黄巾大起义瓦解了东汉王朝,使封建因素的依附关系和隶属关系得到更进一步的发展。东汉王朝镇压黄巾起义,主要是依靠地方豪强的势力。经过东汉两百年来的发展,已经在政治上、经济上、社会上形成为强大力量的豪族,通过对黄巾起义的镇压,便突破统一国家的躯壳成为地方割据势力。这种地方割据势力,借着反抗董卓的形势表现出来。曹丕在他的《典论·自序》中写道:

> 初平之元,董卓弑主鸩后,荡复王室。是时四海既困中平之政,兼恶卓之凶逆,家家思乱,人人自危。山东牧守,咸以《春秋》之义,"卫人讨州吁于濮",言人人皆得讨贼。于是大兴义兵,名豪大侠,富室强族,飘扬云会,万里相赴;衮、豫之师战于荥阳,河内之甲军于孟津。卓遂迁大驾,西都长安。而山东大者连郡国,中者婴城邑,小者聚阡陌,以还相吞灭。

中央政权崩解,地方紊乱,人民生活无保障,因而依附豪强以求自保的事,就更为盛行。邴原在辽东,"一年中往归原居者数百家"[1]。管宁避乱辽东,"避乱者皆来就之,旬月而成邑"[2]。田畴

---

① 《三国志》卷一一《邴原传》。
② 《三国志》卷一一《管宁传》。

"入徐无山中,营深险平敞地而居。……数年间,至五千余家"①。许褚"聚少年及宗族数千家,共坚壁以御寇"②。李典有"宗族及部曲三千余家,居乘氏"。李典从父李乾"合宾客数千家在乘氏"③。《三国志》里这种例子,是很多的。

东汉政权的瓦解,愈益使豪族占有下的部曲、客和国家的关系疏远,而加强了他们对豪族的隶属关系。建安年间的豪族,渐渐要求庇护他们的宾客、部曲、客对国家免服兵役的特权。《三国志·魏志·司马芝传》记载,公元 208 年有这样一段故事:"太祖(曹操)平荆州,以芝为菅(在今山东章丘县西北)长。时天下草创,多不奉法。郡主簿刘节,旧族豪侠,宾客千余家,出为盗贼,入乱吏治。顷之,芝差节客王同等为兵。掾史据白:'节家前后未尝给徭,若至时藏匿,必为留负。'芝不听,与节书曰:'君为大宗,加股肱郡,而宾客每不与役,即众庶怨望,或流声上闻。今条(调)同等为兵,幸时发遣。'兵已集郡,而节藏同等,因令督邮以军兴诡责县。县掾史穷困,乞代同行。芝乃驰檄济南,具陈节罪。太守郝光素敬信芝,即以节代同行。青州号芝'以郡主簿为兵'。"这个故事说明当明豪族占有下的户口对国家事实上已不服兵役,主张集权的曹操不承认豪族这种特权,两者就引起斗争。但就是这个主张集权的曹操集团,对于事实上已经发展壮大起来的封建性的豪族势力,也是不能不采取妥协的政策的。由曹操的子孙所建立的政权(可能是在司马氏得政以后),在中国历史上第一次以法令形式规定出豪族可以

①　《三国志》卷一一《田畴传》。
②　《三国志》卷一八《许褚传》。
③　《三国志》卷一八《李典传》。

占有客户,而且规定这些客户隶属于豪族,对国家有免除课役的特权。《晋书·王恂传》记载:"魏氏给公卿以下租牛客户,数各有差。自后小人惮役,多乐为之,贵势之门,动有数百。又太原诸部,亦以匈奴胡人为田客,多者数千。"

永嘉乱后,汉人地主南逃,北方成了胡族统治下的天下。这一时期,依附现象更为盛行。无论向南逃亡的农民,或留在北方的农民,都是大量地依附豪强以求保护。《晋书·苏峻传》:"永嘉之乱,百姓流亡,所在屯聚,峻纠合得数千家,结垒于本县。于时豪杰所在屯聚,而峻最强。"《郭默传》:"永嘉之乱,默率众以为坞主……流民依附者渐众。"《郗鉴传》:"京师不守……鉴得归乡里……举千余家俱避难于鲁之峄山。……三年间,众至数万。"这是留在北方的,南逃的也是一样,《南齐书·州郡志》"南衮州"条云:"(晋元帝)时百姓遭难,流移此境,流民多庇大姓以为客。"

在这时期的依附形式下,隶属关系更为强化了。投靠豪族下的户口,形成对国家人口的分割。这种分割和隶属关系的发展表现在两方面:第一,被豪族分割的人口对国家是免除赋役的。曹魏时分卿的租牛客户是免除赋役的,前面已说过了。西晋时更创置了荫庇佃客、衣食客制度。依官品之高低,官吏各得荫庇一定数额的佃客、衣食客。同时佃客、衣食客对国家都免除课役。《晋书·食货志》中的材料,大家都是很熟知的。无论魏的租牛客户制或晋的佃客、衣食客制都是国家对豪族分割人口的一种又斗争又妥协的办法。承认豪族可以有租牛客户或佃客、衣食客,这是妥协;定出一定的数额为限制,是斗争。细读这一代的史籍记载,我们可以说:妥协承认更给豪族分割户口加了一层法律的保障,限制斗争则效果不大。因之,即使国家所承认的限额以外的私附,也仍然是在事实上免除了对国家课役的负担。第二,对国家免除课役的被分割的户口对豪族主人有一定的租课。同时,他们对主人的隶属关系和他们不能离开主人半自由的身份也巩固定型起来。东晋初年王敦上疏称:"复依旧名,普取出客,从来久远,经涉年载,或死亡灭绝,或自赎得免,或见放遣,或父兄时事身所不及"①,就是最好的说明。客要获得自由,要离开主人,是要经过赎免或放遣的手续的。东晋都下王公贵人的佃客、衣食客是"皆注家籍的"②。所谓皆注家籍,就是说他们的名字皆从国家的户籍中除去,而登记在他们主人的户籍中。客之注籍在主人家籍中,保证了客对主人的隶属关系。

　　奴隶身份的上升,在魏晋时期也是继续盛行着的。官私奴隶大量地被解放为客、部曲,具有半自由的农奴的身份。官私奴隶的转化为客、部曲,采取几种形式:第一,是以奴隶屯田。如晋武帝咸宁元年诏:"今以邺奚官奴婢著新城代田兵种稻,奴婢各五十人为一屯,屯置司马,使皆如屯田法。"③魏晋的屯田客是隶农式的身份。奴隶一经屯田,其待遇制度皆如屯田法,则其身份就一定跟着提高,逐渐向客的身份方向转化。第二,是免奴为客,奴隶主解放自己的奴隶为客。如《晋书·会稽王道子传》载:"(元显)又发东土诸君免奴为客者号曰乐属,移置京师,以充兵役。"元显所征发的,是已经获得半解放成为客的奴隶。第三,是直接以奴为兵。东晋

---

① 《晋书》卷九八《王敦传》。
② 《隋书》卷二四《食货志》。
③ 《晋书》卷二六《食货志》。

初年因为兵源缺乏,曾几次发奴为兵。如《晋书·王敦传》:"元帝悉发扬州奴为兵,外以讨胡,实御敦也。"《何充传》:"先是,(庾)翼悉发江荆二州编户奴以充兵役,士庶嗷然。"《戴若思传》:"发投刺王官千人为军吏,调扬州百姓家奴万人为兵配之。"这时的兵是世兵制,而世兵的身份是半自由的,是农奴性的[①]。以奴隶为兵,就意味着奴隶的半解放向农奴的转化。

东汉以来,奴隶和自由民向农奴的转化过程,也就是古代的大奴隶主大地主性的豪族向封建性的豪族转化的过程。如果说这两者的转化过程就是由古代社会向封建社会的过渡,那么东汉魏晋时期就是由古代社会向封建社会的过渡时期。无论欧洲历史或中国历史都证明了由奴隶制生产方式到封建的生产方式的过渡都是长期的,是经过好几百年的。

那么中国古代社会和封建社会应该在什么时候分期呢?

为了解决中国古代社会和封建社会的分期和封建社会的成立这一问题,除了考察奴隶身份的上升、自由民身份下降,两者所构成的农奴化身份的部曲、客这一阶层的发展,和豪族性质的变化之外,我们还应该注意到一般国家的编户性质的变化。

照我的了解,秦汉的小农虽然由于东方国家专制主义性对皇帝有很强的隶属性,但一般地说,他们是古代社会中的自由民,他们的身份是自由的。

东汉末年战乱之后中原地旷人稀的情况,前面已经谈过了。

---

　　① 参看拙作:《魏晋南朝的兵制》,见《中央研究院历史语言研究所集刊》第十六本。

就是一些不依附豪族的小农，也是离开土地到处流亡。生产力破坏的严重，司马懿对曹操的话中，曾以"今天下不耕者盖二十余年"①来形容。在这时期，豪族军事集团要想站住脚，第一要靠兵，第二要靠粮。平时粮食的来源靠人民的租税，现在因战乱的关系，人民流亡，土地荒芜，以致无粮可收。这时期，很多军事集团粮食缺乏，就垮了台。

粮食问题这样重要，而人民生活不安定，租课又不可靠，于是一些军事集团便自己起来经管屯田，直接来管理农业经营。最先实行屯田的是曹操，在中原站得住脚的也就是曹操。

当时屯田所需要的土地是不成问题的。人民流移使土地大量荒芜，这些荒芜的土地，都成为国家的公田。《三国志·魏志·司马朗传》说："今承大乱之后，民人分散，土业无主，皆为公田。"

曹操就在这些荒田上实行屯田。公元196年（汉献帝建安元年）始于许下屯田，以结果良好，就推行于他所统治的各地，在各州郡置田官兴屯田。曹操在许下屯田的结果是"得谷数百万斛"，在各州郡兴屯田的结果是数年之中，"所在积谷"②。

曹操的屯田有军屯、民屯两种，就是民屯也是采取军法部勒的形式的。屯田官不属郡县，各地管领屯田的农官称典农中郎将、典农校尉和典农都尉。从这些官职的名称上，我们也可以看出屯田的军法部勒性质。

屯田的劳动者称作客。名义上客是募来的，但实际上募之中

---

① 《晋书》卷一《宣帝纪》。
② 《三国志》卷一《武帝纪》注引《魏书》。

包含着极大的强制性。屯田客一般是在典农中郎将、典农校尉、典农都尉等一系列的军事组织管理下,被军法部勒的、强制地附着在土地上进行生产。在这种军事编制下,屯田客是没有离开土地的自由的。曹操对于军士的逃亡处置极严,对于屯田客的逃亡也可能是很严的,因为两者都是在军法部勒下进行屯田生产。

在当时的条件下,用强制力量使劳动者附着于土地上进行生产,并使劳动者不能自由离开土地是十分必要的。当时的情况是人民流亡,土地荒芜,生产破坏。为了进行生产,使流亡的农民和荒芜的土地结合,强制力就成为完全必然。

在恢复生产中,土地是不成问题的,因为到处都是荒芜着的土地。成问题的是劳动力,因此争夺人口、劳动就成为当时各对立军事集团和豪族的主要目标。豪族努力扩大他们占有的劳动力以增加他们的财富,军事集团也在努力夺取户口以增加自己的财力和势力。曹操、刘备、孙权在对敌作战中,就到处掠取人口。对于自己不能保守的边境地区,就放弃土地而把当地的人口迁到内地或比较安全的地区去。这就更增加了对已经占有的劳动者加强强制性管理的必要。

这样一来,就在劳动人民的身份、地位上引起变化,就使得秦汉以来的自由农民中的一部分在屯田制度体系下转化为国家的隶农。

这样一来,曹操的屯田也就很大部分地解决了前代奴隶制生产关系下所创造出来而又无法解决的矛盾——劳动力(农民)和生产资料(土地)分离的问题,使分离的劳动力和生产资料又结合在一起。照我看来,曹操屯田的历史意义在这里。

总结以上的叙述看来，东汉到魏晋这个三四百年的时代，就是中国古代社会向封建社会转化的过渡时代。在这一时代中，一方面是奴隶制的危机和奴隶制衰落的过程，一方面又是封建制生长发展的过程。在这个发展变化过程中，似乎有三个年代可以拿来作为中国古代社会和封建社会的分界线。如果我们以东汉王朝的瓦解，封建性质的豪族势力的发展，作为古代社会和封建社会的分界，那我们可以采取公元184年黄巾大起义这一年和这一事件作为古代社会和封建社会的分期线；如果我们以一般自由民身份的降落，由自由民身份向半自由的依附农民身份的转化作为古代社会和封建社会的分界，那我们可以采取公元196年曹操许下屯田这一年和这一事件作为古代社会和封建社会的分期线；如果以为奴隶、自由民的农奴化过程是在魏晋时期才大体完成的，因之把古代社会和封建社会的分期划在魏西晋以后的东晋十六国时期，甚至在南方划的更晚些也很有理由。我则以为曹操的屯田，是奴隶、自由民农奴化过程以外，国家领有下的农民在身份上大量地向农奴化身份转变的开始，所以就把这一年代和这一事件看成是封建生产关系取得统治地位的标志，因之就主张以公元196年曹操许下屯田这一年作为中国古代社会和封建社会的分期。

（原载《文史哲》1956年8月号）

关于古代史的几个理论问题

这里提出的几个问题,都是我时常考虑但由于马克思主义理论水平低而又得不到满意解释的问题。得不到满意解释,却不是没有想法、没有解释。这里写出来的,就是自己一些不满意的想法,不满意的解释。诚恳地希望得到指正。

一、阶级社会和国家的产生问题

恩格斯在《家庭、私有制和国家的起源》里论述雅典公元前 7 世纪的社会时,有下面一段话:"在阿提卡的田地上到处都竖立着抵押柱,上面写着这块地已经以多少钱抵押给某某人了。没有竖这种柱子的田地,大半都因未按期付还押款或利息而出售,归贵族高利贷者所有了;农民只要被允许作佃户租种原地,能得自己劳动生产品的六分之一以维持生活,把其余六分之五以地租的形式交给新主人,那他就谢天谢地了。不仅如此,如果出卖土地所得的钱不够还债,或者债务没有抵押保证,那么债务人便不得不把自己的子女出卖到国外去做奴隶,以偿还债务。父亲出卖子女——这就是父权制和一夫一妻制的第一个果实!要是吸血鬼还不满足,那么他可以把债务人本身卖为奴隶。雅典人的文明时代的欢乐的曙光,就是如此。"①

恩格斯这段话,大约是根据公元前 4 世纪希腊哲学家亚里士多德的一段论述说的。亚里士多德在《雅典政制》中说:"贫民本身以及他们的妻子事实上都成为富人的奴隶,他们被称为被保护民和六一汉(因为他们为富人耕田,按此比例纳税,而全国土地都集中在少数人之手),如果他们交不起地租,那么他们自身和他们的子女便要被捕,所有债款都用债务人的人身为担保,这样的习惯一直流行到梭伦之时为止。"②

如果不是事先知道恩格斯这里所讲的是雅典国家阶级社会初始产生时的情况,单看这段文字,我们很可能误认为这是某个民族奴隶社会或封建社会已经相当发展时的情况。然而,都不是。它是雅典刚刚进入文明时代,即国家刚刚产生时的情况。

雅典国家的产生是比较典型的。恩格斯说:"雅典人国家的产生乃是一般国家形成的一种非常典型的例子。"这一方面是"因为它的产生非常纯粹,没有受到任何外来的或内部的暴力干涉";另一方面是因为在这里,国家"是直接从氏族社会中产生的"③。因此,了解一下雅典阶级社会出现和国家产生的过程,对于理解我国阶级社会出现和国家产生问题是有益的,可以作些比较研究。

开头所引恩格斯那段话,论述的是公元前 7 世纪雅典的社会情况。在此之前,雅典社会的氏族制解体、国家产生,已经过一个长期过程。

---

① 《马克思恩格斯选集》第 4 卷,第 107—108 页。

② 《世界古代史史料选辑(下)》,北京师范大学出版社 1959 年版,第 327 页。

③ 《马克思恩格斯选集》第 4 卷,第 115 页。

在英雄时代,雅典氏族制度的瓦解已经开始。据后代史家的记载,在传说中的提秀斯时代(约公元前13世纪末),雅典氏族已分解为阶级。记载说提秀斯提出过一些改革,其中有:在雅典设立一个中央管理机构,实现了阿提卡的统一;把全体人民,不问氏族、胞族或部落,一概分为贵族、农民和手工业者三个阶级;并赋予贵族以担任公职的独占权。恩格斯就把提秀斯的改革,说成是"刚刚萌芽的国家"。但据近代史学家的研究,雅典居民三等级(贵族、农民、手工业者)的判分,大约是英雄时代末期,即公元前9世纪左右的事。

公元前8世纪,贵族势力强大,完全掌握了雅典的政权。执政官代替了"王"(巴赛勒斯)的职务,而执政官的职位又完全为贵族所把持。

公元前7世纪,雅典经济有了较大的发展,所制陶器,远销海外。随着商品货币经济的发展,高利贷的盛行,土地为贵族和富人所占有,贫民沦为债务奴隶或贵族的佃户或称被保护民。平民、贵族矛盾激化。上引恩格斯所描述的雅典社会,就是这时期的情况。

公元前6世纪初,有梭伦改革。改革的内容有:

1.发布"解负令",取消债务,拔去债务人田里的抵押牌子,禁止以人身作担保的借贷,废除债务奴隶制。把卖到国外做奴隶的人赎回来。

2.按财产把人分为四个等级,不同等级享有不同的政治权力。

3.按原来的四部落,每部落一百人,组成四百人的议事会。

梭伦取消债务,禁止以人身作担保的借贷外,随之还禁止无限制地占有土地,这就打击了大量占有土地和放高利贷的氏族贵族,

得利的是平民。他按财产把人分成不同等级,不同等级享有不同
的政治权力,对新兴起的工商业富人有利,也就打击了靠血缘关系
取得特权的氏族贵族。但梭伦的改革并不彻底,他没能满足平民
的经济要求,对氏族贵族的打击也是有限的。梭伦所代表的是沿
海地区要求发展海上贸易掠夺奴隶的工商业奴隶主的利益,在梭
伦改革中获得好处最多的就是这个工商业奴隶主阶级。

梭伦以后,雅典贵族平民的斗争更趋激烈。

公元前 6 世纪晚期,又出现克里斯提尼的改革。克里斯提尼废
除了传统的四个血缘部落,代之以十个地缘部落。由每一部落选出
五十人组成五百人议事会代替了由四个血缘部落组成的四百人议
事会。不久,又设立了十个司令官。经过克里斯提尼的改革,到公
元前 6 世纪末,雅典的地域组织已经系统地代替了血缘组织。恩格
斯说,克里斯提尼的改革,使得"氏族制度的最后残余也随之而灭
亡了"[①]。雅典国家"已经大体上形成","现在社会制度和政治制
度所赖以建立的阶级对立,已经不再是贵族和平民之间的对立,而
是奴隶和自由民之间的对立,被保护民和公民之间的对立了"[②]。

从古代雅典社会实例看,由氏族制度解体国家萌芽到阶级社
会出现国家产生,有一个发展过程。大约说来,有几百年。到公元
前 7 世纪,雅典社会发展到:土地因抵押被贵族占有,农民把土地
收获物的六分之五以地租的形式交纳给地主,自己做了佃户或被
保护民,甚至自己和自己的子女都被卖做奴隶,贵族和平民的斗争

---

① 《马克思恩格斯选集》第 4 卷,第 113、115 页。

② 同上。

已非常激烈。社会发展到这样的水平,恩格斯说这才是雅典人文明的曙光时代,即国家产生和阶级社会出现的时代。到公元前6世纪末,克里斯提尼改革,地缘部落代替血缘部落,地缘组织代替血缘组织,氏族制度才彻底废弃,国家形成过程才最后完成。

马克思主义国家产生的学说和雅典国家产生的实际情况是完全一致的。

按照马克思主义的理论,国家是阶级矛盾不可调和的产物,不是氏族制度一分解有了阶级,就是阶级社会了,国家就产生了。恩格斯说:"国家是社会在一定发展阶段上的产物;国家是表示:这个社会陷入了不可解决的自我矛盾,分裂为不可调和的对立面而又无力摆脱这些对立面,而为了使这些对立面,这些经济利益互相冲突的阶级,不致在无谓的斗争中把自己和社会消灭,就需要有一种表面上驾于社会之上的力量,这种力量应当缓和冲突,把冲突保持在'秩序'的范围以内;这种从社会中产生但又自居于社会之上并且日益同社会脱离的力量,就是国家。"①列宁在《国家与革命》一书里,在"国家是阶级矛盾不可调和的产物"题目下说:"国家是阶级矛盾不可调和的产物和表现。在阶级矛盾客观上达到不可调和的地方、时候和程度,便产生国家。反过来说,国家的存在表明阶级矛盾的不可调和。"②

由阶级出现到阶级矛盾不可调和,由国家萌芽到国家产生,有一个过程,而且是一个比较长的过程。不是一有阶级,就是阶级社

①　《马克思恩格斯选集》第4卷,第166页。

②　《国家与革命》,人民出版社1964年版,第7页。

会,就产生了国家。

在中国史的著述里,我们常常看到夏的时候中国已经进入阶级社会、国家已经产生的说法。这是不妥当的。实际上,夏还在传说时代。直到今天,我们的考古也还没有发现一物一字可以确切地说是夏的遗存。我们讲夏的历史,主要是根据《尚书》和《史记·夏本纪》,而这都是夏以后一千来年的著作。司马迁写《夏本纪》,当然有先秦的传说和包括《尚书》在内的文献材料作依据。司马迁关于殷人的记载已为后来发现的甲骨文所证实,司马迁关于夏的记载将来也可能被地下发掘的材料所证实。但,即使将来的发现可以证实夏的历史了,而夏是原始氏族制社会,还是氏族制解体、出现阶级的社会,还是阶级矛盾不可调和、国家已经产生的时代,衡之以马克思主义国家学说,也还是大可研究的问题。

殷商的历史,我无研究,不敢乱说。但我总认为盘庚以前殷再发展也只能是氏族制解体、国家萌芽的时期。周和商是两回事,各有自己的历史来源。周灭商,是周族氏族制解体、国家产生过程的开始。这过程何时完成,我还没有一定的想法。

恩格斯关于"雅典国家的产生"的论述和恩格斯、列宁关于"国家是阶级矛盾不可调和的产物"的论断,我认为是应该认真学习的。用这个马克思主义的历史理论来再考察中国历史上阶级社会和国家何时产生的问题,是有益的。

二、农奴制和封建制的关系问题

在我们的历史研究中,有这样一种倾向,习惯于把农奴制、依附关系和封建制联系起来,一看到农奴制和依附关系,就认为是封建社会了。

　　这情况,来自斯大林。斯大林在《辩证唯物主义和历史唯物主义》一文中,讲人类社会的五种生产方式时说:"在封建制度下,生产关系的基础是封建主占有生产资料和不完全占有生产工作者,这生产工作者便是封建主虽已不能屠杀,但仍可以买卖的农奴。"这段话,对中国史研究、中国古代史分期问题有极大的影响。中国历史学界有影响有权威受尊敬的前辈史学家中,不少人是依照斯大林的话来看待中国古代史分期问题的。范老就把斯大林这段话说成是对封建社会规定的"定义",范老据此才"断言""西周是封建社会"①。

　　据马克思和恩格斯的研究,农奴制和依附关系并不是中世纪封建社会才出现的,在氏族制解体时期,在奴隶制出现的同时就出现了农奴制和依附关系。恩格斯在《家庭、私有制和国家的起源》里曾指出:"对这一点,马克思补充说:'现代家庭在萌芽时,不仅包含着奴隶制,而且也包含着农奴制,因为它从一开始就是同田间耕作的劳役有关的。它以缩影的形式包含了一切后来在社会及其国家中广泛发展起来的对立。'"②1882 年 12 月 22 日,恩格斯给马克思的一封信里也曾谈到农奴制起源之早这个问题,他说:"我很高兴,关于农奴制的历史,照实业界人士的说法,我们'达成协议'了。毫无疑问,农奴制和依附关系并不是某种特有的中世纪封建形式,

---

　　①　《中国通史简编》(修订本)第 1 卷,第 34 页。
　　②　《马克思恩格斯全集》第 21 卷,第 70 页。

在征服者迫使当地居民为其耕种土地的地方,我们到处,或者说几乎到处都可以看得到——例如在特萨利亚很早就有了。这一事实甚至曾经使我和另一些人在中世纪农奴制问题上感到迷惑不解;人们很爱轻易地单纯用征服来说明它,这样解决问题又顺当又省事。"①

马克思、恩格斯这些话,是他们两人研究过一些民族的古代历史后得出的结论,而且是他们两人晚年共同一致的结论,像恩格斯给马克思的信中所说,他们"达成协议"了。这个结论还是不容易得出的,在这之前,恩格斯曾在中世纪农奴制问题上感到"迷惑不解"。从"迷惑不解"到不迷惑而解所得出的结论,是更深刻的。在氏族制解体和国家产生的时期,出现农奴制和依附关系是普遍的现象,并不是个别的。恩格斯举出的特萨利亚不过是个例子而已。即使我们对马克思、恩格斯早年对某个具体问题的论述,可以说他们后来又有了发展和改变,但对马克思、恩格斯晚年对农奴制的看法,即农奴制不是中世纪封建时期特有的,而是在氏族制解体国家产生时期就出现的,却不能这样对待。

像特萨利亚被征服的居民仍留在原来的土地上耕作的农奴,在古代史上还可以举些例子。在斯巴达氏族制解体国家产生的时期,斯巴达有三种人。一是斯巴达人,是自由民,已分裂为贵族和平民。二是边民,原是被斯巴达征服的居民,留在土地上耕田纳贡。他们有自己的家庭,有自己的住宅、牲口。三是希洛人,也是被征服的,由于他们的反抗失败,地位比边民更低些。有些史学家

---

① 《马克思恩格斯全集》第 35 卷,第 131 页。

把这种边民和希洛人都称作奴隶,说他们是耕田奴隶,但我信恩格斯的话,恩格斯说希洛人是农奴。恩格斯说:"斯巴达至少在其全盛时代,还不知有家庭奴隶,而处于农奴地位的赫罗泰(即希洛)则另自居住在庄园里。"[1]

克里特人在氏族解体过程中,也把被征服的土著居民降为无权者边民或则迫使处于奴隶地位。这些被征服的土著居民和斯巴达的希洛人一样也是留在土地上耕田纳贡,他们也有自己的家庭,有自己的住宅和牲口。亚里士多德就把他们和斯巴达的希洛人作对比。

希洛人的身份是农奴还是奴隶的问题,20世纪50年代在郭老和王毓铨同志之间曾引起过一番讨论。王毓铨同志认为斯巴达的黑劳士(希洛的又一译法)是农奴,郭老则认为是奴隶[2]。但两人都没有引证过恩格斯关于农奴制不是中世纪封建社会独有的而是在氏族制解体国家产生时期许多民族古代历史上都出现过的现象的论述。

农奴制外的其他类型的依附关系,在氏族制解体国家产生过程中,也以多种形式出现。古代雅典和罗马,就都出现过保护人和被保护人的关系。亚里士多德就把雅典的六一汉叫做被保护民。他们是贵族的依附民。贵族之家,多有被保护民。恩格斯指出,公元前7世纪后,雅典的"社会制度和政治制度建立于其上的阶级对立,已经不再是贵族和平民之间的对立,而是奴隶和自由民之间的

---

[1] 《马克思恩格斯全集》第21卷,第76页。

[2] 参看王毓铨:《周代不是奴隶社会》,载《新建设》第4卷第5期;郭沫若:《关于奴隶与农奴的纠葛》,载《奴隶制时代》一书。

对立,被保护民和公民之间的对立了。"①恩格斯说,雅典每个成年的男性公民平均有两个以上的被保护民。被保护民的主要来源是被释放的奴隶和穷苦无告贫民的投靠依附。

罗马也出现被保护民。被保护民从保护人那里取得土地、牲畜,在法律上受保护人的保护。他们平时要为保护人工作,打仗时就要参加保护人的军队。不过,罗马被保护人的身份地位好像比较高些。

总之,许多民族的历史说明,在他们的氏族制解体、国家产生的阶段,社会阶级分化不仅有贵族、奴隶,还有农奴、依附民。因此,恩格斯才得出结论说,在古代,在征服者迫使当地居民为其耕田种地的地方,我们到处或者说几乎到处都可以看到农奴制。

因此我们看到,在人类社会历史上有两个历史阶段都出现过农奴制、依附关系,一是氏族制解体国家产生的时期,一是中世纪封建时期。它们是不同时代、不同社会阶段的产物,两者是有区别的。马克思、恩格斯对两者的区别何在,没有作过进一步的阐明,问题有待我们进一步去研究。从恩格斯不同意简单地从征服的角度去解释中世纪封建农奴制,又说在古代在有征服的情况下,只要征服者仍使被征服的居民留在土地上耕田纳贡,到处或几乎到处都出现农奴制来看,恩格斯可能有意思是说:古代农奴制的出现,主要是由于征服,中世纪封建农奴制的出现,却有着更深刻的社会经济内在的原因。这是我的想法,可能是错误的。尽管马克思、恩

---

①　《马克思恩格斯全集》第21卷,第135页。

格斯对这个问题没有进一步作出阐释,但有一点是很清楚的,他们两人共同认为中世纪封建时代有农奴制,古代氏族制解体国家产生时期也出现过农奴制。恩格斯说特萨利亚有农奴,斯巴达的赫罗泰(希洛)是农奴,他却从没有认为特萨利亚和斯巴达是封建社会。

我们研究中国社会史时,应从马克思、恩格斯的论断和一些民族的古代史实中,接受启发,似乎不应一看到农奴制和依附关系就说是封建社会了,应细细考察一下它是哪个时代的农奴制。

三、奴隶社会的一些问题

在认识什么是奴隶社会时,一般有这样一种倾向,好像奴隶社会中的奴隶数量一定是很大的,在当时社会上的劳动者中奴隶应占大多数,甚至尽人皆是奴隶。古代希腊、罗马是公认的奴隶社会的典型,希腊、罗马的奴隶就是很多的,这情况就更支持了用奴隶数量来定一个社会是不是奴隶社会的倾向。春秋战国之际社会分期说,也是从奴隶数量上来说明周代是奴隶社会的。井田制下的农民都被说成是奴隶,井田制破坏就是奴隶的解放和奴隶社会的破坏。井田制是春秋战国之际破坏的,春秋战国之际也就成了奴隶社会与封建社会的分期时期。

奴隶数量的多少,对于决定一个社会是否是奴隶社会当然是有关系的,奴隶数量极稀少的社会当然不会成为奴隶社会。但划分奴隶社会的标准,似乎不能是奴隶的数量。雅典的奴隶数量多,在劳动人口中的比数大,这大约是没有问题的。(恩格斯当年使用的雅典奴隶数量的材料,也有人认为估计过高了。)罗马奴隶数量多,也是没有问题的。但绝不会比自由民多,一般估计,奴隶数量不超过自由民人数的三分之一。

一个社会是什么社会,决定的因素是生产方式和这种生产方式在当时社会诸生产方式中所居的支配地位。在资本主义社会初期,封建社会刚刚进入资本主义社会的时期,近代产业工人的人数比起农民来总是少数。但我们已经称它为资本主义社会,就是因为资本主义生产方式在这一社会中已居于支配的地位,社会的发展路线是由它规定的,农民的命运、小农经济的命运,已处在资本主义发展规律的支配之下。尽管从人数上看,农民比起产业工人来是多得多。

一个社会是不是奴隶社会,决定的因素应该是奴隶制生产方式和这种生产方式在当时整个社会中所居的支配地位。奴隶制生产方式的支配地位,表现在以奴隶制经济为基础的工商业大农业和城市交换经济在整个社会中所起的支配作用,奴隶社会的发生、发展、衰落整个过程,也是在以奴隶制经济为基础的工商业、城市经济的支配下进行的。

商业交换经济的发展,首先瓦解了氏族制。公社解体了,公社成员成为独立的小农。恩格斯在《反杜林论》中曾说明这个道理,他说:"公社的产品愈是采取商品的形式,就是说,产品中为自己消费的部分愈小,为交换目的而生产的部分愈大,在公社内部,原始的自发的分工被交换排挤得愈多,公社各个社员的财产状况就愈加不平等,旧的土地公有制就被埋葬得愈深,公社也就愈加迅速地瓦解为小农的乡村。"①

　　奴隶社会时期一个突出现象是小农经济的繁荣,因为小农来自公社成员,公社成员人数是多的。从氏族制解体到奴隶社会的极盛时期,小农经济一直是繁荣的。对于小农经济的出现和繁荣,马克思曾以欧洲历史为例,有如下的分析,他说:"自耕农的这种自由小块土地所有制形式,作为占统治地位的正常形式,一方面,在古典古代的极盛时期,形成社会的经济基础;另一方面,在现代各国,我们又发现它是封建土地所有制解体所产生的各种形式之一。"②封建土地所有制解体后的小农经济,我们且不去管它。小农经济在古代奴隶社会中的地位,马克思提得很高,一则说它是"占统治地位",而且是"正常形式",二则说它是"社会的经济基础"。

　　商业交换经济的发展,继续推动奴隶制发展,由家长制的生产直接生活资料的奴隶制,转化为以生产剩余价值即商品为目的的奴隶制。马克思说:"在古代世界,商业的影响和商人资本的发展,总是以奴隶经济为其结果;不过由于出发点不同,有时只是使家长制的、以生产直接生活资料为目的的奴隶制度,转化为以生产剩余价值为目的的奴隶制度。"③

　　商品交换经济的发展,仍不止步于此,它又进一步去侵蚀小农,使小农破产,或则流离失所,或则沦为奴隶,大土地所有者吞噬小土地所有者,土地集中在少数人手里。恩格斯在《家庭、私有制

---

① 《马克思恩格斯全集》第 20 卷,第 176—177 页。
② 《资本论》第三卷,见《马克思恩格斯全集》第 25 卷,第 909 页。
③ 《资本论》第三卷,见《马克思恩格斯全集》第 25 卷,第 371 页。

和国家的起源》中把这个道理阐释得很清楚了。1855 年，马克思给恩格斯的一封信中也说："不久前我又仔细研究了奥古斯都时代以前的〔古〕罗马史。国内史可以明显地归结为小土地所有制同大土地所有制的斗争，当然这种斗争具有为奴隶制所决定的特殊形式。"①在这里，马克思还特别指出在斗争中奴隶制所起的决定作用。

在古代社会中以奴隶制经济为基础的商业交换经济还不以到此为满足，它要进一步为自己掘下坟墓。它使小农衰落，也使生产衰落，使奴隶制经济终于阻碍生产力的发展，其结果是：奴隶制衰竭了，隶农制、农奴制起而代之。

综上所述，我们看到奴隶制社会的发展路线。这条路线还可以分为几个阶段。第一阶段：氏族制和公社解体，奴隶制出现。第二阶段：商业交换经济发展，进一步使氏族制瓦解，公社成员成为独立的小农，出现小农经济繁荣的局面。第三阶段：商业交换经济侵蚀小农，土地集中，出现大土地所有制，小农破产沦为奴隶。最后阶段，生产衰落，农奴制起代奴隶制，奴隶社会结束。

我认为西周到两汉的社会发展，大体上也是走着这样一条路线的。周灭商，周的氏族制开始解体，出现氏族贵族和国人，也出现奴隶制和依附关系。但周族和殷族氏族制组织的形体还都维持着。殷人的地位，有点像古希腊时期被征服的边民和希洛人。春秋战国之际，公社解体。井田制破坏，五口或八口之家挟田百亩的独立小农出现，战国秦汉时期小农经济繁荣，奴隶制发展起来，但

① 《马克思恩格斯全集》第 28 卷，第 438 页。

商业交换经济的发展,破坏小农经济,大土地所有制发展起来。商人兼并农民,农民破产流亡沦为奴隶的记载,充满了两汉史篇。东汉后期,生产衰落,奴隶制经济衰落,依附制发展,部曲、客兴起。

历史不能生搬硬套,不能以中国历史强套古罗马史的公式。但比较研究是可以的,也是应该的。上面拿中国周到秦汉的历史和古罗马史相比较,也只是大方向、大路线。罗马史和中国史,各有各的具体情况,各有各的特点,其不同之处真不知有多少。但历史发展是有客观规律的,正因为历史发展是有客观规律的,不同民族的奴隶也应该有个共同的规律性,大路线是可以相同的。

如果我所提出的西周到秦汉历史发展的大路线大体是不差的,而它和罗马奴隶社会历史发展的大路线又是大体一致的,那么,承认罗马是奴隶社会,却不承认社会发展走着同样路线的中国周代到两汉为奴隶社会①,理论上是需要更有力的说明的。

(原载《历史研究》1984 年第 1 期)

---

　　①　现在我倾向于把一般称之为"奴隶社会"的社会称之为"古代社会"。参看拙著《中国古代社会》一书。

"亚细亚的"生产方式本义

在《政治经济学批判·序言》里,马克思说过这样一段话:"大体说来,亚细亚的、古代的、封建的和现代资产阶级的生产方式,可以看作是社会经济形态演进的几个时代。"①

从文义和文法上看,这里既然是说"社会经济形态演进的几个时代",而古代的、封建的和现代资产阶级的社会经济形态又确是人类社会历史上三个相连接的顺序的时代,那么"亚细亚的"一词,应该是指人类社会历史发展上一个前于古代社会的历史时代或阶段,是无问题的。但因为"亚细亚的"是借用的一个地理名词,而这个问题和后世亚洲的东方社会又纠缠在一起,人们对"亚细亚的"含义,便产生许多不同解释,引起广泛的争论。因此这个原可能是个不成问题的问题,却发展成一个复杂的问题。

首先,我们认为马克思在《政治经济学批判·序言》中所说的"亚细亚的"是指古代以前的历史时代,即原始氏族公社时代。这是没有问题的,这在马克思的著作中是说得很清楚的。

《剩余价值学说史》:"劳动者与生产资料之间的原有的统一,有两个主要形式:亚洲各地的公社(原始共产主义)和这种形式或

---

① 《马克思恩格斯全集》第13卷,第9页。

那种形式上的小家庭农业（和家庭工业相结合在一起）。"①

　　这里明白地指出亚洲的村社就是原始共产主义，是原始的形式。而这正是马克思在《政治经济学批判·序言》里所指的前于古代的"亚细亚的"社会经济形态。

　　《资本论》第三卷："资本主义以前的民族的生产方式具有的内部的坚固性和结构，对于商业解体作用造成了多大障碍，这从英国人同印度和中国的通商上可以明显地看出来。在印度和中国，小农业和家庭工业的统一形成了生产方式的广阔基础。此外，在印度还有建立在土地公有基础上的村社形式，这种村社的形式，在中国也是原始的形式。"②

　　这里，马克思也指出：英国人来到印度和中国的时候，印度和中国的生产的广大基础是小农业和家庭工业合成一体。在此之外，在印度还存在着建立在土地公有制基础上面的村社的形式，这种村社的形式，在中国也是原始的形式。

　　《剩余价值学说史》和《资本论》的话，都说明马克思在《政治经济学批判·序言》里所说的"亚细亚的"，是指前于古代社会的一个社会阶段，这个社会阶段就是原始社会，原始共产主义。

　　这样一种村公社式的原始社会，原始共产主义，不但是亚洲民族像印度和中国历史上所具有的，据马克思推测，这种形式的原始共产主义在欧洲历史上也是存在过的。1868年3月14日，马克思致恩格斯的信中说："我的推测，以为亚洲的或印度的所有权形

---

① 马克思：《剩余价值学说史》，人民出版社1978年版，第476页。
② 《马克思恩格斯全集》第25卷，第372—373页。

式,最初在欧洲到处存在过。这种推测在这里(在毛勒尔的书上——译者注)又得到证实(虽然毛勒尔丝毫不知道这一点)。因此,就在这一点上,俄国人也完全丧失了以独创者自命的权力。他们现在还保存着的东西,可以归结为他们的邻族所早已抛弃了的形式。"①

　　所谓亚洲的或印度的所有权形式,就是村社土地公有制形式,就是"亚细亚的"。这种原始公有制形式,马克思虽然名之曰"亚细亚的",并不是亚洲的独创的东西,马克思认为最初在欧洲也存在过。这段话,不也清楚地说明马克思在《政治经济学批判·序言》里所说的"亚细亚的"是前于古代的一个原始社会阶段吗?毛勒尔是当时德国的一位历史学家,对于日耳曼人原始时期土地公有制的研究有很大的贡献。由于他的研究,使马克思的推测,又得到了证实。哈克思特豪森在毛勒尔以前发现俄国有村公社土地所有制的存在,马克思说这并不是俄国所特有的,"他们现在还保存着的东西,可以归结为他们的邻族所早已抛弃了的形式"。

　　马克思在《政治经济学批判》里有下面一段注文:"近来流行着一种可笑的偏见,认为原始的公社所有制是斯拉夫族特有的形式,甚至只是俄罗斯的形式。这种原始形式我们在罗马人、日耳曼人、赛尔特人那里都可以见到,直到现在我们还能在印度遇到这种形式的一整套图样,虽然其中的一部分只留下残迹了。仔细研究一下亚细亚的,尤其是印度的公社所有制形式,就会得到证明,从原

_____

① 1868年3月14日马克思给恩格斯的信。这里用的是《马克思恩格斯论中国》的译文。

始的公社所有制的不同形式中,怎样产生出它的解体的各种形式。例如罗马和日耳曼的私有所有制的各种原型,就可以从印度的公社所有制的各种形式中推出来。"①

这个注文也充分说明在马克思的心目中,"亚细亚的"原始的公社所有制,不仅存在于亚洲各民族的最初的历史时期,也存在于欧洲各民族的最初的历史时期。这种原始形式,在罗马人、日耳曼人和赛尔特人那里都可以看到,只是在印度可以看到这种形式的一整套图样,或其中一部分留下的残迹。

马克思在《政治经济学批判·序言》中为什么不说原始公社制的、古代的、封建的和现代资产阶级生产方式,而用了一个"亚细亚的"呢?这是由于时代的关系。

《政治经济学批判》一书发表于 1859 年,在这时候,古代社会以前的历史还是非常模糊的。恩格斯为 1888 年英文版《共产党宣言》第一句话"到目前为止的一切社会的历史都是阶级斗争的历史"所作的脚注说:"确切地说,这是指有文字记载的历史。在1847 年,社会的史前状态,全部成文史以前的社会组织,几乎还完全没有人知道。后来,哈克斯特豪森发现了俄国的土地公有制,毛勒证明这种所有制是一切条顿族的历史发展所由起始的社会基础,而且人们逐渐发现,土地公有的村社是从印度起到爱尔兰止各地社会的原始形态。最后,摩尔根发现了氏族的真正本质及其对部落的关系,这一卓绝发现把这种原始共产主义社会的内部组织的典型形式揭示出来了。随着这种原始公社的解体,社会开始分

---

① 《马克思恩格斯全集》第 13 卷,第 22 页。

裂为各个独特的、终于彼此对立的阶级。"

从恩格斯的话使我们知道在 1859 年马克思发表《政治经济学批判》一书时，古代社会以前的历史，还是研究得很少的。但马克思已认识到在亚洲的国家像印度等所存在的公社一定是人类社会历史发展中前于古代社会的一种原始形态。据他推测，这种原始形态，不但在印度、中国等亚洲国家的历史上存在过，而且最初在欧洲也一定到处存在过。这种推测，以后果然如上面所引马克思致恩格斯的信中所说，为毛勒尔的著作所证实了。后来更为摩尔根的研究所完全弄明白。

1859 年发表《政治经济学批判》一书时，马克思已肯定在古代社会以前，有一个原始共产主义时代。他认为这不是亚洲国家如印度、中国所特有的，他推测在欧洲也一定到处存在过，这是人类社会历史发展上一个共有的阶段。因此，他就在人类社会历史发展的几个顺序演进的阶段中，在古代的生产方式之前，加入了一个亚细亚的。他所以用了一个"亚细亚的"名词，显然由于当时对于欧洲社会历史发展中前于古代社会的阶段的研究还是不够的，同时他只知道这一原始阶段，最初是从亚洲得来的。于是他就借用了"亚细亚的"一词来代表这一阶段。这犹如我们今天的考古学家以人类文化遗址发现的地点来代表人类史上的一个时代一样。以地理名称借用作历史时代名称。我们在龙山、仰韶发现了陶器，我们就用"仰韶"、"龙山"来代表几千年前的两个历史上的时代。马克思的"亚细亚的"，完全同于我们说"仰韶"、"龙山"。"亚细亚的"、"仰韶"、"龙山"，都是以地理名称借作历史时代名称。"亚细亚的"生产方式，就是前于古代的原始共产主义生产方式。

　　如果问题只是这样，为什么"亚细亚的"一词，又会引起如此混乱的解释和争论呢？

　　这种混乱和争论，主要的也来源于马克思和恩格斯。马克思一方面把亚洲各国土地公有制的村社看作是原始形态，是前于古代社会的一个社会阶段，称之为"亚细亚的"，一方面又把这种形态的残迹，即由小农业和家庭工业结合一起的生产方式，看作英国资本主义势力东来时在印度和中国广泛存在的社会基础。马克思、恩格斯把这种小农业和家庭工业结合一起的统一体看作东方社会的本体，并把它说成是东方专制主义的基础。如马克思说："目前还部分地保存着的原始的规模小的印度公社，就是建立在土地公有、农业和手工业直接结合的及固定分工之上的。……这种公社都是一个自给自足的生产整体。……这些自给自足的公社不断地按照同一的形式把自己再生产出来，当它们偶然遭到破坏时，会在同一地点以同一名称再建立起来。这种公社的简单的生产机体，为揭示下面这个秘密提供了一把钥匙，亚洲各国不断瓦解、不断重建和经常改朝换代，与此截然相反，亚洲的社会却没有变化。"①恩格斯说："古代的公社，在他继续存在的地方，在数千年中曾经是从印度到俄国的最野蛮的国家形式即东方专制制度的基础。只是在公社瓦解的地方，人们才靠自身的力量继续向前迈进。他们最初的经济进步就在于利用奴隶劳动来提高和进一步发展生产。"②

　　马克思、恩格斯对东方社会的这些论述是否符合东方各国社

---

　　①　《马克思恩格斯全集》第 23 卷，第 395—397 页。

　　②　《反杜林论》，见《马克思恩格斯全集》第 20 卷，第 197 页。

会历史的实际,是个复杂的问题,我们这里不去讨论。我认为是不符合的。我要指明的是:马克思、恩格斯把小农业和家庭工业结合的统一体说成是数千年来东方各国的社会基础,同时又把这种统一体说成是土地公有制的原始村社的残留,这样一来便把两者混同起来了。混同的结构,模糊了"亚细亚的"之为前于古代社会的原始公社形式的本义,因而就产生了许多关于"亚细亚的"一词的解释。

总之,马克思在《政治经济学批判·序言》"大体说来,亚细亚的、古代的、封建的和现代资产阶级的生产方式,可以看作是社会经济形态演进的几个时代"中所提到的"亚细亚的",是指的前于古代的一个历史阶段,它的本义是原始社会即原始共产主义。"亚细亚的"含义之所以产生混乱,是马克思本人造成的。他先用"亚细亚的"指原始公社,后来又用"亚细亚的"指亚洲国家数千年来不变的社会。这就造成混乱,争论不休。

(原载《社会科学辑刊》1985 年第 1 期)

中国的早期文明和国家的起源

一、流行的中国国家起源说

解放后几十年来,有权威的中国史学家们都把中国国家的起源定在夏,如范文澜先生和郭沫若先生都是如此说的。[①]

范、郭两家把夏看作中国国家的起源时期,都是根据斯大林《辩证唯物主义和历史唯物主义》的理论来立论的。如郭沫若在引证了斯大林在这篇文章中所规定的奴隶制与封建制的性质和区别后说:"我们在这样的认识上来看问题时,夏、殷、周三代的生产方式是只能是奴隶占有制度。"范文澜没有说他把夏朝作为国家的起源时期是根据斯大林的学说,但是他把斯大林的上述文章奉为经典的。范老就把斯大林对封建生产方式所说的话,说成是对封建社会的"定义",范老是据此而"断言"西周是"封建社会"的。

范、郭两先生虽然都说夏已是阶级社会,产生了国家,但对夏的文明水平估计都还不高。范说:"禹不曾废除'禅让'制度,是大

[①] 参看范文澜:《中国通史简编》(修订本)第一编,人民出版社 1961 年版,第103—104 页。郭沫若:《奴隶制时代》,新文艺出版社 1952 年版,第3—4 页。

同时代最后的大酋长,小康时代应从启开始。"他说的大同是指原始社会,小康指阶级社会。郭说:"夏的文明程度不会太高。"

尽管如此,范、郭两氏都把中国国家的起源定在夏的时期。研究中国古代史的学者,大都依随范、郭两先生的学说,把中国国家的起源定在夏。一般教科书更是采用此说的。夏是中国历史上阶级社会开始、国家产生的时期,成为中国史学界公认的说法。

但读读马克思、恩格斯本人的书,他们似乎都把国家产生时期的文明水平说得比较高,其中最关键的一条是:他们认为国家是社会分裂为不可调和的对立面而又无力摆脱这种对立时的产物。马克思主义国家起源的学说,可以恩格斯《家庭、私有制和国家的起源》为代表,这本书是马克思主义中专门讨论原始社会和国家起源的专著,是恩格斯的一部学术著作。

恩格斯对国家的起源是这样讲的:

"国家是社会在一定发展阶段上的产物;国家是表示:这个社会陷入了不可解决的自我矛盾,分裂为不可调和的对立面而又无力摆脱这些对立面。为了使这些对立面,这些经济利益互相冲突的阶级,不致在无谓的斗争中把自己和社会消灭,就需要有一种表面上驾于社会之上的力量,这种力量应当缓和冲突,把冲突保持在'秩序'的范围以内;这种从社会中产生但又自居于社会之上并且日益同社会脱离的力量,就是国家。"①

恩格斯说国家不同于氏族的地方,"第一就是它按地区来划分它的国民","这种按照居住地组织国民的办法,是一切国家共同

---

① 《马克思恩格斯全集》第 21 卷,第 194 页。

的"。"第二个不同点,是公共权力的设立"。"构成这种权力的,不仅有武装的人,而且还有物质的附属物,如监狱和各种强制机关,这些东西都是以前的氏族社会所没有的。"恩格斯还说:"为了维持这种公共权力,就需要公民缴纳费用——捐税。"

在这里,我们看到中国史学家以夏为中国国家起源时期的学说和恩格斯国家起源的学说是不十分吻合的。在理论上,大家都在讲"社会陷入不可解决的自我矛盾,分裂为不可调和的对立面"的时候才产生国家,在具体历史问题上,却说仍在传说中的夏已产生国家。很显然,夏的社会远没有发展到社会已发展为不可调和的对立面的水平。从所有关于夏的文化历史传说来看,帝位世袭制,启和伯益争夺王位,启和有扈氏的战争,太康兄弟争位,后羿争国等等,大多是些部落间的矛盾,再勉强也解释不出阶级矛盾尖锐到不可调和。拿恩格斯的话来衡量夏,夏是很不够"国家"资格的。但这是中国风行的国家起源说。

二、中国国家起源的新思考

理论和理论在中国历史实际应用上的不吻合问题,在我脑子里转了很久。但也只是到了"文化大革命"后好多年,1983 年才写了一篇《关于古代史的几个理论问题》。[①]在这篇文章里我提出:"在中国史的著述里,我们常常看到夏的时候中国已经进入阶级社会、国家已经产生的说法。这是不妥当的。实际上,夏还在传说时

---

　　① 见《历史研究》1984 年第 1 期。

代。""即使将来的发现可以证实夏的历史了,而夏是原始氏族制社会,还是氏族制解体、出现阶级的社会,还是社会分裂已到了不可调和、国家已经产生的时代,衡之以马克思主义的国家学说,也还是大可研究的问题。"

我当时对中国国家起源问题,还考虑不多。我只是说"盘庚以前,殷再发展也只能是氏族制解体、国家萌芽的时期"。"周灭商,是周氏族制解体、国家产生过程的开始"。殷商以前、中国早期文明的发展形势和中国国家起源问题,我知之不多,也未敢多谈。

1991年河南人民出版社出版了我的《中国古代社会》。在这本书里,我在中国历史上提出"早期国家"这一概念。我把中国国家的起源,分作两步看:从殷商盘庚到东周初期是中国的"早期国家"。春秋战国时期开始,中国进入古代社会即阶级社会,这以后才出现真正意义的国家。我认为这是符合中国历史实际的,因之,也是科学的。

早期国家的特征是:社会已有阶级分化,氏族部落内部已出现贵族显贵家族,也有了奴隶和依附民;王的地位已经突出,有了王廷和群僚;但氏族部落组织血缘关系仍是社会的组成单位。它是由氏族部落向真正意义的国家的过渡。它逐步远离氏族社会,逐步接近国家。

具体到中国古代史,我是从殷商后期盘庚时代讲起的。盘庚时,已可看出有阶级分化。当时耕田种地的人中有称作"众"的,卜辞中多有"令众人曰劦田"、"令众黍"等记录。《尚书·盘庚》三篇,多有对"众"的讲话。从这里看到:众是作农业劳动的,盘庚对众的讲话说:"格汝众,予告汝训……惰农自安,不昏劳作,不服田亩,越其罔有黍稷。"可见众是农民。众和盘庚是不同族不同祖先的。盘庚一再说,"古我先王,暨乃祖乃父"。两族的关系是不平等的结合,众要服从商的领导,要为商王服劳役,如果不服从殷王的命令,殷王可以狠狠地诛杀他们全族。"古我先后,既劳乃祖乃父,汝共作我畜民。汝有戕,则在乃心。我先后绥乃祖乃父,乃祖乃父乃断弃汝,不救乃死。……乃有不吉不迪,颠越不恭,暂遇奸宄,我乃劓,殄灭之,无遗育。"多厉害!但众和商人的关系,又不像奴隶和奴隶主的关系。因为照盘庚的话,"兹予大享于先王,尔祖其从享之"。奴隶的祖先,大概很少配享的资格。我说商和众的关系是不平等部落联盟里"主和从"两种部落成员的关系。通过战争、征服,而建立不平等的部落联盟,这在部落联盟时期,特别是后期,是普遍存在的现象。我们在欧洲古代史上也可以看到这种现象。

商的祖先通过"绥"(征服、安抚)的手段和众的祖先已结合为一种很亲密的关系,两族大约已经合二为一生活在一起。所以盘庚迁殷的时候,要求众和他们一块迁。商和周围的部落时常有战争。一时是敌,一时又是友。卜辞里常看到商王"征犬",又看到"令多子族从犬侯璞周",也看到"周方伯"。他们间的结合并不稳定。他们臣属于商也只是尊商王为盟主、共主,还不是后世的君臣关系。王国维已看到了这一点。[1]

更重要的是,直到商为周所灭之后,殷商仍是一族族的,以"殷民六族"、"殷民七族"[2]的形式被分配给周室贵族。殷族虽有阶级

---

①　王国维:《观堂集林》卷一〇《殷周制度论》。
②　《左传》定公四年。

分化,而氏族组织尚未被打破,还说不上社会已分裂为不可调和的对立面。如果说商已进入国家,只能是部落国家、早期国家。

周是在今陕西中部一带地方兴起的。文化发展要比商晚些,文明程度要比商低些。商族已是中原、东方各族的共主领袖群伦的时候,周还远处西方与商很少接触。大约是在周族的大王古公亶父时期,周和商的关系渐多,接受商先进文化的影响渐多。周族灭商的经营,也是从古公亶父开始的。《诗经·鲁颂·閟宫》:"后稷之孙,实维大王,居岐之阳,实始翦商",说古公亶父"实始翦商",有点是周人的自我吹牛,这时的周还远非商之敌手。这之后,或为商之敌,或被征服而为商之友被称作周侯,到武王才完成灭商大业。

武王伐纣,是以姜、姬两大部落为中心联合周围其他部落对商的战争。《周书·牧誓》载:"王曰:嗟我友邦冢君,御事、司徒、司马、司空、亚旅、师氏、千夫长、百夫长,及庸、蜀、羌、髳、微、卢、彭、濮人,称尔戈,比尔干,立尔矛,予其誓。……"友邦冢君,是联盟各部落的君长,司徒、司马、司空和亚旅、师氏是周王的左右群僚,千夫长、百夫长是率领氏族部落成员出征的大大小小氏族长,庸、蜀、羌、髳、微、卢、彭、濮是参加作战的各族人。作战的战士是姬、姜两姓的氏族成员和其他各族的氏族成员,参战的各部落君长被称作"友邦冢君",这都显示了周族和各族是部落联盟和联盟共主的关系和性质。

灭商以后,周人采取了几种措施,由部落联盟更向国家迈进了一步。一、周人加强了姬姓的宗法制度。这就加强了以大宗周王廷为主的诸侯国间的宗主关系。姬姓诸侯国都以周王为宗主。

二、周王以"授民授疆土"的"分封制"加强了周和诸侯间的统一关系。周和诸侯间的关系,比商和各方的关系强化多了。当然,把周的"分封制"理解为社会发展史上的封建社会的分封制,是错的,它们是两回事。三、周虽然灭了商,但并未太严厉地贬低商人的地位,它把商人一族族地分给姬姓贵族带出去建立新邦,商人的氏族制度并未被打破。到了新国,姬、商两族仍是分土定居,一般是周人居处称"国",商人居处称"野"。野是商人的"自治区"。周人这样做,安抚了商人,加强了周商两族的和平相处。周灭商使早期国家更向前推进一步,它也为商周两族以及其他各族间的融合创造了条件。

但周人所创建的国家,仍是以氏族部落为基础的,社会仍是以氏族部落为单位,还没有按地区来划分它的国民,氏族还没有分裂为矛盾尖锐到不可调和的阶级。周仍在早期国家阶段,还没有进入阶级社会、真正意义的国家时期。

大约西周中期,氏族制度渐渐由分解而破坏,商周两族也逐渐融合,血缘关系逐渐融化在地缘关系之中。东周春秋时期,小家族已代替氏族组织,在民间成为社会单位。《左传》昭公十三年(公元前 528 年),"(楚灵)王闻群公子之死也,自投于车下曰:人之爱其子,亦如予乎? 侍者曰:甚焉! 小人老而无子,知挤于沟壑矣!"小人指一般人民。老而无子,无人抚养,就有死于沟壑的危险,这说明民间已是一家一户的个体民户了,氏族组织已经解体了。一部《左传》所反映的春秋时期,贵族与贵族间的斗争,平民与贵族统治者间的斗争,说明阶级斗争已经是很激烈、尖锐化了。

到春秋战国时期,国家的产生已很明朗了。

　　鲁昭公元年(公元前541年),郑国铸刑书;二十九年,晋国"铸刑鼎","著范宣子所为刑书"。有了公布的成文法律。

　　人民对国家有了徭役、兵役负担。"国中自七尺以及六十,野自六尺以及六十有五皆征之。其舍者:国中贵者、贤者、能者……皆舍"。[1]据说周礼是周公定的制度,非实。《周礼》中所存的有西周的材料,更多的是反映春秋时期的情况。这条材料说明国、野的区别还存在,野人比国人的负担重。野人是殷人,是二等公民,负担重;国人是周人,一等公民,徭役负担轻。但春秋时期,国野之分已渐泯灭,"国人"、"野人"合一的"民",负担已是一致的了。氏族组织解体,地区区分已逐渐代替族的区分。徭役何时由按族征发转变为按地区征发,这是很重要的问题,但也是很难考实的问题。据《周礼》的记载,役是按地区征发的。《国语·齐语》载:"管子于是制以为二十一乡,工商之乡六,士乡十五。"乡,是地区。把国分为二十一乡,就是分为二十一个区域。这是齐国由族到地的开始还是齐地的内部调整已不得而知。这条记载说明,齐桓公时齐国兵役已是按地区征发了。

　　诸侯已向全民征收租税。《左传》鲁宣公十五年,鲁国"初税亩"。自古以来,对"初税亩"不知有多少解释。我认为《穀梁传》的解释最得历史真实。《穀梁传》说:"初税亩者,非公之去公田而履亩十取一焉。"非、责备也,责备鲁公于公田之外也按亩征收原不征税的非公家的土地。战国时期,贵族土地已向国家出税。贵族地主收租,国家收税。《史记·赵奢列传》:"赵奢者,赵之田部吏也。

---

　　① 《周礼·地官司徒·乡大夫》。

收租税而平原君家不肯出。赵奢以法治之,杀平原君家用事者九人。"从这段记载看,战国时贵族的土地对国家是出租税的。在同一块土地上,地主收租,国家收税。初税亩,就是贵族地主家的土地向国家出税的滥觞。

春秋战国时期,诸侯国君权的扩大,王廷官僚机构的完备,更是明显。刑罚、武力、税收、王权,都已齐备。《左传》中所反映的人民和国家、贵族地主的矛盾,已很尖锐。国家产生的条件都已成熟。春秋战国时期,中国历史有了真正意义的国家。

这是我对中国国家起源问题的新思考。国家起源,分作两步:早期国家和真正意义的国家。盘庚或盘庚以前开始到春秋战国前,是中国早期国家时期,春秋战国开始是中国古代社会和成熟的国家时期。

三、国家起源的多面观

上面我从恩格斯的国家起源论谈到了我国有权威的学者中的国家起源说,也论到了我的新思考,提出了早期国家说。国家起源是个复杂的问题。现在于上述说法之外,再看看中外学者们对国家起源的其他考虑。所谓多面观并不是全面观,我只是把引起我注意的一些考虑提出来看看而已。我看到的仍是很窄的。

(一)恩格斯的考虑

恩格斯在《家庭、私有制和国家的起源》里研究了国家在氏族制度的废墟上兴起的三种主要形式。他说:雅典是最纯粹、最典型的形式。在这里,国家是直接的和主要的从氏族社会本身内部发展起来的阶级对立中产生的。我在第一节里所引用的恩格斯的话,所谈的国家起源,就是雅典型的国家起源。

另一种形式是罗马型的。在罗马,氏族社会变成了闭关自守的贵族,贵族的四周则是人数众多的、站在这一社会之外的,没有权利只有义务的平民;平民的胜利炸毁了旧的氏族制度,并在它的废墟上面建立了国家,而氏族贵族和平民不久便完全融化在国家中了。

再一种形式是日耳曼型的。在征服了罗马帝国的德意志人中间,国家是作为征服外国广大领土的直接结果而产生的。氏族制度是不能提供任何手段来统治这样广阔的领土的。

恩格斯所讲国家出现的三种形式,是形式,是外表,是路线,而不是物质基础,社会经济基础。物质经济基础,三者仍是共同的,即由生产力的发展、社会分工引发起来的阶级分化、社会分裂,是三者所共同的。深入看一看罗马早期进入国家的社会经济基础和罗马晚期日耳曼建立国家的社会经济基础,问题就清楚了。罗马早期,氏族社会是封闭的,但贵族氏族社会和站在这一社会之外的平民的社会分裂已尖锐到不可调和。平民的胜利缓冲了阶级矛盾,把对立的双方保持在秩序(国家)之内。平民的胜利,建立国家,这国家仍是建立在社会分裂为不可调和的对立面之上的。罗马帝国的末期,阶级矛盾已到了快要两败俱伤的尖锐水平。日耳曼在征服了罗马帝国之后,就在那辽阔的领土上建立了国家。但是,要重视的是:日耳曼人征服的那辽阔的领土是罗马帝国,那里国家已建立了几百年。日耳曼人的氏族制度虽然还是有生命力的,没有分解、没有瓦解,但它征服罗马帝国之后,它就加入了罗马的阶级社会而又居于剥削地位、统治地位。这样,它就创造了、建立了一个新的国家。如果日耳曼人征服的广大领土之上存在的不是阶级社会的罗马帝国,而是一些氏族部落联盟,比日耳曼人还要古老的氏族部落,日耳曼人征服了它们,也只会出现新的更大的部落或部落联盟,不会出现国家。

说清楚这个道理有好处,一可以避免误解只要有对外征服,就可以建立国家,不必有生产力发展、阶级尖锐对立;二可以避免误解对外征服和内部阶级矛盾,是建立国家的两条并行道路;三可以避免为"对外征服也可以产生国家说"找到理论根据。对外征服可以产生国家是有条件的,条件就是被征服者生产力发展、阶级矛盾已经进入国家或接近进入国家了。

(二) 酋邦学说

美国人类学家色维斯(Elman R Service)在 1962 年出版了《原始社会组织》(*Primitive Social Organization：An Evolutionary perspective*)一书。在这本书里,色维斯把原始社会的演化分为三个阶段,一是游团(Band),二是部落(Tribe),三是酋邦(Chiefdom)。他是比较早地提出"酋邦"这一概念的人。1975 年他又出版了《国家与文明的起源》(*Origins of The State and Civilization：The Process of Cultural Evolution*)一书,在这里,论述了酋邦后的国家的起源。[①] 有些学者把色维斯的概念应用到考古材料

---

① 张光直:《中国青铜时代》,三联书店 1983 年版,第 49 页。

上,从考古学的观点,把古代人类社会进化列为游团、部落、酋邦和国家四个阶段。

酋邦,是介于部落和国家的中间阶段。在酋邦阶段,社会又是分层的社会(Ranhed Society),社会成为一个尖锥体形的分层的社会系统。这个分层式的系统以酋长为其中心。整个社会通常相信是自一个始祖传下来的。酋长是在这个假设的祖先传下来的这个基础上选出来的。所以这个分层的社会网内的每一个人都依他和酋长关系的远近而决定其阶层。酋长位置通常由酋长的长子或幼子继承。产品与劳役在整个社会中分配的需要,是酋邦的一项特征。酋长虽然在再分配网中有他的地位,但还缺乏构成社会阶级的真正地对必要物资的特殊掌握和控制。酋长也缺乏强迫性的权力和政治控制。和政治平等的部落比起来,酋邦的特征是有一个联系经济、社会和宗教等各种活动的中心的存在。在若干较大较复杂的酋邦里,这个中心里不但有长驻的酋长,而且有多多少少的行政助理(通常是来自酋长的近亲)、服役人员,甚至职业性的手工匠。[①]

酋邦阶段的提出,对我们研究从部落到国家的过渡,很有启发意义,张光直教授就把酋邦概念应用到对中国早期文明和国家起源的研究上。张光直教授说,进化阶段的四级之分大致是考古学家通常采用的。他说如果我们把华北古代社会演进程序依此系统加以列举,再与考古学家习用的历史分期相对照,可得下表:

---

① 张光直:《中国青铜时代》,第50—51页。

文化名称	新进化论	中国常用的分期
旧石器时代 中石器时代	游团	原始社会
仰韶文化	部落	
龙山文化	酋邦	
三代（到春秋）	国家	奴隶社会
晚周、秦、汉		封建社会（之始）

不过，张光直教授也说："上表的分类中有一个相当大的问题，即三代，尤其是夏商两代和西周的前期，究竟应当是分入酋邦还是分入国家的问题。酋邦和国家在概念上的区分，在两极端上比较容易，在相衔接的区域则比较困难。"张光直教授提的是个很有意义的问题。这个问题关系到拿什么作划分两个阶段的标准，也关系到国家成立的标准是什么。

（三）近年来中国学人对这问题的研究

近年来，中国古代史学者写了不少关于中国国家起源问题的文章。在理论上大都信奉恩格斯的学说，在中国国家起源的具体问题上大半仍是支持夏国家起源说。为了支持他们的论点，他们大都为自己的起源论附加了一些东西。有人说，为了治理洪水，要求各氏族部落组成部落联盟，服从某一大部落的指挥，在这基础上便产生了国家。有的说氏族部落对外防御和对外战争，是推动国家产生的重要因素。有的说管理社会公共事务的需要，促使国家产生。有的说，中国的自然条件好，不需要铜器的使用，用木石工具已可以产生剩余价值，农业手工业尚未分离，交换不发达，城市、货币还没有产生，因治水的需要氏族部落联盟很快就转化为国家。

他们大多是支持夏已进入国家的学说的。他们提出的一些理论,要从理论方面丰富夏已进入国家这一学说。他们的结论都是说,夏的国家就是在阶级社会还没有成熟之前产生的。

这些讨论,都是很有启发性的。他使我们进一步考虑:划分国家起源究竟应以什么为标准。

四、早期国家

综观以上的介绍和论述,我觉得在中国国家起源问题上,乃至在世界各民族的国家起源问题上,划出一个"早期国家"(或者如某些学者提出的划出一个"酋邦"阶段)是符合历史实际的。人类历史发展上,都有一个早期国家阶段。由于这个阶段的时期是比较长的,所以最好划成一个阶段来。

人类历史发展是条长河,可以分为许多发展阶段。阶段越古占的时间越长,日新月异是近代的事,在古代是没有的。氏族部落是一个长时期,国家的产生也是一个长时期。

国家是从部落发展出来的。国家异于部落的是:它有突出的强制权力,有法律,有牢狱,地缘关系代替了血缘关系,等等。

国家是有强制权力的机构,西方学者们也有此观点。如 Kent V. Flannery 在 The Cultural Evolution of Civilization 一文中对国家下的定义就是:

> 国家是一种非常强大,通常是高度中央集权的政府,具有一个职业化的统治阶级,大致上与为较简单的各社会特征的亲属纽带分离开来。它是高度的分层,与在内部极端分化的,

其居住型态常常基于职业分工而非血缘或姻缘关系。国家企图维持武力的独占,并以真正的法律为特征;几乎任何罪行都可以认为是叛违国家的罪行,其处罚依典章化的程序由国家执行,而不再像较简单的社会中那样是被侵犯者或他的亲属的责任。国民个人必须放弃用武,但国家则可以打仗,还可以抽兵、征税、索贡品。①

但这些国家异于部落的现象,也不是一时就完整地实现的,它有个产生、发展、演进的过程,有它的开始,有它的完成。因此,在国家起源问题上出现不同的学说,有的学者看到这些现象的出现,就认为已经离开了部落,不能再称之为部落,但又似乎还不到国家的水平,于是就为这新出现的阶段命名为"酋邦"。酋邦者,部落到国家的中间阶段也。这个名称很好。在汉语上,"酋邦"是"酋"和"邦"两字组成的。"酋"是部落首长,"邦"是国家。一头是部落,一头是国家,极具由部落到国家的含意。但什么情况下由酋邦进入国家,就很难划分。正如张光直教授所说的:"酋邦和国家在概念上的区分,在两极端上比较容易,在相衔接的区域则比较困难。"②

马克思主义国家学说,对国家的产生则是抓住由部落到国家发展变化过程的尾,以国家为社会陷入不可解决的自我矛盾、分裂为不可调和的对立面而又无力摆脱这些对立面时的产物。张光直教授所认为的,"酋邦和国家在概念上的区分,在两极端上比较容易,在相衔接的区域则比较困难"的问题,马克思主义国家学说则

---

① 转引自张光直:《中国青铜时代》,第53页。
② 张光直:《中国青铜时代》,第52页。

以"社会陷入了不可解决的自我矛盾、分裂为不可调和的对立面而又无力摆脱这些对立面"这一质的变化为标准为断限,加以解决,说这以前是部落这以后才是国家。

如此说来,现在关于国家起源的学说,大体上可以说有两大学派。一派可以称作西方学派。他们抓住国家现象出现的头,部落社会中一出现像国家现象的头,就认为是国家产生的开始。其中也有一些学者又细分为"酋邦",已非部落,但还不是国家。一派则是马克思主义学派。他把由部落到国家也看成一个长期发展过程,但一般说它把这个过程仍看作部落的内部变化,直到最后发展到矛盾不可调和时才产生国家。他们抓的是这个变化过程的尾。

在这个问题上,我认为马克思主义的国家起源论学说是科学的。任何事物由一个阶段向另一个阶段的转化,都要有一个质的变化。这个质的变化,就是事物变化的标准。由部落到国家,是一个长期发展演化过程。何时才算是演化完成出现了国家,最好有个质的变化作标准。这个质的变化就是:社会陷入了不可解决的自我矛盾、分裂为不可调和的对立面而又无力摆脱这些对立面。

但要把国家因素出现到社会分裂为不可调和的对立面这一长期过程都算在部落内部,事实上也有困难。酋邦学说的提出乃至夏已进入国家想法的提出,都是因有这种困难而产生的。把春秋以前的西周、殷商都说成是部落时代,很多人就不能接受。

提出"早期国家"说,把国家起源分作两个阶段,正可解决这一困难。

酋邦,似乎还不能代替早期国家。如色维斯(Elman R Serv-ice)所说:酋长虽然在再分配网中有他的地位,但还缺乏构成社会阶级的真正的对必要物资的特殊掌握和控制。酋长也缺乏强迫性的权力和政治控制。酋邦所表现的,似乎只是我所谓的早期国家的前期,不能概括全部早期国家。我把中国国家的完成定在春秋战国,把春秋战国以前称为早期国家,其意在此。早期国家,表示它还是早期而不是成熟的国家。

有人说:现在考古材料的新发现,越来越把中国文明起源的时间往前推,把中国国家的完成拉向春秋战国时期,是否太不合适。我认为:考古材料证明中国文明再早,也不过有了贫富分化、王的权力强化等,绝不会达到社会已陷入不可解决的自我矛盾、分裂为不可调和的对立面的水平。这样,文明起源早,也不过提早早期国家出现的时代。考古材料能证明中国文明起源越早越好,早期国家的出现能提前到夏和夏以前都好。

国家的出现,是人类历史上一场划时代的伟大的进步。不要一听国家是社会分裂为不可调和的产物,就把国家和阶级斗争联系起来,认为国家是革命斗争要打碎的旧机器。那是历史后期出现的事。不能把历史理论庸俗化了。

恩格斯曾经说过:"用一般性的词句痛骂奴隶制度和其他类似的现象,对这些可耻的现象发泄高尚的义愤,这是最容易不过的做法。但是,这种制度是怎样产生的,它为什么存在,它在历史上起了什么作用,关于这些问题,我们并没有因此而得到任何的说明。如果我们对这些问题深入地研究一下,那我们就一定会说——尽管听起来是多么矛盾和离奇——在当时的条件下,采用奴隶制是一个巨大的进步。"①国家的产生也是如此。国家是社会分裂不可调和时的产物,但它的产生却起了"使这些对立面,这些经济利益互相冲突的阶级不致在无谓的斗争中使自己和社会消灭"的作用。② 这就是国家起源的进步意义,巨大的进步意义。直到今天,只要看看非洲一些国家和前南斯拉夫的波黑,落后的民族斗争给人民带来的悲惨和痛苦,不难体会出国家的正面意义和进步作用。

（原载《中国史研究》1995 年第 2 期）

　①　《反杜林论》,人民出版社 1971 年版,第 178 页。
　②　《家庭、私有制和国家的起源》,《马克思恩格斯全集》第 21 卷,第 194 页。

早期国家的出现

（一）殷商社会和经济

商是以今山东、河南、河北为主要活动地区的文化先进的民族。从商汤灭夏到纣被周灭掉，传说有六百年（公元前 16 世纪到前 11 世纪）。在这六百年间，商在中原地区一直居于领导地位。它和周围的族群常常有战争，有的族群被它征服，有的畏势向它臣服。

商人常常迁徙，在他们的历史上有前八后五之说，以汤为界，在汤之前有过八次迁徙，汤之后又有五次。商人早期的都邑称作亳。黄河下游今河北、河南、山东一带以亳命名的地方有很多，有北亳、南亳、西亳，有燕亳，春秋时鲁国有亳社。亳、薄、蒲、番古音同，可以通用，称作薄、薄姑、蒲姑、番的都可看作亳。古代民族迁徙，往往带着他们居地的名称。凡称亳、薄姑、蒲姑、番的地方，大概都是商人居住过的地方。盘庚迁殷之后，殷民族才算定居下来。直到灭亡未再迁徙过。

商族迁徙的原因，有的说是避水灾，有的说商族生活以畜牧为主，迁徙是逐水草而居，也有的说是由于内部政治斗争的需要。这问题还有待进一步去研究。

从卜辞和文献记载看,商人的生产活动有狩猎、有畜牧、有农业、手工业。商代的青铜制造比起前代来有长足发展,创造了灿烂的青铜文化。但商人的主要经济活动是农业,时代越后,农业的地位越重要。盘庚迁殷时,农业的地位已比较突出了。《商书·盘庚上》记盘庚训众人说:"若农服田力穑,乃亦有秋。……汝有积德,乃不畏戎毒于远迩,惰农自安,不昏作劳,不服田亩,越其罔有黍稷。"讲话的对象是待迁的大众,而只谈了农业生产,可见农业已是商人的主要生产部门了。

甲骨文中的田字,有如下一些形状:

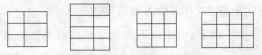

这是些象形文字。从字形上看,可以看出商人的土地是分作均等的小方块或长方块来使用的。最可能的解释是:商人土地的使用已由氏族集体耕作的大田演化为把土地分为小块,平均分配给氏族公社成员各家去耕作。《孟子·滕文公上》所说:"夏后氏五十而贡,殷人七十而助,周人百亩而彻。"无论孟子的话的确切性如何,他是有历史影子作根据的。井田不始于周,商是已有井田的。其实,我们在世界其他民族的古代史上也可以看到,在原始社会末期,在土地使用由氏族成员集体耕作到把土地平均分配给氏族成员各家族分散耕种时,往往都是把土地平均划分成方块形式或长条形式的。豆腐干块式的井田形式,不只中国历史上有,外国史上也有。

商人除把土地划成方块分配给本族成员去耕种外,还保留一部分土地作为公田。商人的公田也称为籍田,卜辞中有:

　　丁酉卜，殻贞，我受岂藉在姤年。三月。

（《甲骨文合集》900）

　　乙亥卜，贞，王往观籍，往。

（《甲骨文合集》9501）

　　孟子说："殷人七十而助。助者，藉也。惟助为有公田。"[①]但是否有像孟子所说"井九百亩，其中为公田"，就很难说了。八家共一井，中为公田，这可能是孟子的创造。

　　商代的农业技术，无疑是比新石器时代为高，但仍然是很落后的。出土的农具绝大多数仍是石、蚌、骨制的。主要掘土农具是耒，殷墟窖穴土壁上，有不少木耒的痕迹。

　　由于农业技术不高，田地不能继续使用而不失地力，殷人时时需要开发新田。他们开发田地的制度，称作衰田。张政烺教授根据卜辞记载推测，衰田的第一阶段是在盛夏夏至前后烧薙草木，及严冬冬至前后，剥除树皮使树木枯死。在使用石器为主要砍伐工具时，只有经过这种方式才能清除大片土地上的林莽。第二步则是平整地面，疏解土壤，使成为可用的田地。水淹火烧杂草腐木，可以增加土壤的肥力。这时，地力已足，事实上已可以耕种了。第三步则是把大片土地的陇田修整，有疆埒畎亩，可作良田了。张政烺教授认为这一连串工作，属于开垦土地过程。正合《诗经》"菑、畬、新"的三个阶段。由于水利和施肥的落后，这些新开垦的田地也不能长期垦殖而地的肥力不衰，在使用一段时间以后，仍不免抛荒以息地力。衰田遂亦未必总以处女地为开发目标，而可能是经

---

　　① 《孟子·滕文公上》。

常在各片土地上轮转作业。①

商代耕田种地的人,称作众或众人。卜辞中有众,《商书·盘庚》里也有众。卜辞中的众,学者们常举的例有:

王大令众人曰叶田,其受年。十一月。

(《甲骨文合集》1)

戊寅卜,旁贞:王往,氏众黍于囧。

(《甲骨文合集》10)

贞:惟小臣令众黍。一月。

(《甲骨文合集》12)

从这几条卜辞里,可以准确地知道,众或众人是耕田种地的,是农民,但看不出它们的身份,众(众),虽是个象形字,像三个人(众人)在太阳下劳动,但农业劳动者从来都是在太阳底下劳动的,单从在太阳底下劳动,说明不了众的身份问题。

卜辞里的众,除种田外,还出任征戍。如:

戊芦,弗雉王众。

戊嚣,弗雉王众。

戊凸,弗雉王众。

戊逐,弗雉王众。

戊何,弗雉王众。

五族其雉王众。

(《甲骨文合集》26879)

---

① 张政烺:《卜辞裒田及其相关诸问题》,《考古学报》1973 年第 1 期,并参看许倬云:《西周史》,台北联经出版事业公司 1984 年版,第 28 页。

卜辞里还有：

丁未卜，争贞，勿令卓氏众伐舌方。

（《甲骨文合集》26）

这里占卜的都是关于征戍的事。氏族部落时代，出兵打仗是氏族成员的职责。商族的社会阶段就是已有了阶级分化，氏族组织仍是它的社会基础，即社会仍由氏族部落组成，血缘关系仍是主要的社会纽带。战斗的主力仍是氏族成员。王所关心的众，也一定是氏族成员。

以"众伐舌方"条，更明确说明众负担征伐的任务。在古代，服兵役出兵打仗的人是公社成员。众是公社成员。

《商书·盘庚》是盘庚迁殷时对殷人中"众"的讲话。大约众人不愿迁，盘庚对他们进行训诫。《盘庚》中载：

王命众，悉至于庭。王若曰："格汝众，予告汝训。……乃不畏戎毒于远迩，惰农自安，不昏作劳，不服田亩，越其罔有黍稷。汝不和吉，言于百姓，惟汝自生毒，乃败祸奸宄，以自灾于厥身。……汝曷弗告朕，而胥动以浮言，恐沈于众……则惟尔众，自作弗靖，非予有咎。……古我先王，暨乃祖乃父，胥及逸勤，予敢动用非罚，世选尔劳，予不掩尔善。兹予大享于先王，尔祖其从与享之。"①

"今予命汝一，无起秽以自臭，恐人倚乃身，迁乃心，予迓续乃命于天，予岂汝威，用奉畜汝众。……古我先后，既劳乃祖乃父，汝共作我畜民。汝有戕，则在乃心。我先后绥乃祖乃

---

① 《尚书·盘庚上》。

父，乃祖乃父乃断弃汝，不救乃死。……乃有不吉不迪，颠越不恭，暂遇奸宄，我乃劓，殄灭之，无遗育，无俾易种于兹新邑。往哉生生，今予将试以汝迁，永建乃家。"①

旧说，《盘庚》三篇讲话的对象不同，上篇是对群臣，中篇是对庶民，下篇是对百官族姓。这且暂不去分析。这里要说的是，《盘庚》里提到的众，都是在土地上劳作的。这和卜辞中的众是一致的。众的地位和众与盘庚的关系，从文字里可以看到几点：一、盘庚的祖先和众的祖先，好像有一种通过"绥"而建立起来的相安的关系。二、众的祖先和盘庚的祖先曾经共劳逸；盘庚祭祖先，众的祖先还可以配享。三、话的口吻虽然是很严厉的，说杀就杀，而且还要斩草除根不留遗种。但只要众人听话，就可以迁到新地建立自己的家园。从这情况来看，单只着眼于"奉畜汝众"、"汝共作我畜民"而认为众是奴隶，论证的力量似乎薄弱了些。畜，养也。《诗·小雅·我行其野》："昏姻之故，言就尔居，尔不我畜，复我邦家。……昏姻之故，言就尔宿，尔不我畜，言归思复。"《毛诗》："畜，养也。"这诗讲男女婚媾，对方既不养我，我就走回自己的家去。婚姻中没有强制关系，畜也全无奴隶的意思。《诗·小雅·节南山》："家父作颂，以究王讻，式讹尔心，以畜万邦。"郑笺也训畜为养，亦不好解作以万邦为奴隶。如果强说他们是宗族奴隶或种族奴隶，终嫌拿不出有力的证据来说明他们的奴隶身份。如果先肯定众是奴隶，再定畜是畜奴，那就不对了。

当然，历史是发展变化的，《书》、《诗》的畜养关系，已是后起的

① 《尚书·盘庚上》。

变化后的关系,最初征服时可能是奴隶关系。这是对的。但我们所讲的盘庚时期众的身份,显然已不是奴隶关系,奴隶的祖先是没有资格和奴隶主的祖先一块享受陪祭的。

我倾向于认为把众解释为不平等部落联盟中一些地位低下的部落的氏族成员为好。因为是联盟关系,所以众的祖先可以和盘庚的祖先共同劳动,死后还可以有资格陪祭。但又显然不是同族,地位也不平等,所以又可以不留种的杀,众的祖先也得同意。至于"绥",最初可能有征服的含义,而后已是不平等的部落联盟式结合。卜辞中所反映的商和犬族、周族、舌方等的关系,可看出一些消息。

商代的手工业已相当发达,分工也相当细致。从遗存器物和文献记载看,当时的手工业部门已有冶铜、制陶、制骨和玉石器等,其中青铜器冶铸技术已具很高的水平。由制作精细技艺高超看,从事制作的手工业者一定是专业化的,冶炼制作场所的规模也是相当可观的。这些手工业者是氏族间的分工(即有些氏族是世代专门从事某一手工业的制作)? 是独立的个体工匠? 还是奴隶? 卜辞和文献材料都没有有力的材料来作进一步的分析说明。周灭商后,曾把商族一氏族一氏族地分给贵族,如分给康叔殷民七族,分给伯禽殷民六族。这些氏族中,有以器物名称命名的。如分给伯禽的六族中有索氏、长勺氏、尾勺氏,分给康叔的七族中有陶氏。索、勺、陶,都是器物。这使我们想:商的手工业者,很可能是些专业氏族。自然,他们更可能是些被征服的氏族部落。同时,也不能排斥,在手工业者群中有的是失去了氏族部落集体的个体,他们中自然也可能有奴隶。

商族和四周各族常常有战争。这些战争，有的是四周各族对商进行掠夺，更多的是商对他们进行征伐。卜辞中常常看到：令迟氏王族比禀（?）蜀古王事。六月[1]。贞令多子族暨犬侯璞周古王［事］[2]。贞，令多子族比犬暨禀蜀古王事[3]。癸未卜，争贞，令旅（?）氏多子族璞周古王事[4]。

战争中的俘虏作为奴隶，这几乎是古代世界各民族史上的通例。商族的对外征服，当然也会如此。在卜辞里，和商族的关系比较多、战争比较频繁的有：舌方、鬼方、羌和夷方。商族和他们在战争中的俘虏，大约都是作为奴隶的。但卜辞和文献中，都没有有力的材料说明奴隶在社会中做什么劳动。卜辞中有一条："贞，王令多羌衰田。"[5]但这些衰田的羌人，是否来自战争的俘虏？他们的身份如何？都看不出来。

商人常以人殉葬，这是殷墟发掘中证实了的，卜辞和文献中也是有记载的。问题在杀殉的性质，被杀的是什么人，什么身份。从后来两周的史实和文献记载看，被杀殉的人有的是死者所喜爱的亲人。秦穆公死，以奄息、仲行、鍼虎殉。三人皆秦之贤良，国人哀之[6]。有的是敌对者。宋平公使邾文公用鄫子于次

---

①　《甲骨文合集》14912。

②　《甲骨文合集》6813。

③　同上。

④　《甲骨文合集》6814。

⑤　《粹》1222。

⑥　《左传》文公六年。

睢之社,欲以属东夷①。鄫子是鄫国之君,杀鄫子以祭社。季平子伐莒取郠。献俘,始用人于亳社②。用人殉,大约主要是与殷商有关系的东方民族的风俗。秦是殷民的分支,亳社是殷人的社。《墨子·节葬篇》说:"天子杀殉,众者数百,寡者数十。将军大夫杀殉,众者数十,寡者数人。"墨子宋人,宋是商后。墨子所说,大约也是指的殷商之俗。认为商是奴隶社会的,便认为这是殷代奴隶社会的绝好证据。认为商不是奴隶社会的,就说奴隶社会的奴隶是劳动者,是创造财富的工具,奴隶主绝不肯杀奴隶来殉葬。

如上所说,被用来杀殉的人,有亲人,有对外征伐得来的俘虏,也有奴隶。奴隶固然是财富,但为了死者地下使用,毁灭点财产奴隶主也是乐于来做的。但用人殉来证明商是奴隶社会却是无力的。用奴隶殉葬,至多只能证明商朝已有奴隶存在,但是否是奴隶社会又当别论。哪有一有奴隶就是奴隶社会呢。

商的社会,直到被周所灭,似乎都还处在氏族社会向阶级社会的转化时期,国家也还处在形成过程中。

在卜辞里,我们看到许多氏族名称,1946 至 1947 年间,丁山教授写过一篇《甲骨文所见氏族及其制度》。在这篇文章里,丁先生就他所看到的材料,列举出来商代的氏族两百个以上。丁先生认为"殷商后末期的国家组织,确以氏族为基础"。

最能具体说明商代社会是以氏族为基础的是《左传》定公四年

---

① 《左传》僖公十九年。
② 《左传》昭公十年。

一段材料。这段材料说,武王克商以后,以殷民六族,条氏、徐氏、萧氏、索氏、长勺氏、尾勺氏分给伯禽,以殷民七族陶氏、施氏、繁氏、锜氏、樊氏、饥氏、终葵氏分给康叔。又以怀姓九宗分给唐叔。这段材料说明:直到商亡,商的社会基层组织仍是氏族组织,因之,才能一族族地分出去。

商族四周的民族,社会不会比商先进,大约也都在氏族社会末期,氏族部落体仍是他们的社会骨架组织。丁山教授有篇未完稿《殷商氏族方国志》,是为了追寻商氏族的渊源及其地望而写的。他举出四十多个方国,认为这些方国正是些氏族部落。商对它们的战争,除战场俘虏带回来外,被征服的民族大约仍留在原来的地区,承认商的领导而向其纳贡。他们间的关系,就是这种臣服纳贡的关系,被征服的内部社会组织并未受到破坏和改变。

在卜辞里,我们看到一些部落曾受到商人的征伐,这原是敌对关系,后来大约被征服了,又变成商的与国。如:

> 己酉卜贞,雀往征犬,弗其禽。十月。

> (《甲骨文合集》6979)

这是卜去征犬族,犬是商的敌国。又一条卜辞却说:

> 己卯卜,㞢贞,令多子族从犬侯璞国,古王事。

> (同前6812)

犬侯成了商的友邦,成了为商征周的主力。

很可能商族和四周臣属于他的各族的关系,大体上是不平等的氏族部落间的联盟。马克思说:"部落制度本身导致区分为高级和低级的氏族——这种差别又由于胜利者与被征服部落混合等等而更加发展。"①商族和四周各族的关系,近似这种部落间的不平等部落联盟关系,而商族则为他们的盟主。区别可能在:马克思所说的氏族部落比较原始,而商已在氏族社会向阶级社会转化期,国家已在形成阶段了。王国维对于商和四方各族的关系,已有所意识。他说:"自殷以前,天子、诸侯君臣之分未定也。故当夏后之世,而殷之王亥、王恒累叶称王,汤未放桀之时亦已称王。盖诸侯之于天子,犹后世诸侯之于盟主,未有君臣之分也。周初亦然。"②

王氏之论,对我们研究商人社会是有启发的。

商和四周被征服的关系,大约有些像古希腊雅典、斯巴达、克里特和被他们征服的边民的关系。边民原来是独立的部落,被征服后仍留居在原来的土地上却要对征服者有一定的贡纳,也可以跟随征服者出征。

对外战争,使商的财力人力大为消耗,也促速了内部贵族平民间的矛盾。商的末期,帝乙和帝辛两代,曾长期和夷方战争。夷的地域在今山东和淮河流域即安徽、江苏北部。《左传》记载,"商纣为黎之蒐而东夷叛之"(昭公四年),"克东夷而殒其身"(昭公十一年),"百克而卒无后"(宣公十二年)。周人灭商,就利用了纣因和夷方作战而力衰的机会。

(二) 周人的早期生活

周人早期生活和活动的地区,是现在陕西中部西安以北以西

---

① 马克思:《资本主义生产以前各形态》,人民出版社 1956 年版,第 8 页。
② 王国维:《观堂集林》卷一〇《殷周制度论》。

到甘肃东部边境。这片地方,北有泾水,南有渭水,西边地势稍高,东边比较平坦,宜于农业。战国时人编纂的《禹贡》,分全国为九州,这里属于雍州。《禹贡》说雍州地方"厥土惟黄壤,厥田为上上,厥赋中下"。田是一等的田。因为人口少土地荒的多,赋是中下第六等。如今由于历代树木砍伐,地面水分容易蒸发,黄土组织松疏容易流失,抗旱能力差,常常出现干旱,影响农业收获。但在古代,西北地区原是草原、森林茂密地区,土地肥沃,农业生产力是高的。

周人生活在这一地区,从远古传说时期起就是以农业为主要产业的。传说中周人的第一代祖先后稷就是以农艺著称的,《史记·周本纪》说:"弃(后稷名)为儿时,屹如巨人之志。其游戏,好种树麻、菽、麻、菽美。及为成人,遂好耕农,相地之宜,宜谷者稼穑焉……"传说中的后稷的时代,大约在传说中的尧舜之际。《周本纪》说:"尧……举弃为农师,天下得其利,有功。帝舜曰:'弃!黎民始饥,尔后稷播时百谷。'封弃于邰,号曰后稷,别姓姬氏。"

后稷的传说,反映周族由母系氏族进入父系氏族的开始时代。历史上不一定有后稷其人。但周人历史上总有一个由母系氏族进入父系氏族的转变时代,后稷所代表的就是这个时代。后稷的母亲是姜原。《诗经·大雅·生民》:"厥初生民,时维姜嫄。"传说,"姜原出野,见巨人迹,心忻然悦,欲践之,践之而身动如孕者。居期而生子,以为不祥,弃之隘巷,马牛过者皆辟不践;徙置之林中,适会山林多人,迁之;而弃渠中冰上,飞鸟以其翼覆荐之。姜原以为神,遂收养长之。初欲弃之,因名曰'弃'。"[1]这个神话般的传

---

① 《史记》卷四《周本纪》,并参看《诗经·大雅·生民篇》。

说，反映后稷有母无父，这正是母系社会的史影。自后稷"别姓姬氏"，周族开始进入父系氏族时期。

姜原，传说是有邰氏之女。《诗经·大雅·生民》的《毛诗》说："邰，姜嫄之国也。"《说文》："邰，炎姓之后姜姓所封，周弃外家国。"姬、姜两姓，是世代互为婚姻的两个氏族部落。公亶父自豳徙于岐下时是"爰及姜女，聿来胥宇"的[①]。从《左传》的记载看，春秋时期，姬、姜两姓的贵族还是互为婚姻的。姬姓女子嫁给姜姓，姜姓女子嫁给姬姓。

邰这地区，根据传说是周族最早的活动地区，也是姜姓的活动地区。地点约在今陕西武功县西南一带，这一带是宜于农业的地区。

后稷之后有不窋。他的时代约当夏后氏末期。《国语·周语上》载祭公谋父的话："昔我先王世后稷，以服事虞、夏。及夏之衰也，弃稷弗务，我先王不窋用失其官，而自窜于戎翟之间。"《史记·周本纪》说："后稷卒，子不窋立"，显然是无稽的。古人注释已明其"不合事情"[②]，"实难据信"[③]。张守节《史记正义》引《括地志》说："不窋故城在庆州弘化县南三里，即不窋在戎狄所居之城也。"[④]唐代庆州弘化约当今甘肃庆阳县境。

不窋之后，有公刘。公刘是周族历史上起过重大作用有重要地位的人物。《史记·周本纪》说："公刘虽在戎狄之间，复修后稷

----

① 《诗经·大雅·绵》。
② 《史记》卷四《周本纪》司马贞《索隐》。
③ 《史记》卷四《周本纪》张守节《正义》。
④ 同上。

之业,务耕种,行地宜,自漆、沮度渭,取材用,行者有资,居者有畜积,民赖其庆。百姓怀之,多徙而保归焉。周道之兴自此始。"《诗经·大雅·公刘》,就是赞美公刘迁豳的事迹和功业的诗篇。汉代毛亨所作的《传》和郑玄的《笺》,都说公刘是从邰迁到豳(今陕西栒邑和邠县)。但不窋已自邰"奔于戎狄之间",上引《史记·周本纪》也说"公刘虽在戎狄之间"。公刘应是从戎狄之间迁豳,不当是从邰迁豳。

《公刘》诗分六章。它反映了周人在公刘时期的飞跃发展。首章:"笃公刘,匪居匪康,乃场乃疆,乃积乃仓,乃裹餱粮,于橐于囊,思辑用光。弓矢斯张,干戈戚扬,爰方启行。"大意是:公刘要迁往豳地了,作了些迁居的准备,带了能带的粮食,"弓矢斯张,干戈戚扬"地上路了。二章:"笃公刘,于胥斯原,既庶既繁,既顺乃宣,而无永叹。陟则在巘,复降在原。何以舟之,维玉及瑶,鞞琫容刀。"大意是:到了豳地,看到这是个繁庶的地方,公刘认为这地方可以安居,不必叹息怀念旧居了,查看了高处,又查看了平地。"何以舟之"以下一句,不懂何意。三章:"笃公刘,逝彼百泉,瞻彼溥原,乃陟南冈,乃觏于京。京师之野,于时处处,于时庐旅,于时言言,于时语语。"大意是:到了流水多的地方,看到了广阔的原野。登上南冈,看到哪里是可以定居的高地。四处原野里,处处聚集着周人,他们讨论着如何定居下来。四章:"笃公刘,于京斯依,跄跄济济,俾筵俾几,既登乃依;乃造其曹,执豕于牢,酌之用匏,食之饮之,君之宗之。"大意是:定居下来了,举行了庆祝宴会,族中有体面的人物,都就座了,告诉那些群辈,从牢里捉了猪来,向公刘献酒献食,公刘是他们好族长(宗)和好首领(君)。五章:"笃公刘,既溥既长,既景乃冈，相其阴阳，观其流泉，其军三单，度其隰原，彻田为粮；度其夕阳，豳居允荒。"这一段最重要，但也最难解，争论也最多。"其军三单"和"彻田为粮"，就争论最多，而这也正是理解早期周人社会和生活的带有关键性的问题。

马瑞辰说："按《逸周书·大明武》篇，'隳城湮溪，老弱单处。'孔晁注：'单处谓无保障。'是单即单处之谓。……'其军三单'承上'相其阴阳，观其流泉'言之，谓分其军，或居山之阴，或居山之阳，或居流泉之旁，故为三。公刘迁豳之始，无城郭保障之固，故谓其军为单耳。"[1]

丁山教授认为："其军三单"的"单"是"旝"字的传写之误。他说："《大雅·公刘》说周公刘时代的军队'其军三单'。这个'单'字，汉以来的经学大师，绞尽脑汁不得其解。我认为单实旝字传写之误。三旝，犹清代之四旗八旗，其组织应与武丁时代'三师'相同。"[2]

刘家和教授另有新解释，他说："按《说文》：'军，圜围也。四千人为军，从车从包省。军，兵车也。'所说大概不是'军'字的本始义。《左传》宣公十二年，'晋之余师不能军。'杜注：'不能成营屯。'《国语·晋语八》：'以藩为军。'韦注：'藩，篱落也，不设垒壁。'《左传》昭公十三年，'乃藩为军'。杜注：'藩，篱也。'《战国策·齐策一》：'军于邯郸之郊。'高诱注：'军，屯也。'这些都说明'军'为营屯之意。王筠说：'军之所以从勹车者，古者车战，故从车。以《左传》

---

　① 《毛诗传笺通释》。

　② 丁山：《殷商氏族方国志》，见《甲骨文所见氏族及其制度》，科学出版社1956年版，第62页。

乃藩为军推之,知军者即今之营盘,必有营垒周乎其外,故从勹。'应该说,王氏此说对《说文》作了最好的解释。所以这里的'军',不是指其人员,而是指其营地。至于'单',于省吾先生于《释四单》一文中说:'四单的单字应读作台,单台双声故通用。台乃后起字。'我赞成此说,还可以补充一些证据。《越绝书·吴内传》:'习之于夷,夷,海也;宿之于莱,莱,野也;致之于单,单者,堵也。'单是与海、野相对举的一种地形。《礼记·礼器》:'家(按指大夫之家,不能与诸侯比)不龟,不台门。'郑玄注:'阇者谓之台',陆德明《释文》:'堵本又作阇。'孔颖达疏:'两边筑阇为基,基上起门曰台门。'可见台就是堵(阇),就是单。其军三单,就是说营地设在三块台地上。前面'相其阴阳,观其流泉',就是为了选定周人居住的营地。"①

对"其军三单"的解说,就举马、丁、刘三家。三家说以刘家和教授说为长,"其军三单","就是说营地设在三块台地上"。这大约是不易之论了。

对"彻田为粮"也有不同解释和理解。有的学者认为彻的意思是"治田"。"彻田为粮"的意思是整理土地生产粮食。许倬云教授说:"公刘实行彻田为粮,彻字确义至今仍难解决。不过这句诗的上下文当连着一起读。(略)此中有相度地形,安置军旅的意思。'彻田为粮'当可能如胡承珙所说是治田之意。彻,固亦可解作税

____

① 刘家和:《说〈诗·大雅·公刘〉及其反映的史事》,见《史学论文集:北京师范大学成立八十周年纪念》,北京师范大学出版社1982年版。

法,但《诗·嵩高》有'彻申伯土田'、'彻申伯土疆'句,《江汉》有'彻我疆土'句,彻均指整治疆界,不必拘泥于'贡助彻'的税法解,当然更不必着重在税法一义上,解释为'剥削'原居民了。""周人在公刘时代大约是一个由族长率领的武装移民,到达豳地之后,始将土地分配各人,整治田亩,以求定居。"①

徐中舒教授认为:彻是彻取公社土地十分之一作为公田。他说:"公田、私田原来都是属于原始公社的公有财产。公刘时代周部族征服这些原始的农业公社,彻取公社土地十分之一作为公田,谓之彻。彻是彻取,如诗'彻彼桑土','彻我墙屋',都是彻取之意。《大雅·笃公刘》之诗曰:'度其隰原,彻田为粮',这是彻法的开始。……凡此彻田,彻土田、土疆,都是彻取公社土地的一部分作为公田;它只是为藉助人民进行生产粮食的准备,并不是征收什一的生产税。"②

刘家和教授大体同意徐中舒教授的话,又发表自己的见解说:"不论公刘是否征服当地部落,从公社中彻取一部分田地作为'公田',这是原始社会解体和阶级社会开头一段时期普遍存在的一种情况。例如,古希腊有一种田地名曰 Temenos,原义就是'彻割出来的'或'划出来的'土地。在《荷马史诗》中,军事首领们握有这种土地,以后的希腊神庙拥有这种土地,甚至迈锡尼时代的国王也有这种土地(这已为线形文字乙的材料所证明)。……彻田在历史的

---

① 许倬云:《西周史》,第 54 页。
② 徐中舒:《试论周代田制及其社会性质》,《四川大学学报》1955 年第 2 期。

这一时期并非中国特有的现象。"①彻田为粮,有治田的意思这是肯定的。公刘来到一个新地方,第一步总要整治土地好进行生产。谓为彻取公田十分之一作为公田,有此可能,但文字上看不出。公刘时期,是周族历史上有发展变化的时期,族长权有发展,彻取十分之一的土地为公田,不是没有可能;认为是彻取什一之税,也不是没有可能。"彻田为粮"理解为整治土地生产粮食,是可以肯定的。彻取什一土地为公田或为收什一之税略嫌证据不足。

《公刘》最后一章:"笃公刘,于豳斯馆,涉渭为乱,取厉取锻。止基乃理,爰众爰有,夹其皇涧,遡其过涧,乃旅乃密,芮鞫之即。"大意是:要在豳营建居处了,乃过渭河取木石材料,营建的基础弄好了,人众安定下来了,逐渐向水边发展了。

由《公刘》一诗看来,公刘时的周族社会已有了贵族和平民的分化。跄跄济济的是贵族,捉豭于牢的是平民。人们还在一起商讨徙居大事,在一起宴会,但族长和首领,已安于受尊崇的地位。从这首诗看,这时期的周族,大约尚处于原始社会的末期,氏族中逐渐有了贵族、平民的分化,但还没有进入阶级社会。

公刘之后,有公亶父。依《史记·周本纪》所记的世系,公亶父是文王的祖父。这又是周族历史上一个重要人物。公刘以后到公亶父之前,大约周族历史上有一段停止不前的衰落期。公亶父又"复修后稷、公刘之业"②。公亶父为了躲避戎狄的攻击,又自豳迁于岐下(今陕西岐山县境)。公亶父时期,周族社会有很大发展。

---

① 刘家和:《说〈诗·大雅·公刘〉及其反映的史事》,见《史学论文集:北京师范大学成立八十周年纪念》。

② 《史记》卷四《周本纪》。

据《大雅·绵》诗，公亶父到岐下后，首先整理土疆调理农业。"曰止曰时，筑室于兹。乃慰乃止，乃左乃右。乃疆乃理，乃宣乃亩。"公亶父在豳时，还是"陶复陶穴①，未有家室"的。到了岐下周原，开始筑宫室，做神庙。《诗》说："乃召司空，乃召司徒，俾立室家，其绳则直，缩版以载，作庙翼翼。""百堵皆兴，鼛鼓弗胜。""乃立皋门，皋门有伉；乃立应门，应门将将。"另外还立了大社，动众出征，要先告社。"乃立冢土，戎丑攸行。"毛《传》说："冢土，大社也；起大事，动大众，必先有事乎社而后出。"郑《笺》略同。

从《绵》诗里，我们看出周人到岐后的几点发展变化。族长、首领的地位，更为突出。他有了与众不同的宫室，有了高大巍峨的宫门，有了庄严的宗庙。尊祖庙是为了尊祖宗，尊祖宗是为了尊活着的首领。族长、首领的地位，更从成员中突出出来。城邦国家的雏形，逐渐显露出来。《绵》诗说到筑宫室、皋门、应门、宗庙，和这相应的一定有筑城邑。《史记·周本纪》就说："古公乃贬戎狄之俗，而营筑城郭室屋，而邑别居之。作五官有司。"营筑城郭而邑别居之，这是城邦的雏形。作五官有司，就是《绵》诗所说的司空、司徒。司徒、司空，都是在最高族长、首领左右生长出来的一些执事的人。最高族长首领的地位突出起来，权力大起来，集中在他身上的事务也多起来。这些事务，贵族是不屑做的，首领也不乐意让贵族来做。他用些他左右的身份地位低的人，更能突出他的权力地位。在由氏族部落向国家转化的过程中，在王的左右出现一些执事官，他们一般不是贵族，但随着王权的成长，他们的权力也大起来，也

---

① 钱穆先生谓"陶复陶穴"四字是衍文，见《周初地理考》，《燕京学报》第10期。

成为贵族。公亶父时期出现的司空、司徒都是些低下的执事官。郑玄《笺》说："司空、司徒，卿官也；司空掌管国邑，司徒掌徒役之事。"司空、司徒，只是管领工徒的人。到了汉代，首领族长演化而为皇帝，司空、司徒都成了朝廷三公。但只有封侯，他们才有贵族身份，不封侯，仍是平民。公亶父时期，筑城郭邑居，有了司空、司徒，城邦国家有了进一步发展。

公亶父开始，周人一路发展下去。周人势力强大起来，和商的矛盾逐渐多起来。《诗经·鲁颂·闷宫》："后稷之孙，实维大王，居岐之阳，实始翦商。"大王就是公亶父，是他开始灭商的准备工作的。但这时的商，仍是强大的。周对商，还远非敌手。公亶父的儿子文王的父亲季历，就是被商纣杀死的，文王也曾被囚于羑里。

文王时期，又是周族的一个重要发展时期。在他的晚年，他连年对外征伐，征服了周围许多部落。《史记·周本纪》说："西伯盖受命之君。明年，伐犬戎。明年，伐密须。明年，败耆国。殷之祖伊闻之惧，以告帝纣。纣曰：'不有天命乎？是何能为？'明年，伐邘。明年，伐崇侯虎，而作丰邑，自岐下而徙都丰。明年，西伯崩。"戎是古代漫居在山西、陕西等地的一个大民族，在河南的西部也有戎人和华夏人杂居着。文王所伐的犬戎，大约在岐的附近。密须，古密国，在今甘肃灵台西。耆，即黎国，在今山西黎城县东北。邘，在今河南沁阳县西北。崇，依史念海教授，"颇疑崇国得名，由于嵩山，嵩山也作崇山。崇国如系由山得名，当在嵩山之下。"文王伐犬戎、密须，巩固了周国的后方。耆、邘，在河北，周取得耆、邘，威胁殷都朝歌。崇和商的关系密切，地居周人东向发展的中途。而且崇是强国，周和崇有多年的仇怨，也有多年的战争。周文王灭崇国以后,才扫清征讨商的中途障碍,才能进而作邑于丰。《诗·大雅·文王》中《皇矣》、《有声》等篇,都歌颂了文王伐崇的武功。如《有声》篇:"文王受命,有此武功,既伐于崇,作邑于丰。"可见伐崇灭崇在周人发展道路上的重要性。

文王时期,周人还沿着汉水东下,在汉水流域建立了一些姬姓城邑。这一切说明:文王时,周人的势力已相当强大。它的活动范围已西到今甘肃东部,南到汉水流域,东到今山西南部和河南西部,出现了"三分天下有其二"的话。

文王时期,社会阶级分化也有发展。《左传》昭公七年:"周文王之法曰:有亡荒阅,所以得天下也。"范文澜先生说:这是一条搜索奴隶逃亡的法律,谁的奴隶归谁所有,不许藏匿①。《左传》这句话是楚国申无宇对楚灵王说的。楚灵王做章华宫,纳亡人以实之。无宇的阍(看门的)逃到章华宫去。无宇要去捕人,楚王的有司不许,反把无宇送去见楚王,引起无宇说了上面一段话。从原文看,把"亡"解释为奴隶固然可以,解释为其他身份的人如私属也无不可。不管如何解释,阶级分化有发展,大约已是当时历史大势所趋。因为阶级分化有发展,有了奴隶,有了奴隶逃亡,也有了对逃亡奴隶的搜捕。

但文王时代的社会生活仍然是比较落后的。《周书·无逸》篇,是周公教训成王不要好逸恶劳的文字。他劝诫成王要知道稼穑的艰难。他说殷的先王都是勤劳治国的,享国时间长,寿命也长。后世不知稼穑之艰难,惟耽乐是从,从而享国时间短,寿命也

---

①　范文澜:《中国通史简编》(修订本)第一编,第132页。

不长。然后说到文王,说"文王卑服,即康功田功"。一般把这句话解释为:文王卑其衣服,以就田功,以知稼穑之艰难。我认为是可以的。对照前后文,文章是衔接的。《楚辞·天问》有:"伯昌号衰,秉鞭作牧。"秉鞭作牧这句话的原始意思,当然是拿着鞭子放牧牛羊。把人比作牛羊,把管人的官称作牧,这是"牧"的后起之义。把这句话和《无逸》篇"文王卑服,即康功田功"结合起来看,文王大概是还亲自参加劳动的,又种田又放牧。

通过征服,文王得到很多部落的臣服。但灭商的大举却留给了他的儿子——武王。

(三)灭商后商周两族的关系

武王伐纣,是以姬、姜两大部落为中心联合周围其他部落对商的战争。《周书·牧誓》载:"王曰:嗟我友邦冢君,御事、司徒、司马、司空,亚旅、师氏,千夫长、百夫长,及庸、蜀、羌、髳、微、卢、彭、濮人;称尔戈,比尔干,立尔矛,予其誓:……"这里讲话的对象有四种人:友邦冢君,可理解为联盟各部落的首领;司徒、司马、司空和亚旅、师氏,可理解为王左右的近臣;千夫长、百夫长,是率领氏族部落成员出征的大大小小的氏族长;庸、蜀、羌、髳、微、卢、彭、濮人是参加战争的西南地区的少数族。姜族的首领姜尚,被称作师尚父。他是伐纣战争中的主要指挥者。《诗·大雅·大明》,其中就有一首是歌颂姜尚在伐纣战争中的功绩的。

武王打败了商王纣,纣自焚身死。但商在东方的势力仍很大。武王让纣子禄父武庚统治东方的商族,并以自己的兄弟管叔、蔡叔、霍叔带兵就近监视,称为"三监"。武王不久死了,弟周公旦摄政。管叔、蔡叔对此不满。武庚乘机和管叔、蔡叔以及东方徐、奄、淮夷等十多个族联合起来反对周。周公二次东征,用了三年多时间才把反叛平定下去。

为了统治广大东方,周人采取了两项措施。一是在洛邑(今河南洛阳)建立了一个京邑,称作成周,作为控制东方的核心;二是派姬、姜两族的贵族子弟带领他们的家族到东方去建立国家,作为周的屏藩。这就是文献中所说的"受民受疆土"。据史书记载,周初派到东方去建立的国家有七十一国,其中姬姓国有五十三个,姜姓国也不少。这些分建的国家中,在东方居重要地位的有鲁、卫、齐等国。鲁的封地原在今河南鲁山一带,后来迁到奄,今山东曲阜;卫的封地,是殷商京畿,即所谓殷墟,在今河南北部和河北南部;齐原在今河南中部,后迁临淄,在今山东东部①。另外,封唐叔于唐,在今山西汾水流域,后来成为春秋时期的大国——晋国。

周人把大批殷商遗民迁到洛邑,放在周王直接控制之下。同时,把大批殷人分给到东方建国的姬姜贵族。分给康叔的有殷氏七族,分给鲁的有殷氏六族,分给唐叔的有怀姓九宗。新国所到的地方的原有居民,也成为新国的组成部分。《诗·大雅·崧高》:"王命申伯,式是南邦,因是谢人,以作尔庸。"《诗·大雅·韩奕》:"溥彼韩城,燕师所完,以先祖受命,因时百蛮。王锡韩侯,其追其貊,奄受北国,因以其伯。"谢人、百蛮,就是当地的原有居民,也都作了新国的一部分。

---

① 参看傅斯年:《大东小东说——兼论鲁、燕、齐初封在成周东南后乃东迁》,《中央研究院历史语言研究所集刊》第二本第一分,1930年。

被迁到洛邑去的殷人,在"受民受疆土"的形式下被分给各国贵族到东方建立新国的殷商七族、六族、怀姓九宗,以及新国建立地方的原有居民如谢人、百蛮,和周人的关系如何? 他们间是奴隶和奴隶主的关系? 农奴、依附民和封建主的关系? 抑或是其他型的关系? 这是理解周初社会性质和国家性质的关键问题。

记载他们间关系的文献资料,主要有《尚书》的《多士》、《多方》和《左传》定公四年的一条。另外就是考古金文资料,这些第一手的当时资料,在说明问题时更具有说服力。

《多士》和《多方》是周公代表周王对迁到洛邑去的殷人讲话;《左传》定公四年的记载,记的是把殷氏七族、六族、怀姓九宗分给鲁公、康叔和唐叔时的情况。它反映了周人与殷人等被分去的各族的关系。因为对这些材料的理解是有争论的,最好是多征引几段原文,让读者自己对材料进行分析,评价别人的理解,得出自己的理解。

《多士》篇载:

> 惟三月,周公初于新邑洛,用告商王士。王若曰:尔殷遗多士,弗吊,旻天大降丧于殷。我有周佑命,将天明威,致王罚,勑殷命,终于帝。肆尔多士,非我小国,敢弋殷命,惟天不畀,允罔固乱,弼我,我其敢求位。……

> 王曰:猷,告尔多士,予惟时其迁居西尔。非我一人,奉德不康宁,时惟天命。无违,朕不敢有后,无我怨。惟尔知,惟殷先人,有册有典,殷革夏命。今尔又曰:夏迪简在王庭,有服在百僚。予一人惟听用德,肆予敢求尔于天邑商。予惟率肆矜尔,非予罪,时惟天命。

王曰：多士，昔朕来自奄，予大降尔四国民命，我乃明致天罚，移尔遐逖，比事臣我宗多逊。

王曰：告尔殷多士，今予惟不尔杀，予惟时命有申。今朕作大邑于兹洛，予惟四方罔攸宾，亦惟尔多士，攸服奔走，臣我，多逊。尔乃尚有尔土，尔乃尚宁幹止。尔克敬，天惟畀矜尔；尔不克敬，尔不啻不有尔土，予亦致天之罚于尔躬。今尔惟时宅尔邑，继尔居，尔厥有幹有年于兹洛。尔小子乃兴，从尔迁。

《多方》篇：

王来自奄，至于宗周。周公曰：王若曰：猷，告尔四国多方，惟尔殷侯尹民；我惟大降尔命，尔罔不知。……

呜呼！王若曰：……今我曷敢多诰，我惟大降尔四国民命，尔曷不忱裕之于尔多方，尔曷不夹介乂我周王，享天之命？今尔尚宅尔宅，畋尔田，尔曷不惠王熙天之命？尔乃迪屡不静，尔心未爱，尔乃不大宅天命，尔乃屑播天命，尔乃自作不典，图忱于正。我惟时其教告之，我惟时其战要囚之。至于再，至于三。乃有不用我降尔命，我乃其大罚殛之。非我有周秉德不康宁，乃惟尔自速辜。

王曰：呜呼！猷，告尔有多方士，暨殷多士，今尔奔走臣我监五祀，越惟有胥伯小大多正，尔罔不克臬。自作不和，尔惟和哉！尔室不睦，尔惟和哉！尔邑克明，尔惟克勤乃事。尔尚不忌于凶德，亦则以穆穆在乃位，克阅，于乃邑谋介。尔乃自时洛邑，尚永力，畋尔田，天惟畀矜尔，我有周惟其大介赉尔，迪简在王庭，尚尔事，有服在大僚。

我把《多士》和《多方》的文字引了这么多，是想使读者能从这里自己想一想商周间的关系。下面先谈谈我的意见。

从《多士》、《多方》这两篇书里，首先看到的是商周两族的关系是不平等的。一家是征服者，一家是被征服者。如果殷人不满意周人的对待要进行反抗，周人就随时可以把反抗者杀死。

但商周两族的关系，并不老是一天到晚杀气腾腾的，今天杀这个，明天杀那个。周人对殷人讲话，一方面是威吓，不听话就要杀头，一方面却又很客气，自称"我小国"，称殷为"天邑商"。说自己小国，怎敢取殷，是天命来取殷的。

商虽被灭，还对周人说昔日商灭夏，曾把夏人"迪简在王庭，有服在百僚"，希望周人也这样对待殷人。周人也就答应了殷人的要求，把殷人"迪简在王庭，尚尔事，有服在大僚"。这就是说，商人的贵族仍保持他们的贵族地位。

商族贵族不仅维持着他们的贵族地位，而且保有土地，保有自己的居住地区，"尔乃尚有尔土"，"今尔惟时宅尔邑，继尔居"，而且他们氏族部落组织也未被打破，商贵族还保持着他们氏族长、部落长的地位，仍管理本族的事，"自作不和，尔惟和哉！"他们的原有社会结构没有改变。

考古资料也说明这种情况，洛阳东郊周代遗址的残存中有二十几座殷遗民的墓，其版筑、墓制、腰坑、犬骨、陶器、蚌器、画缦等，仍多保持殷俗，发掘人郭宝钧等认为这种情况反映了殷遗民仍保留畎田继居、自成聚落的情形[1]。

---

① 郭宝钧等：《1952年秋季洛阳东郊发掘报告》，《考古学报》第九册，1955年。

迁到成周去的殷人似乎还服兵役,做战士。成周驻军中有殷八师,这可能是由殷人组成的。当然,这些由殷人组成的八师,不是殷人独立的军队,而是纳入周军的军队,但它说明殷人服兵役。许倬云教授对此曾引证金文考古材料作过精辟论述。许教授以为:驻屯在成周的殷八师,常常担任镇抚东南的战斗任务。例如小臣谜簋:"尸(夷)东夷大反,白懋父以殷八师征东夷。"禹鼎:"亦唯噩侯骏方,率南淮夷东夷,广伐南国东国。至于历寒,王□命西六自殷八自曰□伐噩侯骏方,勿遗寿幼,肆自弥宕匌匜弗克伐噩。"此中西六师可能是周王的部队,殷师既明白冠以殷号,殆为殷人的部队。舀壶有"作冢嗣土于成周八师"之语,而小克鼎有"舍命于成周嗣正八自之年"的记载。舀壶为懿孝之器,小克鼎更是晚到厉王时。八师而有成周之称,当指在成周的原来的殷八师。成周的殷遗多士似乎有一定的兵役义务,师旂鼎记载了这么一件规避出征任务的事:"唯三月丁卯,师旂众仆不从王征于方,雷吏粦友弘,以告于白懋父在荐,白懋父迺罚得(瑴)古三百寽,今弗克寽罚,懋父命曰義(宜)救:尸(夷)氏不从寽右征,今毋救其又内于师旂,弘以告中史书,旂对厥于隤彝。"白懋父是成王时大将,曾任北征统帅,师旂大约是征于方时白懋父手下的将领。这些"众仆"应当隶属"右"队,师旂可能即是右队的主将,"众仆"没有出征,因此该受罚交罚金给师旂。综合言之,成周建立后,不少殷遗贵族迁居,他们并未沦为奴隶,而仍保留自己的田宅,领地并臣属。殷遗多士是殷八师的成员,在平时也保持军队的编制与指挥体系,例如师旂是右军的主将,手下有若干必须从征的众仆。这支殷遗的军队在周人高级将领(如白懋父)的率领下,经常参加周王在东方与南方的征讨。由周初到西周晚期,时见记载①。

这是周王统治下洛邑周商两族的关系。再看分给其他诸侯国的商人和周族的关系。《左传》定公四年载：

> 昔武王克商，成王定之，选建明德，以屏藩周。故周公相王室以尹天下，于周为睦。

> 分鲁公以大路、大旂，夏后氏之璜，封父之繁弱，殷民六族，条氏、徐氏、萧氏、索氏、长勺氏、尾勺氏，使帅其宗氏，辑其分族，将其类丑，以法则周公，用即命于周，是使之职事于鲁，以昭周公之明德。分之土田陪敦，祝、宗、卜、史，备物策典，官司、彝器。因商、奄之民，命以伯禽，而封于少皞之虚。

> 分康叔以大路、少帛、绩茷、旃旌、大吕，殷民七族，陶氏、施氏、繁氏、锜氏、樊氏、饥氏、终葵氏，封畛土略，自武父以南，及圃田之北竟，取于有阎之土，以共王职，取于相土之东都，以会王之东蒐。聘季授土，陶叔授民，命以康诰，而封于殷虚，皆启以商政，疆以周索。

> 分唐叔以大路，密须之鼓、阙巩、沽洗，怀姓九宗，职官五正。命以唐诰，而封于夏虚，启以夏政，疆以戎索。

这段材料反映新国是以部落为基础的国家，最清楚不过了。

王国维认为怀姓九宗是鬼方的姓，怀与媿、槐相通②。

殷人和怀姓九宗是一族族地被分出去的。到了新国以后，他们和姬姓氏族贵族率领的姬姓氏族是各自聚族而居的，因此他们

---

① 许倬云：《西周史》，第121—122页。
② 王国维：《观堂集林》卷一三《鬼方昆夷猃狁考》。

才能"帅其宗氏,辑其分族,将其类丑",才能分别"启以商政"和"启以夏政"。如果不是聚族而居,而是和周人混杂起来居住,那么"帅其宗氏,辑其分族,将其类丑"就不可能,也失其意义,也就很难贯彻"启以商政"和"启以夏政"了。

鲁公、康叔于殷民六族、七族之外,还有当地的商奄之民,唐叔于怀姓九宗之外还有当地的夏人和戎狄。这些当地的商奄之民和夏人的社会阶段,也不会超出氏族部落阶段。周人来到以后,这些当地人和周人的关系大约也和殷人和周人的关系差不多,仍是部落对部落的关系,分族而居,各管各的事。

考古资料和铜器铭文,更有力地说明周人和殷人以及新建国家当地原来的居民的关系是族与族的联合,各族的族群组织仍然维持不变,各族贵族仍是贵族。许倬云教授对考古金文资料作了很好的概括①。

召公封于燕,召公是否和伯禽、康叔、唐叔一样分有一部殷人虽然未见诸文献记载,但金文材料却显示,燕国也是有殷人的,殷的贵族也参加战争,接受赏赐。北京近郊昌平白浮村出土有西周木椁墓,是西周初期的墓葬。房山琉璃河黄土坡西周墓葬出土有匽侯赏赐的若干铜器。带有匽侯字样的铜器,也出土于大凌河流域。杜正胜教授根据出土诸器铭文文末的族徽,认为作器者多是殷商旧族。诸器形制花纹也与殷器相类。铭文中的父母名讳,也常见干支命名,如父乙、父辛、父壬、母己,仍沿殷商旧俗。在殷器文公丁簋曾参加征人方之役的㺇,在北洞出土的斐方鼎铭文里又

① 参看许倬云:《西周史》第四章《华夏国家的形成》。

是燕侯手下的大将了。房山琉璃河黄土坡出土的复尊铭文："匽侯赏复冂衣、臣妾、贝，用作父乙宝障彝。"铭末有㠱族徽。墓中出土随葬品极多，有大量兵器，并有人殉一人[①]。杜正胜教授根据这一类例证，推断当时的匽侯手下，有若干东方旧族，从征幽燕，也就葬在北方。这些人有臣妾之赐，有朋贝之赏，墓葬内容颇为丰富。殷遗东方旧族在燕国可能仍保持原有的氏族组织。这些在北土的东方旧族与周人共同享有统治者的地位[②]。许倬云教授戏称周人在各地与殷人旧族和当地土著所建立的关系为"三结合"的政治权力关系。所谓"三结合"是三个族群（周人、殷人、当地土著）的结合。在这个"三结合"关系中，周人的族群代替旧日殷商族群居于主要的地位。周人族群和土著族群的关系，是统治族群与各地土著族群的重叠关系。不过，许倬云教授虽然也说"周人在北方黄土地带的优势虽然是征服"，但却认为"不应当作异民族间的征服与被征服，而是大文化圈内族群间关系的重组合"。我认为实事求是、尊重历史地说还是把征服的因素放进去好。"三结合"的本身，就是征服的结果。没有征服，周人就不会居于统治地位，殷人也不会自动让位。这种"三结合"的关系，不是简单地净化的"大文化圈内族群间关系的重组合"，而是通过征服而建立的不平等的族群间的重叠关系，周人在上，殷人居中，土著居民在最下层。

　　周王国和诸侯国都有所谓国、野之分和乡遂制度。周王有六

---

　　① 琉璃河考古工作队：《北京附近发现的西周奴隶殉葬墓》，《考古》1974 年第 5 期。

　　② 杜正胜：《封建与宗法》，《"中央研究院"历史语言研究所集刊》第五十本第三分，1979 年。

乡六遂。各国各地有时名称不一样,但内容大体是一致的,一国之内有个内圈和外圈的区别。《周礼》和《孟子》书中一些记载,都反映了这种情况。《周礼·小司寇》"乡士"条:

> 乡士,掌国中,各掌其乡之民数而纠戒之。

郑玄注说:

> 郑司农云:谓国中至百里郊也。玄谓其地则距王城百里内也。言掌国中,此主国中狱也。六乡之狱在国中。

"遂士"条:

> 遂士掌四郊,各掌其遂之民数而纠戒之。

郑玄注说:

> 郑司农云:谓百里外至三百里也。玄谓:其地则距王城百里以外至二百里。言掌四郊者,此主四郊狱也。六遂之狱在四郊。

《周礼》一书大约是战国时人编撰的,刘歆大约曾整理过,但绝不是他伪造的。《周礼》即使是在战国才编撰成书的,其中包括了一些战国以前的古史材料。

《周礼》关于国内区划的记载相当混乱,于乡遂之外,又有国中、郊、野、都鄙等。但综合起来看,一国之中有个内圈、外圈是一致的。

孟子也谈到国与野,也是把内圈称作国,外圈称作野。滕文公派人问他如何治理滕国,他说:

> 夏后氏五十而贡,殷人七十而助,周人百亩而彻,其实皆什一也。……夫滕壤地褊小,将为君子焉。无君子莫治野人,

无野人莫养君子。请野九一而助，国中什一使自赋。[1]

孟子这些话，还把国、野之分和民族关系联系起来了。殷人行的是助法，孟子向滕文公建议请野九一而助，这说明原来野中住的是殷人，国中是周人，两族是各自聚族而居的。再往前看，孔子也谈到野。《论语·先进》：

　　子曰：先进于礼乐，野人也；后进于礼乐，君子也。

先进总比后进要文明，为什么反而是先进于礼乐的是野人，后进于礼乐的反是君子？这只有从族的关系上来解释，才能解释得通。殷人比周人是先进的，但商被灭后，殷周两族共同组成新的国家，周人聚族而居在国中，殷人则聚族而居在野。先进于礼乐的殷人成了野人了，后进于礼乐的周人反成了君子了。所谓君子，不是从道德品质上说的，是从政治地位来说的。周人是统治者，是剥削者，称为君子。这就是孟子所说，"无君子莫治野人，无野人莫养君子"。野人就是殷人。近代学者谈商周两族关系的文章，首先当推傅斯年先生的《周东封与殷遗民》[2]。我这里对《论语·先进》的解释，就是傅斯年先生提出来的。

综合以上的材料看，无论是周王和洛邑的殷人的关系，还是鲁公、康叔、唐叔以及其他诸侯国和分给他们的殷民六族、七族、怀姓九宗以及土著族的关系，似乎都不像奴隶主和奴隶的关系，也不像封建领主和农奴的关系。商、周两族，是各自聚族而居的。一个在内圈，在国中，在近郊区；一个外圈，在野。两族并不混居。殷人或

____

[1]　《孟子·滕文公上》。
[2]　傅斯年：《周东封与殷遗民》，《中央研究院历史语言研究所集刊》第四本第三分。

怀姓九宗的氏族组织并未打破。殷人或怀姓九宗族内的事,仍由这些族的氏族长来管理。殷人、怀姓九宗的氏族贵族,仍是贵族,仍可以"迪简在王庭",到周王朝去做官。

看来,用不平等部落结合的关系来解释商周两族的关系似乎更符合实际些。在古代,氏族部落和氏族部落以不平等的关系结合在一起是常见的。马克思关于古代民族关系的一段话:"部落制度本身导致区分为高级和低级的氏族——这种差别又由于胜利者与被征服部落混合等等而更加发展。"①对我们理解商周两族的关系,很有启发。我看,周人和商人、怀姓九宗等被征服的各族的关系,就是这种不平等的部落结合关系。各自的氏族部落体仍然存在,但却因征服关系,以不平等的地位结合在一起。

周朝初年,刚刚灭商之后,两族关系比较紧张,征服关系比较强些。到了西周末年和春秋时期,两族和平相处了几百年,联盟的关系就比较显著和突出了。宣王封他弟弟桓公友于郑时,商周两族的关系已不像周初那么有杀气。郑桓公带着分给他的商人在郑地去建立新国时,商周两族关系已是靠"盟"来维持了。《左传》昭公十六年郑子产对晋韩宣子说:

> 昔我先君桓公与商人皆出自周,庸次比耦,以艾杀此地,斩之蓬蒿藜藋而共处之。世有盟誓,以相信也,曰:"尔无我叛,我无强贾,毋或匄夺。尔有利市宝贿,我勿与知。"恃此质誓,故能相保,以至于今。

这里的商人,是做生意的人,从"我无强贾"可知。但他们也是

---

① 马克思:《资本主义生产以前各形态》,第8页。

农民,从"庸次比耦,以艾杀此地,斩之蓬篙藜藿而共处之"可知。但更重要的是他们是商族人。大约在中国古代,商族人会做生意。《尚书·酒诰》:"肇牵车牛,远服贾,用孝养厥父母。"按:妹土是商之都邑,妹土居民是商族。《酒诰》是对妹土人讲话。此证商人会做生意。商人会做生意,使后世做生意的人就有了商人的名称。不应该把这条材料解释为郑桓公带着做生意的人"庸次比耦,以艾杀此地"去建立新国,应当理解为桓公带着分给他的商(族)人去建立新国。

这时,距离周初已有几百年,商周两族的关系已相当缓和,商周两族的关系已靠"盟"来维系。这种"盟"的关系,不是新形式的开创,而是旧形式的变相的延续。它是氏族部落联盟时期"联盟"形式的遗存。《左传》所载,国与国之间,族与族之间,"盟"的关系是不绝于书的,这种"盟"都是氏族部落联盟的遗存。

西周初年分给唐叔的"怀姓九宗,职官五正",他们的族长们一直仍是氏族贵族,在春秋初期已和晋国贵族一起参加政治活动,拥立晋国国君。故事见之《左传》,隐公六年载:"翼九宗五正顷父之子嘉父逆晋侯于随,纳诸鄂,晋人谓之鄂侯。"所谓九宗五正,就是成王封唐叔时的怀姓九宗五正。这怀姓九宗的贵族顷父之子嘉父已参加晋室贵族立君的活动。西周初年分给鲁国的殷人六族,到了春秋孔子时候已经都成了鲁国的国人。定公六年,鲁国的贵族阳虎"盟公及三桓于周社,盟国人于亳社"①。周社是周人的社,阳虎盟定公和三家大贵族于周社。亳社是殷人的社,国人是上层自

————————

① 《左传》定公六年。

由民。盟国人于亳社，说明阳虎所盟的国人都是殷人，即殷人已是鲁国的国人。

能不能说，周灭商后，把商人都做成了种族奴隶。他们的氏族部落组织未被打破，但他们却是整个族做了周人的奴隶。只是过了几百年到了春秋时期，他们地位才提高了。我看还不好这样说，因为如果他们是做了奴隶，那么文献中所载周公对殷多士所说的话，他们可以到周王廷做百僚，他们族内不和由他们自己处理，他们还有他们的土地、居邑，便不好解释。如果说这仍可叫做奴隶，奴隶的意义似乎就要另论了。

通常我们是把周王朝和诸侯国都作为国家来看待的。从以上材料的分析来看，我们看到这时的国家是在部落的不平等结合的基础上建立起来的，是在部落对部落的征服的基础上建立起来的。可以称之为"部落国家"，它是国家形成的初期，是萌芽时期的国家。

总之，周灭商后商周两族的关系是不平等的，但绝不是奴隶主和奴隶的关系。商族被征服了，但他们的氏族部落组织还保存下来。商族的贵族仍保持他们的氏族贵族身份，他们还可以被简选到周王廷去做百僚或大僚。他们族内的事，仍由自己去管理，周人不加干涉。通过征服，商周两族所建立的国家，有点像早期希腊和罗马的国家，都是早期国家，正由氏族部落向国家过渡。

（节选自《中国古代社会》）

众人和庶民

西周春秋时期,有"众人"和"庶民"(亦称庶人)。这是西周春秋时期的主要农业劳动者。但对众人、庶民的身份,有不同的看法。

众人,来自殷商,卜辞中有"众"或"众人"。

> 王大令众人曰协田,其受年。

> 王往,以众黍于冏。

> 贞维小臣令众黍。

这里只看到众或众人是耕田种地的,是农民,看不出他们的身份。

郭沫若同志说商周的众或众人是奴隶。他的主要论据有两条,一条是《尚书·盘庚》中篇,一条是曶鼎的铭文。我们先来看看《盘庚》中篇的材料。盘庚要迁殷,众人有不同意见,盘庚对他们说:

> 今予命汝一,无起秽以自臭,恐人倚乃身,迂乃心,予迓续乃命于天,予岂汝威,用奉畜汝众……古我先后,即劳乃祖乃父,汝共作我畜民。汝有戕,则在乃心。我先后绥乃祖乃父,乃祖乃父乃断弃汝,不救乃死。……乃祖先父丕乃告我高后曰:"作丕刑于朕孙"……乃有不吉不迪,颠越不恭,暂遇奸宄,

我乃劓，殄灭之，无遗育，无俾易种于兹新邑。往哉生生！今
予将试以汝迁，永建乃家。

郭老的体会是：从"奉畜汝众"和"汝共作我畜民"里的"畜"字
里，"可见这些人的身份是和畜生一样的"。[1]

我读这篇书，觉得它的口吻很有点像《多士》和《多方》。话说
的是很严厉的，说杀就杀，而且要斩草除根，种都不留。但另一方
面，盘庚的祖先和众的祖先好像有一种通过"绥"而建立起来的相
安的关系，众的祖先还告诉盘庚的祖先，如果众要不听话，就把他
们杀掉，盘庚要杀众，也是在执行众的祖先的命令。如果众要听
话，就可以迁到殷，就可以安定地建立自己的家园。

在《盘庚》上篇里，还有这样一段话："古我先王暨乃祖乃父胥
及逸勤，予敢动用非罚。世选尔劳，予不掩尔善。兹予大享于先
王，尔祖其从与享之"。众的祖先和殷的先王曾共劳逸；盘庚祭祖
先，众的祖先还可以配享。旧说，《盘庚》三篇记的是盘庚对贵族臣
下的讲话。从语气和内容上看，即使不是对贵族臣下的讲话，也绝
不像对奴隶的讲话。祖先可以配享先王，他们不会是奴隶。

甲骨卜辞中另外还有众的记述，但都不好解释为奴隶。如：

　　伐卫，不雉众。

　　伐ㄓ，弗雉王众。伐屵，弗雉王众。伐呂，弗雉王众。伐

　舍，弗雉王众。伐坴，弗雉王众。五族其雉王众。[2]

这里占卜的都是关于征伐的事。氏族部落时代，当兵打仗是

---

①　郭沫若：《奴隶制时代》，人民出版社 1973 年版，第 23 页。

②　参看赵光贤：《周代社会辨析》附录一《殷代农业生产者的探讨》，人民出版社
1980 年版。

氏族成员的任务。商已进入国家,总仍在萌芽时期,氏族部落仍是社会的骨架。奴隶是可以随主人参加战争的,但战斗的主力仍是氏族成员。王所关心的"众"一定是氏族部落成员而不会是奴隶。

庶民,起自周。西周文献中,多处见到庶民或庶人的记载。如《诗·大雅·灵台》:

> 经始灵台,经之营之,庶民攻之,不日成之。经始勿亟,庶民子来。

《周书·梓材》:

> 王曰:封,以厥庶民暨厥臣达大家,以厥臣达王,惟邦君。

庶,是众多的意思。《尔雅·释言》:"庶,侈也。"郭璞注:"庶者,众多为奢侈。"《论语·子路》:"子适卫,冉有仆。子曰:'庶矣哉!'"注家都说:"庶,众也。"庶民、庶人,就是众人。

《尚书》还常见"庶邦"、"庶士"。如《周书·大诰》:"尔庶邦君,越庶士御事。"庶,也都是众的意思。

庶民或庶人,主要是农业劳动者,在周代,只有农业能容纳众多的劳动者。在文献中,我们看到庶民或庶人多是农民。如《左传》襄公九年,楚国子囊对楚王说:晋国"其卿让于善,其大夫不失守,其士竞于教,其庶人力于农穑,商工皂隶不知迁业"。《管子·五辅》:"其君子上中正而下诣谀,其士民贵武勇而贱得利,其庶人好耕农而恶饮食。"

来自周人的庶或庶民、庶人,除众多的意思以外,可能从一开始就有些身份低的含义。周人有宗法制,最讲究嫡庶之分。宗法以嫡长子为宗子,并于宗族中突出宗子的地位。庶子和全族人都要尊重宗子,都要受宗子的领导。比起宗子来,庶子的人数是众多的,但地位是低的。庶的原始意义,就于众多之外,有着低下的意思。但尽管庶子身份地位低,其中一部分总仍是同氏族或同部落联盟的成员,所以才称作"庶民子来"。《礼记·文王世子》:"五庙之孙,祖庙未毁,虽为庶人,冠取妻必告,死必赴,练祥则告。……亲未绝而列于庶人,贱无能也。"也可证庶人是同族人,甚至包括贵族五服以内的子孙,他们的身份虽低,但仍是自由人。

庶人有政治权力,有权参与国政。《周礼·小司寇》条:"掌外朝之政,以致万民而询焉。一曰询国危,二曰询国迁,三曰询立君。"郑注:"询,谋也。"就是征询万民的意见,与万民商讨大事。万民就是庶民。《尚书·洪范》:"女则有大疑,谋及乃心,谋及卿士,谋及庶人。"《诗·大雅·卷阿》:"凤凰于飞,翙翙其羽,亦集爰止。蔼蔼王多吉士,维君子使,媚于天子。……凤凰于飞,翙翙其羽,亦傅于天。蔼蔼王多吉士,维君子命,媚于庶人。"庶人与天子对举,贵族(君子)要取悦于天子,也要取悦于庶人。

周灭商后,称殷人为"殷庶"或"庶殷"。如《周书·召诰》:"以庶殷攻位于洛汭。……周公乃朝用书,命庶殷侯甸男邦伯,厥即命殷庶,庶殷丕作。"这里殷庶、庶殷的庶,都是众的意思,意即殷众人或众殷人。称殷人为庶,也有轻视的意思,周人地位高,好像是宗子;殷人地位低,好像是庶子。

从西周到春秋,商周两族逐渐融合,众人和庶民也逐渐混同。如果说在征服之初,商周两族是不平等的,春秋时期两族融合的结果,两族人民已大体居于平等的地位了。《左传》闵公二年:

> 成季之将生也,桓公使卜楚丘之父卜之,曰:"男也;其名曰友,在公之右,间于两社,为公室辅。"

杜预注说,两社指"周社、亳社;两社之间,是朝廷执政所在"。周社、亳社并立,不详始于何时,至迟到春秋初期已是两社并立了。到了春秋末年孔子时代,在鲁国的殷庶或庶殷已是鲁国的国人。《左传》定公六年:

> 阳虎又盟公及三桓于周社,盟国人于亳社,诅于五父之衢。

鲁公和三桓是周人,故盟之于周社。亳是殷社,盟国人于亳社,必因所盟之国人为殷人。我们似可以推演说:此所谓国人,乃周初分给鲁公的殷民六族的后人。周初之殷庶或庶殷,即鲁之庶民、庶人,春秋末年已成为鲁之国人。

郭老认为西周的庶人是奴隶。他的论据中有一条是周康王时期的《大盂鼎》的一段铭文:

> 锡汝邦司四伯,人鬲自驭至于庶人六百又五十又九夫。
>
> 锡夷司王臣十又三伯,人鬲千又五十夫。

郭老认为人鬲是奴隶。人鬲包含了"自驭至于庶人",可见庶人是人鬲中最下等[①],庶人自然是奴隶。

不少人不同意郭老的解释,我也不同意郭老的解释。别人的看法如何,我且不去说,我只说我的想法。

我认为邦司和夷司王臣都不是奴隶。他们被称作伯,还是有身份的。伯是长的意思,他们可能是什么长,是些小贵族。人鬲中有奴隶,但庶人不是奴隶。人鬲中的人,包括各种隶属关系的人,有是奴隶的驭以至于不是奴隶的庶人。有身份的小贵族都可以

---

① 郭沫若:《奴隶制时代》,第 24—25 页。

"锡",庶人自然也可以"锡",问题在当时"锡"字的含义。金文中的"锡",包含着《左传》分鲁公以殷民六族,分康叔以殷民七族和分唐叔以怀姓九宗的"分"的意思。"锡邦司四伯,人鬲自驭至于庶人六百又五十又九夫",就是把这些小贵族和驭以及庶人分给盂。分给鲁公、康叔的殷民六族、七族中,就有殷的贵族,他们还可以"启以商政"。他们和留在洛阳的殷人一样,还可以"迪简在王庭"的。职官五正和怀姓九宗的关系,有不同的解释。但都认为职官五正是官,也就是贵族。

当然,"锡"字中也是含有隶属的意思的。西周初年的社会虽然已进入阶级社会,但也仍在过渡时期,氏族部落仍是社会的骨架。在氏族制社会最后阶段父家长制家族时期,父家长的权是极大的。这时的家族是"若干数目的自由人和非自由人,在家长的父权下组成一个家庭"(摩尔根的话)。恩格斯说:"这种家庭的主要标志,一是把非自由人包括在家庭之内,一是父权;这种家庭形式的完善和典型是罗马的家庭,Familia[家庭]这个词……在罗马人那里,它起初甚至不是指夫妻及其子女,而只是指奴隶。……罗马的父权支配着妻子、子女和一定数量的奴隶,并且对他们握有生杀之权。"[①]周初的王、诸侯、贵族,都是些大大小小的父家族长。在他的权力支配下的,有他的妻子,有公社成员,也有非自由的人。非自由人中有奴隶,也有依附关系的农奴。马克思说:"现代家庭在萌芽时不仅包含着奴隶制,而且也包含着农奴制,因为它从一开

---

① 恩格斯:《家庭、私有制和国家的起源》,《马克思恩格斯全集》第21卷,第69页。

始就是同田间耕作的劳役有关的。它以缩影的形式包含了后来一切在社会及其国家中广泛发展起来的对立。"①

《大盂鼎》铭文中所反映的"锡"予者的权力,我认为可以从马克思、恩格斯所论述的父家长制时期父家长的权力来理解。在周王和大贵族的权力支配下,有自由人,有非自由人;有他们的妻子、子女(如庶子、余子),有低于他们的有身份的小贵族、公社成员,有奴隶,也有地位不等的各种依附人口,直到农奴。周王和大贵族对于在他权力支配下的人口,有生杀予夺权,可以遗留给他的嫡长子,也可以分送给别人。

如果可以这样理解的话,对于殷周之际和西周时期出现的阶级、阶层关系以及记载这些关系的材料,就好解释。我认为:"锡"给盂的邦司四伯和夷司王臣十又三伯,是他属下的有身份的人,可能是什么长;人鬲,是隶属于他的人,其中有奴隶,也有非奴隶。庶人就是非奴隶,文献中的材料都说明西周春秋时期的庶人、庶民是人数众多的农民,在他们身上看不到奴隶的影子。就是在金文中,庶人的数量也是众多的。《宜侯夨簋》的铭文就是"锡宜庶人六百又□六夫"。我们可以推想,《大盂鼎》铭文中的"人鬲自驭至于庶人六百又五十又九夫"和"人鬲千又五十夫"中,庶人也一定占绝大多数。

前面提到郭老说众或众人是奴隶的另一条论据是《曶鼎》的铭文。《曶鼎》是孝王时的器物,它的铭文中有一段:

---

① 恩格斯:《家庭、私有制和国家的起源》,《马克思恩格斯全集》第21卷,第70页。

昔馑岁，匡及厥臣廿夫寇智禾十秭，以匡季告东宫。东宫
迺曰：求乃人，乃弗得，汝匡罚大。匡迺稽首于智，用五田，用
众一夫曰益，用臣曰疐、[曰]朏、曰奠。曰：用兹四夫，稽首。

我想，对这段铭文可以同样用上面论述庶人的观点来解释。
"众"是在匡的权力支配下的人，他自然可以被匡拿去赔偿给智。
如果没有别的有力的材料说明众是奴隶，《曶鼎》铭文这段材料是
很难确证众是奴隶的，而文献的材料又都证明众是农民，稍后的材
料又都说明众、庶合一，构成广大的非奴隶的农民阶级，公社成员。

总之，西周春秋的"众人"和"庶民"，自始至终都是农民，耕田
种地是他们的主要职务。在商末周初，在父家长制时期父权支配
下，他们的身份地位可能有些低下，但不是奴隶。他们中的众人的
祖先可以配享殷先王，他们中的庶人有一部分是来自贵族的庶子。
总起来看，他们都是源自氏族公社成员，在父家长制家族长权力支
配下，他们的身份有些低下，但随着西周春秋长时期中公社的解
体，他们都成为广大的小农阶层。他们从来不是奴隶。

（原载《史学月刊》1985 年第 1 期）

春秋战国之际的经济社会变化

　　春秋战国之际的社会经济有变化,这是史学家所公认的。变化的性质,却是见仁见智看法各有不同。认为西周是奴隶社会的郭沫若等学者,以为春秋战国之际是中国历史由奴隶社会进入封建社会的时期;认为西周已是封建社会的范文澜等学者,则认为春秋战国之际是由封建领主制经济进入封建地主制经济的时期。

　　我认为春秋战国之际是中国以部落为基础的早期国家进入古代社会的时期。我说的古代社会就是一般常说的奴隶社会。奴隶社会这个名词不科学,还会引起许多烦杂的争论,无益于对历史客观真实的认识。马克思在《政治经济学批判序言》里说:"大体说来,亚细亚的、古代的、封建的与现代资本主义的生产方式,是社会经济形态向前发展的几个时代。"马克思这里所说的古代的生产方式就包括我们今天常说的奴隶制生产方式,但他就用了个"古代的"而没有用"奴隶的"。我认为马克思用得好。

　　下面我从几个方面,论述一下春秋战国之际社会经济的变化。

(一) 农业生产力的飞跃发展

　　中国历史上牛耕始于何时,这问题还没有解决。甲骨文有"犁"字,或作"犁"。郭沫若认为这是犁字。勹即像犁头,一些小点像犁头起土，礕在牛上，自然就是后来的犁字。从犁字的考证，郭氏认为"殷人已经发明了牛耕"，"殷代是用牛耕了"。[①] 但其他研究甲骨文的学者，如王国维等，多把这个字解释作"物"，义为"杂色牛"，引申而"以名万有不齐之庶物"。[②]

从字形来看，犁字释作物不如释作犁。郭氏的解释，是有说服的。但西周文献中却从不见牛耕的记载，金文中亦不见牛耕。只是到了春秋后期，才见与牛耕有关的记载。如果说殷代已有了牛耕，已经有了犁，为什么春秋以前文献中却只有耒耜而绝不可能见牛耕？能不能说牛耕在西周时期中断了？中断是不可能的。牛耕的出现，是农业生产力的飞跃发展，如果殷商已有牛耕，尽管有商周政权更替，也是绝不可能使牛耕中断的。当然，文献中有记载的太少了，不等于实际上不存在。社会上存在过的事物太多了，记载下来的太少了。因此，西周文献中虽无牛耕记载，不能排除事实上有牛耕。但是牛耕是人类历史上的大事，文献记载中既然有耒耜，而独不及牛耕，确实难解。在这种情况下，尽管像郭氏对甲骨文犁字的释是有说服力的，我们对殷代已有牛耕之说，仍不能不暂且存疑。

春秋后期，和牛耕有关的记载出现了。孔子的弟子冉耕字伯牛，司马耕字子牛[③]，司马犁字牛[④]。按中国古老习惯，社会上有身份地位的人，多有名还有字。《说文》："字，乳也。"叙云："字者，言

---

①　郭沫若：《奴隶制时代》，第 21 页。

②　王国维：《观堂集林·释物》。

③　《史记》卷六七《仲尼弟子列传》。

④　《论语·颜渊篇》注。

孳乳而浸多也。"字是从名的含义中孳生出来的。字和名的意义是相关联的。春秋时,人的名字把牛、犁、耕联系在一起,说明牛耕是当时社会上引人注意的事象。晋国贵族中行、范氏,在国内战争中失败,子孙逃到齐国去做了庶民。晋国大夫窦犨感慨地对赵简子说:"今其子孙将耕于齐。宗庙之牺,为畎亩之勤。"①宗庙祭祀要用纯色牛,现在用于宗庙祭祀的纯色牛要用来耕田种地了。这个故事,说明牛已用于耕田。孔子曾称赞他的学生仲弓说:"犁牛之子,骍且角。虽欲勿用,山川其舍诸!"②向来解释"犁"为"杂文",即杂色。犁牛,杂色牛。其实犁牛就是耕牛,用于拉犁耕地之牛。

这些材料说明,春秋晚期牛用于耕田种地,已是社会上相当普见的事象。从孔子弟子的名字看,鲁国一带地区已有牛耕。从窦犨的话来看,齐、晋两大国境内牛耕已不新奇。从齐、鲁、晋地区都有牛耕看,春秋晚期绝不是牛耕开始时期。这是可以肯定的。

在农业生产力的发展上,比牛耕更具划时代意义的是铁农具的使用。有了铁农具,才能进行深耕,使过去不能开垦的土地垦殖起来。恩格斯说:"铁使更大面积的农田耕作,开垦广阔的森林地区,成为可能。"③铁农具的使用和耕牛的使用,又是有关联的。必须使用畜力,特别是耕牛,才能更好地发挥铁农具深耕的效力。

中国历史上何时开始使用铁农具也和何时开始使用牛耕一样还是有争论的。可以肯定的是,战国中期孟子时代铁农具的使用已相当普遍了。孟子和信奉神农之言的许行一派辩论时,曾问他

---

① 《国语·晋语》。

② 《论语·雍也篇》。

③ 《家庭、私有制和国家的起源》,见《马克思恩格斯全集》第21卷,第186页。

们"许子以釜甑爨，以铁耕乎？"①以铁耕就像以釜甑爨一样，已是社会上的通常情况。既然铁耕在战国中期孟子时代已相当普遍，它的出现自然应该更早。铁农具和牛耕可能是同时出现的。

出土的铁器，到目前为止最早的也只有战国时代的。战国以前的铁器还没有发现过。但这不能说战国以前没有铁器。

铁字似始见于西周末年的文献。《诗·秦风·驷驖》有："驷驖孔阜，六辔在乎。"驖，有的本子作鐡。这篇诗是西周末年秦襄公时代的诗。这可能是铁字的始见，也就是铁的始见时代。

《国语·齐语六》载，管仲曾经向齐桓公建议："美金以铸剑戟，试诸狗马；恶金以铸锄夷斤斸，试诸壤土。"一般认为美金是铜，恶金是铁。恶金以铸锄夷斤斸，就是用铁制造农具。管仲还对桓公说："及耕，深耕而疾耰之，以待时雨。时雨既至，挟其枪刈耨镈以旦暮从事于田野。"②只有使用铁农具，深耕才有可能。《管子》书中，也有铁工具的记载。管仲对齐桓公说："今铁官之数曰，一女必有一针一刀，若其事立；耕者必有一耒一耜一铫，若其事立；行服连轺輂者，必有一斤一锯一锥一凿，若其事立。不尔而成事者，天下无有。"③女工、农夫、工匠所用的工具，都是铁制的。这些铁制工具，在当时已是完全必需的了。没有这些工具，就根本不能完成任何事物。春秋时期，齐国是个先进国家，渔业、盐业、纺织业的发达，为当时各国之冠，当时齐国有先进的铁农具和铁制手工业工具是完全可能的。我们可以反过来说，先进的铁农具和铁制手工业

---

①　《孟子·滕文公上》。
②　《国语·齐语六》。
③　《管子·海王篇》。

工具是齐国经济发展的基础,支持齐国经济先进的支柱。

据《左传》记载,春秋晚期已有了铸铁。《左传》昭公二十九年(公元前 513 年),"晋赵鞅、荀寅帅师城汝滨,遂赋晋国一鼓铁,以铸刑鼎,著范宣子所为刑书焉"。能铸刑鼎而著刑书,这是不小的工程,这说明冶铁技术已相当进步。人类使用铁,最初阶段是块铁,其后才有铸铁,铸铁需要相当高的热度,必须先解决了加高温的技术,才能出现铸铁。以铁为赋向民间征收,也说明民间已有相当数量的铁,铁器使用在民间已相当普遍。

战国时期,被发现或开采的铁矿已经不少。《管子·地数篇》和《山海经·中山经》都记载天下"出铁之山三千六百九十"(十,《管子》作山)。《山海经》讲山时,指出"其阴多铁"、"其阴有铁"、"其阳多铁"、"多铁"等的就有三十五处。对于铁矿矿山已经积累了一些知识,《管子·地数篇》就说:"山上有赭者,其下有铁。"据章鸿钊解释,这是有科学道理的。章氏说:"赤铁与铁每生一处,如木之同根水之同源也。而赤铁亦易化为赭,如子育于母,青出于蓝也。……管子曰:'山上有赭,其下有铁',其理自合。"[①]

铁矿发现的多,开采的多,铁的生产量自然增多,像《孟子》书里所反映的,战国中期铁制农具已相当普遍了,以铁耕就像以釜甑爨一样,家家都以釜甑爨,家家都以铁耕了。

西周时期的主要农具是耒耜,足踏耒耜一次次地翻土。两人协力耕作,谓之耦耕。耒耜是木制的,后来才有一个金属的耜。受工具和力量的限制,生产力是低的。牛耕和铁农具的使用,是农业

---

① 章鸿钊:《石雅》。

生产力的一个飞跃发展。这个飞跃发展的时期,就是春秋战国之际。铁器的使用,使广大荒野、森林地区的开垦成为可能。春秋战国之际,很多森林、池沼地带被开发出来变成良田,各国人口大量迅速增加,所有这些都和农业生产力的发展——铁农具的使用,耕牛的使用,有着密切的关系。

水利灌溉和农业生产是有密切关系的,农业生产的技术水平越是落后,水利灌溉的作用就越重要。世界上好多农业民族,在他们的古老时代,就知道利用河流或修建池塘来进行灌溉了。在这方面,古埃及和两河流域是最有名的了。

周代施行井田的同时,还有一套很好的排灌措施。前面已引证过的《周礼·地官司徒·遂人》条和《考工记》都记载了当时的沟洫制度。在条条块块式的井田之间有深浅广狭不等的沟洫,从小到大称作遂、沟、洫、浍、川。这种沟洫制度,一方面是灌溉系统,一方面也是排水系统。《周礼·地官司徒·稻人》条就说:"稻人掌稼下地,以潴畜水,以防止水,以沟荡水,以遂均水,以列舍水,以浍泻水,以涉扬其芟,作田。"对灌溉、排水有一套制度。

春秋时期沟洫的存在,郑国是一例证。郑简公时,子驷执政,曾作田洫,使司氏、堵氏、侯氏、子师氏四家贵族丧失土地,四家贵族结党为乱杀死子驷[1]。后来子产执政,又使"田有封洫",得到小贵族和有土地的农民的支持。郑国的舆人歌颂子产说:"我有子弟,子产诲之;我有田畴,子产殖之。子产而死,谁其嗣之?"[2]

---

① 《左传》襄公十年。
② 《左传》襄公三十年。

春秋时期，大国吞并小国，大国疆域扩大，利用水道便利国内交通成为需要，因而开凿运河盛行起来。这些运河便利了交通，同时也对灌溉有利。《史记·河渠书》：

> 自是（指三代）之后，荥阳下引河东南为鸿沟，以通宋、郑、陈、蔡、曹、卫，与济、汝、淮、泗会。于楚，西方则通渠汉水、云梦之野；东方则通鸿沟、江淮之间。于吴，则通渠三江、五湖。于齐，则通菑济之间。于蜀，蜀守冰凿离碓，辟沫水之害，穿二江成都之中。此渠皆可行舟，有余则用溉浸，百姓飨其利。至于所过，往往引其水益用溉田畴之渠，以万亿计，然莫足数也。

"以万亿计，然莫足数也"，可以想见当时水利灌溉之盛，想见当年水利灌溉之普遍。

灌溉用水的来源，多半是引自河流，有的引自湖泊，人工开凿池塘蓄水灌溉的也有。《周礼·地官司徒·稻人》条"以潴畜水"的潴，就是指的湖泊池塘。相传春秋时期楚国的孙叔敖，就曾在今安徽西部修造过一个大水陂蓄水灌田。据说这个大水陂就是后来的芍陂。

魏国引漳水溉邺，李冰开离碓溉成都平原，和秦国开凿郑国渠以溉关中，是有名的战国时期三大水利工程。

《史记·河渠书》说引漳水溉邺的是西门豹，在魏文侯时。《汉书·沟洫志》说是史起，在魏襄王时。《水经·浊漳水注》说，魏文侯时西门豹为邺令，引漳水以溉邺，至魏襄王时史起为邺令，又堰漳水以溉邺。大概引漳水溉邺的，前有西门豹，后有史起，时间在魏文侯到魏襄王时（公元前446—前296年）。邺城在今河北临漳

县境,漳水南岸。西门豹、史起引水灌溉之前,这一带的土壤并不
肥沃。魏国授田,别处是一夫百亩,独邺地二百亩。西门豹、史起
引水灌溉之后,这一带"咸成沃壤"。①《汉书·沟洫志》说:"史起
为邺令,遂引漳水溉邺以富魏之河内。民歌之曰:邺有贤令兮为史
公,决漳水兮灌邺旁;终古舄卤兮生稻粱。"邺在战国时期开始露头
角,战国时起一直是个重要城镇。直到三国时期,邺都是重要地
方。袁绍占据河北四州,就是以邺作为他的治所。曹操打败袁绍,
也把邺作为他的王国都邑。五胡十六国中的前燕、南北朝时期的
东魏、北齐,都曾经以邺作为都城。邺城之所以重要,和水利灌溉
是分不开的。

　　秦国蜀郡太守李冰,有的书说他是秦昭王时人②,有的书说他
是孝文王时人③。在他做蜀郡太守时,开凿了离碓。离碓在今四
川灌县。他引郫江、流江二水灌成都平原。四川自古号称天府之
国,这也是和成都平原的水利灌溉分不开的。成都平原的水利灌
溉工程,是由李冰凿离碓引二水灌溉开始的。

　　郑国渠在关中。战国末秦王政时,韩国受不了秦国的侵蚀,派
水工郑国到秦国,劝秦国开凿水渠,用这来消耗秦国的国力,削弱
它的对外侵略。工程做到一半,阴谋被秦人发觉。秦王要杀郑国。
郑国说,开渠是个阴谋,但这个阴谋虽给韩国苟延几年活命,却给
秦国开万世基业。秦王认为他的话有道理,要他继续开凿下去。
郑国渠西起九嵕山东中山的谷口,引泾水,傍依北山,东行,注入

---

① 《水经·浊漳水注》。
② 《史记正义》引《风俗通》。
③ 《华阳国志·蜀志》。

洛。渠长三百余里。水渠修成后，被命名为郑国渠。这条水渠对关中地区农业的发展和秦国的富强都很有关系。《史记·河渠书》说：

渠就，用注填阏之水，溉泽卤之地四万余顷，皆收亩一钟。于是关中为沃野，无凶年，秦以富强，卒并诸侯。

一钟为六斛四斗。战国时的亩产量，平均大约为一石半左右。李悝协助魏文侯尽地力之教，"一夫挟五口，治田百亩，岁收亩一石半"[①]。关中经郑国渠灌溉之田，一亩可收到六石四斗，这在当时确是极大的增产和高产了。郑国渠所经过的地方，原来都是些盐碱地，有了灌溉都变成沃野。

春秋战国农业生产力发展的另一因素是施肥方面有推广。

英国一位考古学家柴尔德（V. Gordon Childe）认为在新石器的晚期，人们已经知道用人和牲畜的粪便来肥田。中国远古施肥情况，考古发掘似乎还没有提供什么材料。后代人的记载，也有把施肥推到很古的。《淮南子·泰族训》就说，周人的祖先后稷"垦草、发菑、粪土、树谷，使五种各得其宜"。这是可能的，但这已很难证实。传说中的后稷是周族开创农业的始祖，大约《淮南子》因此就把施用粪肥加在他身上。

《诗经》里有些农事诗，在这些农事诗里提到过水，提到过农具，也提到过劳动形式，但似乎没有提到过肥料。

据《周礼》记载，周人对土地使用，已知道休耕的办法。土地分配给农民耕种的时候，把土地分为上地、中地、下地三等。上地一

---

① 《汉书》卷二四《食货志》。

夫给田百亩,莱五十亩;中地一夫田百亩,莱百亩;下地一夫田百亩,莱二百亩。何休《公羊传》宣公十五年注也说:"司空谨别田之高下、善恶,分为三品。上田,一岁一垦;中田,二岁一垦;下田,三岁一垦。"何休所说的上田、中田、下田,就是《周礼》所说的上地、中地、下地。田是耕种着的土地,莱是休耕的土地。《周礼》和何休注都是说的土地不能年年耕种,必须耕种一年之后就休置一年或两年休养地力。这种休耕制度的出现,一是由于当时人少地多有条件这样做,但更重要的原因恐怕还是因为那时还不知道施用肥料,至少是还不会很好地使用肥料。

人们最初知道施肥,除与使用人粪畜粪有关外,使用草肥或草灰肥也是比较早的。休耕制施行的久了,人们渐渐从休耕中积累经验,知道草地经过翻耕、水淹、腐化,可以起肥田的作用。《周礼·秋官司寇》"薙氏"条:"掌杀草,春始生而萌之,夏日至而夷之,秋绳(音孕,含实曰绳)而芟之,冬日至而耜之。若欲其化也,则以水火变之。"所谓"欲其化也,则以水火变之",就是以水淹草或以火烧草,使它腐败变作肥料。《吕氏春秋·季夏纪》载:"是月也,土润溽暑,大雨时行,烧薙行水,利以杀草,如以热汤,可以粪田畴,可以美土疆。"

《周礼》是战国时代编纂成书的,但它保留了一些春秋和西周的材料。《吕氏春秋》是战国末年吕不韦招养宾客编写的。两书所记水化和火化野草肥田的情况,自然是战国时的情况。但农业知识的积累是很缓慢的。越古越是如此,看起来是点小知识,积累起来成为知识,也许要千百年。战国时代人们这些草肥知识,是人们从春秋以前长时期积累下来的。

春秋战国的文献里,常有"粪"和"粪土"记载。孔子的学生宰予白天睡觉,孔子骂他"朽木不可雕也,粪土之墙不可圬也"①。《左传》僖公二十八年,城濮之战前楚子玉梦见河神要他的琼弁玉缨,说可以助他得到孟诸之地。子玉不肯。荣季劝他说:"死而利国,犹或为之,况琼玉乎? 是粪土也,而可以济师,将何爱焉?"孟子也说过"百亩之粪",他引龙子的话有"粪其田"②。老子有"郤走马以粪田"。《说文》:"粪,弃除也。"粪,概指污秽的东西,不一定是人畜粪便,但也包括人畜粪便,老子"郤走马以粪田"可证。

总之,施肥可能有长久的历史,但到春秋战国之际却比较显著起来。这对春秋战国之际农业生产力的发展,当然也起作用。

春秋战国时人对分辨土壤性质和某种土壤宜于种植某种作物,也积累了一些知识。《禹贡》对于当时全国各地的土壤,就一州一州地作了区分。它指出:冀州的土是白壤,田是中上;兖州土是黑坟,田是中下;青州土是白坟,田是上下,徐州土是赤埴、坟,田是上中;扬州土是涂泥,田是下下;荆州土是涂泥,田是下中;豫州土有壤、坟、垆三种,田是中上;梁州土是青黎,田是下上;雍州土是黄壤,田是上上。所谓壤、坟、埴、涂、泥、垆、黎,指的土性。壤是无块的柔土,坟是膏肥的土,埴是黏土,涂、泥是地下多水湿润的土,垆是黑刚土,一说是黑而疏的土,黎是青黑色的沃壤。土和田不同,土指土地本质,田是已垦殖的田地。荆、扬二州土是涂、泥,多水,地湿润,土质不坏,但战国以前荆、扬经济开发比中原落后,田却是

---

① 《论语·公冶长篇》。
② 分见《孟子·万章上》和《孟子·滕文公下》。

下下或下中。雍州是以关中为中心的西方地区,这里是周人的旧居,开发早,土是黄壤,田是上上。

不同的土壤,有各自宜于种植的作物。《周礼·夏官司马·职方氏》条说:扬州、荆州"其谷宜稻"。豫州"其谷宜五种",郑玄说五种是黍、稷、菽、麦、稻。青州"其谷宜稻、麦"。兖州"其谷宜四种",郑玄说黍、稷、稻、麦。雍州"其谷宜黍稷"。幽州"其谷宜三种"。郑玄说是黍、稷、稻。冀州"其谷宜黍、稷"。并州"其谷宜五谷"。郑玄说是黍、稷、菽、麦、稻。《周礼·职方》和《禹贡》九州的分法不同。《职方》比《禹贡》少了徐州、梁州,多出幽州和并州。

春秋战国时代人们对于什么土壤宜于用什么肥料,也积累了一些知识。《周礼·地官司徒·草人》条说:"掌土化之法,以物地相其宜而为之种。凡粪种,骍刚用牛,赤缇用羊,坟壤用麋,潟泽用鹿,咸潟用貆,勃壤用狐,植、垆用豕,彊檗用蕡,轻爂用犬。"郑玄把粪种的"种"读上声,解作种子;把粪种解作用骨汁浸种,他说:"凡所以粪种者,皆谓煮取汁也。……郑司农云:用牛,以牛骨汁渍其种也,谓之粪种。"有人不同意郑玄的解释,认为种,应该读作种植的种,去声。粪种,应是粪土壤,在地里施肥。蔡沈就是这样解释的。他说:"盖草人粪壤之法。骍刚用牛,赤缇用羊,坟壤用麋,潟泽用鹿。粪治田时,各因色性而辨其所当用也。"[1]江永《周礼疑义举要》也是这样来解释的,他说:"凡粪当施之土。如用兽则以骸溷诸田,用麻子则用持过麻油之渣布诸田。"骍刚、赤缇、潟泽、鹹潟、彊檗、轻爂等是指不同色性的土。不同色性的土,就要用不同的肥

---

[1]　《书经集传·禹贡》注。

料。土壤、肥料区分的这样细，不知科学性究竟如何。

《吕氏春秋》有《上农》、《任地》、《辨土》、《审时》四篇书，专讲农业。这是先秦特别是春秋战国时期农业生产技术的总结。对于如何使用土地，发挥地力，如何种植作物，适合时令，都讲出了很多道理。这当然都是先秦人民长期经验的积累。

总之，从牛耕、铁农具使用、水利灌溉、施肥等等各方面的情况看，春秋战国之际都是农业生产力飞速发展的时期。农业生产力的发展，是春秋战国之际社会经济发展变化的基础。

（二）城市交换经济的兴起

1. 交换和商人的活跃

交换活动起源是很早的。在氏族部落时期，部落与部落之间就有交换活动。最早的交换形式是以物易物。交换的物品大多是此地生产别处不生产的各地土特产。中国古老的传说，说神农氏时，"日中为市"。神农氏不一定有其人，但是日中为市是有它的历史实际的。

就周来说，西周初年就有商贾活动。《尚书·酒诰》：

> 妹土，嗣尔股肱，纯其艺黍稷，奔走事厥考厥长，肇牵车牛，远服贾，用孝养厥父母。

《酒诰》是周武王对妹土居民的书诰，鼓励妹土居民搞好农业，也搞好贸易，牵着牛车到远处去经商。妹土，原是商的都邑；妹土的居民，大约是殷人为多。我们知道殷人是早有交易活动的。

《诗·大雅·瞻卬》："如贾三倍，君子是识。"《瞻卬》是幽王时诗。反映西周后期民间的交易活动。《瞻卬》说到交易的中间人。

在买卖中居间的贸易活动,利润是很高的,到了"如贾三倍"的程度。交易活动利润之高,引起周王的羡慕,周厉王用荣夷公由王室专利。此事引起大夫芮良夫的反对。他说:"夫利,百物之所生也,天地之所载也,而或专之,其害多矣。天地百物,皆将取焉,胡可专也? 所怒甚多而不备大难,以是教王,王能久乎? ……匹夫专利,犹谓之盗,王而行之,其归鲜矣!"①厉王学专利的内容,已不可知。从芮良夫的话里,知道专利必是垄断一切有利可图的百物间的交换。应当重视的是:这个利是很多人都有份的,谁要想垄断,定要遭到众多的反对,被骂作盗。周王要专利,也必然"所怒甚多",出现"大难"而不"能久"。这反映了求利的人,做商业交易活动的人,在政治上、社会上已经有了相当的潜在势力,使贵族们已经看到有所顾虑了。

春秋以前的商业交换活动基本上还是些远距离的各地土特产和装饰品的交换,在整个社会经济生产和生活中还没有地位。应当说,春秋以前的社会还是十足的自足自给的社会。一个部落,一个氏族,一个小地区就是一个自足自给的生活区域。每个这样的小区域,都生产他们自己生活上所需要的物品。农业是主要的生活来源,手工业又多半是和农业结合在一起的。《老子》书里小国寡民,鸡犬之声相闻,老死不相往来的思想,多少反映了春秋以前和更古时代的社会情况。

商业交换活动显著发展起来,是春秋战国之际开始的。

山东半岛地区是古代商业交换活动出现比较早的地区。可能

---

① 《国语·周语》。

早在西周初期这地区的鱼盐之利和纺织业已经比较活跃。春秋时期更加发展,成为齐国富强、桓公称霸的物质基础。《史记·货殖列传》说:

> 太公望封于营丘,地潟卤,人民寡。于是太公劝其女功,极技巧,通鱼盐,则人物归之,繦至而辐凑。故齐冠带衣履天下,海岱之间敛袂而往朝焉。其后齐中衰,管仲修之,设轻重九府,则桓公以霸,九合诸侯,一匡天下。……是以齐富强至于威、宣也。

郑、卫中原地区,商业交换活动的出现也是比较早的。《左传》昭公十六年有这样一段故事:

> 韩子买诸贾人,既成贾矣。商人曰:"必告君大夫。"韩子请诸子产曰:"日起请夫环,执政弗义,弗敢复也。今买诸商人,商人曰必以闻。敢以为请。"子产对曰:"昔我先君桓公与商人皆出自周,庸次比耦,以艾杀此地,斩之蓬蒿藜藿而共处之。世有盟誓,以相信也,曰:尔无我叛,我无强贾。毋或匄夺。尔有利市宝贿,我勿与知。恃此质誓,故能相保,以至于今。今吾子以好来辱,而谓敝邑强夺商人,是教敝邑背盟誓也,毋乃不可乎?"……

这段记载说明,郑国地区商业交换活动由来已久,在西周后期郑桓公受封时他所带领东出的商族人中就有做商贾活动的。这一部分商族人有经营商业交换活动的传统,到春秋后期子产时期他们还经商。他们所保有的宝货,仍是一国大贵族所垂涎的。

《左传》还载有两个大商人的活动,这两个大商人也都是出自郑国。一个叫弦高,他曾由郑国到周去做生意。僖公三十三年,秦国出兵偷袭郑国,"及滑,郑商人弦高将市于周,遇之。以乘韦先牛十二犒师。……(秦将)孟明曰:'郑有备矣……吾其还也。'灭滑而还。"

另一个是到楚国做生意的郑国商人。此人在历史上没有留下名字。他在楚国经商时,曾想营救被楚人俘去的晋国大贵族荀䓨。这段故事见《左传》成公三年:"荀䓨之在楚也,郑贾人有将寘诸褚中以出。既谋之,未行,而楚人归之。贾人如晋,荀䓨善视之如实出己。贾人曰:'吾无其功,敢有其实乎?吾小人,不可以厚诬君子。'遂适齐。"

这些大商人的活动,都出在郑国。两个商人活动范围很广。弦高是从郑到周,另一商人却是南到楚北到晋东到齐。他们在政治上都很有地位。弦高能冒充郑国的代表去犒秦师,他一定有条件使秦国的贵族相信。另一商人能参与援救荀䓨的活动,也一定在楚国的贵族中有广泛的联系。他们政治活动的基础来自他们的经济力量。这些商人已不是弱者了。把这些商人活动联系起来看,也使我们知道周代前后几百年中,郑国地区是一个商业交换很活跃的地区,出现了不少大商人。

靠近郑国的卫国,也是一个商业交换比较活跃的地区。卫国在春秋早期曾一度为狄人所灭。靠齐国的援助,才得复国。卫文侯迁往楚丘,采用"务材训农,通商惠工"[①]政策,不久就复兴起来,足见工商在卫国社会经济生活中的地位。而这地位是有传统的,

---

① 《左传》闵公二年。

不是卫文侯开创的。"氓之蚩蚩，抱布贸丝"①的诗篇，就产生在卫
国。

晋国初建时不算大国，但它和戎狄为邻，戎狄地区的物产多通
过晋国和中原地区贸易。这很重要。这和晋国后来发展为春秋时
期的富强大国，成为战国七强中的三强（韩、赵、魏），不无关系。
《左传》襄公四年记载，山戎族"无终子嘉父使孟乐如晋，因魏庄子
（魏绛）纳虎豹之皮以请和诸戎"。魏绛因之向晋侯陈说与戎族和
好的利益。他说："和戎有五利焉。戎狄荐居，贵货易土，土可贾
焉。一也。"无终子嘉父以虎豹皮请和，魏绛说和戎有五利，其一就
是"土可贾焉"。这都透露了晋在和戎人的贸易中大获其利。

在周的封国中，鲁、卫、郑初封时都是大国，春秋后期都逐渐衰
落了，而边地的国家，如晋、秦、楚、齐等，都发展成大国强国。其原
因当然是多方面的，而又各有具体情况，但总的说来恐怕也和他们
控制着对边疆民族的贸易有关系。郑国夹在晋、楚两霸之间，吃了
不少窝囊气，但它能比中原其他国家如陈、蔡多维持了一个时期，
这和郑国居天下之中，挽四方商业交贸的枢纽，国家经济力量比较
厚实，也可能不无关系。

春秋时期，诸侯国家"遏籴"、"壅利"的政策已成为各国间经济
活动的阻碍。鲁僖公九年（公元前 651 年），齐桓公在葵丘大会诸
侯，到会的有：鲁、齐、宋、卫、郑、许、曹各国诸侯，周王也派人参加。
订立的盟约中，就有两条规定："毋忘宾旅"、"毋遏籴"②。一百年

---

①　《诗·卫风·氓》。

②　《孟子·告子下》。

后,鲁襄公十一年(公元前 562 年),鲁、晋、宋、卫、曹、齐、莒、邾、滕、薛、杞、小邾、郑在亳订的盟约中又规定:"毋薀年"、"毋壅利"①。两次参加会盟的国家,多在今山东、河南、山西南部、河北南部、安徽北部,所谓中原地区。会盟的规定,反映这一地区经济生活的要求。它要求不要以国界限制人们生活中需要的物资的流通。

春秋战国之际的商业交换活动,在两个方面发展,一个方面是远距离的货物的运输,这可以叫做线状发展;一个方面是一区域内的货物的分散,这可以叫做网状发展。古代的商人,有时称作商,有时称作贾。郑玄说:"行曰商,处曰贾。"②

早期的商品,多半是各地的土特产。这些土特产通过交换变成商品。春秋战国之际,远距离的各国的交换,多半都是各国的土特产。楚国的木材、皮革,就运输到晋国。《左传》襄公二十六年,楚国使臣声子自晋还楚,对楚令尹子木说:"杞梓皮革,自楚往也;虽楚有材,晋实用之。"晋国的杞梓皮革,是从楚国去的。杞梓皮革,是楚国的特产,经过运输交换变成商品。大商人弦高和另一不知名的曾南贾楚、北贾晋、东贾齐的郑国大商人,就是一些土特产的运输者和买卖者。

春秋末年,大政治家范蠡退隐后在陶经营商业。《史记·货殖列传》说他在陶的活动:"范蠡既雪会稽之耻,乃喟然而叹曰:'计然之策七,越用其五而得意。既已施于国,吾欲用之家。'乃乘扁舟,

---

① 《左传》襄公二十一年。
② 《周礼·天官冢宰·太宰》"以九职任万民"下注。

浮于江湖。变名易姓……之陶,为朱公。朱公以为:陶,天下之中,诸侯四通,货物所交易也。乃治产积居,与时逐而不责于人。故善治生者,能择人而任时。十九年之中,三致千金,再分散与贫交疏昆弟。此所谓富好行其德者也。后年衰老而听子孙,子孙修业而息之,遂至巨万。"范蠡是个坐商,囤积居奇,看机会买进卖出以谋大利。

　　孔子弟子子贡,也是陶的附近曹鲁地区的一个大商人。《史记·货殖列传》说他的活动:"子贡既学于仲尼,退而仕于卫,废著鬻财于曹、鲁之间,七十子之徒,赐最为饶益。原宪不厌糟糠,匿于穷巷;子贡结驷连骑,束帛之币以聘享诸侯,所至,国君无不分庭与之抗礼。夫使孔子名布扬于天下者,子贡先后之也。"子贡是个坐商又兼行商。他一方面"废著鬻财于曹、鲁之间",一方面又"结驷连骑,束帛之币以聘享诸侯。"

　　商业交换活动的发展水平,已能提供素材总结出一套市场价值和货物经营的理论。与范蠡同时的越国大臣计然,是一个大理财家、经济学家。他的经济理论,就是从市场商业交换中总结出来的。他说:"积著之理,务完物,无息币。以物相贸易,腐败而食之货勿留,无敢居贵。论其有余不足,则知贵贱。贵上极则反贱;贱下极,则反贵。贵出如粪土,贱取如珠玉。财币欲其行如流水。"①没有相当发展的商业交换经济作基础,没有相当精细的观察和经验积累,是不可能产生计然这套理论的。范蠡说他经商是在计然思想指导下进行的,是可信的。

------

① 《史记》卷一二九《货殖列传》。

2.货币和城市兴起

交换的最古老的形式,是以物易物。在氏族部落时代,就已有以物易物的交换存在。

逐渐出现一种物品成为各种物品交换中的媒介,各种物品的价格都由这种物品来衡量。这种物品起了货币作用,而且逐渐成为货币。这种成为货币的商品,通常都是人人喜爱的装饰品或最常使用的生产工具。

中国最早使用的货币是贝。周金睘卣铭文有:"遽伯睘作宝障彝,用具十朋又四朋。"睘卣大约是周成王时代的器物。这个铭文说明,周时已用贝作货币。贝在甲骨文中也常见,可能贝在殷商已做货币了。

周景王曾铸大钱,《国语·周语下》:"景王二十一年,将铸大钱,单穆公曰:'不可。'……王弗听,卒铸大钱。"但这些史书所载,究竟有多大真实性,已很难考定。出土的实物,最早的不过春秋早期,出土的大量的金属货币是战国时期的。可以肯定地说,春秋战国之际,是金属货币猛然流通的时期。这和当时商业交换的发展是一致的。

春秋战国时期各地流通的货币有刀、布、钱和爰金。刀的流通地区以齐国为主。随着齐国商品交换的发达,刀的流通地区扩大到赵、燕(今山西、河北)并远及辽东和朝鲜北部。布的流通地区,是黄河中游地带。这地区内有卫、郑、晋、宋等诸侯国,是商业交换发展的地区。《诗·卫风·氓》"氓之蚩蚩,抱布贸丝",所抱的布不是布匹的布,而是货币的布。圜钱比较后起,它的流通地区是刀、布流通的地区。爰金是楚国的货币,在楚国地区长江流域和淮河流域流通。①

　　交换的出现和发展，促使货币产生；货币的使用和流通又方便了交换，促使交换发展。

　　春秋战国之际，随着商业交换的发展，经济性质的城市也兴起了。水陆交通也发展起来。在水陆交通的枢纽地区的城邑，经济性质的城邑兴起和发展的特别迅速。最突出的例子，是陶的兴起。

　　春秋以前，诸侯国家多是些城邦小国，以城邑为中心加上附近的郊野就构成一个国家，国与国之间就是些荒野。但国与国之间的道路总是有的。据《国语·周语》所载，西周时期对道路的修整和沿途馆舍的修置已加注意，道路两旁都种植树木。这可能有春秋时期对道路的理想的影子，但像《尚书·酒诰》所说，妹土地方的人既然"肇牵车牛，远服贾"，牵着车牛到远处去交易，道路总是有的。

　　春秋时期，各国国君盟会频繁，战争频繁。他们盟会、战争所走的路线，大约也都是各国的交通道路。秦国军队经过周去偷袭郑国的道路，也正是郑国商人去周地做生意的道路。不然他们就不会相遇。郑国地处中原，商业发展也比较早，也是各国间交通的枢纽。郑国商人可以南贾楚，北贾晋，东贾齐，西贾周，想是以郑为中心有交通道路通往各地的。在晋楚争霸时期，无论郑国怎么反对战争，都无法摆脱的牵连进去，这和郑国地处南北交通的枢纽不无关系。

　　当时陆路上的主要交通工具是车，无论战争还是经商运转货

-----

　　①　参看王毓铨:《我国古代货币的起源和发展》，科学出版社 1957 年版。

物,主要都是用车。为了行车方便,各国都重视道路的修整。周定王时(公元前606—前586年)单襄公奉使自宋去楚,路过陈国,见陈国道路不修,馆舍不整,就断定陈要亡国①。鲁襄公三十一年,郑子产到晋国,曾称赞晋文公为盟主时"司空以时平易道路"②。这都说明当时对于修整道路的要求。③

在古代,水路交通是远比陆路为重要的。江、淮、河、济是四条大水,在今河南、山东、安徽、江苏北部又有汝水、颍水、菏水、泗水。春秋末年,邗沟的开凿,连通了江、淮;邗沟向北伸展的运河又把江、淮、河、济、菏、泗连接在一起。这些水道和运河构成一个水路交通网。④

战国时期,各国间的交往和贸易关系更加频繁,交通也更为方便。水陆两路的运输量已相当可观。杨宽教授根据鄂君启节铭文,认为当时"在运输的通行证上明文规定陆路以五十辆车为限,水路以一百五十只船为限,说明战国中期以后官僚和商人陆运或水运的物资,数量已经很大了"⑤。

直到春秋初年,城邑的规模还是不大的。《左传》隐公元年:"祭仲曰:'都城过百雉,国之害也。先王之制,大都不过叁国之一,中五之一,小九之一。今京不度,非制也。'"杜注以为"方丈曰堵,

---

① 见《国语·周语》。

② 《左传》襄公三十一年。

③ 参看史念海:《春秋时代的交通道路》,见《河山集》,生活·读书·新知三联书店1963年版,第67—81页。

④ 参看史念海:《释〈史记·货殖列传〉所说的"陶为天下之中"兼论战国时代的经济都会》,见《河山集》,第110—130页。

⑤ 杨宽:《战国史》,第93页。

三堵曰雉。一雉之墙,长三丈,高一丈。侯伯之城,方五里,径三百雉。故其大都不得过百雉。"照杜预的解释,侯伯之城,也就是侯伯的国都,直径是三百雉,京是郑的大邑,大都不过叁国之一,就是说不超过百雉,这正是所谓"都城过百雉,国之害也"。百雉是指的城的直径,就一边之长,不是周围的长度。直径百雉的城,也是非常小的,城邑之中也容不了多少人口。

战国时,城邑人口大大增加。赵奢曾说,古时的"城虽大,无过三百丈者,人虽众,无过三千家者",而他那时候(即战国后期),"千丈之城,万家之邑相望也"[①]。

春秋以前的城邑,是居民点,是贵族住宅所在地,是宗庙所在地,有为贵族服务的小手工业。春秋战国时期的城邑,逐步有了市,城邑的性质,除政治性以外,慢慢有了经济意义。战国时期,商业成长起来,出现了一些大的商业城市。临淄、邯郸、阳翟、洛阳、郢、大梁等都是诸侯国的国都,也都是一地区商业集中的城市。其中临淄商业城市的性质特别显著。齐国有鱼盐之利,又有发达的纺织业,临淄自然成为鱼盐、纺织品的集散地。临淄城集中了众多人口,热闹非常。《战国策·齐策一》记载苏秦的话说:"临淄之中七万户。……临淄甚富而实。其民无不吹竽鼓瑟,击筑弹琴,斗鸡走犬,六博蹹踘者。临淄之途,车毂击,人肩摩,连衽成帷,举袂成幕,挥汗成雨。"这虽然是战国策士们的话,不免夸大,但说明临淄是当时一个繁荣富实的城市,大约是没有问题的。

陶是春秋晚期开始发展起来的一个纯经济性的城市。它不是

---

① 《战国策·赵策三》。

任何国家的政治中心。它不是以政治发展起来，而是靠经济兴起。陶居于济水南岸，邗沟、鸿沟等运河的开凿，使陶在地理位置上"居天下之中"，水陆交通四通八达。春秋末期，大政治家范蠡退隐之后，在陶经营商业，十九年中，三致千金……遂至巨富。战国时期，陶是各国争夺的目标，原因就是它的财富引人垂涎。战国时人常常说到午道。汉人郑玄解释，一纵一横谓之午。午道大约是指扼据交通要道的十字交叉的地方。杨宽教授认为战国时期，"在魏赵齐等国之间有着许多交错的交通大道，当时通称为午道"[1]。史念海教授认为"就当时的情况来研究，这一纵一横的地方当是指陶而言"[2]。齐魏、秦魏都曾为争夺陶而战，后为秦占去。陶和秦一东一西相距甚远，而秦却争这块肥地，这说明陶这个经济繁荣的城市的重要性。

3. 交换在经济生活中的地位

交换经济的发展，自然要冲击社会上自然经济体制。战国时期，不但贵族和富有阶级，就是下层平民的生活也都逐渐卷入交换关系中去了。

战国初年，李悝协助魏文侯在魏国施行尽地力之教，提出平籴法，他对农民的生活就是用货币来计算其盈绌的。《汉书·食货志》载：

> 今一夫挟五口，治田百亩。岁收亩一石半，为粟百五十
> 石。除十一之税十五石，余百三十五石。食，人月一石半，五

---

① 杨宽:《战国史》，第92页。
② 史念海:《河山集》，第119页。

人终岁为粟九十石，余有四十五石。石三十，为钱千三百五十。除社闾、尝新、春秋之祠，用钱三百，余千五十。衣，人率用钱三百，五人终岁用千五百，不足四百五十。不幸疾病死丧之费及上赋敛，又未与此。

农民除交税食用之外，一切费用都已用钱开支或用钱计算。社闾、尝新、春秋之祠的用物都要从市场购买或者用钱计价。因此，即使是最易于自食其力自给自足的农民，其生活也处处和市场即商业交换发生联系了。

最足以说明战国时期商业交换经济发展的深刻性的，莫过于《孟子》和《荀子》的两段话了。《孟子·滕文公上》：

有为神农之言者许行，自楚至滕，踵门而告文公曰：远方之人，闻君行仁政，愿受一廛而为氓。文公与之处。其徒数十人，皆衣褐、捆屦、织席以为食。

陈良之徒陈相，与其弟辛负耒耜而自宋之滕，曰："闻君行圣人之政，是亦圣人也，愿为圣人氓。"陈相见许行而大悦，尽弃其学而学焉。

陈相见孟子，道许行之言，曰：滕君则诚贤君也。虽然，未闻道也。贤者与民并耕而食，饔飧而治。今也滕有仓廪府库，则是厉民而以自养也，恶得贤！

孟子曰：许子必种粟而后食乎？曰：然。许子必织布而后衣乎？曰：否。许子衣褐。许子冠乎？曰：冠。曰：奚冠？曰：素冠。曰：自织之与？曰：否。以粟易之。曰：许子奚为不自织？曰：害于耕。曰：许子以釜甑爨，以铁耕乎？曰：然。自为之与？曰：否，以粟易之。以粟易械器者，不为厉陶冶，陶冶亦以其械器易粟者,岂为厉农夫哉!且许子何不为陶冶,舍皆取诸其宫中而用之,何为纷纷然与百工交易?何许子之不惮烦?曰:百工之事固不可耕且为也。然则,治天下独可耕且为与?有大人之事,有小人之事。且一人之身而百工之所为备,如必自为而后用之,是率天下而路也。故曰:或劳心,或劳力。劳心者治人,劳力者治于人。治于人者食人,治人者食于人。天下之通义也。

《孟子》这段话写得很生动很形象。我所以不惮其烦地把它全都抄出来,也是希望我们能如身历其境地去理解交换在当时人们生活中的地位。孟子那套劳心者治人劳力者治于人,治于人者食人治人者食于人的话,完全是站在统治者和剥削者的立场上讲的。但这种现象的产生,在人类历史上却是一大进步,没有剥削阶级和阶级社会的出现,人类将永远停留在原始状态。许行的自食其力的思想,是自人民利益出发反对剥削的思想,但从人类历史进步的长河来看,这思想是反动的,一如后世的无政府主义,看来似乎很激进,实际是反动的。

《孟子》这段话,反映战国中期商业交换经济在人民日常生活中的重要地位,就连主张人们应该自养,统治者也应"与民并耕而食"的农学派许行,也不能不"纷纷然与百工交易"而后才能生活。否则,他就得不到冠,得不到釜甑,得不到铁器,他就要回返到披树皮,茹毛饮血,采果而食的远古野蛮时代去。

《荀子·王制篇》说:

北海则有走马吠犬焉,然而中国得而畜使之。南海则有羽、翮、齿、革、曾、青、丹焉,然而中国得而财之。东海则有

紫、绋、鱼、盐焉，然而中国得而衣食之。西海则有皮革文旄
焉，然而中国得而用之。故泽人足乎木，山人足乎鱼，农夫不
斫削不陶冶而足械用，工贾不耕田而足菽粟。

《荀子》这段话的前几句是说的各地的土特产的交换。这些土特产
一般不是商品生产，它们是通过运输远距离交换才变成商品。而
后面几句话，渔夫不伐木而有木材用，伐木的不打鱼而有鱼吃，农
民不陶冶而有器物用，工人、商人不种地而有粮食吃，都深刻地指
出了战国时期由于社会生产分工而引起的人民在生活上对商业交
换的需要和依赖。农民、工商、山人，都是通过交换才能满足他们
生活的需要。荀子的话，是通过他对社会生活的观察而概括出来
的，他讲的是他所看到的社会一般情况，不是某一小地区的情况，
更不是他的家乡小村的情况。我们承认荀子是当时杰出的思想
家，我们就没有理由忽视、轻视他这里的话。

　　总之，我们如果对春秋战国的社会经济进行深入考察，我们就
可以看出，春秋以前是自然经济占优势，战国以后，交换经济发展
起来了。变化显著的时期，在春秋战国之际。

（三）土地所有制的变化

　　西周春秋时期，土地所有制的主要形式是世袭贵族土地所有
制——包括王有和诸侯有。这是氏族土地公有制破坏后，土地所
有制的第一次大变化。春秋战国之际，土地所有制形式又出现一
次新变化，贵族土地所有制扩大到新兴军功贵族所有，货币持有人
所有和农民所有。土地所有人有旧贵族、新贵族、商人和农民。

　　春秋战国之际开始的土地所有权的变化，有前后两个段落。

头一段落是：井田制破坏；农民对自耕分地的占有关系加强，出现自耕农民小土地所有制；氏族贵族阶级分化，一部分贵族也下降为自耕农。这一段的时间是春秋时期到战国初。后一段落是军功贵族通过赐予和买卖取得土地；与此同时，商人、货币持有人也通过买卖取得土地，他们和军功贵族一起构成新兴大土地所有人。这一段的时间是战国时期。

春秋时期，井田制已受到破坏。《国语·齐语》载管仲对齐桓公说："相地而衰征，则民不移……井田畴均，则民不憾。"依韦昭的注释，相地而衰征是"视土地之美恶及所生出以差征赋之轻重"。这已不是井田的税法。移，韦昭解作"徙也"，即逃亡的意思。相地而衰征则民不移，正说明人民已逃亡。井田畴均则民不憾，正说明井田已经不均，民已经憾。提出"相地而衰征"、"井田畴均"反映古老的井田制在齐国已经破坏了。

鲁宣公十五年（公元前594年），鲁国初税亩。这是土地制度变化过程中的大事。

对于《春秋》经文中所记"初税亩"的意义，三家都有解释。《左传》的解释是："初税亩，非礼也。谷出不过藉，以丰财也。"《公羊传》的解释是："初者何？始也。税亩者何？履亩而税也。……古者什一而藉……多乎什一，大桀小桀；寡乎什一，大貉小貉。什一者，天下之中正也。"《穀梁传》的解释是："初者，始也。古者什一，藉而不税。初税亩，非正也。……初税亩者，非公之去公田而履亩十取一也，以公之与民为已悉矣。"三家的共同处是：都攻击税亩，说税亩"非正"。此外《公羊》认为初税亩是"履亩而税"。《穀梁》又多了一层意思，说："初税亩者，非公之去公田而履亩十取一也，以公之与民为已悉矣。"杨士勋引徐邈解释这句话为"除去公田之外，又税私田之十一也"。后世解释初税亩，大都根据《公羊》"履亩而税"的解释，认为"初税亩"是按亩征税的开始。

从字面看来，解释"初税亩"为"履亩而税"，是讲得过去的。近年出土的云梦睡虎地秦墓竹简田律中有："人顷刍藁，以其受田之数，无垦（垦）不垦，顷人刍三石、藁二石。"[1]从"顷入"刍、藁，可以理解它是由履亩而税沿袭下来的。但以履亩而税解释初税亩，这是表面的解释，它还未能显示初税亩的历史意义。初税亩的历史意义是：它是中国税制史上田租和田税分离的开始。初税亩是国君在贵族所有的土地上征税，即《穀梁传》所谓"公之去公田而履亩十取一也"。从此贵族所有的田地也要依顷亩向国君交税。贵族食租，国君食税。

李剑农教授对初税亩的解释，我认为是可供参考的。他说："既言税亩，则不问耕作此田者为何人，凡保有此田之收益权者皆税之；换言之，即直接负担此亩税者，为有地主资格之大小臣仆。前此之贡纳，生于臣仆之身发关系，今之亩税，则生于保有土地收益之关系，即为后世地主对于国家纳田赋之始。"[2]李著所说"大小臣仆"，指的是周王和各国诸侯下面的大小贵族。撰写此书时，李氏认为西周春秋为封建社会，故用"臣仆"、"身份关系"等词。这且不论。李氏认为亩税乃"保有此田之收益权者"即大小贵族对周王、诸侯所纳的田税，是"后世地主对国家纳田赋之始"，是有见地

① 《睡虎地秦墓竹简·秦律十八种·田律》，文物出版社1978年版，第27—28页。

② 李剑农：《先秦两汉经济史稿》，三联书店1957年版，第97页。

的。这正是《穀梁传》和徐邈所说初税亩是公田之外,又税私田之十一也。杨士勋也同意徐邈的意见,说"徐言是也"。

《史记·廉颇蔺相如列传》中的一段话,加强了我们这样解释初税亩的信心。"赵奢者,赵之田部吏也。收租税,而平原君家不肯出租,奢以法治之,杀平原君用事者九人。平原君怒,将杀奢。奢因说曰:'君于赵为贵公子,今纵君家而不奉公则法削,法削则国弱,国弱则诸侯加兵,诸侯加兵是无赵也,君安得有此富乎?以君之贵,奉公如法则上下平,上下平则国强,国强则赵固,而君为贵戚,岂轻于天下邪?'……"据《史记》这段话,贵族土地对国家是有税的。战国时期这已是制度,是法的规定。遵从,就是奉公如法;不遵从,则法削。

贵族土地要纳田税,田租与田税分离。这是先秦税制的一大改革,这改革可能就是以鲁国的初税亩开始的,初税亩的解释似应如此,而不仅仅是履亩而税。那样解释,只是从表面上看的,还远没有揭露出"初税亩"的实质,应是从此国君不仅在公田上收税,还可以在贵族的土地上征税。自由小农仍要纳税,那是不待说的。

租和税虽然分开,秦汉时期"租"、"税"两个字还是混用的。最鲜明的例子,是董仲舒的一段话,他说秦时"田租、口赋、盐铁之利,二十倍于古",这里田租是公家收的税;他接下去说,"或耕豪门之田,见税什五"。这里田税,又是指地主收的田租。

"初税亩",履亩而税也。履亩而税的结果,使贵族土地的私有权更加确立,更为鲜明。国君成为土地的领有人。同时,履亩而税既然使国君成为土地的领有人,它也就必然会影响到农民的分地上,其结果是氏族公有遗制对农民的束缚进一步松解,农民对于自耕的小土地的所有权也就逐渐成立。

贵族阶级的分化,也扩大了小土地所有者的队伍。在贵族争权夺利的斗争中,一部分贵族在斗争中失败,下降为自耕农民。《左传》僖公三十三年,"臼季使,过冀,见冀缺耨,其妻馌之"。昭公十二年,"(伍)员如吴……而耕于鄙"。《国语·晋语》:"中行、范氏不恤庶难而欲擅晋国。今其子孙将耕于齐,宗庙之牺为畎亩之勤。"冀缺、伍员、中行、范氏几家贵族都是政治斗争中的失败者,现在都到田里去耕地了。这些贵族中的一部分,会是今天失败了明天又爬起来,但大部分是爬不起来了。晋叔向曾对晏婴说:"栾、郤、胥、原、狐、续、庆、伯,降在皂隶。……肸之宗十一族,唯羊舌氏在而已。"[1]可见大部分是爬不起来的。除去政治斗争失败者外,贵族的余子也是小土地所有者队伍的一个补充来源。贵族爵邑是长子世袭继承,但余子也必会取得一部分财产,如邑或土地。一代一代地下去,成为士或国人一阶层。春秋时期的士,大部分是小土地所有者。

春秋战国时期是中国社会历史重大变化的时期,变化的主要特点是贵和贱的对立逐渐向富和贫的对立关系上移转;族和族的界限,通过融合同化而逐渐消失。这一变化当然都和土地所有制的变化联系在一起的。

经过春秋一时期慢慢发展变化,战国初期土地所有制的新面貌就比较明朗了。

战国初年,魏是第一个强国,经济上也是第一个先进国家。

---

① 《左传》昭公三年。

魏文侯任用李悝尽地力之教,一方面发展农业生产,一方面改革土地制度。农民进一步摆脱了井田制的束缚。以家为单位,"一家挟五口,治田百亩"的农民小土地所有制成为社会经济中的显著特征。

春秋末年,士已可以依靠军功而不是依靠身份取得土地。《左传》哀公二年,晋国赵简子伐郑,在誓师时说:"克敌者,上大夫受县,下大夫受郡,士田十万。"但鲜明地标志着贵族土地所有制向军功贵族、商人、货币持有人土地所有制扩大的,是商鞅变法。

向来都把废井田推在商鞅变法身上。如董仲舒说:"(秦)用商鞅之法,改帝王之制,除井田,民得卖买。"①班固也说:"秦孝公用商君,坏井田,开仟佰,急耕战之赏。"②

井田的破坏,不是一时的,所由来渐矣。和商鞅同时的孟子,提倡井田最力,但他已看不见井田影子。儒家把破坏井田的罪名加到商鞅身上是不公正的。儒家作此谴责,是从善恶立场出发,而不是从历史求实立场出发。但在土地制度方面,商鞅也确实作了一些改革。《史记·商君列传》说:"有军功者,各以率受上爵。……宗室非有军功论,不得为属籍。明尊卑爵秩等级,各以差次名田宅、臣妾。衣服以家次,有功者显荣,无功者虽富无所芬华。"商鞅在土地制度方面的改革是:有军功才能占有土地,依军功的大小占有土地和臣妾。即使是国君的宗室,没有军功就不能做贵族,这就打击了氏族世袭贵族。军功贵族土地所有制代替了氏

---

① 《汉书》卷二四《食货志》。
② 同上。

族世袭贵族土地所有制。

土地买卖的出现，打破了世袭贵族土地所有制时期"田里不鬻"①的老例。农民解脱了氏族土地所有制的残存影响，成为独立的小土地所有者。他的土地所有权巩固了，也就为他有权出卖土地扫清了道路，也就为军功贵族、商人和货币持有者通过买卖取得土地扫清道路。有军功才能取得爵位，而土地、奴隶（臣妾）又必须依爵秩等级来占有，这就打击了依血缘身份取得地位的氏族贵族，为军功贵族在政治、经济、社会各方面开路。

春秋时期的各强国中，秦比东方各国，如三晋、齐、鲁都要落后。商鞅，卫人，先仕于魏。他在秦的变法，只不过是把东方各国中早已出现的问题，用政治力量在秦国进行改革。因为他是以变法的形式出现的，是集中的，比较彻底的，所以面貌是最鲜明的。它成为战国时期土地私有制进一步扩大，由贵族依世袭身份而占有土地的所有制转变为通过买卖占有土地的军功贵族、商人、货币持有人的土地所有制的标志。因此，说商鞅变法是改帝王之制，除井田，民得买卖，也是合乎历史意义的。

战国时期，农民小土地所有制是盛行的，成为社会经济中的显著现象。但在商品货币关系发展，赋役负担繁重，军功贵族、商人的兼并下，它的地位是不稳定的。农民贫困、失掉土地的现象，也就跟着出现了。《管子·问》中有这样一些问："问死事之孤其未有田宅者有乎？……问乡之良家其所牧养者几何人矣？问邑之贫人债而食者几何家？问理园圃而食者几何家？人之开田而耕者几何

---

① 《礼记·王制》。

家? 士之身耕者几何家? 问乡之贫人何族之别也? 问宗子之牧昆弟者、以贫从昆弟者几何家? ……士之有田而不使者几何人? 吏恶何事? 士之有田而不耕者几何人? 身何事?"《问》所反映的问题,大约是春秋后期或战国前期齐国的情况。这是一幅一部分农民小土地所有者贫困破产的图景。他们之中,有的没有土地,有的举债度日,有的被别人收养,有的有田而不得耕。

战国初年,李悝尽地力之教时,三晋地区一夫挟五口治田百亩的小自耕农是比较普遍的。但商鞅变法时,三晋农民已是"上无通名,下无田宅,而恃奸务末作以处"了①。

孟子是邹人,他到过齐、魏等地。《孟子》书中所反映的社会情况,主要的也不出这个地区。孟子所最理想的社会,就是百亩之田数口之家的小农社会。"百亩之田勿夺其时,数口之家可以无饥矣",是孟子时时挂在口上的话。这说明孟子时候,东方魏、齐一带的小农经济已经出了问题。农民小土地所有的威胁来自两方面,来自暴君污吏,来自商人。商人是主要的。因为有了交换经济的发展,才出现暴君污吏。暴君污吏是新社会的产物。孟子对这两种人都反对。他特别讨厌商人,称之为贱丈夫,主张从而征之。

春秋战国时期,商人的活跃主要在商业、高利贷、手工业等方面。他们所追求的是积累货币财富。商人把资金投到土地上直接购买土地的例子,还不多见。原因大概是:这时期商品货币关系正在兴起,商业、手工业、高利贷业等方面正有广阔的天地供他们去活动,还没有必要作土地投资。在土地投资方面活跃的是持有货

---

① 《商君书·徕民篇》。

币的贵族和官吏。最常引证的例子是赵国赵括的买田宅。《史记·廉颇蔺相如列传》载:"(赵)括一旦为将……王所赐金帛归藏于家,而日视便利田宅可买者买之。"

春秋战国时期,是军功贵族、商人、货币持有人通过买卖取得土地的土地所有制代替氏族贵族土地所有制的时期,这时期农民丧失土地贫困流亡的现象虽已出现,但一般说来战国到西汉时期是中国历史上小农经济比较繁荣的时期,小农和小农经济正在兴起,农民丧失土地而流亡的现象虽然已经出现,它并不说明小农经济要衰落了。

(四)"贵"的没落和"贤"的升起

西周到春秋,是氏族世袭贵族统治时期。周王、诸侯以及执政的公卿大夫都是世袭贵族。春秋战国之际,是一个变化时期。春秋时期,已经有靠才能登上政治舞台的人物;战国时期,只有周王和各国诸侯维持着贵族世代相袭的传统,而执政的中央官和地方官已多由国君任命的新贵、军功贵族担任。这些新贵虽然绝大多数仍是氏族贵族的后裔,但他们不是凭借世袭贵族身份上台的,不是因"贵"而上台,他们是以才能受国君的任用而上台,是以"贤"上台。

当然,这并不是说,新贵一上台,旧贵都让位下台了。在战国七个大国中,新旧的递嬗大多是经过一番斗争的,而且是经过一番你死我活的激烈斗争的。斗争的结果,也不是旧贵全下台,新贵全掌权,而是新旧妥协,新旧共同在台上。各国情况也不一样:有的国家旧贵势力大些,有的新贵势力大些。秦国商鞅变法比较彻底,秦国的新贵——军功贵族权力就大些。但从春秋到战国，总的趋势是：旧氏族贵族越来越衰弱，新的军功贵族越来越强大。

贵到贤的变化，管仲可以作为一个开始的标志。《史记·管晏列传》："管仲夷吾者，颍上人也。少时常与鲍叔牙游。鲍叔知其贤，管仲贫困，常欺鲍叔，鲍叔终善遇之，不以为言。……管仲既用，任政于齐，齐桓公以霸，九合诸侯，一匡天下，管仲之谋也。……子孙世禄于齐，有封邑者十余世，常为名大夫。"《正义》引韦昭云："管夷吾，姬姓之后。"但管仲少时贫困，已不是贵族，至少他上台任政于齐靠的是才能，而不是贵族世系。

管仲之后靠才能取得政治地位的有鲁国的曹刿。曹刿论战的故事，是大家所熟知的。曹刿也是出身微贱。《左传》庄公十年载："齐师伐我，公将战，曹刿请见，其乡人曰：'肉食者谋之，又何间焉？'刿曰：'肉食者鄙，未能远谋。'乃入见。"肉食者，指贵族。注、疏都说："肉食，在位者。""位为大夫，乃得食肉也。"这时的在位者氏族贵族已是"肉食者鄙，未能远谋"了。曹刿来自乡，"其乡人"就是他的同乡人。曹刿的出身不详，但他不是世袭贵族是很明显的。他是以才能而为鲁国的将的。

《史记》与管仲合传的晏婴，也是出身微贱的。《史记·管晏列传》说："晏平仲婴者，莱之夷维人也。"晏婴不但出身贫贱，还是少数民族，是莱之夷人也。以夷人而为国相，自然是以齐君之近臣出身，不是贵族出身。

春秋时期，贵族的身份等级制还维持着。非贵族出身的诸侯大臣虽然已掌握大权，把一些贵族排斥在权力圈外，但在需要论起身份的场合，他们还是要低贵族一头的。管仲位为齐桓公相，掌握齐国大权,但就身份地位来说,在周王面前,他还得以齐之"贱有司"、"陪臣"自居,不敢和齐国的贵族国、高两家相比。《左传》僖公十二年:"齐侯使管夷吾平戎于王,使隰朋平戎于晋。王以上卿之礼飨管仲,管仲辞曰:'臣,贱有司也。有天子之二守国、高在。若节春秋,来承王命,何以礼焉。陪臣敢辞。'王曰:'舅氏,余嘉乃勋,应乃懿德,谓督不忘。往践乃职,无逆联命。'管仲受下卿之礼而还。"国、高两家是贵族,是周王所承认的。管仲以贱有司、陪臣自居,不敢和国、高两家比。周王也只是从他是"舅氏"的使臣来尊重他,从功勋和美德上来称赞他,没有说他的身份地位。杜注"往践乃职"说:"不言位而言职者,管仲位卑而执齐政,故欲以职尊之。"贵族虽有大小,但都是贵族,贵族下面的私属,不管是次级贵族如公卿大夫的陪臣、邑宰,还是高级贵族如周王、诸侯的陪臣、执政,他们没有贵族身份。高到像管仲,还得自居于贱有司、陪臣的地位。当然,这些人会慢慢地贵族化的。

　　这种情况也不是一成不变的。上面所讲的是从管仲说起的。管仲的时代,是春秋前期。管仲在周王面前还按礼法拘束不敢以贵族自居,但因为有权,周王已不能不尊敬他。他在齐国,更是一人之下,万人之上。国、高贵族身份地位比他高,权却没有他大。我们可以说:在西周时期,是氏族世袭贵族地位比较稳固的时期。大小贵族都是贵族,有贵族的社会身份;陪臣自是陪臣,不能列于贵族之列。春秋而后,氏族贵族制逐渐解体,由军功和才能起家的人,有了权力地位,也就有了身份,加之大部分军功贵族不是贵族之余子庶子,就是贵族后裔,他们也就慢慢贵族化了,也就新旧不分,都是贵族了。

贵族都有食邑。春秋时期,贵族的食邑都有宰去管理。这些宰大概也都是由贵族的家臣去担任。孔子的弟子就有去为贵族作宰的,如冉求、仲弓为季氏宰(《论语》)。孔子的弟子,多半出身贵族的余子、庶子或贵族后裔,也有出身非贵族家庭或后裔的。不论他们的出身如何,他们做宰不是靠出身而是靠才能。

春秋时期,诸侯国君的直辖地已多设置郡县。郡有守,县有令长。顾炎武《日知录》卷二二"郡县"条有一番考证说:

《左传》僖公三十三年,晋襄公以再命命先茅之县赏胥臣。宣公十一年,楚子县陈。十二年,郑伯逆楚子之辞曰:使改事君,夷于九县(原注:楚灭诸小国为九县)。十五年,晋侯赏士伯以瓜衍之县。成公六年,韩献子曰:成师以出而败楚之二县。襄公二十六年,蔡声子曰:晋人将与之县以比叔向。三十年,绛县人或年长矣。昭公三年,二宣子曰:晋之别县不惟州。五年,薳启疆曰:韩赋七邑,皆成县也。又曰:因其十家九县,其余四十县。十年,叔向曰:陈人听命,而遂县之。二十八年,晋分祁氏之田以为七县,分羊舌氏之田以为三县。哀公十七年,子谷曰:彭仲爽,申俘也;文王以为令尹,实县申息。《晏子春秋》:昔我先君桓公予管仲狐与穀,其县十七。《说苑》:景公令吏致千家之县一于晏子。《战国策》:智过言于智伯曰,破赵则封二子者各万家之县一。《史记·秦本纪》:武公十年,伐邽冀戎,初县之。十一年,初县杜郑。《吴世家》:王余祭三年,予庆封朱方之县。则当春秋之世,灭人之国者因已为县。

《史记》:吴王发九郡兵伐齐。范蜎对楚王曰:楚南塞厉门而郡江东。甘茂谓秦王曰:宜阳大县,名曰县,其实郡也。春申君言于楚王曰：淮北地边齐，其事急，请以为郡便。《匈奴传》言：赵武灵王置云中、雁门、代郡，燕置上谷、渔阳、右北平、辽西、辽东郡以拒胡。又言魏有河西、上郡以与戎界边。则当七国之世而固已有郡矣。

　　吴起为西河守，冯亭为上党守，李伯为代郡守，西门豹为邺令，荀况为兰陵令，苏代曰请以三万户之都封太守，千户封县令。而齐威王朝诸县令长七十二人。则六国之未入于秦而固已先为守令长矣。

顾氏论证郡县制不始于秦之统一，春秋时郡县制已经出现，其说甚是。

为诸侯国君管理县的官，一般称作大夫，楚则称为公或尹。做大夫的都是由国君任命，而一般都是因为有才能才被选的。《左传》昭公二十八年：

　　夏六月，晋杀祁盈及杨食我。……遂灭祁氏、羊舌氏。……秋，晋韩宣子卒，魏献子为政，分祁氏之田以为七县，分羊舌氏之田以为三县。司马弥牟为邬大夫，贾辛为祁大夫，司马乌为平陵大夫，魏戊为梗阳大夫，知徐吾为涂水大夫，韩固为马首大夫，孟丙为盂大夫，乐霄为铜鞮大夫，赵朝为平阳大夫，僚安为杨氏大夫。谓贾辛、司马乌为有力于王室，故举之。谓知徐吾、赵朝、韩固、魏戊，余子之不失职能守业者也。此四人者，皆受县而后见于魏子，以贤举也。

春秋以前，是贵族统治时期。从周王、诸侯国君到公卿大夫都是贵族。但已有周王、诸侯国君、公卿的近臣以才能被举出来任职的。春秋时期，公卿大夫食邑的宰和诸侯国君直辖地的郡守县令，多半是以才能被举出来。他们虽然多数是贵族的余子、庶子和贵族后裔,但他们已不是依靠贵族世袭身份而取得职位,而是依靠才能来取得职位的。由氏族贵族到军功贵族,即氏族贵族的世袭统治到有才能的人登上政治舞台的质的转化时期是春秋战国之际开始的,是战国时代的事。

春秋战国之际,由于铁农具和耕牛使用的推广,农业生产有了飞跃的发展。在农业发展的基础上,手工业、渔业、盐业、冶铁业、商业,都跟着发展起来。城市也跟着兴起。变化使社会生活复杂起来,应付复杂的社会生活,便要有眼光,有才能。在这个变化过程中,以土地收益为生活基础的氏族贵族,日益失掉它的生命力和活跃性。脱离生产实践,对社会实际的不理解,对社会问题的无力应付,日益暴露了这个阶级的无能和寄生性。随着手工业、商业等的兴起,城市生活的出现,一个新兴阶级出现了。他们仍然多数可能是氏族贵族的后裔,但他们的精神面貌已完全不是旧贵族而是掌握知识有才能的新人。在新的社会生活实践中,他们的才华、能力受到培养和锻炼。他们思想活跃,有能力理解新事物,管理新事物。他们要求权力,要求登上政治舞台。

他们的口号是"选贤任能",用有才能的人代替氏族贵族掌握权力。墨子提出"尚贤",孟子要求"国人皆曰贤",荀子提出"尚贤使能",都是这个新兴阶级的要求和反映。

墨子是春秋战国之际的人,是首先提出"尚贤"的。他甚至提出天子都要由人民来选举。他说:

> 是故选天下之贤可者立以为天子。天子立,以其力为未
> 足,又选择天下之贤可者,置立之以为三公。天子、三公既以

立,以天下为博大,远国异土之民是非利害之辩,不可一二而明知,故划分万国立诸侯国君。诸侯国君既已立,以其力为未足,又选择其国之贤可者置立之以为正长。

> 子墨子言曰:古者王公大人为政于国家者,皆欲国家之富人民之众刑政之治,然而不得富而得贫,不得众而得寡,不得治而得乱……是其故何也? 子墨子言曰:是在王公大人为政于国家者,不能以尚贤事能为政也。是故国有贤良之士众,则国家之治厚,贤良之士寡则国家之治薄。故大人之务,将在于众贤而已。

孟子说:

> 国君进贤如不得已,将使卑逾尊疏逾戚,可不慎与? 左右皆曰贤,未可也;诸大夫皆曰贤,未可也;国人皆曰贤,然后察之,见贤焉然后用之。①

孟子的话是说用贤才要慎重。他说的贤都是"卑"和"疏"的,不是"尊"和"戚"的。不是贵族而是贵族以外的人。

荀子主张尚贤,他说:"贤能不待次而举。"他常提要"选贤良"。他说:

> 故君人者:欲安,则莫若平政爱民矣;欲荣,则莫若隆礼敬士矣;欲立功名,则莫若尚贤使能矣。②

魏国是战国初年的第一强国。魏国之强完全是魏文侯任用李悝、吴起、西门豹等有才能的人的结果。李悝、吴起等都不是贵族,

---

① 《孟子·梁惠王下》。
② 《荀子·王制篇》。

而是靠才能靠立功而取得卿相之位的。

战国七强都经过改革或变法活动，这些改革或变法活动，都是新起的有才能的人对旧的氏族贵族的斗争，这些新人大多对国家有功劳有贡献，靠功劳和贡献取得政治地位。赵烈侯任用牛畜、荀欣、徐越三人进行改革。荀欣建议"选练举贤，任官使能"，徐越建议"节财俭用，察度功德"①。这三人都不是贵族，都是以才能和有功取得任用的。吴起在魏国受排挤，跑到楚国去。楚悼王用他在楚国实行改革。吴起主张对氏族贵族的子孙"三世而收爵禄"，主张迁"贵人往实广虚之地"②。但楚悼王死，楚国旧贵族群起攻杀吴起。韩昭侯用申不害，在韩国进行改革。申不害提出"见功而与赏，因能而授官"③。申不害的改革主要是打击贵族强化君权。齐威王注意选拔人才，把人才看作国家的宝。他用的淳于髡，就是个曾被髡做奴隶的人。

所有各国的改革或变法，都是新的有才能的人起来和旧的氏族贵族争夺国家权力的斗争，是军功贵族对氏族贵族的斗争。

新兴的有才能的人的胜利比较彻底的是在秦国。秦孝公用商鞅变法。变法的打击面是氏族贵族。商鞅的变法令中明确提出一条，就是："宗室非有军功论，不得为属籍。明尊卑爵秩等级，各以差次名田宅、臣妾。衣服以家次，有功者显荣，无功者虽富无所芬华。"④

---

① 《史记》卷四三《赵世家》。
② 《吕氏春秋·贵卒篇》。
③ 《韩非子·外储说左上篇》。
④ 《史记》卷六八《商君列传》。

　　各国的改革或变法,有的成功大,有的成功小,有的失败。它们中的成功者可以商鞅变法为代表。秦孝公死后,商鞅虽然也死于旧贵族之手,但秦国的变法却继续维持下去,并未因商鞅之死而失败。秦国变法的成功,可以看作氏族贵族到军功贵族的标志。而其他各国的变法虽然有的成功不大,有的失败了,但总的趋势也是一天天由氏族贵族向军功贵族推移的。

　　春秋战国时期,是"贵"的衰落和"贤"的升起的时代,是世袭贵族衰落和军功贵族兴起的时代,这个变化之机就在春秋战国之际。

　　　　　　　　　　　　　　　　　(节选自《中国古代社会》)

战国秦汉商品经济及其与社会生产、社会结构变迁的关系

战国秦汉的商品经济,是在春秋战国之际农业生产力发展的基础上发展起来的。商品经济的发展,导致农村自给自足经济体制的解体,导致城市经济的兴起、繁荣,又导致土地兼并、集中,农民破产流亡,导致奴隶制的发展,终至土地荒芜、人口减少,使战国秦汉极为兴盛的城市经济走向衰落,出现自然经济和依附关系,为中古社会的出现创造了条件。

一

西周时期,乃至更早一些,农业生产的主要生产工具是木制的耒耜。春秋战国时期,农业生产力的发展是中国历史上一个突变时期。耕牛和铁农具的使用始于何时,现在还是一个谜,但春秋晚期牛耕似已比较广泛使用。孔子两位弟子的名字,已把牛和耕联系起来。冉耕,字伯牛;司马耕,字子牛。冉耕是鲁人,司马耕是宋人。在孔子之前,晋国中行氏在晋国政治斗争中失败,子孙流落在齐国做农民。晋国一位大夫看见了,说他们是"宗庙之牺,为畎亩之勤"。就从这些记载,已大体可见,到春秋晚世,宋、鲁、齐、晋等

地区已用牛耕田了。孟子和神农学派许行的信徒辩论时问他们"以铁耕乎?"反映战国时铁耕已经很普遍。牛耕、铁农具,加上灌溉水利建设、施肥和种子改良,使得春秋战国之际的农业生产力突破性地发展起来。

传说中的夏、半传说中的商和初步进入历史的周,其税收都是什一。春秋晚期出现二。鲁哀公问于孔子弟子有若曰:"年饥用不足,如之何?"有若对曰:"盍彻乎?"曰:"二吾犹不足,如之何其彻也!"

依董仲舒所说,商鞅变法之后出现"或耕豪民之田,见税什五"[①]。那就是说,战国时期出现了什五的剥削量。

剥削量的增加,当然反映剥削的加重,另一方面也反映单位亩产量的增加,同时也反映有一半或不到一半的人口可以从农业劳动中解脱出来从事别的生产或者做官吃白饭。

二

战国秦汉的商品经济、交换经济、城市经济等等,都是在农业生产力发展、生产量增加的基础上发展起来的。春秋以前,城邑少,又小。战国时期,商品经济、城市经济发展。城市多起来,城市中自然集中一些人口。

《战国策·赵策》:"古者……城虽大无过三百丈者,人虽众无过三千家者。今千丈之城万家之邑,相望也。"家以五口计,万家之

---

① 《汉书》卷二四《食货志》。

邑有人口五万。五万人口的城邑多到彼此可以望见。

陶、临淄,都是大城市。战国时齐临淄有七万户,三十五万人口。汉代的临淄有十万户,即五十万人口。

两汉的户口,一般在五千万口左右。我们重视的一个问题是:城乡居民的比数如何?这个问题很难答。我只举两条材料,我们从这两条材料求个仿佛的认识。

一条材料是贡禹对元帝上疏里的话:

> 自五铢钱起以来七十余年,民坐盗铸钱被刑者众。富人积钱满室,犹亡猒足。民心动摇……民弃本逐末,耕者不能半。贫民虽赐之田,犹贱卖以贾,穷则起为盗贼。何者?末利深而惑于钱也。是以奸邪不可禁,其原皆起于钱也。[①]

我们注意的是"耕者不能半"。用现在的话说就是农业劳动者(种地的)不到总人口的一半。人到哪里去了?"弃本逐末"做生意(小商小贩,小手工业者)去了,而且热情很高,"贫民虽赐之田,犹贱卖以贾","末利深而惑于钱也!"

贡禹,西汉后期人。他提出"耕者不能半",即西汉后期,在农村从事农业劳动的农民,不到人口的一半,很多人弃本逐末,到城市里去做小商小贩、小手工业者去了。

你如果不信他的话,且看又一段材料,东汉前期大学者、政论家王符的话:

> 今举俗舍本农趋商贾,牛马车舆填塞道路,游手为巧充盈都邑。务本者少,浮食者众。今察洛阳,资末业者什于农夫,

---

① 《汉书》卷七二《贡禹传》。

虚伪游手什于末业。……天下百郡千县,市邑万数,类皆如此。[1]

照王符的话计算,一百人中九十八个居住在城市,两个在农村。这当然是不可能的。绝不会98％的人是城市居民,只有2％的人是住在农村。

但问题在如何理解他们的话。贡禹和王符的话,肯定都有夸大,王符的夸大更多。但他们的夸大需要有个"限"。他说话即使是"危言耸听",目的也是要人相信。他们都是重农的,反对城市商业交换经济的发展的。一定是当时人口大量流向城市,已构成引人瞩目的严重社会问题。话虽"危言耸听",仍能引人重视。如果当时城市浮末业者只是全部人口1％,游手的人口也只是1％,他说今察洛阳资末业者什于农夫,虚伪游手又什于末业,人们就不会重视了。

汉代五千万人口,他们居住的地区,大略可以说等于现在十亿人口居住的人口稠密的广大黄河、长江流域。五千万人口撒在十亿人住的地区,是会稀稀拉拉的。因此,我们可以想象,汉代的耕地多是靠近城区的。农民的居住地区是靠近城区的。这不是我乱说,有史料为基础,可以作证。有几条记载汉代农民"流亡"的材料,都是说离开"城郭",而不是说离开农村。

1.《汉书·贾捐之传》:贾捐之对元帝说:"民众久困,连年流离,离其城郭,相枕席于道路。"

2.《汉书·鲍宣传》:鲍宣说:"民流亡,去城郭,盗贼并起。"

---

[1]　《潜夫论·浮侈篇》,见《后汉书》卷四九《王符传》。

3.《汉书·翟方进传》：成帝对翟方进说："间者郡国谷虽颇熟，百姓不足者尚众，前去城郭，未能尽还。"

按常规，农民流亡都是离开农村。为什么这里几位大臣和皇帝都是说："离其城郭"、"亡去城郭"、"前去城郭"？是城郭，而不是农村？是不是可以说：在辽阔的汉代世界大地上，星罗棋布着一些大大小小的城邑。围绕着这些大大小小的城邑，城里城外居住着一些城乡人民。这些星星点点的大小城邑之外，居民是越来越少的。

人口是围绕着城邑居住的，因此才出现农民流亡而说是"离其城郭"、"亡去城郭"、"前去城郭"的话。

上面所举的"离其城郭"等三条材料，所说的都是"民众"、"流民"、"百姓"，没有一条明白说是"农民"。因此，能不能说：这里民众、流民、百姓者，是城邑居民，小商、小贩、小手工业者、虚伪游手，而不是农民？我看不能这样说。只要把自贾谊、晁错、董仲舒的凡是谈到流民问题的都是指农民联系起来，就可以明白。流亡的"民众"、"流民"、"百姓"，主要是城郊居民，其中主要是指农民，也包括城市中无业的虚伪游手、失业的小商小贩等在城里混不下去的人口。我的理解，汉代的城邑居民，王符所说98％，不可能。禹贡所说"耕者不能半"，可以考虑。我估计：汉代城邑居民可能有40％—50％左右。城郭人口定是相当拥挤，熙熙攘攘，农村（特别离城市稍远一点的地区）就显得冷冷清清。这就给贡禹"耕者不能半"的印象。

大量城市非农业人口，需要粮食吃；农民需要农具、盐、日常手工艺品。商品交换成为人们生产、生活所需；商业、交换发展起来。

战国中期,孟子和以生活自给自足为标榜的神农学派许行师徒一群人辩论中,一步一步迫得许行学派不得不承认吃的、用的多是交换来的,不得不"纷纷然与百工交易"①。正像荀子所说,当时人们的生活是:"泽人足乎木,山人足乎鱼,农夫不斫削不陶冶而足械用,工贾不耕田而足菽粟。"②这是人们日常生活中,对交换的依赖。

两汉时期,商品交换经济更发达。《史记·货殖列传》里所描绘的各大城市所罗列的各种商品,有的可以说是土特产,有的则是商品生产。就是土特产也是通过交换成为商品。东汉赵岐去偃师做医,道经陈留,见"此境人皆以种蓝染绀为业,蓝田弥望,黍稷不植"。他慨叹其"遗本念末",遂作《蓝赋》③。这弥望的蓝田,都是商品生产。

"蓝田弥望,黍稷不植",商品生产侵蚀到农业中去,破坏了农村的自给自足经济。

两汉城市商业交换经济的发达,不能详述。举一条《盐铁记·力耕篇》上的材料,做个概括:"自京师东西南北,历山川、经郡国,诸殷富大都,无非街衢五通,商贾之所臻,万物之所殖者。"

城市人口集中,都要吃饭。粮食必然是成为大宗商品,通过交换转入城市人口家中。官府的粮食,落入官吏手中除吃掉一部分外,一部分也会转入市场。农民的余粮也会转入市场,以交换他们之所需。大土地所有者的粮食,也会一部分作为商品转入市场,崔

---

① 《孟子·滕文公上》。
② 《荀子·王制篇》。
③ 《全后汉文》卷六二《蓝赋序》。

寔《四民月令》所描述的大田庄的生产就是有买有卖。南朝刘宋时大将沈庆之指着他的田园对人说:"钱尽在此中。"两汉的大田园所有者,也应会说这句话的。

总之,我国秦汉时期,是城市支配农村的时代。城市商品交换经济的发达、发展,把农村生活、农业生产也卷入商品交换经济中来。农业是交换经济的附庸,农村是城市的附庸。在经济发展道路上,是农村跟着城市走,不是城市跟着农村走。支配,是决定性力量。

三

汉魏之际前后,判若两个世界。一边是社会熙熙攘攘,繁荣热闹,车水马龙;一边是人口稀少,土地荒芜,千里无烟。洛阳、长安古都宫殿颓废,荒草丛生,无人居住。这种经济衰落,自然经济占优势的时代,一直维持到唐中叶。显著的特征就是铜钱废而不用,以布帛为币。唐中叶以后,情况才慢慢改变。

用战争(黄巾起义、董卓之乱)是解释不了的。我常常说,战国时期是战乱频仍的时代,但战国时期却是人口增加、经济发展、社会繁荣最显著的时代。不能用战争来解释社会经济的衰落,战国时代就是最好的例证。

汉魏之际社会经济的衰落,是战国秦汉社会结构内在矛盾发展的结果,表现上则为商品交换经济发展的结果。战国秦汉的小农,是自由民。商鞅变法,秦始皇统一,打击了氏族贵族、豪强富室与私徒属的依附关系,把氏族贵族、豪强富室依附下的私属、食客统一到国家的郡县管理之下,成为编户齐民。但并没有改变他们的自由身份。春秋战国时期,贵族的私属和食客,社会道义上、生活上依附于贵族,但人格上他们是自由人。孔子的弟子有若,是微虎的私属徒。但他是孔子的弟子,又被称为"国士"①。有若是自由人是绝无问题的。战国四公子养士是大家皆知的,他这些食客都是来去自由的自由人②。商鞅变法有一条是"事末业及怠而贫者,举以为收孥"③。这一条在商鞅变法后的秦国和秦汉时期,并没有明显地贯彻执行。在文献中似乎没有看到一条因为"事末业"而被"举以为收孥"的。我们看到的是"弃本逐末,贫民虽赐之田犹贱卖以贾",弃本逐末没有受到惩罚,赐之田贱卖以贾也没受到惩罚。

自由人身份的农民,两汉时期大量的连绵不断地走上流亡道路,自由地离开土地,离开家乡,流落城市。虽有士大夫、朝臣不断地呼吁,建议"殴(驱)民而归之农,皆著于本"、"末技游食之民转而缘南亩"④,呼吁建议"方今之务,莫若使民务农"⑤,但效果很小。因为他们只是呼吁、建议与希望,而不是法令、制度。只要农民有离开土地的自由,在他们种地无法维持生活时,就离开土地到城市去,弃本逐末。农民有弃本逐末的自由是"根",在商业交换经济、高利贷的大潮下,就出现"此商人所以兼并农人,农人所以流亡者

① 《左传》哀公八年。
② 《史记》卷七六《平原君列传》。
③ 《史记》卷六八《商君列传》。
④ 贾谊对汉文帝说的话,见《汉书》卷二四《食货志》。
⑤ 晁错对文帝说的话,见《汉书》卷二四《食货志》。

也"(晁错的话)的大潮。农民流亡,在两汉四百年是连绵不断的,而且越来越严重。

贡禹所说,农民弃本逐末,耕者不能半;王符所说,洛阳资末业者什于农夫,游手虚伪又什于末业,天下万郡千县,市邑万数,类皆如此,这一方面反映城市的发展,另一方面却也反映农业的衰落。但是在《后汉书》里,我们虽然也看到东汉社会经济不如西汉发达,人口约少一千万,耕地减一百来万顷,却没有给人以大衰落的印象。而汉魏之际,忽然天下大变,出现"百里无烟"①,"千里无烟"②,"名都空而不居,百里绝而无民"③,"城邑空虚"④的惊人现象。论人口,比起西汉来则"天下户口减耗,十裁一在"⑤。魏灭蜀后,有九十四万三千多户,五百三十七万多口⑥。吴亡时,有五十二万多户,二百三十多万口⑦。两者加起来看(虽然不是同时代的统计,但可看个大形势),三国时期不过一百四十六万户,七百六十七万多口,比起两汉盛世也就十裁一在。这变化是惊人的、空前的。

这个天翻地覆的大变化,不是黄巾暴动、董卓之乱两次战乱的结果。就已有的文献材料看,东汉的人口、垦田顷亩都比西汉少,人口少一千万,垦田少一百万顷。但这个数字也是虚报不实的。殇帝时一个敕书说:各郡国"覆蔽灾害,多张垦田;不揣流亡,竟增

---

① 《三国志》卷五六《朱治传》。
② 《三国志》卷二一《卫觊传》。
③ 《昌言·理乱篇》,见《后汉书》卷四九《仲长统传》。
④ 《三国志》卷五六《朱治传》注引《江表传》。
⑤ 《三国志》卷八《张绣传》。
⑥ 《通典》卷七《食货七·历代户口盛衰》。
⑦ 《三国志》卷四八《孙皓传》注引《晋阳秋》。

户口"①。我们可以断言：数字是夸大的、不实的。东汉城乡经济的衰落，存在于它的社会经济结构内部；商品交换经济的发达，土地兼并、农民流亡、土地荒芜、城市经济衰落。

四

解决战国秦汉在社会经济结构中所存在的内在矛盾，在当时的历史条件下只有一条路可走，就是牺牲自由民的自由，使他们成为半自由的依附民，没有离开主人、离开土地的自由。

贾谊、晁错都提出使流民归回田亩的希望和主张，但没有提出具体办法。王莽提出办法："更名天下田曰王田，奴婢曰私属，皆不得卖买。"②他解决土地问题的办法，就是恢复西周的井田制，先不说他对井田制的理解是否正确。他的王田制就是井田制，他的井田理想就是把农民附着在土地上耕地，不得离开土地。故"奴婢曰私属"，就是提高奴隶的身份成为主人的依附民。

王莽改制是失败了，他身死名裂。但他提出的"改天下田曰王田，奴婢曰私属"，却为解决当时"钱币、土地、奴婢"三位一体的严重社会问题，打开了一个缺口。改奴婢曰私属，为解决奴隶问题找到一条出路。奴隶主乐于接受这个办法。奴隶解放了，但仍不离开主人，它解决了奴隶暴动和逃亡问题。奴隶也乐于这样做，它也为农民流亡开辟了一条新路，农民逃脱了做奴隶的命运，投附在豪

① 《后汉书》卷四《殇帝纪》。
② 《汉书》卷二四《食货志》。

人门下做依附民。仲长统所说东汉"豪人之室,奴婢千群,徒附万计"①,这个万计的徒附,大约就有解放的奴隶,也有依附的自由民。

解决战国秦汉以来社会经济结构所包含的内在矛盾的划时代的标志,是曹操的屯田。曹操以强制的办法,使农民依附在土地上,并以此恢复了农业生产,结束了大规模的农民流亡。

屯田生产的显著特征,就是屯田客身份的逐步依附化。此依附化不是孤立的,随后的士家、晋的兵户、占田、深田户、北朝的均田户,乃至整个魏晋南北朝的郡县编户齐民,比起战国秦汉的编户齐民来,其身份都有多多少少不等的依附化,成为成分不等的依附民。

汉魏之际随着依附制的发展,人口分割的出现,豪族强家的依附人口,正式从国家户口中分割出来。当然,人口分割制由国家不承认到承认,有个过程。曹操对不肯应政府役调者是极力打击的②。但是到了曹魏晚年,已正式承认这种制度了。"魏氏给公卿以下租牛客户,数各有差。自后小人惮役,多乐为之。贵势之门,动有数百。又太原诸郡,亦以匈奴胡人为田客,多者数千"③。晋时颁布户调式,正式规定公卿官僚按官品高低占有佃客、衣食客,"客皆著家籍"④。客皆著家籍,就是从国家户籍中除去,正式成为豪族强宗、达官贵族的私家人口。

---

① 《昌言·理乱篇》,见《后汉书》卷四九《仲长统传》。
② 参看《三国志》卷一五《贾逵传》、卷一二《司马芝传》等。
③ 《晋书》卷九三《王恂传》。
④ 《隋书》卷二四《食货志》。

魏晋南北朝隋唐时期,是钱货不行以谷帛代行货币职能的时代。

史书记载把钱货不行的责任归到董卓废五铢行小钱上,说"自是后钱货不行"①。这是无稽之谈。钱货不行,是自然经济化的结果,它是不随人的意志为转移的。

依附关系,谷帛为货,成为魏晋南北朝隋唐时期的主要社会特征,是它(依附关系和自然经济)使魏晋南北朝和前此的战国秦汉及后此的宋元明清区别开来。

五

瞭望一下战国到汉魏之际的历史,可以清楚地看到商业交换经济在这一段历史的发展变化中起到了极大的推动作用。

战国秦汉七百年间,由耕牛、铁农具的交易、推广、传布,小农经济的繁荣,城市经济兴起、发展、发达,到土地兼并,农民破产流亡,奴隶制发展,城乡经济衰落,再到自然经济、依附关系的出现、占优势,成为社会经济的主要特征,商业、交换经济都在其中起了主要作用,甚至可说主导作用。它导致古代社会(战国秦汉时期)的兴起和繁荣,又导致古代社会的衰微和没落,又导致以自然经济和依附关系为主导的中世社会(魏晋南北朝隋唐)的出现。

(原载《中国经济史研究》2001 年第 2 期)

---

① 《三国志》卷六《董卓传》。

战国秦汉时代的交换经济和自然经济，自由民小农和依附性佃农

一

我在中国社会科学院经济研究所和《中国经济史研究》编辑部于 2001 年 6 月 13 日召开的"中国历史上的商品经济"研讨会的第二次会上，有个发言，题目是："我国秦汉商品经济及其与社会生产、社会结构变迁的关系"。

8 月 11 日，参加南开大学历史系召开的"中国中古社会变迁国际学术研讨会"，我的发言题目是："自然经济和依附关系——使中国中古社会和前后社会区别开的两大特征"。漆侠教授、李根蟠研究员是评论人。他们都提出很好的意见。随后李根蟠同志还写出《汉魏之际社会变迁论略》一篇大文章。文章对于说自然经济和依附关系是使中古（魏晋南北朝隋唐）社会和前后社会区别开的两大特征，基本上没有不同意见，但对于说战国秦汉是商品生产和流通十分繁荣的交换经济时代，说汉魏之际的变化是从商品交换经济到自然经济的变化，说战国秦汉的农民身份主要是自由民和一小部分奴隶，则保持不同意见。根蟠同志说："依附关系的发展和

自然经济的强化,确实是汉魏之际社会变迁中最重要的社会现象,但这种变化的根源,早已埋藏在战国秦汉社会的土壤之中。本文打算从分析这些现象的来龙去脉和形成原因入手,对汉魏之际社会变迁的性质发表一些不同于上述两种主张(封建制代替奴隶制和封建地主经济的逆转或畸形发展)的看法。"这篇文章和我的《战国秦汉商品经济及其与社会生产、社会结构变迁的关系》一文,可能近期在《中国经济史研究》上发表。

概括地说,根蟠同志的意见是:"战国秦汉商品经济尽管相当发达,但仍然没有脱离自然经济的范畴,它的基础是封建地主制下的小农经济;汉魏之际的变化是自然经济范畴内和封建范畴内的变化。"对于汉魏之际,自由民、奴隶向依附关系的转化,根蟠同志则于概括了唐长孺教授和我的话之后说:"在这里我觉得有两个问题需要提出来讨论:一是中国租佃关系是什么时候产生的?二是依附性佃农又是什么时候产生的?"①

总之,根蟠同志认为,汉魏之际:依附关系是"发展",自然经济是"强化"。发展、强化,都不是"转变"。战国秦汉商品经济尽管相当发达,但仍然没有脱离自然经济的范畴,汉魏之际的变化是自然经济范畴内的变化。汉魏之际的人民身份的变化,也不是自由民和奴隶到依附关系的变化,而是战国秦汉佃农、依附性佃农已经存在;从战国秦汉依附性佃农走向魏晋南北朝的依附民,只是依附关系的"发展"而不是转变。

这样看来,对战国秦汉的社会经济如何认识上出现两个问题。

---

① 引文皆见《汉魏之际社会变迁论略》。以下凡引根蟠同志的话,皆见此文。

一个问题是：战国秦汉时代社会经济的主导面、主导力量是自然经济，还是城市交换经济？另一个问题是：我国秦汉的农民是自由农民和一部分奴隶为主，还是依附性佃农为主？战国秦汉时期，自然经济和商品经济是同时并存的，但重要的是谁是主导面；战国秦汉时期，自由小农、奴隶和依附佃农也是并存的，但重要的也是谁是主导面。

必须区分出谁是主导面，这个问题才有意义，才有重要的社会史意义。

二

先看看战国秦汉时期的交换经济和自然经济问题。下面把双方不同的认识（主要是根蟠同志的认识和我的认识），扼要地摆出来。

对于战国秦汉的商品经济和自然经济，根蟠同志是这样看的：

根蟠同志说，为了把"战国秦汉商品经济尽管相当发达，但仍然没有脱离自然经济的范畴"和"汉魏之际的变化是自然经济范畴内和封建制范畴内的变化"这个问题搞清楚，"我们的眼光不应停留在人口增长还是耗损，城市繁荣还是萧条，钱币通行还是废弃等现象上，还应该深入考察当时基本经济单位的构成及其变化"。

当时的基本经济单位是什么？

根蟠同志说："我国秦汉社会的基本经济单位有农民，有地主，他们经营的内容和规模有很大的区别，但其经济构成基本上都是自然经济(主要指自给性生产)与商品经济(主要指商品性生产和商业活动)的结合。"

小农经济的自然经济和商品经济的结合,"其主要表现形式就是耕织结合,春秋战国之际以来它一再为人们所称引和强调。《尉缭子·治本》说:'夫在芸耨,妻在机杼,民无二事,则有储蓄。'……就是这种耕织结合的典型描述。商鞅变法规定'戮力本业、耕织致粟帛多者复其身',第一次明确把耕织作为农民的本业。汉代皇帝的诏书多'农桑'并提,地方官吏也把耕织结合作为劝农的基本模式。不从事家庭纺织而买衣穿的农家是存在的,但不能夸大其数量。战国秦汉农民也有从事专业化的商品生产的,不过并不多见。"

"战国秦汉的地主经济也是自然经济与商品经济的结合"。依照结合形式和内容的不同,根蟠同志把战国秦汉的地主,分为两个类型。一个类型是"田庄型"。他举出樊重的田庄。崔寔《四民月令》描述的地主田庄,也属于这种类型"。这一类型的田庄,多是以经营大田农业为主,"他虽然也从事货殖活动,但经营活动的立足点是自我满足各种需要……以致能够做到'闭门成市'"。那些"中小地主生产规模不会有这么大,经营项目也不会有这么多,但恐怕多数以自给性生产为主,可以划归这一类型"。

另一类型是"货殖型"。他们"从事大规模的商品生产"。根蟠同志举出《西京杂记》所载陈广汉资业。在他的田庄里生产多种产品,"这些产品应该主要是为出卖赢利而生产的,但从种类的繁多并以粮食为大宗看,其中包含了自给性生产,或是以自给性生产为基础的"。

根蟠同志又讲到《史记·货殖列传》里的商人地主。他说："《史记·货殖列传》列举了不少以'千亩'、'千石'、'千足'计算单位的大规模商品性农牧林渔生产项目，其经营者应该就是'货殖型'的地主。不过这是为了计算'富比王侯'收入可'与千户侯等'的假设数字，并不能认为它是普遍存在的形态，也不能认为都是纯粹专业化的商品经营。其实，即使是《史记》、《汉书》的《货殖列传》中所记载的大商人和工商业家，也不是经营单一的项目，而是同时经营多种项目，并往往多兼管农业。……对这类货殖家，司马迁以'以末致财，用本守之'（即以经营工商业发财致富，又以兼营农业作为基础和保障）来总括之，说明他们也是以某种自给性生产为依托的。"

根蟠同志说："总之，战国秦汉时代，无论农民还是地主，其经济构成都是自然经济与商品经济的结合。从总体上看，主要从事自给生产的农民数量最多，是社会的基本生产者。在地主中，也以从事自给性生产为主的'田庄型'地主为多；即使是'货殖型'地主，也往往要在一定程度依托于自给性生产。因此，这个社会尽管商品经济有长足的发展，仍然属于自然经济占主导地位的社会。"

以上是根蟠同志的观点和认识。他的基本观点和认识是：我国秦汉社会尽管商品经济有长足的发展，但仍然属于自然经济占主导地位的社会。

下面说说我的观点和认识。

我认为：战国秦汉时期，城市和城市交换经济是十分发达和繁荣的。城市交换经济在整个社会经济中占有主导的地位，支配的地位。整个社会的走向、发展规律，是在城市交换经济的主导和支配下向前走动的。农村、农业、农民的发展、变化,是被动的、被支配的。农民失丢土地,破产流亡或流落山泽,或流落城市为无业游民,或卖为奴隶,都是交换经济迫使之然的。战国秦汉时代,是城市支配农村的时代,是农村受城市支配的时代。

下面再做点申述:

(一) 城市交换经济的发达和繁荣

春秋战国时期,是城市和交换经济显著发展的时期。齐地靠海,有鱼盐之利。这里的纺织业也是很早就很发达的。鱼、盐、纺织品,吸引各地人物"襁至而辐辏"、"敛袂而往朝",使得齐地生产的"冠带衣履天下"[①]。交换的发展,引发货物集散地的兴起,城市兴起。战国时期,已是"千丈之城,万家之邑,相望也"。[②] 万家,就是五万人的城市。大城市有到几万户的。如齐的"临淄之中七万户"。[③] 户以五口计,是三十五万口。

战国时期,一个信奉神农之言,以自食其力为标榜的自足自给的小农集体已是"纷纷然与百工交易"才能满足他们的生活需要。[④]

战国时期交换经济在人们生活中的地位,《荀子·王制篇》一段话有很好反映。"北海则有走马吠犬焉,然而中国得而畜使之。

---

① 《史记》卷一二九《货殖列传》。
② 《战国策·赵策三》。
③ 《战国策·齐策一》。
④ 见《孟子·滕文公上》。

南海则有羽、翮、齿、革、曾、青、丹、干焉,然而中国得而财之。东海则有紫、绀、鱼、盐焉,然而中国得而衣食之。西海则有皮革文旄焉,然而中国得而用之。故泽人足乎木,山人足乎鱼,农夫不斫削不陶冶而足械用,工贾不耕田而足菽粟。"这段话,前几句说的是各地区远距离土特产的交换,后四句则说的是社会各阶层生活的相需和交换。荀子的话,是通过他对社会生活的观察概括出来的,他讲的是他看到的社会一般情况,不是小范围的情况。荀子的话,是一般社会现实。它反映交换在人们社会经济生活中的地位。

秦汉时期,城市交换经济有更大的发展和繁荣。各种大中小城市星罗棋布地散布在全国各地。《史记·货殖列传》记载了一些大中城市。其中以"一都会也"写下来的大都市就有邯郸、燕、临淄、陶、睢阳、吴、寿春、番禺、宛等地。每个城市就是一个地区的商品集散地,交换中心。司马迁每记一个城市,都写出他的商业网所及的地区和主要商品。

城市谋生比较容易,在农村失业无法生活的人都集中到城市里去。西汉贡禹对元帝的上疏里说:"民弃本逐末,耕者不能半。"[1]农民放弃了农业,跑去做生意,农民减少,"耕者不能半"。东汉前期的王符,所说城市人口更多,他说:"今举俗舍本农趋商贾,牛马车舆填塞道路,游手为巧充盈都邑,务本者少浮食者众。……今察洛阳,资末业者什于农夫,虚伪游手什于末业。是则一夫耕百人食之,一妇桑百人衣之。以一奉百,孰能贡之? 天下百

---

[1]　《汉书》卷七二《贡禹传》。

郡千县,市邑万数,类皆如此。"①贡禹和王符的话,都是我们常常
引用的。怎样看待王符的话?夸大?夸大肯定是有的,不会99%
的人口都住在城市。但夸大是为了使人认识问题的严重,因之夸
大不能大到使人感到是胡说,夸大也得使人相信有道理,问题是严
重的。我估计汉代人口有40%—45%居住在城市大约是可以的。

城市人口不生产粮食,但要吃粮食。城市人口吃食的粮食是
商品粮,需要通过交换取得。小农的粮食,一大部分要吃掉,一部
分必然要作为商品粮卖出以换取必要的手工业产品。以生产商品
粮为主的农业商人必然会是存在的。司马迁说到他那个时代大规
模的商品生产时说:"安邑千树枣,燕秦千树栗,蜀汉、江陵千树橘,
淮北常山以南河济之间千树萩,陈夏千亩漆,齐鲁千亩桑麻,渭川
千亩竹,及名国万家之城带郭千亩亩钟之田,若千亩卮茜,千钟姜
韭,此其人皆与千户侯等。"②这些实实在在的商品生产大多是土
特产,不能说这是为了计算财富而设的数字。这些都是集中的大
规模商品生产。其中的"名国万家之城带郭千亩亩钟之田",大约
就是根蟠同志所说的"货殖型"地主。这带郭千亩亩产千钟的粮
食,都是商品粮,供给城市居民吃用的商品粮。居住在城市的众多
人口,都是要吃饭的。粮食必然是商品生产中的大宗。我们虽然
没有城市粮食运输、存储、消费的记载,也没有城市粮店、粮栈的记
载,但这些都是存在的是绝无问题的。

总起来看,战国秦汉的交换经济,在时时破坏着自然经济的母

---

① 《后汉书》卷四九《王符传》。
② 《史记》卷一二九《货殖列传》。

体,逐步脱离主体而独立。它已强大到不是自然经济的附庸、补充,而是翻过来要为自然经济的支配者、主宰者。战国秦汉的交换经济已确实走在这条道路上。

(二) 交换经济对农村、农业、小农经济的破坏

一般讲,交换经济在人类社会的早期历史上(古代社会及以前)进行和完成了两大壮举,一是破坏了氏族公社的束缚,使公社的成员从公社的桎梏中爬出来,成为自由农民。二是它跟着又破坏自由小农经济,使小农破产、流亡、一部分成为奴隶,最后成为农奴、依附民。

在中国,春秋以前,大体上已完成了第一道壮举。氏族制已破坏,小家族已经出现,成为社会的主要单位。但这一壮举完成得不彻底,氏族贵族、族长、家长和他们的地位、权力都还保持下来(当然,破坏氏族组织的,不只是交换经济,还有生产力的发展、贫富分化、贵贱分化等)。战国秦汉时期,交换经济进行着第二大壮举,使土地兼并、集中,出现大土地所有制,使农民破产、流亡,成为奴隶、依附民。

战国时,已有人把商人交换经济活动和农民破产、农业破坏联系起来,说这都是商人和交换经济搞的。商鞅把搞"末业"和"贫而怠者"联系起来。孟子称一些商人为"贱大夫"。秦汉时期,聪明的智者更都是把农民破产和商人交换经济联系在一起。贾谊说:"今背本而趋末,食者甚众,是天下之大残也;淫侈之俗日日以长,是天子之大贼也。……今殴[驱]民而归之农皆著于本,使天下各食其

力,末技游食之民转而缘南亩,则畜积足而人乐其所矣。"①晁错也说:农民一年四季劳苦,倘若遇到水旱之灾、急政暴敛,于是"有者半贾而卖,亡者取倍称之息。于是有卖田宅鬻子孙以偿责者矣。而商贾大者积贮倍息,小者坐列贩卖,操其奇赢,日游都市。……此商人所以兼并农人,农人所以流亡者也"。②

　　贾谊、晁错所谈,都是汉文帝时的事。上面引用的他们两人的话,都是他们对文帝的奏疏里的话。商人兼并农民,农民被卷入交换过程而日趋破产的景况是越来越严重的。元帝时贡禹的上疏对商人兼并农民、农民失业流亡的关系说得更清楚。他说:"自五铢钱起已来七十余年,民坐盗铸钱被刑者众,富人积钱满室犹亡厌足,民心动摇。商贾求利,东西南北各用智巧,好衣美食,岁有十二之利而不出租税。农夫父子暴露中野,不避寒暑,捽屮(左)杷土,手足胼胝,已奉谷租,又出槀税,乡部私求,不可胜供。故民弃本逐末,耕者不能半。贫民虽赐之田,犹贱卖以贾,穷则起为盗贼。何者?末利深而惑于钱也。是以奸邪不可禁,其原皆起于钱也。"③贡禹看到商人富了农民穷了,农民虽赐之田犹贱卖以贾,是由于末利深而惑于钱,"其原皆起于钱",他摸到了问题的一点边沿。钱,是商人和交换经济的代表。在农民和商人、交换经济的较量中,农民是被动的,商人、交换经济是主动的。他看到商人富了,也想去经商,虽赐之田犹贱卖以贾。他不认识,他是富不起来的,他们命运只有"穷则起为盗贼"。

---

① 《汉书》卷二四《食货志》。
② 同上。
③ 《汉书》卷七二《贡禹传》。

或者有人想,使农民穷困破产走上流亡之路的是租税徭役负担,是官的横征暴敛,是官吏的与民争利。古来的政治家、思想家,也多有从这方面看问题提出问题的。晁错虽然提"此商人所以兼并农人,农人所以流亡者也",同时他也说"急政暴赋,赋敛不时,朝令而暮改",才使农民不得不"半贾而卖"、"取倍称之息",终至"卖田宅鬻子孙以偿责"。董仲舒也说:"身宠而载高位,家温而食厚禄,因乘富贵之资力,以与民争利于下,民安能如之哉!是故众其奴婢,多其牛羊,广其田宅,博其产业,畜其积委,务此而亡已,以迫蹴民,民日削月朘,寖以大穷。富者奢侈羡溢,贫者穷急愁苦。"①作此想法的人,还有很多,这里只举晁、董二人为例。

这话自然有道理,农民的穷困,显然的原因是官府的税收、横征暴敛,官吏的贪污腐败、搜刮民财。但是,深入去想,就会发现官府聚敛、官吏搜刮,都是交换经济发展的结果。在一个纯自然经济的社会,日出而作,日入而息,没有奢侈品的引诱。不见可欲,没有可赋敛和搜求的。没有商品,没有交换经济,也就没有赋敛和搜刮。交换经济的发展,是第一义的,搜取赋敛是第二义的。归根结底,使得农民破产流亡的仍是交换经济。

战国秦汉的统治者,也都清楚破坏农民经济的是交换经济。历代皇帝都知重农抑末,知道采取政策保护农民打击商人。汉武帝的经济社会政策,盐铁专卖、算缗钱、平准均输等,王莽改制,禁止土地、奴隶买卖,五均六筦、币制改革等,都是针对商人的。小农、小农经济,是皇家、皇权依存的根。在和城市交换经济的对立

---

① 《汉书》卷五六《董仲舒传》。

中,小农、自然经济总是处于被动的地位,受气、挨打,被迫破产、流亡。皇家、皇权复出来保护小农,保护小农经济。皇家、皇权对小农、小农经济的保护,本身就说明在交换经济和自然经济的对抗中,交换经济是主动面、主导面、支配面,自然经济是被动面、被导面、被支配面。

(三) 战国秦汉时代是城市支配农村的时代,
是交换经济支配自然经济的时代

这里请允许我先引两段马克思、恩格斯的话。当然,这只是作参考不是作教条。马克思、恩格斯,都是大学问家。从"学问"角度出发,他们两人的话都是很有参考价值的。

马克思说:"一切发达了的,并且以商品交换为媒介的分工,都是城市与农村的分离为基础的。可以说,社会的全部经济中,都是总括于这种对立的运动之中的。"[①]恩格斯说:"文明使一切已经确立的分工加强而增剧,更激成了城市与农村的对立。这里,或者如古代,城市握有对农村的经济支配,或者反之,有如中世纪,农村握有对城市经济的支配。"[②]

再让我说一点废话。宇宙间万事万物都是有规律的。大到天体、星球,小到原子、粒子,都有规律,在一定的规律下运动。否则乱了套,相互碰撞,自我毁灭。

人类社会,也是有规律的。有共性,也有个性。共性不抹杀个

---

① 马克思:《资本论》第一卷第 12 章第 4 节。
② 《家庭、私有制和国家的起源》九《野蛮与文明》。译文参看了几个版本,这里基本上用的侯外庐的译文而略加以改动。

性。一年有四季,阴晴雨雪有规律,但不一定年年都是那天热那天凉,那天下雨那天刮风。有共性,有个性。人类社会也是一样,有共性,有个性。研究人类社会历史,就要又承认共性又承认个性。各地区各民族的历史都有它的个性、特殊性,但都有共性。

　　社会是复杂的,没有单一生产关系的社会。一个社会历史阶段,它有一个为主的生产关系,阶级关系,也有已过去的社会的残余,而且又孕育着未来社会的生产关系、阶级关系。关键问题在认识它的“主”,谁是主谁是辅,谁是支配者谁是被支配者。

　　主和辅,支配者和被支配者,又往往是由“质”来决定而不是由“量”来决定。一块狗屎,可以使满锅香肉变腥、变臭、变质,由能吃的美食变成不能吃的狗屎。人体某一部分有病,可以使全体发烧,甚至死亡。我们通常称鸦片战争后的中国社会为半封建半殖民地社会。其实,从鸦片战争到北洋军阀,现代化的资本主义因素也不过只在上海等大城市略有突起,上海的真正产业工人也不过几百万人。对几亿人口的农村自然经济(也有商品生产),真是小巫见大巫。但就此几百万产业工人,已为中国近代社会争到一个“半”字。

　　以上这些老生常谈的废话,却构成我的思想、理论的基础,也是我思维活动的线路。我是从马克思、恩格斯话的启示和我的思维活动线路来考虑战国秦汉时代城市和农村的关系,交换经济和自然经济的关系的。我认为战国秦汉时代是城市支配农村的时代,是交换经济支配自然经济的时代。说穿了,战国秦汉是古代社会,魏晋南北朝隋唐是中世封建社会。汉魏之际是中国古代社会向封建社会转化的时期。

三

再看战国秦汉时期的小农、一部分奴隶和依附性佃农问题。

根蟠同志说:"主张汉代是封建制社会的学者与主张汉代是奴隶制社会的学者的分歧,看来主要已不在于奴隶在劳动者当中是否占大多数,而在于大多数劳动者是自由民还是具有依附性的身份。他们中一些有代表性的学者把东汉末年以后的依附性佃农的出现作为封建化的主要标志,对租佃关系和依附性佃农产生的时间估计较晚。例如唐长孺先生这样认为……。何兹全先生认为古代社会的汉代有自由民(编户齐民)五千万,奴隶则是有六七百万;他们通过奴隶的解放(主要发生在王莽改奴婢为'私属'以后)和自由民的投靠(主要发生在东汉末年战乱时期)的途径,到魏晋南北朝,大部分转化为豪族、寺院的依附民。"根蟠同志说,但"我们认为,从汉代到魏晋南北朝,不是由自由佃农到依附性佃农的变化,而是租佃关系中由不合法的、不稳定的依附关系发展到半合法的、比较稳定的依附关系的变化"。

在农民身份这个问题上,根蟠同志阐述了两个问题,一个是"租佃关系的产生",一个是"依附性租佃关系的产生"。

根蟠同志认同董仲舒、荀悦等人的说法,认为租佃关系是商鞅变法的产物。他说:"租佃制是我国在商鞅变法废除井田制以后,在土地私有、贫富分化的条件下,由庶民地主(所谓'豪民')首先采用的一种封建性的剥削方式。"他在引用了董仲舒、王莽、荀悦的话以后说:"不难看出,至迟汉武帝时代,庶民地主中的豪强势力已经坐大,租佃制已经成为地主制经济的主导的经营方式。"

对于依附性租佃关系,他认为"并非东汉末年才产生的,它可以追溯到战国时代"。

他首先区分了战国秦汉时期存在的两种依附性租佃关系。他说:"考察战国秦汉的依附关系的发生发展,应该把下面两种情况区分开来:一种依附关系是过去的领主贵族遗留下来的,另外一种依附关系是在新兴的庶民地主中产生的。总的说来,旧的依附关系趋于松解,而不是加强,新的依附关系则要经历一个建立和强化的过程。战国秦汉依附关系的发展,主要应该指后一种情况。"

根蟠同志认为《史记》、《汉书》等书记载下来的为强宗豪门所"劫假"、"役使"、"兼并"、"侵渔"的"小民"、"下户"、"贫民"等,都是依附性佃农。《史记·酷吏列传·宁成传》说宁成归家"买陂田千余顷,假贫民,役使数千家"。根蟠同志认为:"传文中'役使'一词表示宁成和佃户之间的关系……显然是一种依附性的租佃关系。"《汉书·张汤传》:"天下民不徙诸陵三十余岁矣,关东富人益多,多规良田,役使贫民。"《史记·平准书》:"(武帝时)富商大贾,或蹛财役贫,转毂百数,废居居邑,封君皆低首仰给。"《汉书·王尊传》:"长安宿豪大滑东市贾万、城西万章、剪张禁、酒赵放、杜陵杨章等通邪结党,挟养奸轨……并兼役使,侵渔小民。"根蟠同志说:"联系王莽、荀悦等人关于汉代豪强主要采取实物分成租佃制剥削方式的论述,这些与土地兼并或土地经营相联系的'役使',恐怕也主要是一种依附性的租佃关系。所谓'分田劫假',就包含了使用超经济强制手段攫取地租的意义在内。"

根蟠同志进而论证,王符所谓"不为编户一伍之长,而有千室名邑之役"，也是"一种依附性租佃关系"。说这"已成为史学界的共识"。因此，根蟠同志说："保守一点说，这些现象比较普遍的出现不会晚于汉武帝时期。在庶民地主势力壮大的基础上，租佃制的广泛实行和依附性佃农的普遍出现是基本上同步的。"

根蟠同志说，司马相如《子虚赋》中所说"地可垦辟，悉为农郊，以赡氓隶"的"氓隶"，"就是泛指贫苦农民。……汉代农民被称为氓隶，或径称为隶。我们虽不能简单地说，这一名称既表示了一种封建依附关系，但它确实反映了战国时期封建地主制形成以后，农业劳动者实际地位逐步下降的趋势。"

根蟠同志总结战国秦汉到魏晋南北朝依附性佃农的发展、变化形式说："这时（指西汉时期）农民对地主的依附关系是不合法的，政府不予承认，因而也是不稳定的。自高祖至成帝，汉政府前后十三次把各地豪强迁徙到关中，重要目的之一就是要抑制豪强在兼并土地基础上迅速发展起来的依附性租佃关系。……农民尽管逃亡脱籍，依附于豪强大家，但在名义上，法律上，仍然是政府的编户齐民，政府随时可以用各种办法使他们重新纳入政府的户籍之中。西汉中期以后，政府打击豪族的力度开始减弱。东汉光武废田失败后，政府在很大程度上对豪强发展依附性租佃关系采取默许以至纵容的态度。到了魏晋时代，政府终于始而在实际上、继而在法律上承认世家豪族部分占有依附人口的权利。"

总之，从以上所征引的根蟠同志的文章中可以概括地说：根蟠同志认为，租佃关系和依附性租佃关系，在战国秦汉社会中，从战国开始就已占主导的地位。依附性租佃关系更是在逐渐发展中。在西汉，它是不合法的，政府不予承认的；东汉，默许、纵容；魏晋，始实际上、法律上予以承认,承认世家豪族占有依附人口的权利。

对于根蟠同志对战国秦汉佃农、依附性租佃关系的认识,我也是持不同意见的。我认为战国秦汉的农民,主要是小农自由民和一部分奴隶而不是佃农或依附性佃农。战国秦汉时期的佃农和依附性佃农,是娘肚子里的胎儿,还没有生出来,更不是成年人在社会上已担当主导地位。归根结底,佃农、依附性佃农,是城市交换经济的产物,是奴隶的补充和继承者。在古代社会,依附关系是奴隶的归宿。古代社会产生奴隶制,奴隶制向依附制关系过渡,这是古代社会的发展规律。

下面再把我的意见申述一番。

(一)战国秦汉的农民,主要是自由民和一部分奴隶,而不是佃农和依附性佃农

战国时人口,没有统计,有人估计在三千万左右。但也只是估计而已。汉代编户齐民是五千万左右。这五千万里,除去官吏、商人、地主、手工业者等,小农总应该有三千万至四千万。

据我估计,汉代的奴隶大约有五六百万,最多一千万左右。不能把奴隶的数量估计过高,也不能估计太低。不能说汉代的奴隶都是家内奴隶。奴隶用到生产方面的是很多的。矿业、渔业、盐业、纺织业等等都使用奴隶。使用在农业方面的也不少。云梦出土的秦简,有"隶臣田者"律条,治律案例中《告臣》爰书中有一条,某里士伍甲告他的臣丙,罪名是臣丙"不田作"。湖北江陵凤凰山出土汉墓《遗洲》说,文帝时一位五大夫家里"田者:男女各四人,大奴大婢各四人"。士伍,大约是个下层小农;五大夫是中层爵,大约

是个中产阶级。这两个个案反映,小农也可能有奴隶来种地,中产
阶级可能有人数相等的八个自由民和八个奴隶来种地。在汉代社
会上"奴执耕稼,婢典炊爨",已经和"鸡主司晨,犬主吠盗,牛负重
载,马涉远路"一样,是极为普遍的事①。汉代奴隶参加农业生产
是很普遍的事。小农场有,大农场更多,但我不赞成"奴隶社会"这
个词,读书不多不知谁先使用的这个词。我用马克思使用的词"古
代社会",但我认为战国秦汉时代是中国历史上奴隶最多、在社会
上扮演着最重要的作用的时代,它是交换经济在小农人数最多的
社会中起作用的产物。

在古代社会,小农和小农经济是社会的基础。马克思对欧洲
古罗马的古代社会曾有这样一句评语,他说:"自耕农的这种自由
小块土地所有制形式,作为占统治地位的正常形式,一方面在古典
古代的极盛时期,形成社会的经济基础;另一方面在现代各国,我
们又发现它是封建土地所有制解体所产生的各种形式之一。"②在
马克思主义思想里,小农经济不是封建经济。封建前它存在,封建
后它又出现。

先撇开古罗马和战国秦汉的社会性质不说,小农和小农经济
的命运,在这两个社会里确实是有些相似的。他们受政府的赋敛
剥削,受交换经济的侵蚀,而失业、流亡、卖为奴隶,奴隶再向租佃
关系、依附关系、隶农、农奴道路上走,两家如出一辙。当然从"异"
处看,中国和西欧有千差万别;但从"同"、共性方面看,它们确实是

---

① 《三国志》卷四五《杨戏传》注引《襄阳记》。
② 马克思:《资本论》第三卷,人民出版社1975年版,第909页。

"小异大同"，或者说"有异有同"的。

　　但从小农和小农经济的具体发展道路来看，战国到西汉中期，应该说是小农和小农经济的繁荣和向上发展时期。当然就在小农和小农经济向上发展的繁荣时期，已看到小农和小农经济向奴隶、佃农和依附性佃农路上走的风向。但也只有王莽"改奴婢曰私属"以后，东汉时期，依附关系发展起来。东汉初即大量出现的部曲、客，大约大量来自奴隶，少量来自自由民。依附关系，可以区分为两层含义，一是自由的依靠，二是不自由的依附。两者有个由量到质的变化过程。何时是由量到质的转变"点"，事实上是很难找的。白天、黑夜，区别分明。但何时是白天到黑夜的转变点，很难抓着，只有人为地来定。历史上的事物，也是如此。根蟠同志认为《史记》、《汉书》里所记载下来的为豪强所"劫假"、"役使"、"兼并"、"侵渔"的"小农"、"下户"、"贫民"等，都是依附性佃农。但实际上他们都还是自由民。根蟠同志曾举出崔寔《政论》里所记载的"下户"，以证这些为豪强所奴役的下户是依附性佃农。但《政论》明说这些下户是"岁小不登，流离沟壑，嫁妻卖子"的小农。他们和晁错所说的"有卖田宅鬻子孙以偿责者"的五口之家的农夫，为商人所"兼并"而"流亡"的农人，是同样的身份、同样的人，都是自由人。

　　看起来，汉代农业劳动者，最多的是小农、自由农民；有一部分奴隶；或耕豪民之田见税什五的佃农，是商鞅变法后的产物，汉武帝时佃农渐多；王莽改制，"改奴婢曰私属"以后，依附性佃农颇多。但终东汉之世，主要的农业劳动者仍是小农、自由农民。小农和小农经济，仍是社会的经济基础。小农经济不是封建经济，照马克思的话说："自耕农的这种自由小块土地所有制形式，作为占统治地位的正常形式,一方面在古典古代的极盛时期,形成社会的经济基础,另一方面在现代各国我们又发现它是封建土地所有制解体所产生的各种形式之一。"

(二) 战国秦汉的佃农和依附性佃农,是娘肚子里的胎儿,还没有出生

从量上看,战国秦汉的小农是农业劳动的主要担当者,是社会的基础。那么,从质上看能不能说佃农和依附性佃农已在整个社会经济中占有主导的支配的地位呢?我看也不能。

战国秦汉是城市交换经济占主导地位的时代,是城市交换经济支配农村经济的时代。奴隶、佃农、依附性佃农,都是交换经济发达、发展的产物;奴隶主地主,也是交换经济发达、发展的产物。奴隶、佃农、依附性佃农、奴隶主地主、"庶民地主",他们的兴衰、演化都是受交换经济、城市经济的支配的。在整个社会和社会经济中,他们是被动的,被支配的。他们命运的盛和衰,操在城市交换经济手里。

战国秦汉的农民,受交换经济的支配,走向两条路,一是奴隶,一是佃农、依附性佃农。奴隶是主要命运,佃农、依附性佃农是后起的命运,奴隶之路衰,佃农、依附性佃农之路兴。终汉之世,小农的命运在这条路上转,没有超出这条路,没有跳出这条规律。

改变这条道路规律的是汉魏之际的变化。战国秦汉的佃农和依附性佃农,是娘肚子里的胎儿,汉魏之际的变化是分娩期。魏晋南北朝隋唐时代,依附性农民,真正的不自由的依附民才成为社会的主要担当者,成年人了!

我想就依附关系在人类历史上的出现再说几句话。

根蟠同志说:"考察我国秦汉的依附关系的发生发展,应该把下面两种情形区别开来:一种依附关系,是过去的领主贵族遗留下来的;另一种依附关系是在新兴的庶民地主中产生的。……战国秦汉依附关系的发展,主要应该指后一种情况。"

根蟠同志的这种区分,是完全正确的。

在人类社会发展历史上,依附关系乃至农奴曾在两个时期出现,一是氏族制解体向古代社会(一般所指的奴隶社会)过渡时期,一是在古代社会后期和封建社会。原始氏族社会解体过程中出现过依附关系甚至农奴,这几乎是西方史学家的共识。马克思、恩格斯也都接受这种共识。如马克思说:"现代家庭在萌芽时(按:即氏族解体向阶级社会过渡时期),不仅包含着奴隶制,而且也包含着农奴制,因为它一开始就是与田间耕作的劳役有关的。它以缩影的形式包含了一切后来在社会及其国家中广泛发展起来的对立。"①马克思去世前不久,恩格斯在 1882 年 12 月 22 日他给马克思的一封信里说:"我很高兴,关于农奴制的历史,照实业界人士的说法,我们'达成协议'了。毫无疑问,农奴制和依附关系并不是某种特有的中世纪封建形式,在征服者迫使当地居民为其耕种土地的地方,我们到处,或者说几乎到处都可以看得到——例如在特萨利亚很早就有了。"②在别的地方,恩格斯就称希腊征服地的赫罗泰(Helots)为农奴③。有的西方史学家就说,公元前 11—前 9 世

---

① 《家庭、私有制和国家的起源》,《马克思恩格斯全集》第 21 卷,第 70 页。
② 《马克思恩格斯全集》第 35 卷,第 131 页。
③ 《家庭、私有制和国家的起源》,《马克思恩格斯全集》第 21 卷,第 76 页。

纪希腊就有过像西欧中世纪时的封建制度。如 J. W. 斯文(Joseph Ward Swain)在《古代世界》(*The Ancient World*)一书中说：多利安人入侵后的三百年，约为公元前11—前9世纪，"希腊社会组织是很简单的。人民(氏族成员)已分裂为两个阶级：土地所有者贵族，和平时为他们耕田种地、战时跟随他们打仗的农民。土地被分配给氏族贵族家族，低下阶级和被征服者从贵族手里接受土地和保护；作为回报，他们要忠于给他们土地和保护的贵族并为他们服役。这些氏族贵族统治着他所在的地区，只是模糊地，并不十分明确地承认更高一级的贵族的权力。就这样，一种类似欧洲中世纪的封建制度盛行于希腊的中世纪。到公元前9世纪末，各种势力兴起，才埋葬了这种简单的社会组织。"不过，如上所述，马克思、恩格斯虽然也说那个时代出现依附关系和农奴，却没有说出现过封建制度或封建社会。

在古代社会后期，又出现依附关系。最明显的情况是罗马帝国时期隶农的出现。到中世纪，它发展为封建社会的农奴制。

我提供这些情况，我认为对我们研究中国社会史是有参考、借鉴的意义的。对解释西周春秋的依附关系、贵族的私徒属，对解释战国秦汉的佃农、依附性佃农、游侠、宾客的出现，都是有参考意义的。春秋时代贵族的依附人口——徒、私属、徒属，战国时代贵族的食客，都是依附人口，但都是来去自由的自由人。孔子的弟子有若是微虎的私徒属，他却被称作"国士"[1]。

----

[1] 《左传》哀公八年。

四

在文章中,我尽量公平地摆出根蟠同志的观点和我的观点。我知道我说服不了根蟠,根蟠也说服不了我。但我相信,通过辩论,思考,会有提高,通过辩证法正、反、合的规律,会出现更符合中国社会历史实际的认识。在不太远的未来,会出现历史学科的大师来完成这任务。

更使我高兴的是我们已经能指名道姓地畅所欲言地来讨论学术问题。这篇文章,更是我主动"出击"。这在"文化大革命"前是根本不可能的。时代究竟是变了。

（原载《史学理论研究》2001 年第 3 期）

附

李根蟠给何兹全先生的回信

何兹全先生:

很高兴收到您的手示和大作。由于手头有些紧迫的任务需要完成,拖延至今才给您回信,十分抱歉。

大作提出的问题,的确是战国秦汉社会古代说或封建说争论的关键。我也很赞成您在信中所说的:"这样坦诚的、友好的讨论问题……是推动史学前进的有力的动力。"您是史学界的老前辈,是我尊敬的师长,用这样平等和坦诚的态度来和一位后学讨论问题,尤其令我感动。我刚到经济所工作的时候(1981年),吴承明先生告诉我们,已故孙冶方先生说过:"外交上要'求同存异',学术上要'求异存同'。"这句话给我留下深刻的印象。我深信学术的进步需要不同观点的切磋和交锋,需要学术上健康的批评和反批评。本着这样的精神,我也斗胆坦率地谈谈我的看法。

您文章中有些根本性的观点,我是非常赞成的。例如您说,世界上万事万物都是有规律可循的,都是既有个性也有共性的,不存在特殊到没有共性的个性。这话说得非常好。现在学术界有些同志就是把个性与共性对立起来,强调中国历史的个性而否定了它与世界其他国家的共性。否定了共性,否定了规律,实际上也就否定了科学。在这个根本问题上,我们都是信奉马克思的。

您文章中的一些具体的观点和论据,我也是赞成的。例如,您指出了秦汉城市经济的繁荣,这的确是事实,虽则我认为您对秦汉城市人口的比重估计过高(我以为当时的农业劳动生产率不可能养活比例那么高的城市人口)。又如,您指出交换经济的发展,商人的盘剥,迫使农民贫困破产,这比笼统讲商品经济的进步作用符合历史实际得多。您指出官府和官吏的聚敛与交换经济的发展有关,交换经济的发展是第一义的,官府的聚敛是第二义的,也有道理,但似乎绝对化了。实际上,中央集权制建立以后,尤其是秦汉统一帝国建立以后,国家的需求对商品经济的刺激或拉动作用是很大的。

除了一些具体问题以外,我认为值得讨论的是您文章中理论的支点。如果我的理解不错的话,您文章的理论是建立在战国秦汉城市交换经济占主导地位,城市支配乡村这样一个支点上的。

您说的交换经济,就是我习惯说的商品经济吧!这里有两个问题
值得考虑。一是如何衡量商品经济是否占主导地位?诚如您所指
出的,我们当然不能简单地从量着眼,而是要看"质"。但"质"表现
在什么地方呢?在我看来,要看资源配置的基础是什么,价值规律
是否起了支配性的作用。而这又取决于社会的经济结构。我曾在
《从〈管子〉看小农经济与市场》(《中国经济史研究》1995年第3
期)对此有所论述。关于农村支配城市还是城市支配农村的问题,
我没有成熟的意见,因为我对中国古代城乡关系研究得很不够,不
过我觉得中国古代,无论西周、秦汉或魏晋南北朝,都不像西欧中
世纪早期那样农村支配城市。再者,城市的商品经济虽然比农村
发达得多,但毕竟不能把城市经济与商品经济等同起来。战国秦
汉存在严重的农商矛盾,它的确是自然经济与商品经济的矛盾的
表现,但不能简单地把商人兼并农民说成是交换经济支配自然经
济,其实商人之所以能够兼并农民,重要原因之一是商品经济的发
展(它在相当程度上与政府赋税的拉动有关)超越了自然经济为基
础的小农经济的负荷能力。这种矛盾的发展,迫使封建国家不能
不局部地调整其政策。如东汉中期以后即逐步从货币税为主转变
为以实物税为主。我认为这一事实说明自然经济仍然是决定发展
方向的。二是究竟应该如何看待商品经济起伏在社会制度变迁中
的地位和作用?您似乎把商品经济(交换经济)作为决定社会性质
的第一因素,颇可商榷。在我看来,商品经济的起伏,商品经济还
是自然经济,不能作为区分奴隶社会(即您所说的古代社会)和封
建社会的主要标准。因为自原始社会末期以来,商品经济曾经存
在于各种社会形态中,它是否发达,不足以作为决定社会性质的主

要依据或主要基础。如果我们不是过高地估计商品经济的起伏的意义，不难发现，战国秦汉以后的两千多年，我国的基本经济与政治制度并没有质的变化。

关于佃农和依附性佃农的问题，恕我直言，您的文章中基本没有过硬的论据或材料来反驳我的论点。您提出了奴隶出现在前，佃农出现在后，佃农是奴隶的归宿的观点，但并没有进行论证。在中国，似乎看不出这样的规律。您强调战国秦汉主要劳动者，即作为编户齐民的主体的农民，是自由民。我认为这一观点不符合中国历史实际。因为秦汉的编户齐民对国家存在着严重的依附关系，当时苛重的人头税和徭役，就是其突出的表现之一。

我是赞成西周封建说的。我在这里简单地谈谈我对中国古史分期的一些看法，以便您在辩论时了解对方的思路。我认为中国文明起源和发展的"路径"（借用侯外庐先生的术语），与西欧和马克思所说的"古代东方"均有所不同。中国是在保存了农村公社的条件下进入文明时代的，西欧的希腊罗马则是在农村公社瓦解的条件下进入文明时代的。在保存公社进入文明这一点上，中国和"古代东方"是一样的，但中国的农村公社在春秋战国时代就瓦解了，而"古代东方"的一些国家农村公社则一直保存到近代殖民势力东来之时，这又是两者不同之处。由于文明起源和发展的特殊路径，使中国形成了不同于"古典古代"的奴隶制类型；封建社会的形成走着与西欧不同的道路，较早完成从奴隶制向封建制的过渡。农村公社的保留，又在相当程度上规定了中国早期封建制的面貌。由于春秋战国时以铁农具的普及为主要标志的生产力的发展，长期延续的农村公社终于解体，使中国封建社会从领主制阶段进入地主制阶段,并出现了一个"类古典"时期。由于原来被公社这种社会有机体束缚着的各种力量被释放出来,整个社会呈现非常生动活泼的局面,土地私有制(个人的民间的土地私有制)形成了,商品经济、商业资本相当活跃,奴隶制成分也有所增长,在相当程度上类似于欧洲的"古典"时代。不过,中国的这个"类古典"时期不是发生在奴隶制时代,而是发生在封建制时代。决定这个时代封建性质的最明显的事实是:社会生产的主要担当者不是奴隶,而是构成编户齐民主体的农民,这些农民对国家有强烈的依附关系,不能与欧洲古典古代的自由民等量齐观;这种编户齐民分化所产生的佃农,至迟西汉中期已经成为地主经济中的主要生产者。关于后一点,我在您提到的文章(《汉魏之际社会变迁论略》,载《中国社会历史评论》第3辑)已经有所论述了。关于前一点,在这里还需要略加说明:古典古代形成时期所瓦解的农村公社,是农村公社的原生形态,公社社员直接转化为古典时代的自由民;春秋战国时期所瓦解的农村公社,是农村公社在阶级社会中的变种,公社社员已经沦为领主制下的农奴,由他们转化而来的编户齐民,虽然摆脱了对领主贵族的臣属地位,但又落入封建国家的严格控制之下,因此,他们不可能是古典古代那样的自由民。

　　以上看法,请批评指正。

　　专此。即颂

春祺!

晚　李根蟠　谨呈
2001 年 3 月 19 日

(作者李根蟠,中国社会科学院经济研究所研究员)

中国古代社会中的奴隶

一、奴隶制、官奴和私奴

西周春秋的奴隶,前面已叙述过。战国秦汉时期,奴隶制更有发展。

战国秦汉的奴隶,大别之有官奴隶和私奴隶。官奴隶的来源,主要为罪人和战争俘虏。

所谓罪人,是有时代性的。违犯了当时政府的法律规章,就是犯罪,就是罪人。商鞅变法时有两条规定:一条"令民为什五,而相收司连坐"。一条"事末利及怠而贫者,举以为收孥"①。十家、五家为保,一家有罪九家连举发,若不纠举则十家连坐。十家连坐不一定都是举以为收孥,但包括举以为收孥,变成奴隶。末利,指工商。但不是所有经营工商都是事末利。秦汉时期所谓重农抑末,所打击的"末",一定有个界限。依照商鞅变法后的法令,事末利及怠而贫者,本人以外,家人也要被谪为奴隶。

汉承秦制,尽管刘邦入关就约法三章,那是临时权宜之计,收

---

① 《史记》卷六八《商君列传》。

买人心。天下已定,汉初是完全使用秦法的。秦律"敢有挟书者,族"。就连这样一条律条,汉也继承下来,到惠帝四年才"除挟书律"①。连坐收孥法,汉更继承下来,汉律就有一条:"罪人妻子没为奴婢,黥面。"②文帝即位,"尽除收孥相坐法"③。这是经过一番斗争才得来的。《汉书·刑法志》:"文帝二年,诏丞相、太尉、御史:法者,治之正,所以禁暴而卫善人也。今犯法者已论,而使无罪之父母、妻子、同产坐之及收,朕甚弗取。其议。左右丞相周勃、陈平奏言:'父母妻子同产相坐及收,所以累其心使重法也。收之之道,所由来久矣。臣之愚计,以为如其故便。'文帝复曰:'……朕未见其便,宜孰计之。'平、勃乃曰:'陛下幸加大惠于天下,使有罪不收。无罪不相坐,甚盛德。臣等所不及也。臣等谨奉诏,尽除收律相坐法。'"

但文帝的"尽除收律相坐法",实际上并未能执行。文帝以后,收孥律仍是存在的。景帝时吴楚七国之乱,罪人的家属即没入为官奴隶。武帝建元元年五月,才"赦吴楚七国孥输在官者"④。东汉安帝永初四年诏:"自建初以来,诸祅言它过坐徙边者,各归本郡。其没入官为奴脾者,免为庶人。"⑤依照这条诏令,是直到东汉罪人妻子仍是被收为奴的。其实收孥这条法律,曹魏时还是存在的。《三国志·魏志·毛玠传》:"崔琰既死,玠内不悦。后有出玠

<hr />

① 《汉书》卷二《惠帝纪》。
② 《三国志》卷一二《毛玠传》。
③ 《汉书》卷四《文帝纪》。
④ 《汉书》卷六《武帝纪》。
⑤ 《后汉书》卷五《安帝纪》。

者,出见黥面反者,其妻子没为官奴婢。玠言曰:'使天不雨者,盖此也。'太祖大怒,收玠付狱。"大理钟繇审理毛玠的案子。他问毛玠:"自古圣帝明王,罪及妻子。……汉律:罪人妻子没为奴婢,黥面。……今真奴婢祖先有罪,虽历百世,犹有黥面供官。……此何以负于神明之意,而当致旱?"①可见曹魏时罪人的妻子还是没为官奴隶的。钟繇引汉律来责问毛玠,疑似根本没有文帝"尽除收孥相坐律令"这回事。

秦汉时的徒,也是奴隶。奴隶是终身的,没有期限。徒是有期限的。《汉旧仪》:"男为戍,罚作,女为复作,皆一岁。司寇,男为守,女为作,如司寇,皆作二岁。鬼薪者,男当为祠祀鬼神伐山之薪丞也;女为白粲者,以为祠祀择米也,皆作三岁。完城旦舂,四岁。男髡钳为城旦,女为舂,皆作五岁。"《汉书·刑法志》:"其奴,男子入于罪隶,女子入舂槁。"是奴与徒无根本区别,区别在为奴期限,奴是终身为奴,徒有定期。犯法有罪,罚做奴。罪有轻重,做奴时间长短渐渐有规定。这是"徒制"出现的原因。徒是从奴演化出来的。司寇、鬼薪、白粲、城旦舂,是徒的年限名称,也就是做定期奴的名称。五岁徒髡钳,奴隶也髡钳,这样五岁徒和奴隶就看不出区别了。

汉代有隶臣妾,隶臣妾是奴隶。如:

《汉书·高惠高后文功臣表·戚圉侯季必表》:"建元三年,侯信成嗣。……元狩五年,坐为太常纵丞相侵神道为隶臣。"

又《卤严侯张平表》:"高后五年,侯胜嗣……孝文四年,有罪为隶臣。"

---

① 《三国志》卷一二《毛玠传》。

又《南宫侯张买表》：“侯生嗣，孝武初有罪，为隶臣。”

又《襄城哀侯韩婴表》：“侯释之……元朔四年，坐诈疾不从，耐为隶臣。”

颜师古释隶臣说：“《刑法志》，罪人狱已决，完为城旦舂，满三岁为鬼薪白粲，一岁为臣妾，一岁免为庶人。然则男子为臣隶，女子臣妾也。”①

可证徒、隶臣妾、奴隶，还是不分的。

战争的俘虏是作为奴隶的。这是西周春秋的传统。《墨子·天志下》：大国攻伐无罪的小国，“民之格者，则劲拨之；不格者，则系操而归。大夫以为仆圉胥靡，妇人以为舂酋。”这是春秋战国之际以战俘做奴隶。

战国时期的战争，好像以斩首杀戮为主，很少看到俘虏为奴的例。但秦是大规模地以罪人为徒奴的，很难想象它不以俘虏为奴。秦奖励耕战，“功赏相长，五家首而隶五家”②。服虔说：“能得著甲者五人首，使得隶役五家也。”只有在战争中才能得著甲者首。“五家首而隶五家”，是在战争中杀敌，即以五家俘虏作为他的奴隶。

汉代对外战争是以俘虏为奴隶的。

汉与匈奴作战，一打几十年，俘虏是不少的。仅从《史记·卫将军骠骑列传》来看，俘虏匈奴人数就很不少。有一次，武帝称赞霍去病的功劳，就说他“执卤获丑七万有四百四十三级”。卤，可能是虏字通用。《汉书·卫青霍去病传》，“执卤”作“执讯”。古时作战，俘虏敌人，要从

---

① 《汉书》卷一六《高惠高后文功臣表》。
② 《汉书》卷二三《刑法志》。

敌人口供中知敌虚实情况,谓之"执讯",仍是俘虏。"执卤获丑"的这几万俘虏,是要做奴隶的。元帝时陈汤、甘延寿破匈奴郅支单于,"凡斩阏氏太子名王以下千五百一十八级,生虏百四十五人,降虏千余人,赋予城郭诸国所发十五王"①,也说明俘匈奴做奴隶。

汉对乌桓作战,也以俘虏为奴隶,称作生口。昭帝元凤四年诏曰:"度辽将军(范)明友,破乌桓,斩虏获生有功,其封明友为平陵侯。"②师古曰:"既斩反虏,又获生口也。"生口,即以俘虏为奴。

研究汉史的学者中,有的认为汉和匈奴作战是不以匈奴俘虏为奴隶的。不仅不做奴隶,而且还备受优待。学者们常引《汉书·汲黯传》中汲黯对武帝的一段话来证明汉代不以俘虏为奴隶。但细读汲黯这段话,正好说明汉代俘虏是作为奴隶的。武帝与匈奴连年作战,士卒死亡,府库空乏。后"浑邪王率数万众来降,于是汉发车三万两迎之。……皆得厚赏,衣食仰给县官,县官不给"③。汲黯对此极为不满。他对武帝说:"夫匈奴攻当路塞,绝和亲,中国举兵诛之,死伤不可胜计,而费以钜万百数。臣愚以为陛下得胡人,皆以为奴婢,赐从军死者家,卤获,因与之,以谢天下,塞百姓之心。今纵不能,浑邪帅数万之众来,虚府库赏赐,发良民侍养,若奉骄子。……臣窃为陛下弗取也。"④武帝弗许,说:"吾久不闻汲黯之言,今又复妄发矣!"⑤

---

① 《汉书》卷七〇《陈汤传》。
② 《汉书》卷七《昭帝纪》。
③ 《汉书》卷二四《食货志》。
④ 《汉书》卷五〇《汲黯传》。
⑤ 同上。

古时战争通例,对降者与俘虏的待遇是不同的。俘虏为奴隶,降者则否。但因为连年对匈奴作战,汉家伤亡重,府库为之空乏,因而使汲黯气愤地认为即使是降人如浑邪王之众,也应该作为奴隶赐将士死亡之家以谢天下。汲黯的话,正说明战争俘虏是作为奴隶,这是当时的常规。金日磾的故事可以为证。《汉书·金日磾传》:"金日磾字翁叔,本匈奴休屠王太子也。……单于怨昆邪、休屠居西方多为反所破,召其王欲诛之。昆邪、休屠恐,谋降汉。休屠王后悔,昆邪王杀之,并将其众降汉。封昆邪王为列侯。日磾以父不降见杀,与母阏氏、弟伦俱没入官,输黄门养马,时年十四矣。"休屠不降,家属都成为俘虏没入为官奴隶。这故事更可证被俘虏的匈奴人是作为奴隶的。

徒和官奴隶的衣食生活,都是由官家供给的。武帝时以杨可告缗,没入商贾奴隶"以千万数",于是"徒、奴婢众,而下河漕度四百万石及官自籴乃足"[1]。又贡禹对元帝说:"诸官奴婢十万余人戏游亡事,税良民以给之,岁费五六巨万。"[2]宣帝时,丞相魏相奏太仆杜延年官职多奸,遣吏考案。查实的结果是"但得苑马多死,官奴婢乏衣食"[3]。这说明太仆有苑马,有官奴婢,官奴婢是由政府供给衣食的。

官奴隶也可以通过买卖转为私奴隶。《汉书·毋将隆传》:"傅太后使谒者买诸官奴婢,贱取之。复取执金吾官婢八人。隆奏言贾贱,请更平直。"

---

①　《汉书》卷二四《食货志》。

②　《汉书》卷七二《贡禹传》。

③　《汉书》卷六〇《杜周传附子延年传》。

官奴隶的总数量,没有统计数字留下来,贡禹对元帝上书说:"诸官奴婢十万余人,戏游无事,税良民以给之,岁费五六巨万、宜免为庶人,廪食,令代关东戍卒。"[①]他说的只是诸官的奴隶,而不是官奴隶的总数。他说这十万余的官奴隶都是"戏游亡事",不免有些过。诸官的奴隶有的耕种官田,有的做一般劳务,不能说是"戏游亡事"。

另一数字是王莽时代的。《后汉书·隗嚣传》:"民坐挟铜炭,没入钟官,徒隶殷积,数十万人。"李贤注云:"莽时,关东大饥蝗,人犯铸钱,伍人相坐,没入为官奴婢。其男子槛车儿女子步。以铁锁其颈,传诣钟官,八十万数。到者易其夫妇,愁苦死者什六七。"

钟官是管铸钱的官府,八十万也不是官奴隶的总数。汉代不仅朝廷各部门有官奴隶,地方各级政府也都有官奴隶。官奴隶的总数,我们虽然不知道,但我们可以知道的元帝时绝不止于十多万,王莽时也绝不止于八十多万。全国各级政府官奴隶的总数要比几十万多。

官奴隶之外,有私奴隶。贫民因债务沦为奴隶,是战国秦汉时期私奴隶的主要来源。官府租税压迫、商人高利盘剥,人民贫困无法生活只好出卖儿女和出卖自身为奴。正像我们常常引用的晁错的话:农民五口之家,种田百亩,春耕夏耘,秋获冬藏,伐薪樵,治官府,给徭税,一年四季无日休息。加之以水旱之灾,急征暴敛,有者半价而卖,无者不得不取倍称之息,"于是有卖田宅鬻子孙以偿责者矣"。贾捐之对元帝也说:"人情莫亲父母,莫乐夫妇,至嫁妻卖

---

① 《汉书》卷七二《贡禹传》。

子法不能禁,义不能止,此社稷之忧也。"①在租赋徭役负担重压和商人兼并下,农民逃脱不了卖田宅鬻子孙的命运。农民破产流亡的情势越严重,沦为奴隶的就会越多。战国秦汉几百年间,等待农民的正是这种命运。楚汉战争时,人民有很多因战争因饥饿自卖为奴或被略卖为奴。项羽刚死,刘邦就下令"诸民略在楚者,皆归之"②。及即帝位,又下诏:"民以饥饿自卖为人奴婢者,皆免为庶人。"③自卖为人奴婢者,都是私家奴隶,免为庶人即成为国家编户,编户多,政府租税收入就多。

因贫穷饥饿自卖为奴,是两汉时的大问题。农民破产卖身为奴的情况,东汉崔寔《政论》里也曾谈道:"富者席余而日织,贫者蹑短而岁踧。历代为虏,犹不赡于衣食。生有终身之勤,死有暴骨之忧。岁小不登,流离沟壑,嫁妻卖子。其所以伤心腐藏,失生人之乐者,盖不可胜陈。"④

和自卖为奴隶同时,略卖也成为私奴隶的一个来源。

《汉书·栾布传》:"栾布,梁人也。……为人所略卖为奴婢于燕。"

《汉书·外戚列传·文帝窦皇后传》:"窦后,……弟广国字少君,年四五岁时家贫为人所略卖,其家不知处,传十余家,至宜阳,为其主人入山作炭。"

东汉中叶,外戚梁冀依仗权势,竟至公开掠人为奴,还名之曰

---

① 《汉书》卷六四《贾捐之传》。
② 《汉书》卷一《高帝纪》。
③ 同上。
④ 《全后汉文》卷四六。

"自卖人"。《后汉书·梁冀传》载:"冀又起别第于城西,以纳奸亡,或取良人悉为奴婢,至数千人,名曰自卖人。"战乱时期,小民无靠,是略人为奴的机会。东西汉之交,"吏人遭饥乱"及为"青徐贼所略为奴婢下妻"和益州民"被略为奴婢"的人很多,致使光武帝两次下诏书免为庶人。①

汉族官吏、贵族,以本族人为奴隶也以外族人为奴隶。武帝时,江都王建有"越婢"。他曾"使越婢下神祝诅上"。② 汉族豪富阶级除略卖汉族人外,也常常略卖四周少数民族人为奴。《史记·货殖列传》载:"巴蜀沃野。……南御滇僰,僰僮;西近邛筰,筰马旄牛。"

僰僮和筰马旄牛同列,都是汉族商人所需要的商品。《汉书·西南夷传》对这条记载就更明确了。"巴蜀民或窃出商贾,取其筰马、僰僮、旄牛,以此巴蜀殷富"。

南粤人也是略卖对象。《汉书·南粤传》:"(南粤相)吕嘉乃遂反,下令国中曰:'王年少,太后中国人,又与使者乱,专欲内属,尽持先王宝入献天子以自媚。'多从人,行至长安,虏卖以为僮。取自脱一时利,亡顾赵氏社稷。"

赘子、赘妻,是自卖为奴的一种形式。文帝时,贾谊上疏说:"秦人家富子壮则出分,家贫子壮则出赘。"③武帝时淮南王刘安上疏说:"间者数年,比岁不登,民待卖爵赘子以接衣食。"④如淳曰:

①　《后汉书》卷一《光武纪》。
②　《汉书》卷五三《景十三王·江都易王刘非传》,建,非子。
③　《汉书》四八《贾谊传》。
④　《汉书》卷六四《严助传》。

"淮南俗,卖子与人做奴婢名为赘子。三年不能赎,遂为奴婢。"师古曰:"赘,质也。"赘子已是卖与人为奴,但赘子为奴在期限内可以赎回,期满不赎,则永远为奴。《淮南子·本经训》有:"末世之政,民力竭于徭役,财用殚于会赋,居者无食,行者无粮,老者不养,死者不葬,赘妻鬻子,以给上求,犹弗能澹。"赘妻、赘子、鬻子,都是卖做奴隶。

奴隶没有人格,他和牛马一样,是主人的财产。牛马可以买卖,奴隶也可以买卖。司马迁一则说:"马千蹄,牛千足,羊彘千只,僮手指千,此亦千乘之家。"①把奴隶和牛马羊彘同样看待,是主人的财产;再则说:"巴蜀沃野……南御滇僰,僰僮,西近邛笮,笮马旄牛。"②把僰僮和笮马旄牛一样,看作商品。在汉代,奴隶和牛马其他货品一样可以放在栏里在市场上买卖。贾谊说:"今民卖僮者,为之绣衣丝履,编诸缘,内之闲中。"③服虔注:"闲,卖奴婢闲。"王莽说:"秦为无道……又置奴婢之市,与牛马同栏,制于臣民,颛断其命。"④官奴隶也可买卖。前面已讲过了。

买卖奴隶,须立契约。王褒的《僮约》,虽系游戏之笔,但奴隶买卖有约,则是真实的。

奴隶是世代为奴的。奴隶的子女,所谓奴产子,仍是奴隶。曹魏钟繇所谓"今真奴婢,祖先有罪,虽历百年,犹有黥面"。⑤ 陈涉

① 《史记》卷一二九《货殖列传》。
② 同上。
③ 《汉书》四八《贾谊传》。
④ 《汉书》卷九九《王莽传》。
⑤ 《三国志》卷一二《毛玠传》。

起事，"秦令少府章邯免郦山徒、人奴产子，悉发以击楚大军。"①服虔曰："家人之产子也。"师古曰："奴产子，犹今人云家生奴也。"奴产子、家生奴，仍是奴隶。奴隶是世代为奴的。

为了区别奴隶和良民。奴隶要髡钳，而且要穿赭色衣服。《史记·季布列传》："高祖购求布千金，敢有舍匿，罪及三族。季布匿濮周氏，周氏曰：'汉购将军急，迹且至臣。……臣敢献计，即不能，愿先自刭。'季布许之。乃髡钳季布，衣褐衣，置广柳车中，并与其家僮数十人之鲁朱家所卖之。"又《史记·田叔列传》："汉下诏捕赵王及群臣反者。……诏书赵有敢随王者罪三族。唯孟舒、田叔等十余人赭衣自髡钳称王家奴随赵王敖至长安。"奴隶比如牲畜，与牛马同栏。法律上没有人格。敢有随王者罪及三族，而髡钳作王家奴就不在诛三族的人的范围之内了。

秦朝开始，私杀奴隶是法所不许的，要杀奴隶，必先谒官，得官府允许。《史记·田儋列传》："田儋者，狄人也。……陈涉之初起王楚也，使周市略定魏地，北至狄，狄城守。田儋详为缚其奴，从少年之廷，欲谒杀奴。见狄令，因杀令。"注引服虔曰："古杀奴婢，皆当告官，儋欲杀令，故诈缚奴以谒也。"颜师古说："阳缚其奴，为杀奴之状。"服虔所谓"古杀奴婢"，不知古到何时，知不始于秦也。董仲舒曾向武帝建议"去奴婢，除专杀之威"。② 废除奴隶制的建议，没有被接受，也不可能接受。但汉代杀奴是有罪的。《汉书·赵广汉传》："地节三年七月中，丞相傅婢有过，自绞死，广汉闻之，疑丞

---

① 《史记》卷四八《陈涉世家》。
② 《汉书》卷二四《食货志》。

相夫人妒杀之府舍。……遂自将吏卒突入丞相府，召其夫人跪庭下受辞，收奴婢十余人去，责以杀婢事。"杀奴隶有罪，虽丞相夫人也不能免。也就因此，赵广汉才敢于直入丞相府使丞相夫人跪庭下受辞。哀帝时，王莽中子获杀奴，王莽"切责获，令自杀"。① 也就因为私杀奴是有罪的，王莽才迫儿子自杀。除去不许杀奴隶外，在汉代法律上奴隶还有一些受保护的地方。《汉书·张安世传》："郎淫官婢，婢兄自言。安世曰：'奴以恚怒，诬汗衣冠。'造署适（谪）奴。其隐人过失，皆此类也。"依此，奴隶的人身还受保护。当然，淫官奴婢有罪，这是法。实际上，官官相护，法也不得行了。有法等于无法。

奴隶解放，须有皇帝诏令赦免。刘邦二年，天下已定，下诏："民以饥饿自卖为人奴婢者，皆免为庶人。"②

文帝四年，"赦天下，免官奴婢为庶人"。③ 这里没有提免哪一类的官奴隶，也没有提到人数。疑似免所有的官奴隶为庶人。但从以后官奴隶仍是很多看，文帝这条诏书大约没有起了实际作用，也不可能起到实际作用，解放所有的官奴隶在当时的历史条件下是根本不可能的。哀帝即位后，曾下诏："官奴婢五十以上，免为庶人。"④但这只是免官奴隶五十以上者，同一诏令中规定诸侯王、列侯及豪富民的限额为："诸侯王奴婢二百人，列侯公主百人，关内侯、吏民三十人。年六十以上十岁以下，不在数中。"不在数中，就

---

① 《汉书》卷九九《王莽传》。
② 《汉书》卷一《高帝纪》。
③ 《汉书》卷四《文帝纪》。
④ 《汉书》卷一一《哀帝纪》。

是六十岁以上十岁以下的奴隶不在限额之中。《汉书·刑法志》："凡有爵者、与七十者、与未龀者，皆不为奴。"师古说："龀，毁齿。男子八岁，女子七岁而毁齿矣。"六十岁以上十岁以下，比《刑法志》所规定的七十、八岁、七岁要更轻些了。

奴隶主也可以放免自己的奴隶。

被解放的奴隶，和自由平民一样可以做官，也可以封侯成为贵族。张骞出使西域，堂邑氏奴甘父随从前往。十余年后回到汉朝，"汉拜骞为太中大夫，堂邑父为奉使君"。[①] 卫青原是平阳侯家奴隶，后来官居大将军封侯，更不用说了。

刑徒除到期可以免刑外，中间也可以由皇帝赦免。宣帝、成帝和哀帝曾多次下诏，"赦天下徒"[②]。

奴隶也可以自赎免。《汉书·景武昭宣元成功臣表·蒲侯苏昌表》："侯夷吾嗣，鸿嘉三年坐婢自赎为民后略以为婢，免。"奴隶自赎为民后，再略为奴就和略卖良人为奴一样是有罪的。

二、奴隶使用和奴隶劳动

奴隶的工作，是多方面的：凡是可以由人做的工作，都可以使用奴隶去做。具体地说，战国秦汉时期，宫殿、陵墓、城池、戍边从军、工业、商业、矿业、农业以及家庭役使，无处不有奴隶的劳动。

秦始皇修宫殿，治陵墓，大多是使用奴隶刑徒劳动。《史记·

---

① 《汉书》卷六一《张骞传》。

② 参看《汉书·宣帝纪》、《成帝纪》、《哀帝纪》，可参看《奴隶在中国古代社会中的地位》节。

秦始皇本纪》："始皇初即位,穿治郦山。及并天下,天下徒送诣七十余万人。穿三泉下铜而致椁,宫观百官,奇器珍怪,徙藏满之。"

这个七十万人,除治坟郦山外,还兼修宫殿。《秦始皇本纪》："三十五年,徒刑者七十余万人,乃分作阿房宫,或作郦山。"郦山陵墓在始皇即秦王位时,即已开始修建。二十六年统一全国,天下徒七十余万来参加陵墓的修建,大约到三十五年修治阿房宫时,又由郦山徒七十万人中调出一部分修治阿房宫。

汉朝帝王陵墓也多是使用刑徒奴隶的劳动兴建的。见诸记载的如:景帝阳陵、宣帝杜陵、成帝初陵,都有徒参加劳动。[1] 我们能知道阳陵、杜陵、初陵营建中有徒参与劳动,是由于三帝都有赦陵墓作徒的诏令,其他皇帝没有赦作徒的记载,却不等于没有徒奴参加他们的陵墓的修建。

奴隶刑徒也用于城池建筑。秦修长城就有刑徒劳动。《史记·蒙恬传》："乃使蒙恬将三十万众,北逐戎狄,收河南。筑长城,因地形用制险塞,起临洮,至辽东,延袤万余里。"依《史记·秦始皇本纪》,北逐戎狄收河南在始皇三十二年,筑城塞在三十三年。蒙恬将的三十万兵,不知出身如何,《秦始皇本纪》说是"发兵三十万",可能是平民。但始皇三十四年,曾"適(谪)治狱吏不直者筑长城",[2]是长城的修建是有刑徒参加的。

西汉也用奴徒治城。惠帝三年春,"发长安六百里内男女十四万六千人城长安,三十日罢"。[3] 这年六月,"发诸侯王列侯徒二万

① 参看《汉书·景帝纪》、《宣帝纪》和《成帝纪》。
② 《史记》卷六《秦始皇本纪》。
③ 《汉书》卷二《惠帝纪》。

人城长安"①。五年正月，"复发长安六百里内男女十四万五千人城长安，三十日罢"②。九月，"长安城成"。三十日罢，这是更役。即董仲舒所说"月为更卒"。③ 长安城自惠帝三年春起修到五年九月成，共修了两年又三个月。三年春，发长安六百里内民城长安，三十日罢。但民工罢后，长安城不会停修，即两次发长安六百里内男女十四万六千和十四万五千更卒服役期满而罢后，仍然有人继续在那里筑城。什么人？ 大约即三年六月所发的诸侯王、列侯的徒隶二万人。长安六百里内男女做了两个三十日，诸侯徒隶做了二年又三个月。计算一下，徒隶二万人大约做了一千六百三十六万个劳动日，长安六百里内男女十四万五六千人做了大约八千七百三十万个劳动日。长安城所使用的劳工，徒隶是编户民的两倍。

汉代徒隶筑城的又一例证是玄菟城。《汉书·昭帝纪》：元凤六年正月，"募郡国徒筑辽东玄菟城"。

刑徒奴隶也用于戍边和实边。秦始皇三十三年，"发诸尝逋亡人、赘婿、贾人，略取陆梁地为桂林、象郡、南海，以適遣戍。西北斥逐匈奴，自榆中并河以东属之阴山，以为三十四县。城河上为塞。又使蒙恬渡河取高阙、陶山北假中，筑亭障以逐戎人。徙谪实之初县"。④

据徐广注：在桂林、象郡、南海"以適遣戍"是以"五十万人守五岭"。据《索引》在北方，"徙谪实之初县"是"徙有罪而谪之以实初

① 《汉书》卷二《惠帝纪》。
② 同上。
③ 《汉书》卷二四《食货志》。
④ 《史记》卷六《秦始皇本纪》。

县,即上自榆中属阴山以为三十四县是也"。未提人数,估计也不会少于几十万人。

以刑徒从军,是秦汉的传统,以刑徒戍边实边,也是秦汉的传统。从秦末统一前,到两汉时期,以刑徒从军打仗、戍边、实边一直是存在的。有时三者又是合一不分的。

秦昭襄王时期,曾多次赦免罪人并把这些赦免了的人迁到新占领的地方去。《史记·秦本纪》载有如下几条:

昭襄王二十二年,司马"错攻魏河内,魏献安邑。秦出其人,募徙河东,赐爵。赦罪人,迁之"。

"二十五年,拔赵二城。……二十六年,赦罪人迁之。"

"二十七年,错攻楚,赦罪人,迁之南阳。"

"二十八年,大良造白起攻楚,取鄢邓,赦罪人迁之。"

"三十四年,秦与魏、韩上庸地为一郡,南阳免臣迁居之。"

赦罪人又是和修先王功臣等联系起来的。《史记·秦本纪》有两条:

"孝文王元年,赦罪人。修先王功臣,褒厚亲戚,施苑囿。"

"庄襄王元年,大赦罪人。修先王功臣,施德厚骨肉,而布惠于民。"

这里还出现了"免臣"。臣是奴隶。秦用赦免罪人、臣的办法。即免奴隶刑徒为平民的办法使他们心情高兴地迁到新地方而又高兴地在那里安居。

秦有七科谪,以犯有七科的人为兵。晁错说:"胡貉之地,积阴之处也。木皮三寸,冰厚六尺,食肉而饮酪,其人密理,鸟兽毳毛,其性能寒。杨粤之地少阴多阳,其人疏理,鸟兽希毛,其性能暑。

秦之戍卒不能其水土,戍者死于边,输者偾于道。秦民见行,如往弃市,因以谪发之,名曰'谪戍'。先发吏有谪及赘婿、贾人,后以尝有市籍者,又后以大父母、父母有市籍者,后入闾,取其左。"①

汉承秦制,也继承了这个七科谪。武帝天汉四年春,"发天下七科谪"。② 张晏解释七科谪说:"吏有罪一,亡命二,赘婿三,贾人四,故有市籍五,父母有市籍六,大父母有市籍七。凡七科也。"

汉七科和秦七科不同处是:缺了闾左,多了亡命。

秦统一前,兵多是农家子,战斗力是强的。荀子曾称赞秦的兵是"功赏相长也,五家首而隶五家,是最为众强长久"。③ 统一以后,秦始皇似乎不再用农民兵,而是用刑徒七科谪兵。他几次东巡的刻石,总是喜欢说:"黔首安宁,不用兵革"、"菑害绝息,永偃戎兵"、"黎庶无繇,天下咸抚"。④ 他不征农民服兵役,他对匈奴对岭南用兵,都是以刑徒为兵。

陈胜、吴广起事,秦首先使用的兵是郦山徒和奴产子。《史记·陈涉世家》:"奏令少府章邯免郦山徒、人奴产子,悉发以击楚军"。随后才发的关中农家子弟兵。

楚汉相争时,刘邦的军队里也有刑徒兵。广武相距时,项羽向刘邦挑战,刘邦对项羽说:"吾以义兵从诸侯诛残贼,使刑余罪人击公。何苦乃与公挑战。"⑤

---

① 《汉书》卷四九《晁错传》。
② 《汉书》卷六《武帝纪》。
③ 《荀子·议兵篇》。
④ 《史记》卷六《秦始皇本纪》。
⑤ 《汉书》卷一《高帝纪》。

以刑徒奴隶为兵,而汉一直不断。

刘邦十一年,淮南王英布反。"上赦天下死罪以下皆令从军。征诸侯兵。上自将以击布"。①

武帝元鼎五年夏四月,南越王相吕嘉反,"杀汉使者及其王、王太后。……遣伏波将军路博德出桂阳下湟水,楼船将军杨仆出豫章下浈水,归义越侯严为戈船将军出零陵下离水,甲为下濑将军下苍梧,皆将罪人江淮以南楼船十万人;越驰义侯遗,别将巴蜀罪人发夜郎兵下牂柯江,咸会番禺"。②

这是汉武帝征南粤的一场大战,所遣兵除夜郎兵外都是罪人。

元封二年,"朝鲜王攻杀辽东都尉。乃募天下死罪击朝鲜。……遣楼船将军杨仆、左将军荀彘将应募罪人击朝鲜"③。

元封六年,"益州昆明反,赦京师亡命,令从军,遣拨胡将军郭昌将以击之"。④

太初元年,"遣贰师将军李广利发天下谪民西征大宛"⑤。

天汉四年,"发天下七科谪及勇敢士,遣贰师将军李广利将六万骑、步兵七万出朔方,因杆将军公孙敖万骑、步兵三万出雁门,游击将军韩说步兵三万人出五原,强弩都尉路博德步兵万余人,与贰师会"。⑥

发天下七科谪征匈奴,不能无将,贰师将军等四路将军所率领

① 《汉书》卷一《高帝纪》。
② 《汉书》卷六《武帝纪》。
③ 同上。
④ 同上。
⑤ 同上。
⑥ 同上。

的兵大约都是这"天下七科谪及勇敢士",至少一部分是。

昭帝元凤元年,"武都氐人反。遣执金吾马适建、龙额侯韩增、大鸿胪广明将三辅太常徒皆免刑击之"。①

宣帝神爵元年,"西羌反。发三辅中都官徒弛刑及应募佽飞射士,羽林孤儿,胡越骑,三河、颍川、沛郡、淮阳、汝南材官,金城、陇西、天水、安定、北地、上郡骑士,羌骑诣金城。……遣后将军赵充国、强弩将军许延寿击西羌"。②

王莽始建国二年十二月,征匈奴,十道并出,"募天下囚徒、丁男、甲卒三十万人转众郡委输"。③

王莽天凤六年,"乃大募天下丁男及死罪囚、吏民奴名曰猪突豨勇,以为锐卒"④。

私家奴隶,也随主人从军作战,《汉书·灌夫传》:"夫被甲持戟,募军中壮士所善愿从者数十人。及出壁门,莫敢前,独两人及从奴十余骑驰入吴军。至戏下,所杀伤数十人。"

政府也常发私家奴隶戍边。如前所征引,晁错为文帝划守边之策说:"远方之卒守塞,一岁而更,不知胡人之能。不如选常居者,家室作田,且以备之。……先为室屋,具田器,乃募罪人及免徒复作令居之;不足,募以丁奴婢赎罪及输奴婢欲以拜爵者;不足,乃募民之欲往者。皆赐高爵,复其家,予冬夏衣,禀食,能自给而止。"

---

① 《汉书》卷七《昭帝纪》。
② 《汉书》卷八《宣帝纪》。
③ 《汉书》卷九九《王莽传》。
④ 同上。

文帝"从其言,募民徙塞下"。①

晁错的建议,分募三类人守边。一类是罪人及免徒复作,这是刑徒奴婢。二类是以丁奴隶赎罪及输奴隶以求拜爵,这是奴隶。三类是民之欲往者,这是自由平民。三类中,两类是刑徒和官私奴隶。一类是自由平民。文帝从其言,募"民"徙塞下。不知这个"民"字内容如何。晁错的建议,最好是官刑徒够了,不足,才募私家奴隶,再不足,才募平民之欲往者。看来文帝募民徙塞下的"民"字,应该是包括官刑徒和私奴隶的,而且刑徒、奴隶占多数。

受募戍边的刑徒奴隶,身份、地位可能得到改善或奴隶身份有所解脱。"皆赐高爵,复其家,予冬夏衣、廪食,能自给而止",应是包括刑徒奴隶的。秦昭襄王迁罪人于新地,都是赦其罪。章邯请发郦山徒人奴产子从军时就说:"盗已至,众强,今发近县不及矣。郦山徒多,请赦之,授兵以击之。"②昭帝元凤元年,武都氐人反。汉朝政府遣将军将三辅太常徒皆免刑往征。如果像晁错建议的那样,应募去戍守边地的都可以得高爵,复其家,那么,这些刑徒奴隶被赦免,身份地位得到提高就是很自然的了。奴隶、刑徒乐于被发遣出征边远之地,一个重要条件恐怕就是从征可以获得身份解放还可得高爵。

以上所说,主要是官奴隶,而且主要是官府刑徒。刑徒、奴隶,自然还有区别,但在古代区别不大,越古他们越合一。战国秦汉时代,刑徒和奴隶的区别还只在定期奴和终身奴的阶段。把刑徒放

---

① 《汉书》卷四九《晁错传》。
② 《史记》卷六《秦始皇本纪》。

在奴隶的范畴内,还是可以的。官府使用刑徒奴隶无区别,刑徒、奴隶的待遇也无大区别,都是髡钳、赭衣。

秦汉官手工业,多是使用刑徒和奴隶劳动。秦始皇二十七年戈铭文:"二十七年,上(郡)守趞造,漆工师道,丞恢,工隶臣积。"[①]工隶臣积,就是官奴隶。《汉书·淮南王安传》:"乃令官奴入宫中作皇帝玺,丞相、御史大夫、大将军、吏二千石,都官令丞印及旁近郡太守都尉印汉使节法冠。"《汉书·食货志上》:"大司农置工巧奴与从事,为作田器。"元帝时,贡禹上疏言:"今汉家铸钱及诸铁官皆置吏卒徒,攻山取铜铁,一发功十万人已上。"[②]都说明官工业使用奴隶劳动。铁官徒工作劳累生活困苦,成帝时不断暴发铁官徒暴动。如阳朔三年,"颖川铁官徒申屠圣等百八十人,杀长吏,盗库兵,自称将军。经历九郡"[③]。永始三年十二月,"山阳铁官徒苏令等二百二十八人,攻杀长吏、盗库兵,自称将军,经郡国十九,杀东郡太守、汝南都尉。遣丞相长史,御史中丞持节督趣逐捕"[④]。两次暴动,最初的人数都不过二三百人,乃能经历郡国,攻杀郡守、都尉,说明他们是有社会基础的。在这前后,成帝有几次诏令"赦天下徒"[⑤]。这和当时徒奴的不稳是有关系的,山雨欲来风满楼的形势迫得皇帝下诏书赦免刑徒和铁官徒。

少府属下有东西织室,是使用刑徒奴隶劳动的。文帝的生母、

① 故宫博物院藏。
② 《汉书》卷七二《贡禹传》。
③ 《汉书》卷一〇《成帝纪》。
④ 同上。
⑤ 参看上节。

刘邦的薄姬,早年在魏王豹后宫,豹叛汉归楚被击灭后,"薄姬输织室"。①

官家的牧场,是使用奴隶的。西汉政府在西北边地有三十六处牧场,使用奴隶来牧养马匹。《汉仪注》载:"太仆牧师诸苑三十六所,分布北边西边,以郎为苑监,官奴婢三万人,养马三十万头。"②

官奴隶也使用于农业,用来耕种官田。《秦律仓律》:"隶臣田者,以二月月禀二石半石,到九月尽而止其半石。"隶臣是官奴隶,依此律,官奴隶是做农业劳动的。武帝时杨可告缗结果,"得民财物以亿计,奴婢以千万数,田:大县数百顷,小县百余顷"。于是"水衡、少府、太仆、司农各置农官,往往即郡县比没入田田之。其没入奴婢,分诸苑养狗马禽兽及与诸官,官益杂置多"。③ 如淳曰:"水衡、少府、太仆、司农皆有农官,是为多也。"师古不同意如淳的解释,说:"此说非也,谓杂置官员分掌众事耳,非农官也。"我认为,如淳说和师古说比较,似乎如淳说比师古说好。既言水衡、少府、太仆、司农各置农官,其没入奴婢既已分诸苑养狗马禽兽,则"及与诸官"的诸官,自然是以解为农官为好。这问题且搁置不究。诸官总应包括农官。官奴隶用于官田耕种,应是无问题的。

私奴隶的使用,更是多方面的。奴隶主对于奴隶是任意使用的,只要奴隶主认为这样使用是有利的、无害的。王褒《僮约》是写到纸上的,是游戏之笔。奴隶所承担的工作,比他写出来的要多得

① 《汉书》卷九七《外戚传上·高祖薄姬传》。
② 《汉书》卷五《景帝纪》注引如淳曰。
③ 《汉书》卷二四《食货志》。

多。而且奴隶没有人格，根本没有什么"约"。约是对雇工用的，从王褒《僮约》也可以看到一个私家奴隶所要工作的方面。《僮约》：

　　蜀郡王子渊，以事到湔，止寡妇杨惠舍。惠有夫时奴，名便了。子渊使奴行酤酒。便了拽大杖，上夫冢岭曰："大夫买便了时，但要守家，不要为他人男子酤酒。"子渊大怒曰："奴宁欲卖耶？"惠曰："奴大忤人，人无欲者。"子渊即决买券云云。奴复曰："欲使，皆上券。不上券，便了不能为也。"子渊曰："诺。"券文曰："神爵三年正月十五日，资中男子王子渊从成都安志里女子杨惠买亡夫时户下髯奴便了，决买万五千。奴当从百役使，不得有二言。晨起早扫，食了洗涤。当居，穿臼缚帚，截竿凿斗，浚渠缚落，锄园斫陌，杜埤地，刻大枷。屈竹作杷，削治鹿卢。出入不得骑马载车，踑坐大呶，下床振头。捶钩刈刍，结苇躐纻，汲水络，任甾酿。织履作粗，黏雀张鸟。结网捕鱼，缴雁弹凫。登山射鹿，入水捕鱼。后园纵养，雁鹜百余。驱逐鸱鸟，梢收猪。种姜养芋，长育豚驹。粪除堂庑，喂食马牛。鼓四起坐，夜半益刍。二月春分，被堤杜疆，落桑皮棕。种瓜作瓠，别落披葱。焚槎发芋，垄集破封。日中早簧，鸡鸣起春。调治马户，兼落三重。舍中有客，提壶行酤，汲水作铺，涤杯整案，园中拔蒜。断苏切脯，筑肉臛芋。脍鱼炰鳖，烹茶尽具。已而盖藏，关门塞窦，喂猪纵犬。勿与邻里争斗。奴但当饭豆饮水，不得嗜酒。欲饮美酒，唯得染唇渍口，不得倾盂复斗。不得辰夜出入，交关伴偶。舍后有树，当裁作船。上至江州，下到湔主。为府椽求用钱，推访垩贩棕素。绵亭买席，往来都洛。当为妇人来脂泽。贩于小市，归都担枲。转出旁蹉,牵犬贩鹅。武都买茶,杨氏担荷。往聚市,慎护奸偷。入市不得夷蹲旁卧,恶言丑骂,多作刀矛,持入益州,货易羊牛。奴自教精慧,不得痴愚。持斧入山,断輮作辕。若有余残,当作俎几木屐及犬彘盘。焚薪作炭,垒石薄岸。治舍盖屋,削书代牍。日暮欲归,当送干柴两三束。四月当披,九月当获,十月收豆,檎麦窖芋,南安拾栗采橘,持车载辇。多取蒲苎,益作绳索。雨堕无所为,当编蒋织薄。种植桃李,梨柿柘桑。三丈一树,八尺为行。果类相从,纵横相当。果熟收敛,不得吮尝。犬吠当起,鹜告邻里。枨门杜户,上楼击鼓。荷盾拽矛,还落三周。勤心疾作,不得遨游。奴老力索,种莞织席。事讫休息,当春一石。夜半无事,洗衣当白。若有私钱,主给宾客。奴不得有奸私,事事当关白。奴不听教,当笞一百。"读券文适讫,词穷咋索。仡仡叩头,两手自搏。目泪下落,鼻涕长一尺。审如王大夫言,不如早归黄土丘。丘蚓钻额。早知当尔,为王大夫酤酒,真不敢作恶。[①]

工作开得像是很全,便了被吓得哭起来。其实,工作一条条列出来,使用便受了限制。如果除此之外什么也不做,奴隶主反而不便了。

看来,这是个家内使用奴隶。虽然可以外出购买,仍是家内性质。他不离开家到作坊去,也不到农舍去。

汉代的奴隶,很多是家内奴隶。特别是达官贵族,奴隶众多,家内奴隶更多。成帝永始四年一个诏书说:"方今世俗奢僭罔极,

---

① 《全汉文》卷四二。

靡有餍足。……或乃奢侈逸豫，务广第宅，治园池，多畜奴婢，被服绮縠，设钟鼓，备女乐，车服嫁娶，葬埋过制，吏民慕效，浸以成俗。"①这里所说的"多畜奴婢"，大约都是家内奴隶，因为她们都是"被服绮縠"的，作坊、矿场、田园劳动的奴隶，不会有此待遇。

东汉安帝元初五年诏："至有走卒奴婢，被绮縠，著珠玑。京师尚若斯，何以示四远？"②这里被绮縠著珠玑者，也多是家内奴隶。

家内奴隶，由于多在主人左右，接近主人，生活待遇大约是比较好的、幸运的，如讨得主人的喜爱也易于得到解放。卫子夫、卫青一家可以说是最幸运的了。卫子夫、卫青的母亲卫媪是平阳侯家奴。且看这家奴隶的生活和际遇。《汉书·卫青传》："卫青字仲卿。其父郑季，河东平阳人也，以县吏给事侯家。平阳侯曹寿尚武帝姊阳信长公主。季与主家僮卫媪通，生青。青有同母兄卫长君及姊子夫，子夫自平阳公主家得幸武帝，故青冒姓为卫氏。卫媪长女君孺，次女少儿，次女则子夫。子夫男弟步、广，皆冒卫氏。青为侯家人，少时归其父，父使牧羊。后母之子皆奴畜之，不以为兄弟数。青尝从人至甘泉居室，有一钳徒相青曰：'贵人也，官至封侯。'青笑曰：'人奴之生，得无笞骂即足矣！安得封侯事乎？'青壮，为侯家骑，从平阳主。建元二年，青姊子夫得入宫幸上。皇后，大长公主女也，无子，妒。大长公主闻卫子夫幸，有身，妒之，乃使人捕青。青时给事建章，未知名。大长公主执囚青，欲杀之。其友骑郎公孙敖与壮士往篡之，故得不死。上闻，乃召青为建章监、侍中。及母

---

① 《汉书》卷一〇《成帝纪》。
② 《后汉书》卷五《孝安帝纪》。

昆弟贵,赏赐数月间累千金。君孺为太仆公孙贺妻。少儿故与陈掌通,上召贵掌,公孙敖由此益显。子夫为夫人,青为大中大夫。"

这家人家,很有意思。卫媪是家僮即奴隶,她的儿女都是奴隶。她生了几个儿女,大约都是同母不一定同父。卫青自称"人奴",他到他父亲家去,诸兄弟"皆奴畜之,不以为兄弟数"。他的姊子夫做了皇帝夫人,他给事建章,大约已从奴隶群中解放出来了。他的长姊为太仆妻,次姊少儿与陈掌通,武帝即"召贵掌"。这不是普通奴隶所能遇到的幸运,也不是一般奴隶的生活、经历的常规。但它却也反映汉代家内奴隶的生活的一面。有些奴隶,特别是家内奴隶,因和主人接近,会得到解放,还可以做官封侯为贵族。

家内劳动之外,奴隶也使用于经济部门。司马迁《史记·货殖列传》中列举通都大邑中工商业者的富财中有一条是"僮手指千"。《汉书音义》说:"僮,奴婢也。古者无空手游日,皆有作务,作务须手指,故曰手指。"所谓"作务",就是参加生产作业。

商业活动中是使用奴隶的。战国前期和魏国李悝同时代的白圭,很会做生意。他的生意经很有辩证法思想。他做生意的办法是:"人弃我取,人取我与。岁熟取谷,予之丝漆;蚕出取帛絮,与之食。"[1]他的商业活动,主要是靠奴隶来完成的。白圭本人能"与用事僮仆同苦乐"[2]。白圭发家致富,成为历史上出名的大商人。

鱼盐业使用奴隶。汉初齐地的大商人刁间,用奴隶经营鱼盐之利。"齐俗贱奴虏,而刁间独爱贵之。桀黠奴,人之所患也,唯刁

---

① 《史记》卷一二九《货殖列传》。
② 同上。

间收取,使之逐鱼盐商贾之利,或连车骑、交守相。然愈益任之,终得其力,起富数千万"。①

工矿业也使用奴隶。秦末赵地的大铁冶商人卓氏被迁到蜀临邛,"即铁山鼓铸,运筹策,倾滇蜀之民,富至僮千人"②。和卓氏同住在临邛的程郑,也以冶铸起家"富埒卓氏"③。这里虽然没有说蜀卓氏和程郑使用奴隶即铁山鼓铸,按理推想,他不会用别的劳动者去开山鼓铸,而却养起这一千奴隶游手清闲。又《汉书·外戚传·孝文窦后传》:"窦后……弟广国字少君,年四五岁时,家贫,为人所略卖,其家不知处。传十余家至宜阳,为其主人入山作炭。暮卧岸下,百余人。岸崩,尽压杀卧者,少君独脱不死。"现在不知道这一百多人是否都是奴隶,即使不都是奴隶,恐怕也不会只少君一人是奴隶,其他人都是自由人。

即使看来是家内奴隶,他们也多有作业,参加生产劳动。宣帝时,大官僚张安世"尊为公侯,食邑万户,然身衣弋绨,夫人自纺织,家僮七百人。皆有手技作业,内治产业,累积纤微,是以能殖其货。富于大将军光"。④ 东汉初的郭况,乃光武郭皇后之弟。"家僮四百人,黄金为器,功冶之声,震于都鄙。时人谓郭氏之室,不雨而雷。言铸锻之声也"。⑤

农业方面是否使用奴隶劳动? 这是一个有争议的问题。但

---

① 《史记》卷一二九《货殖列传》。

② 同上。

③ 同上。

④ 《汉书》卷五九《张汤传附子安世传》。

⑤ 《太平御览》卷八三三引《拾遗记》。

是,材料显示,奴隶被使用在农业劳动是没有问题的。云梦出土秦简材料是极可贵的,它补足文献材料的不足,而又是确绝可信。前面引用的一条"隶臣田者",确切地说明秦朝官奴隶是使用于农业劳动的。治狱案例中《告臣》爰书中有一条:"某里士五(伍)甲缚诣男子丙,告曰:丙,甲臣,桥(骄)悍,不田作,不听甲令。"按照秦法,奴隶主要治奴隶的罪,需要告官。[①] 这里从秦治狱案例中又得到有力的证实。奴隶丙的过错在于"不田作",不好好种田,不听奴隶主的命令。秦汉时期,奴隶用于农业劳动,不是小规模的个别地区的现象,而是比较普遍的。材料都是大家熟知的,问题在我们如何去理解这些材料。

《史记·季布列传》:"乃髡钳季布,衣褐衣,置广柳车中,并与其家僮数十人之鲁朱家所卖之。朱家心知是季布,乃买而置之田,诫其子曰:'田事听此奴,必与同食。'"

《风俗通》:"河南平阴庞俭,本魏郡邺人。遭仓卒之世……流传客居。庐里中凿井,得钱千余万,遂富。俭作府史,躬亲家事,行求老仓头谨信老属任者年六十余,值二万钱,使主牛马耕种。"[②]

《湖北江陵凤凰山一六八号汉墓发掘简报》:"墓中的《遣册》还记有:'田者男女各四人,大奴大婢各四人。'它是与其他奴婢分别记载的。它说明在西汉初(墓主人是文帝时期的五大夫)不仅有家内奴隶的存在,而且还有从事农业生产的奴隶存在。"[③]

《后汉书·樊宏传》:"(樊重)世善农稼,好货殖……其营理产

①　《史记》卷九四《田儋列传》。
②　《太平御览》卷四七二引。
③　《文物》1975年第9期。

业,物无所弃,课役童隶,各得其宜。故能上下戮力,财利岁倍,至乃开广田土三百余顷。"

《襄阳记》:"杨颙……丞相诸葛亮主簿。亮尝自校簿书,颙直入谏曰:'为治有体,不可上下相侵,请为明公以作家譬之。今有人使奴执耕稼,婢典炊爨,鸡主司晨,犬主吠盗,牛负重载,马涉远路,私业无旷,所求皆足,雍容高枕,饮食而已。忽一旦尽欲以身亲其役,不复付任。劳其体力,为此碎务,形疲神困,终无一成。岂其智之不如奴婢鸡狗哉?失为家主之法也。'"①

朱家买下季布而置之田,朱家的儿子是田舍的直接管理人。朱家嘱咐儿子田里劳动不要过于逼迫这个奴隶;劳动与否,听他。季布参加的是农业劳动。从"置之田"、"田事听此奴"看,在朱家田庄劳动的奴隶不止季布一人。

庞俭买奴,使之"主牛马耕种"这当然是奴隶用在农业劳动的。这段记载的后面,说到庞俭家有喜庆大宴,买来的老奴曾在厨下帮厨,后来认出是失散的父亲。但这无碍于说明汉代使用奴隶于农业劳动。老奴在厨下帮忙,可能是临时调用,不能就此说他是家内奴隶。

江陵凤凰山墓中《遣册》的发现,更是汉代农业上使用奴隶劳动的铁证。在农田劳动的男女和大奴大婢是分着写的。墓主田地里劳动着的共是十六人。八个男女自由民,八个大男女奴隶。家内奴隶是另外写着的。墓主是个五大夫,二十等爵中的第九级。

----

① 《三国志》卷四五《杨戏传》引。

刘邦即帝位后,即下诏:"七大夫(七级)、公乘(八级)以上,皆高爵也。"①五大夫是九级,当然是高爵。在整个汉代社会中,算得上是中等家庭。这样一个家庭,可能有八个奴隶使用于农业劳动。

樊重是"世善农稼"又"好货殖",是一家以农为主兼营工商业的家族。他"课役童隶,各得其宜"。从这段材料不能说明他一定使用奴隶于农业劳动,但也很难说他不使用于农业劳动。细想这样一个家族,倒是使用奴隶于农业劳动的可能性大些。既说课役童隶,"各得其宜",宜于使用于农业的奴隶自然要被使用于农业劳动了。

杨颙对诸葛亮的话,更是战国秦汉数百年来奴隶使用于农业劳动的事实所得出总结性语言。用奴隶做农业劳动,是天经地义的,就像鸡司晨、犬吠盗、牛负重、马致远一样,是人人天天看见的通常现象。没有奴隶耕田种地的现实,就不会产生奴隶耕田就和鸡司晨、犬吠盗等一样这种语言。

总之,战国秦汉时代,奴隶是使用于农业劳动的。这时代的奴隶,不只是家内奴隶,也是生产劳动者,使用于工商业,也使用于农业。没有理由怀疑这时期的奴隶使用于工商业,也没有理由怀疑奴隶使用于农业劳动。

三、奴隶在中国古代社会中的地位

在原始社会氏族公社解体时期,各民族的历史上大约都出现

---

① 《汉书》卷一《高帝纪》。

过奴隶和奴隶制。不过奴隶的数量和奴隶劳动在随后出现的社会中所占的地位,是有很大差别的。有的奴隶数量多些,在社会经济生活中所处的地位重要些,所起的作用大些;有的不那么重要,不那么大。

我们通常认为希腊、罗马是奴隶制发展的典型,奴隶数量之多、作用之大,以至于希腊、罗马社会被认为是奴隶社会。

几十年来,对中国有没有奴隶社会、中国奴隶社会的起讫时期,讨论得非常热闹。五种生产方式说一出,奴隶社会更成为各个民族都必经的一个阶段,不许再有二说。

我认为战国秦汉时期,是中国历史上奴隶数量最多的时期,也是在社会经济生活中起作用最大的时期。但战国秦汉时期能否叫做奴隶社会,我现在却有怀疑。"奴隶社会"这个词汇,我想最好束之高阁。我这样想这样做的主要原因是用奴隶社会来替代古代社会是否合适,大可研究。就是马克思本人在《政治经济学批判导言》中罗列社会发展的几个顺序时代也没有用"奴隶社会"一词。现在我对几个具体问题,奴隶在战国秦汉社会经济生活中的作用、奴隶数量问题,说一点自己的想法。

战国秦汉时期,是交换经济比较发达的时期。所谓比较发达是和前此的西周春秋比,和后此的魏晋南北朝比。不是和资本主义社会比。它比前于它和后于它的时代交换经济都发达。

对这个交换经济比较发达的社会,奴隶劳动是它发达的一个支柱。如前所述,在这时期的商业、手工业、渔业、矿业和农业中,都有奴隶劳动。越是大的产业经营,奴隶劳动的作用越显著。

秦朝对官私奴隶劳动的发展,都是采取推动和鼓励态度的。

商鞅变法,事末业和贫而怠者举以为收孥,五甲首而隶五家,都是政府推动奴隶制发展的政策。在这种政策下,秦朝的刑徒、奴隶数量猛烈增长。如董仲舒所说,"赭衣半道,断狱岁以千万数"。"汉兴循而未改。"

奴隶问题成为问题,是在汉初出现的。这大约和陈涉、吴广领导的农民暴动有关系。不少学者认为陈涉、吴广暴动是奴隶暴动。贾谊就说陈涉是:"甕牖绳枢之子,甿隶之人而迁徙之徒。"①章邯率领的镇压农民暴动的最初一支秦军就是用免奴产子和郦山徒组成的。刘邦领导的反秦军队中也有刑徒。他对项羽说:"吾以义兵从诸侯诛残贼,使刑余罪人击公,何苦与公挑战!"总之,秦末这场农民暴动队伍中和反暴动的队伍中都有刑徒奴隶参加。这自然会引起人们对奴隶问题的重视。

首先注意奴隶问题的是大思想家贾谊。贾谊观察当时事势,认为可为痛哭者一,可为流涕者二,可为长太息者六,奴隶问题,就是可为长太息者六中之一。他说:"今民卖僮者,为之绣衣丝履偏诸缘,内之闲中。是古天子后服,所以庙而不宴者也,而庶人得以衣婢妾。白縠之表,薄纨之里,緁以偏诸,美者黼绣,是古天子之服,今富人大贾嘉会召客者以被墙。"②

贾谊还只是从僭越上看问题,只是长太息的六项问题之一。但晁错已从商人兼并,农民流亡沦为奴隶方面,看待奴隶问题了。晁错看到农民在政府、商人双重压榨下,"有卖田宅鬻子孙以偿责

---

① 《过秦论》,见《史记》卷六《秦始皇本纪》。
② 《汉书》卷四八《贾谊传》。

者矣","此商人所以兼并农人，农人所以流亡者也"。① 这已抓住了汉代社会问题的核心。

武帝时，奴隶主大商人大土地所有者兼并农民使小农破产的形势发展更清楚。董仲舒已看到了问题，他说：贵族官僚们，"众其奴婢，多其牛羊，广其田宅，博其产业，畜其积委，务此而无已，以迫蹴民，民日削月朘，浸以大穷"。② 他又说："井田法虽难卒行，宜少近古。限民名田，以赡不足，塞并兼之路，盐铁皆归于民，去奴婢。除专杀之威。"③

武帝以后，货币交换经济发展，土地兼并，农民流亡沦为奴隶，一路发展下去。在这个社会里，小农、罪人、奴隶是一体的。小农受兼并而破产，做了罪人，沦为奴隶，是小农的必然命运。

这是政府和思想家们所面对的问题。货币、土地、奴隶、三位一体。从贾谊、晁错、武帝到贡禹、哀帝、师丹，都绞尽脑筋，想解决这个问题。王莽是西汉末期希图全面解决这个问题的人。

奴隶问题的严重性，反映奴隶制对战国秦汉社会经济干扰的严重。

秦汉时期，官私奴隶的数量都是相当大的，秦统一前，曾多次赦罪人，把他们派到新得到的地区去。秦统一后，北逐匈奴以为三十四县，徙谪以实之。南征南粤，设南海、象郡、桂林三郡，以谪遣戍五十万人。刑徒奴隶修阿房宫和郦山陵募七十万人。

汉代刑徒奴隶，数量也是很大的。如前所述，西汉政府也是大

① 《汉书》卷二四《食货志》，晁错对文帝说的话。
② 《汉书》卷五六《董仲舒传》。
③ 《汉书》卷二四《食货志》。

量使用刑徒戍边和对外作战,使用刑徒修城池,治陵墓。西汉后期,皇帝一次次地赦免天下刑徒。如:

宣帝元康元年,"赦天下徒"。①

成帝建始三年,"赦天下徒"。②

　　河平四年,"赦天下徒"。③

哀帝建平二年,"赦天下徒"。④

平帝元始元年,"赦天下徒"。⑤

　　二年,"赦天下徒"。⑥

把这一次次地赦天下徒和成帝时的铁官徒暴动联系起来看,徒已威胁到汉家政权,这说明刑徒的数量不在少数。

战国秦汉私奴隶的数量也是不少的。贵族、官僚、商人,保有百数,千数甚至上万的奴隶。现在把有关秦汉时期私家奴隶数字的记载,抄录如下:

《西京杂记》:"茂陵富人袁广汉,藏强万亿,家僮八九百人。于芒山下筑园,东西四里,南北五里。"⑦

《史记·吕不韦列传》:"吕不韦者,阳翟大贾人也。往来贩贱卖买,家累千金。……庄襄王元年,以吕不韦为丞相,封为文信侯,食河南洛阳十万户。……太子政立为王,尊吕不韦为相国,号称仲

① 《汉书》卷八《宣帝纪》。
② 《汉书》卷一〇《成帝纪》。
③ 同上。
④ 《汉书》卷一一《哀帝纪》。
⑤ 《汉书》卷一二《平帝纪》。
⑥ 同上。
⑦ 《太平御览》卷四七二引。

父。……不韦家僮万人。"

《史记·留侯世家》:"韩破,良家僮三百人,弟死不葬,悉以家财求客刺秦王为韩报仇,以大父、父五世相韩故。"

《史记·吕不韦列传》:"(嫪毐)遂得侍太后……赏赐甚厚,事皆决于嫪毐,嫪毐家僮数千人。"

《史记·货殖列传》:"蜀卓氏……即铁山鼓铸,运筹策,倾滇蜀之民,富致僮千人。"

《汉书·司马相如传》:"临邛多富人,卓王孙僮客八百人,程郑亦数百人。"

《水经注·穀水注》:"汉元鼎三年,楼船将军杨仆,数有大功,耻居关外,请以家僮七百人筑塞,徙关于新安。"

《汉书·张汤传附子安世传》:"安世家僮七百人,皆有手技作事。"

《汉书·武五子传·昌邑王贺传》:"山阳太守张敞……条奏贺居处,著其废亡之效曰:臣敞地节三年五月视事,故昌邑王居故宫,奴婢在中者百八十三人。"

《汉书·王商传》:"王商宗族权势,合资巨万计,私奴以千数。"

《汉书·史丹传》:"丹尽得父财,身又食大国邑……赏赐累千金,僮奴以百数,后房妻妾数十人。"

《汉书·元后传》:"五侯群弟,争为奢侈,赂遗珍宝,四面而至,后庭姬妾,各数十人,僮奴以千百数。"

《后汉书·窦融传》:"窦融自祖及孙,官府邸第,相望京师,奴婢以千数。"

《后汉书·马援传》:"马防兄弟贵盛,奴婢各千人以上。"

《后汉书·光武十五列传·济南安王康传》:"康遂多殖财货，大修宫室，奴婢至千四百人，厩马千二百匹，私田八百顷。奢侈恣欲，游观无节。"

《后汉书·方术列传·折像传》:"其先张江者封折侯。曾孙国为郁林太守，徙广汉，因封，氏焉。国生像。国有赀财二亿，家僮八百人。"

《三国志·蜀志·麋竺传》:"麋竺字子仲，东海朐人也。祖世货殖，僮客万人，赀产巨亿。先主转军广陵海西，竺于是进妹于先主为夫人，奴客二千、金银货币以助军资。"

《昌言》:"豪人之室，连栋数百，膏田满野，奴婢千群，徒附万计。"①

这些人物中，有贵族，有官僚，有富商。只就这些材料所表现的来看，占有奴隶数量最高的是商人。吕不韦有奴隶万人，麋竺也有僮客万人。豪人之室，是"奴婢千群，徒附万计"。其次是贵族，济南王康有奴隶一千四百人。官僚杨仆有奴隶至少七百人，张安世有奴隶八百人。又是贵族外戚又是官僚的王商、元帝王皇后家五侯，各有奴隶以千数。

蓄养奴隶，是战国秦汉时期社会上极为普遍的现象。家有奴隶多至上万，或数千或千或数百，这些是战国秦汉时期的高层奴隶主。我们再看看中下家族占有的情况。

湖北江陵凤凰山出土汉墓的墓主是个五大夫，是个中层小贵族。说他是个小贵族，因为他这个五大夫只是二十等爵的第九级，

---

① 《后汉书》卷四九《仲长统传》引载。

中间偏下。但总算是社会上的中层。他有四个男奴和四个女奴，另外还有小奴隶。汉朝做小官的，总是要有个奴隶的。崔寔说，百里长吏，"虽欲崇约，犹当有从者一人。假令无奴，当复取客"。①"假令无奴"，说明百里之长有个奴隶是正常现象。崔寔说一个百里之长的俸禄，取一个客，已经困难，更无力量养父母蓄妻子。从收入说，百里之长吏属于穷人。但百里之长可以卖官鬻狱，不是真穷，真正穷人，自然是无力养奴隶的。但奴隶是劳动力，有了奴隶可为他劳动，不是吃闲饭。庞俭淘井得了些钱，首先就是去买奴隶，"主牛马耕种"。所以也不能低估普通家庭可以有奴隶的可能性。秦朝奖励耕战，功赏相长，五甲首而隶五家的，就正是普通农家。

根据当时大小奴隶主所保有的奴隶数量形势来估计，我们可不可以说：社会的上层高层如京师的大贵族、大官僚、各地的大商人，大手工业、矿业、渔业家，各有成千甚至上万的奴隶。社会的中产阶级、中等贵族、官僚、工商业家等，可能有十几、几十和上百的奴隶。中产阶级的下层家庭，可能有一个两个奴隶。如百里之长，已是"假令无奴"，这样的家庭一般有奴隶，但也常无。贡禹有田一百三十亩，自说是"年老贫穷，家赀不满万钱，妻子糠豆不赡，裋褐不完"。②他没说他家有无奴隶，姑假定他家没有奴隶。

根据上面一些情况，我们可以作一个平均数的估计：汉代十之七八的家没有奴隶，十之二三的家庭（把有成百上千奴隶的大奴隶

---

① 《政论》，见《全后汉文》卷四六。
② 《汉书》卷七二《贡禹传》。

主家的奴隶和有一个以上奴隶家庭的奴隶都平均到这个十之二三的家庭)每家平均有两个奴隶,那么,汉代的户数,只有平帝元始二年的统计,约为一千二百万有奇,这是"汉之极盛"。[①] 以一千万户计,十之二三即二百万到三百万户。一家有两个奴隶,汉代社会的私家奴隶约为四百万到六百万人。官奴隶官刑徒以五十万计,汉代的奴隶总数约为四百五十万人,或六百五十万人左右。

这个估计,可能是偏低的。最多不超过一千万。

这个四百五十万到六百五十万或一千万的奴隶,比起五千多万的编户齐民来是少多了。但如前所述,他们的能量却不能低估。除一部分家内奴隶外,他们所参加的产业一般是商品生产,是大产业,在交换经济中起着重要的作用。因此,我们不用奴隶社会这个名词,但对奴隶在社会中所起的作用,也不能过分低估,说什么战国秦汉只有家内奴隶,奴隶不参加生产劳动。

(节选自《中国古代社会》)

---

① 《汉书》卷二八《地理志》。

下编　中国中世社会史论

中古时代之中国佛教寺院

一、引言

中国历史的分期,至今尚无公认的定说。本篇所用中古时代,是约指从三国到唐中叶即从 3 世纪到 9 世纪一时期而言。

佛教寺院是中古中国史上一个重要的事象。

第一,从宗教史上说:中古中国时代是佛教思想支配下的时代,整个社会,整个人群的生活活动无不受佛家思想的影响及支配,但佛教之能如此发展,全赖寺院的活动、宣扬。佛教在中古中国史上的重要使寺院也成为重要。

第二,从社会史说:中古时代的佛教寺院不但是宗教的组织而且是政治的组织。中古中国的社会是封建社会,寺院便是这时代社会的一个缩影,便是这时代社会的一面。要全面地考察中古中国社会的构造,要彻底了解中古中国社会的性质,寺院一定要拿来作一个主要的研究对象。而且因为寺院是披着一件宗教外衣的,所以在封建关系的表现上也特别显著。如政权的分割、人口的影响等，在俗界庄园不甚显著，在寺院便非常显著。对寺院的研究更能使我们容易认识整个中古社会的性质。

在性质上，中古中国之佛教寺院与中古西欧之基督教教会是完全相同的。两者都于宗教的组织外成功为一个政治的社会的经济的组织，都是占有大人口及大土地的庄园领主；所不同的只是在政治上成功的大小差异。西欧中古的教会在政治上发展到最高点，教权凌驾俗界君主权势以上，做了人间的最高统治者。而中国中古时代的寺院，在政治权势上永没有超越俗界君主。

但西欧中古教会以在政治上的成功而被人注意。讲欧洲中古史谁能不讲教会？谁能不讲教皇？谁能不讲政教冲突？谁能不讲宗教改革？而和它有同样性质，走同一路线而发展，在中国中古史上占极重要地位的佛教寺院，却一向被人忽视，忽视了一千多年没人提。讲中国佛教的只讲到思想问题、宗教问题，从没有人讲到寺院。

这篇东西是我对中国社会史宗教史研究的一部分，我的打算本想把中古时代的佛教寺院从兴起到衰落作一个全过程的考察，纵着要看它的发展及变化，横着要看它的发达及组织。但心是如此，力却不足，限于自己的学识，各方面的叙述都没做到预期的目的。我不敢希望它能给读者对中古中国佛教寺院一种详细真切的认识，只希望能由此引起人对它加以注意，来作进一步更详深的研究。

二、佛教输入与寺院之兴起

（一）佛教输入的时期

佛教输入中国，其准确的年代已不可考。据朱士行《经录》所载，谓秦始皇时曾有沙门到中国来，他说：

> 秦王政四年，西域沙门室利房等十八人，始赍佛经来华，王怪其状，捕系之狱，旋放逐回国。①

按秦始皇（公元前 246—前 210）与印度阿育王（公元前 273—前 232）是同时代的人。阿育王建立强大印度王国，晚年皈依佛教，尊佛教为国教，是印度佛教正盛的时期。他曾遣派宣教师二百五十六人分赴国外各地传教。其派在亚洲者，北至俄属土耳其斯坦，南至缅甸，俱有确证。室利房等十八人或即阿育王所派之宣教师也未可知。但朱士行是魏晋间人，前此史传，没有记及这回事的，其事之有无实大成问题，不能即信②。

依《魏书·释老志》，谓汉武帝时始知有佛教，哀帝时中国人始有从外人口授浮屠经的。《释老志》原文：

> 汉武帝元狩中，遣霍去病讨匈奴，至皋兰过居延，斩首大获。昆邪王杀休屠王，将其众五万来降。获其金人，帝以为大神，列于甘泉宫。金人率长丈余，不祭祀，但烧香礼拜而已。

---

① 《历代三宝记》卷一引。
② 参看梁启超：《佛教之初输入》。

此则佛教流通之渐也。及开西域,遣张骞使大夏还,传其旁有身毒国,一名天竺,始闻有浮屠之教。哀帝元寿元年,博士弟子秦景宪受大月氏王使伊存口授浮屠经。中土闻之,未之信了也。

据日本人羽溪了谛之考究,佛教造像是公元1世纪、2世纪才有的事。霍去病获金人应是武帝元狩二年,时当公元前121年,那是佛教尚没有造像,故霍去病获金人事定为后人假造,不确。

但无论获金人事是真是假,佛教是在西汉时传入中国,则是毫无问题的事。盖两地文化之沟通,要以两地之交通关系为前提,必先有了交通的关系,商业的来往,而后两地的文化才得随旅行者及商人而沟通。中国与西域以及印度的交通,在西汉武帝时已有南北两条路线,北路是陆路,通于西域,武帝使张骞通西域,始知有身毒国,中国的产品——蜀之竹布——且于身毒见之。身毒就是印度,后虽由蜀求通印度不得,但中国产品能于印度见之,则两地已有间接的商业关系可知。南路是海航,由今广州徐闻、合浦航海以达印度之南部,《汉书·地理志》载其路程颇详:

> 自日南障塞、徐闻、合浦船行可五月,有都元国;又船行可四月,有邑卢没国;又船行可二十余日,有谌离国;步行可十余日,有夫甘都卢国。自夫甘都卢国船行二月余,有黄支国……自武帝以来皆献见。有译长,……蛮夷贾船,转送致之。……平帝元始中,王莽辅政,欲耀威德,厚遗黄支王,令遣使献生犀牛。自黄支船行可八月到皮宗;船行可八月,到日南、象林界云。黄支之南,有已程不国,汉之译使自此还矣。

梁启超先生《佛教之初输入》说黄支即《大唐西域记》中西印度

之建志补罗国。中国与印度间既有此南北两条交通线,则佛教由之而传入中国,自是可能而且合理的事。所以到东汉初年,佛教已渐渐于江淮一带传布,楚王英且以王之尊而崇信佛教了。

(二) 楚王英及笮融的信佛建寺

楚王英是光武的儿子,以建武十五年封为楚公,十七年晋爵为王,二十八年就国,都于彭城(今江苏徐州市)。他崇信佛教,供养沙门。《后汉书》本传记其事道:

> 英少时好游侠,交通宾客,晚节更喜黄老学,为浮屠斋戒祭祀。(永平)八年,诏令天下死罪皆入缣赎。英遣郎中令奉黄缣白纨三十四诣国相曰:"托在蕃辅,过恶累积,欢喜天恩,奉送缣帛,以赎愆罪。"国相以闻。诏报曰:"楚王诵黄老之微言,尚浮屠之仁祠,洁斋三月,与神为誓,何嫌何疑,当有悔吝?其还赎以助伊蒲塞桑门之盛馔。"因以班示诸国中傅。

楚王英信佛是受楚地环境的影响,是他到国以后的事情,此由传中"晚节更喜黄老学……为浮屠斋戒祭祀"一语可作证明,所以江淮一带实是中国接受佛教最早的地方。

此地佛教一路发展下去,到东汉末年已有相当的发展,笮融遂接受这种信仰,以公费大兴佛寺,招诱居民,组织教会。《后汉书·陶谦传》载:

> 笮融聚众数百,往依于谦。谦使督广陵、下邳、彭城运粮。遂断三郡委输,大起浮屠寺。上累金盘,下为重楼,又堂阁周回,可容三千许人,作黄金涂像,衣以锦彩。每浴佛,辄多设饮饭,布席于路,其有就食及观者且万余人。

《三国志·吴志·刘繇传》有同样的记载,且说他以复徭役的办法,招人信教:

> 令界内及旁郡人有好佛者,听受道,复其他役,以招致之。

由此远近前后至者,五千余人户。

其复身役以招人信教,实此后僧尼免役调特权之滥觞。

后来陶谦为曹操所败,笮融不自安,率男女万口马三千匹,走广陵,杀太守赵昱,渡江奔豫章,杀郡守朱皓,兴兵作乱者数年,后来为扬州刺史刘繇所破。他的宗教结会竟作了他的势力中心。

(三)寺院社会基础的奠立

笮融虽然失败,而佛教却流传于民间,渐渐发展。在魏晋时期,佛教在西域已非常发达,以中国与西域交通的便利,西方僧众东来者日多。其中最有关系的是康僧会、佛图澄及鸠摩罗什等,康僧会建立了南方佛教寺院的基础,佛图澄、鸠摩罗什建立了北方佛教寺院的基础。

康僧会先世是康居人,世居天竺,其父母商贾移住于交趾。他出家后,励行甚峻。以吴赤乌十年(或作四年)初到建业,营立茅茨,设像行道,时吴地以初见沙门,睹形未及其道,疑为矫异。相传他以法术显舍利,才使孙权信服。权遂为之修建佛寺,以系始有佛寺,故号为初建寺,称其居地为佛陀里,由是佛教遂逐渐兴盛于江南。[①]

在北方及中原之地,佛教的传播要比江淮晚许多年。东汉初

---

① 参看《高僧传》卷一·《康僧会传》。

年在江淮一带已有楚王英信佛,而北方中原之地直到东汉末年桓帝于宫中立浮屠祠,我们才看到一点信佛的本事。三国时期北方佛教也是寂而无闻,魏以下始渐渐发展,到南北朝时乃成佛教寺院势力鼎盛的地方。

　　佛图澄是西域人,少出家,西域咸称得道。以晋怀帝永嘉四年来洛阳。因适逢刘聪之乱遂潜伏民间,后石勒起,他便投归石勒,以奇迹异术取信于勒,很受崇敬,号之为大和尚。石虎更尊之敬之,下书国中:

> 和尚国之大宝,荣爵不加,高禄不受。荣禄匪显,何以旌德。从此已往,宜衣绫锦,乘以雕辇,朝会之日,和尚升殿,常侍以下,悉助举舆,太子诸公扶翼而上,主者唱大和尚,众坐皆起,以形其尊。①

又敕:

> 司空李农,旦夕存问,诸公五日一朝,表朕问焉。②

于是:

> 百姓因澄故,多奉佛。皆营造寺庙,相竞出家。③

统计当时:

> 澄受业追随者,常有数百,前后门徒,几且一万。所历州郡,兴立佛寺八百九十三所。弘法之盛,莫与先矣。④

　　佛图澄后,有鸠摩罗什。他是印度籍,生于龟兹。少年博学,

---

① 《高僧传》卷九《佛图澄传》。
② 同上。
③ 《晋书》卷九五《佛图澄传》。
④ 《高僧传》卷九《佛图澄传》。

在西域很有名气。吕光破龟兹,请他到凉州。住了十八年。后来吕氏为姚兴所破,姚兴又请他到长安。姚兴是崇信佛教的人,亲自率群臣听罗什讲道。上唱下随,百姓遂多信佛,《晋书·姚兴载记》载:

> 兴既托意于佛道,公卿以下莫不钦附。沙门自远而至者五千余人……州郡化之,事佛者十室而九矣。

寺院的社会基础,至此算是很坚固地建立了,自此以后,便急剧地发展,走上极盛的时代。但是也就从此时起,寺院的性质变化,走向另一个阶段。由宗教的组织,变成一种含有政治的社会的经济的性质的组织;变成庄园组织,做了统治及榨取阶级的一环。

三、寺院的发展及兴强

(一) 僧尼之众多

东汉时佛教虽已渐流传,但人民出家尚为政府法令所禁止。石虎时著作郎王度疏奏说:

> 汉明感梦,初传其道,唯听西域人得立寺都邑,以奉其神,其汉人皆不得出家,魏承汉制,亦循前轨。[1]

魏甘露五年,颍川人朱士行出家,是为汉人出家之第一个[2]。此后出家者遂众,政府不加干涉。永嘉以后,胡族统有中原,以佛

---

① 《高僧传》卷九《佛图澄传》。
② 《历代三宝记》卷三年表"魏甘露五年"条下注。

是戎神,人民出家信佛,不但不加限禁,甚且奖许,如石虎报王度书说:

> 朕出自边戎,忝君诸夏,至于缋祀,应从本俗。佛是戎神,所应兼奉。其夷赵百姓有乐事佛者特听之。①

于是人民逃俗出家者日多,如前所引,姚秦时人民信佛的,多至十室而九。南北朝隋唐寺院达其极盛时期,僧尼大众多至数百万。依《辩证录》、《释氏通鉴》等书所载,历代之僧尼数目统计有如下表:

时　代	僧　尼
东　晋	二四,〇〇〇
宋	三六,〇〇〇
齐	三二,五〇〇
梁	八二,七〇〇
陈	三二,〇〇〇
北　魏	二,〇〇〇,〇〇〇
北　齐	三,〇〇〇,〇〇〇
北　周	二,〇〇〇,〇〇〇
隋	五〇〇,〇〇〇
唐	二六〇,五〇〇

人民为什么这样疯狂地投入寺院呢? 都是愿意去做和尚吗? 不是,绝对不是。原因何在? 答曰:惟一的原因是因为寺院僧尼有免除对国家役调的特权,国家人口为逃避国家的役调及租课才投寺为僧尼。

魏晋以后,直到唐的中叶,其租调制度是以人及户作课征单位

---

① 《晋书》卷九五《佛图澄传》。

的。有丁有户便要纳租出役。如晋时制户调之式,丁男之户岁输绢三匹,绵三斤。女及次丁男为户者半输[1]。北魏承晋制,天下户口以九品混通,户调帛二匹,絮二斤,丝一斤,粟二十石。又帛一匹二丈,委之州库,供调外之费。孝文帝太和十年立三长,定征调之法,一夫一妇帛一匹,粟二石[2]。北齐之制,民年十八受田,输租调,二十充兵,六十免力役,六十六退田,免租调。一夫一妇谓之一床。率人一床调绢一匹绵八两,垦租二石,义租五斗[3]。北周之制,赋法:凡人自十八以至六十四皆出赋。有室者岁不过绢一匹,绵八两,粟五斛。丁者半之。役法:凡人自十八以至五十九皆任于役,丰年不过三旬,中年则二旬,下年则一旬[4]。隋制:多依北周。唐改为租庸调法。凡授田者,丁岁输粟二斛,稻三斛,谓之租。丁随乡所出,岁输绢两匹,绫、絁各二丈,布加五之一,谓之调。用人之力,岁二十日,闰加二日,不役者日为绢三尺,谓之庸[5]。这是大体情况,实际上变动很多。

上举出历代租赋制度,乃为证明历代皆是以丁及户为课税的单位的事实,虽有户调丁调租庸调法之异,而其以人不以财为课征单位则同。这是北朝的情形,南朝役调也如北朝一样,以人户为课征单位,惟租则以田亩作课征单位,是不同于北朝的地方,兹不赘引。

---

① 《晋书》卷二六《食货志》。
② 《魏书》卷一一○《食货志》。
③ 《隋书》卷二四《食货志》。
④ 同上。
⑤ 《新唐书》卷五一《食货志一》。

以人口作课征单位的租调制度,是要以均田制度作基础的,均田制度行得通,而后人们才能在贫富上无大差异,人民能在财产上贫富无大差异,而后才能平等看待而使其负平等的义务,出同量的租调。

但事实上怎样呢? 可以说行着均田制度的北朝各朝,在实际上仍是豪强田连阡陌、贫者无立锥之地,非常不均的。就均田制度的本身说,已含有不能均的因素。魏齐受田,牛与奴婢皆能受田,魏制:牛一头受田三十亩,限止四牛;奴婢依良丁受田,奴四十亩,婢三十亩,数限无明文。齐制:牛一头受田六十亩,亦限四牛。奴婢依良丁,奴受田八十亩,婢受田四十亩。奴婢受田者,亲王止三百人,嗣王二百人,第二品嗣王以下及庶姓王百五十人,正三品以上及皇宗百人,七品以上八十人,八品以下至庶人六十人。牛和奴婢都是财产,可以买卖,奴婢牛而可受田,则是越富受田越多,越穷受田越少。如以齐制作例,同是庶人,一人无牛无奴,则只能受田八十亩,一人有牛四头,奴六十人,则彼于自己应受八十亩田外,复得牛田二百四十亩,奴田四千八百亩。共不均可见。

均田制度下占田不均的实情,我们引《关东风俗传》上说北齐时的情形的两段记载作证。《关东风俗传》载:

> 河渚山泽有可耕肥饶之处,悉是豪势,或借或请,编户之人,不得一垄。[①]

又载:

_____

[①] 《通典》卷二《食货二·田制下》。

其时强弱相凌，恃势侵夺。富有连畛亘陌，贫无立锥之
地。①

这是均田制度下农民生活的实际写述，《关东风俗传》的作者
宋孝王就是北齐时的人，这材料都是最真确不过的。人民的富贫
虽如此悬殊，却都要担负国家役调，穷苦的农民当然担负不起。寺
院有免役调的特权，人谁不乐福避苦呢？当然要相率以逃入寺院
了。

这并不是瞎说，实有历史的记载作证明。

北魏灵太后时调役繁重，"民多绝户而为沙门"②。李玚于时
上书也说：

今南土未静，众役仍烦，百姓之情，方多避役，若复听之，
恐捐弃孝慈，比屋而是。③

正光以后，役调更繁，《魏书·食货志》载：

正光后，四方多事，加以水旱，国用不足，预折天下六年租
调而征之。百姓怨苦，民不堪命。

于怨苦中求生路，于不堪命中求生命。于是便投寺为僧尼。
正光以后，僧尼多至二百多万，这二百多万便多是因此原因而来。
《魏书·释老志》载道：

正光已后，天下多虞，王役尤甚，于是所在编民，相与入
道，假慕沙门，实避调役，猥滥之极，自中国之有佛法，未之有
也。略而计之，僧尼大众二百万矣。

---

① 《通典》卷二《食货二·田制下》。
② 《魏书》卷四《李孝伯传附子玚传》。
③ 同上。

北齐时有僧尼三百多万,渤海人刘昼上书说:"佛法诡狂,避役者以为林薮。"①实指出其多为避役调而出家。唐初反对佛教的傅奕骂当日的僧尼,也说他们是:"不忠不孝,削发而揖君亲;游手游食,易服以逃租赋。"②中宗时"度人不休,免租庸者数十万"③。玄宗开元二年中书令姚崇遂上书说:

> 自神龙(中宗年号)以来,公主及外戚皆奏请度人,亦有出私财造寺者。每一出敕,则因为奸滥,富户强丁皆经营避役。远近充满,损污精蓝。④

天宝末年安禄山反,天下荒乱,赋役繁重,民不堪命。于是相率投入寺院,以求规避。杜佑为述其详情说:

> 自兵兴以后,经费不完,于是征敛多名,且无恒数,贪吏横恣,因缘为奸,法令莫得检制,丞庶不知告诉。其丁狡猾者即多规避。或假名入什,或托迹为僧,或占募军伍,或依托豪族,兼诸色役,万端蠲除,钝劣者即被征输,困竭日甚。⑤

敬宗时徐州节度使王智兴于泗州设坛度僧,江淮人为免役调,便群往求度。李德裕奏述其详情说:

> 王智兴于所属泗州置僧尼戒坛,自去冬于江、淮已南,所在悬榜招置。江、淮自元和二年后,不敢私度。自闻泗州有坛,户有三丁,必令一丁落发,意在规避王徭,影庇私产。自正

---

① 《广弘明集》卷七。
② 《旧唐书》卷七九《傅奕传》。
③ 《旧唐书》卷一〇一《辛替否传》。
④ 《唐会要》卷四七。
⑤ 《通典》卷七《食货七·历代盛衰户口》。

月已来,落发者无算。臣今于蒜山渡点其过者,一日一百余人,勘问惟十四人是旧日沙弥,余是苏、常百姓,亦无本州文凭,寻已勒还本贯。访闻泗州置坛次第,凡僧徒到者人纳二缗,给牒即回,别无法事。若不特行禁止,比到诞节,计江、淮已南,失却六十万丁壮,此事非细。①

南朝也是这种情形,东晋孝武希时范宁奏疏说:

> 今四境晏如,烽燧不举。而仓庾虚耗,帑藏空匮。古者使人岁不过三日,今之劳扰,殆无三日休停。至有残形剪发,要求复除。生儿不复举养,鳏寡不敢娶妻,岂不怨结人鬼,感伤和气,臣恐社稷之忧,积薪不足以为喻。②

所言剪发以求复除,当时指出家而言。

桓玄与僚属议沙汰僧众,也指出当日僧尼避役逃课的性质,他说:

> 京师竞其奢淫,荣观纷于朝市,天府以之倾匮,名器为之秽黩。避役锺于百里,逋逃盈于寺庙。乃至一县数千,猥成屯落,邑聚游食之群,境积不羁之众,伤治害政,尘滓佛教,彼此俱弊,实污风轨。③

(二) 佛寺的盛多

相传后汉明帝时于洛阳雍关西立白马寺是中国建造佛寺之始,谓永平七年明帝使蔡愔赴西域求经,归以白马负经,因立白马

---

① 《旧唐书》卷一二四《李德裕传》。
② 《晋书》卷七五《范宁传》。
③ 《弘明集》卷一二。

寺。但蔡愔求经事之有无，甚成问题，[1]故白马寺之有无，亦当存疑。

大概中国人信佛最早的当数东汉初年的楚王英，而造寺之风到东汉末年方才渐兴起，桓帝于宫中建浮屠祠，笮融侵占广陵下邳彭城委输，大起浮屠寺，都是受当地社会环境的影响。看笮融造寺之宏伟壮丽，则佛寺之建造在当时已有几年的历史实无可疑。

吴赤乌十年康僧会去建业，江南始有佛寺，后遂转盛。北方魏时无闻，晋时造寺之风渐起，《魏书·释老志》载：

> 晋世洛中佛图有四十三所矣。

永嘉以后，佛寺随佛教而兴盛，国家王公权贵下至黎庶百姓皆竞造佛寺，至北魏时有寺至三万余处。《释氏通鉴》载道：

> 魏国家大寺四十七所，王公等寺八百四十所。百姓所造寺院三万余所。自古佛寺图塔之盛，无出于此。[2]

只洛阳一地有寺一千余所[3]。北齐时佛法亦盛，有佛寺四万余处，《广弘明集》载：

> 魏齐东川，佛法崇盛，见成寺庙，出四十千。[4]

唐时佛寺亦盛，据开元年间统计："凡天下寺，总五千三百五十八所。三千二百四十五所僧，二千一百一十三所尼。"[5]到武宗会昌五年祠部检括天下寺院，大寺有四千六百，兰若四万[6]。南朝亦盛

---

① 参看梁启超：《佛教之初输入》。
② 《释氏通鉴》卷五。
③ 《洛阳伽蓝记》。
④ 《广弘明集》卷一〇。
⑤ 《唐六典》卷四。
⑥ 《旧唐书》卷一八上《武宗纪》。

造佛寺,但究难与北朝比拟。南朝以梁代佛寺最盛,尚只二千八百余寺[①]。今依《释氏通鉴》等书把中古各朝所有佛寺数,列如下表:

朝　代	寺　数
西　晋	一八〇
东　晋	一,七六八
宋	一,九一三
齐	二,〇一五
梁	二,八四六
陈	一,二三二
北　魏	三〇,〇〇〇
北　齐	四〇,〇〇〇
北　周	无统计
隋	四,〇〇〇
唐	四,六〇〇

北周寺数无统计,然周是魏之继朝,且在武帝灭佛前其僧尼亦达一二百万,由而推之,则其寺数当亦不在少数。

普通佛寺的大小,大概多能容僧人五十人以上。北魏世宗永平二年沙门统惠深奏请限造佛寺,谓"欲造寺者,限僧五十人以上,闻彻听造"[②]。唐傅奕估计当日僧尼势力,也以大寺僧二百,小寺僧一百作约数。[③] 但最大的佛寺,有能容僧至万人以上的。如桓冲所造之寺,《佛祖统纪》载:

(太元)二十年,荆州牧桓冲命昙翼法师渡江造东西二寺。

自晋、宋、齐、梁、陈氏常及万僧。隋初名僧三千五百,当途讲说者五十三人,别院大小十所,般舟方等二院,夏别千人,寺屋

---

① 《辩证录》。
② 《魏书》卷一一四《释老志》。
③ 《广弘明集》卷七。

各及万间。①

国家人民兴造佛寺，皆竞尚高广华丽，费财竭产在所不计。北魏文帝延兴二年诏：

> 内外之人，兴建福业，造立图寺，高敞显博，亦足以辉隆至教矣，然无知之徒，各相高尚，贫富相竞，费竭财产，务存高广。②

《洛阳伽蓝记·序》说：

> 逮皇魏受图，光宅嵩洛，笃信弥繁，法教愈盛。王侯贵臣，弃象马如脱屣，庶士豪家，舍资财若遗迹，于是招提栉比，宝塔骈罗。争写天上之姿，竞摹山中之影，金刹与灵台比高，广殿共阿房等壮。

唐武则天时狄仁杰上疏说：

> 今之伽蓝，制过宫阙。穷奢极壮，画绘尽工。宝珠殚于缀饰，環材竭于轮奂。③

中宗时盛兴佛寺，百姓劳弊，帑藏为之空竭，韦嗣立上疏说：

> 臣窃见比者营造寺观，其数极多，皆务宏博，竞崇環丽。大则费一二十万，小则尚用三五万余，略计都用资财，动至千万已上。④

辛替否也说：

> 今天下之寺，盖无其数，一寺当陛下一宫，壮丽之甚矣！

---

① 《佛祖统纪》卷三六。
② 《魏书》卷一一四《释老志》。
③ 《旧唐书》卷八九《狄仁杰传》。
④ 《唐会要》卷四八。

用度过之矣！有十分天下之财，而佛有七八，陛下何有之矣！[①]

历朝佛寺之壮伟华丽，读此几段记载，可以想见。现在再举北魏灵太后时所造之永宁寺作个实例，《洛阳伽蓝记》载：

> 永宁寺，熙平元年灵太后胡氏所立。中有九层浮图一所，架木为之，高九十丈，有刹复高十丈，合去地一千尺。去京师百里遥已见之。刹上有金宝瓶，容二十五石。宝瓶下有承露金盘三十重，周匝皆垂金铎，浮图有九级，角角皆悬金铎，合上下有一百二十铎。浮图有四面，面有三户六窗，户皆金漆，扉上有五行金铃，合有五千四百枚。僧房楼观一千余间，雕梁粉壁，青璅绮疏，难得而言。波斯国胡人言：此寺精丽，遍阎浮所无也。

（三）财富之增长及大土地的占有

寺院不但在佛寺及僧尼的数量上发达，而财富的积蓄也日渐增长，不久的时间，寺院便成为社会上雄厚财富所有者之一。寺院的财富，有下面几种来源：

1. 国家的赐予　有寺必有僧，有僧便必有其生活费。国家兴造佛寺便多随之赐予一部资财或田产，以供主持僧尼的生活费用，如北魏孝文帝时：

> 释道臻傅通经义，魏文帝尊为师傅。于京立大中兴寺，尊为魏国大统。臻乃大立科条，佛法由是载兴。后大乘陟岵相次

---

① 《旧唐书》卷一〇一《辛替否传》。

而立。又于昆池置中兴寺庄,池之内外稻田百顷,并以给之。①

梁武帝造大爱敬寺,赐田八十顷,《梁书》载其事:

> 高祖于钟山造大爱敬寺,骞(王骞)旧墅在寺侧,有良田八十余顷,即晋丞相导之赐田也。高祖遣主书宣旨就骞求市,欲以施寺。骞答旨云:“此田不卖,若是敕取,所不敢言。”酬对又脱落。高祖怒,遂付市评田价,以值逼还之。②

梁武帝又于阿育王寺设无遮大会:

> 所设金银供俱等物,并留寺供养,并施钱一千万为寺基业。③

隋文帝时:

> 诏于诸州名山之下各置僧寺一所,并赐田庄。④

2.社会人士的捐施　社会人士的捐施是寺院财产最大的一个来源。中古时代,是佛教思想支配下的时代,佛家轮回之说,地狱世界之说,深深地攫取了一般人民的信心。但寺院并不以获得人民的信心为满足,他还要进而获得一般人的财产。寺院利用人们对地狱轮回的信心,作为吸收财富的手段。宣传凡能捐产寺院的便能赎回罪孽,买得冥界的幸福,使死后灵魂得到快乐。

寺院这种宣传马上得到成功。一般王公官僚地主等社会上层阶级于极度地享受奢侈生活以后,于是感到死的问题,感到死的恐惧,感到死的悲哀,于是为求死后的幸福,死后的快乐,或者为了赎

---

① 《释氏通鉴》卷五。
② 《梁书》卷七《皇后传》。
③ 《梁书》卷五四《诸夷传·扶南国》。
④ 《释氏通鉴》卷六。

生前的罪孽,遂以其财产捐施寺院了。在史书上我们看到不少的中古人氏,崇信佛教,捐产寺院的事。如晋之何充"性好释典,崇修佛寺,供给沙门以百数,糜费巨亿而不吝"①。又梁之张孝秀"去职归山,居于东林寺,有田数十顷,部曲数百人,率以力田尽供山众,远近归慕,赴者如市"②。又梁之到溉以生平所得俸禄,皆供施蒋山二寺③。

寺院为达到吸收财富的目的,还造出许多故事,演述死后受罪的惨苦情况,冀借以恐吓生人。《佛祖统纪》关于灭佛的北周武帝,便有这样一个故事:

> 开皇八年,京兆杜祈暴亡。至冥府,王审其名曰:误矣。问祈识周武帝否,答曰:"曾任左武侯司法,常在殿陛。"王顾吏引至大铁屋,从窗中望一人,瘦身铁色,著铁枷锁,祈见泣曰:"大家何苦?"答曰:"我信卫元嵩毁灭佛法,故此受罪。……汝若还,为闻大隋天子:……我灭法受大苦,望为我作福相救。"及还,以事闻。帝乃敕天下人出一钱,为武帝追福。④

这样一来,孝子贤孙想为老子追福的,一定也来输产寺院了。

3. 侵占与勒取　人民捐施寺院,本是一种自动的行动,但等佛教思想深入人心及寺院的势力发展强大以后,捐施往往变成一种被动的行动。寺院如若选定了要谁捐施,便须捐施,不然便要获罪,必得恶报。东晋孝武帝时许荣曾上疏指出捐施变成勒捐的情形。他说:

---

① 《晋书》卷七七《何充传》。
② 《梁书》卷五一《张孝秀传》。
③ 《梁书》卷四〇《到溉传》。
④ 《佛祖统纪》卷三九。

流惑之徒，竞加敬事。又侵渔百姓，取财为惠，亦未合布施之道也。①

甚或恃势压迫小民，而侵占其田产。北魏神龟元年任城王澄上疏说：

天下州、镇僧寺亦然。侵夺细民，广占田宅，有伤慈矜，用长嗟苦。②

亦有与权贵勾结，强造小民献财产于寺院的。如《旧唐书·马燧传》所载马燧的事：

马燧赀货甲天下，既卒，（子）畅承旧业，屡为豪幸邀取。贞元末，中尉申志廉讽畅令献田园第宅。顺宗复赐畅。……中贵人遍取，仍指使施于佛寺，畅不敢吝，晚年财产并尽。

4.赎身钱　赎身钱虽不是寺院通常的一个财产来源，但以此寺院也确实收到一些财产。这时候寺院已许畜养寺奴，人民亦可自施身为寺奴，但已经施身之后又欲出寺者，便要纳赎身钱。梁武帝曾三次舍身同泰寺，均被其臣子赎回，前后用赎身钱至三亿万。③ 北魏时裴植的母亲也有一回舍身的故事，被儿子赎回。《魏书·裴植传》载：

植之在瀛州也，其母年逾七十，以身为婢自施三宝，布衣麻菲手执箕帚于沙门寺洒扫。植弟瑜、粲、衍并亦奴仆之服，泣涕而从，有感道俗。诸子各以布帛数百，赎免其母。于是出家为比丘尼，入嵩山。

---

① 《晋书》卷六四《会稽王道子传》。
② 《魏书》卷一一四《释老志》。
③ 《佛祖统纪》卷三七。

国家人民各方面的财富既不断地向寺院输进,寺院财产的积聚便很快地富厚起来,而且寺院不同于俗界,无分析承继之事,故寺院财富更是有积无散,日日加多。

寺院之富,我们举一个寺作例,《南齐书·萧赤斧传》载:

> 长沙寺僧业富沃,铸黄金为龙数千两埋土中,历相传付,称为下方黄铁,莫有见者。

但在寺院财产中最重要的还是土地,北朝隋唐的寺院实是大土地的所有者,与国家豪族三分天下的土地。而且寺院的土地多是地质肥沃膏腴良田。如《广弘明集》载北齐时:"凡厥良沃,悉为僧有。"[1]唐武则天时狄仁杰上疏:"膏腴美业,倍取其多;水碾庄园,数以非少。"[2]

唐以前各朝寺领土地究有多少,无留下统计,已不可知。但知唐代在武宗灭佛时,收天下寺"膏腴上田千万顷"[3]。

四、寺院的组织

(一)僧官制度

初期的寺院并没有僧官。一切僧尼都是平等的,彼此不相管

---

① 《广弘明集》卷七。

② 《旧唐书》卷八九《狄仁杰传》。

③ 《旧唐书》卷一八《武宗纪》。万国鼎以为数千万乃数十万之误。谓:"按天宝中天下田只一千四百三十万八千八百有奇,寺田决不能超过全国田亩之数,数千万当为数十万之误。"(见氏著:《中国田制史》,第215页。)

辖。盖初期寺院不积常住财产，僧尼的生活只依靠于行乞斋会或施与；而且僧尼在数量上比较少，品性尚高洁，用不着有僧官管理和统辖。晋以后情形渐渐变了，寺院财产增加，渐成为一个大财产的所有者。而且僧尼众多，良莠不齐。为管理寺产及寺尼的行为，遂产生特定的职员。这一部分人的演变，逐渐成为特殊阶级，成为僧官。

中国之寺院僧官制度，创始于后秦姚兴时代。《僧史略》载：

> 及佛教东渐，汉魏之间，如网之未设其纲，如舟未下其碇。殆姚秦之世，出家者十室而半。罗什入关，赢粮裹足而至者三千。秦主敕选道契法师为僧正，僧迁为悦众，法钦、慧斌掌僧禄，给车舆吏力。僧正秩同侍中，余则差降。此土之僧官，秦契为始也。①

僧正管些什么事呢？《僧史略》答道：

> 正，政也，自正正人，克敷政令，故云也。盖以比丘无法，如马无辔勒，牛无贯绳，渐染俗风，将乖雅教，故设有德望者，以法而绳之，令归于正，故曰僧正也。此伪秦僧契为始也。②

悦众是管些什么？《僧史略》：

> 秦西域知事僧统曰羯磨陀那，译为执事，亦曰悦众，谓知其事悦其众也。③

由此知僧正是管人的，是管人的行为及教化等事的，悦众是管财产的，是管寺院中一切杂务事项的。

---

① 《僧史略》卷中。
② 同上。
③ 同上。

僧官制度,由姚秦而下,到南北朝时,组织逐渐完备。随俗界行政区域的划分而置设僧官,与俗官并存而自成系统,以治理寺院僧众事务。

僧官制度最高的组织是昭玄,统管全国僧务。其置始于北魏。《魏书·释老志》载道:

> 先是,立监福曹,又改为昭玄,备有官属,以断僧务。

北齐时仍之,组织规模宏大。《佛祖统纪》载:

> (文宣帝)天保二年诏置昭玄十统,以沙门法上为大统,令史员置五十余人。所部僧尼,四百余万,四万余寺,咸禀风教。

隋时尚存留,《隋书·百官志》载:

> 昭玄寺掌诸佛教,置大统一人,统一人,都维那三人。亦置功曹、主簿员,以管诸州郡县沙门曹。

昭玄中主要的僧官是统及维那。统与僧正是同性质官,北魏太祖皇始中以赵郡沙门法果为沙门统,是为沙门统之起源。维那与悦众同意。维那是华梵文的并举,维是纲维,华语;那是焚语羯磨陀那删去上三字。其名亦始用于北魏①,沙门统是正职,维那是副职,《僧史略》载:

> 魏世更名僧统以为正员,置沙门都以分副翼,则都维那是也。②

又载:

> 齐(北齐)则以法上为昭玄统,法顺为沙门都,然都者虽以

---

① 《僧史略》卷中。
② 同上。

统辖之名,而降统一等也。①

又载:

及隋统一,还准北朝,用统为正,以都为副。②

僧尼有法律上的特权,僧尼犯法归昭玄判审。北魏宣武帝永平元年诏说:

缁素既殊,法律亦异。故道教彰于互显,禁劝各有所宜。自今已后,众僧犯杀人以上罪者,仍以俗断,余犯悉付昭玄,以内律僧制治之。③

各县郡州镇各设统及维那,以管理其区域内的僧务。僧官是有一定的报偿的,如姚秦时僧正食侍中秩,余官差降。而且寺院既有雄厚的财产,僧官管理之,不啻自己的私财,僧官遂成了肥位,为一般僧尼所觊觎。北魏末,四方乱起,国家府库空虚,政府遂鬻卖僧官以求充用。《魏书·食货志》载:

诸沙门有输粟四千石入京仓者,授本州统。若无本州者授大州都。若不入京仓,入外州郡仓者,三千石,畿郡都统,依州格。若输五百石入京仓者,授本郡维那。其无本郡者授以外郡。粟入外州郡仓七百石者,京仓三百石者,授县维那。

这样完备的僧官组织实是对国家统治权的一种分割。其最高机关(昭玄)虽仍属于俗世中央政府,而其内部则具有完整的自体系统,管理与俗界政府不同范围的几百万的僧众生活,宛似国家内的国家。近来不少的学者说中国没有宗教,更说中国没有宗教教

①　《僧史略》卷中。
②　同上。
③　《魏书》卷一一四《释老志》。

会的组织,他真是没有读过中国的历史了。

南朝也有僧官,宋文帝以尼宝贤为京邑尼僧正[①]。以法和为僧主[②]。武帝孝建元年以慧璩为京邑都维那。大明四年以道温为都邑僧正[③],又以法瑷为湘宫寺法主[④]。齐高帝升明元年以法持为天下僧正。建元四年以法颖为京邑僧正。武帝永明元年以长干寺玄畅、法献为僧主,分任江南北事[⑤]。梁武帝普通六年以法云为大僧正[⑥]。惟其组织系统及详情已不可知,只好从略。

唐时僧官制取消。唐初僧尼隶司宾,则天延载元年改隶祠部。玄宗开元二十四年以僧尼隶鸿胪寺,二十五年仍改隶祠部。宪宗元和二年以僧尼隶左右街功德使。武宗会昌五年改隶主客,六年仍改隶两街功德使[⑦]。

(二)寺院财产制度

寺院中是两种财产制度并行着,即寺院公有财产及僧尼私有财产。入中古时期,寺院公有财产制度也随俗界财产制度而变化,名义上是公有,实是僧尼贵族一阶级所独占。

初期的寺院是行着一种消费共产的生活,那是只有寺院公产,没有僧尼私产,僧尼是不许积蓄八不净物的,即僧尼是不许有私产

---

① 《佛祖统纪》卷三六。
② 《释氏通鉴》卷四。
③ 《佛祖统纪》卷三六。
④ 《僧史略》卷中。
⑤ 《佛祖统纪》卷三六。
⑥ 《僧史略》卷中。
⑦ 《旧唐书》卷一八《武宗纪》,《唐会要》卷四九。

的,所谓八不净物,向来解说不一。依《佛祖统纪》说:

> 案律云八不净者,一田园,二种植,三谷帛,四畜人仆,五养禽兽,六钱宝,七褥釜,八象金饰床及诸重物。①

僧尼的生活全靠社会人士的捐施或行乞来维持,不做生产事业,社会供施所得或行乞所得,皆属之寺院公有,谓之常住物,由僧尼全体共同享用。

但魏晋以后,情形变了。寺院因有免役调的特权,人民为逃避役调多来逃入寺院,落发做僧尼。一方面寺院也乐得吸收这些分子,以增殖自己的财富及势力。但这些人是为了逃避役调及影庇财产方投入寺院的,故事实上他绝不能把所有的财产都拿出来献给寺院,慢慢地慢慢地演进,于是寺院公有财产制度的精神被冲没了。

就是在经律上也渐渐有了通融,原来不能私有的八不净物现在变个说法渐可以私有,我们看北魏世宗永平二年沙门统惠深的请求,他说:

> 出家之人,不应犯法积八不净物。然经律所制,通塞有方,依律:车牛淫人不净之物,不得为己私畜。唯有老病年六十以上者,限听一乘。②

僧尼私有财产制度渐渐成立。历代君主及社会人士不少以财产施诸僧尼个人的。如北魏孝文帝之于沙门应统,岁施帛八百匹,随四时而给;又依朝官上秩,当月而施③。宋明帝时月以三万钱施

---

① 《佛祖统纪》卷四。
② 《魏书》卷一一四《释老志》。
③ 《僧史略》卷中。

道猛[1]。唐僧人寒山子诗所谓:

> 择僧烧好香,拣僧归供养。

更是指明社会人士供施僧尼个人的一般现象。

唐时僧尼也受田,《唐六典》载:

> 道士给田三十亩,女冠二十亩,僧尼亦如之。

玄宗时因寺领及僧有田地太多,诏加限制。办法:

> 天下寺观田,宜准法据僧尼道士合给数外,一切管收给贫
> 下欠田丁。其寺观常住田听以僧尼道士女冠退田充。[2]

是已完全看寺院财产及僧尼财产作两个东西了。

富足的僧尼,亦如俗人常有几百万的财产。《宋书·王僧达
传》载:

> 吴郭西台寺多富沙门。僧达求需不称意,乃遣主簿顾旷
> 率门义劫寺内沙门竺法瑶,得数百万。

又如唐时构圣善寺佛殿僧惠范,以罪没入其财,得一千三百万
贯[3]。

僧尼私产,于本人死后由寺中检收。唐德宗兴元元年敕:

> 亡僧尼财产,旧系寺中检收,送终之余,分给一众。比来
> 因事官收,并缘扰害。今并停纳,仰三纲通知,一依律文分财
> 法。[4]

寺院公有财产名义上是属于僧尼全体,由大众共同享用,僧尼

---

① 《佛祖统纪》卷三六。
② 《唐会要》卷五九。
③ 《畿辅丛书》。
④ 《佛祖统纪》卷四一。

个人不得作私开支,宋志磐说:

> 佛立禁戒,凡僧蓝钱谷蔬果器具屋庐田山是为十万僧众
> 常住之物,非己可得私用。苟掩以为私,虽四钱以上,则便成
> 为盗罪。终不免沦坠之罪。①

《佛祖统纪》上又载有两个特造的故事,以恫吓私支寺院公有
财产的人。现在抄来:

> (唐高宗显庆)五年,两京胜光寺沙门孝赟亲姻往来,数以
> 寺果啖之,未几得呕血之疾。……赟惧,即计值偿众僧,乃
> 免。②

> (唐高宗仪凤)二年,国清寺僧智瓛为直岁,将常住布十端
> 与始丰县丞李意及,久之未还。瓛死,作寺家奴,背有智瓛字。
> 既而丞亦死,亦作寺家奴,背亦有李意及字。③

但寺院的生产组织是随世俗的生产组织而变化的。在南北朝
及隋、唐初年,寺院亦如俗界一样,是行着庄园生产制。原是平等
的僧尼,划分而为许多的等级层,有沙门贵族,有僧尼大众,及僧尼
奴婢。在律文名义上虽是明示寺院常住财产属于寺中全体僧尼,
实际上则是沙门贵族一阶级所独占,任其支配及享受,大部分僧众
不过随着吃碗饭而已,哪里还说得上权,说得上所有。

(三) 寺院中之阶级构成

寺院是大土地的所有者,是庄园的所有者。所以在寺院领有

---

① 《佛祖统纪》卷三九。
② 同上。
③ 同上。

系统下的人,亦如俗界庄园中的人间关系一样,有几等阶级层。这一点前面已一再提及,现在就要从实际方面来一个分析和叙述。

寺院中的最下层阶级是农奴及奴隶,两者担负了寺领庄园的田园劳动及寺内劳动,构成寺院的基础组织。

北魏时寺院所领有的农奴及奴隶非常多。《魏书·释老志》载文成帝时:

> 昙曜奏:平齐户及诸民有能岁输谷六十斛入僧曹者,即为僧祇户,粟为一僧祇粟。至于俭岁,赈给饥民。又请民犯重罪及官奴以为佛图户,以供诸寺扫洒,岁兼营田输粟。高宗并许之,于是僧祇户、粟及寺户遍于州镇矣。

僧祇户便是寺院的农奴,寺户便是寺院的奴隶。惟按昙曜之奏请,似僧祇户中又可分两等:一是求政府拨给的——平齐户。二是人民自动充作的——岁输粟六十斛入僧曹。平齐户是国家的农奴,自动输粟的是自由民,两者因社会阶级的原来地位不同,在寺院中的阶级关系上,其地位或亦不同。但这也只是短期的形态,自由民在自动输粟成为僧祇户后,便于自由之上加了一层约束,自由不得。农民到农奴的转化,中间原都经过这个过程——先是自动的依附求保护渐渐变成隶属的关系。

向寺院输课的僧祇户,即不再向国家出租调,人民为逃国家租调多愿做僧祇户,僧祇户之能多遍州郡,即系由此原因。但寺院农奴的生活能比俗界的生活好些吗?不!这全不见得,寺院贵族不会比俗界贵族又仁慈些。不信我们看世宗永平四年尚书令高肇奏言所述僧祇户赵苟子等的生活情况,他说:

> 谨案:故沙门统昙曜昔于承明元年奏凉州军户赵苟子等

二百家为僧祇户，立课积粟，拟济饥年，不限道俗，皆以拯施。又依内律，僧祇户不得别属一寺。而都维那僧暹、僧频等，进违成旨，退乖内法，肆意任情，奏求遍召，致使吁嗟之怨，盈于行路，弃子伤生，自溢溺死，五十余人。岂是仰赞明圣慈育之意，深失陛下归依之心。遂令此等行号巷哭，叫诉无所，至乃白羽贯耳，列讼宫阙。悠悠之人尚为哀痛，况慈悲之士而可安之。请听苟子等还乡课输。俭乏之年，周给贫寠。若有不虞，以拟边捍。①

寺院贵族压榨下的农奴生活，读此可知了。

寺院奴隶除国家赐予及民犯重罪划归者外，寺院能度奴隶入寺。南北朝时期，奴隶劳动是社会的基石。寺院大批的度奴隶入寺院，动及国家社会的基础，所以北魏灵太后于熙平二年便下诏禁止私度奴婢。诏曰：

自今奴婢悉不听出家，诸王及亲贵亦不得辄启请。有犯者，以违旨论。其僧尼辄度他人奴婢者，亦移五百里外为僧。僧尼多养亲识及他人奴婢子，年大私度为弟子，自今断之。有犯还俗，被养者归本等。②

此外尚有自舍身的奴婢，即自愿地做守院的奴婢，如前面所引北魏裴植的母亲的故事，便是一例。

寺院极盛时期所占有的奴婢数，已无统计材料，但知唐武宗灭佛时尚收有天下寺院奴婢十五万人。

---

① 《魏书》卷一一四《释老志》。
② 同上。

寺院中的中间阶级是僧尼大众,在数量上占数最多。南北朝时几百万的僧尼,大部分便属于这一阶级。他们的生活又依其经济情况的差异而有不同。有的负些劳心的事务,清闲的事务,如诵经赴斋等。有的便做些劳力的事务,如田园劳动及寺院洒扫等。唐时僧人寒山子诗所谓"著却福田衣,种田讨衣食",即系指那些做田园工作的僧众。又"六时学客春,昼夜不得卧",即系指作节院劳动的僧众。

僧尼原来是不参加生产作业的,现以寺院的性质变化了,所以僧尼的性质也随之变化,寺院成为大土地和庄园的所有者,僧尼即成为寺院庄园所需要的劳动力。

僧众不但做些田园劳动,在商业发达后,寺院且驱策之以从事商贩的经营。北周释道安《二教论》说:

> 或垦植圃田,与农夫等流。或占货求财,与商民争利。①

又唐高祖《沙汰佛道诏》亦说:

> 自正觉迁谢,像法流行。末代陵迟,渐以亏滥。乃有猥贱之徒,规自尊高,浮情之人,苟避徭役。妄为剃落,托号出家。嗜欲无厌,营求不息。出入闾里,周旋阛阓。驱策畜产,聚积货财。耕织为生,估贩成业,事同编户,迹等齐人。②

寺院中最上层的阶级是沙门贵族。实际上,对内他们是寺院财产的所有者,受寺户寺奴及僧众的服侍和供养,过着安闲荣华的生活;对外他们又常是勾结俗世贵族,和他们站在一条线上,谋稳

---

① 《广弘明集》卷八。
② 《广弘明集》卷二五。

定社会秩序,稳定他们向农民的榨取关系。他们又常受俗世贵族及帝王的供养,于寺院财产收入及僧众服役外,又受国家农民的贡纳与服役。现在举几个例:如"太山竺僧朗有先知之异,晋、魏、燕、秦六天子降诏问,所供聘皆奇宝。南燕主钦其德,给二县租税,仍为立神通寺"①。又宋明帝时以沙门道猛风道多济,遂"月给钱三万,令史四人,白簿吏二十人,车及步舆各一乘"②。又以僧瑾为天下僧主,赐法杖一部,亲信二十人,月给钱三万及车舆吏力。③ 南齐高帝时,"益州刺史傅淡言沙门玄畅建斋隆寺,感青衣神人绕山守卫,敕蠲百户,用充资给"④。又天台智顗于天台建寺,"陈宣帝以师为国望,割始丰县调以充众费,蠲两户用供薪水"⑤。

由上所举各例,寺院贵族的生活可以想见,与俗世贵族实无二致。

五、寺院对国家及社会的服务

(一) 劝化人民

对国家说,寺院尽到了一些劝化人服从统治的责任。《魏书·释老志》载:

---

① 《释氏通鉴》卷三。
② 《佛祖统纪》卷三六。
③ 同上。
④ 同上。
⑤ 《释氏通鉴》卷六。

> 太宗践位,尊太祖之业,亦好黄老与又崇佛法。京邑四
> 方,建立图像,仍令沙门敷导居俗。

这"仍令沙门敷导居俗"一语就给我们一个证明。

国家要维持和巩固自己的政权,有两种必要的手段。一是武
力的压服,一是得到人民的拥护。但武力只能用于暂时,用作最后
手段。用麻醉的方法,获得人民的拥护才是维持和巩固政权的有
力方法。

寺院便很合格为一国家做这麻醉的工作,佛教思想是一种消
极的思想,出世的思想,又有轮回因果报应之说,以此向民间宣传
很能麻醉人。使人认为现社会的构成关系,人与人的关系,有做主
人有做奴隶,有做富翁有做贫汉的诸关系,是应当的合理的关系,
是因果报应,是人前世修福和作孽的结果。使人轻视现社会的榨
取关系,因之不作现社会生活解放的努力,而只追求来世的幸福。

统治者的利益,是现实社会的榨取关系,统治者的目的是在维
持现实社会的秩序,中古寺院对统治者尽到了这种责任。寺院要
使僧尼到民间去,寺院要劝化居民,寺院要以消极的出世的不争的
佛教思想,浸加到人民的脑中,要使他信轮回,要使他信因果,要使
他一个个都变成柔顺的小绵羊,无反抗地驯服地听受屠者的宰割。

唐宣宗时潭州岳麓寺的一个和尚上了一个奏疏,疏中活供出
寺院的这层作用——为统治者服务,劝化民众服从统治的作
用——他说:

> 暨三代之季,风俗大败,诈力相乘,废井田则唯务兼并,贪
> 土宅则日事战争。奸邪于是肆其志,贤士不能容其身。以故
> 上下相仇,而激为怨俗也。释氏之教,以清净自居,柔和自抑,

则怨争可得而息也。以因果为言,穷达为分,则贵贱可得而安也。怨争息则干戈盗贼之不兴,贵贱安则君臣民庶有别。此佛圣人所以救衰世之道也。不有释氏,尚安救之哉![1]

寺院这种职能,国家也是很清楚地认识的,看何尚之对宋文帝的话,他说:

> 慧远云:释迦之教,无所不可。适道固是教源,齐俗亦为要务。窃味此言,有契至理。何则? 百家之乡,十家持五戒,则十人淳谨。千室之邑,百人修十善,则百人和睦。传此风教以周寰区,编户千亿则仁人百万。能行一善则去一恶,去一恶则息一刑。一刑息于家,万刑息于国。刑息于国,此明诏所谓坐致太平者是也。[2]

于此我们很清楚地认识了国家所以保护寺院的原因,我们也很清楚地认识了寺院为国家劝化居民的功用。

(二) 对人民之保护与教育

魏晋以后,无论五胡乱华时期,或南北朝时期,在统治阶级除少数几个君主不信佛毁废僧寺外,大多数都是崇信佛教,保护寺院,加敬沙门的。国家对寺院的保护无疑地给寺院一种保护人民的力。

在荒乱的时候,当然是人民生活最苦的时候,那些将军丘八们,尤其是北方的那些蛮兵蛮将,都是非常残酷的,到处焚杀,到处

---

① 《佛祖统纪》卷四二。
② 《释氏通鉴》卷四。

劫掠。但在这残干蛮行中，他们对僧寺却要致敬，却要保护，如北魏太祖初平中山，经略赵燕，所径郡国僧寺，见诸沙门皆致精敬，禁军旅无有所犯[1]。人谁不乐生怕死呢？于是便多逃进寺院以求保护。

而且到寺院势力稍强之后，每个寺院简直成了一方人民的租界，财物的存放地。如北魏太武帝太平真君七年，帝因讨盖吴到长安，因事又怀疑长安寺僧，遂命人搜查全寺，结果得"州郡牧守富人所寄藏物，盖以万计"[2]。牧守富人都是有自保力的人物，他们的财产还要寺院来保护，寺院对人民之保护职能可见。

寺院有法律及免租役的特权，就在平时，人民在干犯国家法纪的时候，也多向寺院逃窜。如宋文帝沙汰僧尼诏所谓：

佛法讹替，沙门混杂，未足鸿济鸿教，而专成逋薮。[3]

又唐武则天时狄仁杰上疏所说：

逃丁避罪，并集法门，无名之僧，凡有几万。[4]

其次寺院还作了教育的机关。自永嘉之乱以后，北方社会完全陷于混乱的状态，教育事业更陷于停废，北朝时虽已安静向荣，但教育制度迄未恢复旧观。

中古时代维持一线社会教育事业的便是寺院。大和尚多是读书识字的，寺院多附设一些读书的地方以教育一方的儿童。寺院对教育的服务，一直到后世还能看到，北宋时的大人物范仲淹幼年

---

① 《魏书》卷一一四《释老志》。
② 同上。
③ 《广弘明集》卷二四。
④ 《旧唐书》卷八九《狄仁杰传》。

便在寺院里读过书。

（三）救济贫穷

寺院财富积聚雄厚，单是僧尼的生活费用消费不了这样多。一方面又以交换的不发达不好卖出。于是寺院便以之做起救济贫穷及灾荒的事业。由社会得来的财富，现在又转而贡献给社会。随着历史的进展，渐渐成为寺院的一种固定的必要的工作，北魏文成帝时且创置僧祇粟之制，特划出一部分人做僧祇户，以其每岁课纳专作救济贫穷及灾荒之用。《魏书·释老志》载：

> 昙曜奏：平齐户及诸民有能岁输谷六十斛入僧曹者，即为僧祇户，粟为僧祇粟。至于俭岁，赈给饥民。……高宗并许之，于是僧祇户……遍于州镇矣。

北齐武平六年，大水为灾，人民饥馑。七年，后主特诏寺院救济流亡[1]。富足慈悲的僧人，亦多出私财以救济贫穷。如刘宋时道猛法师每由宋明帝那拿到三万钱，自己不花皆用以救济贫穷[2]。唐至德二年僧人英干于成都南市广衢施粥食，以济贫穷等[3]。

唐代寺院有悲田悲坊之设，以赈济及宿留贫穷废疾之人。武宗灭佛，恐贫病失告，改名养病坊，仍拨一部分寺产使之存在。《唐会要》载：

> 会昌五年十一月李德裕奏，……今缘诸道僧尼尽以还俗，悲田坊无人主领，恐贫病无告，必大至困穷。臣等商量，悲田

---

① 《北齐书》卷八《后主纪》。
② 《释氏通鉴》卷四。
③ 《佛祖统纪》卷四〇。

出于释教,并望改为养病坊,其两京及诸州各于录事者寿中拣一人有名行谨信为乡里所称者专令勾当。其两京望给寺田十顷,大州镇望给田七顷,其他诸州望委观察使量贫病多少给田五顷,以充粥食。如州镇有羡余官钱,量予置本收利,最为稳便。敕:悲田养病坊缘僧尼还俗,无人主持,恐残疾无以取给。两京量给寺田拯济,诸州府七顷至十顷,各于本置选者寿一人勾当,以充粥料。①

北魏中叶以后,北方商业也渐渐发达起来,寺院可以以所有易所无,以用不着用不了的物品去换取所需要的物品。于是赈济事业便发生许多流弊,慈善赈施变成高利贷,变成寺院获得更多财富剥削人民的手段②。

不过寺院赈济究是一种事实,初期的寺院也确是热心诚意地来办理,这一点无论如何是不能一笔抹杀的。

六、寺院生活之堕落与俗化

(一)酒肉与女人

魏晋以下,寺院在财富上势力上是大大发展了。但随此各方面的发展及僧尼的众多混杂,寺院的戒律生活却日渐破坏,生活日渐堕落和俗化骄奢淫侈,恣情肆乐,花天酒地,无恶不为,凡俗界所

---

① 《唐会要》卷四九。
② 详见本文第六部分《寺院生活之堕落与俗化》。

能发生的秽行丑事，无不于寺院中发生。更以僧尼不许婚嫁的关系，其淫乱之事，演出更多。从生活方面看，真的是迹等齐人。

僧尼生活的腐化，远在石勒时已经发生。《高僧传·佛图澄传》说：

> 澄道化既行，民多奉佛。皆营造寺庙，相竞出家。真伪混淆，多生愆过。

稍晚一点，南朝寺院生活也开始堕落。东晋孝武帝不亲万机，但与道子酣歌为务，亲昵僧尼。许荣上疏曰：

> 僧尼乳母，竞进亲党，又受货赂，辄临官领众，……臣闻佛者清远玄虚之神，以五诫为敬，绝酒不淫。而今之奉者，秽慢阿尼，酒色是耽……尼僧成群，依傍法服，五诫粗法，尚不能尊，况精妙乎。①

北魏初年寺院生活的腐化，太武帝太平真君七年所破抄之长安寺的情形，可作一个缩影，《魏书·释老志》载：

> 盖吴反杏城，关中骚动。帝乃西伐至于长安。先是长安沙门种麦寺内，御驺牧马于麦中。帝入观马。沙门饮从官酒，从官入其便室，见大有弓矢矛楯，出以奏闻。帝怒曰："此非沙门所用，当与盖吴通谋，规害人耳！"夕命有司案诛一寺，阅其财产，大得酿酒具及州郡牧守富人所寄藏物，盖以万计。又为屈室，与贵室女私行淫乱。

太武帝即以此灭佛，毁废寺院。

孝明帝神龟年间任城王澄奏疏，有一段述及当日一般僧尼的

---

① 《晋书》卷六四《会稽王道子传》。

情况,他说:

> 今之僧寺无处不有,或比满城邑之中,或连溢屠沽之肆,
> 或三五少僧,共为一寺。梵唱屠音,连檐接响,像塔缠于腥臊,
> 性灵没于嗜欲。真伪混同,往来纷杂。下司因习而莫非,僧曹
> 对制而不问。其于污染真行,尘秽练僧,薰获同器。不亦甚
> 欤![①]

北齐时渤海人刘昼上书,于详说僧尼避逃役调之后,接述寺院
之生活说:

> 又诋诃淫荡,有尼有优婆夷,实是僧之妻妾。损胎杀子,
> 其状难言。今僧尼二百许万,并俗女向有四百余万;六月一损
> 胎,如是则年族二百万户矣。[②]

章仇子陀上疏也说:

> 自魏晋以来,胡妖乱华。背君叛父,不妻不父。而奸荡奢
> 侈,控御威福。坐受加敬,轻欺土俗。妃主昼入僧房,子弟夜
> 宿尼室。[③]

北齐皇后没有好人,武成皇后就与沙门昙献通奸。昙献且以
这种关系得为沙门统。《北齐书·皇后传》记这段故事:

> (后)自武成崩后,数出诣佛寺。又与沙门昙献通。布金
> 钱于献席下,又挂宝装胡床于献屋壁,武成生平之所御也。乃
> 置百僧于内殿,托以听讲,日夜与昙献寝处,以献为昭玄统。
> 僧徒遥指太后以弄昙献,乃至谓之为太上者。帝闻太后不谨,

---

① 《魏书》卷一一四《释老志》。
② 《广弘明集》卷六。
③ 《广弘明集》卷七。

而未之信。后朝太后见二少尼，悦而召之，乃男子也。于是昙献事亦发，皆伏法。

北周时释道安著《二教论》以毁非儒道，然讲到寺院僧尼的生活，他也不能不承认有如下的情形：

> 然释训稍陵，竟为奢侈。上减父母之资，下损妻孥之分。斋会尽肴膳之甘，塔寺极庄严之美。罄私家之年储，费军国之资宝……或垦植圃田，与农夫等流。或估货求财，与商民争利。或交托贵豪，以自矜豪。或占算吉凶，殉与名誉，遂使澄源渐浊，流浪转浑。①

唐代僧尼生活，我们看唐高祖的《沙汰佛道诏》：

> 自正觉迁谢，像法流行，末代陵迟，渐以亏滥，乃有狠贱之徒，规自尊高，浮隋之人，苟避徭役，妄为剃落，托号出家，嗜欲无厌，营求不息，出入闾里，周旋阛阓，……进违戒律之文，退无礼典之训。至乃亲行劫掠，躬自穿窬，造作妖讹，交通豪猾，伽蓝之地，本日净居，栖心之所，理尚幽寂。近代以来，多立寺舍，不求闲旷之境，唯趋喧杂之方。缮筑崎岖，甍宇舛错。招来隐匿，诱纳奸邪。或有接近廓邸，邻迩屠酤，埃尘满室，膻腥盈道。②

中宗时辛替否上疏也述当时之僧尼生活道：

> 臣以为出家者舍尘俗离朋党无私爱。今殖货营生，仗亲树党，畜养妻子，是致人以毁道，非广道以求人。③

---

① 《广弘明集》卷八。
② 《广弘明集》卷二五。
③ 《唐会要》卷四八。

《畿辅丛书》亦载唐时京城佛寺,多有幽房说:

> 京城佛寺,率非真僧。曲槛回廊,户牖重复。有一僧堂,
> 当门有柜,扁锁甚牢,知者云:自柜而入,则别有幽房深阁,诘
> 曲深严。囊橐奸回,何所不有。

清虚栖心之所变成了秽污之坑,品清欲灭的僧尼变成无恶不
作的恶汉淫妇。

(二) 高利贷息

商品经济发达以后,财富的蓄积增值成为一般的要求,从前寺
院僧尼自己消费不了的财富多用以施济贫穷,现在却用以作获得
更多的财富的手段,以高利贷息的形态出现了。

寺院放债的事,北魏时已发生,世宗永平二年沙门统惠深上奏
已说:

> 比来僧尼,或因三宝,出贷私财。①

僧祇粟创制于北魏高宗时,乃专为救济贫民及贫僧而设。其
后主其事者从中作弊,竟成为高利贷息的资本,救人者适成为害
人。世宗永平四年诏:

> 僧祇之粟,本期济施。俭年出贷,丰则收入。山林僧尼,
> 随以给施;民有窘弊,亦即赈之。但主司冒利,规取赢息,及其
> 征责,不计水旱,或偿利过本,或翻改券契,侵蠹贫下,莫知纪
> 极。细民嗟毒,岁月滋深。②

---

① 《魏书》卷一一四《释老志》。
② 同上。

甚且寺院僧尼放债,官府为之都讨。北齐苏琼为齐州太守时,就有这样一段故事:

> 道人道研为齐州沙门统,资产巨富。在郡多有出息,常得郡县为征。及欲求谒,(琼)度知其意,每见则谈问玄理,应对肃敬。研虽为债数来,无由启口。其弟子问其故,研曰:"每见府君,径将我入青云间,何由得论地上事。"①

高利贷息是农民破产的原因之一。农民借贷时,往往以土地作抵押。在还债时无钱还偿,于是便丧失了土地,寺院以高利贷息为手段,恐怕也要得到不少的土地。

(三) 劝化职能的消失

上章说寺院常为国家尽劝化、教导人民的责任,但因种种原因,这种职能却逐渐消失。

第一,因僧尼德性的堕落及本质的污劣,根本已无担负这种责任的能力。中古的僧尼,修行一层实谈不到。出家人除前所述逃避役调一原因外,尚有两个原因:一是为吃饭,二是为逃罪。

寺院既保有雄富的常住财产,一般没法在社会上生活的人,便相率而逃入寺院以求饭吃,寺院也乐得收留他们,以增加劳动力。唐时僧人拾得说:

> 佛舍尊荣乐,为愍诸痴子,早愿悟无生,办集无上事。后来出家者,多缘无业次。不能得衣食,头钻入于寺。②

---

① 《北齐书》卷四六《苏琼传》。
② 《三隐集》。

这"不能得衣食,头钻入于寺"两句,指明了当日一般僧尼多是为吃饭问题而入寺院的实情。中世纪供施沙门成一种社会风气,故僧尼行乞度活也比俗人容易,穷人不能生活,为行乞也多出家。如《陈书》所载徐孝克故事:

> 梁末,侯景寇乱,京邑大饥,饿死者十八九。孝克养母馓粥,不能给……孝克又剃发为沙门……兼乞食以充给焉。①

寺院在法律上有特权,僧尼犯法,由内律制之。因之人多为逃罪出家以求庇护。宋文帝沙汰僧尼诏所谓:

> 佛法讹替,沙门混杂,未足鸿济鸿教,而专成逋薮。②

及唐武则天时狄仁杰上疏所说:

> 逃丁避罪,并集法门,无名之僧,凡有几万。③

就是指明这种事实。为吃饭逃罪而入寺院的僧尼,我们固难一概说他们全部是品性恶劣的人,但至少这些人在德业上品识上总要稍差一点。这些人在国家看来是没有用处的,他们没有能力再去劝化居民。唐德宗时彭偃议沙汰佛道已很清楚地认明这一点,他说:

> 当今道士,有名无实,时俗鲜重,乱政犹轻。唯有僧尼,颇为秽杂。自西方之教,被于中国,去圣日远。空门不行五浊,比丘但行粗法。爰自后汉至于陈隋,僧之废灭其亦数乎!或至坑杀,殆无遗余。前代帝王,岂恶僧道之善如此之深耶?盖其乱人,亦已甚矣。且佛之立教,清净无为,若以色见即是邪法。开示悟入,唯有一门,所以三乘之人比之外道。况今出家

---

① 《陈书》卷二六《徐孝克传》。
② 《广弘明集》卷二四。
③ 《旧唐书》卷八九《狄仁杰传》。

者皆是无识下劣之流,纵其戒行高洁,在于王者已无用矣,况是苟避征徭,于杀盗淫秽无所不犯者乎![1]

第二,这些秽杂的僧尼到民间去不但不能劝化居民,而且常常构成致乱之源,引起骚乱,危及国家社会的治安。这种现象在北魏时已经发生,所以政府对那些原希望他到乡下去教导居民的僧众的行动,不得不加以限制。孝文帝延兴二年诏:

> 比丘不在寺舍,游涉村落,交通奸猾,经历年岁。令民间五五相保,不得容止。无籍之僧,精加隐括,有者送付州镇,其在畿郡,送付本曹。若为三宝巡民教化者,在外赍州镇维那文移,在台者赍都维那印牒,然后听行。违者加罪。[2]

永平二年沙门统惠深上奏也说:

> 或有不安寺舍,游止民间,乱道生过,皆由此等。若有犯者,脱服还民。[3]

神龟元年任城王澄上奏,更深切指出僧尼设教惑众是社会治安上的一种危险,他说:

> 往在北代,有法秀之谋;近日冀州,遭大乘之变。皆初假神教,以惑众心,终设奸诳,用逞私悖。[4]

唐初反对佛教最力的傅奕也说:

> 昔褒姒一女,妖惑幽主,尚致亡国;况天下僧尼,数盈十

---

[1] 《旧唐书》卷一二七《彭偃传》。
[2] 《魏书》卷一一四《释老志》。
[3] 同上。
[4] 同上。

万,剪刻缯彩,装束泥人,而为厌魅,迷惑万姓者乎![1]

又说:

> 不忠不孝,削发而揖君亲;游手游食,易服以逃租赋。演其妖书,述其邪法,伪启三途,谬张六道,恐吓愚夫,诈欺庸品。……乃追既往之罪,虚规将来之福。布施一钱,希万倍之报;持斋一日,冀百日之粮。……且生死寿夭,由于自然,刑德威福,关之人主;乃谓贫富贵贱功业所招,而愚僧矫诈,皆云由佛。窃人主之权,擅造化之力。其为害政,良可悲矣![2]

他又从实际方面,估计寺院的势力说:

> 妖胡虚说造寺之福,庸人信之,角营塔寺。小寺百僧,大寺二百。以兵率之,五寺强成一旅。总计诸寺,兵多六军。侵食民生,国家大患。[3]

僧尼作乱是实在情形,中古时代不少的暴动都是由僧尼所领导,傅奕已指出几次大者以作反佛的根据,他说:"寺饶僧众,妖孽必作。"[4]如后赵沙门张光,后燕沙门法长,南京道密,魏孝文帝时法秀,太和时惠仰等,皆作乱者。

一方面僧尼品质秽杂已无负起劝化责任的能力,一方面这些秽杂的僧尼到民间去又常常构成悖乱,于是寺院劝化人民教导居俗的职能,至此便完全消失了。

---

[1]　《旧唐书》卷七九《傅奕传》。
[2]　同上。
[3]　《广弘明集》卷七。
[4]　《广弘明集》卷一一。

七、寺院与君主的三次大冲突

(一) 北魏太武帝时之冲突

随寺院势力的发展,与君主渐渐发生冲突,中古时代寺院与君主大的冲突,一共有三次,即北魏太武帝时,北周武帝时,及唐武宗时,佛教史上所谓三武之祸。

北魏太武帝太平真君七年,寺院与君主的冲突作第一次的尖锐的爆发。此事之起因经过和结果,《魏书·释老志》记之颇详,今抄之如下:

世祖即位,富于春秋。既而锐志武功,每以平定祸乱为先。虽归宗佛法,敬重沙门,而未存览经教,深求缘报之意。及得寇谦之道,帝以清净无为,有仙化之证,遂信行其术。时司徒崔浩博学多闻,帝每访以大事。浩奉谦之道,尤不信佛,与帝言,数加非毁,常谓虚诞为世费害。帝以其辩博,颇信之。会盖吴反杏城,关中骚动,帝乃西伐,至于长安。先是长安沙门种麦寺内,御驺牧马于麦中,帝入观马。沙门饮从官酒,从官入其便室,见大有弓矢矛楯,出以奏闻。帝怒曰:"此非沙门所用,当与盖吴通谋,规害人耳!"命有司案诛一寺,阅其财产,大得酿酒具及州郡牧守富人所寄藏物,盖以万计。又为屈室,与贵室女私行淫乱。帝既忿沙门非法,浩时从行,因进其说。诏诛长老沙门,焚破佛像,敕留台下四方,令一依长安行事。又诏曰:"……自王公已下,有私养沙门者,皆送官曹,不得隐匿。限今年二月十五日,过期不出,沙门身死,容止者诛一门。"……乃下诏曰:"……自今以后,敢有事胡神及造形像泥人、铜人者门诛。虽言胡神,问今胡人,共云无有。皆是前世汉人无赖子弟刘元真、吕伯彊之徒,乞胡之诞言,用老庄之虚假,附而益之,皆非真实。……有司宣告征镇诸军、刺史,诸有佛图形象及胡经,尽皆击破焚烧,沙门无少长悉坑之。"是岁,真君七年三月也。

根据以上,知太武帝灭佛有宗教的原因,也有势力的冲突。寺院有武器的设备,富人、牧守都存放珍贵物品于寺院以求保护,则寺院在地方上的地位及其威势已大可看出。这对统治者确乎是一种危胘,太武帝遂不得不出于扑灭之途。

太武帝的儿子(恭宗)是崇信佛教的,他虽力谏而未得结果,但使诏书晚下了几天,僧尼借机逃窜到南方的不少。当时魏宋对峙,宋不禁灭,僧尼们当然往那里去了。

不到多少年,太武帝死了,他的孙子文成帝即位,便又兴佛法,诏于诸州郡建佛图一区,从前被毁坏的,一时又皆修复,寺院遂又大兴起来。

(二)北周武帝时之冲突

北周武帝之废灭寺院有两次,一次在建德三年,废周之寺院,一次在建德六年,时刚灭齐,废齐之寺院。

这次事件发生的原因主要有两点:

1.权势的冲突 寺院有几百万的民众,在统治者眼中确是一件可怕的事象。所以自北魏末年以来,为国家着想的官僚看到这一点的,都极力对寺院提出攻击。如任城王澄便是一个。他的上疏,如我们前面所曾引到的,一再申述僧尼之悖乱行为,认为宗教宣传使寺院组织了一大部民众,一旦爆发起来,实非国家之福。

这种实际的势力关系,且进而反映于当日的意识形态,在北魏末年有一种谶纬发生,说是有黑者当立为天子。此谶纬一传,引起统治阶级极大的恐慌。他们便怀疑到佛教,怀疑到僧尼。北齐文宣曾以此想灭佛,北周宇文黑獭,初曾想以自己来应谶纬,改朝野服为黑色,但到武帝时仍不放心,于是便实行废寺灭法。这段事《广弘明集》卷六记之颇详,我们不妨抄来,以作参考:

> 周祖已前,有忌黑者,云有黑人次膺天位。故齐宣惶怖,欲诛稠禅师。稠以情问,云:有黑人当临天位。稠曰:斯浪言也。黑无过漆,漆可作耶!齐宣妄解,手杀第七弟涣,故可笑也。周太祖初承俗谶,我名黑泰,可以当之。既入关中,改为黑皂,朝章野服,咸悉同之。令僧悉衣黄以从谶纬。武帝雄略,初不齿之。张宾定霸,元嵩赋诗,重道疑佛,将行废立。有实禅师者释门之望,帝亦钦重,私问后运是谁应得,实曰:非僧所知。帝曰:如戏谶所传云。黑者应得,僧多衣黑,窃有所疑。实曰:僧但一身谁所扶翼,决非僧也。帝曰:僧非得者,黑者为谁?实曰:至尊大人,保信浪语,外相若闻,岂言至圣。黑者大有,老乌亦黑,大豆亦黑,如是非一,可亦得耶?帝闻有乌姓窦姓者,假过诛之。元其情本,拟意在释,遂即荡除。

我们认为是社会关系产生谶纬,绝不能先有谶纬以预言社会关系。在社会将要变乱的时候,往往有谶纬迷说发生,而这种谶纬,真切地代表新兴势力的面目。黑者当立的谶说,能使统治者怀疑寺院,一方面表示统治者对寺院势力的忌恐,一方面也点明了寺院势力的真面。

2.租赋的冲突 寺院的发达,及大人口的占有,不但在势力上发生冲突,即使寺院僧尼假定都能安分守己的过活,不作出轨的行动,而其在租赋上的分割,也是要引起统治阶级的反对的。

如前所述,中古时代的赋税制度,以户口作课征单位。僧尼有免租赋的特权。故寺院多一僧尼,国家便少一税户。现在我们把北朝三朝僧尼数与国家人口作个比较,以见寺院对国家租赋分割之甚:

时　代	僧　尼	人　口
北　魏	二,〇〇〇,〇〇〇	三二,〇〇〇,〇〇〇①
北　齐	三,〇〇〇,〇〇〇	二〇,〇〇〇,〇〇〇②
北　周	二,〇〇〇,〇〇〇	九,〇〇〇,〇〇〇③

所引人口统计当然难以真确,而且与僧尼的统计又非同时的统计,按理不能作比较,此强比不过看其大势情形。

在这个僧数的统计中,尚只是指单纯的僧尼而言,寺院所领有的属户及奴隶尚不在内,而这些属户、奴隶之数量也是很多的,《魏书·释老志》谓僧祇户遍州镇,可证僧祇户之多,灵太后诏禁私度奴隶,可见寺院之奴隶也一定不少。

---

① 《文献通考》卷一〇《户口考》:"后魏正光以前时惟全盛户口之数,比夫晋太康倍余矣。"又:"按太康平吴后户二百四十五万九千八百,口千六百一十六万三千八百六十三。"故约定北魏人口为三千二百万。

② 《周书》卷六《武帝纪下》:建德六年灭齐,收户三百三十万二千五百二十八,口二千万六千六百八十六。

③ 《文献通考》卷一〇《户口考》:北周"大象中有户三百五十九万,口九百万九千六百四"。

租税分割是国家的一大损失,在前代统治者已多有感到,如前所引,石虎给中书令的信,已说到人民为避租调而入寺院,桓玄时已为此沙汰僧尼。北魏文帝时,有司奏请勒僧还俗输课。北齐时有僧三百万,而感到僧尼对国家租调的分割也以北齐为最甚,如文宣时之诏书所说:

> 自祖龙寝迹,刘庄感梦,从此以后,纷然随广。至有委亲遗累,弃国忘家。馆舍盈于山薮,伽蓝逮于州郡……乃有缁衣之众,参半于平俗;黄服之徒,数过于正户,所以国给为此不足,王用因兹取乏。①

说周武帝灭佛是由租赋分割的冲突,由他自己的话可以得到证明。破齐后,他向沙门任道林追述废佛的效果说:

> 自废已来,民役稍希,租调年增,兵师日盛。东平齐国,西定妖戎,国安民乐,岂非有益。②

所以废佛的办法是勒迫僧尼还俗输课,已不同于北魏太武帝要把僧尼一齐坑杀的态度了。

以上是说周武帝与寺院冲突的原因,以下再略述其经过。

武帝即位后,亲信道士张宾,自己"亲受符箓,躬服衣冠"。疑黑者当立为天子的谶纬,即想废毁佛教。天和四年三月十五日、二十日,及四月初,曾三次召集僧众、儒生、道士、文武百官以集议儒、释、道三教先后问题,想尊道黜佛。天和五年甄鸾上《笑道论》,以骂辱道教,帝命焚毁于庭。沙门释道安亦上《二教论》,以尊佛攘

① 《广弘明集》卷二四。
② 《广弘明集》卷一〇。

道。当时群臣也多佑护佛教，武帝没有办法，废佛之图，暂时停止。但不到五年，事情终于爆发。建德三年五月十七日：

> 初断佛、道两教，沙门、道士并令还俗。三宝财富，散给臣下，寺观塔庙，赐给王公。①

当时：

> 国境僧、道反俗者，二百余万。②

但道士从头到底都是陪角，武帝乃格于众论，灭佛不得不灭道。所以不到一个月便又诏立通道观。且事实上道教势力也很小，二百万僧、道中，道士也或者能占个三万两万，大多数是僧尼。

建德六年（齐承光元年）春，东平高齐，武帝召前修大德并赴殿集，帝升御座，发表他废佛的主张，说：

> 真佛无像，遥敬表心。佛经广叹崇建图塔，壮丽修造，致福极多。此实无情，何能恩惠？愚人向信，倾竭珍财，徒为引费，故须除荡。故凡是经像，皆毁灭之。父母恩重，沙门不敬。悖逆之甚，国法不容。并退还家，用崇孝治。③

释惠远厉色抗争，与武帝辩论许久。但废志已决，无可挽回，于是齐境之寺院僧尼一齐废除。《广弘明集》载：

> 尔时魏齐东川佛法崇盛，见成寺庙出四十千，并赐王公充为第宅。五众释门减三百万，皆复军民，还归编户。融刓佛像，焚烧经教。三宝福财，簿录入官，登即赏赐，分散荡尽。④

---

① 《广弘明集》卷八。
② 《佛祖统纪》卷三九。
③ 《广弘明集》卷一〇。
④ 同上。

君主是城市经济——商业资本社会的代表,王公贵族同寺院都是庄园制度——封建社会的代表,武帝怕他废毁寺院引起王公贵族兔死狐悲之感,将要联合对他不利,所以才用分赃的办法,自己要税户,分王公贵族以佛寺。以利引他们,使他们安心。

北方寺院的势力算是荡除殆尽了,直到隋文帝时才又渐渐恢复。

(三) 唐武宗与寺院之冲突

唐武宗时君主与寺院发生第三次冲突。时正是反对佛教最力的李德裕执政的时期,武宗听他及道士赵归真、刘玄清的话,于会昌五年实行灭佛,拆庙宇、罢僧尼,结果:

> 天下所拆寺四千六百余所。还俗僧尼二十六万余人,收充两税户。拆招提阑若四万余所,收膏腴上田数千万顷,[1]收奴婢为两税户十五万人。[2]

武宗灾佛时下有诏书以说明他灭佛的意旨及原因,制曰:

> 朕闻三代已前,未常言佛。汉魏以后,像教寖兴。是由季时,传此异俗。因缘染习,蔓衍滋多。以至于蠹耗国风,而渐不觉;诱惑人意,而众益迷。洎于九州山原,两京城阙,僧徒日广,佛寺日崇。劳人力于土木之功,夺人利于金宝之饰,遗君亲于师资之际,违配偶于戒律之间。坏法害人,无逾此道。且一夫不田有受其饥者,一妇不蚕有受其寒者。今天下僧尼不

---

① 依万国鼎先生意见,千应作十。

② 《唐会要》卷四七所载会昌五年八月制。

可胜数,皆待农而食,待蚕而衣。寺宇招提,莫知纪极,皆云构藻饰,僭拟官居。晋、宋、齐、梁物力凋瘵,风俗浇诈,莫不由是而致也。况我高祖、太宗以武定祸乱,以文理华夏。执此二柄,足以经邦,岂可以区区西方之教与我抗衡哉!贞观、开元亦尝厘革,刬除不尽,流行转滋。朕博览前言,旁求奥议。弊之可革,断在不疑。而中外诚臣,协予至意,条疏至当,宜在必行。惩千古之蠹源,成百王之典法,济人利众,予何让焉。①

拿诏书来分析,知武宗灭佛的主要的原因是:

1. 由于修筑佛寺破坏国家及人民的财力　魏晋以来,国家人民为要福去罪而修筑佛寺竞尚华丽的情况,前第三章已略述。但这样的修建,大兴土木对国家财富是具有莫大的破坏力的,所以唐代以来,一些有远见的官僚,已看出这种危急,对修筑佛寺提出攻击和反对者很多。高祖武德四年傅奕上表:

广置伽蓝,壮丽非一。劳役工匠,独坐泥胡。撞华夏之洪钟,集蕃僧之伪众;动淳民之耳目,索营私之贪贿。女工罗绮,剪作淫祀之幡。巧匠一金银,散雕舍利之家。粳案面米,横设僧尼之会,香油腊烛,枉照胡神之堂,剥削民财,割截国贮。朝廷、贵臣,曾不一悟,良可痛哉。②

武则天久视元年欲造大像,令天下僧尼日出一钱。狄仁杰上疏反对,他说:

今之伽蓝,制过宫阙。穷奢极壮,画绘尽工。宝珠殚于缀

---

① 《旧唐书》卷一八《武宗纪》。
② 《广弘明集》卷一一。

饰,瑰材竭于轮奂。工不使鬼,止在役人。物不天来,终须地出。不损百姓,将何以求?①

长安四年则天又欲课僧尼造大像,李峤上疏反对,说,

> 臣以法五慈敏,菩萨护持。唯拟饶益众生,非要修营土木。殿堂佛宇处处皆有,见在足堪供养,无烦更有修营。窃见白马坂欲造大像,虽税非户口钱出,僧尼不得州县私承必是不能济办。终须科率,岂免劳扰。但天下编户贫弱者众,亦有庸力客作以济糇粮,亦有卖舍贴田以供王役。伏闻修造之钱,见有一十七万余贯。若将散施,广济贫穷,人与一千,自然济得一十七万余户。拯饥寒之弊,省劳役之勤……开此恩造,谁不感悦。②

中宗一朝,造寺不止,枉费财币数百万,百姓劳弊,币藏为之空竭,韦嗣立上疏论谏,他说:

> 臣窃见比者营造寺观,其数极多,皆务取宏博,竞崇瑰丽。大则费耗百十万,小则尚用三五万余,略计都用资财,动至千万已上。运转木石,人牛不停,废人功,害农务,事既非急,时多怨咨。……世俗众僧,未通其旨,不虑府库空竭,不思圣人忧劳;谓广树福田,即是增修法教。倘水旱为灾,人至饥馁,夷狄作梗,兵无资粮,陛下虽有龙象如云,伽蓝概日,岂能裨万分之一,救元元之苦哉。③

辛替否上疏也说:

---

① 《旧唐书》卷八九《狄仁杰传》。
② 《唐会要》卷四九。
③ 《旧唐书》卷八八《韦嗣立传》。

今天下之寺,盖无其数。一寺当陛下一官,壮丽之甚矣!用度过之矣!是十分天下之财,而佛有七八,陛下何有之矣!百姓何食之矣!虽以阴阳为炭,万物为铜,役不食之人,使不衣之士,犹尚不给,况资于天生地养,风动雨润,而后得之乎?①

建寺费财劳人的争斗至武宗而爆发,诏书所谓"佛寺日崇,劳人力于土木之功,夺人利于金宝之饰"及"寺宇招提,莫知纪极,皆云构藻饰,僭拟宫室",便是此意。

2.租税与生产劳动的冲突　唐代人户为逃避国家的租调而投入寺院的情形,已在第三章述僧尼盛多之原因时述及,此地不再赘。唐代寺院对国家租调分割之甚,使辛替否有这样感愤的话。他说:

当今出财依势者尽度为沙弥,避役好诳者尽度为沙弥,其所未度惟贫人与善人耳,将何以作范乎?将何以租赋乎?将何以力役乎?②

这些僧尼不但自己不出租赋,而且不参加生产劳动,专靠社会的供养而生活,而且生活非常奢华。德宗时彭偃议佛、道二教,说:

臣闻天下烝人,必将有职,游行浮食,王制所禁。故有才者受爵禄,不肖者出租征,此古之常道也。今天下僧道,不耕而食,不织而衣,广作危言险语以惑愚者。一僧衣食,岁计约三万余,五丁所出,不能致此。举一僧以计天下,其费可知。③

----

①　《旧唐书》卷一一九《辛替否传》。
②　《唐会要》卷四八。
③　《旧唐书》卷一二七《彭偃传》。

此地应当作一点说明，即前第四章引唐高祖《沙汰佛道诏》说僧尼"耕织为生，估贩成业"，此地彭偃议又说僧尼"不耕而食，不织而衣"，究竟哪对哪错，哪是事实哪不是事实呢？我想两者都对，都是事实。前者是由观察低级僧众生活而得的结果，后者乃是观察高级贵族僧众生活而得的结果。两者都是事实，两者都是事实的一面。

武宗灭佛，僧尼不生产的寄生生活也是个原因，诏书中所以说"今天下僧尼不可胜数，皆待农而食，待蚕而衣"。

3. 由于寺院之惑民乱政　寺院深入民间，其宣传、其斋会皆足以改变人心，吸收人心，而危及国家的治安。此点第六章叙寺院劝化职能之消失时已有说明。这也是武宗灭佛的一个原因，此诏书之所以说"高祖、太宗以武定祸乱，以文理华夏。执此二柄，足以经邦，岂可以区区西方之教，与我抗衡哉"也。

除此以外，铜的问题也是武宗灭佛的一个原因。

寺院造像铸钟用铜很多，现在略说几个例子：北魏文成帝兴光元年于五缎大寺为太祖以下五帝铸释迦像五躯，各长一丈六尺，用铜二万五千斤。皇兴元年于天宫寺造释迦像高四十三尺，用铜十万斤。隋文帝死，炀帝为造金铜像百万躯，文帝在位二十四年造金铜像六千余万躯。唐高宗麟德二年，皇太子为二圣于西明寺造铜钟一口，用铜一万斤。代宗广德元年修五台文殊殿，铸铜为瓦，涂以黄金，费亿万计。这只是明显用铜多的几个例子，天下寺院有几万，信佛者甚多，总计全国寺院所占用铜量一定很多。

北魏孝文帝以前，以布帛做交换手段，故铜不大被人重视。太和始铸铜币，其后随商业之发展，货币使用渐广。于是铜成为一种

有价值的财富,稍加熔铸便成货币,于是铜在一般人心中价值日高
而引起注意了。寺院铜像铜钟所占用的大量的铜,现在成为人所
觊觎的赃物,窃盗佛像以铸钱的事,遂时常发生。如北齐时之王
则,史书载他于:

> 元象初除洛州刺史,则性贪婪,在州取受非法。旧京取
> 像,毁以铸钱,于时世号河阳钱,皆出其家。[1]

又《佛祖统记》载:

> 建安王伟取襄阳铜像毁以为钱。富僧藏镪,多加毒害。[2]

民间偷盗佛像的事,更是层出不穷。但此时国家对佛像尚是
保护的,隋文帝便有这样的诏书:

> 佛法深妙,道教虚融,咸降大慈,济度群品。凡在含识,皆
> 蒙复护。所以雕铸灵像,图写真形,率土瞻仰,用申诚
> 敬。……敢有毁坏偷盗佛及天尊像、岳镇海渎神形者,以不道
> 论,沙门坏佛像、道士毁天尊者,以恶逆论。[3]

但自唐玄宗天宝以后,商业更加发达,货币的流通使用更广。
建中两税法施行,税课征收货币,货币的需要更切,因之在数量上
的需要更多。钱货既为一般人及政府所竭求,则钱货之本质的铜,
当然也为一般人及政府所需要了。寺院既储有大量的铜,于是便
引起政府的垂涎及心痒,向来对佛像的保护心渐渐转变到毁坏的
态度了。

武宗灭佛,即是为了要铜,《唐会要》载:

---

① 《北齐书》卷二〇《王则传》。
② 《佛祖统记》卷三七。
③ 《隋书》卷二《高祖纪下》。

　　会昌五年七月中书门下奏,一以天下废寺铜像及钟磬等委诸道铸。其月又奏天下士庶之家,所有铜像并限敕到一月内送官,如违此限,并准盐铁使旧禁铜条例处分。其土木等像,并不禁。所由不得因此扰人。其京城及畿内诸县衣冠百姓家有铜像并事送纳京兆府。自拆寺以来应有铜像等,衣冠百姓家收得,亦限一月内陈首送纳,如辄有隐藏,并准旧条处分。[1]

又《佛祖统纪》卷四二亦载武宗于毁寺院后令:

　　寺材以葺廨驿,金银以付度支,铁像铸农器,铜像钟磬以铸钱。

　　开元天宝后,社会经济变化,庄园经济日趋没落。寺院的社会基础——使寺院成为领有农户领有庄园组织的社会基础——已被破坏了。至此又经武宗政治力的毁击,遂一蹶不振,走向衰落之途,一天一天地脱去政治性、社会性的外衣而回归到宗教组织的本来性质上去。

八、寺院的衰落

(一) 庄园制度的崩溃

　　中国古时的庄园制度,魏晋时是生长期,北朝时代是极盛期,北朝末年渐趋衰落,但经隋大业年间之大乱,唐初庄园制一度又

_____
① 《唐会要》卷四九。

盛,经几十年的升平无事,开元天宝以后便又衰落而至完全破坏。

庄园制度之所以破坏,商业资本的发达是最有力的一个因素。盖商业资本的发达使手工业渐次脱离农业劳动而独立,如是,破坏了庄园的自足自给的生产组织。同时因商业的发达,使城市兴起,农民受不了庄园领主的压迫时便可逃往城市谋生,如是,破坏了庄园社会的秩序,改变了庄园社会下的人与人的隶属关系。

北魏孝文帝太和时商业即渐兴起,太和十一年韩麒麟上表说:

> 富贵之家,童妾袨服。工商之族,玉食锦衣……谷帛罄于府库,宝货盈于市里,衣食匮于室,丽服溢于路,饥寒之本,实在于斯。[1]

这完全是商业发达后的现象,足证那时已有商业兴起。孝庄帝时高道穆上表有:“四民之业,钱货为本”[2]句,钱货成了人民生活的必需,更可见那时交换的发达。

北齐时商业更加发达,官僚也多货殖营商,如陈元康,《北齐书》本传载他:

> 放债交易,遍于州郡。

后主时鬻官敛财,富商大贾多得做官,爬上政治舞台[3]。隋时商业更盛,设官收税的市,只淮北有大市百余处,小市十余处[4]。富商大贾,周游往来,遍于天下。大业元年“徙天下富商大贾数万

---

① 《魏书》卷六〇《韩麒麟传》。
② 《魏书》卷七七《高道穆传》。
③ 《北齐书》卷八《后主纪》。
④ 《隋书》卷二四《食货志》。

家于东京"①。又《刘昉传》:"昉……性粗疏,溺于财利,富商大贾,朝夕盈门。"但经大业之乱,这方兴正起的商业却又被破坏无余。

唐初经几十年的安定,商业大盛。开元天宝以后的商业发达情况,有如崔融所说:

且如天下诸津,舟航所聚,旁通巴汉,前指闽越,七泽十薮,三江五湖,控引河洛,兼包淮海。弘舸巨舰,千轴万艘,交贸往还,昧旦永日。……万商废业,则人不聊生。②

这"万商废业,则人不聊生"句,证明那时商业的发达已破坏了自足自给的庄园生产组织,人民的生活已依靠于商业的交换。

上面引的话,可能有夸大,但商业有发展,则是肯定的。

政治组织是社会经济构造的上层建筑物,它常要随其所依存的社会经济构造的变化而变化。在每一个限于地方的经济组织能成为一个单位社会体时,在它上面也常能维持一个相当独立的政治组织存在。封建时代庄园领主之所以能分割政权,原因便在此。

但商业的发达,破坏了自足自给的庄园生产制,破坏了各地方在经济关系上的独立性。商业关系好比一张网,它把能够独立存在的各地方社会联系为一个,而使其发生密切的依靠关系,不能再自生产自消费地孤立存在。

经济关系的范围扩大了,政治范围扩大的要求随之而生,这便是统一的君主制产生的社会基础。

寺院是庄园制度的代表,君主便是商业资本的代表,寺院与君

<hr>

① 《隋书》卷三《炀帝纪》。
② 《旧唐书》卷九四《崔融传》。

主的冲突是必然要发生的。

开元、天宝以后，庄园制度为商业所分解破坏了，基于庄园制度而存在的寺院当然也要随之而衰落而发生性质上的变化。

（二）度僧权之收为国有

北魏灵太后以前，度僧权操之寺院，是私度时期。灵太后时始诏禁私度，国家收有度僧权。但直到唐初，官度制度才算完全确立。

度僧权也是国家同寺院争执冲突中的一个问题，国家收有度僧权时，寺院势力虽尚未衰落，但至少这已表示了寺院衰落的趋势。

后赵石虎时，因僧尼太多，引起他的注意。他给中书令王度一信说：

今沙门众多，或有奸宄避役，多非其人，可科简详议真伪。[①]

北魏太武帝太延年间又以沙门众多，诏罢年五十以下者，这是君主注意寺院的发展而想加以限制的最早的事迹。但这都是从拣罢方面着手，把已经是僧尼的加以沙汰，尚未注意到度僧权的问题。孝文帝太和十六年政府规定每年四月八日，七月十五日，听大州度一百人为僧尼，中州五十人，下州二十人。以为常准著于令[②]。政府的眼才渐渐向度僧方面移。

---

① 《高僧传》卷九《佛图澄传》。
② 《魏书》卷一一四《释老志》。

北魏末年,调役日繁,人民避役投寺的太多了,政府至此始诏令禁止私度。熙平二年灵太后令曰:

> 私度之僧,皆由三长,罪不及已,容多隐滥。自今有一人私度,皆以违旨论。邻长为首,里党各相降一等。县满十五人,郡满三十人,州镇满五十人,免官;僚吏节级连坐,私度之身,配当州下役。①

奴隶是生产劳动者,要完全禁度为僧:

> 自今奴婢悉不听出家,诸王及亲贵亦不得辄启请,有犯者以违旨论。其僧尼辄度他人奴婢者,亦移五百里外为僧。僧尼多养亲识及他人奴婢子,年大私度为弟子,自今断之。有犯还俗,被养者归本等,寺主听容一人,出寺五百里,二人千里。②

度僧权在形式上是由寺院私度转向国家官度了。但实际上这时政治正是一天一天走向腐败紊乱的时候,恐怕很难有余力来对付寺院限禁寺院发展。

唐初有个比较长时期的安定,对度僧权操持极严。太宗贞观朝申令私度之僧处以极刑③。玄宗天宝五年萧炅奏请凡私度者并一户家门移隶碛西④。

国家不但收有度僧权,即在度取僧尼时,其规限也渐严格,注重其行为品性。如灵太后令:

---

① 《魏书》卷一一四《释老志》。
② 同上。
③ 《释氏通鉴》卷八。
④ 《唐会要》卷四九。

> 年常度僧，依限大州应百人者，州郡于前十月解送三百人，其中州二百人，小州一百人。州统、维那与官及精练简取充数。若无精行，不得滥采。①

唐太宗贞观九年诏：

> 其天下诸州有寺之处，宜度僧尼，数以三千为限。其州有大小，当处所度多少有司详定，务取德业精明。②

至中宗神龙二年更行考试度僧，挑能通经无滞者度之③。开试经度僧之创局，此下各代都尊行之。

度僧权之收有，实政府辖制寺院之最好办法，不用坑杀，不用废灭，寺院自然不能发展，南宋高宗说：

> 朕观古者人主欲除释老二教，或毁其像，或废其徒，皆不及久，往往愈炽，今不放度牒，则有可渐销而制胜。④

他可算会用度僧权者。

（三）百丈怀海之改革寺制

唐中叶以后，庄园经济衰落，使阶级森严的寺院组织失去存在的社会基础，于是在寺院内部也发生了寺制的改革运动。

百丈怀海（公元 784—814）是禅宗的一位大师马祖的门下，他首起改革寺院制度，建立禅院的组织法，推翻僧众间的等级制度，建立佛法平等的制度。

---

① 《魏书》卷一一四《释老志》。
② 《释氏通鉴》卷七。
③ 《释氏通鉴》卷八。
④ 《佛祖统纪》卷四八。

百丈改制的详情，我们已不得而知。今所传《百丈清规》乃经后世修改，已非百丈清规之本来面目。只杨亿序系作于景德年间，所述尚是百丈原意，今节录于下，以见百丈寺院改革的大旨：

百丈大智禅师，以禅宗肇自少室，至曹谿以来，多居律寺，虽别院，然于说法住持，未合规度，故常尔介怀。乃曰：佛祖之道欲诞布化元，冀未际不泯者，岂当与诸部阿笈摩教为随行也。（旧梵语阿含，新云阿笈摩即小乘教也。）或曰：《瑜伽论》《璎珞经》是大乘戒律，胡不依随哉。师曰：吾所宗非局大小乘，非异大小乘，当博约折中，设于制范，务其宜也。于是创意，别立禅居，凡具道眼，有可尊之德者，号曰长老，如西域道高腊长呼须菩提等之谓也。既为化主，即处于方丈，同净名之室，非私寝之室也。不立佛殿，唯树法堂者，表佛祖亲嘱受当代为尊也。所裒学众，无多少无高下尽入僧堂，依夏次安排，设长连床，施椸架挂搭道具，卧必斜枕床脣，右胁吉祥睡者，以其坐禅既久，略偃息而已，具四威仪也。除入室请益，任学者勤息或下不拘常准，其阖院大众，朝参夕聚，长老上堂升堂，主事徒众雁立侧聆，宾主问激扬宗要者，亦依法而住也。斋粥随宜，二时均遍者，务于节俭表法食双运也。行普请法上下均力也。置十务谓之寮舍，每用首领一人管多人营事，令各司其局也（主饭者目为饭头，主菜者目为菜头，他皆仿此）。或有假号窃形，混于清众，并别致喧挠之事，即当维那检举，抽下本位挂搭，摈令出院者，贵安清众也。或彼有所犯，即以拄杖杖之，集众烧衣钵道具，遣逐从偏门而出者，示耻辱也。详此一条制有四益：一、不污清众，生恭信故；二、不毁僧形，循佛制故；三、不扰公门,省狱讼故;四、不泄于外,护宗纲故。……禅门独立,自此老始。

天下寺院多仿百丈起而改革寺制,于是寺院由等级制转向平等制,由堕落生活回向清高生活。

(四)寺院特权的丧失

人民之所以疯狂地投入寺院,完全是为了逃避役调。唐德宗时彭偃已看到这一点,主张要想打倒寺院的势力,无须灭佛,只要使僧尼也如人民一样出租调便行,他说:

> 臣伏请僧、道未满五十者,每年输绢四匹,尼及女道士未满五十者,每年输绢二匹,其杂色役与百姓同。……但令就役输课,为僧何伤。臣窃料其所出,不下今之租赋三分之一,然则陛下之国富矣。……其年过五十者,请皆免之。……臣以为此令既行,僧尼规避还俗者固已大半,其年老精修者必尽为人师,则道、释二教益重明矣。①

但此请似未能行。

北宋神宗时,王安石变法,始使寺院输钱助役,谓之助役钱,《宋史·食货志》载:

> 其坊郭等第户,及未成丁、单丁、女户、寺观、品官之家,旧无色役而出钱者,各助役钱。

南宋高宗绍兴十五年又敕天下僧尼纳丁钱,《佛祖统纪》载:

> 绍兴十五年敕天下僧道始令纳丁钱,自十千至一千三百,

---

① 《旧唐书·彭偃传》。

凡九等,谓之清闲钱。年六十以上及残废者,听免纳。①

这个数目,比当日一般民户所纳尚重:

> 僧道征免丁钱,大者十千,下至一千三百……今天下民丁
> 之赋,止缗钱三百,或土瘠民劳,而得类免者,为僧反不获于齐
> 民。②

孝宗乾道七年下诏寺观勿免税役③,但或未能通全施行。至度宗咸淳十年,臣僚又请求使寺院出租税,十月诏:

> 边费浩繁,吾民重困。贵戚释道,田连阡陌,安居暇时,有
> 司核其租税收之。④

至此寺院免除租调的特权,算是完全被取消了。

(五) 衰落后的寺院实况

寺院的权势,随中古的时代而亡去,政治性质完全消失,还原为一个简单意义的宗教组织,现在有两段材料讲南宋时寺院受官僚君亲欺压的情形,抄在这里以见衰落后之寺院的实况,且以作结束。

1. 理宗淳祐十年臣僚上言:

> 国家优礼元勋大臣近贵戚里,听陈乞守坟寺额,盖谓自造
> 屋宇自置田产,欲以资荐祖考,因与之额。故大观降旨……不

---

① 《佛祖统纪》卷四〇。
② 同上。
③ 《宋史》卷三五《孝宗纪三》。
④ 《续通考》卷六《官田》。

许指射有额寺院,著在令甲,凡勋臣戚里,有功德院止是赐额
蠲免科敷之类,听从本家请僧住持。初非以国家有额寺院与
之,迩年士大夫一登政府,便萌规利。指射名刹,改充功德。
侵夺田产,如置一庄。子弟无状,多受庸僧财赂,用为住持。
米盐薪炭随时供给,以一寺而养一家,其为污辱祖宗多矣。况
宰执之家,所在为多。若人占数寺,则国家名刹,所余无几,官
中一有科需,则必均诸人户,岂不重为民害。臣愚欲望睿旨,
申严旧制,应指占敕额寺院并与迫正,仍从官司请僧,庶以杜
绝私家交通寺院赂货之弊。①

2.天台沙门思廉致杜清献公的信,更说的详切,他说:

佛嘱国君大臣护持佛法,而反破坏佛法者,有一事最为
要。朝廷立法许大臣为祖父以家财造寺乞额,所以荐福于先
亡也。今昧者为之则不然,以祖父玉体之重,不能捐财买山;
既已夺取僧蓝之地以为坟,而又欲影占数寺以为功德。举寺
中所有诸物而有之,今日发米,明日发茶笋,又明日发柴炭发
竹木,甚至于月奉水陆之珍。一有亡僧,则必掩取其物,归之
私帑。尝闻时贵之言曰:请过功德,一针一草皆我家之物,哀
哉!彼诚不知常住物业亡僧财物,皆属三宝,侵夺之者,若主
若仆必招苦报,其于安厝祖父之体魄宁不贻三涂之恶报
乎? ……今名胜道场,效尤而夺取者,几遍诸那。一属功德,
则使庸谬之辈以居之,方竭力奉承之不暇,又宁能办清供以安

---

① 《佛祖统纪》卷四八。

广众乎？……①

寺院不但统治权没有了，简直连点威势也没了，以之比南北朝时之情况，成何景象！

（原载《中国经济》第二卷第九期，1934 年）

---

① 《佛祖统纪》卷四八。

魏晋时期庄园经济的雏形

一、豪族的发展

秦汉以来豪族逐步发展,西汉已有土地兼并的现象,光武逐鹿天下的时候,我们更看见豪族的活动和他们的势力之大。迨东汉末年,豪族极盛,土地由兼并而集中豪族手中,小民地位日见衰落而为其役使。仲长统说:

> 井田之变,豪人货殖,馆舍而于州郡,田亩连于方国,身无半通青论之命,而窃三辰龙章之服;不为编户一伍之长,而有千室名邑之役。①

又说:

> 豪人之室,连栋数百,膏田满野,奴婢千群,徒附万计。②

到黄巾董卓之乱发,政府的权力丧落,已无能力维持社会的治安,保护地主的财产;于是他们便自己起来自卫。魏文帝《典论自叙》说,关东名豪大族以讨伐董卓为名,兴兵以起的情形:

---

① 《后汉书》卷四九《仲长统传》。
② 同上。

于是大兴义兵，名豪大侠，富室强族，飘扬云会，万里相赴……卓遂迁大驾西都长安；而关东大者连郡国，中者婴城邑，小者聚阡陌……①

读《三国志》各传，更可看出那时豪族大地主所在屯聚的形势，一屯之众，有的到数千家、数万家：

许褚谯国谯人也。长八尺余，腰大十围，容貌雄毅，勇力绝人。汉末聚少年及宗族数千家共坚壁以御寇。②

祖中在上黄界，去襄阳一百五十里，魏时夷王梅敷兄弟三人部曲万余家屯此。③

时袁绍盛于河朔，而汝南绍之本郡，门生宾客布在诸县，拥兵自守。太祖忧之，以宠为汝南太守，宠募其服从者五百人率攻下二十余壁……一时皆平，得户二万、兵二千人，令就田业……④

时胶东多贼寇，复令脩守胶东令。胶东人公沙卢宗强，自为营堑，不肯应发调。⑤

晋永嘉乱后，政府南迁。中原一带蛮族横行，完全陷于无政府的混乱状态，大族屯聚的庄坞更是星列辰布，所在都是。

永嘉之乱，百姓流亡，所在屯聚。峻纠合数千家，结垒于本县。于时豪杰所在屯聚，而峻最强。遣长史徐玮宣檄诸

---

① 《三国志》卷二《文帝纪》注引。
② 《三国志》卷一八《许褚传》。
③ 《三国志》卷五六《朱然传》注引《襄阳记》语。
④ 《三国志》卷二六《满宠传》。
⑤ 《三国志》卷一一《王脩传》。

屯……远近感其恩义,推峻为主。①

　　刘遐广平易阳人,性果毅,便弓马,开豁勇壮,值天下大乱,遐为坞主,每击贼,率壮士陷坚摧锋,冀方皆比之张飞、关羽。②

　　齐鲁之间,郡县垒壁降者四十余所。③

　　与刘曜石勒等攻魏郡、汲郡、顿丘,陷五十余壁,皆调为兵士。④

范阳大族祖逖于京师丧乱时,率亲党数百家避地淮泗,又移京口。元帝时请北伐,帝嘉之,以逖为豫州刺史,逖率部曲百余家渡江,一时河南坞庄,多归为晋,而河上堡固亦多两属。《晋书·祖逖传》载:

　　由是黄河以南,尽为晋土,河上堡固,先有任子在胡者,皆听两属。时遣游军抄之,明其未附,诸坞主感戴,胡中有异谋,辄密以闻。

战争使人民流亡逃徙,田地疆界紊乱;于是土地与其所有者分离,变成无主的荒田。曹操时司马朗曾据此建议恢复井田制度。

　　以为宜复井田。往者以民各有累世之业,难中夺之,是以至今。今承大乱之后,民人分散,土业无主,皆为公田,宜及时复之。⑤

----

① 《晋书》卷一〇〇《苏峻传》。
② 《晋书》卷八一《刘遐传》。
③ 《晋书》卷一〇二《刘聪载记》。
④ 《晋书》卷一〇〇《王弥传》。
⑤ 《三国志》卷一五《司马朗传》。

永嘉乱后的北方,田地荒芜失主的情况一定比魏时更甚。这种情形好了大族,小民因无力自卫不得不流亡才失去土地,各地屯聚自守的大族,却运用部曲家客的劳动大量地把这些土地垦辟起来。有时大族也依仗势力占夺小民的土地,《晋书·祖约传》:

> 约以左右数百人奔于石勒,勒将程遐说勒曰……约大引宾客,又占夺乡里先人田地,地主多怨。

小自由民衰落了,大土地集中在大族手里。

二、自由民到农奴的转变

东汉末季以来,社会上兴起一个新的部曲、宾客、家兵阶级,在数量上非常众多,占社会人口的大部分。豪族大地主动有成千上万的部曲:

> 孟达以延康元年率部曲四千家归魏。[1]

> 桓……部曲万口。[2]

> 庐江雷绪……率部曲数万口稽颡。[3]

> 典宗族部曲三十余家居乘氏,自请愿徙诣魏郡……遂徙部曲宗族万三千余口居邺。[4]

> 权举兵攻术(李术)于皖城……枭术首,徙其部曲三万余

---

[1] 《三国志》卷三《明帝纪》注《魏略》语。
[2] 《三国志》卷五六《朱桓传》。
[3] 《三国志》卷三二《先主传》。
[4] 《三国志》卷一八《李典传》。

人。①

    综载父丧将母家属部曲男女数千人奔魏。②（综，当之子也）

    郡主簿刘节，旧族豪侠，宾客千余家。③

    典从父乾有雄气，合宾客数千家在乘氏。④

    峻又别收宗族及宾客家兵数百人，愿从太祖。⑤

    洪率家兵千余人就（陈）温。⑥

上面不过略翻几个例举出来，可是数量已经不少了。这些部曲、宾客、家兵都是半自由的人，对大族是隶属的关系，平时要为主人耕地，战时要为主人打仗。他是大族的"领有人"，要无条件地尽忠于他。

这个部曲阶级一起头是怎样产来的，我们不知，但知在魏晋时自由农民常常依附于大族而为其部曲。魏卫觊留镇关中，时四方大有还民，关中诸将多引为部曲，于是卫觊给荀或信中说：

    关中膏腴之地，顷遭荒乱，人民流入荆州者十余万家。闻本土安宁，皆企望思归，而归者无以自业，诸将各竞招怀以为部曲。郡县贫弱，不能与争。⑦

部曲以外又有客户、田客等，并是大族领下的人口。他们对国

① 《三国志》卷四七《吴主权传》。
② 《三国志》卷五五《韩当传》。
③ 《三国志》卷一二《司马芝传》。
④ 《三国志》卷一八《李典传》。
⑤ 《三国志》卷一六《任峻传》。
⑥ 《三国志》卷九《曹洪传》。
⑦ 《三国志》卷二一《卫觊传》。

家无租役关系。此客户也多是自由民变来。《晋书·王洵传》载：

> 魏氏给公卿以下租牛客户数各有差。自后小人惮役，多
> 乐为之，贵势之门，动有百数。又太原诸部，亦以匈奴胡人为
> 田客，多者数千。

永嘉乱后，在中原地方有力的豪族大地主，皆起而筑坞自保，前面已经说到。一般小自由民无力自保者，遂相率投附大族之下，以求保护。例如：

> 永嘉之乱，默率遗众自为坞主。以渔船抄东归行旅，积年
> 遂到致巨富。流人依附者甚众。①

> 及京师不守……鉴得归乡里……举千余家，但避难于鲁
> 之峄山……三年间众至数万。②

> 刘元海攻平阳，百姓奔走，矩素为乡人所爱，乃推为坞主，
> 东屯荥阳，后移新郑……矩招怀离散，远近多附之。③

> 及洛阳陷，屯于洛北石梁坞。抚养遗众，渐修军器……归
> 之者甚众……于是远近感、襁负至者甚众。④

> 时天下渐乱……续绥怀流散，多归附之。⑤

这时天下丧乱，土地荒芜，最需要的是劳动力，大地主豪族常为掠夺劳动力而起战争，自由民自动地依附，大地主当然欢迎。在自由民说，依附大族以后，荒乱年能得到保护，平安时也可以免除

---

① 《晋书》卷六三《郭默传》。
② 《晋书》卷六七《郗鉴传》。
③ 《晋书》卷六三《李矩传》。
④ 《晋书》卷六三《魏浚传》。
⑤ 《晋书》卷六三《邵续传》。

对国家的租役,也无不利。不过这种依附关系,实是自由民到农奴之转变过程的初步,社会的强迫使他自动地依附大地主之下,依附以后,内部的规约,劳动的编制,渐渐使他们失去自由而降为农奴地位。

三、新的社会——庄坞

两汉以来都市经济非常发达,财富集中都市。一般受商业经济的侵蚀,而失去产业的农民则衮衮而流入都市以谋生。王符《潜夫论》论人口集中都市的情形说:

> 今察洛阳,浮末者什于农夫,虚伪游手者什于浮末。是则一夫耕,百人食之;一妇桑,百人衣之,以一奉百,孰能供之?天下百郡千县,市邑万数,类皆如此。本末何足相供,则民安得不饥寒。

但是这样繁荣的都市生活至魏晋经战乱而完全破坏了。即以洛阳而论,经董卓西徙都城长安时之焚烧,迨献帝东回时,全城荒芜如旷野。

> 天子入洛阳,宫室烧尽,街陌荒芜,百官披荆棘依丘墙间……饥穷稍甚,尚书郎以下自出樵采,或饿死墙壁间。①

而西京长安竟作了李傕、郭汜的战场,致使宏大都市,二三年间无复行人。② 有些都市于魏晋间虽稍恢复,但经永嘉乱后,长期

---

① 《三国志》卷六《董卓传》。
② 《晋书》卷二六《食货志》。

的焚烧,又皆破坏。

从货币形态方面,也可看出魏晋时期都市商业经济的衰落。自董卓于初平二年毁五铢钱更铸小钱,钱货即不能行。[1] 魏初虽复行五铢钱,文帝黄初二年又罢之,使百姓以谷帛为市。战争荒乱破坏货币的信用,永嘉乱后,货币更不通行。石勒虽曾以政治强制的力量使民用钱,也不可能。

3世纪以后,中原地带的社会完全变了,经济中心由城市又转移到乡村;交换分工的生产又回转为限于地方的自足自给的生产。

新的社会的生产组织,便是我们前面所说过的庄和坞。前面只说到庄坞的防御性,没说它的生产性。庄坞不但是防守的军事组织,而且是一个生产组织。每一个庄或坞附以周围的土地而构成一个独立的社会单位,经营着自足自给的生产。负责指挥工作的是庄主、坞主,生产劳动者是部曲和佃客。这种生产组织,一方面自然的自己的发展;一方面也反映于政治的设施,国家也承认了这种生产组织。

> 魏氏给公卿以下租牛客户,数各有差。[2]
> 权以芜湖民二百户,田二百顷给钦妻子。[3]
> 别赐(吕蒙)寻阳屯田六百户。[4]

晋平吴之后,更定了占田及佃客制度。

> 官品第一至第九,各以贵贱占田。品第一者占田五十顷,

---

① 《三国志》卷六《董卓传》。
② 《晋书》卷九三《王恂传》。
③ 《三国志》卷五五《蒋钦传》。
④ 《三国志》卷五四《吕蒙传》。

第二品四十五顷,第三品四十顷,第四品三十五顷,第五品三十顷,第六品二十五顷,第七品二十顷,第八品十五顷,第九品十顷。①

各以品之高卑,荫其亲属。多者及九族,少者三世。宗室国宾先贤之后及人子孙亦如之。而又得荫人以为衣食客及佃客。品第六以上,得衣食客三人……其应有佃客者:官品第一第二者无过五十户,第三品十户,第四品七户,第五品五户,第六品三户,第七品二户,第八品第九品一户。②

许占田、许荫户口,这并不是创制制度,只是对社会已成的制度予以承认罢了。国家的承认又给大族庄园生产披上层法律的外衣。

魏晋时期人口比起汉来是锐减了。

是时天下户口减耗,十裁一在。③

景初中……济上疏曰:今虽有十二州,至于民数,不过汉时一大郡。④

今大魏奄有十州之地,而承丧乱之弊,计其户口不如往昔一州之民。⑤

今丧乱之后,人民至少,比汉文景之时,不过一大郡。⑥

---

① 《晋书》卷二六《食货志》。
② 同上。
③ 《三国志》卷八《张绣传》。
④ 《三国志》卷一四《蒋济传》。
⑤ 《三国志》卷一六《杜恕传》。
⑥ 《三国志》卷二二《陈群传》。

鄢陵旧五六万户,今裁有数百。①

今以魏晋户口与距时最近之汉桓帝永寿二年之户口列比于下:(汉户口据《通典》,魏、蜀、吴户口据《通考》,晋户口据《晋书·地理志》)

汉	10,677,990 户	56,486,856 口
魏(蜀、吴合)	1,473,423 户	7,672,881 口
晋	2,459,840 户	16,163,863 口

是知三国时户口不及汉之十分之一二,晋时虽略增一倍,仍不及十分之三。战争死亡固能使人口之死亡率增大,但绝不能使人口减少得这样惊人。户口能这样可惊地减少,主要的原因,我认为是由于自由民多降为农奴,而为大地主庄园所分割了。我们所有的户口统计,只是国家所领有的人口统计,只是国家的税收簿。分散在大族庄园中的人口,因对国家无租税关系,所以并不在统计之中。国家人口的减少,却能证明那时大族庄园的发达和众多。

四、结论

由以上可以看出魏晋时中原地方社会经济发展的几个趋势:

(一)大族兴起,土地集中大族手里。

(二)自由民衰落,丧失土地而降为部曲、佃客、半自由的农奴。

(三)交换经济破坏,自然经济占优势。庄园生产渐具雏形。

---

① 《晋书》卷五〇《庾峻传》。

　　这种生产组织,后来为入主中原的拓跋氏所摹仿,而使其制度化;把掠夺来的人口和土地,分配给从征的王公、军事领袖,而建立北朝的庄园制度。

（原载《食货》半月刊创刊号,1934 年）

三国时期农村经济的破坏与复兴

一、农村经济的破坏

从东汉灵帝末年黄巾之乱起到晋武帝灭吴统一天下,共八九十年,在历史上我们叫这一阶段为三国时期。丢开一切社会关系的变化不谈,单从农村经济方面看,这一时期又可分为前后两期。大体来说,建安前是前半期,建安后是后半期。前半期所表现的是荒乱的延续影响,到农村经济的破坏,后半期所表现的是农村经济的复兴。

前半期农村经济的破坏,表现于农民的流移、土地的荒芜及一般社会生活的贫困三个方面。

黄巾暴动以后,又有黑山、白波等不可数计的小乱,董卓之乱,关东群雄的斗争,李傕、郭汜等暴乱。战争下的人民生活异常痛苦。《后汉书·董卓传》载:

> 及关东方兵起,惧,于是迁天子西都,尽徙洛阳人数百万口于长安。步骑驱蹙,更相蹈藉,饥饿寇掠,积尸盈路,悉烧宫庙官府居家,二百里内无复孑遗……初卓以牛辅素所亲信,使以兵屯陕。辅分遣其校尉李傕、郭汜、张济将步骑数万击破朱

俊于中牟，因掠陈留颍川诸县，杀略男女，所过无复遗类。

《三国志·司马朗传》载：

> 关东诸州郡起兵，众数十万，皆集荥阳及河内。诸将不能相一，纵兵抄略，民人死者且半。

《曹瞒传》云：

> 自京师遭董卓之乱，人民流移东出，多依彭城间。遇太祖至坑杀男女数万口于泗水，水为不流。陶谦帅其众军武原，太祖不得进。引兵从泗南攻取虑、睢陵、夏丘诸县，皆屠之，鸡犬亦尽，墟邑无复行人。①

人民在这样困苦不能忍受的生活下，遂不得不流移，献帝诏书中说当时人民逃移的惨况：

> 今四民流移，托身他方，携白首于山野，弃幼子于沟壑，顾故乡而哀叹，向阡陌而流涕，饥厄困苦，已云甚矣。②

司马朗对董卓也说：

> 兵难日起，州郡鼎沸，郊境之内，民不安业。捐弃居产，流亡藏窜，虽四关设禁，重加刑戮，犹不绝息。③

这都是说的人民流移的一般的情况，下面再举些各地人民流移的情形。关中一区，人民的流移：

> 关中膏腴之地，顷遭荒乱，人民流入荆州者，十余万家。④

---

① 《三国志》卷一〇《荀彧传》注引。
② 《三国志》卷八《陶谦传》注引《吴书》。
③ 《三国志》卷一五《司马朗传》。
④ 《三国志》卷二一《卫觊传》。

《英雄记》曰：先是南阳、三辅人，流入益州数万众。①

韩遂之乱，关西民从子午谷奔之（汉中）者数万家。②

中州人民的流移：

自京师遭董卓之乱，人民流移东出，多依彭城间。③

（卓）闻东方兵起，惧，于是迁天子西都，尽徙洛阳人数百万口于长安。④

青、徐一带人民的流移：

（幽州牧刘）虞务存宽政，劝督农植，……民悦年登，谷石三十，青、徐士庶避难归虞者百余口。⑤

汉末大乱，徐方士民多避难扬土。⑥

此外记载某人由某地流移至某地的，非常之多，如杨俊与同行百余家由河内流移至京密山间，国渊与邴原、管宁避乱辽东，刘馥由沛国避乱到扬州，汝南许子将避乱江南，张昭避难扬州等等（各见《三国志》本传）。虽都是以一人说话，实则都是代表一个流民集团。

人民流移的结果，中原人口大见减少，而土地亦随之荒芜。仲长统说：

以及今日，名都空而不居，百里绝而无民者不可胜数。⑦

---

① 《三国志》卷三一《刘璋传》注引。

② 《三国志》卷八《张鲁传》。

③ 《三国志》卷一〇《荀彧传》注引《曹瞒传》。

④ 《后汉书》卷一〇二《董卓传》。

⑤ 《后汉书》卷七三《刘虞传》。

⑥ 《三国志》卷五二《张昭传》。

⑦ 《后汉书》卷四九《仲长统传》。

> 今者土广民稀,中地未垦……①

《卫觊传》说:

> 当今千里无烟,遗民困苦。②

朱治谓孙贲说:

> 今曹公阻兵,倾覆汉室,幼帝流离,百姓元元未知所归。
> 而中国萧条,或百里无烟,城邑空虚,道殣相望。③

洛阳一带经董卓乱后的情况是:

> 旧京空屋,数百里中无烟火。④

直到魏文帝初,还是树木成林,荒芜不堪,《王昶传》说:

> (昶)为洛阳典农,时都畿树木成林。⑤

关中于李傕、郭汜乱后,其情况更属可怜。《后汉书·董卓传》:

> 初帝入关,三辅户口尚数十万,自傕、汜相攻,天子东归,
> 长安空四十余日,强者四散,羸者相食,二三年间关中无复行
> 人。

因土地荒芜,致食粮缺少,时谷至五十万一斛,豆麦二十万一斛,军队如袁绍、袁术乃食桑椹、蒲蠃,一般人民生活更是悲惨,致人相食。《魏书》载:

> 自遭荒乱,率乏粮谷。诸军并起,无终岁之计。饥则寇
> 抄,饱则流离,无敌而自破者不可胜数。袁绍之在河北,军人

---

① 《后汉书》卷四九《仲长统传》。
② 《三国志》卷二一《卫觊传》。
③ 《三国志》卷五六《朱治传》注引《江表传》。
④ 《三国志》卷四六《孙坚传》注引《江表传》。
⑤ 《三国志》卷二七《王昶传》。

仰食桑椹,袁术在江淮,取给蒲蠃,民人相食,州里萧条。①
《魏略》载:

> (杨沛为)新郑长,兴平末,人多饥穷,沛课民益畜干椹,收
> 萱豆,阅其有余以补不足,如此积得千余斛。藏在小仓。会太
> 祖为兖州刺史西迎天子,所将千余人皆无粮,过新郑,沛谒见,
> 乃皆进干椹。②

一般人民之人相食的生活,有下列几条记载:

> 汉末黄巾贼起,天下饥荒,人民相食。③

> 汉自董卓之乱,百姓流离,谷石至五十余万,人多相食。④

> 时三辅民尚数十万户,傕等放兵劫略,攻剽城邑,人相饥
> 困,三年间相啖食略尽。⑤

> 江淮间空尽,人民相食。⑥

这都就一般现象来说,兹再举一实例,《魏略·鲍出传》:

> 鲍出……京兆新丰人也,兴平中三辅乱,出与老母兄弟五
> 人家居本县。以饥饿留其母守舍,相将行采蓬实,合得数升使
> 其二兄初、雅及其弟成持归,为母作食,独与小弟在后采蓬,初
> 等到家,而啖人贼数十人已略其母,以绳贯其手掌驱去……⑦

三国前半期农村经济的破坏,由以上所述可以概见。

---

① 《三国志》卷一《武帝纪》注引。
② 《三国志》卷一五《贾逵传》注引。
③ 《三国志》卷二七《王昶传》注引。
④ 《晋书》卷二六《食货志》。
⑤ 《三国志》卷六《董卓传》。
⑥ 《三国志》卷六《袁术传》。
⑦ 《三国志》卷一八《阎温传》注引。

二、国家屯田

在这时候,军事集团要想站得住脚,第一要靠兵,第二要靠粮。有了兵才能防卫自己和攻击敌人,有了粮才能维持集团的生活和存在。平安时粮的来源靠领民的租课,现在以荒乱的关系,人民流亡,土地荒芜,因之军事集团无可依靠,而至发生袁绍仰给桑椹,袁术取给蒲蠃,和无敌而自破者不可胜数的现象。

粮食既然这样重要,而一般人民生活不安定,他们的租课不可依靠,于是军事集团便自己起来经营屯田,自己直接来管理农业的经营。最先做这一套的是曹操,在中原站得住脚的也是曹操。

屯田的土地是不成问题的,人民流移使土地荒芜,这些荒芜的土地,皆成为国家的公田,《三国志·司马朗传》:

> (朗)又以为宜复井田,往者以民各有累世之业,难中夺之,是以至今,今承大乱之后,人民分散,土业无主,皆为公田,宜及此时复之。

曹操就在这些荒田上兴立屯田,建安元年始于许下兴立,以结果的良好,遂推行全境,于各州郡例置田官。史载:

> 建安元年,是岁用枣祗、韩浩等议始兴屯田。[1]

> 魏武既破黄巾,欲经略四方,而苦军食不足,羽林监颍川枣祗建置屯田议。魏武乃令曰:夫定国之术,在于强兵足食,秦人以急农兼天下,孝武以屯田定西域,此先世之良式也。于

---

① 《三国志》卷一《武帝纪》。

是以任峻为典农中郎将,募百姓屯田许下,得谷百万斛。郡国
列置田官,数年之中所在积粟,仓廪皆满。①

要能大规模地屯田,需要由众多的农业劳动者,但因当时人口的稀
少,仅存的人口难以供应这种要求,有时遂不得不强制人民来为国
家屯田,所以虽是名为募民,实有很大的强制性。《三国志·袁涣
传》:

是时新募民开屯田,民不乐,多逃亡。涣白太祖曰:夫民
安土重迁,不可卒变,易以顺行,难以逆动。宜顺其意,乐之者
乃取,不欲者勿强。从之,百姓大悦。

这时人口成为比土地重要的东西,人口的掠夺与移徙是这时很重
要的一个现象。掠夺人口的例如:

太祖征张绣,仁别徇旁县,虏其男女三千余人。②

建安十二年,西征黄祖,虏其人民而还。③

建安十三年,权复征黄祖……虏其男女数万口。④

国家移徙边境人民于内地的例如:

张鲁降,既说太祖拔汉中民数万户以实长安及三辅。⑤

(袭)随太祖到汉中讨张鲁,太祖还,拜袭驸马都尉,留督
汉中军事,绥怀开导,百姓自乐出徙洛邺者八万余口。⑥

---

① 《晋书》卷二六《食货志》。
② 《三国志》卷九《曹仁传》。
③ 《三国志》卷四七《孙权传》。
④ 同上。
⑤ 《三国志》卷一五《张既传》。
⑥ 《三国志》卷二三《杜袭传》。

> 初曹公恐江滨郡县为权所略,征令内移……①

这些内徙的人民,大概都用来屯田,在国家直接管理下为国家佃耕。如魏文帝时徙民屯田于谯,《三国志·卢毓传》载:

> (毓为)梁、谯二郡太守。帝以谯旧乡,故大徙民充之,以为屯田。而谯土地硗瘠,百姓穷困,毓愍之,上表徙民于梁国,就沃衍,失帝意。虽听毓所表,心犹恨之,遂左迁毓使将徙民为睢阳典农校尉。毓心在利民,躬自临视,择居美田,百姓赖之。

屯田广兴的结果,各地荒田渐渐垦复。《王昶传》载道:

> (昶)为洛阳典农,时洛畿树木成林,昶斫开荒莱,勤劝百姓,垦田特多。②

于州郡募民和徙民屯田以外,还有军屯,这是在靠近敌国的边境,因须有兵戍守,同时就使这些戍兵且佃且守,景初中蒋济上疏说:

> 二贼未诛,宿兵边陲,且耕且战,怨旷积年。③

军屯以淮南北之屯田为最盛,其制乃邓艾所建,《三国志·邓艾传》载说:

> 又以为昔破黄巾,因为屯田,积谷于许都以制四方。今三隅已定,事在淮南,每大军征举,运兵过半,功费巨亿,以为大役。陈蔡之间,上下田良,可省许昌左右诸稻田,并水东下,令淮北屯二万人,淮南三万人,十二分休,常有四千人(《通典》作四万人)且田且守。水丰,常收倍于西,计除众费,岁完五百万

---

① 《三国志》卷四七《孙权传》。
② 《三国志》卷二七《王昶传》。
③ 《三国志》卷一四《蒋济传》。

斛以为军资,六七年间可积三千万斛于淮上,此则十万之众五年食也,以此乘吴,无往而不克矣。

《晋书·食货志》记其盛况:

> 遂北临淮水,自钟离西南横石以西,尽沘水四百余里,五里置一营,营六十人,且佃且守。兼修广淮阳、百尺二渠,上引河流,下通淮、颍,大治诸陂,于颍南、颍北穿渠三百余里,溉田二万顷(《通典》作三万顷),淮南、淮北皆相连接,自寿春到京师,农官兵田,鸡犬之声,阡陌相属,每东南有事,大军出征,泛舟而下,达于江淮,资食有储,而无水害。

在吴、蜀两地,也有屯田。在吴:

> (青龙)三年,(孙)权遣兵数千家佃于江北。[1]

> 赤乌中诸郡出部伍,新都都尉陈表,吴郡都尉顾承,各率所领人会佃毗陵,男女各数万口。[2]

在蜀的诸葛亮之渭滨军屯:

> 亮每患粮不继,使己志不伸,是以分兵屯田,为久驻之基。耕者杂于渭滨居民之间,而百姓安堵,军无私焉。[3]

不过都没有如魏之自成制度,于内地也普遍盛行。

国家屯田在国家之目的上说,是为的收租充粮,但在生产方面和农民生活安定方面看,则是农村经济的复兴了。

---

① 《三国志》卷二六《满宠传》。
② 《三国志》卷五二《诸葛瑾传》。
③ 《三国志》卷三五《诸葛亮传》。

三、农村经济的复兴

国家于置田官、制屯田自己经营农业以外,各州郡长吏也多尽心农事,轻刑罚行宽政,以招抚流亡山泽的农民。如:

> 时泰山多盗贼,以茂为泰山太守,旬月之间襁负而至者千余家。①

> 太祖以虔领泰山太守,郡接山海,世乱闻山民多藏窜,袁绍所置中郎将郭祖、公孙犊等数十辈保山为寇,百姓苦之。虔将家兵到郡,开恩信,祖等党属皆降服,诸山中亡匿者尽出安土业。②

> 自天子西迁,洛阳人民单尽,繇徙关中民又招纳亡叛以充之,数年中民户稍实。③

> 庐江梅乾、雷绪、陈兰等聚众在江淮间,郡县残破。太祖方有袁绍之难,谓馥可任以东南之事,遂表为扬州刺史。馥既受命,单骑造合肥空城,建立州治,南怀绪等,皆安集之,贡献相继,数年中恩化大行。百姓乐其政,流民越江山而归者以万数。④

> 徙为金城太守,是时丧乱之后,吏民流散饥穷,户口损耗。则抚循之甚谨,外招怀羌胡,得其牛羊以养贫老,与民分粮而

---

① 《三国志》卷一一《凉茂传》。
② 《三国志》卷一八《吕虔传》。
③ 《三国志》卷一三《钟繇传》。
④ 《三国志》卷一五《刘馥传》。

食，旬月之间，流民皆归，得数千家。乃明令有干犯者辄戮，其从教者必赏，亲自教民耕种，其岁大丰收，由是归附者日多。①

（浑）迁左冯翊，时梁兴等略吏民五千余家为寇钞，诸县不能御，皆恐惧寄治郡下……浑率吏民前登斩兴及其支党。又贼靳富等胁将夏阳长邵陵令并其吏民入硙山，浑复击破富……前后归附四千余家，由是山贼皆平，民安产业。②

因此人民生活日渐安定，能致力于耕稼，垦辟荒田，各地农村渐见复兴之象：

是时天下郡县皆残破，河东先定，少耗减。畿治之，崇宽惠……百姓勤农，家家丰实。③

建安初，关中百姓流入荆州者十余万家，及闻本土安宁，皆企望思归，而无以自业，于是卫觊议为盐者国之大宝，自丧乱以来放散，今宜如旧制使者监卖，以其值益市犁牛，百姓归者，以供给之，勤耕积粟，以丰殖关中，远者闻之，必多竞还。于是魏武遣谒者仆射监盐官，务司隶校尉居弘农，流入归还，关中丰实。④

黄初中，四方郡守垦田又加，以故国用不匮。时济北颜斐为京兆太守，京兆自马超之乱，百姓不专农殖，乃无车牛。斐又课百姓，令闲月取车材，转相教匠。其无牛者，令养猪，投贵卖以买牛，始者皆以为烦，一二年中编户皆有车牛，于田役省

---

① 《三国志》卷一六《苏则传》。
② 《三国志》卷一六《郑浑传》。
③ 《三国志》卷一六《杜畿传》。
④ 《晋书》卷二六《食货志》。

瞻,京兆遂以丰沃。①

　　泰始中汲郡太守王宏勤恤百姓,导化有方,督勤开荒五千余顷。②

三国农村经济复兴的进程中,最堪注意的是灌溉业的发达。外国人研究中国社会,曾说中国是看重水利的国家。而水利之用,恐怕尤当以三国时为极盛。各地郡守多注意修造陂堨,广兴水田,兹举数例:

　　既而又以沛国刘馥为扬州刺史,镇合肥,广兴屯田,修芍陂、茹陂、七门、吴塘诸堨,以溉稻田。公私有蓄,历代为利。③

　　文帝即位……迁平阳、沛郡二太守,郡界下湿,患水涝,百姓饥乏。浑于萧、相二县界兴陂遏,开稻田,郡人皆以为不便。浑曰:地势洿下,宜灌溉,终有鱼稻经久之利,比农民之本也。遂躬率吏民,兴立功夫,一冬间皆成,比年大收,顷亩岁增,租入倍常,民赖其利。④

　　魏明帝世徐邈为凉州刺史,土地少雨,常苦乏谷。邈上修武威酒泉盐池,以收虏谷,又广开水田,募贫民屯之,家家丰足,仓库盈溢。

又通开河渠,引水溉田,例如:

　　贾逵为之豫州,南与吴接,修守战之具,堨汝水造新陂,又

----

① 《晋书》卷二六《食货志》。
② 同上。
③ 同上。
④ 《三国志》卷一六《郑浑传》。

通运渠二百余里,所谓贾侯渠者也。[①]

刘靖碑词云:魏使持节、都督河北道诸军事、征北将军、建城乡侯、沛国刘靖,登梁山以观源流,相漯水以度形式,嘉武安之通渠,羡秦人之殷富,乃使帐下丁鸿督军士千人,以嘉平二年立遏于水,导高梁河,造戾陵遏,开车箱渠。其遏表云:高梁河水者出自并州潞河之别源也,长岸峻固,直截中流,积石笼以为主遏,高一丈,东西长三十丈,南北广七十余步,依北岸立水门,门广四丈,立水十丈,山水暴发,则乘遏东下,平流守常,则自北门入。灌田岁二千顷,凡所封地百余万亩。[②]

《水经·沁水注》曰:沁水南径石门,石门是晋安平献王司马孚之为魏野王典农中郎将之所造也。案其表云:臣孚言:臣被明诏兴河内水利,臣既到检行沁水源出铜鞮山,屈曲周回,水道九百里。自太行以西,王屋以东,层岩高峻,天时霖雨,众谷走水,小石漂迸,木门朽败,稻田泛滥,岁功不成。臣辄案行,去堰五里以外,方石可得数万余枚,臣以为累方石为门。若天旸旱,增渠进水,若天霖雨,陂泽充溢,则闭防断水。空渠衍涝,足以成河,云雨由人,经国之谋,暂劳永逸,圣王所许,愿陛下特出臣表,敕大司农府给人工,勿使稽延,以赞时要,臣孚言。诏书听许。[③]

青龙元年开成国渠,自陈仓至槐里筑临晋陂,引汧洛溉舄

---

① 《晋书》卷二六《食货志》。
② 《晋书斠注》卷六六《刘弘传》注引。
③ 《晋书斠注》卷三七《司马孚传》注引。

卤之地三千余顷,国以充实焉。①

　　泰始十年,光禄勋夏侯和上修新渠、富寿、游陂三渠,凡溉
田千五百顷。②

由以上所引诸例,可知灌溉业之发达已遍及全国,西至关、陕,北至
幽州、河内都有引河溉田的农业经营。而淮扬诸地灌溉业尤盛,如
前面所引淮南北的屯田,都是治陂造渠引水灌溉的。水田的生产
量比陆田要大,傅玄说:

　　魏初课田,不务多其顷亩,但务修其功力,故白田收至十
余斛,水田收数十斛。③

农村中人民生活日见安定,荒田日见垦辟,而灌溉业的发达又使生
产量增多,于是自三国初期为连续战争所破坏的农村经济,至此已
渐次复兴了。晋太康初灭吴以后,四方无事,干宝《晋纪·总论》说
那时农村的情况:

　　太康之中……牛马被野,行旅草舍,外闾不闭。民相遇者
如亲。其匮乏者取资于道路。故时有天下无穷人之谚。虽太
平未洽,亦足以明吏奉其法,民乐其生,百代之一时也。

熙熙攘攘,家给人足,已是小康的景象了。

(原载《食货》第 1 卷第 2 期,1934 年)

---

① 《晋书》卷二六《食货志》。
② 同上。
③ 同上。

三国时期国家的三种领民

三国以后，中国社会一个最显著的特征，就是人口的分割。这时大族庄园兴起，大族庄园与国家平分了天下的人口。三国以前一切人都是国家的领民，不怕你是"或耕豪民之田，见税什五"的豪族的佃户，但你仍是国家的领民，国家人口的一分子。三国以下，情形变了，国家人口为大族所分割，国家有国家的领民，大族有大族的领民，大族领民隶属于大族主，与国家毫无关系，没有隶属的关系，也没有租税剥削的关系。本篇乃丢开大族领民不谈，单来考察国领人口的形态。

三国时期领民以其性质和对国家之剥削关系的不同可分为三种：（一）州郡领民，（二）屯田客，（三）士家。三种领民分属于国家三种不同的行政系统之下，州郡领民属于州郡县府，屯田客属于典农中郎将、典农校尉、典农都尉，士家属于将军及州郡。

先说州郡领民。州郡领民在三国时还是独立自由民的性质，是小土地的所有者，自己耕种着自己的土地。他们承担国家的田租、户调、徭役。田有田租，履亩而税。曹操破袁绍后定制：

> 袁氏之治也，使豪强擅恣，亲戚兼并，下民贫弱，代出租

赋，衒鬻家财，不足应命。其收田租亩四升。①

《文帝纪》载：

> 黄初二年复颍川郡一年田租。

> 延康夏四月饶安县言：白雉见。（注：《魏氏》曰：赐饶安田租。）

户有户调，以户为课征单位，《赵俨传》载：

> 太祖以俨为朗陵长……时袁绍举兵南侵，遣使招诱豫州诸郡，诸郡多受其命，唯阳安郡不动。而都尉李通急录户调，俨见通曰：方今天下未集，诸郡并叛，怀附者复收其绵绢，小人乐乱，能无遗恨；且远近多虞，不可不详也。通曰：绍与大将军相持甚急，左右郡县背叛乃尔，若帛绢不调送，观听者必谓我顾望，有所须待也。俨曰：诚亦如君虑，然当权其轻重。小缓调，当为君释此患。乃书与荀或曰：今阳安郡当送帛绢，道路艰阻，必致寇害。百姓困穷，邻城并叛，易用倾荡，此乃一方安危之机也……宜垂慰抚，所敛帛绢，皆俾还之。或报曰：辄白曹公，公文下郡，帛绢悉以还民。上下欢喜，郡内遂安。

曹操破绍克邺后，定制：

> 户出绢二匹，绵二斤。②

此外如《三国志·何夔传》载：

> 是时太祖始制新科，下州郡又收租绵绢。

《蜀志·诸葛亮传》载：

---

① 《三国志》卷一《武帝纪》注引《魏书》。
② 同上。

曹公败于赤壁,先主遂收江南,以亮为军师中郎将,使都
零陵、桂阳、长沙三郡,调其赋税,以充军实。

《吴志·孙权传》:

建安二十四年,是岁大疫,尽除荆州民租税。

所说都是指的州郡领民对国家的田租户调的剥削而言。

州郡领民的徭役,可分为兵役与力役两者来说。人民对国家
负有当兵打仗的义务在荒乱的三国时代是很显著的,兹简举几例。

《三国志·司马芝传》:

太祖平荆州,以芝为菅长,时天下草创,多不奉法。郡主
簿刘节,旧族豪侠,宾客千余家,出为盗贼,入乱吏治。顷之,
芝差节客王同等为兵,掾史据白节家前后未尝给徭,若时至藏
匿,必为留负。芝不听,与节书曰:君为大宗,加股肱郡,而宾
客每不与役,既众庶怨望,或流声上闻。今条同等为兵,幸时
发遣。兵已集郡而节藏同等。因令督邮以军兴诡责县,县掾
史穷困,乞代同行。芝乃驰檄济南,具陈节罪。太守郝光素敬
信芝,即以节代同行。青州号之以郡主簿为兵。

《诸葛恪传》:

(恪)于是违众出军,大发州郡二十万众,百姓骚动。

《骆统传》:

是时征役繁数,重以疫疠,民户损耗。统上疏曰:……今
强敌未殄,海内未乂,三军有无已之役,江境有不释之备,征赋
调数,由来积纪,加以殃疫死丧之灾,郡县荒虚,田畴芜旷,听
闻属城民之浸寡,又多残老,少有丁夫。闻此之日,必若焚燎,
思寻所由,小民无知,既有安土重迁之性,且有前后出为兵者,

生则困苦,无有温饱。死则委弃,骸骨不反,是以尤用恋本畏远,同之于死,每有征发,羸谨居家累重者先见输遂。小有财货,倾居行贿……百姓虚竭,嗷然愁扰。

孙权赤乌三年诏:

盖君非兵不立,民非谷不生。顷者以来,民多征役,岁又水旱……侵夺农时,以致饥困。①

关于力役,也举两例证明。《三国志·胡昭传》:

建安二十三年,陆浑长张固被书调丁夫当给汉中,百姓恶惮远役,并怀扰扰。

魏明帝时修造宫室,王肃上疏说:

夫务畜积而息疲民,在于省徭役而勤稼穑。令宫室未就,功业未讫,运漕调发,转相供奉,是以丁夫疲于力作,农者离其南亩……今见作者三四万人。②

再说屯田客,三国时因人口流亡与土地的荒芜,州郡领民的租税不可依靠,国家便自己经营屯田。魏行屯田最早也最盛。《三国志·武帝纪》:

建安元年……用枣祗、韩浩等议,始兴屯田。

《魏书》曰:

是岁乃募民屯田许下,得谷百万斛。于是州郡例置田官,所在积谷。③

吴地也有屯田,《晋书斠注·地理志》:

---

① 《三国志》卷四七《吴主传》。
② 《三国志》卷一三《王肃传》。
③ 《三国志》卷一《武帝纪》注引。

溧阳——两汉旧县……《宋志》曰：吴省为屯田，晋武帝太康元年复立。

江乘——两汉旧县，《宋志》曰：吴省为典农校尉，晋武帝太康元年复立。

湖熟——《宋志》曰：吴省为典农校尉，晋武帝太康元年复立。

毗陵郡——吴分会稽、无锡已西为屯田，置典农校尉。

屯田中的屯田客有的是募贫民充之，如前引曹操募民屯田许下，有的是徙人充之。《三国志·卢毓传》：

（文）帝以谯旧乡，故大徙民充之，以为屯田。

屯田客的性质不同于州郡领民，州郡领民是独立的小土地所有者，耕种自己的土地，他的劳动是自由的。而屯田客则是国家的佃户，耕种的是国家的公田，而其劳动则直接受典农田官的指挥及支配，唯一的工作是种地，其他的活动则受限制。《司马芝传》：

先是，诸典农各部吏民未作治生以要利入……芝奏曰：武皇帝特开屯田之官，专以农桑为业。建安中天下仓廪充实，百姓殷足。自黄初以来，听诸典农各为部下之计，诚非国家大体所宜也……今诸典农各言留者为行者宗田。计课其力势不得不尔，不有所废，则当素有余力。臣愚以为不宜复以商事杂务乱，专以农桑为务，于国为便。明帝从之。

因此在剥削关系上屯田客也不同于州郡领民。

屯田客没有兵役，今举两例证明。《三国志·贾逵传》：

其后发兵，逵疑屯田都尉藏亡民，都尉自以不属郡，言语不顺,遂怒收之。

《三国志·孙休传》:

> 永安六年,丞相(濮阳)兴建取屯田万人以为兵。

前例屯田中能藏逃兵,不是因屯田官有势力,而是因屯田客无兵役,逃入可以相隐混。后例丞相建议取屯田客为兵,则屯田客之无兵役更明。

国家对屯田客之主要的剥削是租课,通常是以收获物之十分之五六纳给国家。《晋书·慕容皝载记》:

> 魏晋虽道消之世,犹削百姓不至七八,持官牛田者官得六分,百姓得四分,私牛而官田与官中分。

屯田客于田租外有时也有杂役。《三国志·孙权传》:

> 遣校尉陈勋将屯田及作士三万人凿句容中道,自小其至云阳西城,通会市作邸阁。

魏明帝造宫室,也曾役使洛阳典农领下的屯田客。

最后说到军户(当时称作士家)。州郡领兵有兵役,已如上述,但州郡领民多是临时或大举征伐时调发,平时的兵则有军户。在内地者属于州郡,在边守戍则属于镇将。今先举数例,以证军户之离州郡领民而独立存在。《三国志·司马朗传》:

> 又以为宜复井田。往者以民各有累世之业,难中夺之。是以至今。今承大乱之后,民人分散,土业无主,皆立公田,宜及此时复之。议虽未施行,然州郡领兵,朗本意也。

晋武帝伐吴诏:

> 今调诸士家有二丁三丁取一人,四丁取二人,六丁以上三

人,限年十七以上,至五十以还,先取有妻息者。①

《晋书·王濬传》:

> 郡边吴境,兵士苦役,生男多不养,濬乃严其科条,宽其徭课,其产育者皆与休复,所全活者数千人……濬于是统兵(伐吴),先在巴郡之所全育者,皆堪徭役供军,其父母戒之曰:王府君生尔,尔必勉之,无爱死也。

军户对国家的关系,除去打仗外,就是屯田。军户屯田的例子,如孙权在江北的屯田:

> 青龙三年春,(孙)权遣兵数千家佃于江北,至八月,(满)宠以为田向成熟,男女布野,其屯卫兵去城远数百里,可掩击也。……②

邓艾建议在淮南北的屯田:

> 艾又以为……陈蔡之间,上下田良,可省许昌左右诸稻田,并水东下,令淮北二万人,淮南三万人,十二分休,常有四万人,且佃且守。……宣王善之,事皆施行。③

魏明帝景初中蒋济上疏:

> 二贼未诛,宿兵边陲,且耕且战,怨旷积年。④

《胡质传》:

> 遣征东将军,假节都督青徐诸州军事,广农积谷,有兼年之储,置东征台,且佃且守。

---

① 《晋书斛注》卷三《武帝纪注》。
② 《三国志》卷二六《满宠传》。
③ 《三国志》卷二八《邓艾传》。
④ 《三国志》卷一四《蒋济传》。

所以这时的兵,在性质上不但是个战士,而且是个生产劳动者。屯
田的军户和屯田的佃户一样耕种着国家的土地,而向国际纳收获
物十分之五六的田租。《晋书·傅玄传》:

> 旧兵持官牛者官得六分,士得四分,自持私牛者与官中
> 分,施行来久,众心安之。

现在可以来解释一下前所引《司马朗传》的一段话。向来引这一段
多只注意前一半而忽略了后半,只是引来证明那时土地荒芜皆为
公田,而忽略"州郡领兵,朗本意也"一句。司马朗的建议是行井
田,为什么州郡领兵就是朗的本意呢?现在知道军户是独立存在
的国家的一种领民,知道他是受国家的管理而充实生产的劳动者,
则"州郡领兵朗本意也"的意义便可明白了。盖井田制度的精神是
土地为国家公有,平均地分授给领民,使他们来耕种而收其课纳,
现在军户对国家的关系正是这种关系,正是井田制度的实质;所以
虽未恢复井田制度的名义,而实行州郡领兵也就是司马朗的本意
了。这一段话充分证明军户之独立存在和它的劳动形态。

国家三种领民的地位,以州郡领民最高,屯田客次之,士家军
户最低。士家是有士籍的。吴诸葛恪围魏合肥新城,城中遣兵士
刘整、郑像突围出城传消息,为吴兵所获,不屈而死。魏帝诏曰:

> 令追赐整、像爵关中侯,名除士名,使子袭爵,如部曲将死
> 事科。①

军户对国家的隶属关系,非常密切,没有脱离的自由。军士逃亡,
是要罪及妻子的。《三国志·卢毓传》:

---

① 《三国志》卷四《齐王芳纪》。

时天下草创，多逋逃，故重士亡法，罪及妻子。

《高柔传》：

护军营士窦礼近出不还，营以为亡，表言逐捕，没其妻盈
及男女为官奴婢。

因为军士不但是个战士，而且是个生产劳动者，所以制裁军士逃亡
的法律，不但是普通的军法性质，而且还是束缚生产者与土地的强
制力。到东晋时军户已渐渐成为低于编户的人户。《晋书·范宁
传》载他上书孝武帝的话：

官制：谪兵不相袭代，顷者小事便以补役，一愆之违，辱及
累世，亲戚傍支，罹其祸毒，户口减耗，亦由于此，皆宜料遣，以
全国信。

到刘宋时，孝武帝便有“军户免为平民”的诏书[1]，从生产关系
上看，军户是最近于农奴形态的劳动者了。

（原载《食货》第 1 卷第 11 期，1935 年）

---

[1]　《宋书》卷六《孝武帝纪》。

中古大族、寺院领户研究

一、引言

从三国到中唐是本题所指的中古时期。

从生产关系方面看,这一时期,确实自成一个阶段,与三国前及中唐后者不同。

这阶段主要的生产关系是庄园农奴制。土地是集中在大庄园主手中,一般劳苦耕作的农民没有土地所有权,秦汉以来的"小土地私有制"是完全破坏了[①]。一般耕作的农民,不但没有土地所有权,即自己的身份也是不自由的,在人格上他们隶属于主人,没有脱离主人的自由。而且束缚于一定的土地上,也没有离开的自由。

庄园农奴制的形成,是在魏晋时期,《食货》第 1 卷第 2 期武仙卿先生有一篇《魏晋时期社会经济的转变》,论述其形成过程甚详,大家可以参看。

作为中古庄园领主的,第一是国家。在长期的荒乱中,人民流亡,土地荒芜无主,国家以政治权力收天下荒田为国有,同时并部

---

① 此论是以北朝为主。

勒国家编户为国家农奴,强制他们耕种国家田园,向国家出租役。这种关系之史实的表现,就是北朝的均田制度及租役调制。

再一个庄园领主是王公、将帅、豪族等,我们统称之为大族。与国家经过同样的过程,在社会荒乱的情况下,他们也成为庄园主。小自由民离土逃亡,土地荒芜无主,使他们占有大土地;小自由民向他们的依附,及由其他方法①,使他们领有许多农奴户口。

第三个庄园领主是寺院。寺院之成为庄园领主是晋以后的事,比大族为晚。但其发展甚速,在南北朝时,寺院已领有许多的户口和土地了。

社会关系在横剖面上是领主与农奴的对立,在纵剖面上则形成分割的制度,大族、寺院庄园与国家庄园是对立的存在,大族、寺院领下的户口农奴,大族、寺院便是他们惟一的主人,他们隶属于大族、寺院,出役出租,与国家则无关系。

本题所研究的对象,是大族、寺院的领户,就实质上说,实在就是大族、寺院庄园领下的农奴群众。为显示"大族、寺院领户"在中古社会中的意义,故略述中国中古社会形式如上。

大族、寺院领户的研究,主要的意义就在从户口的领有方面来看大族、寺院庄园的发展及庄园内部的生产关系。在研究上,我们先考察大族、寺院领户造成的方式,其次寻述中古各时期各地域大族、寺院户口领有的实况,其次我们再考察其内部经济上的关系。人口在中古时期是社会主要的生产手段,财富泉源,为庄园领主间争夺的目标,所以最后我们对大族、寺院与国家之户口的争夺,也

① 看本篇第二部分。

加以考察。

二、大族、寺院户口领有的方式

大族、寺院户口的领有,约采取下述几种方式:

(一)依附 人民依附强者,在东汉已见其端。东汉初年我们已看到大族常有几千百家的宾客。[1] 东汉末年仲长统曾指出:"豪人之室,连栋数百,膏腴满野,奴婢千群,徒附万计。"[2]就可看出人民向大族依附的盛行。三国以后,依附更盛。这时的依附基于两种原因。一是由于战乱。在荒乱的时候,国家权力破坏,无力维持社会治安,保护人民,弱小的自由农民遂不得不向强者要求保护。黄巾暴动及永嘉以后,这种依附很盛。黄巾、董卓乱时,大族作坞壁自守的很多,农民不能自保者多投附这些大族坞壁,造成三国时大族称雄的局面。自守的大族坞壁,常有数千家乃至数万家的部曲领民。永嘉之乱,北方蛮族对大族大加杀戮,中原大族为门户计,率多南迁。当时中原人口随大族南迁的很多,百姓依大族南迁后,多即依附大族而为客,并不出为国家编户。《续晋阳秋》载:

> 自中原丧乱,民离本域。江左造创,豪族并兼,或客寓流
> 离,名籍不立。[3]

《南齐书·州郡志上·南兖州志》:

---

① 如刘植、耿纯、阴识等,参看《后汉书》各人传。

② 《昌言·理乱篇》,见《后汉书》卷七九《仲长统传》。

③ 《世说新语·政事篇》注引。

时百姓遭难，流移此境，流民多庇大姓以为客。

世家大族多逃南方，而比较小的地主及雄武之人，便多屯聚以守，敦煌石室本《晋纪》：

永嘉大乱，中夏残荒，保壁大师①，数不盈册，多者不过四千家，少者千家五百户。②

如石勒陷冀州郡县堡壁百余③，刘元海入都蒲子，河东平阳属县垒壁尽降④；王弥于梁、陈汝颍之间陷垒壁百余⑤；"齐鲁之间，郡县垒壁降者四十余所"⑥，苻坚时关中遥壁三千余处⑦。足证那时堡垒之多。不能自保的小民，当然都投附于这些堡垒。苏峻、刘遐、郭默、李矩、魏浚、邵续等都是那时的大坞主，都领有很多的依附人口⑧。人民依附强者的第二个原因，是为逃避国家课役，大族、寺院领下的人口不承担国家的课役，国家赋役繁重，人民不堪其剥削时，便逃入大族、寺院领下。这里我只指出其构成人民依附大族寺院的一个原因，详细事实等第五部分讲大族、寺院对国家人口之争夺时，再加说明。

（二）**招引侵夺**　前有黄巾起义、董卓暴乱，后有永嘉蛮族的骚扰，社会紊乱者将百年。长期战乱的结果，人口减少，土地荒芜。

---

① 原注：师当作帅。
② 《晋书斠注·元帝纪》注引。
③ 《晋书》卷一〇四《石勒载记上》。
④ 《晋书》卷一〇一《刘元海载记》。
⑤ 《晋书》卷一〇二《刘聪载记》。
⑥ 同上。
⑦ 《晋书》卷一一四《苻坚载记》。
⑧ 参看《晋书》各人传。

这时人口成为重要的东西,谁能多领有人口,谁就能多开垦田地,多收谷粮,增强自己的势力。因此中古的战争,多以掠夺人口为目的,得到一个地方,宁自放弃土地,也要徙回人民,我们看《三国志》、《晋书》、《魏书》等可以见到徙人的盛行。

以同样的理由,国家固在掠人徙人以增加国领户口,私家豪族也在招引人民,以增自己的财富与实力。

《魏书》载:

> (献帝)乘舆时居棘篱中……诸将专权……又竞表拜诸营壁民为部曲,求其礼遗。[①]

《卫觊传》载关中将帅招引流民归者为私部曲的事:

> 时四方大有还民,关中诸将多引为部曲。觊书与荀彧曰:"关中膏腴之地,顷遭荒乱,人民流入荆州者十万余家,闻本土安宁,皆企望思归,而归者无以自业,诸将各竞招怀以为部曲。郡县贫弱,不能与争,兵家遂强。一旦变动,必有后忧。……"[②]。

《南齐书·李安民传》:

> 宋泰始以来,内外频有战寇,将帅已下,各募部曲,屯聚京师。

侯景乱时,南朝社会大受骚动,大族各收留流民以为部曲,如荀朗一家:

> 侯景之乱,朗招率徒旅,据巢湖间无所属。……时京师大

---

① 《三国志》卷六《李傕郭汜传》注引《魏书》。
② 《三国志》卷二一《卫觊传》。

饥,百姓皆于江外就食,朗更招致部曲,……众至数万人。①

于招引外,他们还侵夺国家的户口,如北朝战争时的俘虏户,盖为国家所有,并囚送京师②。但从征将帅多擅自侵夺,私下分之。例如:

> (北魏)真君初,诏观统五军西讨秃发保周于张掖,徙其民数百家,将置于京师,至武威辄与诸将私分之。③

(三)赐予 国家为酬报臣下和寺院的勋劳与服务,时常赐予户口,如赐以钱财土地一样。这一点也可看出中古社会人民的身份和地位。

曹魏时常以户口赐公卿为客户,《晋书·王恂传》:

> 魏氏给公卿以下,租牛客户,数各有差。

东吴孙权亦多以户口赐功臣,例如,吕蒙破关羽后:

> 权嘉其功,即拜庐江太守,所得人马皆分与之。别赐寻阳屯田六百户,官属三十人。④

蒋钦死:

> 权……以芜湖民二百户……给钦妻子尹。⑤

陈武死:

> 权命以其爱妾殉葬,复客二百家。⑥

潘璋死:

① 《陈书》卷一三《荀朗传》。
② 看《周书》卷三七《韩褒传》。
③ 《魏书》卷三〇《周观传》。
④ 《三国志》卷五四《吕蒙传》。
⑤ 《三国志》卷五五《蒋钦传》。
⑥ 《三国志》卷五五《陈武传》注引《江表传》。

嘉禾三年卒……璋妻居建业,赐田宅,复客五十家。①

至东晋又有送兵的制度,方镇去官,多送兵以为私属,《晋屯·范宁传》载:

> 方镇去官,皆割精兵器仗以为送故……其中或有清白,亦复不见甄异。送兵多者至有千余家,少者数十户,既力入私门,复资官廪布,兵役既竭,枉服良人,牵引无端,以相充补。

北魏初年征伐四方,战胜的俘虏户多降为隶户或营户,《隋书·邢法志》:

> 魏虏西凉之人,没入名为隶户产。

《魏书·高祖纪》:

> 沃野、统万二镇敕勒叛。诏太尉陇西王源贺追击。至枹罕,灭之,斩首三万余级,徙其遗迸于冀、定、相三州为营户。②
> 连川敕勒谋叛,徙配青徐齐衮为营户。③

朝廷常即以这些俘虏户赐给从征将士及留守公卿。兹略举数例:

> (始光)四年……车驾至自西伐,赐留台文武生口(俘虏户)……各有差。④

> 延和元年……诏……抚东大将军永福王健攻建德,骠骑大将军乐平王丕攻冀阳,皆拔之。虏获生口,班赐将士各有

①　《三国志》卷五五《潘璋传》。
②　延兴二年事。
③　延兴二年事。
④　《魏书》卷四《太武帝纪》。

差。①

> 太和五年……以南俘万余口班赐群臣。②

生口即是俘虏户，本纪称生口，而传则多称户：

> 王建……从征卫辰，破之，赐僮隶五千户。

> 同因随眷商贩，见太祖有济世之才，遂留奉侍……太祖
> 班功……赐以妻妾及隶户三十。③

又《奚斤传》：

> 凉州平，以战功赐僮隶七十户。④

北齐北周隋时赐公卿人口也很盛，如《北齐书·崔浚传》载：

> 寻除徐州刺史，给广宗部曲三百，清河部曲千人。

对寺院国家也常给人户。北魏僧祇户遍天下甚多，大部分是人民自动向寺院的依附，也有一部分是国家的赐给。如《魏书·释老志》所载，沙门统昙曜奏请以凉州军户赵苟子等二百家赐寺院。此外国家赐寺院户口的例，如：

> 建元二年，益州刺史傅琰言沙门玄畅建齐隆寺，感青衣神人绕山守卫，敕蠲百户，用充资给。⑤

> 隋氏晋王钦敬定林，降威为寺檀越，前后送户七十有余。⑥

(四)庇荫制 事实上的大族寺院人口分割制，为国家所承认，

---

① 《魏书》卷四《太武帝纪》。
② 《魏书》卷八《高祖纪》。
③ 《魏书》卷三〇《安同传》。
④ 《魏书》二九《奚斤传》。
⑤ 《佛祖统纪》卷三七。
⑥ 《高僧传二集·释昙崇传》。

反映于法制上，便成立了庇荫制。西晋始定庇荫制，官吏以品之高卑，定荫人户多少，其人户称为佃客、衣食客，《晋书·食货志》：

> 而又得荫人以为衣食客及佃客，品第六已上得衣食客三人，第七第八品二人，第九品及……一人。其应有佃客者，官品第一第二者佃客无过五十户，第三品十户，第四品七户，第五品五户，第六品三户，第七品二户，第八品第九品一户。

东晋时庇荫制仍行，《南齐书·州郡志》：

> 元帝太兴四年，诏以流民失籍，使条名上有司，为给客制度。而江北荒残，不可检实。

关于东晋品官荫户多少的规定，《隋书·食货志》有记载：

> 官品第一第二佃客无过四十户，第三品三十五户，第四品三十户，第五品二十五户，第六品二十户，第七品十五户，第八品十户，第九品五户……其典计，官品第一第二置三人，第三第四置二人，第五第六及……一人。皆通在佃客数中。官品第六已上并得衣食客三人，第七第八二人，第九品及……一人。客皆注家籍。

庇荫制固以大族人口分割的事实为前提而产生，但此制的成立，反转过来是又成为大族人口领有的一个方式的。

（五）度僧 这是寺院获得人口的专有方式，也是寺院获得人口最多的一个方式。北魏以前，度僧权操之寺院手中，有愿出家的，即可直诣寺院求度。僧尼有免租调的特权，一般受不了国家租役剥削的人，率多出家，借为僧以避役。实在哪里能说上修道，只是转而为寺院一个领民而已。北魏末年以后，国家对度僧才渐加限制，收度僧权为国有。

三、大族、寺院户口领有的发展

上面约略说明大族、寺院获得人口的方式,中古大族、寺院以这几种方式占有大量人口。我们先看魏晋时期,这时因为战乱,自由民向大族的依附极盛,所以大族人口占有极为显著,各地大族常有宾客、部曲、田客至几千家,如刘节"旧族豪侠,宾客千余家"①。孟达叛蜀降魏,率部曲四千家②。又如《三国志·吴志·朱然传》注引《襄阳记》言:

> 租中在上黄界,去襄阳一百五十里,魏时夷王梅敷兄弟三人部曲万余家屯此。

东吴大族亦盛,《三国志·魏志·邓艾传》言:

> 艾言景王曰:孙权已没,大臣未附,吴名宗大族,皆有部曲,阻兵仗势,足以建命。⋯⋯

如朱桓有部曲万口③,韩综有部曲数千④。关于魏晋时大族占有户口,这不过略示几例。魏晋时国家户口锐减。蜀亡国时只有户二十八万,吴亡时有户五十三万,魏有户六十六万。晋太康中户口最盛,有户只二百四十万余,文献中各强宗大族一家即常有户数千,乃至万余,则社会上整个大族占有户口之多,即可以想象而知了。

----

① 《三国志》卷一二《司马芝传》。
② 《三国志》卷三《明帝纪》注引《魏略》。
③ 《三国志》卷五六《朱桓传》。
④ 《三国志》卷五五《韩当传》。

西晋末年,中原遭遇五胡乱华之祸,他们对汉族大族残酷的加以杀戮破坏,中原大族于是多逃亡南方。不过蛮族所破坏的只是汉族大族而已,并非领户分割的制度,汉族大族虽倒,而分割人口的新的蛮族大族,却又孕育发展,大族人口分割制并未毁灭。佛教寺院也于此时兴起,社会上又加了一个分割人口的主体。

石勒、石虎父子初期对汉族大族大加杀戮,晚年逐渐改变态度,重新恢复对大族的优待,对衣冠华族,加以保护。《晋书·石勒载记下》:

> 胡人出内,重其禁法,不得侮易衣冠华族。

给予经济上政治上的特权,《晋书·石季龙载记上》:

> 镇远王擢表:雍、秦二州望族,自东徙已来,遂在戍役之例,既衣冠华胄,宜蒙优免。从之。自是皇甫、胡、梁、韦、杜、牛、辛等十有七姓,蠲其兵贯,一同旧族,随才铨叙。思欲分还桑梓者听之。其非此等,不得为例。

汉族大族威势还有很盛的。如祖约,宾客领户甚多,石勒害怕他势大难制,才把他杀了。

三辅大族自来很强,至此仍保有很大的势力,《晋书·石季龙载记下》:

> 石苞时镇长安,谋帅关中之众攻邺……雍州豪右知其无成,并遣使告晋梁州刺史司马勋,勋于是率众赴之,壁于悬钩,去长安二百余里,使治中刘焕攻京兆太守刘秀离,斩之。三辅豪右多杀其令长,拥三十余壁,有众五万以应勋。

苻丕、姚苌时关中的豪族:

> (王)永又檄州郡曰:"……今素秋将及,行师令辰,公侯牧

守,垒主乡豪,或戮力国家,乃心王室,各率所统,以孟冬上旬,会大驾于临晋。"于是天水姜延、冯翊寇明、河东王昭、新平张晏、京兆杜敏、扶风马郎、建忠高平、牧官都尉王敏等咸承檄起兵,各有众数万。①

　　西州豪族尹详、赵曜、王钦卢、牛双、狄广、张乾等率五万余家,咸推苌为盟主。②

这是垒主乡豪,此外将帅也多私有部曲,为大人口的领有者,《晋书·姚苌载记》:

　　苌寝疾……召其太子兴诣行营。征南姚方成言于兴曰:"今寇贼未灭,上复寝疾,王统、苻胤等皆有部曲,终为人害,宜尽除之。"兴于是诛苻胤、王统、王广、徐成、毛盛。

又《晋书·姚兴载记》:

　　苌死……硕德将佐言于硕德曰:"公威名宿重,部曲最强,今丧代之际,朝廷必相猜忌,非永安之道也。……"

以上所论,在地域上偏于西方,多为关中的情形。其实东方也是一样,如《晋书·慕容暐载记》所载:

　　仆射悦绾言于暐曰:"太宰政尚宽和,百姓多有隐附。……今诸军营户,三分共贯,风教陵弊,威网不举。宜悉罢军封,以实天府之饶,肃明法令,以清四海。"暐纳之。绾既定制,朝野震惊,出户二十余万,慕容评大不平,寻贼绾杀之。

所谓军封,就是将帅的人口分割,悦绾的定制,实就是国家户

---

① 《晋书》卷一一五《苻丕载记》。
② 《晋书》卷一一六《姚苌载记》。

口的大整理,以实天府之饶的好办法。但这对隐附小民的大族及领有军封的将帅是大不利。悦给终以大族及军封的仇怨而遭贼杀了。

又《晋书·慕容德载记》载有南燕时户口荫附的情形:

> 尚书韩谆上疏曰:"……百姓因秦晋之弊,迭相荫冒,或百室合户,或千丁共籍。依托城社,不惧熏烧。公避课役,擅为奸宄。损风毁宪,法所不容。但检令未宣,弗可加戮。今宜隐实黎萌,正其编贯,庶上增皇朝理物之明,下益军国兵资之用。……"德纳之,遣其车骑将军慕容镇率骑三千,缘边严防,备百姓逃窜,以谆为使持节、散骑常侍、行台尚书,巡郡县隐实,得荫户五万八千。

南燕疆域只有今山东一部,而荫户出者到五六万,人口荫附也可算得厉害了。领有荫附户口的大族,我们不问他是汉族是蛮族,是公卿将帅是垒主乡豪,总之都是国家人口的分割者,都是大户口的领有者。

北魏拓跋氏统一北方之后,发展的大族都包容在统一帝国之下,人口分割的事象一时沉寂。但这只是表面的现象,大族人口的领有依旧存在,强大的宗族依然是有的,如广平李波:

> 初,广平人李波宗族强盛,残掠生民,前刺史薛道㩧亲往讨之。波率其宗族拒战,大破㩧军,遂为逋逃之薮,公私成患。百姓为之语曰:"李波小妹字雍容,褰裙逐马如卷蓬,左射右射必叠双。妇女尚如此,男子那可逢。"①

---

① 《魏书》卷五三《李安世传》。

　　我们在前面已经说过北魏初年国家以户口赐给公卿将帅的情形,北魏初年人民向大家的荫附也极盛行。《魏书·食货志》:

　　　　魏初不立三长,故民多荫附,荫附者皆无官役,豪强征敛,倍于官赋。

　　再加上前面所说的以户口赐臣公的情形,可以看出北魏初年分割人口的大族制的存在,已经是很显然的。只是那时候国家组织严密,权力强大,在经济上、社会上有着基础的大族在政治上尚未能显示其势力而已。到北魏末年,政治渐趋腐败,权力日趋衰落。大族渐次活跃,谋脱离国家的管辖。如肃宗时冀州的八王:

　　　　州人张孟都、张洪建、马潘、崔独怜、张叔绪、崔醜、张天宜、崔思哲八家,皆屯保林野,不臣王命,州郡号曰八王。[1]

　　地方政治权渐落于各地大族之手,地方官吏尽先大族选拔。为了应付各地的大族,遂不得不多分划郡县。北齐文宣帝天保七年诏书说明这种情形:

　　　　魏自孝昌之季,数钟浇否。禄去公室,政出多门。……是使豪家大族,鸠率乡部,托迹勤王,规自署置。或外家公主,女谒内成,昧利纳财,启立州郡。离大合小,本逐时宜,剖竹分符,盖不获已。[2]

　　文宣因此省去一百五十三郡,五百八十九县。大族政治上的得势,更助长其人口的分割,万宗同居,及隶有数千家领户的大族,又复显迹。北齐时高乾一家:

————————

　　① 《魏书》卷一八《临淮王谭传》。
　　② 《北齐书》卷四《文宣帝纪》。

　　乾弟慎……太昌初迁光州刺史……,时天下初定,听慎以
本乡部曲数千人自随。[1]

　　季式……乾第四弟也……兄弟贵盛,并有勋于时,自领部
曲千余人,马八百匹,戈甲器仗皆备。[2]

　　昂(乾第三弟也)……自领乡人部曲王桃汤、东方老、呼延
族等三千人。[3]

《关东风俗传》记北齐时大族聚居的形势说:

　　文宣之代,政令严猛,羊毕诸豪,颇被徙逐,至若瀛、冀诸
刘,清河张宋,并州王氏,淮阳侯族,诸如此辈,一宗将近万室,
烟火连接,比屋而居。献武初在冀郡,大族蝟起应之,侯景之
反河南,侯氏几为大患,有刘元海、石勒之众也。

　　讲中国中古社会经济史,《关东风俗传》实在是部好材料,可惜
久已佚失了。

　　南朝的政权始终在大族手中,东晋渡江即依大族的拥戴而建
立国家,当时即有王与马共天下的谚语[4]。永嘉乱时,北人南渡者
多依大族为客[5],国家又无力与大族争夺人口[6],于是大族便占有
极多的户口。

　　南朝大族都多有部曲、田客。如:

---

① 《北齐书》卷二一《高乾传》。
② 《北齐书》卷二一《高乾传》。
③ 《通典》卷三引。
④ 《晋书》卷九八《王敦传》。
⑤ 看第二部分。
⑥ 看第五部分。

（桓）谦江右贵族，部曲遍于荆楚。①

刁协一族有奴客数千人②，又《南齐书·刘善明传》：

> 泰始初……善明密契收集门宗部曲，得三千人，夜斩关奔
> 北海。

侯景之乱，南朝社会大受骚扰。为求得乱时生命财产的保护，人民向大族的依附又极盛一时，同时国家权力衰落，大族也竟招引流民为部曲，国家户籍销散，大族领户更多。如荀朗：

> 侯景之乱……京师大饥，百姓皆于江外就食，朗更招致部
> 曲，解衣推食，以相账赡，众至数万人。……梁承圣二年，率部
> 曲万余家济江，入宣城郡界立顿。③

又如鲁广达族：

> "鲁广达，吴州刺史悉达之弟也。少慷慨，志立功
> 名。……时江表将帅各领部曲，动以千数，而鲁氏尤多。"④

南朝大族领民中，又有门生者，如：

> "怀珍北州旧姓，门附殷积，启上门生千人充卫宿。孝武
> 大惊，召取青、冀豪家私附得数千人。"⑤

所谓门生，看这段记载，并不是如后世所用作生徒的意义解，而是和部曲客等同，是大族的领民。

南朝大族领户的数量，因为没有统计留下，我们现在已无法知

---

① 《晋书》卷一一七《姚兴载记》。
② 《晋书》卷六九《刁协传》。
③ 《陈书》卷一三《荀朗传》。
④ 《陈书》卷三一《鲁广达传》。
⑤ 《南齐书》卷二七《刘怀珍传》。

道,但由下面两条记载,来和那时国家郡县领户数额相比较,大族领户之数量,大体是可以想见的。

《晋书·王彪之传》:

> 彪之为会稽内史,居郡八年,豪右敛迹,亡户归者三万余口。

《山涛传附孙遐传》:

> (遐)为余姚令。时江左初基,法禁宽弛,豪族多挟藏户口,以为私附。遐绳以峻法,到县八旬,出口万余。

余姚只是一县,山遐到任八旬便能出口万余,则大族挟藏户口尚不只此。可惜手下无书,不能查考南朝郡县户口有无记载,情形如何。然以中古户口之锐减论之,则县领户多亦不过数千,乃至万数。即以余姚论,大族藏户当与国户相差不多。如以此论推之全国,则南朝大族领户当与国家领户不相上下。

在南朝还有一种情形,就是将帅们的人口分割,将帅领下的军户与州郡领下的编户截然不同,军户这一部分便为将帅所分割。这,下面一段话可作证明:

> 刘隗……倾尽帑藏、以自资奉,赋役不均,百姓嗟怨,免良人奴,自为惠泽,自可使其大田,以充仓廪,今便割配,皆充隗军。[①]

"使其大亩,以充仓廪",便是使其为国家编户。"今便割配,皆充隗军",便是使其为刘隗自己的领民。那时兵不单是兵,同时还是农,将帅占有大户口,同时还占有大土地,以屯田佃田的方式,使

---

① 《晋书》卷九八《王敦传》,敦上疏请诛刘隗语。

军队农民化,而自己便成为颇有大户口的主人。户口的占有撑掌自己的权力,所以南朝政治上便表现君主、军人、大族三种势力。

佛教在西汉时传入中国,东汉渐有宗教性质的寺院组织,魏晋以后,寺院成为社会的组织,寺院领有许多的人口、财产和田园。

中古寺院以北朝魏、齐及南朝梁时最为兴盛,尤其在北朝成为一种很大的组织,领有几百万的户口。北魏时有僧众二百万,北齐时有三百万,举国上下,信崇佛教,国家每年以大部财富用在佛事上,《高僧传·释僧稠传》:

> (齐文宣)曰:今以国储分为三分,谓供国自用及以三宝。自尔彻情归向,通古无伦,佛化东流,此焉盛矣。

南朝梁时寺院僧众最盛,《南史·郭祖深传》:

> 祖深……以为都下佛寺五百余所,穷极宏丽,僧尼十余万,资产浓沃。所在郡县不可胜言。道人又有白徒,尼则畜养女,皆不贯人籍,天下户口几亡其半。……恐方来处处成寺,家家剃落,尺土一人,非复国有。

《辩证录》、《释氏通鉴》载有中古历代僧众统计,虽难正确,然尚可见其大概,兹依之列表如下:(以口作单位)

朝代	僧众人数
东晋	二四,〇〇〇
宋	三六,〇〇〇
齐	三一,五〇〇
梁	八二,七〇〇
陈	三二,〇〇〇
北魏	二,〇〇〇,〇〇〇
北齐	三,〇〇〇,〇〇〇

北周	二,〇〇〇,〇〇〇
隋	五〇〇,〇〇〇

寺院领户除僧众之外,还有许多属于寺院的户口,在北朝有僧祇户、寺户,数目也非常的多,《魏书·释老志》:

> 昙曜奏:平齐户及诸民有能岁输谷六十斛入僧曹者,即为僧祇户,粟为僧祇粟。至于俭岁,赈济饥民。又请民犯重罪及官奴以为佛图户,以供诸寺扫洒,岁兼营访输粟。高宗并许之,于是僧祇户、粟及寺户遍于州镇矣。

僧祇户、寺户以外,又有净人、侍人等,数量亦多。此外又有奴隶。在中古时期,奴隶仍占很大的数量,是社会上重要的生产劳动者。故有谚云:"耕则问奴,织则问婢。"[1]寺院也保有大量的奴隶,国家常以奴隶赐寺院,王公也赏启请度奴入寺以要福。寺院奴隶之多,常使国家严厉限制度奴入寺。

四、大族、寺院与领户间的关系

关于大族、寺院和他的领户间的关系,我们可分(一)大族、寺院领户对国家户口的分割,(二)领户对大族、寺院的义务,及(三)领户对大族、寺院的隶属关系三方面来研究。

(一)大族、寺院领户对国家户口的分割　大族、寺院领户对国家是一种分割,在国家看来大族、寺院领户与自己领户是不同的。前引《三国志·魏志·卫觊传》关中将帅招引流民归者为部曲,而

---

① 《魏书》卷六五《邢峦传》。

卫觊站在国家的立场便说：

> 郡县贫弱，不能与争。

郡县是国家领户管理的机关，郡县不能与争，显然这些为将帅收去的人口不为国家所有了。大族、寺院人口的分割，表现于其领户对国家的免租役。关于大族、寺院领民对国家无租役问题，兹举数证以明：

1. 初，表所受赐复人得二百家，在会稽新安县。表简视其人，皆堪好兵，乃上疏陈让，乞以还官，充兄精锐。诏曰："先将军有功于国，国家以此报之，卿何得辞焉？"表乃称曰："今除国贼报父之仇，以人为本。空枉此劲锐，以为僮仆，非表志也。"皆辄料取，以充部伍。所在以闻，权甚嘉之。①

2. 褒门人为本县所役，求褒为属。褒曰："卿学不足以庇身，吾德薄不足以荫卿，属之何益。……"②

3. 方镇去官，皆割精兵器仗以为送故……既力入私门，复资官廪布，兵役既竭，枉服良人。③

4. 都下人多为诸王公贵人左右、佃客、典计、衣食客之类，皆无课役。④

5. 魏初不立三长，故民多荫附。荫附者皆无官役。⑤

第一、第三例，证明大族领户无国家兵役，第二、第四、第五例，

---

① 《三国志》卷五五《陈武传》表武子也。
② 《三国志》卷一一《王脩传》注引王隐《晋书》。
③ 《晋书》卷七五《范宁传》。
④ 《隋书》卷二四《食货志》。
⑤ 《魏书》卷一一〇《食货志》。

证明大族领户对国家之无田课及力役。因为大族领户对国家无课役，所以国家需要劳力不得不役使大族领户时，则召之曰借，如：

> 升平二年，诏以比年出军，粮运不继，王公以下，十三户借一人一年助运。①

不过看下面两条记载，似乎大族领户中之部曲对国家有时也是有役课的，《晋书·李雄传》：

> 加范长生为天地太师，封西山侯，复其部曲不豫军征，租税一入其家。

《隋书·食货志》：

> 炀帝即位，是时户口益多，府库盈溢，乃除妇人及奴婢部曲之课。

既言复其部曲，不豫军征，租税一入其家，则是在未复之前当然要豫军征，及租税不一入其家的。炀帝既以府库盈溢乃除部曲之课，则未除以前部曲对国家是有课的。这疑点难颇不易解。不过无论怎样，在中古时期，大部分大族、寺院领户对国家无役课，是无问题的。②

寺院僧众也是课役全免的，徐陵《谏仁山深法师罢道书》说做和尚的好处：

> 假使棘生王路，桥化长沟，巷吏门儿何因仰唤？寸绢不输官库，升米不进公仓。库部仓司，岂须求及？其利四也。门前扰扰，我且安眠，巷里纷纷，余无惊色。家休大小之调，门停强

---

① 《晋书》卷八《穆帝纪》。
② 因此才演成中古人口投依大族、寺院的严重事实。

弱之丁。入出随心，往还自在。其利五也。

这是南朝的情形，北朝也是一样，《魏书·释志老》：

> （太和）十年冬，有司又奏："前被敕以勒籍之初，愚民侥幸，假称入道，以避输课，其无籍僧尼罢遣还俗。……"

《高僧传初集·竺佛图澄传》：

> 今沙门众甚，或有好宄避投，多非其人。

《魏书·李孝伯传》

> 延昌末……于时民多绝户而为沙门。场上言：今南服未静，众役仍烦，百姓之情，方多避役，若复听之，恐捐弃慈孝，比屋而是沙门。

寺院领户中除僧尼大众外，在南朝"道人又有白徒，尼则畜养女"，北朝又有僧祗户、寺户。这些人户对国家也是无租调役的，这由前引《南史·郭祖深传》："道人又有白徒，尼则畜养女，皆不贯人籍，天下户口几亡其半。"及北魏尚书令高肇奏请收回赵苟子等二百家僧祗户时所说的："请听苟子等还乡课输。俭乏之年，周给贫寡。若有不虞，以拟边捍。"可以证明。

（二）领户对大族、寺院的义务　大族、寺院领民对国家虽免租役，却非就无租役的负担，亦如国家领户之对于国家，他们对他们的主人，却是要耕地纳课及作许多杂役。

第一，领户对领主有从军的义务，在战乱时要跟随主人打仗，保护主人，例如：

> 以部曲随先主入蜀，数有战功。[1]

---

[1] 《三国志》卷四〇《魏延传》。

又随高祖(高欢)讨尔朱兆于韩陵,昂自领乡人部曲王桃汤、东方志、呼延族等三千人……①

夔……有部曲万人……弟潘……常停乡里,领有父部曲,为州助防。②

晋安王子勋反,上不从命……率部曲百余人起义。③

皇考(萧顺之)闻难作,率家兵据朱雀街。④

从军的义务,在大族领户中以部曲家兵最显著,因为部曲家兵在名字上就含有很大的军士味道。客也须为主人作兵,可惜因迁移居处,材料零乱,证例一时找不到了。

第二,领户要为主人耕地纳课。佃客耕地是无须举证的。兹举部曲耕地数例:

习以别部司马领并州刺史。……部曲服事供职,同于偏户。⑤

宣与阳遂平襄阳,侃使宣镇之,以其淮南部曲立义成郡。宣招怀初附,劝课农桑。⑥

遂去职归山,居于东林寺。有田数十顷,部曲数百人,率以力田尽供山众。远近归慕,赴之如市。⑦

寺院中僧祇户及寺户主要的事务也是"营田输粟"。寺院僧众

---

① 《北齐书》卷二一《高乾传》。
② 《梁书》卷二八《夏侯夔传》。
③ 《南史》卷四《齐武帝纪》。
④ 《南史》卷六《梁武帝纪》。
⑤ 《三国志》卷一五《梁习传》。
⑥ 《晋书》卷八一《桓宣传》。
⑦ 《梁书》卷五一《张孝秀传》。

按佛教教义,本是不该参加生产劳动的,但实际上因中古寺院的俗化庄园化,僧众也成为寺院庄园的劳动者了。僧众为寺院耕地的例:

> 释道安姓卫氏,常山扶柳人……年十二出家……不为师之所重,驱役田舍,至于三年,执勤就劳,曾无怨色。[1]

> 释法显……尝与同学数十人于田中刈稻,时有饥饿,欲夺其谷,诸沙弥悉奔走,唯显独留。[2]

> 释静琳……七岁投寺出家,以役田畴,无乖道训……[3]

领户对于主人是有一定的课纳的,一前引《三国志·李傕郭汜传》注引《魏书》:

> 诸将……又竞表拜诸营壁民为部曲,求其礼遗。

为主人耕地的领户,更有一定的田课,《隋书·食货志》:

> 都下人多为诸王公贵人左右、佃客、典计、衣食客之类,皆无课役。……其佃谷,皆与大家量分。

《魏书·食货志》:

> 魏初不立三长,故民多荫附。荫附者皆无官役,豪强征敛,倍于公赋。

领户对主人课纳数额的规定,现在已难详考,大概是在十五以上,比公赋为重。《通典》:

> 隋受周禅……赋重役勤,人不堪命,多依豪室。……高颎睹流冗之病,建输籍之法,于是定其名,轻其数,使人知为浮

---

① 《高僧传》卷五《释道安传》。
② 《高僧传》卷三《释法显传》。
③ 《续高僧传》卷二〇《释静琳传》。

客,被强家收大半之赋,为编甿奉公上,蒙减轻之征。……浮客悉自归于编户。①

寺院中租纳的关系,也很难详知。大概在"财产共有制"的名义下②,僧众除由寺院供给生活费用外,其全部劳动收获物概为寺院所有。僧祇户对寺院则有定额的课纳,依前引《魏书·释老志》,凡自愿为僧祇户的,每年要向寺院输六十斛谷。但实际上恐怕还要重,如北魏赵苟子等僧祇户为寺院勒迫而亡。

中古大族、寺院都是大土地的所有者③,领户的耕地都是大族、寺院的土地,自己没有所有权。不过其荫附户是不是如西欧中古自由民依附领主的情形一样,先把土地献于领主以求保护,然后再由主人取得佃耕权;抑是只作隶属关系的转变——由属于国家转为属于大族、寺院,土地仍为自己所有,我们还无材料说明。

从戎、耕田、纳课是领户对主人的主要义务,此外主人家内家外的杂役使,也是由领户去做,《宋书·王弘传》载:

> 有奴客者,类多使役,东西分散,在家者少。其有停者,左右驱驰,动止所需,出门甚寡,典计者在象十无其一。

下举两例,可显示领民负担杂役的情形!

> 《襄阳记》曰:……(李)衡每欲治家,妻辄不听,复密遣客十人于武陵龙阳氾洲上作宅,种甘橘千株。临死,敕儿曰:"汝母恶吾治家,故穷如是。然吾州里有千头木奴,不责汝衣食,岁上一匹绢,亦可足用耳。"衡亡后二十余日,儿以白母,母曰:

---

① 《通典》卷七《丁中》。
② 名义上寺院财产属于寺院僧众全体,谓之常住财产。
③ 大族、寺院大土地占有的情况,当另为文述之。

"此当是种甘橘也,汝家失十户客来七八年,必汝父遣为宅。……"①

　　(黄初)六年,(文)帝东征吴,至广陵,后留谯宫。时表留宿卫,欲遏水取鱼。后曰:"水当通运漕,又少材木,奴客不在目前,当复私取官竹木作梁遏……"②

寺院中杂役主要是由寺户、寺奴、侍人、净人担负。不过僧众也要担任,例如:

　　时会善寺有客游沙弥,口作吴语,厨下燃火,干竹大如臂,两指折而烧之。③

　　宽年十二……出造龙怀寺,寺有徒属二百余人,并令在役。④

尤其做沙弥的,简直有如寺中奴仆,寺中的洒扫,关门闭户,以及老和尚的饮食起居,差不多都得去做。

(三)领户对大族、寺院的隶属关系　中古时期领户对主人有隶属关系,是种超经济的关系,它不同于后世地主与佃户的关系,地主与佃户只是经济的契约的结合,而中古时期领民对于主人则是人格上的隶属,他是个人,可是他是主人的"人",他隶属于主人,而没有脱离主人的自由。他们实在就是农奴。

在大族领户中占最多数的是客及部曲,其次是宾客等,寺院中是僧众及僧祇户。我们将顺序考察他们的身份及对主人的关系。

----

① 《三国志》卷四八《孙休传》注引。
② 《三国志》卷五《郭后传》。
③ 《续高僧传》卷三五《释明恭传》。
④ 《续高僧传》卷二五《释惠宽传》。

在中古时期，客所代表的阶级，是社会主要的生产阶级，数量最多。这个字在东汉尚是指受雇佣而劳动的自由劳动者而言，崔寔《政论》有这样一段话：

> 夫百里长吏，荷诸侯之任，而食监门之禄。请举一隅以率其余，一月之禄得粟二十斛，钱二千。长吏虽欲崇约，犹当有从者一人。——假令无奴，当复取客，客庸一月千，刍膏肉五百，薪炭盐米又五百，二人食粟六斛。其余财足给马！[1]

此处所谓"客庸一月千"，可见客只是拿钱雇的劳动者，身份上是自由的，并没有半点低下的味。东汉末年以后，客之一词所代表的阶级，身份渐低。原因大概是在三国以来，奴隶渐有解放而为客者，如《晋书·会稽王道子传》言：

> （元显）又发东土诸郡免奴为客者，号曰乐属。

魏晋有屯田制，屯田中之劳动者叫屯田客。西晋尝以奴隶屯田，皆如屯田法。这也给我们一点国家奴隶转变为客的隐示。《晋书·食货志》载：

> 咸宁元年十二月诏曰："出战入耕，虽自古之常，然事力未息，未尝不以战士为念也。今以邺奚官奴婢著新城，代田兵种稻，奴婢各五十人为一屯，屯置司马，使皆如屯田法。"

在三国时的记载中，我们常看见客和奴或僮等字的连用。如《三国志·郭后传》"奴客不在目前"，《糜竺传》"僮客万人"等。因此客的身份遂降低，成为一种比奴隶稍高的不自由的阶级，已不是自由良人。晋元帝太兴四年诏说：

---

① 《全后汉文》卷四六。

> 昔汉二祖及魏武皆免良人，武帝时凉州覆败，诸为奴婢，
> 亦皆复籍，此累代成规也。其免中州良人遭难为扬州诸郡僮
> 客者。①

下面一个以客换奴的故事，更显明一客的身份的低落，《晋
书·华廙传》：

> 初表（廙父）有赐客在嗝，使廙因县令袁毅录名三客，各代
> 以奴。及毅以贿赂致罪，狱辞迷谬，不复显以奴代客，直言送
> 三奴与廙……遂于丧服中免廙官。

客对主人是身份上的隶属，而且是世代的隶属，子子孙孙没有
脱离主人的自由，除非经主人的放遣，或经主人允可以钱财自赎。
王敦讨骂刘隗的上疏，有一段说明客与主人的隶属关系很好：

> 当陛下践作之始，投刺王官，本以非常之庆，使豫蒙荣分，
> 而更充征役，复以旧名，普取出客，从来久远，经涉年载，或死
> 亡灭绝，或自赎得免，或见放遣，或父兄时事，身所不及。有所
> 不得，辄罪本主。百姓哀愤，怨声盈道。②

说明客的身份，这真是最好的一段材料。

部曲起源于西汉，初为军队编制，东汉时成为代表军队的代名
词③。三国时转化为私人的领民，前面我们引述过那时名门大族
常有千百家的部曲。部曲和客的地位身份都差不多，都是半自由
的人，自己有妻子可以成户，可以私有财产，可是隶属于主人，没有
脱离主人的自由。北周武帝建德六年诏：

---

① 《晋书》卷六《元帝纪》。
② 《晋书》卷九八《王敦传》。
③ 杨中一：《部曲沿革略考》，《食货》第 1 卷第 3 期。

　　　　自永熙三年七月以来,去年十月以前,东土之民被抄略在
　　化内为奴婢者,及平江陵之后,良人没为奴婢者,并宜放免,所
　　在附籍,一同民伍。若旧主人犹须共居,听留为部曲及客
　　女。①

唐代的规定:

　　　　奴婢部曲、身系于主。②

释道宣《量处轻重仪》也说:

　　　　部曲者谓本是贱品,赐姓从良,而未离本主。③

　　这都见得部曲对主人的隶属关系,其身份是低于一般自由民
的,《唐律疏议》所载,部曲杀人与自由民杀人,或杀害部曲与杀害
自由民,其罪皆不同,可见部曲地位之低下。又部曲对于主人也是
世代的隶属,父亲的部曲,在父亲死去时便属于儿子。如孙坚死,
孙策便领其部;马腾入为卫尉,马超领其部曲。这样的隶属,反映
于意识方面便造成一种忠的观念,三国时忠的观念特别强便是由
此。

　　家兵和主人的关系,大概和部曲差不多,因为家兵和部曲实在
就是一种东西的两种名称。

　　大族系下的领民,在身份上比较,以宾客为最高,这由下面一
段话可以看出来:

　　　　左将军(刘备)有骁名,今请到,欲以部曲遇之,则不满其

────────

① 《周书》卷五《武帝纪》。
② 《唐律疏议》卷一七。
③ 释道宣:《量处轻重仪》卷上。

心，欲以宾客礼待，则一国不容二君。①

从这段话中看，宾客显然还有客味，不同于部曲。就是在国家眼中，宾客和部曲、客也是不一样的。部曲、客国家完全承认其为大族领民，对宾客则不承认。所以在国家眼中，大族宾客仍是要对国家服役的。《三国志·魏志·司马芝传》：

> 太祖平荆州，以芝为菅长。时天下草创，多不奉法。郡主
> 簿刘节，旧族豪侠，宾客千余家，出为盗贼，入乱吏治。顷之，
> 芝差节客王同等为兵，掾史据白："节家前后未尝给徭，若至时
> 藏匿，必为留负。"芝不听，与节书曰："君为大宗，加股肱郡，而
> 宾客每不与役，既众庶怨望，流声上闻。今条同等为兵，幸时
> 发遣。"兵已集郡，而节藏同等，因令督邮以军兴诡责县，县掾
> 史穷困，乞代同行。芝乃驰檄济南，具陈节罪。太守郝光素敬
> 信芝，即以节代同行。青州号芝"以郡主簿为兵"。

看这段记载，宾客不给国家徭役固为事实，但观"君为大宗，加股肱郡，而宾客每不与役，既众庶怨望，或流声上闻"，则宾客应当给徭，实是法定。这与免除国家役课的客户，显是不同了。

寺院领民中，僧众大体上仍是自由的身份，而且在中古时代，国家领民逃入寺院为僧尼，多少还含点解放的意思。此外僧祇户则是半自由的，对寺院是隶属，不能自由脱离寺院，《魏书·释老志》载：

> 尚书令高肇奏言："谨案：故沙门统昙曜，昔于承明元年奏
> 凉州军户赵苟子等二百家为僧祇户，立课积累，拟济饥年，不

---

① 《三国志》卷四三《黄权传》。

限道俗，皆以拯施。又依内律，僧祇户不得别属一寺。而都维那僧暹、僧频等进违成旨，退乖内法，肆意任情，奏求逼召，致使吁嗟之怨，盈于行道，弃子伤生自缢溺死五十余人。岂是仰赞圣明慈育之意，深失陛下归依之心。遂令此等行号巷哭，叫诉无所，至乃白羽贯耳，列讼宫阙。悠悠之人尚为哀痛，况慈悲之士而可安之。请听苟子等还乡输课，俭乏之年，周给贫寡，若有不虞，以拟边捍。……"

这一段材料很可看出僧祇户对寺院的隶属而不能自由脱离的关系，所以在他们受不了寺院的剥削时，只有自缢溺死，却不能自由走开。

五、大族、寺院与国家之领户的争夺

中古时期租役制度是以户口作单位的，国家领户对国家有租有调有役。这三者都是以户口为征收的单位。

因为租役调是以户口作征集单位，所以人口成为重要的东西，在社会上演着重要的角色。人口成了权力的泉源，成了财富的泉源。多有一家领户，便多了一个兵，多了一个仆人，多了一个财源。领户越多，权力越大，财力便也越富。

不过中古时代，人口不全为国家所有，依我们前面的叙述，社会人口是为大族、寺院所分割的，被分割了的人口对国家无租役调的义务。这种制度所表现的国家大族、寺院与农民的关系，不同于中古以前和以后的。中古以前和以后，整个社会人口全属于国家的领治之下，大族、寺院只是一个地主，他与佃户的关系只是主佃的关系,佃户仍是国家的领户。其剥削形式,是双层剥削,国家同地主叠起来建立于单一农民之上,把在一家农户剥削所得,拿去国家和地主分,国家要税,地主要租,这和中古的单层剥削制,国家,大族、寺院先把人口分了,然后再各人剥削各人的,是全不相同的。我们以图来表示两种剥削制度的不同:

中古的剥削形式:

国家 ———————— 农民

大族 ———————— 农民

寺院 ———————— 农民

中古前和后的剥削形式:

$$\begin{array}{c} (大族) \\ (税) \qquad\qquad (租) \\ 国家 ——————— 地主 ——————— 农民 \\ (寺院) \end{array}$$

由于剥削形式的不同,决定了国家与大族、寺院的关系。在中古时期,大族、寺院多领一家人口,国家便少一家人口,国家兵力、财力便被夺一部。因此大族、寺院的目的在如何多从国家分割人口,以增殖自己的财富;国家的目的便在如何防止大族、寺院人口的分割,更进而如何从大族、寺院拉回已被分割的人口。大概在国家政治腐败、赋役繁重时,国家领户便向大族、寺院逃转。在国家政治修明、权力强大的时候,国家便又会应用强力把人口重新从大族、寺院中拉回。这样造成中古国家和大族、寺院的领户争夺。

前面第二部分叙述人民向大族、寺院的依附,我们已指出中古人民有因负担不了国家租役调的剥削而逃入大族、寺院领下的。

通中古一期,国家领户向大族及寺院的依附极盛,魏晋时期已开其端。《晋书·王恂传》:

> 魏氏给公卿已下租牛客户,数各有差。自后小人惮役多乐为之,贵势之门,动有百数。

南北朝时因南北战争的频仍,政治的腐败,国家领户租役调的负担非常繁重,人民为逃避租役,更多投依大族、寺院。在南朝的情形,《南史·齐废帝东昏侯纪》:

> 自永元以后,魏每来伐,继以内难,扬、南徐二州人丁,三人取两,以此为率,远郡悉令上米准行,一人五十斛,输米既毕,执役如故。又先是诸郡役人,多依人士为附隶,谓之属名。

梁贺琛奏:

> 郡不堪州之控揔,县不堪郡之裒削,更相呼扰,莫得治其政术,皆以应赴征敛为事。百姓不能堪命,各事流移,或依于大姓,或聚于封屯。盖不获已而窜亡,非乐之也。①

人民投附寺院的情形,如《弘明集》所记:

> 京师竞其奢淫,荣观纷于朝市,天府以之倾匮,名器为之秽渎。避役钟于百里,逋逃盈于寺庙,乃至一县数千,猥成屯落。邑聚游食之氓,境积不羁之众,伤治害政,尘淬佛教,彼此俱弊,实污风轨。②

孝武帝时,范宁上疏言:

> 今四海晏如,烽燧不举,而仓庾虚耗,帑藏空匮。古者使

---

① 《梁书》卷三八《贺琛传》。
② 桓玄与僚属沙僧汰尼议。

人岁不过三日,今之劳扰,殆无三日停。至有残形剪发,要求复除。①

北朝人民依附的情形更盛,下面几段史料,可见其大概情形,《魏书·食货志》:

> 魏初不立三长,故民多荫附。荫附者皆无官役,豪强征敛,倍于公赋。

《孙绍传》:

> 有竟弃本生,飘藏他土……或投仗强豪,寄命衣食。

《释老志》:

> 正光已后,天下多虞,王役尤甚,于是所在编民,相与入道,假慕沙门,实避调役,猥滥之极,自中国之有佛法,未之有也。略而计之,僧尼大众二百万矣。

总上所征引的材料,显示国家领户向大族、寺院投附的一般情状,大概国领户向大族、寺院投附的最主要的原因是为了避役,这由上面所征引的材料也可证明。国家有租课,大族、寺院也有租课,而且有时比国家还要重②,所差的,只是大族寺院的役轻,战乱时期的役是人民最怕的,因此宁愿多向大族、寺院纳租。

在领户的争夺进程中,大族、寺院常是站在一面,国家站一面。这原因很简单,因为两者都是从国家分割人口,自己之间并无冲突。即以度僧为例,王公大人总是希望多度,因为度僧是一种功德,可以邀福。而国家及国家官吏常是反对,如北魏灵太后诏:

---

① 《晋书》卷七五《范宁传》。
② 参阅本文第四部分。

> 自今奴婢悉不听出家,诸王及贵亲亦不得辄启请。有犯者,以违旨论。①

唐玄宗时姚崇上书:

> 自神龙以来,公主及外戚皆奏请度人,亦有出私财造寺者。②

两者都指明大族对于度人入寺的热望。大族寺院大人口的分割,使国家租调收入大感缺乏。北齐时户口分割最甚,《隋书·食货志》:

> 豪党兼并,户口益多隐漏。……户口租调,十亡六七。

国家租调役的减少,固不全由大族、寺院之人口分割,人口逃役除投附大族、寺院外还有种种的法子,如残毁身躯、逃亡山泽、诈称死亡、侨居他乡等。但无论如何,大族、寺院之大人口的分割,不能不说是国家租调役减少的一个大原因,即如北齐寺院的发达,就使国家很感觉调役收入减少,国用不足。北齐文宣的诏书:

> 自祖龙寝迹,刘庄感梦,从此以归,纷然遂广,至有委亲遗累,弃国忘家,馆舍盈于山薮,伽蓝遍于州郡。……乃有缁衣之众,参半于平俗,黄服之徒,数过于正户。所以国给为此不足,王用因兹取乏。③

大族、寺院这样的大人口的分割,在国家权力衰弱的时候,固然没有问题,在国家权力强大的时候,便发生冲突,国家总是想设法把这些人口夺回去。

---

① 《魏书》卷一一四《释老志》。
② 《唐会要》卷四七。
③ 《广弘明集》卷二四。

在南朝政治上，大族始终有绝大的势力，国家不敢向它夺取人口。在东晋渡江后，因编户稀少，兵力不足，曾发了几次奴兵客兵，但所发的都是小家人口的奴客，并不是大族豪势之家的奴客，真正保有很多奴隶的大族所有的奴隶，它是不敢去征发的，我们看它所征发的几次奴兵：

　　1. (元帝时)……发投刺王官千人为军吏，调扬州百姓家奴万人为兵配之。①

　　2. (元显)又发东土诸郡免奴为客者号曰乐属，移置京师，以充兵役，东土嚣然，人不堪命，天下苦之矣。②

　　3. 以奴为兵，取将吏客使转运，皆协所建也。众庶怨望之。③

　　4. (翼)于是并发所统六州奴及车牛驴马，百姓嗟怨。④

　　5. 先是，(庾)翼悉发江荆二州编户奴以充兵役，士庶嗷然。⑤

所谓"百姓家奴"、"众庶怨望"、"百姓嗟怨"、"编户奴"，当是小百姓的奴客，毫无疑义。不但大族奴客政府不敢征发，就是与政府稍有关系，或在社会上稍露头角的贤人隐士，国家就不征发他的客，如《晋书·翟汤传》载：

　　建元初，安西将军庾翼北征石季龙，大发僮客以充戎役，

① 《晋书》卷六九《戴若思传》。
② 《晋书》卷六四《会稽文孝王道子传》。
③ 《晋书》卷六九《刁协传》。
④ 《晋书》卷七三《庾翼传》。
⑤ 《晋书》卷七七《何充传》。

敕有司特蠲汤所调。汤悉推仆使委之乡吏。吏奉旨一无所
受。汤依所调限,放免其仆使,令编户为百姓。

人口的逃亡隐附,使国领户口减少,因此整理户口成为郡县官
吏的主要职务,《晋书·颜含传》:

> 除郡太守,王导问含曰:“卿今莅名郡,政将何先?”答曰:
> “王师岁动,编户虚耗,南北权豪,竞招游食,国弊家丰,执事之
> 忧,且当征之势门,使反田桑,数年之中,欲令户给人足。”

山遐为余姚令,到县八旬,出口万余。王彪之为会稽内史,居
都八载,亡户归者三万余口。前面我已经指明南朝政治上有国家、
大族、军封三种势力,各领有人口。南朝君主开国,皆是以军封作
基础而取得政权。南朝各朝国家权力以刘宋为最强,有宋一朝,曾
努力想打破大族的势力,夺回大族、寺院分割的户口,《南史·宋武
帝本纪》载:

> 自晋中兴以来,朝纲弛紊,权门兼并,百姓流离,不得保其
> 产业。桓玄颇欲厘改,竟不能行。帝既作辅,大示轨则,豪强
> 肃然,远近禁止。至是会稽余姚虞亮复藏匿亡命千余人,帝诛
> 亮,免会稽内史司马休之。

宋文帝又曾沙汰僧尼[1],武孝帝又曾以士族执役。但政策未
行,既国破家亡,全族赤矣。大族社会基础巩固,政治势力强大,国
家实无能力与大族作夺取领户的斗争。官吏真能出力为国出户
者,也一定要被迫去职。山遐为余姚令,出口万余:

> 县人虞喜以藏户当弃市。……诸豪强莫不切齿于遐。言

---

① 《广弘明集》卷二四。

于执事,以为喜有高节,不宜屈辱。又以退辄造县舍,遂陷其罪。退与会稽内史何充笺,乞留百日,穷剪逋逃,退而就罪无恨也。充申理不能得,竟坐免官。①

庾翼报兄冰书说:

> 大较江左政,以伛偻豪强,以为民蠹;时有行法,辄施之以寒劣。如往年偷石头仓米一百万斛,皆是豪将辈,而直打杀仓督监以塞责。山遐作余姚半年而为官出二千户。政虽不伦,公强官长也,而群共驱之,不得安席。纪睦、徐宁奉王使纠罪人,船头到渚,桓逸还复,而二使免官。虽皆前宰之悁谬,江东事去,实此之由也。②

南朝户口夺取斗争的不剧,一方面固由豪族势力之强大,使国家无力以争,一方面也因国家财力并不全依户口租调作基础,故不必以夺户口为国家生命线。南朝商业非常发达,③商税收入甚丰,国家财用多赖商税维持。《魏书·甄琛传》载琛于北魏世宗时上表云:"今伪弊相承,仍崇关鄽之税;大魏恢博,唯受谷帛之输。"伪即指的南朝。

《宋书·后废帝纪》虞玩之陈时事表:

> 天府虚散,垂三十年,江荆诸州,税调本少,自顷以来,军募多乏,其谷帛所入,折供文武。豫兖司徐,开口待哺;西北戎将,裸身求衣。委输京都,盖为寡薄。天府所资,唯有淮海,民荒财单,不及曩日。而国度弘费,四倍元嘉,二卫台坊,人力五

---

① 《晋书》卷四三《山涛传附孙遐传》。
② 《晋书》卷七三《庾翼传》。
③ 当另文详述。

不余一；都水材官，朽散十不两存。备豫都库，材竹俱尽；东西二塪，砖瓦双匮。敕令给赐，悉仰交市。

又《南史·齐废帝东昏侯纪》：

都下酒租，皆折输金，以供杂用，犹不能足。下扬、南徐之州桥桁塘埭丁，计功为直，敛取见钱，供太乐主衣杂费。

至陈又税江税市：

祯明二年，盛修宫室，无时休止，税江税市，征取百端。①

北朝情形不同于南，商业不发达，整个社会是自然经济占优势，国家是大的户口领有者，国家基础就建筑在领民的租调役上面。在政治修明的时候，国家政治惟一的工作，在整理户口，搜括游户，夺取大族、寺院的领户。

北朝国家同大族、寺院领户的争夺，我们可分为积极的夺取及限制人口向大族、寺院领户的逃亡两方面来叙述。

积极的夺取，意即已经是大族、寺院的领民，而国家应用强力再把它拉回到国家系统下来。这种政策的实行，在国家对寺院的关系上的表现最显著。如北魏太延年间：

寻以沙门众多，诏罢年五十已下者。②

太和十年：

有司又奏："前被敕以勒籍之初，愚民侥幸，假称入道，以避输课，其无籍僧尼罢遣还俗。重被旨，所检僧尼，寺主、维那当寺隐审。其有道行精勤者，听仍在道；为行凡粗者，有籍无

---

① 《南史》卷九《陈文帝纪》。
② 《魏书》卷一一四《释老志》。

籍,悉罢归齐民。今依旨简遣,其诸州还俗者,僧尼合一千三
百二十七人。"奏可。①

国家向寺院领民的最大的一种夺取,要算北周武帝时的灭佛,
佛教史上有名的三武之祸之一。武帝灭佛,北周僧尼还服者二百
万②。灭齐后,又毁北齐佛寺,僧尼还俗者三百万,《广弘明集》载:

> 尔时魏齐东川,佛法崇盛,见成寺庙,出四十千,并赐王
> 公,充为第宅。五众释门,减三百万,皆复军民,还归编户。③

国家于积极地以强力夺取大族、寺院的领民外,又消极地限制
国家领民向大族、寺院的依附。有许多限制人民的移动,限制为
僧,及严密下层组织的方法。

把人口束缚于固定的土地,不许移动,然后方能户口不乱,税
收有余。所以中古国家对人民的移动是禁止的,如北魏:

> 诸地狭之处……乐迁者听逐空荒,不限异州他郡,唯不听
> 避劳就逸。其地足之处,不得无故而移。④

直到唐初还有不许人民移动的规定:

> "徙宽乡者县覆于州,出境则覆于户部,官以间月达之。
> 自畿内徙畿外,自京县徙余县,皆有禁。"⑤

国领户口的逃亡,在南朝以大族的势强及工商业的发达,人口
逃入大族及工商业界为多。在北朝则以寺院势力之强大,人口逃

---

① 《魏书》卷一一四《释老志》。
② 《佛祖统纪》卷三九。
③ 《广弘明集》卷一〇。
④ 《魏书》卷一一〇《食货志》。
⑤ 《新唐书》卷五一《食货志》。

入寺院者为多。国家与寺院有两种矛盾的关系,在户口上寺院领民是对国家户口的分割,两者是冲突的。在统治上国家需要寺院宣传因果报应的轮回说,两者是相需的。因此国家对寺院的政策,只在限制其人口占有的发展,不在根本消灭寺院组织。

魏孝文以前,僧由私度,愿为僧者即可诣寺出家。太和年间,国家始对度僧加以注意,规定每年度僧的日子,《魏书·释老志》:

> 太和十六年诏:"四月八日,七月十五日,听大州度一百人为僧尼,中州五十人,下州二十人,以为常准,著于令。"

灵太后时以僧尼太多,避役者众,影响国家财政甚大,遂把度僧权收为国有,私度者有罪,配当州下役。

想禁止户口逃亡,非有严密的下层组织不可,北魏初年以无严密的下层组织,故民多荫附。太和年间始以李冲的建议而立三长之制,三长者五家立一邻长,五邻立一里长,五里立一党长[①],三长制的好处:

> 立三长则课有常准,赋有恒分,苞荫之户可出,侥幸之人可止。[②]

北齐、北周皆注意下层政治组织的严密,且把户口逃亡的责任加在下层政治组织负责人的身上,如北魏灵太后诏:

> 私度之僧,皆由三长罪不及己,容多隐滥。自今有一人私度,皆以违旨论。邻长为首,里党各相降一等。县满十五人,郡满二十人,州镇满三十人,免官,僚吏节级连坐。私度之身,

---

① 《魏书》卷一一〇《食货志》。
② 《魏书》卷五三《李冲传》。

配当州下役。①

北周的刑律：

> 正长隐五户及十丁以上及地顷上，皆死。②

隋沿周制，户口不实者，正长配远役③。隋朝一以强大的政治权力，严厉制止户口逃亡，故隋朝户口特盛，北齐亡时只有户三百三万余，北周大象中有户亦只三百五十九万余，陈亡时有户五十余万。而隋盛户到八百九十余万，口有四千六百一万九千余④。

大族、寺院在隋均受很大的打击，南方大族、寺院经隋南征而衰落破坏，北方大族、寺院也以严政而不得发展。作为大人口分割者的大族、寺院，至此已现划阶段的衰落，中唐以后便随社会经济的转变而变化其性质了。

六、尾语

中唐以后，生产关系渐渐变化，即以劳动形态论，渐由强制劳动转向自由劳动，雇人、雇农、佃户等自由劳动阶级渐次出现而且发展。

佃户制与农奴制有大的区别，佃户对地主有种种义务，这种种义务是基础于土地的报偿，地主有土地，佃户为耕地主的土地而出报偿，故对地主发生义务。农奴对领主的义务，则是基于人格的隶

---

① 《魏书》卷一一四《释老志》。
② 《隋书》卷二五《刑法志》。
③ 《隋书》卷二四《食货志》。
④ 俱见《通典》卷七。

属。

　　劳动形态的转变,改变了地主与农民的关系,随之户口分割的意义也就消失了。中唐以后,大族、寺院庄园领主的意义消失,只是一个地主了。

(原载《食货》第 3 卷第 4 期,1936 年)

东晋南朝的钱币使用与钱币问题

引　言

本篇所讨论的,大体上是由晋元帝建武元年,在江南建立东晋王朝,到陈后主祯明三年,陈为隋所灭,前后二百七十余年中,南方东晋及宋、齐、梁、陈各朝钱币的流通情况,及钱币的使用问题。

自东汉末年,北方经董卓之乱,城市交换经济遭一大打击;加以西晋末年永嘉之乱,以城市交换经济为领导形态的社会经济,又逆转而为以农村经济为主的自给自足经济。不过这种逆转大体上只限于黄河流域,无论董卓之乱或永嘉之乱,都很少波及长江流域的荆、扬等地。不仅很少波及,而且在北方社会经济的破坏过程中,反以北方人口财富及生产技术的大量南移,加速南方的开发,北方每经一次变乱,南方即有一次突飞的发展。在北方社会经济解体过程中,人口财富南移的地域,有三个中心,一是扬州,二是荆州,三是益州。南方经济的开发亦以此三地最为显著。董卓之乱后,荆、扬与蜀的财富足以支持两个独立政权以与北方相颉颃;永嘉之乱后,荆、扬经济财富的发展,即逐渐超越北方。自此以后,全国的经济重心便由黄河流域移向长江流域了。

　　南方经济的繁荣,一方面是农业的开发,一方面是城市交换经济的继续与发展。农业开发的情况,因与本篇无关,我们不去讨论。其交换经济实上承两汉而继续发展。汉时黄河流域的城市交换经济是远较长江流域为发达的。但经过董卓之乱与永嘉之乱,北方遭受破坏,南方则未受破坏,所以在汉末三国鼎峙的时期,长江流域的交换经济虽然尚未能赶上两汉时期北方交换经济的标准,但比起当时北方魏国境内的商业与交通却有过之而无不及。长江是一条主要交通线,吴主孙休永安二年诏言:

　　　　自顷年以来,州郡吏民及诸营兵,多违此业,皆浮船长江,
　　贾作上下……。①

　　西晋时石崇就以做荆州刺史,劫夺长江上下来往的商贾大发其财,成为西晋官僚中的首富。永嘉以后,在北方人口财富大量南移,加以交、广的开发及沿海、南洋海外贸易的发达,南方的交换经济更是继续发展。建康是南方的政治经济中心。晋安帝元兴三年,一次大风灾,便造成"贡使商旅,方舟万计,漂败流断,骸胔相望"②的结果,长江中船舶之多可见。又梁武帝普通年间郭祖深上封事,述当日境内的商业情况说:"今商旅转繁,游食转众,耕夫日少,杼轴日空。"③这也说明长江流域交换经济的发达。

　　与交换经济之发展相适应的,便是钱币的使用。在东晋和南朝,无论就一般人民的经济生活或国家财政来说,钱币都占有重要

---

　　① 《三国志》卷四八《孙休传》。
　　② 《宋书》卷三三《五行志》。
　　③ 《南史》卷七〇《郭祖深传》。

的地位。除去交、广因对外贸易的关系而使用金银,及一些半开发或未开发的经济落后地域使用谷帛交易外,东自三吴西至荆、益,大都使用钱币。而且由于交换经济的继续发展,社会上对钱币数额的需要日增;另一方面由于铜的缺少,钱币数额却不能适应社会需要而大量增加,遂造成筹码不够,钱币缺乏现象,成为社会经济及国家财政上一个极严重的问题。自东汉末到唐中叶,社会经济情况既异于前此的秦汉,亦与后此的宋元不同,交换经济的衰竭及农村自给经济的优势,为这一时期社会经济特征之一。但此点实以北方中原地带为对象而论,若以长江流域而言,则不能不承认其交换经济及钱币使用的发达。在讨论南北朝经济史时,这一点不能不注意。本篇的目的,就在于说明东晋南朝钱币使用的情况,及因此所引起的经济上及财政上的问题。

一、钱币的沿革

东晋在江南建国,仍是使用孙吴时的钱币。当时通行的钱币,有比轮、四文及沈郎钱各种。《晋书·食货志》载:

> 孙权嘉禾五年,铸大钱,一当五百。赤乌元年,又铸当十钱。……权闻百姓不以为便,省息之,……晋自中原丧乱,元帝过江,用孙氏旧钱(《通典》作"用孙氏赤乌旧钱"),轻重杂行,大者谓之比轮,中者谓之四文。吴兴沈充又铸小钱,谓之沈郎钱。钱既不多,由是稍贵。

通东晋一代,除安帝时桓玄辅政,一度拟废钱用谷但亦未能施行外,钱制未有改革。至宋文帝元嘉中始铸四铢钱,《宋书·文帝纪》载：

　　"元嘉七年十月,立钱署,铸四铢钱。"

　　元嘉二十四年六月"以货贵,制大钱一当两"①。至孝武帝孝建元年春正月,又"铸四铢钱"②。但古钱似仍同时并用。自孝武帝孝建以后,以铜少及盗铸等因,钱制渐渐破坏。《宋书·颜竣传》载：

　　　　先是元嘉中,铸四铢钱,轮郭形制,与五铢同,用费损,无利,故百姓不盗铸。及世祖即位,又铸孝建四铢。三年,尚书右丞徐爰议曰："贵货利民,载自五政,开铸流圜,法成九府,发富国实,教立化光。及时移俗易,则通变适用。是以周、汉俶迁,随世轻重。降及后代,财丰用足,因循前贯,无复改创。年历既远,丧乱屡经,埋焚剪毁,日月销减,货薄民贫,公私俱困,不有革造,将至大乏。谓应式遵古典,收铜缮铸,纳赎刊刑,著在往策。今宜以铜赎刑,随罚为品。"诏可。所铸钱形式薄小,轮郭不成就。于是民间盗铸者云起,杂以铅锡,并不牢固。又剪凿古钱,以取其铜,钱转薄小,稍违官式。虽重制严刑,民吏官长坐死免者相系,而盗铸弥甚,百物踊贵,民人患苦之。乃立品格,薄小无轮郭者,悉加禁断。

　　前废帝永光元年二月,又铸二铢钱。形式细小,民间谓之耒子。沈庆之启通私铸,钱式薄细更甚,至十万钱不盈一掬。到明帝泰始二年三月遂又废新钱,专用古钱,并禁止民间私铸。前引《颜

　　① 《宋书》卷五《文帝纪》。
　　② 《宋书》卷六《孝武帝纪》。

竣传》称：

> 前废帝即位，铸二铢钱，形式转细，官钱每出，民间即模效
> 之，而大小厚薄，皆不及也。无轮郭，不磨铌，如今之剪凿者，
> 谓之耒子。景和元年，沈庆之启通私铸，由是钱货乱败，一千
> 钱长不盈三寸，大小称此，谓之鹅眼钱。劣于此者，谓之綖环
> 钱。入水不沉，随手破碎，市井不复料数，十万钱不盈一掬，斗
> 米一万，商货不行。太宗（明帝）初，唯禁鹅眼、綖环，其余皆通
> 用。复禁民铸，官署亦废工，寻复并断，唯用古钱。

直至刘宋末年，钱制未再有何改革。齐高帝时，曾欲铸钱而未
果①。至武帝永明八年以刘俊的建议，开蒙山铜铸钱，但以费功太
多，旋即停止②。梁武帝初曾铸五铢钱及女钱，普通四年又铸铁
钱③，钱制颇乱。《隋书·食货志》载梁时的钱制称：

> 梁初，唯京师及三吴、荆、郢、江、湘、梁、益用钱。其余州
> 郡，则杂以谷帛交易。交、广之域，全以金银为货。武帝乃铸
> 钱，肉好周郭，文曰"五铢"，重如其文。而又别铸，除其肉郭，
> 谓之女钱。二品并行。百姓或私以古钱交易，有直百五铢、五
> 铢、女钱、太平百钱、定平一百、五铢雉钱、五铢对文等号。轻

---

①　《南齐书》卷三七《刘俊传》："太祖使诸州郡大市铜炭，会宴驾，事寝。"
②　《南齐书》卷三七《刘俊传》："永明八年，俊启世祖曰：'南广郡界蒙山下，有城名
蒙城，可二顷地，有烧炉四所，高一丈，广一丈五尺。从蒙城渡水南百许步，平地掘深二
尺，得铜。又有古掘铜坑，深二丈，并它处犹存，邓通南安人，汉文帝赐严道县铜山铸
钱，今蒙山近青衣水南，青衣左侧，并是故秦之严道地。青水县又改名汉嘉。且蒙山去
南安二百里，案此必是通所铸。近唤蒙山僚出，云"甚可经略"。此议若立，润利无极。'
并献蒙山铜一片，又铜石一片，平州铁刀一口。上从之，遣使入蜀铸钱，得钱千余万，功
费多，乃止。"
③　《梁书》卷三《武帝纪下》。

重不一。天子频下诏书，非新铸二种之钱，并不许用。而趋利之徒，私用转甚。至普通中，乃议尽罢铜钱，更铸铁钱。人以铁贱易得，并皆私铸。及大同以后，所在铁钱，遂如丘山，物价腾贵。交易者以车载钱，不复计数，而唯论贯。商旅奸诈，因之以求利。自破岭以东，八十为百，名曰东钱。江、郢以上，七十为百，名曰西钱。京师以九十为百，名曰长钱。中大同元年，天子乃诏通用足陌。诏下而人不从，钱陌益少。至于末年，遂以三十五为百云。

梁末敬帝太平元年，又班下远近杂用古今钱。① 二年又铸四柱钱。陈世又改铸五铢钱、六铢钱两种② 。而时承侯景乱后，京师一带破坏甚重，钱币之外又兼以粟帛交易。《隋书·食货志》载梁末及陈时之钱制称：

> 陈初，承梁丧乱之后，铁钱不行。始梁末又有两柱钱及鹅眼钱，于时人杂用，其价同，但两柱重而鹅眼轻。私家多镕钱，又间以锡铁，兼以粟帛为货。至文帝天嘉五年，改铸五铢。初出，一当鹅眼之十。宣帝太建十一年，又铸大货六铢，以一当五铢之十，与五铢并行。后还当一，人皆不便。乃相与讹言曰："六铢钱有不利县官之象。"未几而帝崩，遂废六铢而行五铢，竟至陈亡。其岭南诸州，多以盐米布交易，俱不用钱云。

东晋南朝的钱制及其沿革，大体如上所述。至于钱币的铸造，

---

① 《梁书》卷六《敬帝纪》。

② 《梁书》卷六《敬帝纪》：太平二年四月，"己卯，铸四柱钱，一准二十。……壬辰，改四柱钱一准十。丙申，复闭细钱"。《陈书》卷三《世祖纪》："天嘉三年二月甲子，改铸五铢钱。"同书卷五《高宗纪》："太建十一年七月辛卯，初用大货六铢钱。"

除宋前废帝时及梁武帝普通初年,曾短时期听民私铸外①,始终采取官铸政策,对于盗铸严加禁止。如《宋书·刘怀慎传》载:

> (刘)亮,世祖大明中为武康令。时境内多盗铸钱,亮掩讨无不禽,所杀以千数。

又《梁书·萧景传附弟昱传》载:

> 普通五年,坐于宅内铸钱为有司所奏,下廷尉,得免死,徙临海郡。

私铸盗铸地的长官,要受免官处分。如《宋书·顾琛传》载:

> (大明三年)为吴郡太守,明年坐郡民多剪钱免官。

二、钱的使用

东晋南渡之初,境域之内,有些地方使用钱,有些地方则使用谷帛。东晋末年的孔琳之曾言:

> 今用钱之处不为贫,用谷之处不为富。②

即在建康京师之地,亦颇有钱帛杂用的情形,《太平御览·资产部·卖买》条下载:

> 刘超让表曰:臣家理应用一纯色牛,连市素不如意。外厩猥牛中,牛色有任用者,臣有正陌三万钱,五匹布,乞以此买牛。

---

① 洪遵:《泉志》卷二:"顾烜曰:天监元年铸公式女钱,径一寸,文曰五铢,称两如新铸五铢,但边无轮郭,未行用。又听民间私铸,以一万二千易取上库古钱一万,以此为率。普通三年始与新铸五铢并行用,断民间私铸。"

② 《宋书》卷五六《孔琳之传》。

但经过东晋一百年的时间，南方的经济情况是继续发展的，到刘宋时，钱的使用地域已逐渐扩大。宋文帝元嘉中，讨论钱币问题时，中领军沈演之说：

> 晋迁江南，疆境未廓，或土习其风，钱不普用，其数本少，为患尚轻。今王略开广，声教逯暨，金镪所布，爰逮荒服，昔所不及，悉已流行之矣。①

如汉川一带，原是以绢为货的，自文帝元嘉以后即改用钱。《宋书·刘秀之传》载：

> （元嘉）二十五年，除督梁、南北秦三州诸军事……梁、南秦二州刺史。……先是汉川悉以绢为货，秀之限令用钱，百姓至今受其利。

就是少数民族地区，也渐使用钱币，《南齐书·豫章文献王传》云：

> 沈攸之责赕，伐荆州界内诸蛮，遂及五溪，禁断鱼盐。群蛮怒。酉阳蛮王田头拟杀攸之使，攸之责赕千万，头拟输五百万，发气死。

南方经济繁荣地带，系以长江沿岸为中心，其次便是沿海交、广各地，此外各内地愈远则愈落后。梁武帝一朝，为南朝的极盛时代，对于现今福建、广东及江西、湖南南部大加开发。但除广州因系海外贸易的港口，经济相当繁荣外，其他各地的经济情况，都远较长江流域的荆、扬、郢、湘等地为落后，所以到梁初，钱币的使用仍以长江流域为主，其余州郡，则于钱货之外，杂以谷帛交易，如前引《隋书·食货志》所载：

---

① 《宋书》卷六六《何尚之传》。

梁初唯京师及三吴、荆、郢、江、湘、梁、益用钱，其余州郡则杂以谷帛交易，交、广之域，全以金银为货。

不过所谓三吴、荆、郢、江、湘、梁、益等地，实已大体上包括了南朝的大部分领土，此外的州郡，在当日实在仍是人口稀少的荒郡，这些地方差不多都是些比较落后的民族居住着，其能够杂用谷帛交易，而不全以谷帛为货，已是进步的现象。京师、三吴、京、郢、江、湘、梁、益等地为南朝经济的代表区，说东晋南朝是使用钱币的时代应是无误的。

以上就地域上，说明东晋南朝钱币的使用。货币的基本功能是做交易的媒介，及物价的标准，现在我们即由实例中来看钱在作为交易媒介及物价标准两方面的使用情况。

在史籍记载中，南朝境内东自京师、三吴西至荆、益，凡说到交易的，多是以钱作媒介。其例甚多，如《晋书·郭文传》：

洛阳陷，乃步担入吴兴余杭大辟山中穷谷无人之地……有猛兽杀麖鹿于菴侧，文以语人，人取卖之，分钱与文。文曰："我若须此，自当卖之，所以相语，正以不须故也。"

又《晋书·习凿齿传》：

（桓）温不悦……异日送绢一匹，钱五千文，以与之（指星人）。……星人曰："……赐绢一匹令仆自裁，惠钱五千以买棺耳。"

又《宋书·江夏王义恭传》：

义恭性嗜不恒……大明时，资供丰厚，而用常不足，赊市百姓物，无钱可还，民有通辞求钱者，辄题后作原字。

又同书《柳元景传》：

时在朝勋要,多事产业,唯元景独无所营。南岸有数十亩菜园,守园人卖得钱二万送还宅。元景曰:"我立此园种菜以供家中人啖尔。乃复卖菜以取钱,夺百姓之利邪?"以钱乞守园人。

又同书《刘秀之传》:

秀之从叔穆之为丹阳……时赊市百姓物,不还钱,市道嗟怨。

又同书《谢灵运传》:

给钱令买弓箭刀楯等物……。

又同书《朱修之传》:

去镇(荆州),秋毫不犯。计在州然油及牛马谷草,以私钱十六万偿之。

又同书《宗越传》:

(宗越)家贫,无以市马,常刀楯步出,单身挺战,众莫能当。每一捷,郡将辄赏钱五千,因此得市马。

又同书《郭世道传》云:

(世道)尝与人共于山阴市货物,误得一千钱,当时不觉,分背方悟,请其伴求以此钱追还本主,伴大笑不答。世道以己钱充数送还之。

同传又云:

墓前有数十亩田,不属(世道子)原平,每至农月,耕者恒裸袒,原平不欲使人慢其坟墓,乃贩质家资,贵买此田。每至农月,辄束带垂泣,躬白耕垦。每出市卖物,人问几钱,裁言其半。

同书《朱百年传》：

> 百年……入会稽南山，以伐樵采箬为业。每以樵箬置道
> 头，……须者遂其所堪多少，留钱取樵箬而去。

《南史·褚彦回传》：

> 时淮北属，江南无复鳆鱼，或有间关得至者，一枚直数千
> 钱。有人饷彦回鳆鱼三十枚，彦回时虽贵，而贫薄过甚，门生
> 有献计卖之，云可得十万钱。彦回变色曰："我谓此是食物，非
> 曰财货，且不知堪卖钱，聊尔受之。虽复俭乏，宁可卖饷取钱
> 也？"

同书《齐武帝诸子竟陵王子良传》：

> 时有山阴人孔平讼嫂市米负钱不还，子良叹曰："昔高文
> 通与寡嫂讼田，义异于此。"乃赐米钱以偿平。

《南齐书·刘祥传》：

> 崇圣寺尼慧首剃头为尼，以五百钱为买棺材，以泥洹舆送
> 葬刘墓。

同书《崔慰祖传》：

> 慰祖卖宅四十五万，买者云："宁有减不？"答曰："诚惭韩
> 伯休，何容二价。"买者又曰："君但责四十六万，一万见与。"

《梁书·何远传》：

> 武昌俗皆汲水，盛夏远患水温，每以钱买民井寒水，不取
> 钱者，则捶水还之。

同书《明山宾传》：

> 山宾……家中尝乏用，货所乘牛。既售受钱，乃谓买主
> 曰："此牛经患漏蹄，治差已久，恐后脱发，无容不相语。"买主

遽追取钱。

又同书《武帝纪下》：

> （中大通元年九月）癸巳，舆驾幸同泰寺，设四部无遮大
> 会，因舍身，公卿以下，以钱一亿万奉赎。……（太清元年）三
> 月庚子，高祖幸同泰寺，设无遮大会，舍身，公卿等以钱一亿万
> 奉赎。

《陈书·沈炯传》：

> （侯景将宋）子仙爱其才，终逼之令掌书记。及子仙为王
> 僧辩所败，僧辩素闻其名，于军中购得之，酬所获者铁钱十万。

以上所举各例，在时间上，东晋、宋、齐、梁、陈各朝皆有；在地
域上，则包括东自京师、三吴，西至荆州、襄阳、南阳各地。而且在
交易物品中，使我们看到田宅、奴隶、蔬菜、油、谷草、牛马、柴草、
米、棺材、弓箭、饮水等物，动产及不动产、轻重贵贱、日用各物，都
以钱为媒介进行买卖。

其次关于物价的记载，也是以钱为标准。《晋书·成帝纪》：

> （咸和四年，苏）峻子硕攻台城，……城中大饥，米斗万钱。

《宋书·毛修之传》：

> 高祖将伐羌，先遣修之复芍陂，起田数千顷。……赐衣服
> 玩好，当时计直二千万。

同书《蔡廓传附子兴宗传》：

> 廓罢豫章郡还，起二宅。先成东宅，与轨（廓弟），廓亡而
> 馆宇未立，轨罢长沙郡还，送钱五十万以补宅值。兴宗年十
> 岁，白母曰："一家由来丰俭必共，今日宅价不宜受也。"

又同书《沈怀文传》：

斋库上绢,年调巨万匹,绵亦称此。限期严峻,民间买绢,一匹至二三千,绵一两亦三四百。

《南齐书·东昏侯纪》:

"潘氏服御珍宝,主衣库旧物不复周用,贵市民间金银宝物,价皆数倍,虎魄钏一只直百七十万。"

同书《魏虏传》:

伪安南将军、梁州刺史、魏郡王元英……进围南郑……自春至夏六十余日不下,死伤甚众,军中粮尽,捣麹为食,畜菜叶直千钱。

《宋书·五行志二》:

晋成帝咸康时,天下普旱,会稽余姚特甚,米直五百,民有相鬻。

同书《沈演之传》:

元嘉十二年,东诸郡大水,民人饥馑,吴义兴及吴郡之钱塘,升米三百。

又同书《前废帝纪》:

去岁及是岁(大明七年及八年),东诸郡大旱,甚者米一升数百,京邑亦至百余,饿死者十有六七。

《梁书·武帝纪中》:

是岁(天监元年)大旱,米斗五千,人多饿死。……是岁(天监四年)大穰,米斛三十。

同书《刘季连传》:

季连驱略人民,闭城(成都)固守……城中食尽,升米三千,亦无所籴。

又同书《庾荜传》：

> 出为辅国长史、会稽郡丞，行郡府事。时承凋弊之后，百
> 姓凶荒，所在谷贵，米至数千，人多流散。

这些是以钱为物价标准的事例。用钱之外，以谷帛为交易媒
介及以谷帛为物价尺度的亦有，但似各有特殊情形。史籍中记载
这时期中，以谷帛为物价尺度及交易媒介的，有以下各条。《宋
书·王玄谟传》：

> 及大举北伐，以玄谟为宁朔将军，前锋入河，受辅国将军
> 萧斌节度。玄谟向碻磝……遂围滑台，积旬不克。……又营
> 货利，一匹布责人八百梨，以此倍失人心。及拓跋焘军至，乃
> 奔退，麾下散亡略尽。

《魏书·胡叟传》：

> 时蜀沙门法成鸠率僧侣几于千人，铸丈六金像。刘义隆
> 恶其聚众，将加大辟。叟闻之，即赴丹阳，启申其美，遂得免
> 焉。复还于蜀，法成感之，遗其珍宝，价值千余匹。叟……一
> 无所受。

《南齐书·刘怀珍传》：

> 初宋孝武世，太祖为舍人，怀珍为直阁，相遇早旧。怀珍
> 假还青州，上有白骢马，啮人，不可骑，送于怀珍别，怀珍报上
> 百匹绢。或谓怀珍曰："萧君此马不中骑，是以与君耳。君报
> 百匹，不亦多乎？"怀珍曰："萧君局量堂堂，宁应负人此绢。吾
> 方欲以身名托之，岂计钱物多少。"

《魏书·岛夷萧衍传》：

> （侯）景既至，便围其城。衍城内大饥，人相食，米一斗八

十万,皆以人肉杂牛马而卖之。军人共于德阳堂前立市,屠一
牛得绢三千匹,卖一狗得钱二十万。皆熏鼠捕雀而食之。

《南史·陈本纪上》:

> (绍泰元年十二月,徐)嗣徽、(任)约等领齐兵还据石头。
> 帝遣侯安都领水军袭破之,嗣徽等单舸脱走。丁巳,拔石头南
> 岸栅,移度北岸,起栅以绝其汲路。又堙塞东门故城中诸井。
> 齐所据城中无水,水一合贸米一升,一升米贸绢一匹,或炒米
> 食之。

东晋南朝史籍中记以谷帛为交易媒介及物价尺度者,大约仅
此数例。细绎各条记载,大多有特殊情形,不能以此证东晋南朝系
以谷帛为货。如上举第一例,时王玄谟正统兵在魏境作战,当日之
魏,正是以谷帛为货,尚未使用钱,王玄谟大约即以此故而以绢做
交易。第二例为蜀地情形,当时蜀境有些地方或者尚以谷帛为物
价尺度。同时胡叟为北朝人,这一段记载即出于《魏书》。当日之
魏,正系以谷帛为货币的时候,本传曾记叟友人高闾见其贫约,以
物值十余匹赠之。法成赠叟财物,叟并未接受,所谓值千余匹者,
乃后日北魏人以当时当地之货币所作之追述估计,亦有可能。第
三例,则是朋友间互赠礼品,并不能算做交易,以人情而论,朋友惠
我以礼品,我报之以礼品则可,如报之以钱,似太不通人情。故刘
怀珍回报萧道成绢百匹,与其说是给的马价,毋宁说是报之以厚
礼。第四、五两例,系围城绝境中的现象,不能以常情论。梁末侯
景之乱,对南朝京师一带给以极大破坏,经过这次破坏,这一带的
社会经济,曾一落千丈,前引《隋书·食货志》记此时交易,已有兼
以谷帛为货的话,更不能以此证南朝是以谷帛为货币的。

要之，由史籍记载中，我们可以看出东晋南朝时，用作交易媒介和物价尺度的，主要的是钱货，谷帛仅占次要地位，在边远落后地带方才使用。整个东晋南朝是南方经济的一个开发与发展过程，落后经济的地带圈逐渐在缩小。因之钱币使用的范围与地域却是一天天地扩大，谷帛的使用范围与地域则一天天地缩小。少数使用谷帛为交易媒介及物价标准的例子，并不足以推倒钱为代表性的货币结论①。

三、钱与社会经济生活

由东晋南朝时钱在一般人的经济生活中所起的作用，也可以说明钱的重要。

钱既是一切物品交换的媒介，则交换经济愈发达，钱的使用范围愈广，钱在经济生活中的地位就愈重要。关于这一方面，我们拟由钱为当时一般人日常生活手段，钱为财富多寡的表现尺度，及钱

---

① 《南齐书》卷四一《张融传》："(宋)孝武起新安寺，僚佐多倷钱帛，融独倷百钱。"《宋书》卷九二《徐豁传》：元嘉五年"卒，……太祖又下诏曰：'……可赐钱十万，布百匹，以营葬事。'"有人认为这是以布帛营建佛寺，及支付丧费用，以证南朝是以实物为货币。按前一例所记是捐献，凡捐献则不限于货币，这类例子很多，似不能以此证帛作货币使用。后一例所载以钱布赠死者营丧事，布不一定是用作货币而支付，即至今日凡有丧事时，布仍是主要用品。《晋书》卷七三《庾冰传》："(冰)临卒，谓长史江彪曰：'吾将逝矣，……死之日，敛以时服，无以官物也。'及卒，无绢为衾。"又同书卷七四《桓彝传附子冲传》："(桓)温薨。……时诏赗温钱布漆腊等物，而不及大敛。冲上疏陈温素怀，每存清俭，且私物足举凶事，求还官库。"《陈书》卷二四《周弘正传附弟弘直传》："弘直……遘疾，且卒，乃遗书敕其家曰：'……棺内唯安白布手巾、粗香炉而已，其外一无所用。'"皆足证布帛直接用于丧事，不作货币支出。

为一般人追逐的目的物,三方面来说明。

一、钱为日常生活手段。东晋南朝交换经济的相当发达,已略如上述。人民日常生活所需,大都可以通过交换而获得。交换的媒介既然是钱,所以人民的日常生活,自衣食住行以至婚丧嫁娶,只要有了钱,就可以解决。上节说明钱为交易媒介及物价标准各例,大多可以用来说明钱在人民生活中的重要。此外以下各例,亦说明人民生活对钱的仰赖。《宋书·刘凝之传》:

> 荆州年饥,(衡阳王)义季虑凝之饿毙,饷钱十万。凝之大喜,将钱至市门,观有饥色者,悉分与之,俄倾立尽。

《宋书·后废帝纪》:

> 昱(后废帝)每出入去来,常自称刘统或自号李将军,与右卫翼辇营女子私通,每从之游,持数千钱,供酒肉之费。

《宋书·毛修之传》:

> 刘敬宣女嫁,高祖赐钱二百万,杂彩千匹。

《宋书·萧惠开传》:

> 惠开妹当适桂阳王休范,女又当适世祖子,发遣之资,应须二千万。乃以为豫章内史,听其肆意聚纳,由是在郡著贪暴之声。

《宋书·江夏王义恭传》:

> (义恭)既出镇,太祖与书诫之曰:"……汝一月日自用不可过三十万,若能省此,益美。……"

《宋书·孔琳之传》载琳之言:

> 凡人士丧仪,多出闾里,每有此须,动数十万,损民财力而义无可取。

《宋书·后妃传》：

> （明帝陈贵妃）家在建康县界，家贫有草屋二三间。上出
> 行向尉曰："御道边那得此草屋，当由家贫，赐钱三万，令起瓦
> 屋。"

《宋书·范晔传》：

> 广州人周灵甫有家兵部曲，（孔）熙先以六十万钱与之，使
> 于广州合兵，灵甫一去不返。

一般自由职业者的报酬，大约也是以钱来支付的。例如《南齐
书·柳世隆传》：

> 世隆善卜，别龟甲，价至一万。

体力劳动者的工资亦多由钱来支付，例如《梁书·始兴王憺
传》：

> （天监）六年，州大水。……郢州在南岸，数百家见水长，
> 惊走登屋缘树，憺募人救之，一口赏一万，估客数十人应募投
> 焉，州民乃以免。

钱既是日常生活所需，所以政府对于做官清廉，年老退休而又
无积蓄的官吏，皇室姻亲，及社会上有才学声望而生活贫苦的贤人
隐士，常常以钱作为赏赐。例如《宋书·刘怀肃传》：

> 诏曰故晋寿太守姜道盛……临财能清，近先登浊水，殒身
> 锋镝，诚节俱亮，矜悼于怀，可赠给事中，赐钱千万。

同书《刘敬宣传》：

> （晋）安帝反正，（敬宣）自表解职，于是散彻，赐给宅宇，月
> 给钱三十万。……所赐钱帛车马及器服玩好，莫与比焉。

同书《后妃传》：

　　　　文帝袁皇后……袁氏贫薄，后每就上求钱帛赡与之，上性
　　节俭，所得不过三五万、三五十匹。后潘淑妃有宠，爱倾后宫，
　　咸言所求无不得。后闻之，欲知信否，乃因潘求三十万钱与
　　家，以观上意，信宿便得。

同书《王弘传》：

　　　　又诏："闻王太保家便已匮乏……可赐钱百万，米千斛。"

又同书《沈庆之传》：

　　　　庆之以年满七十，固请辞事……听以郡公罢就第，月给钱
　　十万，米百斛，卫使五十人。

《梁书·何点传附弟胤传》：

　　　　有敕给白衣尚书禄，胤固辞；又敕山阴库钱月给五万，胤
　　又不受。

　　二、钱为财富多寡的标准。钱既为交易媒介，有了钱就可以购
买一切物品，钱就成为一般人蓄积的对象和物质财富的代表。人
们贮藏货币的欲望是无止境的，因之货币贮藏者，不绝地从事于蓄
积。

　　南朝人对于积聚钱货的兴趣很高，而且很普遍。积聚最多的，
如梁武帝六弟临川王萧宏，有钱三十余屋。《南史·临川靖惠王宏
传》云：

　　　　宏性爱钱，百万一聚，黄榜标之；千万一库，悬一紫标，如
　　此三十余间。（梁武）帝……屈指计见钱三亿余万……谓曰：
　　"阿六，汝生活大可！"

　　一个人财产的多寡，可以以钱来表示。东晋南朝时记人的财
富，很多是以钱来表示的。如《宋书·王僧达传》：

　　　　吴郡西台寺多富沙门,僧达求须不称意,乃遣主簿顾旷率
　　门义劫寺内沙门竺法瑶,得钱数百万。

《宋书·戴法兴传》:

　　　　山阴有陈载者,家富,有钱三千万。

《南齐书·崔慰祖传》:

　　　　慰祖……父梁州之资,家财千万,散与家族。

《梁书·阮孝绪传》:

　　　　阮孝绪,陈留尉氏人也。……七岁出后从伯胤之。胤之
　　母周氏卒,有遗财百余万,应归孝绪,孝绪一无所纳。

　　所谓"家富"、"家财有若干万",当然实际上未必有若干万钱,
不过以钱为标准,估计其家财有若干万而已。

　　三、钱为追逐财富的目的物。钱既为财富的代表,钱多就是
富,钱少即为穷,因之造成对于钱的追逐。社会上一般竟为利者,
上自达官贵人,下至贩夫走卒,所追求者,目标相同,惟钱而已。赌
博是用钱作注来比输赢的,例如:

　　　　(桓)温少时游于博徒,资产俱尽,尚有负,求济于耽。
　　(耽)随温与债主戏。……十万一掷,直上百万。①

　　　　后于东府聚樗蒲大掷,一判应至数百万。②

　　　　弘……少时尝樗蒲公城子野舍,及后当权,有人就弘求
　　县,辞诉颇切。此人尝以蒲戏得罪,弘诘之曰:"君得钱会戏,
　　何用禄为?"答曰:"不审公城子野何在?"弘默然。③

────────────

①　《晋书》卷八三《袁環传附从弟袁耽传》。
②　《晋书》卷八五《刘毅传》。
③　《宋书》卷四二《王弘传》。

坐与奉朝请毛法因蒲戏,得钱百二十万,白衣领职。①

敬则……其夜呼僚佐文武樗蒲赌钱。②

初邵阳之役,昌义之甚德叡,请曹景宗与叡会,因设钱二十万官赌之。③

放高利贷也是用钱,如:

初高祖家贫,尝负刁逵社钱三万,经时无以还。逵执录甚严。王谧遇逵见之,密以钱代还,由是得释。④

有尹嘉者,家贫,母熊自以身贴钱,为嘉偿债,坐不孝当死。⑤

扬州主簿顾测以两奴就鲜(澄弟)质钱,鲜死,子晖诬为卖券。⑥

褚渊……薨,家无余财,负债至数十万。⑦

坦之从兄翼宗……家赤贫,唯有质钱帖子数百。⑧

邻人有被诬为盗者,……诜矜之,乃以书质钱二万,令门生诈为其亲代之酬备,邻人获免。⑨

官僚的贪污聚敛,亦全以钱为对象,举例如下:

---

① 《宋书》卷八五《王景文传》。
② 《南齐书》卷二六《王敬则传》。
③ 《梁书》卷一二《韦叡传》。
④ 《宋书》卷一《武帝纪上》。
⑤ 《宋书》卷六四《何承天传》。
⑥ 《南齐书》卷三九《陆澄传》。
⑦ 《南齐书》卷二三《褚渊传》。
⑧ 《南齐书》卷四二《萧坦之传》。
⑨ 《梁书》卷五一《庾诜传》。

惜(超父)又好聚敛,积钱数千万,尝开库任超所取。①

穆之中子式之……累迁……宣城、淮南二郡太守。在任赃货狼藉,扬州刺史王弘遣从事检校。……式之召从事谓曰:"治所还白使君,刘式之于国家粗有微分,偷数百万钱何有?况不偷耶!……"②

邵……坐在雍州营私蓄,取赃货二百四十五万,下廷尉免官。③

湛改领历阳太守,为人刚严用法,奸吏犯赃百钱以上皆杀之,自下莫不震肃。④

休祐……贪淫,好财色。在荆州哀刻,所在多营财货。以短钱一百赋民,田登就求白米一斛,米粒皆彻白,若有破折者,悉删简不受。民间籴此米,一升一百,至时又不受米,评米责钱。凡诸求利,皆悉如此。⑤

喜至荆州,公私殷富,钱物无复子遗。……西难既殄,便应还朝,而解故槃停,托云扞蜀。实由货易交关,事未回展。……从西还,大艑小䑠,爰及草舫,钱米布绢,无船不满。⑥

惠开自蜀还,资财二千余万,悉散施道路,一无所留。⑦

---

① 《晋书》卷六七《郗鉴传附孙超传》。
② 《宋书》卷四二《刘穆之传》。
③ 《宋书》卷四六《张邵传》。
④ 《宋书》卷六九《刘湛传》。
⑤ 《宋书》卷七二《晋平剌王休祐传》。
⑥ 《宋书》卷八三《吴喜传》。
⑦ 《宋书》卷八七《萧惠开传》。

虎……晚节好货贿，吝啬，在雍州得见钱五千万。①

（琨）出为……广州刺史。南土沃实，在任者常致巨富。世云广州刺史但经城门一过，便得三千万也。琨无所取纳，表献禄奉之半。……及罢任，孝武知其清，问还资多少。琨曰：臣买宅百三十万，余物称之。帝悦其对。②

元徽中，（欣泰父）兴世在家，推雍州还资，见钱三千万。苍梧王自领人劫之，一夜垂尽。③

世祖即位，进号冠军将军。在（益）州蓄聚，多获珍货。……慧景每罢州，辄倾资献奉，动数百万。世祖以此嘉之。④

普通五年，南津获武陵太守白涡书，许遗舍面钱百万，津司以闻。虽书自外入，犹为有司所奏。舍坐免。⑤

（天监）五年，迁御史中丞。杲性婞直，无所顾望。山阴令虞肩在任，赃污数百万，杲奏收治。⑥

官僚贪污积聚的对象，固然不限于钱，谷帛珍货，无所不取，上举诸例，即有于钱之外，贪聚米帛等物的。但其终极目的仍是钱，积聚谷帛，不过是获得钱的手段而已。东晋南朝时，官吏到外地做官，家人大多留住京师，罢任之后，大多仍回京师居住。政府也不希望这些人到外地去住。事实上京师繁华安适生活的引诱，官吏也很少乐于回乡去住的。京师人口众多，为一大消费城市。即以

① 《南齐书》卷三〇《曹虎传》。
② 《南齐书》卷三二《王琨传》。
③ 《南齐书》卷五一《张欣泰传》。
④ 《南齐书》卷五一《崔慧景传》。
⑤ 《梁书》卷二五《周舍传》。
⑥ 《梁书》卷二六《陆杲传》。

食粮一项而论,京师所需,除京城附近三吴各地供给一部分外,一部分尚须仰给于长江上游。如《宋书·孔觊传》云:

> 时(孝武帝大明八年)东土大旱,都邑米贵,一斗将百钱。道存(觊弟)虑觊甚乏,遣吏载五百斛米饷之。觊呼吏谓之曰:"我在彼三载,去官之日,不办有路粮。二郎至彼未几,那能便得此米耶?可载米还彼。"吏曰:"自古以来,无有载米上水者,都下米贵,乞于此货之。"不听,吏乃载米而去。

所以官吏贪聚各帛等物,乃是为了回到京师大消费市场来卖,目的仍旧在于钱。同传还载有一个故事:

> 觊弟道存,从弟徽,颇营产业。二弟请假东还,觊出渚迎之。辎重千余船,皆是绵绢纸席之属。觊见之伪喜,谓曰:"我比困乏,得此甚要。"因命上置岸侧。既而正色谓道存等曰:"汝辈忝预士流,何至还东作贾客耶!"命左右取火烧之,烧尽乃去。

东还作贾客,正说明官僚贪污谷帛物产,都是为了出卖,其究极目的仍在于钱。在做官也不过为了钱的情况下,有的对于钱的追求,就超过对公侯的追求。《陈书·周文育传》:

> 文育……至大庾岭(由广州北还),诣卜者。卜者曰:"君北上不过做令长,南入则为公侯。"文育曰:"钱足便可,谁望公侯。"

如若无钱,便是人生最可怕的事。《南史·武陵昭王晔传》:

> 轻财重义,有古人风。罢会稽还都,斋中钱不满万,俸禄所入,皆与参佐宾僚共之。常曰:"兄做天子,何畏弟无钱。"

齐武陵王萧晔为齐武帝弟，以有兄做天子而不畏无钱，正好说明无兄做天子的最怕无钱。

魏晋南北朝时的达官豪族，都占有广大的庄田。魏晋南北朝虽属于中国的中古时代，但就南朝豪族的庄田论，其性质迥异于欧洲中古的自给自足的封建庄园。南朝的豪族庄田，乃是货币经济支配下，以赢利为目的的生产组织。达官豪族经营庄田，与经营商业，开设邸店，是同样的目的，都是为了获利，增大自己的财富。梁徐勉训诫他儿子的话，就是很好的说明。《梁书·徐勉传》：

> 勉虽居显要，不营产业……尝为书诫其子崧曰："……显贵以来，将三十载，门人故旧亟荐便宜，或使创辟田园，或劝兴立邸店，又欲舳舻运致，亦令货殖聚敛。若此众事，皆拒而不纳。……"

最明显的，还是《宋书·沈庆之传》所载的沈庆之的庄园：

> 又有园舍在娄湖。庆之一夜携子孙徙居之，以宅还官。悉移亲戚中表于娄湖，列门同闬焉。广开田园之业，每指地示人曰："钱尽在此！"中兴身享大国，家素丰厚，产业累万金，奴僮千计，再献钱千万谷万斛。

南朝豪族大庄田以赢利为目的，乃交换经济及钱币使用发达的结果。这说明钱在东晋南朝社会经济生活中的重要。

四、钱与国家财政

关于钱在国家财政收支中的地位，从两方面来说明。首先我们先来看看钱在国家税收中的地位,其次再来看钱在国家岁出中的地位。

一、钱与政府收入。东晋南朝时的政府税收,主要的有户调、田租、商市税、口税等项。户调、田租为魏晋以来所沿袭下来的主要收入,原来皆是征收实物的。田租收谷物,户调收布绢。但自东晋以后,渐有折收钱的趋势。《晋书·王廙传附从子彪之传》言:

> (桓)温以山阴县折布米不时毕,郡不弹纠,上免彪之。

所谓折布米,意不甚明,或即指折布米收钱而言。又《南齐书·王敬则传》载齐竟陵王萧子良于武帝永明时上言:

> 昔晋氏初迁,江左草创,绢布所直,十倍于今,赋调多少,因时增减。永初中,官布一匹,直钱一千,而民间所输,听为九百。渐及元嘉,价物转贱,私货则束直六千,官受则匹准五百,所以每欲优民,必为降落。今入官好布,匹堪百余,其四民所送,犹依旧制。昔为刻上,今为刻下。氓庶空俭,岂不由之。救民拯弊,莫过减赋。

依竟陵王子良所述,证以《王彪之传》的记载,大约自晋氏东迁,税收中之米布即有折收钱的事实,似无可疑。所谓赋调多少,因时增减,即指政府税收绢布折收钱时,随时价减增之意。此由接述宋齐的折收标准,可以推知。宋永初中,布一匹值钱一千,政府税收,折布收钱时,一匹仅收九百。元嘉中布价下落,市价布一束值六千,政府收税时,每匹布折收五百。折收的钱额比市价为低,因此人民本来应纳一匹布的实物,现在只纳比一匹布实际价格为低的钱就够了。政府如此,乃是为了优惠人民。可是到了齐时，物价更为下落，好布市价一匹只卖一百余钱，而官府收税时，仍按过去的折合标准，即每匹仍按五百钱折收，所以就"昔为刻上，今为刻下"了。

布米折收钱的办法，齐以前已不可考，齐时则一半收钱，一半收米，以为永制。仅永明四年，扬州及南徐州两州曾一度三分二取见布，一分取钱。《南齐书·武帝纪》载：

> 永明四年五月……诏："扬、南徐二州今年户租，三分二取见布，一分取钱。来岁以后，远近诸州输钱处，并减布直，匹准四百，依旧折半，以为永制。"

所谓"依旧折半"之"旧"字，不知以何时为断，或者晋宋以来，已有折半的办法。但法律上虽然规定折半征收，实际上各地守宰多不遵守政府法令，每有多收钱或全收钱的现象。如《南齐书·竟陵王子良传》称：

> 时上（武帝）新亲政，水旱不时，子良密启请原除逋租。……又泉铸岁远，类多剪凿，江东大钱，十不一在。公家所受，必须轮郭，遂买本一千，加子七百，犹求请无地，捶革相继。寻完者为用，既不兼两，回复迁贸，会非委积，（徒）令小人每婴困苦。且钱帛相半，为制永久，或闻长宰须令输直，进违旧科，退容奸利。

布米之外，力役亦有改收钱的趋势。《南齐书·王敬则传》：

> 会土（指会稽郡）边带湖海，民丁无士庶，皆保塘役。敬则以功力有余，悉评敛为钱，送台库以为便宜。上许之。

《南齐书·东昏侯纪》：

> 下扬、南徐二州，桥桁埭丁，计功为直，敛取见钱，供太乐

主衣杂费。

口钱亦是以钱来缴纳的,《南齐书·豫章文献王传》:

> 以谷过贱,听民以米当口钱,优评斛一百。

又《梁书·武帝纪中》:

> 天监元年……诏曰:"……可大赦天下。……逋布、口钱、宿债勿复收。……"

丁税亦以钱缴纳,《南齐书·王敬则传》载竟陵王萧子良启言:

> 建元初,狡虏游魂,军用殷广。浙东五郡,丁税一千。乃有质卖妻儿,以充此限。道路愁穷,不可闻见。

各地的牛埭税,也是收钱,《晋书·孔愉传附从子严传》:

> 时(哀帝时)东海王奕求海盐、钱塘水牛牵埭税取钱直,帝初从之,严谏乃止。

又《南齐书·陆慧晓传附顾宪之传》:

> 时西陵戍主杜元懿启:吴兴无秋,会稽丰登,商旅往来,倍多常岁。西陵牛埭税,官格日三千五百,元懿如即所见,日可一倍,盈缩相兼,略计年长百万。浦阳南北津及柳浦四埭,乞为官领摄,一年格外长四百许万。

南朝因交换经济发达,关市之征成为政府财政的重要收入,北魏宣武帝时甄琛上表,曾以南朝关廛之税,比谷帛之输,他说:

> 今伪弊相承,仍崇关廛之税,大魏恢博,唯受谷帛之输。[1]

而所谓关市之征,大都是收钱的。《隋书·食货志》载:

> 晋自过江,凡货卖奴婢马牛田宅,有文券,率钱一万输估

---

① 《魏书》卷六八《甄琛传》。

四百入官,卖者三百,买者一百。无文券者,随物所堪,亦百分收四,名为散估。历宋、齐、梁、陈,如此以为常。

《梁书·萧颖达传》:

(天监初)御史中丞任昉奏曰:"……风闻征虏将军臣萧颖达启乞鱼军税,辄摄颖达宅督彭难当到台辨问。列称寻生鱼典税,先本是邓僧琰启乞,限讫今年五月十四日。主人颖达于时谓非新立,仍启乞接代僧琰,即蒙降许登税,与史法论一年收直五十万。……"

《陈书·宣帝纪》:

(太建十一年十二月)诏曰:"……文吏好贪,妄动科格。重以旗亭关市,税敛繁多,不广都内之钱,非供水衡之费,逼遻商贾,营谋私蓄。"

有关资料都说明关市各税是收钱的。

以上分别说明政府税收中收钱的税目,及有些税调原非收钱,后来折收钱的趋势。至于钱在整个国家税收中所占的比例及地位如何,因为我们没有东晋南朝任何时期的一个岁收的完备数字,故难作确切的说明。但由上面所引用的材料,亦可看出大概的形势。而下述一段记录,亦可以供我们稍作推测,《宋书·后废帝纪》:

(元徽)四年,尚书右丞虞玩之表陈时事曰:天府虚散,垂三十年。江、荆诸州,税调本少,自顷以来,军募多乏。其谷帛所入,折供文武。豫、兖、司、徐,开口待哺,西北戎将,裸身求衣。委输京都,益为寡薄。天府所资,唯有淮、海,民荒财单,不及曩日。而国度弘费,四倍元嘉。二卫台坊人力,五不余

一,都水材官朽散,十不两存。备豫都库,材竹俱尽;东西二
嚣,砖瓦双匮。敕令给赐,悉仰交市。……昔岁奉敕,课以扬、
徐众逋,凡入米谷六十万斛,钱五千余万,布绢五万匹,杂物在
外,赖此相赡,故得推移。即今所悬转多,兴用渐广,深惧供奉
顿阙……。

从这一段话,我们知道元徽四年有一次追缴逋税的事,结果获谷六
十万斛,钱五千万,布绢五万匹,尚有其他杂物。元徽年间的米谷
价格如何,我们不知道,第三节所引有关米价各条,非荒年即穰年,
亦不可作为常年标准。前引《南齐书·豫章文献王传》以谷过贱,
听民以"米当口钱,优评斛一百",既云优评斛一百,市价尚不及一
百可知,但亦当距一百不远。时为齐高帝建元二年,上距宋后废帝
元徽四年,仅四年。考南朝物价因钱货缺少的关系,是逐渐下跌
的。元徽年间的谷价,常年以一斛一百钱作标准,不会相差太远,
是米谷六十万斛,约合钱六千万。由宋到齐布绢价格,也是逐渐下
降的。如依齐竟陵王子良所言,元嘉中布一匹约六百钱,齐永明
中,布一匹最高价约为三百,元徽距永明仅十余年,如以元徽布价
匹四百钱估计,也不会相差太远,是布五万匹,约合钱二千万。从
这个估计来看,钱在政府收入中的地位,约次于米谷,高于布绢,占
到第二位了。当然,这是以一次追缴逃税的收入数字作基础来推
测,不能说政府常年税收的比数就是如此,但我们由这里求一点大
约的情况,总还是可以的。

二、钱与政府支出。关于政府的开支,因为材料缺乏,我们不
能作全面说明,我们只能说,政府财政支出中,有些是以钱来开支

的。第一，各级政府的资费，一部分是以钱来开支的①。关于中央各机关的，例如《宋书·江夏王义恭传》载太尉司徒府的经费：

> 相府年给钱二千万，它物倍此。而义恭性奢，用常不足，太祖又别给钱年千万。

同书《何承天传》云：

> 太尉江夏王义恭岁给资费钱三千万，布五万匹，米七万斛。义恭素奢侈，用常不充，（元嘉）二十一年，逆就尚书换明年资费。而旧制出钱二十万，布五百匹以上，并应奏闻，（谢）元辄令议以钱二百万给太尉。

时义恭任太尉领司徒录尚书等职，两传所记想为同一机关，钱数稍

---

① 东晋南朝以布帛做政府机关的资费，有人怀疑这些布帛有货币的职能，政府机关可以用以购实物品。按政府机关的布帛，主要的用处，大概是用来制作军人的袍袄等。《晋书》卷七九《谢尚传》："尚……出为建武将军、历阳太守，转督江夏义阳随三郡军事、江夏相，将军如故。……始到官，郡府以布四十匹与尚造乌布帐，尚坏之以为军士糯袴。"又《梁书》卷五六《侯景传》："景既据寿春，遂怀反叛，……启求锦万匹为军人袍。领军朱异议以御府锦署，止充颁赏远近，不容以供边城戎服。请送青布以给之。景得布，悉用为袍衫，因尚青色。"《宋书》卷五六《孔琳之传》载孔琳之的一段议论，更为明白。他说："昔事故饥荒，米谷绵绢皆贵。其后米价登复，而绢子今一倍。绵绢既贵，蚕桑者滋，虽勤厉兼倍，而贵犹不息。愚谓致此，良有其由。昔事故之前，军器正用铠而已，至于袍袄峡裲裆，必俟战阵，实在库藏，永无损毁。今仪从直卫及邀罗使命，或有防卫送迎，悉用袍袄之属。非谓一府，众军皆然。绵帛易败，势不支久。又昼以御寒，夜以寝卧，曾未周年，便自败裂。每丝緜新登，易折租以市。又诸府竞收，动有千万，积贵不已，实由于斯，私服为之艰匮，官库为之空尽。愚谓若侍卫所须，固不互废，其余则依旧用铠。小小使命迎送之属，止宜给仗，不烦铠袄。用之既简，则其价自降。"我们从"易折租以市"，及"官库为之空尽"等语中，可以了解袍袄等项，对于布帛的消费，必不在少数。布帛既是财货，当然可以出卖，如政府机关要钱用时，自然也可以把多余的布帛卖出。《晋书》卷六五《王导传》言："（成帝）时帑藏空竭，库中惟丧练千端，鬻之不售，而国用不给。导患之，乃与朝贤俱创练布单衣。于是士人翕然竞服之，练遂踊贵。乃令主者出卖，端至一金。"假如要以布帛换取的物品，大约都须经此出卖的手续。

微不同。

又《宋书·刘穆之传》载前将军府的岁费：

> 进穆之前将军，给前将军府年布万匹，钱三百万。

地方政府的例，如《南齐书·豫章文献王传》：

> （建元元年）以为都督荆湘雍益梁宁南北秦州诸军事、南蛮校尉、荆湘二州刺史，持节、侍中、将军、开府如故。晋宋之际，刺史多不领南蛮，别以重人居之。至是有二府二州。荆州资费岁钱三千万，布万匹，米六万斛，又以江、湘二州米十万斛给镇府。湘州资费岁七百万，布三千匹，米五万斛，南蛮资费岁三百万，布万匹，绵千斤，绢三百匹，米千斛，近代莫比也。

其次，官吏的俸禄，除一部分是以实物（如公田禄米）及力役（如给吏僮干）等支付外，一部分也是以钱来开支。宋时曾有月给帝室期亲及朝臣非录官钱之制，《宋书·孝武帝纪》云：

> 大明五年五月……制帝室期亲朝臣非录官者，月给钱十万。

齐末三品清资官以上者给钱，《南齐书·东昏侯纪》：

> 永元元年正月辛卯诏：三品清资官以上应食禄者，有二亲或祖父母年登七十，并给见钱。

至梁时百官俸禄咸皆给钱，《梁书·武帝纪下》：

> 大通元年诏曰："……百官俸禄，本有定数。前代以来，皆多评准，顷者因循，未遑改革。自今以后，可长给见钱，依时即出，勿令逋缓。"

以上是关于中央官吏的，地方官吏的俸禄，一部分亦以钱支给。《南齐书·袁彖传》称：

象到(吴兴)郡,坐过用禄钱,免官付东冶。

《梁书·乐蔼传附子法才传》：

> (法才)出为招远将军建康令,不受俸秩,比去任,将至百
> 金,县曹启输台库。

又《梁书·王志传》：

> 京师有寡妇,无子,姑亡举债以敛,既葬而无以还之。志
> 愍其义,以俸钱偿焉。

又同书《南康王绩传》：

> 绩褰玩好,少嗜欲,居无仆妾,躬事俭约,所有租秩悉寄天
> 府。及薨后,府有南康国无名钱数千万。

又同书《何远传》：

> 迁树功将军、始兴内史。……田秩俸钱,并无所取,岁暮
> 择民尤穷者,充其租调,以此为常。

又《宋书·刘秀之传》：

> (元嘉)二十五年,除督梁南北秦三州诸军事、宁远将军、
> 西戎校尉、梁南秦二州刺史。……元凶弒逆。……事宁,迁使
> 持节督益宁二州诸军事、宁朔将军、益州刺史……折留俸禄二
> 百八十万付梁州镇库,此外萧然。

东晋南朝官吏去职,原治地例应给以钱物,谓之"送故"。用以
送故的东西,有实物,有人力,亦有钱,《宋书·王僧达传》：

> 兄锡罢临海郡还,送故及俸禄百万以上。僧达一夕令奴
> 辇取,无复所余。

《梁书·范述曾传》：

> 征为游击将军,郡送故钱二十余万,述曾一无所受。

政府有所兴建,材料、工价也是以钱来开支,《梁书·沈瑀传》:

> (齐)明帝复使瑀筑赤山塘,所费减材官所量数十万,帝益
> 善之。

南朝皇帝的私府少府掌管市易,与民交关(见《南齐书·沈宪
传》)。少府向市上购买物品,是以钱交易,如《南齐书·李珪之传》
载:

> (永明)四年,荣阳毛惠素为少府卿,吏才强而治事清刻,
> 市铜官碧青一千二百斤,供御画,用钱六十万。

皇帝对臣民的赏赐,亦大多用钱,除前引诸例外,如《宋书·顺
帝纪》载:

> 昇明元年,给司空齐王钱五百万,布五千匹。……三
> 年……以齐国初建,给钱五百万,布五千匹,绢千匹。

齐郁林王即位以后,曾极意赏赐,《南齐书·郁林纪》云:

> 及即位,极意赏赐,动百数十万。每见钱辄曰:'我昔时思
> 汝,一文不得,今得用汝未?'期年之间,世祖斋库储钱数亿垂
> 尽。

郁林王对钱的痛恨,正是他对钱的殷切需要的反映。世祖斋库钱
数亿,可见皇家府库中储藏的钱数量很大。在齐武帝时,政府曾举
行一次大规模的和买,由政府出钱收买民间的货物。武帝永明五
年诏,说明这次和买的动机及办法说:

> 自水德将谢,丧乱弥多,师旅岁兴,饥馑代有。贫室尽于
> 课调,泉贝倾于绝域,军国器用,动资四表,不因厥产,咸用九
> 赋,虽有交贸,而无润私之实,民咨涂炭,实此之由。……京师
> 及四方出钱亿万,籴米谷丝绵之属,其和价以优黔首。远邦常

市杂物,非土俗所产者,皆悉停之。必是岁赋攸宜,都邑所乏,可见直和市,勿使逼刻。①

《文献通考·市籴考二》记永明六年京师及四方各州出钱和买的详细情形称:

> 永明中,天下米谷布帛贱。上欲立常平仓,市积为储。六年,诏出上库钱五千万于京师,市米买丝绵纹绢布。扬州出钱千九百一十万(原注:江宁郡),南徐州二百万(原注:治京口),各于郡所市籴。南荆河州二百万(原注:治寿春),市丝绵纹绢布米大麦。江州五百万(原注:浔阳),市米胡麻。荆州五百万(原注:江陵),郢州三百万(原注:江夏),皆市绢绵布米大小豆大麦胡麻。湘州二百万(原注:今长沙),市米布腊。司州二百五十万(原注:治汝南义阳),西荆河州二百五十万(原注:历阳),南兖州二百五十万(原注:广陵),雍州五百万(原注:襄阳),市绢帛布米。使台传并于所在市易。

政府实行的和买,是一种经济政策。政府能够执行这种政策,说明在政府的国库中是保有大量的钱币的。

五、钱币问题与政府的对策

在东晋南朝两百余年中,钱币的使用,引起许多问题,影响所及,不知有多少人因之倾家荡产,多少人因之丧失生命。历朝君臣对此问题不知费了多少脑筋,直到陈亡,这问题始终未得到合理的

---

① 《南齐书》卷三《武帝纪》。

解决。对于这一时期钱币问题的性质,及政府应付此一问题所采办法的得失,试就作者看法,说明如下。

东晋南朝钱货问题中的根本问题,是钱币数量的缺乏,即筹码不足的问题。这一点,事实表现得非常明显,当时人亦多有此认识,如宋孝武帝孝建元年,讨论钱货问题时,尚书右丞徐爰言:

> 贵货利民,载自五政,开铸流圜,法成九府。……及时移俗易,则通变适用。是以周汉倣迁,随世轻重。降及后代,财丰用足,因条前宝,无复改创。年历既远,丧乱屡经,埋焚剪毁,日月销减,货薄民贫,公私俱困。不有革造,将至大乏。①

同时沈庆之也说:

> 今耕战不用,采铸废久,熔冶所资,多因成器。……方今中兴开运,圣化维新,虽复偃甲销戈,而仓库未实,公私所乏,唯钱而已。②

齐高帝建元四年,讨论钱货问题时,当时与议的人亦多以“钱货转少”是一大问题。因为钱货的缺乏,民间用钱,多不足数使用。如前引《隋书·食货志》,谓梁时自破岭以东八十为百,江郢以上七十为百,京师以九十为百。梁武帝曾下诏通用足陌,《梁书·武帝纪下》载中大同元年七月诏曰:

> 顷闻外间多用九陌钱,陌减则物贵,陌足则物贱,非钱有贵贱,是心有颠倒。至于远方,日更滋甚。岂直国有异政,乃至家有殊俗。徒乱王制,无益民财。自今可通用足陌。令书

---

① 《宋书》卷七五《颜竣传》。
② 同上。

行后,百日为期,若犹有犯,男子谪运,女子质作,并同三年。武帝不知道,不足陌的习惯,乃因钱少而成,钱少的问题不解决,妄想以法令制止陌减的殊俗,是没有用的。所以武帝诏令,不但没有生效,反而至于末年,遂以三十五为百了。

钱货缺少的结果,是钱贵物贱,其影响所及,遂至谷贱伤农。如绢布的价格,依前引竟陵王萧子良的话,由东晋到齐初,跌落十倍,而且跌落的幅度是愈来愈大。从东晋初到宋永初约一百年间,布价无大变动;由永初到元嘉不过二三十年,布价跌落一倍;元嘉到齐武帝永明时,约四五十年,布价竟跌落十倍。

不过,所谓钱货缺少,有两方面的意义,一是绝对的,一是相对的。绝对的缺乏,是说钱货的数量,根本上就是很少的;相对的缺乏,是钱货的数量,可能已经很大,但与社会需要相比较,仍是供不应求,因之造成货币缺少的现象。

钱货数量的多少,由钱币的流通速度及商品价格总额来决定。换言之,在一个特定的时间内,钱币的流通速度及商品价格的总额,决定社会上对于钱币的需要量。假若商品继续增加,即商品价格的总额继续增加,而货币的流通速度,即同一货币的流通次数不变,或竟减少,则货币的需要额将继续不断地增加。在此种情况下,如果货币的绝对数量的增加,跟不上商品价格总额的增加,则社会上将断续感觉钱币的缺少。南朝钱币缺少问题的意义,应从这种相对意义上来了解。整个东晋南朝时期,是南方经济的一个开发与繁荣过程,是交换经济的发展的过程,由于经济的繁荣,与交换经济的发达,加入交换的物品数量日多,故商品价格的总额不断增加。而且货币经济的发达,钱币成为财富的标识,一般求利者追求的目标，钱币的储蓄，成为一般的要求和趋势，其结果不仅使钱币的流通次数减少，乃至根本使一部分钱币脱离流通界。由于这两种原因，社会上对钱币的需要量，不断地增加。但事实上因铜的缺乏，及钱币的不断破坏损失，故历朝虽然不断铸造钱币，而钱币相对数量始终跟不上社会上对钱币所要求的数量，因之，在南朝钱币使用上，便表现为钱币缺少的现象。这样的说明（即认为南朝钱币缺少，不是绝对的，乃是相对的），在了解了南朝交换经济的发展及一般人对钱币的贪得追逐及储藏的情况后，大致是可以成立的。齐高帝建元四年孔觊曾言：

> 食货相通，势理自然。李悝曰：'籴甚贵伤民，甚贱伤农。'民伤则离散，农伤则国贫。甚贱与甚贵，其伤一也。三吴国之关闽，比岁被水潦而籴不贵，是天下钱少，非谷穰贱，此不可不察也。①

"天下钱少"是一条件，但有一更基本的条件为此种现象的基础，此基本的条件即交换经济的发达。交换经济发达，使各个小地域成为非自足自给者，一地域的谷物生产量，纵因一时天灾而减少，而此一地域之谷物供给量，却不一定因此地减产而减少，因别处之谷物自可大量运来。天下钱少而灾地物价不贵为一事实，而此钱少而谷不贵，乃以另一事实即交换经济的发达为条件，尤不能不注意。南朝钱币缺乏的相对性这一事实，使我们了解南朝钱币的缺乏，乃是社会进步的产物，或者说是南朝社会进步的现象，而非社会落后的产物或现象。换言之，南朝钱币的缺乏，只说明南朝

---

① 《南齐书》卷三七《刘悛传》。

社会的进步,不说明南朝社会的落后。

南朝钱币问题中的另一问题,是钱币的形式的不一。当时人士亦有见到这一点的,如宋江夏王刘义恭曾言:

然顷所患,患于形式不均。①

齐高帝时孔觊亦言:

铸钱之弊,在轻重屡变。②

当时钱币种类,真是复杂已极。晋氏渡江有比轮、四文、沈郎钱各种,此外当还有汉魏古钱。宋时又铸四铢二铢,私铸又有鹅眼、綖环等,梁时又铸五铢、女钱、铁钱、四柱钱,陈时又铸五钱、大货六铢。除去有几种是史有明文的,如陈铸五铢,初出,一当鹅眼之十,大货六铢一当五铢之十外,其他形式不一,轻重大小不一的各种钱币,都是同价使用③。经济学上有一个劣币驱逐良币的原则,轻重大小不同的钱币同时使用,结果便是良币为人们所储藏而离开流通界,或者就被剪凿而成劣币。前者则使流通界的钱币数量更少,加剧钱荒,后者则使钱制更乱。南朝盗铸之盛,就是由此产生的。

钱货的缺乏和形式的不统一,是东晋南朝钱货问题中的根本问题。其他盗铸私铸剪凿取铜,都是末节,都是由这个根本问题所

---

① 《宋书》卷七五《颜竣传》。

② 《南齐书》卷三七《刘悛传》。

③ 《宋书》卷六六《何尚之传》:"先是患货重,铸四铢钱,民间多盗铸,多剪凿大钱以取铜,上患之。(元嘉)二十四年,录尚书江夏王义恭建议以一大钱当两,以防剪凿。"则大钱不当两时,轻重钱同价甚为明显。又《南齐书》卷四〇《竟陵王子良传》载南齐时萧子良言:"江东大钱十不一在。公家所受必须轮郭完全。遂买本一千加子七百,……寻完者为用,既不兼两,……徒令小人每婴困苦。"亦说明大小钱同值。

派生的。

钱币问题引起了南朝各朝政府的关切。从东晋末桓玄起，到梁、陈止，政府有几次讨论钱币问题，并筹谋对策，但由于办法的错误，钱币问题始终未得到解决。现在我们来看当时人对钱币问题的看法，各人所提的主张，和政府所采取的政策。

一、废钱用谷帛的提议。钱币问题的关键，既在钱少，由之物贱而伤民，同时由于铜的缺乏，无法大量增加钱币的数量，遂有人提议根本废钱币而采用谷帛，以谷帛为交易媒介。桓玄时讨论钱货问题，就根本以废钱用谷帛为主题。宋孝武帝时周朗曾提出钱币与谷帛同时并用的办法，主张市至千钱以还者用钱，余皆用布帛与米，他说：

> 农桑者，实民之命，为国之本，有一不足，则礼节不兴。若重之，宜罢金钱，以谷帛为赏罚。然愚民不达其权，议者好增其异。凡自淮以北，万匹为市；从江以南，千斛为货。亦不患其难也。今且听市至千钱以还者用钱，余皆用绢布及米，其不中度者坐之。如此则垦田自广，民资必繁，盗铸者罢，人死必息。①

宋、齐、梁三朝元老的沈约，曾提出渐进的办法，渐渐的以谷帛代替钱币，他说：

> 商子事逸，末业流而浸广，泉货所通，非复始造之意。于是竞收罕至之珍，远蓄未名之货，明珠翠羽，无足而驰，丝厨文犀，飞不待翼，天下荡荡，咸以弃本为事。丰衍则同多徐之资，

---

① 《宋书》卷八二《周朗传》。

饥凶又减田家之蓄。钱虽盈尺，既不疗饥于尧年，贝或如轮，
信无救渴于汤世，其蠹病亦已深矣。固宜一罢钱货，专用谷
帛，使民知役生之路，非此莫由。夫千匹为货，事难于怀璧，万
斛为市，未易于越乡。斯可使末伎自禁，游食知反。而年世推
移，民与事习，或库盈朽贯，而高廪未充，或家有藏镪，而良畴
罕辟。若事改一朝，废而莫用，交易所寄，旦夕无待，虽致乎要
术，而非可卒行。先宜削华止伪，还淳反古，抵璧幽峰，捐珠清
壑。然后驱一世之民，反耕桑之路，使缣粟羡溢，同于水火。
既而荡涤圜法，销铸勿遗，立制垂统，永传于后。①

钱币代替谷帛作为流通手段，是社会经济进步的结果。在社会退
后的时期，钱币可能不废而自废，如汉末是；但在社会经济发展到
一定时期，钱币必然被采用，欲废又不能。桓玄议废钱时，孔琳之
曾提出反对，他说：

　　故圣王制无用之货，以通有用之财，既无毁败之费，又省
运置之苦，此钱所以嗣功龟贝，历代不废者也。谷帛为宝，本
充衣食，今分以为货，则致损甚多。又劳毁于商贩之手，耗弃
于割截之用，此之为弊，著于自曩。故钟繇曰："巧伪之民，竞
蕴湿谷以要利，制薄绢以充资。"魏世制以严刑，弗能禁也。是
以司马芝以为用钱非徒丰国，亦所以省刑。钱之不用，由于兵
乱积久，自至于废，有由而然，汉末是也。今既用而废之，则百
姓顿亡其财。今括囊天下之谷，以周天下之食，或仓庾充衍，
或粮靡斗储，以相资通，则贫者仰富，致之之道，实假于钱。一

————————
① 《宋书》卷五六《孔琳之传》传论。

朝断之,便为弃物,是有钱无粮之民,皆坐而饥困,此断钱之立弊也。[①]

南朝交换经济的发达,谷帛已绝无代替钱币而作流通手段的可能。沈约所希望的"千匹为货,事难于怀璧,万斛为市,未易于越乡",以谷帛之笨重不易携带来阻止交换,完全是复古的妄想,绝不会实现的,因为这是违反现实的办法。所以此种办法虽由不少人提出,政府则始终未采用过。

二、铸造小钱。这是南朝政府所常采用的办法。如宋文帝元嘉七年,即以货重铸四铢钱。孝武即位,又铸孝建四铢。到前废帝时,又铸二铢钱。因为货币数量不足供给社会的需要,而增造新币,本是对的,但因为铜的缺乏,而铸小钱,问题就发生了,不但未能解决钱荒问题,反而引起新的问题。新铸的钱,重量虽不如旧钱,但政府所付与它的法价即购买力,却与旧钱完全相同。铸币的价值,是受它本身所含的劳动价值来决定的,不能由法令来自由规定。不同重量的铜币,硬使其有同样的购买力,当然要有问题。采取这种政策的结果,便是盗铸的公行,人民多剪凿古钱以铸小钱,私铸的小钱又薄小不如官式,遂又造成钱币滥恶,物价踊贵的现象。如宋文帝元嘉七年铸四铢钱的结果:

> 民间颇盗铸,多剪凿古钱以取铸。[②]

元嘉四铢,轮郭形制与五铢同,用费损而无利,民间尚少盗铸。孝武铸四铢,及前废帝铸二铢的结果更坏,如前引《宋书·颜竣传》

---

① 《宋书》卷五六《孔琳之传》。
② 《宋书》卷二二《何尚之传》。

记孝武时铸四铢的结果是："所铸钱形式薄小,轮郭不成就。于是民间盗铸者云起,杂以铅锡,并不牢固。又剪凿古钱,以取其铜,钱转薄小,稍违官式。虽重制严刑,民吏官长坐死免者相系,而盗铸弥甚,百物踊贵,民人患苦之。"前废帝铸二铢的结果是："形式转细。官钱每出,民间即模效之,而大小厚薄,皆不及也。"

元嘉二十四年,为解决钱币轻重大小不同,而有同等价格,因而引起的盗铸问题,曾以录尚书江夏王刘义恭的建议,改以一大钱当两小钱,以防剪凿。当讨论这个建议时,中领军沈演之赞成义恭的办法,他说:

> 若以大钱当两,则国传难朽之宝,家赢一倍之利,不俟加宪,污源自绝,施一令而众美兼,无兴造之费,莫盛于兹矣。①

我们细审刘义恭的建议,无论就社会财产关系的立场,或就钱币本身的立场来看,都有不妥。就财产关系的立场来说,怀有大钱的人的财富,不费举手之劳,即突然增加一倍,而且平日有钱的一定是富人,无钱的多是穷人,今以此种改变,富者更富,穷者更穷,当然不妥。就钱币的本身来讲,以一当两,虽然注意到钱币大小不同,应有不同的价格,但仍未能注意大小钱的比价。当时通行的钱有多种,大钱何所指,并无规定,大钱的比重一定不会正好比小钱重一倍,以大小钱同价固不妥,以大钱一当两小钱,当然同样不妥。当时何尚之就以此理由,反对以大钱当两的办法,他说:

> 若今制遂行,富人资货自倍,贫者弥增其困。……又钱之形式,大小多品,直云大钱,则未知其格。若止于四铢五铢,则

---

① 《宋书》卷六六《何尚之传》。

文皆古篆，既非下走所识，加或漫灭，尤难分明。公私交乱，争讼必起。①

在钱之形式大小多品同时并行，哪是大钱，哪是小钱，其本身的身份资格都难评定的情况下，硬以大钱当两，事实上的困难恐不减于以一当一。所以行之不到一年，便以公私非便而罢。

三、准许民间铸钱。宋孝武帝铸四铢钱，钱式薄小，民间盗铸弥甚。大臣沈庆之建议，开署放铸，听人民以铸十输三的办法铸钱，他说：

> 方今中兴开运，圣化惟新，虽复偃甲销戈，而仓库未实，公私所乏，唯钱而已。愚谓宜听民铸钱，郡县开置钱署，乐铸之家，皆居署内，平其准式，去其杂伪，官敛轮郭，藏之以为永宝。去春所禁新品，一时施用，今铸悉依此格。万税三千，严检盗铸，并禁剪凿。数年之间，公私丰赡，铜尽事息，奸伪自止。且禁铸则铜转成器，开铸则器化为财，剪华利用，于事为益。②

当时钱币问题的核心，从社会方面讲，是社会上所需要的钱币数量大，但以铜的缺少等原因，使钱币的数量不能满足社会的需要；从钱制本身讲，则是同时通行的钱币种类太多。关于这点前面已有说明。钱币种类太多，其本身已是一种紊乱，加以品式大小不一，遂产生剪凿、盗铸等问题。故欲求钱币问题的真正解决，第一当增加钱币数额，第二须统一钱的形式。欲统一形式，最重要的条件便是统一发行，统一铸造。西汉钱币亦因种类多，式样杂，人民

① 《宋书》卷二二《何尚之传》。
② 《宋书》卷七五《颜竣传》。

盗铸极盛。武帝以后即专用五铢，钱制统一，遂使两汉二百年间，币制稳定没有问题。准许人民私铸，在原则上是与统一钱制相违背的，必不能解决问题，何况在实行上，尚有很多问题。当时太宰江夏王刘义恭就驳沈庆之的意见说：

> 伏见沈庆之议，"听民私铸，乐铸之室，皆入署居。平其准式，去其杂伪"。愚谓百姓不乐与官相关，由来甚久，又多是人士，盖不愿入署。凡盗铸为利，利在伪杂，伪杂既禁，乐入必寡。云"敛取轮郭，藏为永宝"。愚谓上之所贵，下必从之，百姓闻官敛轮郭，轮郭之价百倍，大小对易，谁肯为之。强制使换，则状似逼夺。又"去春所集新品，一时施用"。愚谓此条在可开许。又云"今铸宜依此格，万税三千"。又云"严检盗铸，不得更造"。愚谓禁制之设，非惟一旦，昧利犯宪，群庶常情，不患制轻，患在冒犯。今入署必万输三千，私铸无十三之税，逐利犯禁，居然不断。又云"铜尽事息，奸伪自禁"。愚谓赤县内铜，非可卒尽，比及铜尽，奸伪已积。又云"禁铸则铜转成器，开铸则器化为财"。然顷所患，患于形式不均，加以剪凿，又铅锡众杂止于盗铸铜者，亦无须苦禁。①

颜竣也说：

> 今云开署放铸，诚所欣同。但虑采山事绝，器用日耗，铜既转少，器亦弥贵。设器直一千，则铸之减半，为之无利，虽令不行。又云"去春所禁，一时施用"。是欲使天下丰财。若细物必行，而不从公铸，利已既深，情伪无极，私铸剪凿，书不可

---

① 《宋书》卷七五《颜竣传》。

禁,五铢半两之属,不盈一年,必至于尽。财货未赡,大钱已
竭,数岁之间,悉为尘土。岂可令取弊之道,基于皇代。①

刘义恭和颜竣所指出的,都是事实问题。前废帝时实行私铸的结
果,果然是钱式细薄,至一千钱,长不盈三寸,入水不沉,随手破碎,
甚至数十方钱不盈一掬,斗米一万,商货不通了。开放不久,就又
禁止。梁武帝天监年间,也曾开铸,准许民间私铸钱,但结果也仅
只造成币制紊乱而已。

四、专用五铢增铸币额的建议。如前所述,南朝钱币问题之所
以发生,乃由于钱少及形式不一。钱少故币贵而物贱,引起许多社
会问题、经济问题、财政问题;形式不一,故钱制终不得稳定,钱币
本身永远在剪凿、盗铸、破碎的循环中,更损失良币的数额,转而加
剧钱少的恐慌。要彻底解决钱币问题,只有从这两点上想办法。
最能把握钱币问题的中心,而提出解决办法的,只有一个孔觊,他
所提出的主张,是要专用五铢,其他钱币,一概停止使用。他认为
五铢钱是由汉以来,经过几百年的考验,客观上所抉择下来的,不
轻不重,最合用的钱币。并主张增铸钱额,以应社会的需要。他提
出主张的时期,是齐高帝时,可惜因高帝的死,未能实施。《南齐
书·刘悛传》记齐高帝拟改革钱币的经过说:

宋代太祖辅政,有意欲铸钱,以禅让之际,未及施行。建
元四年,奉朝请孔觊上《铸钱均货议》,辞证甚博。其略以为,
"食货相通,理势自然。李悝曰:籴甚贵伤民,甚贱伤农。民伤
则离散,农伤则国贫,甚贱与甚贵,其伤一也。三吴国之关闽,

---

① 《宋书》卷七五《颜竣传》。

比岁被水潦而粜不贵，是天下钱少，非谷穰贱，此不可不察也。铸钱之弊，在轻重屡变。重钱患难用，而难用为累轻；轻钱弊盗铸，而盗铸为祸深。民所盗铸，严法不禁者，由上铸钱惜铜爱工也。惜铜爱工者，谓钱无用之器，以通交易，务欲令轻而数多，使省工而易成，不详虑其为患也。自汉铸五铢钱，至宋文帝历五百余年，制度世有废兴，而不变五铢钱者，明其轻重可法，得货之宜。以为宜开置泉府，方牧贡金，大兴熔铸。钱重五铢，一依汉法。府库已实，国用有储，乃量俸禄，薄赋税，则家给民足。顷盗铸新钱者，皆效作剪凿，不铸大钱也。磨泽淄染，始皆类故；交易之后，渝变还新。良民弗皆淄染，不复行矣。所鬻卖者，皆徒失其物。盗铸者，复贱买新钱，淄染更用，反覆生诈，循环起奸。此明主尤所宜禁而不可长也。若官铸已布于民，使严断剪凿，小轻破缺无周郭者，悉不得行，官钱细小者，称合铢两，销以为大。利贫良之民，塞奸巧之路。钱货既均，远近若一，百姓乐业，市道无争，衣食滋殖矣。"时议者多以钱货转少，宜更广铸，重其铢两，以防民奸。太祖使诸州郡大市铜炭，会宴驾事寝。

"是天下钱少"，"铸钱之弊，在轻重屡变"，都是高明精辟之见，把握住了钱币问题的核心。所提"大兴熔铸，以解决钱荒"；"钱重五铢，一依汉法"，"严断剪凿，小轻破缺无周郭者悉不得行。官钱细小者，称合铢两，销以为大"，以解决钱币形式不一之弊，也是极正确的办法。形式统一于五铢，实是解决钱币问题的最好办法。陈文帝年间，即以改铸五铢钱，钱币问题得到短时的安定，一二十年中没有发生过问题。

南朝人士对钱币问题的认识及政府的对策,大体如上所述。此外梁武帝时曾以铜少难得,改铸铁钱,铁虽易得,却不适于作货币使用,使用的结果并不好,已见前引,兹不多论。

六、结论

总上所述,我们可以简单地作出一个结论,即南朝的钱币使用已经非常活跃,在公私经济生活中,钱货均占重要地位。钱的使用虽然尚未能完全把谷帛的使用排除于交换手段之外,但这只是由于南朝广大的地域中,各地经济未能平衡发展所致。中国东汉以下的中古社会经济,大体上可与罗马末年日耳曼人入侵后的欧洲中古社会相比,但因彼此所承继的前代遗产不同,在内容上是必然有差异的。最明显的便是都市交换经济的破坏,中国较欧洲为轻。城市破坏轻,使中国没有退步到农村支配城市,农业生产支配一切的地步。但南朝钱币经济的发达并无伤于南朝整个经济的中古性。这一点说来话长,当另作讨论。

（原载《中央研究院历史语言研究所集刊》第十四本,1948 年）

汉魏之际封建说

　　多少年来没有读书了,对中国社会分期问题没有作进一步的研究,大体是仍然保持以前的看法,即中国古代奴隶制社会进入封建社会的时间是汉魏之际,东汉魏晋是过渡时期。

　　下面分几点来说明我的意见。

　　一、西周春秋是古代奴隶制社会的前期,也可以说是原始公社解体到发达的奴隶制社会的过渡时期。这时期的社会骨架仍是以血缘关系为纽带的氏族制,但已解体,分化为阶级对立,有了贵族和平民的对立。公社成员是社会的主要生产者。已有了奴隶,也有了农奴或者叫做依附关系,但两者在生产关系中既不占主要的支配地位,人数也远不如公社成员之多。因为奴隶制是新生事物,而且还要发展,所以也可以称作奴隶制社会的前期。

　　灭商以前,周人还在氏族制的末期父家长制时期。商族被灭前,社会比周族进步,但也只是在奴隶制社会的前期,以血缘关系为纽带的氏族制仍是社会结构的骨架。

　　周灭商后,周族和商族的关系是不平等的部落联盟。在不平等联盟基础上组成了初期国家组织。

　　从《尚书》的《多士》、《多方》篇来看,商人还是"宅尔宅,畋尔田",自有居处,自有土地的。商人的大小族长们的职位仍保存着,

"越惟有胥伯小大多正"。商族的事由商人自己管理,"自作不和,尔惟和哉。尔室不睦,尔惟和哉。尔邑克明,尔惟克勤乃事"。商人的贵族们还以从前殷商灭夏以后,"夏迪简在王庭,有服在百僚"为理由,要求周人也要学商人,把商族的贵族选到周王国去做"百僚",而周人也就答应了商人的要求,把商人"迪简在王庭,尚尔事,有服在大僚"。

商族的氏族组织没有被打破,《左传》定公四年的一段记载说得更清楚。在周王把商人分给姬姓诸侯时,是以族为单位的,是一族族地分出去的。周王以"殷民六族"分给鲁公,以"殷民七族"分给康叔,以"怀姓九宗,职官五正",分给唐叔。这些被分出去的商人都是聚族而居,各有自己的族长,仍然以原来的老办法,来管理各族自己的事。"使帅其宗氏,辑其分族,将其类丑,以法则周公,用即命于周",或者"启以商政,疆以周索"。

从先秦的典籍中,我们知道周代在一国之内,有所谓国、野、乡、遂等区分。典籍中这方面的记载是比较混乱的,这些我们现在且不去管它。从这里也说明当时征服族周人和被征服族商人等虽居在同一地区,各族仍是聚族而居的。征服族周族居住国中,被征服族商族居住在郊野。

部落联盟的不平等结合,在古代民族的历史上是常见的。马克思曾经说过:"部落制度本身导致区分为高级和低级的氏族。——这种差别又由于胜利者与被征服部落混合等等而更加发展。"[1]罗马人在从罗马地区向外征服意大利半岛时,特别是在拉

---

[1] 马克思:《资本主义生产以前各形态》。

丁族居住的地区,就常常是在征服之后结成不同形式的不平等的部落联盟,用联盟的形式结合在一起。

西周后期宣王封立郑国的时候,与周初封立鲁国伯禽和康叔、唐叔一样,也把一些商人分给郑桓公,两族联盟的形式就更清楚了。《左传》昭公十六年记载郑子产对晋韩宣子说:"昔我先君桓公与商人皆出自周。庸次比耦,以艾杀此地,斩之蓬蒿藜藋而共处之。世有盟誓以相信也。"商人和周人一起,"庸次比耦,以艾杀此地,斩之蓬蒿藜藋而共处之",从事农业劳动。此时去周灭商已经二百来年,《多士》、《多方》篇里那种杀气腾腾的气氛已经没有了,盟的关系更加明显了。郑桓公领导的周人和商人的盟,就是部落国家从前代所承继下来的部落联盟形式。

周初分给唐叔的"怀姓九宗,职官五正",到春秋初期已参加拥立晋侯的活动[1]。这说明到公元前八世纪,怀姓九宗还维持着他们的氏族组织,九宗的氏族长还参与了晋侯的拥立。分给鲁国的殷民六族,春秋末年已是鲁国的国人。《左传》定公六年载:"阳虎又盟公及三桓于周社,盟国人于亳社。"亳社是商人的社,盟国人于亳社,可知这时的商人已是鲁国的国人了。

从先秦的材料看,说商周两族的关系是不平等的部落联盟,大约是合乎实际的。殷人地位虽然比周人低,但仍是自由的氏族成员,后来也成了国人。他们不是奴隶,也不是农奴,虽然在被征服初期他们的地位可能比奴隶还不如。

西周春秋时期,存在着三种生产关系,有三种阶级对立。一是

---

[1]　《左传》隐公六年。

解体中的公社。这里包含着氏族贵族和平民即公社成员的对立。二是奴隶主和奴隶的对立。三是依附民或农奴和贵族的对立。在这三种生产关系和阶级对立中,公社虽在解体,但它仍是整个社会的骨架,在数量上,公社成员是人口中的最多数,公社成员的生产劳动是社会的基础。

农奴制或依附关系在人类社会历史上的出现几乎是和奴隶制同样古老的。在原始社会末期家长制家庭时期,就不仅有奴隶制,同时也有了农奴制或依附关系。在《家庭、私有制和国家的起源》一书中,恩格斯就曾引用马克思的话,指出在家长制家庭时期,一切后世的社会对立形式都"以缩影的形式"出现了。

农奴制和奴隶制同样古老,是马克思、恩格斯总结了许多民族的古代社会历史而提出来的。在马克思去世的前几个月,马克思和恩格斯曾一致同意,农奴制并不是中世纪封建时期所特有的一种制度。而是"在征服者迫使当地居民为其耕种土地的地方,我们到处,或者说几乎到处都可以看到,——例如在特萨利亚很早就有了"①。就以罗马为例,它在进入发达奴隶制社会之前,在氏族制解体过程中就大量出现过被保护人这一阶级,被保护人和主人的关系是隶属性的,是保护和被保护的关系。

就西周春秋来说,虽然有农奴制或依附关系的出现,只是说明这时是由公社解体向奴隶制社会发展的过渡时期。

二、战国秦汉是中国奴隶制社会的发展时期。这时期社会上

---

① 1822 年 12 月 2 日恩格斯给马克思的信,见《马克思恩格斯全集》第 35 卷,第 131 页。

的主要生产劳动者,一是奴隶;二是自由的小农,当时所谓的编户齐民;三是后出现的佃农。自由的小农,人数最多,是社会生产的基础,但自由的小农居于被支配的地位。奴隶人数比自由的小农编户齐民少,但奴隶制生产在整个社会中居于支配的地位。租佃制是后起的,在整个社会关系中还不居于支配地位。

我认为战国秦汉时期社会发展的主线有以下特点:

(一)以奴隶劳动为基础的生产关系,在整个社会中占支配地位,或者说起主导作用。

(二)以占有和使用奴隶劳动为基础的商人、地主显贵,通过交换、高利贷剥蚀小农,使小农和小农经济破产。

(三)以奴隶劳动为基础的大土地所有制和小农的斗争,土地兼并,和小农破产变为奴隶,是战国秦汉时期社会斗争和变化的主线,一切政治、社会、经济、思想活动和政策制定都围绕着这根主线转。

春秋战国之际,生产力有飞跃的发展。无论牛耕和铁农具的使用是否是在这时期开始的,这时期,牛耕和铁农具使用的显著推广是没有问题的。由于牛耕和铁农具的推广使用及水利灌溉的发展等原因,春秋战国之际生产力显著地发展起来。大量未被垦殖的土地被开垦,人口空前增加,城市发展起来,商业、手工业、盐铁业发展了,金属货币出现了,城市经济和交换非常活跃。

随着生产力、商品货币关系的发展,奴隶制发展起来。马克思曾说:"在古代世界,商业的影响和商人资本的发展,总是以奴隶经济为其结果;不过由于出发点不同,有时只是使家长制的、以生产直接生活资料为目的的奴隶制度,转化为以生产剩余价值为目的的奴隶制度。"①战国秦汉时期,奴隶不是减少了,而是大大增加了。商业、盐铁业、手工业、农业,各个生产部门和交换部门都有奴隶劳动。战国以来,在社会经济中居支配地位的大商人、盐铁业主多半就是大奴隶主,他们使用奴隶来从事生产和交换活动。战国初年的大商人白圭就是"与用事僮仆(奴隶)同苦乐",秦始皇时的阳翟大贾吕不韦有家僮万人,汉初齐地的大商人刁间使用奴隶劳动,"逐渔盐商贾之利","终得其力,起富数千万"。② 和人民生活有密切关系的冶铁业、其他矿业,主要是使用奴隶劳动。秦末汉初的大冶铁商人卓王孙有奴隶千人,程郑亦冶铸,有奴隶数百人。文帝窦皇后的弟弟少君,幼年家贫被掠卖做奴隶,在宜阳山中为主人做炭。汉昭帝时的大官僚张安世家有七百多奴隶,多从事纺织业。从《史记》、《汉书》、《后汉书》中,我们看到秦汉时期的大商人、大地主、大官僚大多是有成百成千的奴隶的。司马迁把有"僮手千指"(即成百的奴隶)看成是大工商家的财富之一。农业也使用奴隶。汉初的大官僚季布早年曾反对刘邦,刘邦做了皇帝,他隐姓埋名,自髡做奴隶卖在大奴隶主朱家家。朱家也知道他是季布,就把他放在田庄里,告诉儿子说:"田事听此奴。"从朱家、季布的故事里,知道大奴隶主也就是大地主,他们的田庄是使用奴隶劳动的。这方面一个比较典型的例子是两汉之际的南阳樊家。樊宏是刘秀的母舅,是当地的大族,"世善农稼,好货殖。……其营理产业,物无所弃,课役僮隶,各得其宜。故此上下戮力,财利岁倍,乃至广开田

---

① 马克思:《资本论》,第 371 页。
② 《史记》卷一二九《货殖列传》。

土三百余顷。"①世善农稼，又好货殖，这是一个大商人、大地主、大奴隶主。就是一个普通的农民，只要他有财力买得起奴隶，也把奴隶用在耕作上。《太平御览》引《风俗通义》就记下汉代有个叫庞俭的，凿井得了些钱，就去买了一个老奴隶，叫他"主牛马耕种"。

秦汉的皇帝和皇家政府就是大奴隶主。秦始皇帝把几十万农民变成奴隶为他去修骊山坟墓。王莽时，把几十万私铸铜钱的人民罚做官奴隶。秦汉时期大的土木工程，大多使用奴隶劳动。秦始皇用奴隶修筑长城和骊山陵墓，汉惠帝用奴隶修建长安城。官家畜牧业也是使用奴隶劳动的。西汉政府在西北边地有三十六所牧场，用三万多官奴隶养马三十万匹。汉武帝在和大商人斗争中，没收他们的"财物以亿计，奴婢以千万数，田大县数百顷，小县百余顷"。武帝仍用这些奴隶的一部分去耕种没收的土地。

正像蜀汉丞相主簿杨颙对丞相诸葛亮所说的，在汉代，"使奴执耕稼，婢典炊爨"，就和使"鸡主司晨，犬主吠盗，牛负重载，马涉远路"一样，是社会正常现象②。

使用奴隶劳动的这些大商业、盐铁业、大农业，在社会生产中居于支配地位，在社会经济生产中是活跃的，起主导作用的。

国家和奴隶主是有斗争的，汉武帝和王莽是代表人物。但国家、皇帝和奴隶主的斗争是奴隶主间的斗争，而不是封建国家和奴隶主的斗争。国家、皇帝反对的是私家奴隶主，但不是奴隶制度。他们把私家奴隶变成官奴隶，而不取消奴隶制。《汉书·刑法志》

① 《后汉书》卷三二《樊宏传》。
② 《三国志》卷四五《杨戏传》注引《襄阳记》。

和湖北云梦睡虎地出土秦简中记载的秦朝法律,都说明秦汉的法
是奴隶社会的法典。

战国乃至秦西汉时期,自由民小农经济是比较繁荣的。从李
悝在魏国尽地力之教,"一夫挟五口,治田百亩"①,一家五口或八
口有田百亩,是战国、秦、西汉比较普遍的情况。维持这种自由的
小农经济,是当时一些政治家和思想家的理想。孟子和荀子都曾
提出这种理想。西汉文帝减轻田租三十税一乃至免出田租,也是
以自由的小农经济虽然已受到商人高利贷者的兼并但仍是社会上
比较普遍存在的现象为基础的。

繁荣的小农经济在奴隶社会中普遍存在而且还是奴隶社会的
经济基础,这不仅是中国战国秦汉时期如此,就是被马克思、恩格
斯称为古典的罗马奴隶制社会也是如此。马克思就曾说过:"自耕
农的这种自由小块土地所有制形式,作为占统治地位的正常形
式,……在古典古代的极盛时期,形成社会的经济基础。"②自由的
小农数量的众多,不是决定社会性质的因素。资本主义社会以前,
小农经济在各个时期各个阶段都是存在的,而在古代社会的最盛
时期和西欧封建社会解体后的时期更是比较人数众多的。但在各
个时期小农经济都是受支配的。在封建社会,它是受封建经济支
配的,在资本主义社会它是受资本主义经济支配的,在奴隶社会中
它是受奴隶制经济支配的。

自耕小农从来没有过过好日子。春秋战国之际他们解脱了公

① 《汉书》卷二四《食货志》。
② 马克思:《资本论》,第909页。

社的束缚后不久，就受到商品货币关系的侵蚀，出现流亡破产的情况。

两汉时期，商人兼并农民，农民破产，情况越来越严重，成为政治上、社会上的大问题。汉代的大思想家、大政治家如贾谊、晁错、董仲舒都把这作为大问题提出来讨论，谋求解决。景帝时晁错看到当时的小农五口之家，受着政府租赋徭役的重剥，生活非常苦，一旦遇到水旱之灾和政府的急政暴敛，就要举债度日，"于是有卖田宅鬻子孙以偿责者矣"。而富商大贾，因其富厚，交通王侯，力过吏势，以利相倾，来剥削农民。晁错指出："此商人所以兼并农人，农人所以流亡者也。"①董仲舒说：官僚们"乘富贵之资力，以与民争利于下，民安能如之哉！是故众其奴婢，多其牛羊，广其田宅，博其产业，畜其积委，务此而亡已，以迫蹴民，民日削月朘，寖以大穷"②。他们都看到货币和掌握货币的商人以及大奴隶主的可怕，商人和大奴隶主在经济方面的活跃，促使农民破产。

西汉政府对待这个问题，也是把商品货币关系、土地兼并、小农破产变为奴隶作为一个问题来解决的。政府总是从限田、限奴、打击商人上想办法。王莽实行六莞、五均赊贷，改天下田曰王田，奴婢曰私属，是典型的事例。政府的政策总是以失败告终。以奴婢劳动为基础的商业、交换、盐铁业、大农业等等与小农的斗争，小农的破产、流亡，沦为奴隶，这是古代奴隶制社会的发展规律，只要社会性质不变，矛盾是无法解决的。马克思对古代罗马历史就曾

---

① 《汉书》卷二四《食货志》。
② 《汉书》卷五六《董仲舒传》。

提出过如下的看法,他在 1855 年给恩格斯的一封信里说:"不久以前,我又读了奥古斯都时代以前的罗马史,其国内的历史可以简单地归结为小农与大地产的斗争历史。——自然,它是特别的被奴隶制这一条件所浸润了。从罗马历史一开始就演着重要作用的债务关系,仅仅象征着小土地所有制不可避免的结局。"①

两汉时期也出现了租佃制。董仲舒曾提到农民"或耕豪民之田,见税什五"。他用个"或"字,大约当时还不很常见。到西汉末年,佃耕制大约就比较多了。王莽指出:"豪民侵陵,分田劫假,厥名三十,实什税五也。"②但汉代的租佃制,只能看做是在商品货币关系和奴隶制的侵蚀下,小农破产后的一条出路,还不是决定社会性质的支配的生产方式。

从社会发展所走的道路看,战国秦汉的社会是奴隶社会。决定它的社会性质的,是占支配地位的奴隶制经济。

三、汉魏之际,是中国社会由古代奴隶制社会进入封建社会的时期。关于这个问题我从战国秦汉到魏晋南北朝社会变化的几条主线来说明。

(一)由城市交换经济到农村自然经济。

(二)由自由民、奴隶到部曲、客。

(三)由土地兼并到人口争夺。

(四)由民流到地著。

这些前后的变化,都不是百分之百的、绝对的。例如,不是说

---

① 《马克思恩格斯通讯选集》,纽约国际出版社英译本。
② 《汉书》卷二四《食货志》。

战国秦汉有自由民、奴隶,魏晋南北朝就没有自由民、奴隶。这里说的变化,是就总形势说的。从总形势看,战国秦汉到魏晋南北朝有这些变化。以下粗略作些说明。

(一)由城市交换经济到农村自然经济。战国时期,由于商品货币关系的发展,全国各地出现了许多城市,这些城市不仅是一地区的政治中心,而且是一地区的经济中心。秦亡汉兴,商品货币关系继续发展。司马迁在《史记·货殖列传》里写下当时各地区的大小许多城市,其中司马迁用"一都会也"指名的大城市就有:邯郸、燕、临淄、陶、睢阳、吴、寿春、番禺、宛等地。

司马迁写一个城市,都从商品交换的角度,说出这一地区出产什么,它的交易势力所到的地区。如他写关中各城市:栎邑,曾是秦孝公的都邑,北有戎翟,东通三晋,多大商贾。长安,南有巴蜀,有卮、姜、丹沙、铜铁、竹木之器、僰僮(指被掠卖为奴隶的僰人);西近邛筰,有筰马旄牛;西有羌中之利;北有戎翟之畜。这些地区的物产,都要通过关中长安,各地才能互通有无。又如他写到燕(蓟城),说这是渤海、碣石间的一都会。南通齐、赵,东北边胡,有鱼盐枣栗之饶,北邻乌桓、夫余,东绾秽貉、朝鲜、真番之利。

金属货币,黄金和铜钱,是当时通行全国的交换手段。从汉武帝统一钱币,专用五铢钱,到西汉末平帝时,一百来年间,共铸造了二百八十亿万五铢钱。其流通量是够大的。

全国各地互相交流的商品,主要是各地区的土特产。各地土特产通过商业变成商品,这是古代商品的特点。马克思就曾指出:"产品在这里是由商业变成商品的。在这里,正是商业使产品发展为商品。"①但商品生产也还是有的。盐铁是商品生产,精致的纺织品等都是商品生产。《史记·货殖列传》指出:"安邑千树枣,燕秦千树栗,蜀汉江陵千树橘,淮北常山以南,河济之间千树萩,陈夏千亩漆,齐鲁千亩桑麻,渭川千亩竹,及名国万家之城带郭千亩,亩钟之田,若千亩卮茜,千畦姜韭,此其人皆与千户侯等。"这些生产,显然不是为了自家的消费,它是为了出卖而生产的,是商品生产。

战国时期开始,交换经济在社会生活中越来越起着重要的作用。李悝在魏国尽地力之教,他是用钱来计算"一夫挟五口,治田百亩"②的小农家庭的生活的。农家许行以自给自足相标榜,实际上却不能不以粮食到市场上去换取衣冠、釜甑、铁农具,"纷纷然与百工交易"③。《荀子》说:"北海则有走马吠犬焉,然而中国(指中原地区)得而畜使之。南海则有羽翮齿革曾青丹干焉,然而中国得而财之。东海则有紫绀鱼盐焉,然而中国得而衣食之。西海则有皮革文旄焉,然而中国得而用之。故泽人足乎木,山人足乎鱼,农夫不斫削不陶冶而足械用,工贾不耕田而足菽粟。"④这段话的前一段,说北海、南海、东海、西海如何如何,说的是各地区间的物品交换;后一段说泽人、山人、农夫、工贾如何如何,说的是各不同生产部门间的交换。各地区、各生产部门的人都不是过的自给自足的生活,而是通过交换才能满足日常生活要求。

司马迁生长在西汉经济繁荣的汉武帝时代。司马迁的著作鲜

---

① 马克思:《资本论》,第 366 页。
② 参看《汉书》卷二四《食货志》。
③ 《孟子·滕文公上》。
④ 《荀子·王制篇》。

明地反映了商品货币关系和交换经济的发展对他的思想的影响。在《史记·货殖列传》中,他写了大体和上面引用的《荀子·王制篇》相同的一段话。他先列举了山西、山东、江南和龙门、碣石以北各地区的不同物产,然后指出:"皆中国人民所喜好,谣俗、被服、饮食、奉生、送死之具也。"他还接着说:"故待农而食之,虞而出之,工而成之,商而通之。此宁有政教发征期会哉? 人各任其能,竭其力,以得所欲。故物贱之征贵,贵之征贱,各劝其业,乐其事,若水之趋下,日夜无休时,不召而自来,不求而民出之。岂非道之所符,而自然之验耶?"司马迁把农、虞、工、商四者平等看待,说:"此四者,民所衣食之原也。"商业和农业、手工业、矿业一样,是社会经济生活中不可或缺的一环。

是什么样的社会经济生活条件下产生了司马迁这种思想观点呢? 老死不相往来的自然经济社会是不会产生这种思想观点的。司马迁的思想观点可以帮助我们来体会商品货币关系、城市经济、交换经济在汉代整个社会经济生活中的重要性。

一直到东汉后期,城市大体是保持它的繁荣的。东汉中期的王符描写他亲眼看到的当时城市经济的情况说:"今举俗舍本农,趋商贾,牛马车舆填塞道路,游手为巧充盈都邑。……今察洛阳,资末业者什于农夫,虚伪游手什于末业。……天下百郡千县,市邑万数,类皆如此。"①东汉末年的仲长统说:"豪人之室,……船车贾贩,周于四方,废居积贮,满于都城。"又说:"豪人货殖,馆舍布于州

---

① 《潜夫论·浮侈篇》,见《后汉书》卷四九《王符传》。

郡。"①自然，王符的话里已包含着社会生产的危机。人口流入城市，结果是农业生产衰落。

战国以来，繁荣的城市交换经济，在汉魏之际遭受毁灭性的破坏。继之以十六国时期的混乱，城市经济一直未能恢复。北朝时期，大河南北的中原地区，自然经济占主要地位。魏晋南北朝时期社会经济面貌和战国秦汉比较起来，简直是两个世界。

三国时期，人口大量减少。当时人说到当时的户口时，不是说"是时天下户口减耗，什才一在"，就是说"计其户口，不如往昔一州之民"，或者说"至于民数，不过汉时一大郡"②。由于人口减少，土地大量荒芜下来。赤壁之战前夕，孙权的谋臣朱治说到当时曹操统治下的中原情况是"中国萧条，或百里无烟"③。仲长统说："今者土广民稀，中地未垦"④。在人口减少，土地荒芜的经济情况下，城市经济和交换经济自然是维持不住的。朱治在说"中国萧条，或百里无烟"后，接着就说"城邑空虚，道殣相望"。仲长统也说："以及今日，名都空而不居，百里绝而无民者，不可胜数。"⑤两汉的都邑长安、洛阳所遭受的破坏，最为严重。董卓乱后，"长安城中尽空，二三年间，关中无复行人"⑥。洛阳"二百里内无复孑遗"⑦。

---

① 《昌言·损益篇》，见《后汉书》卷四九《仲长统传》。
② 参看《三国志》卷八《张绣传》、卷一六《杜恕传》、卷一四《蒋济传》、卷二二《陈群传》等。
③ 《三国志》卷五六《朱治传》注引《江表传》。
④ 《昌言·损益篇》，见《后汉书》卷四九《仲长统传》。
⑤ 《昌言·理乱篇》，见《后汉书》卷四九《仲长统传》。
⑥ 《晋书》卷二六《食货志》。
⑦ 《三国志》卷六《董卓传》。

西晋时期,社会经济包括城市经济都稍有恢复,但恢复的规模不大。西晋时,农业单位面积产量是远不能和曹魏时期相比的。据西晋人傅玄说,曹魏时"白田收至十余斛,水田收数十斛",而西晋时则"至亩数斛已还,或不足以偿种"①。西晋统一时间不长,只有三十多年,而统一后二十多年流民暴动就先后在全国各地爆发了。同时相继发生"八王之乱"和"永嘉之乱","中夏荡荡,一时横流,百郡千城,曾无完郭者"②。魏晋时期稍稍恢复过来的洛阳,再次破坏,"旧都宫室,咸成茂草"③。长安则"城中户不盈百","蒿棘成林"④。

永嘉乱后,北方出现了坞堡经济局面,中原到处是坞堡组织。各地区之间的经济联系是非常微弱的。每个坞堡就是一个生产和生活单位,人民过着自给自足的自然经济生活。

生产破坏,城市商业交换经济破坏,金属货币的使用自然也跟着萎缩了。公元190年,董卓废去两汉通行已久的五铢钱,改铸小钱,人民不乐使用,"自是钱货不行"⑤。从公元190年开始一直到公元495年,即北魏孝文帝太和十九年铸太和五铢钱时为止,三百年间,布帛谷物代替了金属货币成为物价尺度和交换手段。出门走路都要带着布帛作为路费。

北朝时期,城市自然还是存在的。北魏后期的洛阳,依据《洛

---

① 《晋书》卷四七《傅玄传》。
② 《晋书》卷五六《孙楚传附孙绰传》。
③ 《晋书》卷一〇三《刘曜载记》。
④ 《晋书》卷五《愍帝纪》。
⑤ 《三国志》卷六《董卓传》。

阳伽蓝记》的描写,商业交换频繁,经济生活相当繁荣。但这样的城市是不多的。从性质方面来看,北朝时的城邑,一般只是些比较大的坞堡,谈不上经济意义。如北魏宣武帝时元燮任华州刺史,他上疏说华州州治所在的地方,原叫做李润堡,处在山冈之上,吃水要到山下去取,往返数里。这是一段很好的材料。这时已是北魏后期,社会经济逐渐恢复,而华州的州治只是一个中世纪的堡垒,而不是一个经济城市①。

　　总之,魏晋南北朝时期的城市已不像战国秦汉时期的城市。战国秦汉时期的城市,有着繁荣的城市经济生活,一个城市就是一个地区的经济中心,它的经济势力可以操纵一个广大地区的农村经济生活和农民的命运。魏晋南北朝的城市只不过是一个地方政府的所在地或一个军事要地。在整个社会经济生活中,全国通行的金属货币不见了,像晁错所描写的"商贾大者积贮倍息,小者坐列贩卖,操其奇赢,日游都市",大商人"因其富厚,交通王侯,力过吏势,以利相倾,千里游敖,冠盖相望,乘坚策肥,履丝曳缟"②的社会经济现象也不见了。所见的是社会经济生活的更加自然经济化。

　　这里所说的由"城市到乡村"的变化,是就北朝的情况说,南朝的社会当另作别论。

　　(二)由自由民、奴隶到部曲、客。从身份上看,战国秦汉时代的劳动人民主要有两种人,一是编户齐民,即自由民;一是奴隶。

---

　　① 见《魏书》卷一九《安定王休传附子燮传》。
　　② 《汉书》卷二四《食货志》。

战国秦汉劳动人民身份的转化,主要的形式也就是从自由编户齐民转化为奴隶,或由奴隶转化为自由编户齐民。

魏晋南北朝就不同了。魏晋南北朝也有自由民、奴隶,但劳动人民的身份,突出的是依附民,既不是奴隶,也不是自由民,是半自由的。依附民有各种名称,主要的是部曲、客。魏晋南北朝时期,劳动人民身份的转化,不是像战国秦汉,自由民转化为奴隶,奴隶转化为自由民,而是自由民和奴隶都向部曲、客——依附民上转化。

由自由民、奴隶到部曲、客,这种转变的出现,是在两汉之际开始的。王莽改天下良田曰王田,奴婢曰私属,王田是失败了,改奴婢曰私属却留下深远的影响。东汉部曲、客这个依附民阶级逐步发展起来,和奴隶改为私属是有联系的。

东汉以前已有客,那时客多称宾客,和主人是敌体,是自由人。东汉以前也有部曲,是军队里的一种编制。部曲、客向依附关系发展是东汉以后的事。东汉初年,马援带领他的部曲、客在北地,在上林苑屯田,已带有依附性质。东汉后期,富商大贾、豪族名家往往是"奴婢千群,徒附万计","不为编户一伍之长,而有千室名邑之役"①。这徒附、千室,多半是依附民。

三国战乱时期,十六国时期,小农无法生活,向豪族大姓依附情况极盛,正像公孙渊令官属上书魏明帝时所说,"仕于家者,二世则主之,三世则君之"②。投靠豪族大姓的农民,不久便成了豪族

---

① 《后汉书》卷四九《仲长统传》。
② 《三国志》卷八《公孙度传》注引《魏书》。

大姓的部曲、客。逃难到江南的,也多做了豪族的田客。《南齐书·州郡志》称:"时百姓遭难,流移此境,流民多庇大姓以为客。"魏晋南北朝时期,奴婢的解放,有的是直接解放为平民,但多数是解放为部曲、客,仍属于原主人。北周武帝有一道解放被抄略为奴隶的诏书,规定放免以后,"所在附籍,一同民伍"。同时说:"若旧主人犹须共居,听留为部曲及客女。"①直到唐代,在法典上仍然规定"奴婢部曲,身系于主"②。

两汉的编户齐民在魏晋南北朝时期身份上也有降低。曹魏时屯田客是在兵法部勒下进行生产的。他们在生产关系中所受的强制性就比汉代的编户齐民强。晋行占田、课田制,解除了屯田客所受的兵法部勒约束。北朝行均田制,吸收了占田、课田制的一家一户为单位,也吸收了屯田制中的加强管制。北朝均田制下的农民身份也比汉代编户齐民为低。

(三)由土地兼并到人口争夺。土地兼并是战国秦汉社会问题的集中表现。官僚、地主、大商人都贪婪地掠夺农民的土地,小农在国家租税徭役的压迫和商人地主的剥削下,不断地破产而失掉土地,土地集中在大商人、官僚、地主手里。土地问题是社会矛盾、阶级斗争的集中表现。

魏晋南北朝时期,劳动力的争夺超过了土地兼并。由于人口减少、土地荒芜等原因,劳动力的取得和保有成为最主要的东西。有了户口,就有了一切,有了财富,有了武力,有了政治地位和权

---

① 《周书》卷六《武帝纪》。
② 《唐律疏议》卷一七《盗贼律》。

力。正像马克思论述西欧中世纪封建领主的权力时所说的："封建主的权力不是由他的地租的多少,而是由他的臣民的人数决定的。"①

人口的争夺,充满魏晋南北朝史籍。

董卓之乱以前,世家豪族有依附人口,但是他们还没有庇护依附人口不服徭役不纳租赋的特权。董卓乱后,东汉统一政权垮台,世家豪族势力强大,他们的依附人口就不再向国家纳租税,服徭役。如《三国志·魏志·司马芝传》载:"郡主簿刘节,旧族豪侠,宾客千余家。……前后未尝给徭。"又如《三国志·魏志·贾逵传》载:"曹洪宾客在县界,征调不肯如法。"但是他们这些特权,还没有取得法律上的承认,曹操对此就曾狠加打击。曹魏末年,在司马氏的专权下,"魏氏给公卿以下租牛客户,数各有差。自后小人惮役,多乐之,贵势之门,动有百数。又太原诸部亦以匈奴胡人为田客,多者数千"②。世家豪族庇护下的依附人口才正式免除对国家的租赋徭役负担。西晋正式规定公卿官僚可以依品级荫人以为衣食客和佃客,依附人口免除租税徭役取得法律上的明文规定。魏晋南北朝几百年中,国家和豪族大地主之间展开了人口的争夺。劳动人民为了逃避徭役负担,大量投靠豪族,去做豪族的依附人口。如《魏书·食货志》载:"魏初不立三长,故民多荫附。荫附者,皆无官役。"北齐时,"豪党兼并,户口益多隐漏。……户口租调,十亡六七"③。国家也作种种规定,把劳动力从豪族大姓之家拉回来。国

① 马克思:《资本论》,第785页。
② 《晋书》卷九三《王恂传》。
③ 《隋书》卷二四《食货志》。

家所采取的最重要的办法,是整理户籍。南北朝时期,南北的政府遇到有为的皇帝或能臣时,都抓户籍整理。如北周武帝为了和豪族大姓争夺户口劳动力,制定法律,规定:"正长隐五户及十丁以上,及地三顷以上,皆死。"①北朝是实行均田制的。实行均田的目的,主要也是和豪族争夺人口,不是争夺土地。当时人评论均田制的好处时,总是从户口增加,租赋得到减轻方面着眼。北魏孝文帝实行均田法的同时,又实行三长制。三长制就是为了配合均田制限制人口逃亡来和豪族争夺人口。

(四)从民流到地著。流民问题是汉代的严重问题。从西汉文帝时起到东汉后期,流民一直不断。汉武帝时。有一时期流民多到两百万。流民的出现,是当时生产关系发展过程中必然的结果,只要商品货币关系发展,商人奴隶主就必然要兼并农民,农民失掉土地就必然流亡。

如何使流民回到土地上来呢? 只有地著,而要地著,就要靠经济外的强制。在文帝时,贾谊、晁错都提出地著。贾谊建议"驱民而归之农,皆著于本"。晁错也提出地著,"不地著则离乡轻家,民如鸟兽"②。晁错提出地著,正说明当时农民不地著。

农民的地著问题到魏晋南北朝才解决。曹操的屯田是地著的最鲜明的开端。曹操屯田,以兵法部勒的办法,把屯田客强制地安排在农田上进行生产。均田制也有强制的规定。魏晋南北朝的部曲、客等既是依附性的,半自由的,不能离开主人,他们被安排在农

---

① 《隋书》卷二五《刑法志》。
② 《汉书》卷二四《食货志》。

业生产上,也就不能离开土地。

　　以上这四方面的变化——由城市到农村,由自由民、奴隶到部曲、客,由土地兼并到人口争夺和由民流到地著,是从奴隶制社会到封建社会的变化。如果认为战国秦汉到魏晋南北朝是有这些变化,就不能不考虑汉魏之际的这种变化是中国社会由古代奴隶制社会到封建社会的转化。

　　　　　　　　　　　　　　　(原载《历史研究》1979 年第 1 期)

汉魏之际社会经济的变化

从战国秦汉到魏晋南北朝,以汉魏之际为转折点,社会经济的变化可以从四个方面,也可以说从四条线来加以论述。一、从城市交换经济到农村自然经济。二、从编户齐民、奴隶到部曲、客。三、从土地兼并到人口争夺。四、从民流到地著。这些发展变化,是从战国秦汉和魏晋南北朝社会的总面貌、总的发展形势来说的。并不是说战国秦汉有城市经济,魏晋南北朝就没有城市经济;也不是说战国秦汉有奴隶,魏晋南北朝就没有奴隶。而从总面貌和总的发展形势看,战国秦汉到魏晋南北朝是有这些变化的,是可以这样来命题的。

一、从城市交换经济到农村自然经济

交换的起源是很古老的,在氏族部落时代,部落和部落之间就有交换活动。神农氏"日中为市"的古老传说,是有它的历史实际的。但在中国历史上,交换的显著发展是春秋战国时期开始的。

山东半岛地区是古代商业活动出现比较早的地区。这地区的渔盐业和纺织业在西周初年已经活跃,春秋时期有了发展,成为齐国富强、桓公称霸的物质基础。《史记·货殖列传》说："太公望封于营丘，地潟卤，人民寡。于是太公劝其女功，极技巧，通渔盐，则人物归之，襁至而辐凑。故齐冠带衣履天下，海岱之间敛袂而往朝焉。其后齐中衰，管子修之，设轻重九府，则桓公以霸，九合诸侯，一匡天下。……是以齐富强至于威、宣也。"

郑、卫一带中原地区，商业活动的出现也是比较早的。郑国在西周末年郑桓公时，由今陕西东部迁往河南中部，这一带是周人和商人共同来开发的，他们"斩之蓬蒿藜藿而共处之"①。这些商族人中就有一部分是经营商业的，他们和郑桓公订有盟约说："尔无我叛，我无强贾，毋或匄夺。尔有利市宝贿，我勿与知。"②商人可以和国君订盟约，可见商人已有政治社会地位。他们的社会政治地位是靠他们的经济地位和商业活动来取得的。郑国东边的卫国，春秋早期曾一度为狄人所灭。在齐国的帮助下，卫文公迁往楚丘。他采用"务材训农，通商惠工"③等政策，不久卫国就复兴起来。通商惠工成为国家复兴措施中的一项，也就可以看出商业在社会经济生活中的地位了。

春秋时期，诸侯国界已成为商业活动的桎梏，各地区之间交换经济的发展要求突破国界的束缚。周襄王元年（公元前651年），齐桓公在葵丘会见鲁、齐、宋、卫、郑、许、曹等国国君订立的盟约中，就规定"毋忘宾旅"、"毋遏籴"④。不到一百年，周灵王十年（公

① 《左传》昭公十六年。
② 同上。
③ 《左传》闵公二年。
④ 《孟子·告子下》。

元前 562 年),晋、鲁、宋、卫、曹、齐、莒、邾、滕、薛、杞等国伐郑,在
亳订立的盟约中,又规定"毋蕴年"、"毋壅利"①。这里面就反映了
商业交换和商人来往希望突破诸侯国界的要求。春秋时期,出现
了一些来往于各诸侯国家之间的大商人,他们的商业活动都已突
破了国界。郑国商人弦高曾到周去做交易②。另一个不知名的郑
国大商人活动范围更广,他曾南贾楚,北贾晋,东贾齐③。商人不
但进行商业活动,还参与了政治活动。孔子的弟子子贡是个大商
人,他曾"废著鬻财于曹鲁之间"④,发了财,"家累千金"⑤,"结驷连
骑,束帛之币,以聘享诸侯,所至,国君无不分庭与之抗礼"⑥。这
几个商人的商业活动,都突破了诸侯国界。商人的财富,已达到
"千金"。他们依靠自己的经济力量,获得各国国君的重视,参与了
政治活动,甚至能和所到国家的国君分庭抗礼。

　　春秋战国之际,铁农具和牛耕的使用推广,农业生产突飞猛
进。荒地大量垦殖,人口迅速增加,商业交换经济也跟着空前地发
展起来。《荀子·王制篇》说:"北海则有走马吠犬焉,然而中国得
而畜使之。南海则有羽翮齿革曾青丹干焉,然而中国得而财之。
东海则有紫紶鱼盐焉,然而中国得而衣食之。西海则有皮革文旄
焉,然而中国得而用之。故泽人足乎木,山人足乎鱼,农夫不斫削
不陶冶而足械用,工贾不耕田而足菽粟。"荀子所说的中国,是指中

---

① 《左传》襄公十一年。
② 见《左传》僖公三十三年。
③ 见《左传》成公三年。
④ 《史记》卷一二九《货殖列传》。
⑤ 《史记》卷六七《仲尼弟子列传》。
⑥ 《史记》卷一二九《货殖列传》。

原地区。他前几句话所说北海、南海、东海、西海的物产，中国得而畜使之、财之、衣食之、用之，说的是四方的土特产都运到中原来交换。他是以中原为中心，举例来说明各地物产的交换的。中原地区的物产也会运到四方，四方的物产也会互相流通交换。这种远距离的地方性的物产交换，是古代商业交换的一个特点。这些物产，多是各地区的土特产，它的生产一般不是商品生产，它是通过交换才成为商品的。荀子后面几句话，深刻地指出了战国时期由于生产分工而引起的人民在生活上对交换的需要和依赖。泽人是以捕鱼为业的，他们不生产木材，然而通过交换，卖出鱼盐，买进木材，自然就有木材用。山人、农夫、工贾都是一样，他们都是通过交换才能满足他们生活上的需要。

从荀子这段话里可以看出，战国时期，交换不仅渗入到贵族阶级的生活，也渗入到一般人民生活中去。不仅贵族们的生活和市场发生联系，一般人民的生活也都和市场发生了联系，整个社会生活都和交换经济发生联系。事实确实如此。战国初年，李悝在魏国尽地力之教，提出平籴法。他计算农民的生活就是用钱来计算的。农民一夫挟五口治田百亩，岁收一百五十石。交纳租税和五口人的吃食以外，余四十五石。一石值钱三十钱，共一千三百五十钱。社间、尝新、春秋之祠用钱三百，衣服每人每年用钱三百，五人共用一千五百，已经有了四百五十钱的亏空了。孟子时候，有个为神农之学的许行，提倡"与民并耕而食，饔飧而治"，国君和人民都应该自食其力，自给自足。但孟子和他辩论，用事实迫使他不得不承认，他们穿的衣服、做饭用的釜甑、耕地用的铁农具等等，无一不

是"纷纷然与百工交易"①才得来的。就是一个倡言自食其力的农
学家,在生活上也离不开市场,离不开交换。

土地、劳动力都被卷入了交换。赵国大将赵括在出兵抗击秦
军的入侵之前,从赵王那里得到金帛赏赐,"归藏于家,而日视便利
田宅可买者买之"②。《韩非子·外储说左上》记载了出卖劳动力
的雇佣关系。"夫卖庸而播耕者,主人费家而美食,调布而求易钱
者,非爱庸客也,曰:如是,耕者且深,耨者熟耘也。庸客致力而疾
耘耕者,尽巧而正畦陌畦畤者,非爱主人也,曰:如是,羹且美,钱布
且易云也"。

放高利贷是古代商人资本一项重要经济活动。随着人民生活
对市场的依赖,土地买卖的出现,农民贫富分化日益显著,贫者不
得不靠借贷度日。《管子·问》在二十多个问中就有这样三问:"问
邑之贫人债而食者几何家?""贫士之受责(债)于大夫者几何人?"
"问人之贷粟米有别券者几何家?"放高利贷的人主要是商人。一
些贵族也加入了放高利贷者的行列。齐国的贵族孟尝君就是一个
大高利贷者,他在他的封邑薛放高利贷,一次收利息就是十万钱。

和商业交换并起的是城市的兴起和发展。临淄、邯郸、阳翟、
洛阳、郢、大梁等都是诸侯国的国都,也是一地区商业集中的城市。
由于齐国有鱼盐之利,又有发达的纺织业,所以临淄是战国各大城
市中特别繁荣富实的城市。"临淄之中七万户。……临淄甚富而
实。其民无不吹竽、鼓瑟、击筑、弹琴、斗鸡、走犬、六博、蹋鞠者;临

---

① 《孟子·滕文公上》。
② 《史记》卷八一《赵奢列传》。

淄之途,车毂击,人肩摩。连衽成帷,举袂成幕,挥汗成雨。"①这是战国策士们的话,自然有夸大的成分,但也反映了临淄当时繁荣富实的情况。

济水南岸的陶(在今山东定陶县西北),从春秋晚期开始,发展成为一个"居天下之中"的商业城市。陶所在的地方,四周围都是平原,有运河把济、泗、江、淮联系起来,水陆交通都很方便②。它成了各地货物的集散地,是一个比较单纯的经济城市。春秋末年,大政治家范蠡退隐之后,在陶经营商业,"十九年中,三致千金……遂至巨富"③。战国时期,陶是各国争夺的目标。战国时人常常说到午道,午道是当时兵家必争之地。汉人郑玄解释,一纵一横谓之午道。午道大约是指扼据交通要道十字路口的地方。据史念海教授的意见,这一纵一横的地方,当是指陶而言。齐、楚、秦、魏都曾为了争夺陶而战,最后陶为秦占去。从地理上看,陶和秦一东一西,相距甚远,但秦却要争夺这块肥地,这说明陶这个经济繁荣的城市的重要性。

秦时,城市经济的发展没有中断。秦亡汉兴,城市交换经济继续发展。《史记·货殖列传》说:"汉兴,海内为一,开关梁,弛山泽之禁,是以富商大贾周流天下,交易之物,莫不通得其所欲。"

司马迁生长在汉武帝时代,这正是西汉社会经济由恢复到繁荣的时期。司马迁的《史记》,鲜明地反映了当时交换的发达,城市

---

① 《战国策》卷八《齐策一》。

② 参看史念海:《释〈史记·货殖列传〉所说的"陶为天下之中"兼论战国时代的社会经济》,载《河山集》,三联书店1963年版。

③ 《史记》卷一二九《货殖列传》。

经济的繁荣。同时,司马迁的思想以及他对当时经济和经济问题的看法,也充分反映了当时城市交换经济的发展对他的影响。

《史记·货殖列传》里有一段和《荀子·王制篇》意思大体相同的话,它谈到各地人民对其他地区物产的需求:"夫山西饶材、竹、榖、纑、旄、玉石;山东多鱼、盐、漆、丝、声色;江南出楠、梓、姜、桂、金、锡、连、丹沙、犀、玳瑁、珠玑、齿革;龙门、碣石北多马、牛、羊、旃裘、筋角;铜、铁则千里往往山出棋置:此其大较也。皆中国人民所喜好,谣俗被服饮食奉生送死之具也。故待农而食之,虞而出之,工而成之,商而通之。此宁有政教发征期会哉?人各任其能,竭其力,以得所欲。故物贱之征贵,贵之征贱,各劝其业,乐其事,若水之趋下,日夜无休时,不召而自来,不求而民出之。岂非道之所符而自然之验耶?《周书》曰:'农不出则乏其食,工不出则乏其事,商不出则三宝绝,虞不出则财匮少。'财匮少而山泽不辟矣。此四者,民所衣食之原也。"

司马迁所说的中国,是指除去边远地区的西汉内部各地。不同地区的物产,"皆中国人民所喜好,谣俗被服饮食奉生送死之具",说明交换经济在人民日常经济生活中地位的重要。"待农而食之,虞而出之,工而成之,商而通之"和"此四者,民所衣食之原也",反映了司马迁所代表的当时人的思想意识,商业和城市交换经济是人民经济生活中不可或缺的一环。

司马迁批判了老子的"小国寡民"、"复归于朴"的复古思想。他认为城市交换经济的出现和跟着而来的生活上多方面的享受是人类社会经济生活中的必然的发展趋势,是不可抗拒的。他说:"老子曰:'至治之极,邻国相望,鸡狗之声相闻,民各甘其食,美其服,安其俗,乐其业,至老死不相往来。'必用此为务,挽近世涂民耳目,则几无行矣。太史公曰:夫神农以前,吾不知已。至若《诗》、《书》所述虞夏以来,耳目欲极声色之好,口欲穷刍豢之味,身安逸乐,而心夸矜势能之荣。使俗之渐民久矣,虽户说以眇论,终不能化。故善者因之,其次利道之,其次教诲之,其次整齐之,最下者与之争。"①

《史记·货殖列传》有一段材料概括地描绘了西汉前期社会经济面貌,记录了各个地方的重要物产、贸易关系、城市和经济生活。从这个文献里,我们可以看到汉王朝在汉武帝时期,各地区经济的发展,交换经济的活跃和城市在各个地区经济生活中的重要性。

《史记·货殖列传》记载了当时各地区的许多大小城市,其中以"一都会也"来指名的大城市就有邯郸、燕、临淄、陶、睢阳、吴、寿春、番禺、宛等地。

关中长安——"关中自汧、雍以东至河、华,膏壤沃野千里,自虞夏之贡以为上田……故其民……好稼穑,殖五谷……及秦文、德、缪居雍,隙陇蜀之货物而多贾。献公徙栎邑,栎邑北却戎翟,东通三晋,亦多大贾。孝、昭治咸阳,因以汉都,长安诸陵,四方辐凑并至而会,地小人众,故其民益玩巧而事末也。南则巴蜀。巴蜀亦沃野,地饶卮、姜、丹沙、石、铜、铁、竹、木之器。南御滇僰,僰僮。西近邛笮,笮马、旄牛。然四塞,栈道千里,无所不通,唯褒斜绾毂其口,以所多易所鲜。天水、陇西、北地、上郡与关中同俗,然西有羌中之利,北有戎翟之畜,畜牧为天下饶。然地亦穷险,唯京师要

_____

① 《史记》卷一二九《货殖列传》。

其道。"

燕——"夫燕,亦勃、碣之间一都会也。南通齐、赵,东北边胡。……有鱼盐枣栗之饶。北临乌桓、夫余,东绾秽貉、朝鲜、真番之利。"

临淄——"齐带山海,膏壤千里,宜桑麻,人民多文彩布帛鱼盐。临淄亦海岱之间一都会也。……其中具五民。"

吴——"夫吴自阖庐、春申、王濞三人招致天下之喜游子弟,东有海盐之饶,章山之铜,三江、五湖之利,亦江东一都会也。"

寿春——"寿春,亦一都会也。而合肥受南北潮,皮革、鲍、木输会也。"

《史记·货殖列传》每谈到一个城市,总是着眼于这个城市交易和经济力量所能达到的地区。例如,"杨、平阳、陈,西贾秦翟,北贾种、代","温、轵,西贾上党,北贾赵、中山","洛阳,东贾齐鲁,南贾梁楚","江陵,故郢都,西通巫巴,东有云梦之饶"。

从以上征引的材料,我们可以知道,西汉时期的城市交换经济是继战国及秦而更向前发展着的。当时的交换经济非常活跃,一个城市就是一个地区或一个广大地区的经济中心、贸易往来的枢纽。

汉代的货币有黄金和铜钱两种。黄金以斤为单位,金一斤等于一万钱。铜钱自汉初的半两钱,几经变动,到武帝时稳定在五铢钱上。自武帝元狩五年到平帝元始中,一百多年间共铸钱二百八十亿万[1],这是个相当大的数字。

---

① 《汉书》卷二四《食货志》。

由于城市交换经济的发达,大量财富集中在商人手里,商人阶级发展起来。汉初的大商人特别是大盐铁商人,都是集中了数千万乃至万万钱的富人。蜀郡临邛大铁冶主卓氏富至僮千人,田池射猎之乐,拟于人君。同邑的另一铁冶主程郑富埒卓氏。宛地的大商人铁冶主孔氏,连车骑,游诸侯,家致富数千金。曹地的邴氏,以铁冶起家,富至巨万。这个大商人铁冶主还兼营高利贷业,"赀贷行贾遍郡国"。齐地的大盐商刁间"起富数千万"。周地的师史,洛阳街居,转毂以百数,贾郡国,无所不至,致七千万。司马迁把当时的富商大贾比作封国之君,称之为素封。他说:"千金之家比一都之君,巨万者乃与王者同乐,岂非所谓素封者邪?"[①]

由于商业的发展,西汉的小商品生产也是很盛的。《史记·货殖列传》说:"安邑千树枣,燕秦千树栗,蜀汉江陵千树橘,淮北、常山已南、河济之间千树萩,陈夏千亩漆,齐鲁千亩桑麻,渭川千亩竹,及名国万家之城,带郭千亩亩钟之田,若千亩厄茜,千畦姜韭,此其人皆与千户侯等。"这里所谓千树枣、千亩漆、千亩厄茜等等,都是各地的土特产,但从生产性质说,它们已是商品生产,它们是为了交换才被生产的。

司马迁还列举了"通都大邑"之中可以"比千乘之家"的大商人的资财或手中掌握的商品。他说:"通邑大都,酤一岁千酿,醯酱千瓨,浆千甔,屠牛羊彘千皮,贩谷粜千钟,薪蒿千车,船长千丈,木千章,竹竿万个,其轺车百乘,牛车千两,木器髤者千枚,铜器千钧,素木铁器若厄茜千石,马蹄躈千,牛千足,羊彘千双,僮手指千,筋角

---

① 《史记》卷一二九《货殖列传》。

丹砂千斤,其帛絮细布千钧,文采千匹,榻布皮革千石,漆千斗,蘗
麴、盐豉千荅,鲐鲗千斤,鲰千石,鲍千钧,枣栗千石者三之,狐貂裘
千皮,羔羊裘千石,旃席千具,佗果菜千钟。"这里边,有的是土特
产,经过商人的收购集中变成商品,有的却要经过手工业加工制
作。看来有些产品是由作坊生产的,像一岁千酿的酒,千瓨的蘖
酱,千甔的浆,应该是手工业作坊的产品。

城市经济力量的雄厚,可以从武帝和商人的斗争的结果中看
出来。武帝为了筹措军费和打击商人兼并之家,实行了一系列财
政经济政策。这些政策中主要的是盐铁官营、算缗钱和平准均输。
在实行算缗钱时,杨可告缗的结果,使政府得到很大一笔财富。
"得民财物以亿计,奴婢以千万数,田大县数百顷,小县百余顷,宅
亦如之"①。更使政府发财的是"尽笼天下之货物"的平准均输。
元封元年这年实行平准均输的结果,武帝巡行各地,"北至朔方,东
到太山,巡海上,并北边以归。所过赏赐用帛百余万匹,钱金以巨
万计,皆取足大农"。"一岁之中,太仓、甘泉仓满。边余谷。诸物
均输帛五百万匹。民不益赋而天下用饶"②。

以上集中地说明了西汉初年尤其是武帝时期的城市经济的发
展。生活在武帝时期的杰出的史学家司马迁在他的历史著作《史
记》中给我们保留下来关于这一时期的丰富的材料,这些材料令人
信服地说明城市经济在整个社会经济中的地位和重要性。

武帝以后一直到东汉中期,城市经济虽然有时遭到破坏,但大

---

① 《史记》卷三〇《平准书》。
② 同上。

体上是维持着它的地位和繁荣的。东汉中叶的思想家王符描述当时的城市经济的情况说："今举俗舍本农,趋商贾,牛马车舆填塞道路。游手为巧充盈都邑。……今察洛阳,资末业者什于农夫,虚伪游手什于末业。……天下百郡千县,市邑万数,类皆如此。"①东汉末年的仲长统也说:"豪人之室……船车贾贩,周于四方,废居积贮,满于都城。""豪人货殖,馆舍布于州郡。"②

自战国以来繁荣的城市经济,到汉魏之际,曾遭到极大的破坏,而且此后几百年中都没有恢复过来。

从两汉四百年的历史发展趋势来看,西汉初年到东汉初年,社会经济是向前发展的;武帝时期到东汉初年是社会经济发展的鼎盛时期;东汉中叶以后,社会经济开始走下坡路,生产力受到阻碍不得发展,生产逐渐衰落。从上面所引的王符《潜夫论》的话可以看出,这些集中到城市去的人口,到城市之前是从事农业生产的,到了城市之后,除去一小部分是"资末业"即从事工商者外,大部成为"虚伪游手"之徒。这么多的人手向城市集中,表示农民和土地、生产力和生产资料的分离,也就是生产过程的破坏,生产力的破坏。王符还说人口大量集中到城市的结果,"是则一夫耕百人食之,一妇桑百人衣之。"王符是反对人口向城市集中的,为了维护他的论点,他的话很可能有夸大的成分。即使如此,当时大量人口离开农村,脱离农业生产一定是事实。大量人口离开土地,离开农村,向城市集中,其结果必然是土地失耕,农村破产。有不少文献

---

① 《潜夫论》卷三《浮侈篇》,见《后汉书》卷四九《王符传》。
② 《昌言·理乱篇》,见《后汉书》卷七九《仲长统传》。

资料可以说明黄巾起义以前、东汉中叶以后农村土地荒芜、生产破坏的情况。桓帝时刘陶上疏中就说:"当今地广而不得耕,民众无所食。"①西汉垦田最高数字是八百多万顷,东汉只有七百多万顷,没有赶上西汉的垦田数字。就是这七百多万顷的数字,也是虚夸的。当时人就曾指出过,东汉地方官关于户口、垦田的报告,常常是虚假不实的②。从王符所说的大量人口向城市集中的趋势看,农村土地荒芜是必然会伴随而来的。

东汉末年,社会经济遭受极其严重的破坏,人口大量减少,《三国志·魏志·张绣传》:"是时,天下户口减耗,十裁一在。"这是汉末三国初的情况。曹魏在文帝、明帝时期,人口并没有增加多少。当时人蒋济说:"今虽有十二州,至于民数,不过汉时一大郡。"③杜恕说:"今大魏奄有十州之地,而承丧乱之弊,计其户口不如往昔一州之民。"④陈群说:"今丧乱之后,人民至少,比汉文景之时,不过一大郡。"⑤这些情况是实在的。西汉人口最多时达到一千二百二十三万余户,五千九百五十九万余口⑥。东汉达到九百六十九万余户,四千九百一十余万口⑦。而三国后期,魏灭蜀,魏蜀合计,只

---

① 《后汉书》卷五七《刘陶传》。
② 《后汉书》卷四《殇帝纪》:"郡国欲获丰穰虚饰之誉,遂覆蔽灾害,多张垦田,不揣流亡,竟增户口……"《后汉纪》卷二〇《质帝纪》载朱穆给梁冀的奏记说:"民多流亡,皆虚张户口。"
③ 《三国志》卷一四《蒋济传》。
④ 《三国志》卷一六《杜畿传附子恕传》。
⑤ 《三国志》卷二二《陈群传》。
⑥ 见《汉书》卷二八《地理志》。这是平帝时的数字。
⑦ 见《续汉志·郡国》五。这是顺帝时数字。《续汉志·郡国》一注引《帝王世纪》载桓帝永寿二年,户千六百七万余,口五千零六万余,又多于此。

有九十四万户，五百三十七万口。西晋灭吴，统一全国，比较安定的太康时期，也只有二百四十五万余户，一千六百一十六万余口。约当汉时户口三分之一左右。

土地大量荒芜。赤壁之战前，孙权的谋臣朱治谈到曹操统治下的北方情况时说："今曹公阻兵，倾复汉室。……中国萧条，或百里无烟。城邑空虚，道殣相望。"①当时人仲长统在《昌言·损益篇》中写到当时土地荒芜情况的严重时也说："今者地广民稀，中地未垦。"曹操时，司马朗曾以人口流散，土地无主，建议复行井田制。"往者，以民各有累世之业，难中夺之，是以至今。今承大乱之后，民人分散，土地无主，皆为公田，宜及时复之。"②

在土地荒芜，人口锐减，生产力大受破坏的情况下，城市经济自然是维持不住的。仲长统讲到东汉末三国初的情况时说："以及今日，名都空而不居，百里绝而无民者，不可胜数。"③前引朱治的话中也有"中国萧条"，"城邑空虚"之语。从两汉王朝的都城——长安和洛阳的破坏情况，可以窥见当时城市所遭受的浩劫。董卓胁迫汉献帝从洛阳迁都长安，焚烧洛阳宫室及宗庙、府库、民家，城内扫地殆尽。洛阳城外"二百里内，无复孑遗"④。五年之后，献帝由长安迁回洛阳时，洛阳"宫室烧尽，街陌荒芜，百官披荆棘，依丘墙间"⑤。长安在董卓乱时破坏更甚。献帝回洛阳后，"长安城空

① 《三国志》卷五六《朱治传》注引《江表传》。
② 《三国志》卷一五《司马朗传》。
③ 《昌言·理乱篇》，见《后汉书》卷四九《仲长统传》。
④ 《后汉书》卷七二《董卓传》。
⑤ 《三国志》卷六《董卓传》。

四十余日,强者四散,羸者相食,二三年间关中无复人迹"①。

西晋末年,战乱频仍,"中夏荡荡,一时横流,百郡千城,曾无完郛者"②。魏晋时期稍稍恢复的洛阳,又出现"旧都宫室,咸成茂草"③的惨相。长安则"城中户不盈百,墙宇颓废,蒿棘成林"④。

北方出现了坞堡经济,黄河流域到处是坞堡组织。每个坞堡就是一个生产和生活单位,就是一个自给自足的社会单位。各地区各坞堡之间,经济联系非常微弱。

由于生产和城市商业的破坏,金属货币的作用跟着萎缩了。献帝初平元年董卓废止两汉通行已久的五铢,改铸小钱,人民不乐使用,"自是后钱货不行"⑤。事实确是如此。自董卓废五铢钱开始,一直到北魏孝文帝太和十九年铸太和五铢钱止,三百年间,北方统治者虽然有两次企图恢复金属货币的使用,如曹魏明帝和前赵石勒都曾下令用钱,但都行用不久,即告失败。钱币不行,不是人们乐于使用或不乐于使用的问题,而是由于交换经济衰歇,自然经济盛行的自然结果。客观规律是不以人的意志为转移的。在这三百年间,布、帛、谷物代替金属货币成为物价标尺和交换手段。

布帛代替金属货币的情况,东汉时期就已出现了。皇帝对臣下的赏赐,西汉多用黄金和铜钱,东汉多用布帛代替黄金。明帝赏赐弟弟东平王刘苍,一次就是钱五千万,布帛十万匹;又一次赏赐

---

① 《后汉书》卷七二《董卓传》。
② 《晋书》卷五六《孙楚传》。
③ 《晋书》卷一○三《刘曜转》。
④ 《晋书》卷五《愍帝纪》。
⑤ 《三国志》卷六《董卓传》。

奴婢五百人,布帛二十五万匹。两汉有罪者可以赎。西汉用钱、用黄金,东汉多改用布帛。明帝、章帝都曾下诏规定赎死罪和其他罪的布帛匹数。东汉末年的应劭曾说西汉赎死罪是买爵三十级,用钱六万,东汉是用缣三十匹①。西汉的租税,除田租三十税一是收谷物以外,口赋、算赋、更赋都是收钱。东汉末年献帝建安年间出现户调、田租。曹操在他统治的兖豫地区设立"新科",按户征收绵绢,谓之户调②。打败袁绍占领冀州后,曹操又下令规定:"其收田租亩四升,户出绢二匹,绵二斤而已,他不得擅兴发。"③魏晋南北朝的租税制度大体上是沿袭曹操采用的户调田租制。国家租税收实物,代替了两汉的收钱。

魏晋南北朝时期,在市场上购买物品和计算物价都是用布帛或谷物,出门带路费也是带布帛。这种自然经济形态,在中原地区大体上维持了三百来年。北魏孝文帝虽曾"诏天下用钱",铸了"太和五铢,诏京师及诸州镇皆通行之"。但直到北魏晚期货币制度仍非常混乱,各地区有各地区的钱币,"太和五铢虽利于京邑之肆,而不入徐扬之市";"便于荆郢之邦者,则碍于兖豫之域"。这种情况既阻碍了各地的交易往来和商业的发展,也反映了商业交换不发达的实际情况。事实上,就是在太和行钱之后,也并没有能够完全排除布帛、谷物作货币使用。孝明帝时,"河北诸州,旧少钱货,犹以他物交易,钱略不入市"。尚书令任城王元澄上疏指出,河北州镇,"专以单丝之缣,疏缕之布,狭幅促度,不中常式。裂匹为尺,以

① 《汉书》卷二《惠帝纪》注引。
② 《三国志》卷一二《何夔传》、卷二三《赵俨传》。
③ 《三国志》卷一《武帝纪》注引《魏书》。

济有无。至今徒成杼轴之劳，不免饥寒之苦。"[1]

以布帛、谷物作为流通手段和价值尺度，差不多一直延续到唐中叶安史之乱前后。中唐以后，钱币的使用才恢复过来，并一直发展下去。魏晋南北朝时的自然经济形态，再也没有成为社会的主流。

魏晋南北朝时期，城市还是存在的。但由于商业的凋敝，交换的衰歇，自然经济在社会经济中更占优势，除了少数城市如洛阳、邺等外，一般城邑的经济意义是很小的。它已不像我们前面所谈过的司马迁《史记·货殖列传》中所描绘的西汉时期的那些城市一样，——城市里有很多人口，有着繁荣的经济生活，一个城市就是一个地区的经济中心，它的经济势力可以支配一个广大的地区；现在它只不过是一个军事要地或地方政府的所在地。这里，我们引《魏书·安定王休传附次子燮传》里说到华州城情况的一段材料来看一看北魏末年城邑的面貌。"世宗初，袭（爵），拜太中大夫，除征虏将军、华州刺史。燮表曰：'谨惟州治李润堡，虽是少梁旧地，晋、芮锡壤，然胡夷内附，遂为戎落。城非旧邑先代之名，爰自国初，护羌小戍。及改镇立郡，依岳立州，因籍仓府，未刊名实。窃见冯翊古城，羌魏两民之交，许洛水陆之际，先汉之左辅，皇魏之右翼，形胜名都，实惟西藩奥府。今州之所在，岂唯非旧，至乃居冈饮涧，井谷秽杂，升降劬劳，往还数里，谇诸明昏，有亏礼教。未若冯翊，面华渭，包原泽，井浅池平，樵牧饶广。采材华阴，陆运七十；伐木龙门，顺流而下。陪削旧雉，功省力易，人各为己，不以为劳。……'"

----

[1] 以上引文均见《魏书》卷一一○《食货志》。

这段材料显示了北魏后期,西陲重镇华州城的情况。这原是一个叫做李润堡的坞堡。城在山谷之间,居民饮水,要到山涧去取,往返数里。这段材料显示,这座华州城只是一个集镇、一个堡垒,不是一个经济城市。

自然,这段材料只是说的华州,我们不能依此就说北魏的城邑都是如此。但我们也很难说这是一个特殊例子,别的城邑都不是如此。元燮所推许的冯翊古城又如何呢? 也是"陪削旧雉,功省力易"而已。先汉的左辅、皇魏的右翼,也是残破得不像样子了。

总括以上所述,我们可以看出从战国秦汉到魏晋南北朝,在社会经济中有这样一种变化:战国秦汉城市经济是活跃的,一个城市往往是一个地区的经济中心。商人资本活跃,在商人手里积累了大量的财富。在流通过程中的商品,大量的是各地区的土特产,但也有不少货物是以商品生产的形式生产的。经过汉末以迄魏晋,社会起了变化。活跃的交换经济停滞了,繁荣的城市经济衰歇了,人口汇集的城市破坏了,金属货币停止使用了,布帛、谷物成流通手段。城邑已不再是一方经济中心而只不过是一个军事要地、一个堡垒。

固然,魏晋南北朝时期,江南地区的商业、手工业、农业,都在发展,钱币流通量和流通地区都在扩展,建康、江陵、广州、成都都是有名的商业城市①。但是中原地区社会经济的变化是战国秦汉到魏晋南北朝社会经济变化的主流。从城市交换经济到农村自然经济的变化的提法,是从考察中原地区社会经济的内在演化而提

---

① 参看《东晋南朝的钱币使用和钱币问题》。

出来的。江南地区的情况,当作别论。东汉时期,中原地区社会经济已走向下坡路,江南社会经济正在走上坡路。

二、从编户齐民、奴隶到部曲、客

战国秦汉的劳动人民,从身份上看有两种人,一是自由民,一是奴隶。

战国初年,李悝在魏国尽地力之教,"一夫挟五口,治田百亩"[①]。这个一夫挟五口的个体小农是从公社成员发展来的。春秋战国之际,农村公社进一步解体,公社成员解脱了公社的束缚,成为独立的个体小农。个体小农一般说来是自由民,他们可以自由地出卖他们的劳动力。战国时期,随着商品货币关系的发展,劳动力也成为商品,可以出卖。前面引用过的《韩非子·外储说左上》的一段话:"夫卖庸而播种者,主人费家而美食,调布而求易钱者,非爱庸客也,曰:如是,耕者且深,耨者熟耘也。庸客致力而疾耘耕者,尽巧而正畦陌畦畔畤者,非爱主人也,曰:如是,羹且美,钱布且易云也。"从这段话里,我们知道战国时期庸客和主人的关系,没有强制性。他们自由地出卖劳动力,他们是自由人。

秦代的"黔首"和汉代的"编户齐民",都对国家纳租赋、服徭役,专制主义皇权对他们有很强的控制。但从身份上来看,他们仍属于自由民的范畴。

秦汉都有二十等爵。最低的一级称公士。最高的是第二十

---

① 《汉书》卷二四《食货志》。

级,称彻侯;后来避武帝讳,改称通侯,一般称为列侯。二十等爵是一个普通自由民由低级向高级爬的阶梯。这大约是商鞅变法的产物,它的历史意义是以军功贵族代替氏族贵族。商鞅变法规定:"有军功者,各以率受上爵";"宗室非有军功论,不得为属籍。"①没有爵位的称作士伍。《史记·秦本纪》:秦昭襄王五十年"武安君白起有罪,为士伍"。注引如淳的话说:"尝有爵而以罪夺爵,皆称士伍。"汉景帝时,曾规定吏有受贿罪,"夺爵为士伍"②。有了爵位是有很多好处的。第一是有身份荣誉。爵位越高,身份荣誉越高。第一级的公士,就是"言有爵命,异于士卒"③。第二是可以免除徭役。第四级称不更,就是"不豫更卒之事"④。汉初曾明令规定:"七大夫以上皆令食邑,非七大夫以下皆复其身及户勿事。"⑤第三是可以免罪。如惠帝初规定,"民有罪,得买爵三十级以免死罪"。"爵五大夫……有罪当盗械者,皆颂系。上造以上……有罪当刑及当为城旦春者,皆耐为鬼薪、白粲⑥"。

没有爵位的自由民似乎是不多的。《汉书》高、惠、文、景、武诸纪中多有"赐民爵一级"、"赐天下民爵一级"、"赐民为父后者爵一级"、"赐民长子爵一级"的记载。东汉赐爵更多,常常是一次就赐两级、三级。而且是普遍的赐。像"赐天下男子爵二级"这样的记载,在《后汉书》的《明帝纪》、《章帝纪》、《和帝纪》里出现不止一次。

---

①　《史记》卷六八《商君列传》。
②　《汉书》卷五《景帝纪》。
③　《汉书》卷一九《百官公卿表》颜师古注。
④　同上。
⑤　《汉书》卷一《高帝纪》。
⑥　《汉书》卷二《惠帝纪》。

男子,指的是一户之主。《后汉书·明帝纪》李贤注引《前书音义》说:"男子者,谓户内之长也。"

汉代"编户齐民"由自由民起步,可以上升为最高级贵族、列侯。武帝时的公孙弘,家贫,牧猪海上,以贤良征,拜为博士,一岁至左内史,后官至丞相,封侯。当然,编户齐民封侯,只是在法理上有此可能,事实上是凤毛麟角。东汉时由于赐爵多,怕一个人的爵累积起来达到高位,就规定爵过公乘时,可以把爵转让给儿子、同产兄弟或兄弟的儿子①。汉代的爵制也多少反映了编户齐民的身份是自由民。

编户齐民以外便是奴隶。战国秦汉时期,奴隶人口没有编户齐民多,但数量是很大的。战国末年,阳翟大商人吕不韦有奴隶万人。张良原是韩国的贵族,有家僮三百人。秦朝突出的是官奴隶,单是给秦始皇修骊山陵墓的徒就有七十万人,徒就是奴隶。官奴隶的主要来源是罪犯。《周官·秋官·司厉》郑玄注说:"今之为奴婢,古之罪人也。"在古代,犯罪的刑徒就成为官府的奴隶。秦有收孥之法,商鞅变法令规定,"贫而怠者举以为收孥。"②刑法渐渐细密,作为奴隶的刑徒,有了奴徒之分。终身没入官府的为奴隶,短期没入官府的便称为徒。

汉代官私奴隶的数量都是很大的。皇帝就是一个最大的奴隶主。武帝因告缗没入大商人的奴隶,数量之大,是"以千万数"的。汉代仍继承了秦代法律,"罪人妻子,没为奴隶"③。文帝虽曾"尽

---

① 见《后汉书》卷五《安帝纪》、卷六《顺帝纪》。
② 《史记》卷六八《商君列传》。
③ 《三国志》卷一二《毛玠传》。

除收帑相坐律令"①,似乎并没有实行,罪人其妻子入官为奴的法律是一直施行的。王莽时,"民坐挟涂炭没入钟官,徒隶殷积,数十万人"②。

汉代私奴隶的数量也是很大的。当时的大官僚、贵族、大商人、大工矿业主、大土地所有者,都是大奴隶主,都有成百上千的奴隶。西汉初年的丞相陈平,当他投奔刘邦的时候,穷得只有一条裤子和一件上衣,等他做了大官,做了丞相,就成为一个大奴隶主。他一次就赠送给陆贾奴婢百人,他所有的奴隶总数当然要大大超过此数。武帝时楼船将军杨仆数有大功,耻居关外,请以家僮七百人筑塞徙关于新安③。能以奴隶七百人筑塞徙关,他家的奴隶总数当不止此。元帝王皇后母家兄弟五人封侯,"僮奴以千百数"④。东汉窦融一家"奴隶以千数"⑤。马防兄弟贵盛,"奴婢各千人以上"⑥。济南王刘康"奴婢至千四百人"⑦。西汉初年的冶铁家卓王孙有奴隶千人,另一冶铁家程郑也有奴隶数百人。汉武帝和大商人、大工矿业主、大土地所有者斗争,用告缗的手段,没收他们的奴隶"以千万数"。奴隶问题的严重是汉代统治者最伤脑筋的问题之一。西汉哀帝时大臣师丹、孔光、何武等提出限制私家奴隶的数额。他们拟议的限制办法是"诸侯王奴婢二百人,列侯、公主百人,

---

① 《汉书》卷四《文帝纪》。
② 《后汉书》卷一三《隗嚣传》。
③ 《水经注》卷一六《谷水注》。
④ 《汉书》卷九八《元后传》。
⑤ 《后汉书》卷二三《窦融传》。
⑥ 《后汉书》卷二四《马援传附子防传》。
⑦ 《后汉书》卷四二《济南安王康传》。

关内侯、吏民三十人"①。这个二百、一百、三十的限额仍是不小的。东汉末年的仲长统就曾用"奴婢千群"来描述"豪人之室"的奴隶之多。

奴隶中的一部分是做家内劳役,这是事实。奴隶主越富有,在家内供役使的奴隶会越多。但不能想象奴隶只从事非生产劳动的家内劳役,而奴隶主却要利用从别的方面剥削得来的财富供养他们。事实上,战国秦汉时期的奴隶是参加生产劳动的。商人奴隶主使用他们的奴隶参加商业活动。战国前期的白圭很会做生意,"人弃我取,人取我与。夫岁熟取谷,予之丝漆;蚕出取帛絮,与之食"。而这些活动,主要是通过奴隶来进行的,白圭自己不过是能"与用事僮仆同苦乐"而已。汉初齐地的大商人奴隶主刁间,使用奴隶劳动,"使之逐鱼盐商贾之利","终得其力,起富数千万"②。文帝窦后的幼弟少君,被人掠卖为奴,几经转手,转卖到宜阳一家奴隶主手里,到山里为主人做炭。山崩,一起劳动的百来人都被压死,只有少君逃得活命③。和他一起劳动的百来人,可能一部分是自由人,一部分当是奴隶。就是官僚贵族的奴隶,也是参加劳动的。大官僚张安世就有"家僮七百人,皆有手技作业,内治产业,累积纤微,是以能殖其货,富于大将军(霍)光"④。东汉初的郭况,是刘秀郭皇后之弟。"家僮四百人,黄金为器,冲冶之声,震于都鄙。

---

① 《汉书》卷二四《食货志》。
② 《史记》卷一二九《货殖列传》。
③ 《汉书》卷九七《孝文窦后传》。
④ 《汉书》卷五九《张汤传附子安世传》。

时人谓郭氏之室,不雨而雷,言铸锻之声也"①。

官奴隶也是参加劳动的。很多官手工业部门是使用奴隶劳动。故宫博物院藏秦始皇二十七年戈铭文:"廿七年,上(郡)守趞造,漆工师道,丞恢,工隶臣积。"工隶臣积当是奴隶。汉代的织室是使用奴隶劳动。文帝的生母、刘邦的薄姬,早年在魏王豹后宫,豹叛汉归楚被击灭后,"薄姬输织室"②。武帝用赵过推广代田法,"大农置工巧奴与从事,为作田器"③。官营冶铁部门的劳动者,主要是铁官徒,即官奴隶。官有的牧场,也使用奴隶。西汉政府在西北边地,有三十六处大牧场,养马三十六万头,用三万多奴隶来牧养这些马④。

奴隶劳动不仅使用于商业、盐铁业、工矿业、畜牧业,也使用于农业。西汉初年的大游侠朱家就在他的田庄里使用奴隶劳动⑤。两汉之际的南阳湖阳县大土地所有者樊家,是乡里著姓,"世善农稼,好货殖。其经营产业,物无所弃,课役僮隶,各得其宜。故能上下戮力,财利岁倍,乃至广开田土三百余顷"⑥。不但大土地所有者使用奴隶耕田种地,就是小土地所有者也使用奴隶耕田种地。有个叫庞俭的,凿井挖得很多钱,他"行求老苍头谨信属任者,年六十余,直二万钱,使主牛马耕种"⑦。

---

① 《太平御览》卷八三三引《拾遗记》。
② 《汉书》卷九七《外戚传》。
③ 《汉书》卷二四《食货志》。
④ 见《汉书》卷五《景帝纪》注引《汉仪注》。
⑤ 见《史记》卷一〇〇《季布列传》。
⑥ 《后汉书》卷三二《樊宏传》。
⑦ 《太平御览》卷四七二引《风俗通义》。

　　纪南城凤凰山 168 号汉墓发掘整理组发表的《湖北江陵凤凰山 168 号汉墓发掘简报》①说："墓中的《遗册》还记有'田者男女各四人，大奴大婢各四人'。它是与其他奴婢分别记载的。过去在凤凰山号汉墓发现的《遗册》，也有类似的记载。它说明在西汉初（墓主人是汉文帝时期的五大夫）不仅有家内奴隶的存在，而且还有从事农业生产的奴隶存在。"这段考古发现的材料是很重要的。五大夫是二十等爵的第九级。西汉初年的一道诏书说："七大夫（七级）、公乘（八级），皆高爵也。""七大夫以上，皆令食邑"②。文帝时的五大夫也可能有食邑，他们的田地里有奴隶劳动。《简报》提到在凤凰山号汉墓发现的《遗册》也有类似的记载，这说明就这一个小地区，奴隶劳动使用在农业上，也不是个别现象。汉武帝通过杨可告缗，从大工商家没收来的奴隶以千万数，土地大县数百顷，小县百余顷。武帝在水衡、少府、太仆、大农下面各置农官，"往往即郡县比没入田田之。其没入为婢，分诸苑养狗马禽兽，及与诸官"③。就是说，政府的庄田也是使用奴隶劳动的。

　　在农业上使用奴隶劳动，这是战国秦汉时期社会上习以为常的现象。诸葛亮在蜀汉做丞相，大小事必躬亲。主簿杨颙劝他说："为治有体，上下不可相侵，请为明公以作家譬之。今有人使奴执耕稼，婢典炊爨，鸡主司晨，犬主吠盗，牛负重载，马涉远路，私业无旷，所求皆足，雍容高枕，饮食而已。忽一日尽欲以身亲其役，不复

---

①　《文物》1975 年第 9 期。

②　《汉书》卷一下《高帝纪》。

③　《汉书》卷二四《食货志》。

付任,劳其体力,为此碎务,形疲神困,终无一成。"①杨颙的话反映了奴隶主的思想意识。他把奴执耕稼、婢典炊爨和鸡主司晨、犬主吠盗一样看待,这自然是因为当时的社会现实是如此,他才会有这样的说法。

战国秦汉劳动者身份的转化,主要是自由民转化为奴隶和奴隶转化为自由民。

自由民转化为奴隶,有几种情况:

一、自由民受商人的兼并,受高利贷的盘剥,穷困无以为生,出卖为奴隶,即所谓债务奴。晁错所谓"当具,有者半贾而卖,亡者取倍称之息,于是有卖田宅鬻子孙以偿责者矣"②。《淮南子·本经训》也说:"赘妻鬻子,以给上求。"特别是在灾荒和战争年代,出卖妻、子为奴婢的惨相更常出现。秦末楚汉战争之际,"民以饥饿自卖为人奴婢"③,成为引起统治者注意的社会问题。武帝时,淮南王刘安上疏说:"间者数年,岁比不登,民待卖爵赘子以接衣食。"④如淳解释说:"淮南俗,卖子与人作奴婢,名为赘子,三年不能赎,遂为奴婢。"⑤赘子就是典押做奴隶的自由民的子弟。

二、自由民犯罪成为官奴隶。秦法"贫而息者举以为收孥"。汉律"罪人妻子没为奴婢"。王莽时的法令,"私铸作泉布者,与妻子没入为官奴婢"。"五人相坐,皆没入"⑥。当时以犯法没入钟官

① 《三国志》卷四五《杨戏传》注引《襄阳记》。
② 《汉书》卷二四《食货志》。
③ 《汉书》卷一《高帝纪》。
④ 《汉书》卷六四《严助传》。
⑤ 《汉书》卷六四《严助传》注。
⑥ 《汉书》卷二四《食货志》。

（掌管铸钱的官署）的有数十万人。

三、战争中的俘虏沦没为奴隶。周秦以来，战场中的俘虏一般是没为奴隶的。汉对匈奴战争，俘虏一般作为奴隶。金日磾原是匈奴休屠王太子。休屠王原拟降汉，后又反悔。浑邪王杀了休屠王，带领休屠王的部落降汉。就这样，金日磾仍"以父不降见杀与母阏氏弟伦俱没入官"①。汲黯对汉武帝所说"臣愚以为陛下得胡人皆以为奴婢，赐从军死者家"②，正好说明以俘虏为奴隶是当时的一种习惯。俘虏也被称作生口，后来也就称呼奴隶为生口。

四、自由民被掠卖为奴隶。汉文帝窦后的弟弟曾被掠卖为奴。东汉外戚梁冀曾掠取自由民数千人做奴隶，名之曰"自卖人"。汉朝官吏和商人大量掠取边境少数民族男女为奴隶。武帝时南越相吕嘉说南越王和王太后"多从人行至长安，虏卖以为僮仆"③。巴蜀的商人掠卖僰人为奴，称为僰僮，所谓"巴蜀民或窃出商贾，取其笮马、僰僮、旄牛"④。

奴隶得到解放，就成为自由民。皇帝可以下诏书赦免官私奴隶。秦二世为了抵御农民起义军，"令少府章邯免骊山徒、人奴产子，悉发以击楚大军"⑤。刘邦登上皇帝宝座后，下诏"民以饥饿自卖为人奴婢者，皆免为庶人"⑥。文帝曾"免官奴婢为庶人"⑦。东

①　《汉书》卷六八《金日磾传》。
②　《汉书》卷五〇《汲黯传》。
③　《史记》卷一一三《南越列传》。
④　《汉书》卷九五《西南夷传》。
⑤　《史记》卷四八《陈涉世家》。
⑥　《汉书》卷一《高帝纪》。
⑦　《汉书》卷三七《栾布传》。

汉光武帝曾七次下诏免奴隶为庶人,并免徒为庶人。他放免的奴隶包括官奴和私奴,以及因贫困自卖为奴的、被掠为奴的、王莽时被没入为奴的。奴隶也可以赎免。刘邦消灭燕王臧荼,虏荼将栾布,"梁王彭越闻,乃上言,请赎布"①。

总之,我们在战国秦汉时期劳动人民的身份上,主要的只看到自由民和奴隶两种。在身份转化上也是自由民转化为奴隶,或奴隶转化为自由民。"或耕豪民之田,见税什伍"的佃户,一般说也还都是自由民。

西汉末至东汉初,我们看到半自由的依附民阶级开始出现,它既不是自由民,也不是奴隶。这个阶级到东汉后期,特别是魏晋南北朝时期,越来越发展起来。如果说自由民和奴隶是战国秦汉时期劳动人民的主要身份特征,那么,依附农民便是魏晋南北朝时期劳动人民的主要身份特征了。

依附农民这个阶级,是从两方面转化来的,一方面是自由民身份的降落,转化为依附农民;另一方面是奴隶身份的提高,转化为依附农民。

魏晋南北朝时期,依附农民有诸种名称,其中最主要的是部曲、客。

春秋战国之际,由于生产力的发展,商品货币关系的发展,阶级关系发生变化,一部分人失去土地财产,变成无业游民。他们依靠豪门势家的豢养,成为不事生产的食客。齐国的孟尝君,魏国的信陵君,赵国的平原君,楚国的春申君,各有食客数千。直到西汉

---

① 《汉书》卷三七《栾布传》。

初年,收养食客的风气还是很盛的。

这些人虽然受人豢养,但身份上仍是自由人。他们可以自由地离开主人。东汉时期,世家豪族下面的客的身份地位渐渐低落下来。马援在北地,宾客跟着他牧畜。他归附了刘秀,宾客又跟着他在上林苑中屯田。主人到哪里,宾客就跟到哪里。马援对待他的宾客,还是很有礼貌,但一般情况却不是这样了。桓谭说:"今富商大贾,多放钱货,中家子弟,为之保役,趋走与臣仆等勤。"①这些趋走与臣仆等勤的中产之家的子弟,大约也就是那些富商大贾的宾客。在富商大贾面前,他们的地位是逐渐低下了。东汉后期,随着小农经济的破产,随着世家豪族、富商大贾经济势力的发展、社会政治势力的强大,自由民对他们的依附关系更强化了。东汉末年的仲长统说:"豪人之室,连栋数百,膏田满野,奴婢千群,徒附万计。""井田之变,豪人货殖,馆舍布于州郡,田亩连于方国。身无半通青纶之命,而窃三辰龙章之服;不为编户一伍之长,而有千室名邑之役。"②这万计的"徒附"和被役使的"千室",大约都是依附豪门的自由民。

在西汉,部曲原是军队的编制名称,后来成为士卒部伍的称呼,再后来世家豪族的私人武装也称为部曲了。西汉末年战乱年代,各地豪强多"起坞壁"、"作营堑",拥众自守,小民无力自保的,多投依这些豪强大姓,成了他们的部曲。

黄巾大起义瓦解了东汉政权。黄巾军失败以后,世家豪族纷

① 《后汉书》卷二八《桓谭传》。
② 《后汉书》卷四九《仲长统传》。

纷武装起来，成为大大小小的地方割据势力。中央政权瓦解，社会紊乱，人民生活无保障，依附豪强以求自保的现象更为普遍。邴原在辽东，"一年中往归原者数百家"①。管宁避乱辽东，"避乱者皆来就之，旬日而成邑"②。田畴"入徐无山中，营深险平敞地而居。……数年间至五千余家"③。

　　依附关系的发展也影响到上层建筑和意识形态领域。地方上的官吏对地方长官，形成了君臣关系。韩嵩对刘表讲的一段话，是很能说明这个问题的。曹操把汉献帝迎到许都，挟天子而令诸侯。荆州刺史刘表派从事中郎韩嵩到许都观察动静，韩嵩对刘表说："事君为君，君臣名定，以死守之。今策名委质，唯将军所命，虽赴汤蹈火，死无辞也。……嵩使京师，天子假嵩一官，则天子之臣，将军之故吏耳。在君为君，则嵩守天子之命，义不得复为将军死也。"④韩嵩是刘表的属官，却把刘表看成君，他们的关系成了君臣关系。秦始皇、汉武帝时期，尽管地方郡守的权力很大，但谁要宣传这种地方上的君臣关系，却是不允许的。韩嵩说"天子假嵩一官，则天子之臣，将军之故吏耳"，不得再为刘表效死，好像故吏和旧主的关系很淡薄。其实当时故吏对旧主的隶属关系也是很强的。东汉后期，如果旧主人犯了罪，曾做过他的属官的故吏，都要跟着免官。故吏要为旧主人服丧三年。这仍是父子、君臣关系。汉末三国时期，忠、义观念特别重，这是依附关系、隶属关系的强化

　　①　《三国志》卷一一《邴原传》。
　　②　《三国志》卷一一《管宁传》。
　　③　《三国志》卷一一《田畴传》。
　　④　《三国志》卷六《刘表传》注引《傅子》。

在意识形态领域的反映。刘备、关羽、张飞桃园三结义只是一种传说,但关羽、张飞对刘备确是很忠义的,他们对刘备的忠义,就是当时部属和主将之间的君臣关系的反映。

西晋末年,北方陷入了战乱,汉族官僚世家豪族为了逃命,也为了维护他们的社会政治地位,带领他们的部曲、客向长江流域南迁。一般小民,为了在逃难中得到保护,得到衣食,就依附这些豪族大家同行。范阳人祖逖,"世吏二千石,为北州旧姓。……及京师大乱,逖率亲党数百家避地淮泗,……少长咸宗之,推逖为行主"①。"东莞人徐澄之,为州治中。永嘉之乱,遂与乡人臧昆等率子弟并间里士庶千余家南渡江,家于京口"②。

留在北方的汉族人民,也往往依附一个强者,建立坞堡团聚自守。《晋书·苏峻传》说:"永嘉之乱,百姓流亡,所在屯聚。峻纠合得数千家,结垒于本县。于是豪杰所在屯聚,而峻最强。"又《郭默传》:"永嘉之乱,默率众以为坞主,……流民依附者甚众。"这只是两个例子,当时中原地区这种坞堡组织是非常多的,真是"所在屯聚"。中原的劳动人民,大都成了坞堡的依附人口。

依附人口通常被称作部曲、客。跟随祖逖南逃的人,初被称作"亲党",到了京口以后,就被称作"宾客、义徒",到他率众北伐时,又称"本流徙部曲了"③。北方人民流入南方多成为豪族大姓的客的情况,一直延续到南北朝时。《南齐书·州郡志·兖州》条载:"时百姓遭难,流移此境,流民多庇大姓以为客。"《隋书·食货志》

---

① 《晋书》卷六二《祖逖传》。
② 《晋书》卷九一《徐邈传》。
③ 见《晋书》卷六二《祖逖传》。

载："都下人多为诸王公贵人左右、佃客、典计、衣食客之类,皆无课役。"

部曲、客这类依附人的身份是半自由的,是隶属于主人的。这点在魏晋时期就渐渐明显了。东晋元帝太兴四年(公元 321 年)的诏书说:"昔汉二祖及魏武皆免良人。武帝时凉州覆没,诸为奴婢,亦皆附籍。此累代成规也。其免中州良人遭难为扬州诸郡僮客者。"①良人是自由民。良人遭难为僮客,要经过诏书放免才能恢复自由民身份,可见客的身份是低于自由民的。

客对于主人是世代的隶属关系,非经朝廷放免,或主人放遣,或自赎,没有离开主人的自由。王敦给晋元帝的奏疏说:"陛下践阼之始,……复依旧名,普取出客,从来久远,经涉年载,或死亡灭绝,或自赎得免,或见放遣,或父兄时事身所不及,有所不得,辄罪本主。"②

部曲也是一样。在身份上,部曲是隶属于主人的,没有离开主人的自由。北周武帝建德六年(公元 577 年)一道诏书说:"自永熙三年七月以来,去年十月以前,东土之民被抄略,在化内为奴婢者,及平江陵之后,良人没为奴婢者,并宜放免。所在附籍,一同民伍。若旧主人尤须共居,听留为部曲及客女。"③直到唐代,法典上仍然规定:"奴婢、部曲,身系于主。"④"部曲为私家所有。"⑤

————————

① 《晋书》卷六《元帝纪》。
② 《晋书》卷九八《王敦传》。
③ 《周书》卷六《武帝纪》。
④ 《唐律疏议·盗贼律》。
⑤ 《唐律疏议·名例律》。

　　魏晋时期开始,除了依附世家豪族的人身份逐渐低落,变成部曲、客等外,国家的编户齐民的身份及其社会地位,普遍有所降低。

　　汉末三国时期,由于人口减少,土地荒芜,还由于战争的需要,政府管领下的人户渐渐分化为三种不同的人。一部分人成为国家的士伍,成为军户。这部分人原是人民中的强壮者。曹魏和孙吴就常常以新附民中的"强者充军,弱者补户"。曹操招降青州黄巾"男女百余万口,收其精锐者,号为青州兵"①。曹操占有泰山郡后,以吕虔为郡太守,"简其强者补战士,泰山由是遂有精兵"②。吴将贺齐镇压了豫章东部人民的起义后,"拣其精健为兵,次为县户"③。陆逊击破丹阳郡的山越后,"遂部伍东三郡,强者为兵,羸者补户,得精卒数万人"④。这些士卒的家属也都另立士籍,不属郡县。他们是战士,也是生产劳动者。他们是当时军屯中的主要劳动者。因为他们的生活和生产都是受"军法部勒"的,没有离开兵籍的自由,而且还要世代为兵,他们的身份显然是降低了。到西晋时期,兵户已是低于一般编户齐民的人。《晋书·赵至传》:"赵至字景真,代郡人也,寓居洛阳缑氏。令初到官,至年十三,与母同观。母曰:'汝先本非微贱,世乱流离,遂为士伍耳。'"可见士伍的身份是微贱的。兵家解脱兵籍,要有皇帝的诏令。《晋书·王尼传》:"王尼字孝孙,城阳人也,或云河内人。本兵家子,寓居洛阳,卓荦不羁。初为护军府军士。胡毋辅之与琅琊王澄……迭属河南

---

① 《三国志》卷一《武帝纪》。
② 《三国志》卷一八《吕虔传》。
③ 《三国志》卷六〇《贺齐传》。
④ 《三国志》卷五八《陆逊传》。

功曹甄述及洛阳令曹摅请解之。摅等以制旨所及,不敢。辅之等赍羊酒诣护军门。……尼时以给府养马,辅之等人,遂坐马厩下,与尼炙羊饮酒,醉饱而去,竟不见护军。护军大惊,即与尼长假,因免为兵。"有胡毋辅之等名士的请求,郡功曹、县令还不敢解脱王尼的兵籍,因为这是皇帝的"制旨所及"。而护军也只能以给"长假"的方式,免其为兵。东晋和南朝虽然都曾放免军户,使他们归属郡县或成立郡县,但往往是在政局危急的时候,皇帝这样做,无非是表示对于军户的"恩典",要求他们为自己卖命。军户一般是世代执役,老死于军伍。

另外,一部分人成了国家的屯田客。曹操为了解决粮食问题,大规模实行屯田。军屯中的劳动者是军士,民屯中的劳动者就是屯田客。为了保证有效地进行生产,民屯也实行军事管理。管理民屯的官,称作典农中郎将、典农校尉和典农都尉。从这些官职的名称上也可以看出民屯的军管味道。和士家、军户一样,屯田客也是在强制的管理下进行生产的。军户和屯田客都可以说是隶属于国家的依附农民。

魏晋南北朝时期,只有郡县管理下的人口是两汉的编户齐民。即使是郡县人口,他们在均田制下所受到的约束、强制,也比两汉的编户齐民严重。

以上是就自由民说的。另一方面,东汉以后,奴隶的身份却在提高。但奴隶并不是像两汉时一样解放为自由民,而是转化为半自由的部曲、客。

奴隶问题是西汉时期严重的社会问题。从贾谊、晁错、董仲舒到王莽,无不把奴隶问题和土地问题、商人兼并问题相提并论。因为在西汉社会中,这三个问题是三位一体的。商品货币关系发展,引起土地兼并,农民破产,被迫出卖为奴隶。

王莽改制就是针对这三个问题的。他以五均、六筦来解决商人资本问题,以"更名天下田曰王田,奴婢曰私属,皆不得卖买"来解决土地问题和奴隶问题。

什么是私属呢?我们在《左传》上见到有关私属的记载,注家的解释是"私属,家众也"①。王莽改奴婢曰私属不得卖买,使奴婢成为奴隶主的家众,仍然附属于奴隶主,但是不许买卖了。这样自然是提高了奴隶的身份。

王莽改制虽然失败了,但改奴婢曰私属的行动,却留下深远影响。东汉时期,尽管奴隶数量还是很多,但作为社会问题来说,已远不如西汉严重。原因就在于奴隶已向依附民转化。东汉社会上一方面仍是"奴婢千群",一方面已是"徒附万计"了。东汉以后,奴隶问题不那么严重,依附关系发展起来,这和王莽改奴婢曰私属,大约是有一定的联系的。

关于奴隶转化为依附民——部曲、客的文献材料,魏晋时期显著地多起来。官私奴隶大量地被解放为部曲、客,成为半自由的依附民。

奴隶向依附民的转变也有几种不同的形式,最主要的是免奴为客或免奴为部曲。《晋书·会稽王道子传》载:"(元显)又发东土诸郡免奴为客者号曰乐属,移置京师,以充兵役。"元显是因为兵役缺乏才这样做的,免奴为客的数量一定相当可观,政府才注意到而

①《左传》宣公十七年杜预注。

发之为兵。部曲也和客一样,除去是由自由民依附而来外,也有由奴隶放免而来的。前面提到过北周武帝放免奴婢为国家民户,但又宣称"若旧主人犹须共居,听留为部曲及客女"。唐代的大和尚释道宣解释部曲说:"部曲者,谓本是贱品,赐姓从良,而未离本主。"①"本是贱品",就是说本来是奴隶。"未离本主",是指部曲仍然身系于主。"赐姓从良",只能解释为已离开奴隶地位,并未完全成为自由民,只不过成为半自由的依附民。从《唐律》上可以看出,直到唐代,部曲的身份地位还是近于奴隶。

奴隶向依附民转化的另外的形式是以奴隶屯田和以奴隶为兵。晋武帝咸宁元年诏:"今以邺奚官奴婢著新城代田兵种稻。奴婢各五十人为一屯,屯置司马,使皆如屯田法。"②东晋因为兵源枯竭,开始发私家客为兵,更进而发私家奴隶为兵。如《晋书·王敦传》载元帝"悉发扬州奴为兵,外以讨胡,实御敦也"。同书《何充传》:"(庾)翼悉发江荆二州编户奴以充兵役。"一发扬州,一发江荆,南方大部分地区的奴隶都被征发到了。如前所述,屯田客和军户都是依附民,具有半自由的身份,奴隶屯田当兵说明他们都成了国家的半自由的依附民。

总之,战国秦汉劳动人民的身份主要是自由民和奴隶两种。魏晋南北朝时期的劳动人民的身份主要是依附民,他们的身份是半自由的,低于自由民,高于奴隶。他们的名称有多种,主要的是部曲、客。他们是由战国秦汉时期的自由民和奴隶转化而来的。

---

① 《量轻重仪》卷上。
② 《晋书》卷二六《食货志》。

自由民和奴隶都向中间阶层转化。自由民已不是像战国秦汉时一样,下降为奴隶,而是转化为依附民、部曲、客。奴隶也不是上升为自由民,而是转化为部曲、客。个别情况不说,从总的形势来说,从战国秦汉到魏晋南北朝,劳动人民的身份是有这种变化的:从编户齐民、奴隶到部曲、客。

三、从土地兼并到人口争夺

土地兼并问题是商鞅变法以来战国秦汉几百年间的社会问题的集中表现。这几百年的历史是大土地所有者和小农斗争而小农失败的历史。董仲舒说:"(秦)用商鞅之法,改帝王之制,除井田,民得卖买,富者田连阡陌,贫者亡立锥之地。又颛(专)川泽之利,管山林之饶,荒淫越制,逾侈以相高。邑有人君之尊,里有公侯之富,小民安得不困?又加月为更卒,已复,为正一岁,屯戍一岁,力役三十倍于古;田租口赋,盐铁之利,二十倍于古。或耕豪民之田,见税什五。故贫民常衣牛马之衣,而食犬彘之食。重以贪暴之吏,刑戮妄加,民愁亡聊,亡逃山林,转为盗贼,赭衣半道,断狱岁以千万数。汉兴,循而未改。"①这是战国秦汉几百年间小农悲惨生活的真实写照。

土地兼并虽然可以归因于春秋战国之际的社会变革或者归因于这一变革的代表事件商鞅变法,但土地兼并成为突出的社会问题,却是从汉代开始。从西汉初到东汉末,汉代的阶级斗争、政治

---

① 《汉书》卷二四《食货志》。

斗争都是围绕着土地兼并这个中心问题而开展起来的。

经过汉初短时期的休养生息，商品货币关系随着发展起来。手里集中了大量金属货币的大商人就开始了兼并农民的活动。文帝时，晁错上疏指出这种情况说："今农夫五口之家，其服役者不下二人，其能耕者不过百亩，百亩之收不过百石。春耕夏耘，秋获冬藏，伐薪樵，治官府，给徭役；……四时之间亡日休息。又私自送往迎来，吊死问疾，养孤长幼在其中。勤劳如此，尚复被水旱之灾，急政暴赋，赋敛不时，朝令而暮改。当具，有者半贾而卖，亡者取倍称之息。于是有卖田宅鬻子孙以偿债者矣。而商贾大者积贮倍息，小者坐列贩卖，操其奇赢，日游都市，乘上之急，所卖必倍。故其男不耕耘，女不蚕织，衣必文采，食必粱肉；亡农夫之苦，有阡陌之得。因其富厚，交通王侯，力过吏势，以利相倾；千里游敖，冠盖相望，乘坚策肥，履丝曳缟。此商人所以兼并农人，农人所以流亡者也"。[①]晁错能把农民的破产除去统治者租税徭役的剥削外，和商人兼并联系起来，这是很有眼光的。

汉武帝时期，土地兼并的现象更加严重。大官僚南阳宁成，失势之后"赊贷买陂田千余顷，假贫民，役使数千家"[②]。一个叫秦阳的人，以"田农拙业"，富"盖一州"[③]。既然说富盖一州，当然是指兼并了大量土地。那些政治上居高位有权有势的大官僚贵族，兼并土地有如公开掠夺。淮南王刘安的子女"擅国权，夺民田宅，妄

①　《汉书》卷二四《食货志》。
②　《史记》卷一二二《酷吏列传》。
③　《史记》卷一二九《货殖列传》。

致系人"①。衡山王刘赐"数侵夺人田,坏人冢以为田"②。武安侯田蚡"田园极膏腴"③,他还是无休止地兼并土地,魏其侯窦婴在南山下有数顷好田,田蚡竟要夺为己有。和窦婴沆瀣一气的官僚灌夫在家乡颖川兼并和霸占了大量土地。颖川人咒骂他说:"颖川清,灌氏宁;颖水浊,灌氏族。"④

　　针对土地兼并的严重情况,董仲舒曾提出限民名田的建议,他说:"古井田法虽难卒行,宜少近古,限民名田,以澹不足,塞并兼之路。"⑤

　　西汉后期元、成、哀、平时期,土地兼并日益剧烈。荀悦说:"豪民占田或至数百千顷,富过王侯。"⑥他的话是在议论文帝减轻田租,三十税一时说的,但他所说的却是西汉后期的情况。大官僚张禹,"为人谨厚,内殖货财,家以田为业。及富贵,多买田至四百顷,皆泾、渭溉灌,极膏肤上贾"⑦。南阳湖阳人樊重"世善农稼",又"好货殖",同时兼营高利贷,"其所假贷人间数百万"。他"营理产业,物无所弃,课役僮隶,各得其宜"。结果"广开田土三百余顷"⑧。

　　土地兼并的发展使广大人民丧失土地,陷于颠连无告的境地。

---

①　《汉书》卷四四《淮南王安传》。

②　《汉书》卷四四《衡山王赐传》。

③　《史记》卷一○七《魏其武安侯列传》。

④　《史记》卷一○七《魏其武安侯列传》。

⑤　《汉书》卷二四《食货志》。

⑥　《汉纪》卷八《孝文帝纪》。

⑦　《汉书》卷八一《张禹传》。

⑧　《后汉书》卷三二《樊宏传》。

元帝时贡禹上书说:"今民大饥而死,死又不葬为犬猪食,人至相食。"①成帝时鲍宣上疏,说当时人有"七亡"、"七死"。"贫民菜食不厌,衣又穿空,父子夫妻不能相保。"②

汉代的皇帝是全国最大的土地所有者,未垦的土地以及山川河流都是皇帝的财产。皇帝的土地称为公田。为了缓和阶级矛盾,巩固他的统治,两汉的皇帝常常把公田赐给或假与贫民耕种。西汉后期和东汉前期皇帝的公田假与或赐给贫民的事例非常多。但是这样做并不能解决商人兼并农民这一根本问题。正像元帝时贡禹上书所指出的:"民弃本逐末,耕者不能半。贫民虽赐之田,犹贱卖以贾;穷则起为盗贼。何者?末利深而惑于钱也。"③

哀帝时期,朝廷大臣中,又有人提出限田限奴的建议,说:"今累世承平,豪富吏民訾(资)数巨万,而贫弱俞困。盖君子为政,贵因循而重改作。然所以有改者,将以救急也。亦未可详,宜略为限。"④哀帝把建议交群臣讨论。诏书说:"诸侯王、列侯、公主、吏二千石及豪富民多畜奴婢,田宅亡限,与民争利,百姓失职,重困不足,其议限列。"⑤丞相孔光、大司空何武奏请:"诸侯王、列侯皆得名田国中,列侯在长安,公主名田县道,及关内侯,吏民名田,皆毋过三十顷。诸侯王奴婢二百人,列侯公主百人,关内侯、吏民三十

① 《汉书》卷七二《贡禹传》。
② 《汉书》卷七二《鲍宣传》。
③ 《汉书》卷七二《贡禹传》。
④ 《汉书》卷二四《食货志》。
⑤ 《汉书》卷一一《哀帝纪》。

人。"①并特别提出"贾人皆不得名田为吏"②。

这个方案所定出的限额仍然是很高的。但是即使是这样的限额,贵族、官僚、大土地所有者和大奴隶主们也是不愿意接受的。哀帝的外戚丁、傅两家和宠臣董贤都加以反对和阻挠。皇帝也没有推行的决心,只好不了了之。

限田限奴婢行不通,社会危机愈来愈严重,于是产生了王莽改制。王莽以改革为号召,夺取了汉家皇帝宝座。

王莽提出的解决社会问题的办法是:一、王田。二、改奴婢曰私属。三、六筦、五均赊贷。四、改革币制。王田是要解决土地兼并问题,改奴婢曰私属是要解决奴隶问题,六筦、五均赊贷和改革币制是要解决商人资本问题。

王莽改制失败了。统治者不能解决问题,人民就自己起来解决。轰轰烈烈的绿林、赤眉农民大起义爆发,推翻了王莽政权。

土地兼并问题,在东汉时期仍然存在。东汉政权中的显贵,多半都是大土地所有者和大奴隶主。刘秀本人就是南阳的大土地所有者。洛阳是帝都,南阳是帝乡。刘秀时期,洛阳、南阳已是"田宅逾制,不可为准"③。外戚马防"兄弟贵盛,奴婢各千人以上,资产巨亿,皆买京师膏腴美田"④。外戚阴家自西汉后期以来就是大土地兼并者,"有田七百余顷"⑤。济南王刘康"多殖财货……私田八

①　《汉书》卷二四《食货志》。
②　《汉书》卷一一《哀帝纪》。
③　《后汉书》卷二二《刘隆传》。
④　《后汉书》卷二四《马援传附子防传》。
⑤　《后汉书》卷三二《阴识传附弟兴传》。

百顷"①。东汉后期的郑太,"家富于财,有田四百顷"②。外戚梁冀强占西起弘农、东至荥阳、南至鲁阳、北至河淇将近千里的土地,作为他的林苑。宦官侯览"前后请夺人宅三百八十一所,田百一十八顷"③。

他们的土地有的是靠经济上的剥削所得,有的是靠政治势力强取豪夺而来。从社会经济发展的主流看,商品货币关系的发展,小农和小农经济受商品货币关系的支配而破产,是土地集中的根本原因。王公贵族对生活享受的追求,对土地扩大占有的欲望,都是和商品货币关系的发展联系着,而又受其支配的。仲长统当做社会上财富、土地集中对象来认真考察的"膏田满野","田亩连于方国"的"豪人之室",是"船车贾贩,周于四方;废居积贮,满于都城"④,"馆舍布于州郡"的人,是"身无半通青纶之命,而窃辰龙章之服;不为编户一伍之长,而有千室名邑之役"⑤的人,是"相与同为编户齐民,而以财力相君长"⑥的人。在这方面,仲长统的观察是比较深刻的。

魏晋以后社会问题的中心已不是土地兼并而是人口争夺。

这种转化的出现,是城市经济、商品货币关系的衰落,自然经济的更占统治地位所决定的,同时也是土地荒芜、人口减少和依附关系加强这两种条件所促成的。

---

① 《后汉书》卷四二《济南安王康传》。
② 《后汉书》卷七〇《郑太传》。
③ 《后汉书》卷七八《侯览传》。
④ 《昌言·理乱篇》,见《后汉书》卷四九《仲长统传》。
⑤ 《昌言·损益篇》,见《后汉书》卷四九《仲长统传》。
⑥ 《昌言·理乱篇》,见《后汉书》卷四九《仲长统传》。

　　东汉末年,社会经历了大动荡之后,土地荒芜,人口减少,土地所有权发生很大的变化,大部分土地成了无主的土地。仲长统说:"今田无常主,民无常居。……土广民稀,中地未垦"[1]。他建议在此基础上实行井田。司马朗也曾建议曹操恢复井田。《三国志·魏志·司马朗传》:"又以为宜复井田。往昔以民各有累世之业,难中夺之,是以至今。今承大乱之后,民人分散,土业无主,皆为公田,宜及此时复之。"从这些话里可以看到土地兼并和土地集中问题在当时已经自然解决了。

　　由于人口减少、土地荒芜,现在的问题已不是兼并土地而是争夺劳动力的问题了。三国时期各地统治势力以及世家豪族,无不热衷于争夺劳动力。曹操等人都注意把边地人口移往内地,宁可放弃土地,而不放弃人口。

　　两汉时期,一般自由民都是国家的编户齐民,都要向国家缴纳租税,服徭役。在法律上,富人和官吏都没有特权。在皇权强大的时期,虽宰相之子也和编户齐民一样要服役戍边。盖宽饶"身为司隶,子常步行自戍北边"[2]。

　　东汉时期依附关系虽然强化,中家子弟为富商大贾放贷金钱,趋走与臣仆等勤,豪人之室"有千室名邑之役",但这些富商大贾、豪人之室的依附人口还没有免除国家租税徭役的特权。汉末三国之际,随着皇权的衰落和依附关系的加强,世家豪族渐渐要求有庇护他们的依附人口的特权。《三国志·魏志·王脩传》载:"胶东人

---

　　[1]　《后汉书》卷四九《仲长统传》。
　　[2]　《汉书》卷七七《盖宽饶传》。

公沙卢宗强,自为营堑,不肯应发调。"同书《贾逵传》注:"杨沛为长社令。时曹洪宾客在县界,征调不肯如法。"这种情况在当时是很普遍的。不过,这种特权是正在形成中,主张中央集权的曹操及其后的曹魏政权是不承认这种特权的。曹操平荆州,以司马芝为营长,"郡主簿刘节,旧族豪侠,宾客千余家,出为盗贼,入乱吏治。顷之,芝差节客王同等为兵,掾史据白:'节家前后未尝给徭……'芝不听,与节书曰:'君为大宗,加股肱郡,而宾客每不与役,既众庶怨望,或流声上闻。今条(调)同等为兵,幸时发遣。'兵已集郡,而节藏同等……芝乃驰檄济南,具陈节罪。太守郝光素敬信芝,即以节代同行。青州号芝'以郡主簿为兵'"①。能打击豪强的官吏如杨沛和满宠,曹操都很器重。可以说,汉末三国初期,世家豪族庇护依附人口免除国家租税徭役的特权,一方面已经成为事实,一方面还没有取得法律上承认。

但是,这种事实上存在的特权,到曹魏后期就得到法律上的承认。《晋书·外戚传·王恂传》载:"魏氏给公卿以下租牛客户,数各有差。自后下人惮役,多乐为之,权势之家,动有数百。又太原诸部,亦以匈奴胡人为田客,多者数千。"

东吴孙氏政权是在大族豪强拥戴之下建立的,世家豪族的势力在东吴特别强大。东吴将领都是世代承袭的。周瑜死后,长子早卒,次子周胤因罪不得领兵,诸葛瑾、步骘还联名上书给孙权,请求"还兵复爵"②。朱桓有"部曲万口",死后儿子朱异"代桓领

---

① 《三国志》卷一二《司马芝传》。
② 《三国志》卷五四《吴周瑜传》。

兵"①。陆逊死,子陆抗代"领逊众";抗死,五个儿子又"分领抗兵"②。凌统死时,二子烈、封,年各数岁。后封烈亭侯,"还其故兵。烈有罪免,封复袭爵领兵"③。所以,孙权死后,邓艾就对司马师说:"孙权已没,大臣未附,吴名宗大族,皆有部曲,阻兵优势,足以建命。"④另外,东吴又常常以客户赐给臣下。孙权赐吕蒙浔阳屯田六百户。蒋钦死,赐给钦妻子芜湖民二百户。陈武死,复客二百家。潘璋死,复客五十家。这些赐客、复客都成为私家的依附人口,都是免除租赋徭役的。陈武死后,儿子陈表简视陈武的赐客二百家"皆堪好兵,乃上疏陈让,乞以还官",免得"空枉此劲旅以为僮仆"⑤。这些赐复人口,都是私家"僮仆",不服国家兵役。

西晋政权也是在世家豪族的拥戴下建立的。西晋政府正式制定了一套按照官品荫庇衣食客、佃客的制度。《晋书·食货志》:"其官品第一至于第九,各以贵贱占田,……而又得荫人以为衣食客及佃客。品第六以上得衣食客三人,第七、第八品二人,第九品……一人。其应有佃客者,官品第一、第二者佃客无过五十户,第三品十户,第四品七户,第五品五户,第六品三户,第七品二户,第八品、第九品一户。"东晋时期有类似的规定:"都下人多为诸王公贵人左右、佃客、典计、衣食客之类,皆无课役。官品第一、第二,佃客无过四十户。第三品三十五户。第四品三十户。第五品二十

---

① 《三国志》卷五六《朱桓传》。
② 《三国志》卷五八《陆逊传》。
③ 《三国志》卷五五《凌统传》。
④ 《三国志》卷二八《邓艾传》。
⑤ 《三国志》卷五五《陈武依附子表传》。

五户。第六品二十户。第七品十五户。第八品十户。第九品五户。其佃谷皆与大家量分。"①

　　这些规定的本身,就表示国家和豪族对人口的争夺。国家对世家豪族庇护下的人口给以额数限制,这一方面是对世家豪族的让步,一方面是对世家豪族荫占人口的限制。然而就世家豪族来说,他们的依附人口取得了法律上的承认,已是很大的胜利。

　　一般地说,在政府管辖下的人民的租赋徭役负担,尤其兵役的负担是比世家豪族依附民的负担为重的。在魏晋南北朝这一乱多于治的时期,这种情况就更加显著了。因此,一般地说人民宁愿逃离国家的管辖,去做世家豪族的依附民。对国家来说,人口减少就意味着租税收入的减少,徭役来源的减少。于是国家和世家豪族间便展开了对人口的争夺。魏晋南北朝时期充满了这种争夺。

　　东晋时期,世家豪族势力越发强大,皇权衰落。世家豪族荫庇了大量依附人口。《晋书·山涛传附子山遐传》说:"时江左初基,法禁宽弛,豪强多挟藏户口,以为私附。"前引《隋书·食货志》说:"都下人多为诸王公贵人左右、佃客、典计、衣食客之类。"特别是从北方南下的人,多半成为世家豪族的依附民。《南齐书·州郡志》兖州条所谓"时百姓遭难,流移此境,流民多庇大姓以为客。"

　　东晋以后,依附关系继续发展着。《南史·齐本纪下·废帝东昏侯纪》:"先是,诸郡役人,多依人士为附隶,谓之属名。……凡属名,多不合役。"梁武帝时贺琛上奏说:"天下户口减落,诚当今之急。……郡不堪州之控总,县不堪郡之裒削,更相呼扰,莫得治其

―――――――――――

　　①　《隋书》卷二四《食货志》。

政术,唯以应赴征敛为事。百姓不能堪命,各事流移。或依于大姓,或聚于屯封。"①

这是南朝的情况,北朝也是一样。《魏书·食货志》载:"魏初不立三长,故民多荫附。荫附者皆无官役,豪强征敛,倍于公赋。"北方户口依附隐漏最严重的时期是北齐时期,《隋书·食货志》载:"豪党兼并,户口益多隐漏。……户口租调十亡六七。"

南北朝时期,佛教在中国广为传播。随着佛教的盛行,寺院经济也发达起来。僧尼有免除役调的特权,劳动人民为了逃避国家租税徭役的负担,在依附豪强的同时,也大量逃入寺院为僧尼。东晋末年的桓玄在《与僚属沙汰僧众教》中说:"避役钟于百里,逋逃盈于寺庙。乃至一县数千,猥成屯落。邑聚游食之群,境积不羁之众。"②寺院人口中不仅有僧尼,而且还包括大量的其他依附人口和奴隶。南朝佛教寺院经济最盛的时期是梁武帝时期。当时大臣郭祖深曾说寺院僧尼大众和寺院依附人口几乎占全国人口之半。《南史·郭祖深传》:"祖深……以为都下佛寺五百余所,穷极宏丽,僧尼十余万,资产丰沃,所在郡县不可胜言。道人又有白徒,尼则皆畜养女,皆不贯人籍,天下户口几亡其半。……恐方来处处成寺,家家剃落,尺土一人,非复国有。"

北朝寺院经济最发达,荫庇人口最多的时期是北魏晚期和北齐。《魏书·释老志》:"正光以后,天下多虞,王役尤甚。于是所在编户相与入道,假慕沙门,实避徭役。猥滥之极,自中国之有佛法,

---

① 《梁书》卷三八《贺琛传》。
② 《弘明集》卷一二。

未之有也。略而计之,僧尼大众二百万矣。"北齐僧尼人数最多时有三百万人,严重地影响国家税收。北齐文宣帝在诏书里说:"乃有缁衣之众,参半于平俗;黄服之徒,数过于正户。所以国给为此不足,王用因兹取乏。"①

僧尼大众之外,寺院还有僧祇户、寺户。僧祇户是依附民,寺户是奴隶,数量也是很大的。《魏书·释老志》载:"昙曜奏:平齐户及诸民,有能岁输谷六十斛入僧曹者,即为'僧祇户',粟为'僧祇粟',至于俭岁,赈给饥民。又请民犯重罪及官奴以为'佛图户',以供诸寺扫洒,岁兼营田输粟。高宗并许之。于是僧祇户、粟及寺户,遍于州镇矣。"

依附在世家豪族和佛教寺院下的这样大量的人口都不对国家负担租调徭役,这自然影响政府的财政收入,也自然引起国家与世家豪族和佛教寺院间的矛盾。争夺人口、劳动力成为南北朝政府和豪族、寺院间的主要问题。强有力的政府总是以打击世家豪族和佛教寺院并从他们那里夺回被荫庇的依附人口为首要任务的。

东晋初年,颜含被任命为吴郡太守,执政的王导问他:"'卿今莅名郡,政将何先?'答曰:'王师岁动,编户虚耗,南北权豪竞招游食,国弊家丰,执事之忧。且当征之势门,使反田桑……'"②山遐为余姚令,"时江左初基,法令宽弛,豪族多挟藏户口,以为私附。遐绳以峻法,到县八旬,出口万余"③。王彪之为会稽内史,"居郡

---

① 《广弘明集》卷二四《问沙汰释老诏》。
② 《晋书》卷八八《颜含传》。
③ 《晋书》卷四三《山涛传附孙遐传》。

八年,豪右敛迹,亡口归者三万余口"①。

　　东晋南朝曾实行过几次土断,其中最重要的一次是东晋哀帝兴宁二年三月的庚戌土断。所谓土断,就是使北来侨寓人口编入所在郡县的户籍,因为北来侨人大多依附世家豪族为客,"客皆注家籍",不是国家控制的人口。所以土断的实质,就是国家和世家豪族争夺人口。

　　整个东晋南朝时期,世家豪族在政治、经济上的势力都是很大的。只有晋末宋初,刘裕对于豪强势力采取了比较严厉的政策,禁止世家豪族"藏匿亡命"。《南史·宋本纪》载:"自晋中兴以来,朝纲弛紊,权门兼并,百姓流离,不得保其产业。桓玄颇欲厘改,竟不能行。帝(刘裕)既作辅,大示轨则。豪强肃然,远近禁止。至是,会稽余姚虞亮复藏匿亡命千余人,帝诛亮,免会稽内史司马休之。"

　　在北朝,魏孝文帝均田制的实施,三长制的推行,在某种意义上也可以说是国家和豪强大族争夺人口的措施。因为户籍混乱赋役不均,更加促使人民依附豪强。均田制、三长制的实行,就是为了整理户籍,平均人口负担,使人民有一个比较安定的生活环境。三长制未立之前的情况是:"魏初不立三长,故民多荫附,荫附者皆无官役。豪强征敛,倍于公赋。"立三长以后如何呢?"立三长输课有常准,赋有恒分,苞荫之户可出,侥幸之人可止"②。

　　为了和寺院争夺人口,北朝政府曾采取了两种办法:

　　第一,沙汰僧尼,把年轻力壮为逃避课役而出家为僧尼的,罢

　　① 《晋书》卷七六《王廙传附弟子彪之传》。
　　② 《魏书》卷五三《李冲传》。

道还俗。如魏太武帝太延年间："以沙门众多,诏罢年五十以下者。"孝文帝太和十年："有司又奏前被救以勒籍之初,愚民侥幸,假称入道,以避输课。其元籍僧尼,罢遣还俗。"①

第二,禁止私度僧尼。度僧权原是操在寺院手里,人民愿意出家,就可以到寺院去剃度,政府本来不加干涉。由于大量人口逃避租调徭役去做僧尼,政府就采取措施加以限制。魏孝文帝规定每年四月八日和七月十五日为剃度僧尼的日子,并规定大州可以度百人,中州五十人,下州二十人。北魏末年又规定"自今奴婢悉不听出家"。"私度之僧,皆由三长罪不及己,容多隐滥。自今有一人私度,皆以违旨论。邻长为首,里、党各相降一等。县满十五人,郡满三十人,州镇满三十人,免官,寮吏节级连坐。私度之身,配当州下役"②。不过,这时北魏已经衰乱,虽有这些规定,"法禁宽褫,不能改肃也"③。

国家在和寺院争夺人口时所采取的最严厉手段是灭佛。北周武帝就把境内的佛寺毁掉,僧尼全部还俗成为政府的编户。灭齐之后,他又强迫北齐境内的三百万僧尼罢道还俗。

综上所述,我们可以看出:战国秦汉时期,土地问题是社会矛盾、阶级斗争的集中表现。魏晋以后,土地问题让位于人口问题,即劳动力问题。由于依附关系、隶属关系的强化,人口的减少,土地的荒芜,人口、劳动力便是最关紧要的了。有了人口,就有了财富,有了武力,有了政治地位和权力,就有了一切。

---

① 《魏书》卷一一四《释老志》。
② 同上。
③ 同上。

四、从民流到地著

流民成为社会问题是从西汉初期开始的。汉文帝时,有远见的政治家、思想家们开始注意到由于商人兼并、农民丧失土地而流亡的问题。文帝在他的诏书里一再提到"民或不务本而事末","百姓之从事于末以害农者蕃"[①]。贾谊、晁错都曾提到农民流亡问题的严重。贾谊说:"古之人曰:'一夫不耕,或受之饥;一女不织,或受之寒。'……今背本而趋末,食者甚众,是天下之大残也。"[②]晁错指出当时的大问题是"游食之民未尽归农",游食之民就是流民。在国家租赋徭役重压和商人的盘剥下,农民不得不走上出卖土地儿女而流亡的道路。晁错所谓"此商人所以兼并农人,农人所以流亡者也",就说明农民是由于商人兼并而被迫背本趋末的。

小农是国家的统治基础,也是军事支柱。士兵的来源,主要是小农。《汉书·冯唐传》所谓:"士卒皆家人子,起田中从军。"一时一地的战争,对从军的农民尚无大害,其中有些人还可以掠夺财富、奴隶,发财致富,成为小奴隶主。但长期战争会使农民死亡伤残,田园荒芜,妻子离散,经济破产。武帝时长期进行战争的结果,小农经济受到极大破坏。大量农民离开土地,流亡外地。"元封四年关东流民二百万口,无名数者四十万"[③]。

---

① 《汉书》卷四《文帝纪》。
② 《汉书》卷二四《食货志》。
③ 《汉书》卷四六《石奋传附子庆传》。

两汉四百年间,人民流亡一直不断①。昭、宣时期农民流亡情况比武帝时稍好一些,但也不断发生。

昭帝始元四年七月诏曰:"比岁不登,民匮于食,流庸未尽还。"②

宣帝地节三年三月诏曰:"……今胶东相成,劳来不怠,流民自占八万余口。"十月又诏:"流民还归者,假公田,贷种食,且勿算事。"③

元帝以后,情况就越来越严重了。初元元年(公元前48年)贾捐之在奏对中说:"今天下独有关东,关东独有齐楚。民众久困,连年流离。离其城郭,枕席于道路。"④

薛广德上书曰:"窃见关东困极,人民流离。"⑤

成帝鸿嘉四年,正月诏曰:"……农民失业,……关东流冗者众,青、幽、冀部尤剧"⑥。"上(成帝)使尚书何(谷)永,受所欲言。永对曰……灾异屡降,饥馑仍臻,流散冗食,饿死于道,以百万数。"⑦

哀帝策免丞相孔光曰:"阴阳错谬,岁比不登,天下空虚,百姓饥馑,父子分散,流离道路,以十万数。"⑧

---

① 参看王仲荦:《魏晋南北朝史》上册,第6—9页,汉代农民流亡表。
② 《汉书》卷七《昭帝纪》。
③ 《汉书》卷八《宣帝纪》。
④ 《汉书》卷六四下《贾捐之传》。
⑤ 《汉书》卷六四《薛广德传》。
⑥ 《汉书》卷一〇《成帝纪》。
⑦ 《汉书》卷八五《谷永传》。
⑧ 《汉书》卷八一《孔光传》。

王莽时,"流民入关者,数十万人。……莽耻为政所致,乃下诏曰:……枯旱、霜、蝗,饥馑荐臻,蛮夷猾夏,寇贼奸轨,百姓流离,予甚悼之。"①更始时冯衍说:"天下离王莽之害久矣。……饥寒并臻,父子流亡,夫妇离散。"②

东汉在光武和明帝开国初期,流民问题就已存在,和帝以后更是史不绝书。

和帝永元五年(93),"遣使者分行贫民,举实流冗,开仓赈禀三十余郡"。开仓赈禀三十余郡,说明广大地区都有流民。六年又诏:"流民所过郡国,皆实禀之。"十二年诏:"郡国流民,听入陂池渔采,以助蔬食。"又诏曰:"比年不登,百姓虚匮。……黎民流离,困于道路。"十四年又诏:"赈贷张掖、居延、敦煌、五原、汉阳、会稽流民、下贫谷,各有差。"十五年又诏:"流民欲还归本而无粮食者,过所实禀之……其不欲还归者勿强。"③终和帝之世,农民流亡不止。

安帝时,"频遭元二之厄,百姓流亡,盗贼并起"④,司隶和冀、并二州"民讹言相惊,弃捐旧居,老弱相携,穷困道路"⑤。永初二年安帝使樊准"与议郎吕仓并守光禄大夫。准使冀州,仓使兖州。准到部开仓禀食,慰安生业,流人咸得苏息。还拜巨鹿太守。时饥荒之余,人庶流进,家户且尽"⑥。安帝有诏自责:"朕以不德……万民饥流。"永初四年"诏以三辅比遭寇乱,人庶流冗"。而朝歌一

① 《汉书》卷二四《食货志》。
② 《后汉书》卷二八《冯衍传》。
③ 《后汉书》卷四《和帝纪》。
④ 《后汉书》卷四六《陈宠传附子忠传》。
⑤ 《后汉书》卷五《安帝纪》。
⑥ 《后汉书》卷三二《樊宏传附族曾孙准传》。

地,就有"青冀之人,流亡万数"。元初二年"诏稟三辅及并凉六郡流冗贫人"①。

顺帝永建二年(127),"诏稟贷荆、豫、兖、冀四州流冗贫人,所在安业之"。六年诏曰:"连年灾潦,冀部尤甚。⋯⋯百姓犹有弃业,流亡不绝"②。"昔永和之末,纲纪少弛,颇失人望,四五岁耳,财空户散,下有离心。马免之徒乘敝而起,荆扬之间,几成大患。"③

桓帝永兴元年"郡国三十二蝗。河水溢。百姓饥穷,流冗道路,至有数十万户,冀州尤甚"④。

以上所举两汉时期农民流亡的事实材料,是很不完备的。就这些材料已可看出,汉代特别是东汉,农民破产流亡连年不断,范围遍及全国各地。

史书上记载农民流亡,总是和蝗、旱、水潦等自然灾害联系在一起的,这自然是实际情况。但是促使农民流亡的主要原因是商人兼并农民,和国家租税徭役苛重。晁错"此商人所以兼并农人,农人所以流亡也",摸到了一点问题所在。西汉元帝时,人民困苦,流散道路。元帝企图以赐民公田的办法,把农民稳定在农村。大臣贡禹指出这不是办法,他说:"民弃本逐末,耕者不能半。贫民虽赐之田,犹贱卖以贾,穷则起为盗贼。何者?末利深而惑于钱也。

---

① 《后汉书》卷五《安帝纪》。
② 《后汉书》卷六《顺帝纪》。
③ 《后汉书》卷四三《朱晖传附孙穆传》。
④ 《后汉书》卷七《桓帝纪》。

是以奸邪不可禁,其原皆起于钱也"①。他把农民弃本逐末现象之所以产生,归因于农民惑于钱,这当然是错误的。但他把农民弃本逐末,虽赐之田犹贱卖以贾的现象,归因于钱,却和晁错一样也看到问题的一点真实面。恩格斯在《家庭、私有制和国家的起源》一书中,说到货币产生后在社会中所起的作用时说"当人们发明货币的时候,他们并没有想到,这样一来他们就创造了一种新的社会力量,一种整个社会都要向它屈膝的普遍力量"。"谁握有它,谁就统治了生产世界。但是,谁首先握有了它呢? 商人"。"随着贸易的扩大,随着货币和货币高利贷、土地所有权和抵押制的产生,财富便迅速地积聚和集中到一个人数很少的阶级手中,与此同时,大众日益贫困化,贫民的人数也日益增长"。② 所以贡禹只看到了问题的一个侧面,并没有触及问题的本质。农民是由于钱的关系不得不离开土地,但不是惑于末利要去发财。而是因为商人手中握有货币,握有大量的财富,对农民进行高利贷剥削;加上赋役繁重,农民不得不出卖土地而流亡。在社会生产向上发展,生产关系还没有走下坡路的时候,天灾就不会发生那么大的作用。东汉之所以一有天灾人民就大量流亡,是由于东汉社会即使是没有天灾,人民也已经生活不下去了。王符所说的"今察洛阳,资末业者什于农夫,虚伪游手什于末业";"天下百郡千县,市邑万数,类皆如此"③,说明没有天灾时,农民也大量离开土地流入城市。晁错、贡禹都看到了问题的一点真实面,这比仅归之天灾,深刻多了。

---

① 《汉书》卷七三《贡禹传》。
② 《马克思恩格斯全集》第 21 卷,第 129、190、191 页。
③ 《潜夫论》卷三《浮侈篇》,见《后汉书》卷四九《王符传》。

西汉初流民问题刚发生的时候,就有人认为解决流民问题需要地著,把人民束缚在土地上。贾谊对文帝说:"今殴(驱)民而归之农,皆著于本,使天下各食其力,末技游食之民,转而缘南亩。"①晁错对文帝说:"(民)贫生于不足,不足生于不农。不农则不地著,不地著则离乡轻家,民如鸟兽,虽有高城深池,严法重刑,犹不能禁也。"②但汉代并没有能把农民附着在土地上。东汉政府对于流民,不是劝他们还归本土,不愿勿强,就是对流民自占者赐爵一级,此外别无办法。

魏晋以后,才解决了地著问题。

汉魏之际代替自由民、奴隶而发展起来的依附关系本身,就包括地著。这些半自由的依附民,没有离开本主的自由,参加农业生产的人也就不能离开土地。曹魏给公卿的租牛客户,晋代给官品的皆注家籍的佃客等依附农民都是不能离开主人,也是不能离开土地的。南朝梁时有个张秀民,"居于东林寺,有田数十顷,部曲数百人,率以力田"③,由主人率以力田的这些部曲,不能离开主人,也就不能离开土地。依附农民不能离开土地的最好的说明是北魏的僧祇户。《魏书·释老志》载:"尚书令高肇奏言:谨案故沙门统昙曜,昔于承明元年,奏凉州军户赵苟子等二百家为僧祇户,立课积粟,拟济饥年。……而都维那僧遍、僧频……肆意任情,奏求逼召,致使吁嗟之怨,盈于行道,弃子伤生,自缢溺死,五十余人。岂是仰赞圣明慈育之意,深失陛下归依之心,遂令此等,行号巷哭,叫

---

① 《汉书》卷二四《食货志》。
② 同上。
③ 《梁书》卷五一《张秀民传》。

诉无所，至乃白羽贯耳，列讼宫阙。……请听苟子等还乡课输，俭乏之年，周给贫寡，若有不虞，以拟边捍。"僧祇户是佛教寺院的依附农，被盘剥至死都没有离开土地的自由。这个例子也说明军户也是半自由的国家的依附民。由军户演变为僧祇户，由僧祇户还复为军户，只有主人的变换，并无身份的改变。赵苟子等还为军户后，仍是还乡输课，附着在土地上，必要时还得当兵打仗。

　　魏晋的屯田，都是军法部勒的，前面已经说过了。屯田客在军事管理下，当然没有离开土地的自由。北朝的均田户，有三长制的管束，也没有离开土地的自由。当然，均田户实际上不自由到什么程度，还要作进一步研究。但南北朝时期均田户对国家的依附和隶属关系比汉代的编户齐民为强，这是没有问题的。

　　总之，汉代流民问题比较严重，魏晋南北朝地著情况比较显著。汉代也有加强地著的呼声，"编户"中"编"字的本身也有不能随意离开本乡本土的含义。魏晋南北朝也有流民，但从近千年的发展总形势看，从战国秦汉到魏晋南北朝，农民从流亡到地著的变化是很显著的。

（原载《社会科学战线》1979 年第 4 期）

汉魏之际人身依附关系向
隶属关系的转化

我们常常用"依附关系"来指历史上一家豪族和他们属下的人的关系,特别是指近乎封建社会里封建领主和农奴的关系。就中国历史来说,在春秋战国时代,甚或西周以来,我们已看到依附关系的出现,魏晋南北朝隋唐更看到依附关系的发展。然而,战国秦汉的依附关系和魏晋南北朝隋唐的依附关系是有着质的区别的。战国秦汉的依附关系是以自由民的投靠为主,而魏晋南北朝隋唐的依附关系则以奴隶半解放仍不离开主人者为多。在身份上,前者仍属自由身份,后者已属半自由的人。为了能反映这种"质"的变化,我现在倾向于用"依附关系"来表达战国秦汉的私徒属、部曲、宾客、食客等和主人的关系;用"隶属关系"来表达魏晋南北朝隋唐"客皆注家籍"的私属人口如部曲、客等和主人的关系。

这一变化,在历史上有两件事是关键,一是王莽的改革,一是曹魏末年给公卿以下及贵势之家以租牛客户。王莽改"奴婢曰私属"①,是奴主关系向半自由的隶属关系的开始;"魏氏给公卿以下

---

① 《汉书》卷二四《食货志》。

租牛客户"、"自后小人惮役,多乐之"①,是依附关系向隶属关系转化的完成。从王莽到曹魏末年,是依附关系到隶属关系的发展过程,是量的变化和量的变化在行进;魏氏给公卿以下租牛客户,是质的变化,是变化的到位。王莽变法,是奴隶身份的提高;魏氏诏给客户,是编户民身份的下降。一上一下,完成了奴主关系和依附关系向人身隶属关系的转化。

一

西汉最大最集中的社会问题,是土地兼并问题、商人资本问题和奴隶问题。贾谊、晁错、董仲舒、贡禹、哀帝、王莽等政治家、思想家,绞尽脑汁要解决的问题,就是钱、土地、奴隶这三个问题,最后出现王莽改革。

到了东汉,奴隶问题不见了。没有奴隶暴动,没有思想家、政治家谈论奴隶问题或呼吁解决奴隶问题。刘秀是下过几次诏令解放奴隶,但他所要解放的奴隶主要是战争中所创造出来的新奴隶,并非长期存在的成为社会问题的奴隶。

如何解释这一现象、解释这个问题呢?我认为,关键在于王莽改制。王莽"更名天下田曰王田,奴婢曰私属,皆不得卖买"②。改天下田曰王田,这是将私有土地收归国有;奴婢曰私属,奴隶仍不离开本主人,在这奴隶问题使人大伤脑筋的时代,这是解决奴隶问

---

① 《晋书》卷九三《王恂传》。
② 《汉书》卷二四《食货志》。

题的最好的办法。我估计,西汉末年民间可能已出现这种办法,奴隶主半解放奴隶为私属、为客,仍不离开主人;奴隶得到了半解放,奴隶主也没有损失。在当时阶级对立条件下,这样做实际上是利大于弊。王莽接受了当时民间已经出现的这条解决奴隶问题的先进办法,在他的改革中就提出改"奴婢曰私属"这条措施。"奴客"二字连到一起用,我看到的最早的记载是《汉书·胡建传》中的一段话:

> 渭城令建将吏卒围捕。盖主闻之,与外人、上官将军多从奴客往,奔射追吏,吏散走。

这是汉昭帝时的事。"奴客"的含义不清楚,可能是奴与客。但奴、客既已连用,联系到王莽改"奴婢曰私属"的改革,再看到东汉"奴客"连用的记载多起来,和奴隶问题不再是社会上的严重问题;西汉昭帝时出现的"奴客",有可能反映奴隶向客的转化已在出现。这虽然是推想,但是合理的,有可能的。这是奴到客的变化的端倪。

依附关系的另一来源,是自由民的投靠。像战国时期的四公子养士。这些食客的来源,百分之百是自由民投靠。平原君门下的食客就有这样一段故事。据《史记·平原君虞卿列传》言:

> 平原君家楼临民家。民家有躄者,槃散行汲。平原君美人居楼上,临见,大笑之。明日,躄者至平原君门,请曰:"……君之后宫临而笑臣,臣愿得笑臣者头。"平原君笑应曰:"诺。"……平原君……终不杀。居岁余,宾客门下舍人稍稍引去者过半。平原君怪之。……门下一人前对曰:"以君之不杀笑躄者,以君为爱色而贱士,士即去耳。"于是,平原君乃斩笑躄者美人

头,自造门进毙者,因谢焉。其后,门下乃复稍稍来。

这个故事反映出平原君的门下食客都是些自由人。受尊重就来,不受尊重就走,来去完全是自由的。此处不留爷,自有留爷处!西汉时期,豪门强宗的宾客可能也是百分之百地来自自由民的投靠,来去自由。《史记·汲郑列传》说:"郑庄、汲黯,始列为九卿。……此两人中废,家贫,宾客益落。"《传》后太史公曰:"夫以汲、郑之贤,有势则宾客十倍,无势则否,况众人乎?"

大约可以这样区分:王莽以前,豪门强宗的依附民以自由民投靠为主;王莽以后东汉前期,依附民的来源有了奴隶半解放成为私属的另一来源。依附关系也由春秋战国以来的依附关系向私属隶属关系转化。

二

王莽末年的农民暴动和豪门强宗反莽战争,使天下大乱。在纷乱中,加强了地方分裂势力和依附关系的发展。东汉末年,先有黄巾暴动后有董卓之乱,使得地方分裂势力和豪门强宗势力进一步强化。由曹丕《典论·自叙》所说,讨伐董卓时,"名豪大侠,富室强族,飘扬云会,万里相赴",以及"山东大者连郡国,中者婴城邑,小者聚阡陌,以还相吞灭"①,当时的纷乱情况可想而知。

那些"中者婴城邑,小者聚阡陌"的,多半是些地方豪门强宗。他们兴起坞壁,拥众自守。无力自保的小民,就投靠这些豪门强宗

_____

① 《三国志》卷二《文帝纪》注引。

要求保护。例如:"许褚,谯国谯人也。……汉末,聚少年及宗族数千家,共坚壁以御寇。"①管宁避乱辽东,"避乱者皆来就之,旬日而成邑"②。田畴,"入徐无山中,营深险平敞地而居。……数年间至五千余家"③。

当时,全国各地大约布满了这种坞壁。就以袁绍家乡为例,就可看出一些消息。据《三国志·魏志·满宠传》载:

> 时袁绍盛于河朔,而汝南绍之本郡。门生宾客布在诸县,拥兵拒守。太祖忧之,以宠为汝南太守。宠募其服从者五百人,率攻下二十余壁。诱其未降渠帅,于坐上杀十余人,一时皆平。得户二万,兵二千人,令就田业。

当时情况,得户二万已不是小数。

坞壁是守卫组织,保护了坞壁内人们的生命财产;它也构成生产机构,在坞壁主的率领下进行生产。《三国志·魏志·田畴传》记田畴在徐无山中的聚众而居,对生活、生产都有一套管理办法。书中虽未提这就是坞壁组织,坞壁组织大约也就是如此:

> 田畴……率举宗族他附从数百人……遂入徐无山中,营深险平敞地而居,躬耕以养父母。百姓归之,数年间至五千余家。畴谓其父老曰:"诸君不以畴不肖,远来相就,众成都邑,而莫相统一,恐非久安之道,愿推择其贤长者以为之主。"皆曰:"善。"同金推畴。畴曰:"今来在此,非苟安而已……而轻薄之徒自相侵侮,偷快一时,无深计远虑。畴有愚计,愿与诸

---

① 《三国志》卷一八《许褚传》。
② 《三国志》卷一一《管宁传》。
③ 《三国志》卷一一《田畴传》。

君共施之,可乎?"皆曰:"可。"畴乃为约束相杀伤、犯盗、诤讼
之法,法重者至死,其次抵罪,二十余条。又制为婚姻嫁娶之
礼,兴举学校讲授之业,班行其众。众皆便之,至道不拾遗。

这里有了刑法、民法、教育、礼俗,俨然是一个小国家、小社会。很
可能当时的坞壁大体上都是这种形式,一方面是生活组织,一方面
是生产组织。有首领,有群众,有大家都要共同遵守的礼法、制度。
有了这些礼法制度,自然也就加强了坞壁内的人和人的关系,特别
是加强了坞壁主和投附者的关系。在当时依附关系向隶属转化的
大形势下,自然也就加强了坞壁主和投靠者依附关系向隶属关系
的发展。

三

东汉以来,豪门强宗发展强大的形势已影响到地方长官和属
吏的关系,影响到豪门强宗和属下人的关系。一种君臣关系在他
们之间逐渐出现和发展,发展到臣必须为君尽忠,甚至为君而死的
关系。请看韩嵩对刘表的一段话:

初,表谓嵩曰:"今天下大乱,未知所定。曹公拥天子都
许,君为我观其衅。"嵩对曰:"圣达节,次守节。嵩,守节者也。
夫事君为君,君臣名定,以死守之;今策名委质,唯将军所命,
虽赴汤蹈火,死无辞也。以嵩观之,曹公至明,必济天下。将
军能上顺天子,下归曹公,必享百世之利,楚国实受其佑,使嵩
可也;设计未定,嵩使京师,天子假嵩一官,则天子之臣,而将
军之故吏耳。在君为君,则嵩守天子之命,义不得复为将军死

也。唯将军重思，无负嵩。"表遂使之。果如所言，天子拜嵩待中，迁零陵太守。还称朝廷、曹公之德也。表以为怀贰……持节将斩之。①

再看公孙瓒的话：

（瓒）为郡吏。刘太守坐事征诣廷尉，瓒为御车，身执徒养。及刘徙日南，瓒具米肉，于北芒上祭先人，举觞祝曰："昔为人子，今为人臣，当诣日南，日南瘴气，或恐不还，与先人辞于此。"再拜慷慨而起。时见者莫不歔欷！②

这两段很有意义的记载说明，到东汉末年，一般地方官吏对地方长官已是君臣关系。这既是东汉以来地方势力发展的结果，也是社会上豪门强宗和属下依附关系强化的反映。

地方势力和依附关系的发展，在曹魏时期特别是曹操时期遭到厄运。东汉中期以后，政治上长期陷于外戚、宦官斗争的局面，一个时期外戚当政，一个时期宦官掌权。东汉的外戚如窦、马、梁家，都是豪门强宗的顶尖代表家族，宦官是皇帝的左右近臣。宦官、外戚间的斗争实际上代表的是皇权与豪强之家的斗争。曹操出身宦官家族，祖父曹腾就是桓帝时的大宦官。曹操的政治理想是皇权，是皇帝集权。他对豪门强宗和地方分权势力，都是打击的。从曹操在建安元年掌握政权、扩展管辖区域开始，他对地方势力和豪门强宗一直是打击的，对豪门强宗因依附关系而取得的特权一直是不承认的。请看下面一些记载：

---

① 《三国志》卷六《刘表传》。
② 《三国志》卷八《公孙瓒传》。

太祖平荆州，以芝为菅长。时天下草创，多不奉法。郡主
簿刘节，旧族豪侠，宾客千余家，出为盗贼，入乱吏治。顷之，
芝差节客王同等为兵，掾史据白："节家前后未尝给繇，若至时
藏匿，必为留负。"芝不听，与节书曰："君为大宗，加股肱郡，而
宾客每不与役，既众庶怨望，或流声上闻。今（条）〔调〕同等为
兵，幸时发遣。"兵已集郡，而节藏同等，因令督邮以军兴诡责
县，县掾史穷困，乞代同行。芝乃驰檄济南，具陈节罪。太守
郝光素敬信芝，即以节代同行。青州号芝"以郡主簿为兵"。①

太祖辅政，迁沛为长社令。时曹洪宾客在县界，征调不肯
如法。沛先挝折其脚，遂杀之。由此，太祖以为能。②

（满宠）为许令，时曹洪宗室亲贵，有宾客在界，数犯法，宠
收治之。洪书报宠，宠不听。洪白太祖，太祖召许主者。宠知
将欲原，乃速杀之。太祖喜曰："当事不当尔邪!"③

上述事例说明，曹操对当时处在发展中的豪门强宗势力，是对抗
的。

四

在地方势力、豪门强宗和依附关系猛烈发展的时代与社会大
潮下，曹操的集权力量能阻挡一时，难阻挡长久。这大潮的走向是
抗不住的。魏文帝曹丕以后，打击、限制政策就逐渐软化。曹丕为

---

① 《三国志》卷一二《司马芝传》。
② 《三国志》卷一五《贾逵传》注引《魏略·杨沛传》。
③ 《三国志》卷二六《满宠传》。

了和兄弟曹植争位,引用世家豪族陈群、司马懿为助手。曹操时以打击豪强起家而又无后台的人,文帝和文帝以后就多不被任用。以能严惩"征调不肯如法"的曹洪的宾客而博得曹操"以为能"臣称号的杨沛,到文帝时命运就很苦了:

> 黄初中,儒雅并进,而沛本以事能见用,遂以议郎冗散里巷。沛前后宰历城守,不以私计介意,又不肯以事贵人,故身退之后,家无余积。治疾于家,借舍从儿,无他奴婢。后占河南(夕)(几)阳亭部荒田二顷,起瓜牛庐,居止其中,其妻子冻饿。沛病亡,乡人亲友及故吏民为殡葬也。①

一代能臣,落了个如此凄凉的下场。推论其原,当与杨沛非豪门出身又不肯屈事贵人有关,与曹丕的"儒雅并进"也是不无关系的。

曹魏后期,正式承认豪门贵族之家的田客可以免除对国家的租税徭役负担。据《晋书·王恂传》载:

> 魏氏给公卿已下租牛客户数各有差。自后小人惮役,多乐为之,贵势之门动有百数。又太原诸部亦以匈奴胡人为田客,多者数千。

王恂,父王肃,祖王朗,女司马昭夫人,弟王恺,与石崇斗富,是魏晋世家名族。这里《传》所说"魏氏",当是司马氏已专魏政后的魏。司马氏以各种手段收买世家豪族为篡魏作准备,给公卿以下租牛客户就是手段之一。

魏氏给公卿以下租牛客户,这是中国社会经济史上的大事。这是在战国秦汉中国古代社会就孕育着的依附关系向魏晋南北朝

① 《三国志》卷一五《贾逵传》注引。

隋唐中世社会的人身隶属关系转化过程中的关键大事。依附者对豪门强宗的人身隶属关系已为国家所承认;从而出现的豪门强宗对依附者的人口分割制,也自然为国家所承认。这是初次,也是重要的一次。

晋武帝灭吴统一全国后,颁布户调式,规定户调田租;又制定官吏各以贵贱品级占田。又制定官吏"各以品之高卑荫其亲属,多者及九族,少者三世。宗室、国宾、先贤之后及士人子孙亦如之"。更为重要的是,"又得荫人以为衣食客及佃客,品第六以上得衣食客三人。……其应有佃客者,官品第一、第二者佃客无过五十户,第三品十户,第四品七户……第八品、第九品一户"[①]。

上面这段材料,在记载西晋佃客、衣食客和主人的关系上有三个重要处漏记:一是没有记佃客、衣食客对官府还有无关系;二是没有记佃客和主人如何分配佃谷;三是没有记佃客、衣食客是否还是国家的编户民。而后来的《隋书·食货志》在记载东晋的制度时补足了这三点。除各品官可以占有的佃客、衣食客的数额和制度有些变动之外,较为明确地指出:(1)"佃客、典计、衣食客之类,皆无课役";(2)"其佃谷皆与大家量分";(3)"客皆注家籍"。

《隋书》的记载,是东晋的制度有变化、东晋时期增加的呢?还是西晋已有而《晋书·食货志》漏记了呢?因文献不足征,已很难考明。但我倾向这是《晋书·食货志》的漏记。因为魏氏已给公卿、贵势之家租牛客户,数各有差。这些租牛客户都是不再负担国家课役的。西晋给客制度是从曹魏继承来的。所以,东晋的衣食

---

① 《晋书》卷二六《食货志》。

客、佃客"皆无课役","佃谷皆与大家量分","客皆注家籍",很可能是从西晋继承来的,是《晋书·食货志》的漏记。

姑假定如此,战国秦汉以来的豪门强宗和他们属下宾客、部曲、奴客的依附关系已发展为人身隶属关系及由之而来的人口分割。封建性质的人身隶属关系和人口分割制已经确立了。

"人口分割制",是我六十多年前使用的一个词。1935 年,我在北京大学毕业时撰写的论文《中古大族寺院领户研究》最早使用了这个词。在这篇文章中我说道:

> 中古时代,人口不全为国家所有,依我们前面的叙述,社会人口是为大族寺院所分割的,被分割了的人口对国家无租役调的义务。这种制度所表现的国家大族寺院与农民的关系,不同于中古以前和以后的。中古以前和以后,整个社会人口全属于国家的领治之下,大族寺院只是一个地主,他与佃户的关系只是主佃的关系,佃户仍是国家的领户。其剥削形式是双层剥削,国家同地主叠起来建立于同一农民之上,把在一家农户剥削所得,拿去国家和地主分,国家要税,地主要租。这是中古的单层剥削制,国家大族寺院先把人口分了,然后再各人剥削各人的,是全不相同的。[①]

为了更直观地说明这一形式,当时我用图来表示两种不同时代的两种不同的剥削制度:

中古的剥削形式:

---

① 见拙作:《中古大族寺院领户研究》,《食货》第 3 卷第 4 期。

中古前和后的剥削形式：

$$国家 \xrightarrow{（税）} 地主 \xrightarrow{（租）} 农民$$

（大族）
（寺院）

　　人身隶属关系、人口分割制，是中世社会主要的生产关系、剥削关系。隶属关系合法化，也使人口分割制合法化。魏晋南北朝隋唐时期，在合法化外衣掩护下，豪门强宗加上寺院分割人口数量和国家领户的比数如何，史料中没有统计数字留下。但从一些记载中，我们也可以看到一些消息：

　　（山）遐……为余姚令，时江左初基，法禁宽弛。豪族多挟藏户口，以为私附。遐绳以峻法，到县八旬，出口万余。①

　　都下佛寺五百余所，穷极宏丽，僧尼十余万，资产丰沃。所在郡县，不可胜言。道人又有白徒，尼则皆畜养女，皆不贯人籍，天下户口几亡其半。②

　　正光已后，天下多虞，王役尤甚。于是所在编户，相与入道，假慕沙门，实避调役，猥滥之极，自中国之有佛法，未之有也。略而计之，僧尼大众二百万矣。③

①　《晋书》卷四三《山涛传附山遐》。
②　《南史》卷七〇《郭祖深传》。
③　《魏书》卷一一四《释老志》。

延昌末……于时民多绝户而为沙门。①

汉代的郡县编户约在五千万口、一千万户。魏晋南北朝时期，郡县编户民数突然下降。唐开元天宝年间，豪门强宗属下人身隶属关系和人口分割式微，郡县人口才又上升。这也给我们一些消息，使我们认识魏晋南北朝隋唐中世社会豪门强宗和佛教寺院属下人口分割之多。

五

自从我在一些文章里提出"依附关系"是汉魏之际出现的封建社会的特征以后，我隐约地意识到有些学者提出依附关系是自古就有的，特别是战国秦汉就有的，用以说明封建社会不自汉魏之际开始。这使得我重新考虑"依附关系"一词的使用。我认识到，即使依附关系古已有之，到汉魏之际它也是有变化的，有着"质"的变化的。这篇文章意在说明这个"质"的变化。汉魏之际以前是"依附关系"，汉魏之际以后是"隶属关系"。

（原载《河北学刊》2003 年第 6 期）

---

① 《魏书》卷五三《李孝伯传》。

佛教经律关于寺院财产的规定

　　唐初大和尚释道宣有两部关于佛律的著作,即:《行事钞》(书的全名是《四分律删繁补阙行事钞》)和《量处轻重仪》。

　　释道宣,俗姓钱,丹徒(今江苏镇江境)一说长城(今江苏长兴境)人。生于隋文帝开皇十六年。十六岁落发出家。隋炀帝大业中,从智首律师受具足戒,习律。唐高宗乾封二年(667)死,活了七十二岁。释道宣是唐朝初年佛教史上一个显赫人物。他编纂的有关佛教史的书有《广弘明集》、《续高僧传》和《大唐内典录》等。他也是中国佛教律宗的开山人。他写了一些关于佛律的著作,《行事钞》和《量处轻重仪》就是其中的两部。《行事钞》是阐释《四分律》的,其中有关于寺院僧尼财产法的规定,《量处轻重仪》是专讲寺院僧尼财产法的。

　　佛教虽从汉朝就传入中国,但东晋十六国时期才有律藏的翻译。十六国姚秦时期,关中行的是《僧祇律》,南朝和北魏行的是《十诵》。北朝末年,《四分律》兴起。隋唐统一,全国都用《四分律》。

　　释道宣讲律,虽以《四分》为主,但也不限于《四分》。他在《行事钞》和《量处轻重仪》中就是兼采各律之说的。他在《量处轻重仪》的序里说:"今此神州,通行《四分》。即以此律为本,搜括诸部成文,则何事而不详?何义而非决?遂删补旧章,撰述《事钞》。"又说:"今约先旧钞,更引所闻,科约事类,录成别体,名为《量处轻重仪》也。"①这就是他兼采众说的最好的说明了。

佛教是宣传出世的宗教,僧尼是出家之人。他们连家庭六亲都不要了,更不应积聚财产,因生烦恼。除三衣、六物之外,佛教教律原是禁止寺院僧尼畜有财物的。但出世的宗教和出家的僧尼都不能不生活在社会之中,寺院僧尼生活在私有制社会之中,就不能不受这个社会的所有制的影响。寺院财产和僧尼私有财产发生了,随着,佛教内律中关于寺院财产和僧尼私有财产的法规也出现了。

佛教说,佛经是佛说的,佛律是佛制的。这当然是后世佛教僧侣的假托。佛经、佛律都是佛教在传教过程中逐渐制出来的,它是印度古代社会的产物。随着佛教的发展,僧尼人数的众多,世俗社会生活对佛教教会和僧侣生活的影响和渗透,繁琐清苦的戒律必然逐渐遭受破坏不能施行,在印度是这样,在中国也是这样。律宗大师释道宣也不得不感叹地说:"戒是生死舟航,出家宗要。受者,法界为量;持者,麟角犹多。"②

佛教内律关于寺院财产和僧尼私有财产的规定是律的一部分,在实际执行中也是大有问题的。大量的历史材料说明内律规定的寺院财产和僧尼私有财产法都是没有严格执行的。但不管实际实行的程度如何,律仍是律,它是处理寺院财产和僧尼私有财产

---

① 见日本大正新修《大藏经》卷四五。以下引文称《大正藏》。
② 《行事钞》卷中一《随戒释相篇》,见《大正藏》卷四〇。

时应遵循的律条。因此,研究寺院经济,一方面应当了解它的实际
情况,一方面也应该了解它的内律规定,了解佛教关于寺院财产和
僧尼私有财产的思想和法理。

这里依据道宣的《行事钞》和《量处轻重仪》谈谈经律关于寺院
财产的规定。

一、三宝财物——佛物、法物和僧物

我们所说的寺院财产,佛教经律称为三宝物,即佛物、法物和
僧物。三宝的财物,各有所属。属于佛的称为佛物,如佛像、殿堂、
香花、幡盖等;属于法的称为法物,如经卷、纸笔、箱函等;属于僧的
称为僧物,如田宅、园林、衣钵、谷物等。

三宝财物中的大项是僧物,这是寺院财产的支柱。僧侣有常
住僧物和现前僧物。常住僧物又有局限常住僧物和四方常住僧物
之分;现前僧物又有四方现前僧物和当分现前僧物之分。

局限常住僧物,也称常住常住僧物。它是只限于一个寺院所
掌握的常住物,如田园、庄宅、牲畜、奴隶等,都属于这类常住物。
《量处轻重仪》说:"局限常住僧物,谓约界限,不通余寺,恒供别住,
故云然也。物相如何? 即田园、房宇、山林、池泽、人畜等是也。"①
局限常住僧物,只是由于它"恒供别住",即只供个别寺院僧众而
"不通余寺",所以它被称作"局限"常住,但它是僧院常住财产,是
属于佛教僧众全体的。《行事钞》的提法是比较好的。《行事钞》

---

① 《量处轻重仪》,见《大正藏》卷四五,第 844 页上。

说："常住谓（原注：'谓'是'常'之误）住，谓众僧厨库、寺舍、众具、华果、树林、田园、仆畜等。以体通十方，不可分用。"[1]"体通十方"就比"不通余寺"好多了。

四方常住僧物，亦称十方常住僧物。《量处轻重仪》说："谓义通域外，事限坊中，故云然也。物相如何？而现熟僧供分噉之物是也。"[2]《行事钞》说："如僧家供僧常食，体通十方，唯局本处。"[3]这部分四方或十方常住僧物，虽然"事限坊中"即限于一个寺院，但却是"义通域外"、"体通十方"，而不限于一个寺院的。供给僧众的食物，本寺僧众可以享用，寺外的所有僧众都可享用，至少法理上是如此的。

四方现前僧物，亦称十方现前僧物。《量处轻重仪》说："四方现前僧物，谓情通内外，立法遮分。即道俗七众为僧得之施，存亡五众入分轻物等是也。"[4]《行事钞》说："十方现前，如亡五众轻物也。"[5]这类僧物在法理上是属于一寺院内外一切僧众的，即所谓"情通内外"，但实际上却只有一个寺院内的僧众才有机会受到分配，即所谓"立法遮分"。这类财物主要是道俗七众施给僧众的财物和僧尼亡后应由僧尼分的财物。

当分现前僧物，亦称作现前现前。"谓供身众具，限分衣资也。"[6]这里指的大约是由寺院供给的僧尼现服现用的三衣六物之属。

① 《行事钞》卷中一《随戒释相篇》，见《大正藏》卷四〇，第55页下。
② 《量处轻重仪》，见《大正藏》卷四五，第848页中。
③ 《行事钞》卷中一《随戒释相篇》，见《大正藏》卷四〇，第55至56页。
④ 《量处轻重仪》，见《大正藏》卷四五，第849页上。
⑤ 《行事钞》卷中一《随戒释相篇》，见《大正藏》卷四〇，第56页上。
⑥ 《量处轻重仪》，见《大正藏》卷四五，第849页上。

二、盗用三宝财物有罪

　　按照佛教内律规定,盗用三宝财物是犯罪的。对盗用佛物、法物、僧物,都分别有说。先说盗佛物。《行事钞》说:

　　　　《十诵》盗天神像衣,结偷兰①。《涅槃》亦云,造立佛寺用珠华鬘供养,不问辄取,若知不知皆犯偷兰。若有守护主者,三宝物边皆结重罪。无守护主望断,施主福边结罪。……《十诵》,盗佛图物、精舍中供养具,若有守护,计直成犯。……《摩得伽》中,盗佛像、舍利,不满五故偷兰,满五②犯重。③

盗法物,同样有罪。《行事钞》引用了多条经文、律文予以说明。例如:

　　　　法是非情,无我所心。律中结重者,望守护主结也。文云,时有比丘盗他经卷,佛言,计纸墨结重。佛语无价故。《十诵》、《摩得伽》、《萨婆多》,并同望护主结。《五分》,盗经者,计

----

　　① 违犯戒律是有罪的。佛教戒律有所谓“五篇七聚”。五篇即:1.“波罗夷”,义为死罪。2.“僧伽婆尸沙”——众残罪,亦即次死罪,犯这种罪的,尚“残”存一线生机,须向二十僧众忏悔,方可免罪,故云。3.“波逸提”——“堕”罪。又有两种:一种不涉及财物的,就叫“堕”罪;再一种,涉及财物的,叫“舍堕”,“舍”掉财物再忏“堕”罪。4.“波罗提舍尼”——“向彼悔”。5.“突吉罗”——“恶作”。所谓七聚,即于五篇之外,再加“偷兰遮”——“障善道”,它是次于“众残”的一种罪,应排第三。6.“恶说”,即把“突吉罗”分为两种。属于“身业”的,叫“恶作”,属于“口业”的,叫“恶说”。(参看《行事钞》卷中一《篇聚名报篇》,见《大正藏》卷四〇,第46至50页)

　　② “满五”指满五钱。据说当时印度法律规定,盗满五钱的,犯死罪。佛教戒律因有“满五犯重”的制定。

　　③ 《行事钞》卷中一《随戒释相篇》。

纸墨书功,满五犯重。《摩得伽》云,偷经物满五犯重,不满犯轻①。

依《十诵》,"借经拒而不还,令主生疑者"②,都要犯偷兰罪。

盗用僧物,情况比较复杂。如前所述,僧物有常住、现前等四种之分。盗用不同类僧物,有不同罪名。《行事钞》对于盗用僧物,即依顺四类僧物,逐条论述。引如下:

常住常住,谓众僧厨库、寺舍、众具、华果、树林、田园、仆畜等。以体通十方,不可分用,总望众僧,如论断重。《僧祇》云,僧物者,纵一切比丘集亦不得分。此一向准入重摄。

十方常住,如僧家供僧常食。体通十方,唯局本处。若有守护望主结重,同共盗损,轻得轻罪。《僧祇》云,若将僧家常食还房,得偷兰。《善见》云,若取僧物如己物,行用与人,得偷兰(准共盗僧食)。若盗心取,随直多少结。是名第五大贼(准似有主)。《毗尼母》亦尔。《萨婆多》、《善见》,不打钟食僧食者,犯盗。又空寺中客僧见食盗啖者,随直多少结罪。

现前现前。必盗此物,望本主结重。若多人共物,一人守护,亦望护主结重。

十方现前。如亡五众轻物也。《善见经》云,盗亡比丘物,若未羯磨,从十方僧得罪轻(谓计人不满五,但犯偷兰);若已羯磨,望现前僧,得罪重(谓人数有限,则可满五,夷)。若临终时,随亡人嘱授物盗者,随(原注:有的本子无"随"字)约所与

---

① 《大正藏》卷四〇,第55页下。
② 同上。

人边结罪。

《四分》云,四方僧物,若僧、若众多人、若一人,不应分,不应卖,不应入己。皆犯偷兰。因而有人言,若盗僧物,云不成盗,便即夺取。此未见诸部明文。若夺,成重。《四分》暂碍僧用故结轻,若永入己,同《善见》断重。《五分》,盗心贸僧好物,直五钱犯夷,一钱已上犯偷兰。《大集》云,盗僧物者,罪同五逆。然盗通三宝,僧物最重。随损一毫,则望十方凡圣一一结罪故。诸部《五分》中,多有人施佛物者,佛并答言可以入僧,我在僧数。施僧、得大果报。又《方等经》云,五逆四重,我亦能救,盗僧物者,几我所不救。……《五百问》云,负佛法僧物,纵偿还,入阿鼻,而得早出;何况不偿者,永无出期。[1]

寺院对于管理三宝财物的人选,是非常慎重的。目的就在防止盗取。《行事钞》说:"《宝梁》、《大集》等经云,僧物难掌,佛法无主,我听二种人掌三宝物:一阿罗汉,二须陀洹。所以尔者,诸余比丘戒不具足,心不平等,不令是人为知事也。更复二种,一能净持戒,识知业报,二畏后世罪,有诸惭愧及以悔心。如是二人,自无疮疣护他人意。此事甚难。"[2]宋朝和尚元照撰写的《四分律行事钞资持记》对此解释说:"僧物有主,川与多过,是以难掌;佛法无主,用与由人,又复难矣。"又说,"初简圣人,……次简凡夫。初人知因,后人惧果,或可上简精持,下容犯悔。无疮疣者,喻能过故。"[3]

尽管如此慎重选人,盗用三宝财物的现象仍是非常严重的。

---

① 《行事钞》卷中一《随戒释相篇》,见《大正藏》卷四〇,第55至56页。
② 《行事钞》卷中一《随戒释相篇》,见《大正藏》卷四〇,第55页中。
③ 见《大正藏》卷四〇,第276页下。

元照就曾感慨地说："今时学律，侵损僧物，如己所有。不识业因，不畏来苦。睹此慈训，不知慎护。斯地狱人，不可拔也。"①元照所说的"斯地狱人"，就是说盗取三宝财物的人要入地狱。

三、三宝财物不得互用　互用有罪

三宝财物，即佛物、法物、僧物，是不许互用的。《行事钞》说："《四分》，瓶沙王以园施佛，佛令与僧等故。知三宝不得互用，便劝施僧。"②

三宝物虽然界限分明，不得互用，但施主如说明是施给三宝的，又只能三宝共用，用完为止，不能三处分割。《行事钞》说："若本通三宝施者，随偏用尽，不得破此物以为三分。则乖本施心故。"③

三宝财物不得互用，违犯了这条规定，是犯罪的，内律有明条：

> 律云，时有知事比丘，以僧物为佛法两用。佛言：波罗夷！此岂望四方而通方便也。④

> 《僧祇》，寺主、摩摩帝互用佛法僧物，谓言不犯。佛言：波罗夷！谓知事人取僧粮食器具及以牛马为佛像，家营事使役，并得正重。将佛法物僧用亦尔。广文如彼律文。《宝梁》等经云，佛法二物不得互用，由无有人为佛法物作主故，复无可咨

① 见《大正藏》卷四〇，第 276 页下。
② 《行事钞》卷中一《随戒释相篇》，见《大正藏》卷四〇，第 56 页下。
③ 同上。
④ 《量处轻重仪》，见《大正藏》卷四五，第 848 页上至中。

白,不同僧物。所以常住招提互有所须,营事比丘和僧索欲行
筹,和合者得用。若欲用僧物修治佛塔,依法取僧和合得用,
不和合者,劝俗修补。若佛塔有物,乃至一钱,以施主重心故
舍诸天及人,于此物中,应生佛想塔想,乃至风吹雨烂,不得贸
宝供养,以如来塔物无人作价互故。……《十诵》,佛听僧坊畜
使人,佛图使人乃至象马牛羊亦尔,各有所属,不得互使。《萨
婆多》,四方僧地,不和合不得作佛塔,为佛种花果,若僧中分
行得己,听随意供养。华多无限者,随用供养。若经荒饿,三
宝园山(田?),无有分别,无可问白,若僧和合,随意处分。若
属塔水,用塔功力得者,僧用,得重。若功力山僧,当筹量多
少,莫令过限,过则结重。《十诵》,僧园中种树,听取供养佛
塔。若有果者使人取。大木供僧椽梁用,树皮叶等,随比丘
用。……《毗尼母》云,已处分房地,种树得木后治房,不须白
僧。①

甚至出自好心,互用三宝财物,也是盗用,也是犯罪的。如:
"《僧祇》,寺主好心,互用三宝物,是盗,波罗夷。谓愚痴犯也。《四
分》亦云,我说此人愚痴,波罗夷。"②为什么出自好心互用三宝财
物,也是盗用要犯波罗夷,连大律家释道宣似乎也弄不明白了。在
这段引文之后,他也只好说:"现既难知,故具抄示。"③"不知"还要
"抄示",只是不了了之。

不但三宝物之间不能互用,就是一宝之内不同用场的财物之

①　《行事钞》卷中一《随戒释相篇》,见《大正藏》卷四〇,第56页中至下。
②　《行事钞》卷中一《随戒释相篇》,见《大正藏》卷四〇,第59页上。
③　同上。

间的互用,也是不允许的。这里有"当分互用"、"像共宝互"和"随相物中自互"之分。《行事钞》说:

> 当分互用。谓本造释伽改作弥陀,本作《大品》改作《涅槃》,本作僧房改充车乘,皆望前境理义可通,但违施心,得互用罪。律云,许此处乃与彼处,及现前堂直回作五衣,并得罪也。若本作佛回作菩萨、本经未论等,则情理俱违。本造正录,录杂、直(真?)经,乃造人集伪经者,因果全乖,决判得重。福无福别,邪正杂故。若东西二龛佛法财物有主,不合无主通用。……《善见》,若施主本拟施园果为衣服汤药等,盗心回分食者,随计结重。若拟作僧房舍重物而回作僧食,犯偷兰。……《十诵》、《勒伽》云,持此四方僧物,盗心度与余寺,吉罗。以还与僧不犯重也。……(《五百问》),若寺庄碓不必和僧,彼此通用,住处各鸣揵椎通食。若行之外寺,私有人畜用僧物者,犯重;以施主拟供当处住僧,不供别类,非是福由故。僧家人畜犯吉罗。①

> 像共宝互。谓住持三宝与理宝互也。《萨婆多》,问:佛在世时,诸供养三宝物本中常受一人分,何以灭后偏取一人分(原注,"人",依旧宋版本当作大。兹全按:依下文,人似应作宝)? 答:佛在时,色身受用,故取一人分。灭后供养法身,功德胜僧,故取一宝分。又佛在时,言施佛者,则色身受用。言施佛宝者,置爪发塔中,供养法身,法身常在世间故。若施法者,分作二分,一分与经法,一分与诵经说法人。若施法宝,悬

----

① 《行事钞》卷中一《随戒释相篇》,见《大正藏》卷四〇,第56页下至57页上。

置塔中。若施僧宝，亦著塔中，供养第一义谛僧。若施僧众者，凡圣俱取分。以言无当故。准此，受施之时，善知通塞，勿令互用，致有乖失。①

随相物中自互。先约佛物，有四种。一佛受用物，不得互转。谓堂字（原注，依旧宋本，"字"作"宇"）、衣服、床帐等物曾经佛用者，著塔中供养，不得互易，如前《宝梁经》说。《五百问事》云，不得卖佛身上缯与佛作衣。又佛堂柱坏，施主换讫，故柱施僧，僧不得用。……二施属佛物。《五百问》云，佛物得买取供养具供养。《十诵》，以佛塔物用息，佛言听之。《五百问》云，佛物不得移至他寺，犯弃。若众僧尽去，白僧，僧听将去，无罪。比丘客作佛像书经得物，不得取。若得佛家牛畜，亦不得使，使佛牛奴得大罪。三供养佛物。供养华（花）多，听转卖买香灯；犹故多者，转卖，著佛无尽财中。《五百问》云，佛幡多，欲作余佛事者，得；施主不许，不得。……四者献佛物。律云，供养佛塔食，治塔人得食。《善见》云，佛前献饭，侍佛比丘食之。若无比丘，白衣侍佛，亦得食。……次明法物，亦有四种。一法所受用，如箱函匮簏巾帖之属，本是经物曾经置设不可回改。余三得不，准上可知。……三明僧物。若二种常住局处已定，不可转移。如上所明，若通济他寺，羯磨和得。初之常住，止得受用；十方常住，鸣椎同时，即预食分。……常住人畜，必无卖买，准经罪重，诸律无文。……若论二种现前，罪

---

① 《行事钞》卷中一《随戒释相篇》，见《大正藏》卷四〇，第57页上至中。

互如上。就轻重二物，断割非文，违者双结二罪。①

四、三宝财物的出贷

以三宝财物出贷取息，佛教经律是允许的。《行事钞》说："《十诵》，以佛塔物出息，佛言：听之。"②在偿还时，有些财物需要有个说净的手续。《行事钞》说："《萨婆多》，若说净财宝及以衣财，若人贷之，后时宝还宝，钱还钱，乃至衣财相当者，不须说净；若还不相似物，更须说净。"③内律允许以三宝财物出贷，给寺院和僧尼放高利贷打开了方便之门。在南北朝隋唐时期，佛教寺院和僧尼成为高利贷者，我们看到很多寺院和僧尼放高利贷盘剥人民的记载。

和三宝财物不得互用一样，三宝出贷的财物也不能互混，佛物出息归佛，法物出息归法，僧物出息归僧。

> 《僧祇》，塔僧二物互贷，分明券记，某时贷，某时还。若执事交待，当于僧中读疏，分明唱记，付嘱后人。违者结犯。《十诵》、《僧祇》，塔物出息取利，还著塔物无尽财中；佛物出息，还著佛无尽财中，拟供养塔等。僧物文中例同，不得干杂。《十诵》，别人得贷塔僧物。若死，计直输还塔僧。《善见》，又得贷供僧财物作私房。《五百问》云，佛物，人贷，子息自用，同坏法身。④

---

① 《行事钞》卷中一《随戒释相篇》，见《大正藏》卷四〇，第 57 页中至下。
② 《行事钞》卷中一《随戒释相篇》，见《大正藏》卷四〇，第 57 页中。
③ 《行事钞》卷中一《二衣总别篇》，见《大正藏》卷四〇，第 111 页下。
④ 《行事钞》卷中一《随戒释相篇》，见《大正藏》卷四〇，第 57 页下。

出贷三宝财物的利息，《善生经》说是十倍："《善生经》，赡病人
不得生厌。若自无物，出求之；不得者贷三宝物，差已，十倍偿
之。"①利息十倍，那是太高了。对病僧如此盘剥，也就太不大慈大
悲了。借着佛教神权的压力和恫吓，寺院出贷财物的利息，可能比
世俗的借贷利息高些，但也不会高出太多，它也要受平均利息情况
的制约。

寺院的田园、房舍等常住财产，是既不能卖也不能借的。《行
事钞》：

> 僧有五种物不可卖不可分。一、地；二、房舍；三、须用物；
> 四、果树；五、华（花）果。《僧祇》，众僧田地，正使一切僧集亦
> 不得卖，不得借人。若私受用，越毗尼。若田园好，恶人侵者，
> 语本施主，任其转易。②

田地、房舍是寺院财产中的常住财产，即使是一切僧集议决定，也
不准卖。不得借人的借字，不知当如何理解。如果借是租借的意
思，不得借人就是不得出租，那就是寺院田地使用形式上的大问题
了。

五、僧尼饭食的供给

寺院常住财物的主要用项，恐怕是僧尼饭食的供给了。《行事
钞》有下面一段记载：

---

① 《行事钞》卷下四《赡病送终篇》，见《大正藏》卷四〇，第 143 页下至 144 页上。
② 《行事钞》卷下四《诸杂要行篇》，见《大正藏》卷四〇，第 146 页上。

　　　　《四分》，客僧礼上座已，应问何处是众僧大食、小食、夜
　　　集、说戒等处。又问何者是僧差食，檀越送食，月八日、十五
　　　日、初日食，檀越请食，送到何处。又问明日有何檀越请众僧
　　　小食、大食。……旧比丘当如问而答。①

这里虽然讲的是寺院原有僧人应当如何对待新来的客僧，但从这
里知道寺院有大食小食处，供应僧众饭食。

　　同时，这段《四分律》材料也告诉我们，寺院不但要供应本寺众
僧饮食，而且还要供应外寺外地来的客僧。寺院的四方也称十方
的常住僧物，虽然是"事限坊中"，却是"义通域外"的。主要供应僧
食的这份四方或十方常住僧物，本院众僧有权享用，外寺外地的众
僧只要有机会、有条件、有可能，也有权享用。寺院也要予以供应。
所谓"僧食，十方普同，彼取自分，理应随喜"。② 僧物属于僧众集
体所有，到寺院吃饭是僧众的权利，是"彼取自分"。上面引用的一
段话里，客僧来了以后，首先就问大食、小食、檀越送食、檀越请食
等问题，可见外寺外地来的客僧，一样受到饭食的供应。《行事钞》
还有一段话："《四分》，优波离至一住处，不迎接，故当日还出。佛
言：若知法知律知摩夷者，凡至所在，皆应迎逆，供给饮食等。"③也
说明僧食是要供应四方僧众的。

　　因此，寺院开饭时，应作打揵椎等四项仪式，使界内众僧都能
闻知，才合僧法。《行事钞》说：

　　　　《萨婆多》云，僧祇食时，应作四相（谓打揵椎等相），令界

---

①　《行事钞》卷下三《主客相待篇》，见《大正藏》卷四〇，第142页下。
②　《行事钞》卷上二《僧网大纲篇》，见《大正藏》卷四〇，第21至22页。
③　《行事钞》卷中一《随戒释相篇》，见《大正藏》卷四〇，第57页下。

内闻知。然此四相,必有常限,不得杂乱。若无有定,不成僧法。若无四相食僧食者,名盗僧祇。不清净也。又,不问界内比丘有无,若多若少,作四相讫,但使不遮比丘,若来不来,无过。虽作相而遮,亦犯。若大界内有二、三处各有始终僧祇,同一布萨,若食时但各打楗椎,一切莫遮,清净无过。①

寺院供给僧食,应该是十方僧众同等,"一切莫遮"的。各个寺院都难免私心。释道宣感慨地说:

> 古师匡众之法云,寺是摄十方一切众僧修道境界,法为待一切僧经游来往受供处所,无彼无此,无主无客,僧理平等,同护佛法。故其中饮食众具,悉是供十方凡圣,同有鸣钟作法,普集僧众,同时共受,与檀越作生福之田,如法及时者,皆无遮碍。……宜开廓远意,除荡鄙怀,不吝身财,护持正法。况僧食十方普同,彼取自分,理应随喜。而人情忌狭,用心不等,或有闭门限碍客僧者,不亦蚩乎?鸣钟本意,岂其然哉!②

吃食的人数没有限制,僧家的粮食却有一定的数量,这个矛盾怎样解决?内律有个量入为出的规定。《行事钞》说:

> 《萨婆多》云,僧祇食法,随处有人多少,应有常限。计僧料食一日几许得周一季。若一日一斛得周季者,应以一斛为限。若减一斛,名盗僧祇,应得者失此食故。增出一斛,亦盗僧祇,即令僧祇断绝不续。既有常限,随其多少,一切无遮。随僧多少,共皆食之。若人少有余长者,留至明日次第先行。

---

① 《行事钞》卷上二《僧网大纲篇》,见《大正藏》卷四〇,第22页中。
② 《行事钞》卷上二《僧网大纲篇》,见《大正藏》卷四〇,第21至22页。

> 如是法者，一切无过。若行僧饼，错得一番不还僧者，即犯盗
> 罪。《僧祇》云，若行食时，满杓与上座者，上座应斟量，得遍当
> 取，不得偏饶上座。若沙弥净人偏与本师大德者，知事人语
> 言，平等与僧，食无高下也。[①]

既有常限，量入为出，就很可能出现僧多粥少的情况，那就只好少
吃。从《僧祇律》的规定看，食无高下，本师大德和上座都不许多
得，也还反映了原始佛教寺院的一些平等思想。

六、赡待道俗法

众僧衣食之外，寺院财务中还有一项重要的开支是雇佣世俗
人到寺院来劳动的工资开支。《行事钞》里有一项《赡待道俗法》来
讲这个问题。它所说的"道"，是指的外来的客僧，这在前已经讲过
了，这里来说赡待俗人的部分。

按照佛教教义的要求，僧尼是不得参加生产劳动的。僧人不
能掘地，掘地就会杀生，杀生有罪。戒律中有"掘地戒"。不掘地自
然不能做农业劳动。《行事钞·随戒释相篇·掘地戒》说不掘地有
三大好处：

> 《多论》，不掘地坏生，三益：一、不恼害众生故，二、止诽谤
> 故，三、为大护佛法故。若佛不制此二戒者，国王大臣役使比
> 丘。由佛制故，王臣息心，不复役使，得令静缘修道，发智断

---

① 《行事钞》卷上二《僧网大纲篇》，见《大正藏》卷四○，第22页中至下。

惑,是名大护。①

尼不得参加纺织。尼戒中有"纺织戒"。释元照《四分律行事钞资持记》卷下四《释尼众篇》释"纺织戒"说:"佛在舍卫,六群尼手自纺织,居士笑言如我妇无异。白佛,因制:若比丘尼自手纺织者,波逸提。"元照接着感慨地说:"今时尼女机织刺绣以为事业,弃亲入道本图何事? 若此出家何如在俗!"②

贸易贩卖活动,佛教内律认为比做屠夫还坏。《行事钞》释"贸宝戒"和"贩卖戒"说:

> 《四分》,衣药交贸,争价高下,数数上下,皆犯。多云,此贩卖堕,一切堕中最重。宁作屠儿。何以故? 屠儿只害一生,贩卖一切俱害。不问道俗、贤愚、持戒、破戒,无往不欺。常怀恶心。设若居谷,恒希天下荒饿,霜雹灾变。若居盐积贮,恒愿四方反乱,王路隔塞。多有此过。故此,贩卖物作塔像,不得向礼。又云,但作佛意礼之。设与僧作食及四方僧房,一切不得住中,持戒比丘不应受用。得罪若死,得羯磨分之。所以尔者,以此贩卖业罪过深重。……《五百问》云,有求利贩卖作福,无罪耶? 答,此人尚不免地狱,何况得福由。不随佛语,故非供养。《四分》中,贩、卖、买三事,但为利故,买卖俱堕。③

做木工、泥瓦工、彩绘、修治僧房,佛教内律是允许的。《行事钞》说:

> 《十诵》,佛自执木作具治寺门。僧得畜一切作具。僧坊

---

① 《大正藏》卷四〇,第76页中。
② 《大正藏》卷四〇,第425页上。
③ 《行事钞》卷中二《随戒释相篇》,见《大正藏》卷四〇,第72页上至中。

坏,得持一房卖治一房,亦得用敷具卖治之。僧坊上座、私房
上座,每有破坏杂事,先自手作。迦叶数数踏泥泥僧房云云。
比丘得自造舍上木。《僧祇》,比丘作房,欲自泥壁,五彩画之,
并得;唯除男女和合像,余山林人马,并得。①

在特殊情况下,掘地、贩卖等事,是被允许的。对此,内律也有
明文规定。《行事钞》说:

> 《四分》,若野火烧寺,听逆除中间草,若作坑堑断。若以
> 土灭,若逆烧除之。②

> 《僧祇》,若籴谷时,此后当贵,籴时越,粜时堕。若恐后
> 贵,拟自食行道,到后谷贵,食长或与师僧作功德,余者出粜得
> 利,无罪。③

僧尼不得参加劳动,寺院必需的内外劳作,就必然落在寺院所
使役的净人和奴隶们头上。此外,就要雇工来承担。据《行事钞》
所引,经律中对动用三宝财物开支雇工工资,有如下规定:

> 《善见》,赡待净人法,若分番上下者,当上,与衣食,下番,
> 不得。长使者,供给衣食。《十诵》,客作人雇得全日,卒遇难
> 缘不得如契者,佛令量工与之,准于俗法。从旦至中前有难事
> 者,给食一顿,不与作直;中后已去,有难不役,则给全日作工。
> 又须准佛语,量其功劳,看其勤惰,虽复役经半日,而工敌全夫
> 者,亦与本价。④

---

① 《行事钞》卷下二《钵器制听篇》,见《大正藏》卷四〇,第127页上。
② 《行事钞》卷中二《随戒释相篇》,见《大正藏》卷四〇,第76页下。
③ 《行事钞》卷中二《随戒释相篇》,见《大正藏》卷四〇,第72页中。
④ 《行事钞》卷中二《随戒释相篇》,见《大正藏》卷四〇,第58页上。

工资开支,是正常正当的开支,寺院用工资换来了雇工的劳动力。寺院还要开支一些不应作的开支。寺院僧众有了财物,就难免引起俗世一些人的羡慕,因而欲求染指。上至王公大臣下至流氓恶棍,都想从寺院财物中抓一把。内律中所反映出来的,寺院对此是以忍让为主的。对于白衣俗人要想到寺院得点便宜的,懂道理的人,可以向他讲道理,说明不是悭吝,而是内律所不许。如果来者不讲道理,就要尽力满足他的要求,使他满意。《行事钞》说:

> 《五分》,若白衣入寺,僧不与食便生嫌心,佛言应与。便持恶器盛食与之,又生嫌心,佛言以好器与之。此谓悠悠俗人见僧过者。①

如果寺院有好田园,恶人侵者,《僧祇》说:"语本施主,任其转易。"②

如果有权力的国王、大臣、檀越和强暴的恶贼有所求索,就要尽情供给。《行事钞》说:

> 《十诵》,供给国王大臣薪火灯烛,听辄用十九钱,不须白僧。若更索者,白僧给之。恶贼来至,随时将拟,不限多少。《僧祇》,若恶贼、檀越、工匠乃至国王大臣,有力能损盗者,应与饮食。《多论》云,能损者,与之;有益者,不合。③

在佛教经律中,五钱常常是个界限,五钱以下要白僧,五钱以上就要犯罪。这里对国王大臣听辄用十九钱,已是超量的了。

---

① 《行事钞》卷中二《随戒释相篇》,见《大正藏》卷四〇,第57页下。
② 《行事钞》卷下四《诸杂要行篇》,见《大正藏》卷四〇,第146页上。
③ 《行事钞》卷中二《随戒释相篇》,见《大正藏》卷四〇,第58页上。

七、施主对所施财物的权力

佛教经律关于施主对他施给寺院的财物还有没有说话或干预的权力的记述,是很谨慎的。一方面说施主对于施物不能随便改变主意,一方面又说寺院对于施物的使用要遵从施主的意见。这反映寺院和施主在财产权方面的矛盾。

《四分》和《十诵》都规定施主把财物施舍给寺院后,原说施给佛就施给佛,施给僧就施给僧,不能回转。如果这样做,是犯罪的。《行事钞》说:"《四分》,若物许僧转与塔,许四方僧回与见前僧,许比丘僧回与尼僧,许异处回与异处,乃至许异处回与此处,一切吉罗。"①"《十诵》,若以房施僧转施尼者,是非法施、非法受、非法用。若施尼转与僧,亦尔。若房舍、卧具有檀越者,但得看视,不得夺一与一。"所谓"不得夺一与一",正说明夺一与一的情况是存在的。

从前面所引佛教经律材料看,施主对于他施舍出去的财物是还有很大的说话权的。如寺院必须尊重施主的愿望,不能随意更改施物的用途。如内律虽有三宝财物不得互用的规定,但施主指定施给三宝的财物,都只能随偏用尽,而不能分作三份分配给佛法僧三处,因为这样做就"则乖本施心故"。又如本造释伽改作弥陀,本作《大品》改作《涅槃》,本作僧房改充车乘,这本来是"理义可通"的,但因有"违施心",如果这样做,便"得互用罪"。又如,这寺的僧人走到外寺,如果私有人畜用了外寺的僧物,便要犯重,因为施主

---

① 《行事钞》卷中二《随戒释相篇》,见《大正藏》卷四〇,第74页上。

只是"拟供当处住僧，不供别类"。又如施主本拟施园果为衣服汤药的，盗心改为僧食，犯重罪。本拟作僧房而施的重物改作僧食，犯偷兰。又如，僧院需要木材，而又适有树木生在碍事的地方，却不能砍伐，因为"施主不许"。又如，佛幡多，欲作余佛事者，得；但如"施主不许，不得"。

从以上所有这些寺院不能违犯施主本意改换施物用途的例子来看，三宝物之不能互用，很可能是从不能违犯施主本意发展出来的。道宣所不理解的虽然出自好心也不能互用，可否这样理解：僧心不是施主心，施主本施的意愿，寺院是不能改变的，纵然出自好心也不能改变。

（原载《中国史研究》1982 年第 1 期）

佛教经律关于僧尼私有财产的规定

　　1980 年 10 月间,我根据唐朝大和尚释道宣的《行事钞》(书的全名是《四分律删繁补阙行事钞》)和《量处轻重仪》写了一篇《佛教经律关于寺院财产和僧尼私有财产的规定》。文章的第一部分已用《佛教经律关于寺院财产的规定》为题发表在《中国史研究》1982年第 1 期。这里发表的是文章的第二部分。

　　研究寺院经济,除去研究寺院经济的实际情况外,也应该了解佛教经律关于财产的规定。据我所知,国内关于这方面的研究还是比较薄弱的,我还没有看到有什么文章发表。

　　我对佛教经典,是个初学。这篇文章,也是极肤浅的。抛砖志在引玉而已。由于本文和《中国史研究》上发表的《佛教经律关于寺院财产的规定》原是一篇文章的两部分,望读者联系起来阅读。

一、僧尼由不许蓄私财到允许蓄私财

　　佛教经律关于僧尼私有财产的记述是相当混乱的,就在同一部经典中,这里说僧尼不许蓄有私产,另一方面又说允许蓄有私财了。内律把财物分为轻物、重物两类,说僧尼可以私蓄轻物,不得蓄有重物。但同时又说亡僧私有的重物应归寺院常住所有。僧尼既然不得蓄有重物,亡僧尼又何来归常住所有的重物? 这反映各部经典并非一个时代的产物,即使一部经典,也往往不是出自一人之手和一时而成。

经典记述出现混乱,是有它的历史原因的,也就应该从历史上来理解。僧尼私蓄财产有一个发展过程。

佛教哲学是出世哲学,僧尼出家修道的目的是为了摆脱世俗一切欲望的缠绕,明心见性,证成圣果。父母家庭都不要了,更不能利欲熏心,私蓄财产。僧尼是不事生产劳动的,僧众的生活,靠社会供养。佛在世时,就是这样生活。僧房和僧尼都不要求占有财产。

佛教产生时期的印度社会是私有制已经确立的阶级社会。佛教既是社会的产物,它就必然不能脱离社会而孤立存在。僧尼们每天每时都是生活在社会之中,也就必然不但不能脱离社会,还不能不接受社会的影响。他们要生活,就离不开资财。僧尼生活在私有财产制的关系之中,久而久之,便由抗拒私有财产堕入私有财产制的罗网之中。早期过着依靠社会供养来生活的寺院僧尼,渐渐有了私有财产,成为大土地所有者,财富所有者。

富有阶级人物出家做僧尼人数的增多,自然也推动寺院和僧尼私有财产的发展和寺院内部的阶级分化。寺院和寺院僧众,按照他们所处的社会和社会阶级模式,仿制出寺院的阶级构成。寺院内部有了阶级分化,有了僧侣贵族,僧侣大众,有了雇工,有了奴隶。寺院外面有什么样的社会,寺院内部也是什么样的社会;寺院外面社会上有什么阶级,寺院内部也有什么阶级。

佛教经律关于僧尼财产记述的混乱,只有从它的历史发展中来理解。不许僧尼蓄有私财,这是原始教义,是佛教教会的早期情况;允许蓄有私财,是后来的发展。随着僧尼私有财产的出现,如何处理僧尼死亡后的遗产,轻物、重物之分等问题和应作的规定也就跟着出现了。

《行事钞》引用的经律,有的就反映佛教原是不允许僧尼私蓄财产的。

> 《涅槃》又云,祇桓比丘不与受金银者共住说戒自恣、一河饮水,利养之物悉不共之。若有共僧事者,命终,堕大地狱。《智论》云,出家菩萨,守护戒故,不蓄财物,以戒之功德胜于布施[①]。

> 《毗尼母》,比丘只得三衣、钵、坐具、针线囊、瓶、盆等是,下(不?)合蓄者,女人、金银、一切宝物、一切战斗具、盛酒器等。生人嫌疑故[②]。

《涅槃》经的语气,对于接受金银财物的比丘是很气愤的,要祇桓比丘不和他们"共住说戒自恣",不和他们共饮一江水,一切利养之物,悉不共之。如果和他们"共僧事",就要"堕大地狱"。

佛对于僧尼蓄有私财,是谆谆相诫。除三衣六物之外,几乎一切财物都在不得蓄有的范围之内。《四分律》有下面一段记载:

> 佛尔时以此因缘,集比丘僧,为诸比丘说大小持戒犍度……不把持金银七宝,不取妻妾童女,不蓄养奴婢、象、马、车、乘、鸡、狗、猪、羊、田宅、园观,蓄积蓄养一切诸物,不欺诈,

---

① 《行事钞》卷中二《随戒释相篇》,见《大正藏》卷四〇,第71页中。
② 《行事钞》卷下二《钵器制听篇》,见《大正藏》卷四〇,第127页上。

轻秤小斗，不合和恶物，不治生贩卖。……量腹而食，度身而
衣，取足而已①。

量腹而食，度身而衣，取足而已。此外一切财物，如田园、奴
婢、金银、象、马、猪、羊、车乘等等都不得取、不得蓄。

释道宣《行事钞》中《随戒释相篇》里有一项《蓄钱宝戒》，专说
僧尼不得蓄有的财物。它举出：

　　一田宅园林，二种植生种，三贮积谷帛，四蓄养人仆，五养
繁禽兽，六钱宝贵物，七毡褥釜镬，八象金饰床及诸重物。此
之八名，经论及律盛列通数②。

在诸种财物中，佛教经律特别把金银钱宝等物称为八不净物。
对于八不净物，僧尼更是连接触一下都要犯罪的。《行事钞》说：

　　《僧祇》云，不净物者，金银钱不得触故。余宝得触，故名
不净物，若不净者，自捉使人，一切皆提。③

佛甚至把允许不允许蓄金宝八不净物，说成是佛教和外道的
分界线。《量处轻重仪》有下面一段话：

　　《大般涅槃》，穷终之极数也。一部之文，十明八不净物。
佛说、魔说，用此分途。故文云，若有人言佛开比丘蓄于金宝
八种不净毒蛇物者，是为魔说，非我弟子。反此上言，是名佛
说。乃至文云，祇桓比丘分金之事，佛亦正断，分河饮水。乃
至《四分律》中，迦㫬延不受王之宝施。因此如来制大小持戒

---

① 《四分律》卷五二《杂犍度》之二，见《大正藏》卷二二，第 962 页下。
② 见《大正藏》卷四〇，第 69 页下。
③ 《行事钞》卷中二《随戒释相篇》，见《大正藏》卷四〇，第 71 页中。

犍度，我之弟子不同诸外道沙门受蓄金宝等。①

释道宣对于唐朝初年僧尼不得蓄金银钱宝这条内律不能执行，很多感慨。他说：

> 此之一戒，人患者多。但内无高节，外成鄙秽，不思圣戒严猛，唯纵无始贪痴故，律言：非我弟子。准此失戒矣。又云，佛告大臣，若见沙门释子以我为师而受金银钱财，则决定知非沙门释子。又《杂含》云，若为沙门释子自受蓄者，当知五欲功德悉应清净。又《增一》云，梵志书述，若是如来者，不受珍宝。……佛世尊欲增尚弟子，令弃鄙业，远超三界，近为世范。今乃反自坠陷，自蓄自捉。剧城市之商贾，信佛法之烟云。反自夸陈，妄排佛律，云：但无贪心，岂有罪失？出此言者，妄自矜持，不思位是下凡，轻拨大圣，一分之利尚计，不及俗士高逸。……岂唯蓄捉长贪，方生重盗之始。②

私有财产制是社会上普遍存在的洪流，在这股洪流面前，薄薄的一道寺院山门，是屹立不了多久的。佛教内律对于僧尼蓄积私财，不得不以各种理由、各种条件为借口，打开方便之门。如《中阿含》说，僧尼得蓄不得蓄有田园、奴婢等私财，应以对增长善法有利无利来定。《行事钞》说：

> 《中阿含》云，我说一切衣服、饮食、床榻、园林、人民，得蓄不得蓄者，皆不定。若蓄便增长善法，我说得蓄，反此不得蓄。③

---

① 《量处轻重仪》，见《大正藏》卷四五，第843页中。
② 《行事钞》卷中二《随戒释相篇》，见《大正藏》卷四〇，第71页上。
③ 《行事钞》卷下一《二衣总别篇》，见《大正藏》卷四〇，第110页上。

　　既然蓄不蓄以对增长善法有利无利来定,那就蓄什么都可以说是对增长善法有利。因之,也就可以用对增长善法有利来蓄有一切田园、奴婢等等财物。如车乘牛马本来都是不许蓄有的,但以年老为理由,就可以蓄有了。《行事钞》说:

　　　　《四分》,老病不堪步涉,听作步挽车,若辇、若乘。除牛、马,若得辇,听蓄。须辇辕及皮绳、若枕橙,并得。①

　　《行事钞·随戒释相篇·蓄钱宝戒》本是讲僧尼不得蓄私财的,但在讲了不得蓄之后,却引用内律讲了一些可蓄的条件,把一切不得蓄变成得蓄。例如:

　　　　《毗尼母》云,毕陵伽为国人所重,施一小寺、罗网、车舆、驰驴等蓄,僧坊所须,开受。《僧祇》中,为僧故,得受。《善见》,居士施田地,别人不得用,若供养僧者,得受。《多论》,檀越欲作大房令,应开解示,语令小作顺少欲法。若为客多人故作者,不应违意。《五分》,有人施僧田宅店肆,听受,使净人知之。《善见》,若人以池施僧供给浣濯及一切众生听饮用者,随意得受。②

　　　　《增一》云,长者将女施佛,佛不受。若受者,渐生重罪。因说欲过罗刹女等事。《僧祇》,若人云施僧奴,若施使人,若施园民妇,一切不应受。若言施供给僧男净人,听受。若施别人,一切不得;若施净人为料理僧故,别人得受。若施尼僧乃至别人,反前,唯言女净人为异。③

---

① 《行事钞》卷下二《钵器制听篇》,见《大正藏》卷四〇,第126页上。
② 见《大正藏》卷四〇,第69页下至70页上。
③ 见《大正藏》卷四〇,第70页上。

《僧祇》，毕陵伽在聚落自泥房。王与使人，三反，不受。云：若能尽寿，持五戒受斋，然后受之。①

《善见》，若施牛羊，不得受。若云施乳酪等五味，得受。余一切畜生亦尔。《涅槃经》中，比丘之法，不得卖买生口等。《伽论》，为塔故，受驼、马、驴。②

《十轮》，若施四方僧物田宅，净人不与持戒，反与破戒，自恣受用，并与白衣同共食啖，因此刹利居士皆入阿鼻。《日藏分》云，于我法中假令如法，始从一人乃至四人，不听受田宅、园林、车马、奴婢等常住僧物。若满五人，乃得受之。《大集》亦同。③

《涅槃》云，若有人言，如来怜愍一切众生，善知时宜，说轻为重，说重为轻，观知我等弟子有人供给，所须无乏。如是之人，佛则不听受畜一切八不净物。若诸弟子无人供须，时事饥馑，饮食难得，为欲护持建立正法，我听弟子受畜奴婢、金银、车乘、田宅、谷米，卖易所须。虽听受畜如是等物，要须净施，笃信檀越，如是四法所应依止。④

就抄举这些吧。这里已包括田宅、园林、奴隶、牲畜、金银、钱财等等一切了。特别最后《涅槃经》的一条材料，在时世饥馑、饮食难得、诸弟子都无人供养的时候，八不净物佛都听弟子开畜了。

说净，是一种不净物说净的仪式。其实不过是佛教一种自欺

---

① 见《大正藏》卷四〇，第 70 页中。
② 同上。
③ 同上。
④ 见《大正藏》卷四〇，第 70 页下。

欺人的形式而已。举钱宝说净作例来看。

> 钱宝说净有二,若白衣持来施与比丘,比丘言:此不净物,
> 我不应蓄,若净,当受。即当说净。二者净人言易净物蓄,即
> 当说净。若彼此不语,取,得舍堕。[①]

只要"说净",不净物便成了净物,不可蓄便变成可蓄。无论佛教教义和教徒把说净说得如何严肃,总不过是些滑稽表演而已。

由不许僧尼蓄私财到允许僧尼蓄私财,有个历史过程。这个过程完成了。

二、僧尼私财中的轻物和重物

为了制约僧尼私有财产和占有僧尼私有财产,佛教内律把僧尼财物分作轻物和重物两类。轻物是指那些"可随身资道"的,即日常生活中的必需品,虽是出家人,也离不了它。重物虽然也是"资道"所需,但因"附俗心强",往往"虽是疏缘,始益终损",反无益于"资道"。

根据轻重标准,《量处轻重仪》把僧尼财物分为三类,一类是内律允许僧尼蓄有的,一类是内律不许蓄有的,一类是经过内律开许才可以蓄有的。它说:

> 五众亡物,大要有三,一制令蓄物。谓不得不有,即衣钵
> 坐具等,此并入轻。二不制(疑当作"制不")令蓄物。谓蓄便
> 妨道,故制止之,即人蓄宝物等,此断在重。三听开蓄物。谓

---

① 《行事钞》卷中二《随戒释相篇》,见《大正藏》卷四〇,第71页下。

蓄不蓄俱得。即供身众具等。此通轻重。①

制令蓄物,有三:

1.三衣。"谓僧伽梨（原注:上衣也）、郁多罗衣（原注:中衣也）、安陀会（原注:此云下著衣）。律本云,自今已去畜三衣,不得过。《多论》云,一切外道无此三名,佛自制立。《阿含》云,此名法衣也。"②

2.钵器。"谓钵多罗（原注:此单翻为钵也）。律本云,自今应持钵行,用铁泥作应量受。《僧祇》云,此恒沙佛标志,经中名为应器也。"③

3.坐具。"谓尼师坛也（原注:翻为坐具,即三衣总名。亦为卧具,如世敷被之总名也）。律本,为身为衣为卧具,故制必蓄之。《僧祇》云,此是随身衣,不得恶用也。"④

以上三者,都是真正的"资道"正要,圣制令蓄的,是每个僧尼都必须有的。"法衣以覆身,应器以资养,尼师坛具,用以安坐。"⑤

制不听蓄物,《量处轻重仪》条列为五:

1.田园种植。"《善见》,居士施田地,别人不得受。《五分》,若施僧田宅,听受,使净人知之。"⑥

就是说,田园种植,是内律不许僧尼私蓄的。因此,居士施田宅,别人（即个别僧人）不得受。若施给僧众,就可以接受,交给净

---

① 《量处轻重仪》,见《大正藏》卷四五,第849页中。
② 同上。
③ 同上。
④ 同上。
⑤ 《量处轻重仪》,见《大正藏》卷四五,第849页中至下。
⑥ 《量处轻重仪》,见《大正藏》卷四五,第849页下。

人知掌。

2.养育人畜。即收养奴隶和生畜。"律本中大小持戒犍度中云,沙门释子不同余外道广蓄人畜等。《僧祇》云,施僧奴婢及诸畜生,一切别人不得身受。为料理僧故,受已,付僧。"①

就是说,依照内律,僧尼个人是不能接受施给的奴婢和生畜的。但为了僧众集体,就可以接受,接受了就交给僧家集体,作常住僧物。

3.伎乐众欢具。"律本云,受十戒者,不应观听伎乐等。《善见》云,若施乐器者,不得捉,得卖。"②

4.五兵戎器。"《善见》云,若施器仗者,僧应打坏,不得卖。"③

五兵戎器是打仗作战用的,是殴斗的凶器,僧众不得蓄有,有了就要打坏,不能卖。卖了,器物还存在,买者可以拿去打人杀人,卖者也要负责,所以不能卖,应打坏。

5.钱谷七宝。这里面多是八不净物,是僧尼所不当蓄有的。释道宣对于制不听蓄的这五种财物,还作了如下的论述:

> 已前五件,通入重摄,并招讥障道之元首也。初田园务,俗鄙儒士尚不窥临,况复出家五众,理非身所监护。故《智度沦》中云,下邪命者,谓耕田种植,取利活命。离此经营,方名正命。今亲身执役,或教人栽种,污家恶行,生过妨道,染谤尤深,故入重摄。第二制者,人畜生命,事待资给。比丘清举,高标济远,令人畜同聚,秽乱事深。世事尚为供承,何成入道津

---

① 《量处轻重仪》,见《大正藏》卷四五,第849页下。
② 同上。
③ 同上。

要。既劳毙两用,故入僧中。留放多途,如前诸判。第三制者,伎乐荡逸之器。……第四制者,其戎仗军器,本妨慈道。……第五制者,金银宝重,钱谷利深。能开不义之门,正塞清升之道。故经律同悲灭法,道俗俱知秽心。……然律通时议,意在革愆。生则说净付他俗人掌护,死则收入常住,任委纲维。①

这类财物既是制不听蓄的,即僧尼不能私有的,为什么又出现"生则说净付他俗人掌护,死则收入常住"的情况？原来"制不听蓄",是法;事实上是已听蓄的。

第三类是"听开蓄物"。情况比较复杂。《量处轻重仪》把这类财物分为三轻三重,第一类是性轻性重,第二类是事轻事重,第三类是从用轻重,即用轻用重。

三重的财物中,属于性重的有:(1)房屋所有,如窗户幰幕、竿架、床席、灯具、火炉等。(2)诸杂作具,如冶制钵用的铲槌钳等器具,缝服用的绳墨尺度等。(3)开蓄器皿,如釜盆瓶、诸裁皮衣之具、浣衣具、食具等。(4)助身之物,如车舆锡杖扇等。(5)庙祀诸相,即向塔庙致礼时所用的器物。这类财物,都是性重之物,是为了"曲顺物情,权开通道"的。这些财物,都是"生则接其身资,且听服用,死则断入常住"的。

属于事重的财物有:(1)内外经籍,(2)图画饰字,(3)皮毛重服,(4)白衣之服,(5)外道之服,(6)文像绮服。这些财物,由于"事涉世讥,本非道服,宜通断重",而由于"事容大小,过起迟速,贮借

———————————————

① 《量处轻重仪》,见《大正藏》卷四五,第849页上至中。

延促，未可该含"，其中有的也可以"宜从轻限"。

属于用重的财物有：(1)以诸衣帛严饰房宇，(2)以诸衣帛庄饰车乘，(3)以诸衣帛盛裹重物，(4)以诸衣帛随身所障。这些财物，都是"体非重分，理入轻收，但为担累沉积，系缚缠深，故从重断"。

三轻的财物中，属于性轻的有：(1)十种衣财(其中多属中国所没有的)，(2)所成之缕，(3)绵絮绖续。这些财物，称作性轻，因为"体是轻虚，资道正要，又随身机济，深有事劳"。

属于事轻的财物有：(1)身所服衣，(2)戒衣之物，(3)宅身之具，即坐具，(4)漉水袋。

属于用轻的财物有：(1)随衣之物，如衣带、衣钩、盛衣箱函，(2)钵器，(3)随物所属，(4)屣屦之属，(5)剃发之器，(6)助身众具，如针线、刀子、尺度剪刀等。已前六件，"随用轻收"。①

以上听开蓄物。

但法律总是跟在事实后面走的。僧尼蓄有的私财远远超出三衣六物的范围，制不听蓄的重物，也都成了开蓄中的财物。

佛教内律关于僧尼私财的规定，一方面是为了限制，一方面又是为了占有。佛教原是不允许僧尼蓄积私有财物的，但僧尼私有财产竟然发生了。为了制约僧尼私有财产的发展，产生了内律中关于僧尼私财的一些限制性的规定。僧尼私有财产制又毕竟发展起来了，这就又引起寺院对僧尼私财占有的欲望。轻重之分就越来越细致。《量处轻重仪》和《行事钞》都根据佛教经律，对僧尼私有财产中哪些属轻，哪些属重，作了详细的区分。

① 《量处轻重仪》，见《大正藏》卷四五，第850页中至853页下。

　　僧尼私有财产的产权问题，往往是在僧尼死后如何处理他们的财产时才突出地表现出来的。佛教内律都是把僧尼私财的轻重之分和亡僧尼财产处理混在一起讲的。《量处轻重仪》和《行事钞》也都是这样做的。

　　《量处轻重仪》和《行事钞》关于僧尼私有财产轻和重的区分，对于我们了解佛教内律对僧尼私有财产的观点和规定，是有用的材料。《量处轻重仪》的记述，有些繁琐；《行事钞》的记述比较概括。现以《行事钞》的记述为主①，参以《量处轻重仪》的记述，摄要分述佛教内律关于僧尼私财轻重的区分和规定如下。引用《行事钞》的文字，不再注出处，引用《量处轻重仪》的文字，再注出处。

　　第一，丝麻毛棉所作。《四分》中坐褥、卧褥入重（并谓表里有绵帛装治者）。氍毹长五肘、广三肘、毛长三指入轻。被及被单入重，薄软毡堪可叠披入轻。氍毹锦绣等绮色分明入重。绫罗入轻。律开受王大价衣及施主种种好衣。《僧祇》，覆疮衣、雨浴衣、漉水囊、二种腰带、卧具入轻。《五分》，劫贝、单敷、俵身衣、针线囊，钵囊、革屣囊入轻。准此，被单虽是从被，犹同俵身、单敷不异，可类在轻。锦绮毛毲若毡蚊厨等入重。准此，《四分》减量者入轻。必依量硬厚入重。不堪披者，不同氍毹法服厚软可服。毹毯类同锦绣，虽小是毡而随床几者，随相入重。五大色衣入轻。律中，上色染衣，上色锦衣，听作袈裟色畜，若真绯等，判入重者。黄白不应入轻。白色，佛制不著，尚制绢布入轻，例于黄青赤亦应分也。若尔，氍毹佛制量入轻，不云色者何判入重？答：彼离绮错；外同三衣，条

_____
　　①　《行事钞》，见《大正藏》卷四〇，第 114 页下。

叶具足同故入轻。准《五分》文必纯色者,准律非重;丝麻缕线,不问多少,义准入轻;必含茧含秸,便入重色。盛衣袭者(前至脐,后至腰),准《五分》入轻。连袋被(原注:依旧宋本,被作"长")袋被袋入重。一切俗服缋袄之类,已坏色折破入轻,犹是白色俗衣用服者入重。杂彩色线靴鞋及男女衣服补方巾袋等并入重。绣绮钵袋,随钵者入轻。

第二,瓦、石、铁、木、竹等所作。《四分》,铜瓶、铜盆、绳床、木床、水瓶、澡罐、锡杖、扇、斧、凿、灯台、枕、车舆,及铁、皮、竹、陶、木五种作器入重。剃刀入轻,钱宝等入重。《十诵》,刮汗篦、灌鼻筒、熨斗、香炉、熏钵钩、壁上钩、禅镇匙、钵支,及钵、小钵、半钵、键镃、小键镃、钳、镊、截瓜刀子、截衣刀、户牌、曲户钩等入轻。若水精、贝、齿、角作器,谓如前小者入轻,以外过半斗以上入重。一切染色,若煮、未煮,不应分。《僧祇》,钱、金、银、真珠、琉璃、珂贝、珊瑚、颇梨、车渠、马瑙、玉石入重。卧床、坐床、木盘、木瓶、木盆、竹筐、竹筥亦尔。过量白钵瓷瓦铁等入重。准此,过量好钵亦重。《善见》,针线应分。《入楞伽》云,为割截袈裟故,听畜四寸刀,头如月。若生时造送终调度并入重。柜簏、屏风、障子及诸锁钥入重。户钩准轻,亦有相随入重。《四分》,俱夜罗器,即应量减量钵碗等,《十诵》入轻。若是夹纻铜钵等,亦判入重。供养香炉轻可随身入轻。准上《十诵》,有宝装校入重,以捉宝戒制故。若重大者入重。根本为佛而作不自摄者,随本处安置,不得追夺。经架、香案、经函之属,轻可随身,同上入轻。各有别属,亦随本位。佛床、经巾之属,亦随本入佛法!无定者入重。数珠入轻。

第三,田土园林房舍等。《四分》云,伽蓝及属伽蓝果树、别房、属别房物，若舍布绢为己造房，若已易得重物者，入重，死时犹是轻物者听分。若舍轻重物入佛法者，不舍追取，一为佛法别主故，还随亡者处分。若定庄严房舍，如障幔承尘等，即入属房屋摄。《十诵》，赭土染色入重。准此，雌黄白缯同之。

第四，皮革等。《四分》，皮衣、树皮衣等，一切不得著，则入重。《十诵》，皮物者，盛油囊受半斗以下，系革、屣革、靴革、篦革、熟革、裹脚趾革，应分；以外入重。平靴、斜靴入重，非道服故，余者入轻。《毗尼母》云，经律：先有付嘱处，即付彼，若无付嘱，随能受持者与之，不应分卖也。俗书素画入重，纸笔墨等准入轻，以堪附道法故。

第五，畜生者。《毗尼母》云，驼、马、驴等，与寺中常住僧运致。若私有小寺、园果、堂房、瓶盆之属养生之具，此现前不得分，属四方僧。

第六，人民奴婢。《四分》云，僧伽蓝人入重，所有私物不问轻重并入私己。若僧家奴婢死者，衣物与其亲属；若无者，常住僧用。私奴死者，义准有二：若同衣食，所须资财，自取入己，随任处分。若不同活，直尔主摄与衣食者，死时资财入亲；无者，同僧院无主物，入常住。《毗尼母》云，若有奴婢，应放令去；若不放者，作僧祇净人。

《量处轻重仪》在"多有寺僧伽蓝人"条有下面一段话：

一、谓施力供给。

二、谓部曲、客女。

已前二件，虽良贱乃分，而系不系别。前条施力有二种人。若能给尽形，随便处分。若所给尽形前僧既终，后情自改，任意去留。若他遣供给，还送本主。若本是自己有情俗萌复者，依本入僧。若暂来非永，随时将送。第二，部曲者，谓本是贱品,赐姓从良而未离本主,本主身死,可入常住。衣资畜产,随身所属,不合追夺。若本拟尽形供给,于疏分明者,准《毗尼母论》放去。

　　三、谓奴婢贱隶。所有子息资生,并入常住。若身死无亲者,常住收之。①

这里,释道宣是用南北朝隋唐的施力制和部曲、客女来解释内律"人民奴婢"中的人民。自然,这是唐朝的制度,唐朝的寺院僧尼是有施力和部曲、客女的。但唐代的施力、部曲、客女,和佛教内律中所说的印度古代"人民奴婢"中的"人民"性质是否完全相同,似乎还要研究。

第七,四药者。无问生熟谷米饭酱汤丸膏煎并入重,虽有残缩恶触,亦无有失。

余有不尽之文,事不可委,具如别判轻重物中;亦须类知而通解也。

上面依据《行事钞》,概括地列举了僧尼私有财物中的轻物和重物。内律关怀僧尼私有财产,说是为了"资道",不使私财扰乱僧尼修道,实际上更重要的是要占有这份资财,使它不要流入寺院以外的俗世财库。

三、亡僧财产的处理

对亡僧私有财产的处断,《行事钞》分作十项来叙述:1. 制入

---

① 见《大正藏》卷四五,第845页中。

僧,余处不得;2.对亡者分法不同;3.同活共财不同;4.嘱授是非;
5.负债还不;6.定物轻重;7.具德赏劳;8.分物时节;9.正加分法;
10.杂明受物①。这里面所谈的,一方面是处理亡僧财产的一些要
作处理的问题,一方面也是处理时的程序。现在参照道宣的叙述,
分项论述如下。

(一) 亡僧私财处理权归寺院

僧尼死后,他(她)的财产由谁来处理? 内律规定由寺院僧众
来处理。亡僧财物的分轻分重,就是为了处理亡僧财产的。重物
归入常住,轻物由现前僧分。这里有个财产权的争夺问题。僧尼
没有儿女,没有法定的财产继承人,这个问题就特别容易发生。

上引《行事钞》七项中的第一项,"制入僧,余处不得",就是首
先确定寺院僧众对亡僧财产的处理权。"制入僧",就是宣布亡僧
财产归寺院僧众处理。"余处不得",就是说寺院僧众以外,谁也没
有处理权。

常常出来争夺亡僧财产的是世俗国王、政府或亡僧的世俗亲
房。这样的问题,大约在印度古代就已发生过。《行事钞》记有这
样两段故事:

《僧祇》,阿苦憍陈,如空林中涅槃,牧牛人送衣物与王,王
即评直五钱,依法断还法门,乃至佛言属僧。

《十诵》,跋难陀死,衣物直四十万两金。国王刹利种及诸
亲里,各欲收取。佛言:王赐诸臣,比丘不得,乃至亲里集会不

---

① 《行事钞》卷下一《二衣总别篇》,见《大正藏》卷四〇,第113页上。

见唤及。僧家财法并同。俗人不合。此物属僧。①

前一个国王是好的,也许由于送来的衣物太不值钱了,他就依法断还法门。后一个国王和跋难陀的亲里,就不那么客气了。大约由于跋难陀的衣物太值钱了,他们要攫为己有。佛出来和他们争夺所有权,说亡僧财物所有权应归寺院僧众,要由寺院僧众来处理。

在中国历史上,也有这种争夺。唐中叶就曾有过由政府收取亡僧财物的记载。宋赞宁《高僧传》卷十五《唐京兆安国乘如传》载:"先是五众身亡,衣资什具悉入官库。然历累朝,曷由厘革。如乃援引诸律,出家比丘,生随得利,死利归僧,言其来往,本无物也。比丘贪蓄自兹而婼者,职由于此。今若归官,例同籍没。前世遗事,阙人举扬。今属文明,乞循律法,断其轻重。大历二年十一月二十七日敕下,今后僧亡,物随入僧。仍班告中书门(下),牒天下宜依。"②但是,这个诏令并没有贯彻下去。德宗时又令:"亡僧资财,旧例送终之余,分及一众。比来因事官收,并缘扰害。今仰依旧,一准律文分财法。官司仍前拘收者,以违制论。"③

佛教内律规定亡僧财产由寺院僧众处理。但寺院的这个权并不巩固,僧家内律是要受官家外律控制的。内律的规定反映寺院僧权和世俗王权的斗争。至于亡僧的亲族更是利用各种形式来争夺亡僧的财产,这是有大量史料证明了的,本文这里暂从略。

---

① 《行事钞》卷下一《二衣总别篇》,见《大正藏》卷四〇,第113页下。
② 见《大正藏》卷五〇,第801页下。
③ 《佛祖统纪》卷五四。

（二）同活共财的处理

僧众之间有所谓"同活共财"关系，其中又有各种不同形式。《行事钞》说：

> 若师本意，正与弟子衣食，不共同活，已与者得，未与者师亡已后悉皆入僧。实非同生，假冒取僧物者犯重。

> 若师本契，所有财物，决心同分，看如儿想，终无分隔。此若互死，任情多少，随身服用，一切入僧。

> 若师徒共契，财物共有，各别当分，且在一处、别活、反道，悉共半分。是名共活。若分其物，准俗制道。已著之衣服，已用之器物，各属随身，并未须分。余有长财，依式分半。

> 若不同活，又非共财，妄言取分，能所俱犯，重则犯重，轻则偷兰。①

第一段，"若师本意，正与弟子衣食，不共同活，已与者得，未与者师亡已后悉皆入僧。"这是一种最简单的师徒经济关系。这只是师僧给予弟子以衣食，并非同活，更不共财。所以师亡以后，未与者悉皆入僧众集体。下面一句"实非同生"，"同生"就是同活。这一反过来说的句子，反证这里讲的不是同活也不是共财关系。这种关系，不仅存在于师徒之间，似乎也存在于主奴之间。《行事钞·二衣总别篇》在讲到主奴关系时，有这样一段话："私奴死者，义准有二：若同衣食，所须资财，自取入己，随任处分。若不同活，

---

① 《行事钞》卷下一《二衣总别篇》，见《大正藏》卷四〇，第 113 页中。

直尔主摄与衣食者,死时资财入亲;无者,同僧院无主物,入常住。"①前一种"若同衣食",是一种同活关系。因此,这个奴隶如果死了,他所有的资财都由主人"自取入己,随任处分"。后一种并非同活关系,仅由奴隶主给奴隶衣食而已。这样,这个奴隶如果死了,他所有的资财就由他的亲属承受,和他的主人无关。如果他没有亲属,资财就由僧众集体收取。上面讲的师徒关系,很像这后一种主奴关系。供给衣食,只是由一方供给一方,并非同活关系。

　　第二段,"若师本契,所有财物,决心同分,看如儿想,终无分隔。此若互死,任情多少,随身服用,一切入僧。"看来这是同活共财关系,"看如儿想,终无分隔",这是世俗父子关系。在另外的地方,道宣对于"儿想"的意思,曾有如下的说明:"《四分》云,和尚看弟子,当如儿想,弟子看和尚当如父亲。准此,儿想当具四心:1.匠成训诲;2.慈念;3.矜爱;4.摄以衣食。……敬养侍接如臣子之事父君。"②儿想,就是作儿子来看待。既是所有财物,"决心同分",又是"终无分隔"。前句说的是共财,后句说的是同活。世俗中父子间是有财产继承关系的,所以弟子对师父也有财产继承权。寺院里的同活财就是世俗父子间的同活共财。

　　这里不好解释的是后面这句"此若互死,任情多少,随身服用,一切入僧"。入僧是归入僧众集体,常住僧或现前僧。既是师徒继承,为什么又说"一切入僧"? 是否入僧的僧字有误? 有的同志解"此若互死"的"互死"为师徒双方皆死。也是一解。待查对其他版

---

① 《行事钞》卷下一《二衣总别篇》,见《大正藏》卷四〇,第115页下。
② 《行事钞》卷上三《师资相摄篇》,见《大正藏》卷四〇,第31页上。

本。

第三段，"若师徒共契，财物共有，……悉共半分……"，这是财产各半的共财关系。

若不同活，又非共财，如果妄称同活共财，骗取财物，是犯罪的。

（三）嘱授权和它的效力

僧尼对于自己的私有财务，有嘱授权。《行事钞》解释嘱授的意义说："一、人、物俱在，是嘱是授。奴婢、田宅、车、牛、庄园等重物与轻物不可转者（如氍毹布帛之例），名嘱。二、可付与，如绢匹、衣服、宝物等，是授。三、人物互现或俱不现，是嘱非授。[①]"就是说，人物俱在，当面可以给予的，是嘱是授。一切重物和不可转动的轻物，谓之嘱。可以移动当面授予的，谓之授。人在物不在，或物在人不在，只能嘱不能授。

内律对嘱授的善否，有说法。嘱授有善有不善，不嘱不授也有善有不善。这完全是根据财产所有者的主观意念来定的。如果"自知昔来非法储积，唯结不善，今若命终，无一随者，不知破著舍贪，顺本初受，便决誓愿，以财付他，生福上处"，这样的嘱授就是好的。如果唯恐自己死后，财物要归寺院常住所得，"悭贪俗态，妄授白衣，谓言胜善"，这样的嘱授就是不好的。"若病笃之时，唯存出道，于此身中，空无无漏，以此恨欢，常知伪财本非真要，纵有劝嘱，便在爱增，但论前业福道，此财佛已诫断。如此而终，不嘱亦善。"

---

① 《行事钞》卷下一《二衣总别篇》，见《大正藏》卷四〇，第 113 页下。

如果是"前心欲舍,后便悭覆,展转互生,不能自决,遂便舍命,是不善也。"就是说,这样的情况,不嘱也不善。

内律对嘱授的能否成立,即嘱授的效力,也有些规定。

如果财物是嘱或授众多人的。内律有这样的规定:"《僧祇》,嘱与众多人,最后人得;授予众多人,在前者得。"道宣加以引申说:"准此决犯,如决心与他,自言先出,或对人陈,随一许竟,理是他财,因不付他,或转余施,财主犯重。"就是说,已经许给了他,就是他的财产了,如果不给他而又转许了别人,物主就犯重罪。"《善见》云,先许他一衣,后便余大德来,转以施之,是得偷罪。"

按照内律,嘱授有的是不能成立的。《行事钞》说:

> 凡言嘱授,正在舍财相应心,要必决与生福胜处,定无变悔,皆悉成就。若云此物死后与我做墓,买棺椁,碑碣,作像,写经,供僧等事,并不成就。以未死是物主定不自分,死后更有主来处断,不依前法。若犯王法,知明日晚间必死,今日中前,随有并成。由未死前,必决成立。若以财物令人造像,使僧斋供,使我眼见,因即命终者,成。……《四分》,若临终时嘱物与佛法僧,若我死后与等,佛言一切属僧(以心不决故)。《十诵》大同。唯三衣六物不应自处分。《僧祇》,若未付财,或得已,不作净,还置病人边,并不成。若作净已,置边者,得。若言我死当与,若差即舍,并不成。《五分》,若生时与人而未持去,僧应白二与之。[1]

---

[1] 本节引文俱见《行事钞》卷下一《二衣总别篇》,见《大正藏》卷四〇,第113页中至114页。

从这些内律规定看,僧尼对自己私财的嘱授,如果是出于善心,出于忏悔之心,这嘱授就是正当的,善;若是出于自私自利之心,这嘱授就是不善的。僧尼嘱授,在生前就已执行的,都能成立;生前未执行,死后便有的能成立,有的便不能成立;即有的有效,有的无效。

(四) 债务的清偿

亡僧的债务关系,无论是亡僧负人或人负亡僧,都要处理清楚。《行事钞》有如下一段记载:

> 若佛法别人负亡人物,亡人负佛法别人物,并含轻重者,有则相当还,无则交络还,以并收入,须依本物,重则入常住,轻入现前僧。若先负轻物,今追得重,还须卖取轻物,依法分之。若本负重还轻者,入常住僧中,不同共僧之法。若常住僧负亡者重物,不便索取(以还入常住故)。若负轻物,追入现前僧,得重物还者,依前易取轻物分之。若全无可得者,便止。《十诵》云,若比丘生时负三宝物,应归。若三宝贷比丘物,索取入现前僧。乃至四方现前客旧比丘等,亦同上。若赊酒不还便死,取衣钵还;若无者,取僧物偿。恐出诸比丘恶名声故(亦不言常住、现前之别,至时随缘)。若先与他衣价,死时还索取。取他衣未与价,若死,还本衣,无者,卖衣钵还。[①]

这段话的内容,可以归纳为以下几条:

(1)无论是亡僧负佛法别人物,或是佛法别人负亡僧物,都要

---

① 《行事钞》卷下一《二衣总别篇》,见《大正藏》卷四〇,第114页上。

清偿。(2)亡僧负常住僧物,原来借的是重物,追还后无论是重物、轻物,都入常住僧。原来借的是轻物,入现前僧分。如果追还的是重物,应卖了换取轻物入现前僧分。(3)若常住僧负亡僧物,原负是重物,不需偿还,因为亡僧的重物也是要归原常住僧的。常住偿还了亡僧重物,跟着也要取回。原负的是轻物,应追入现前僧分。如果取回的是重物,应卖了换成轻物分。(4)亡僧生前赊酒,要由亡僧衣物中偿还。若亡僧无衣物可还,应取常住僧物偿还。免得落个和尚吃酒不还账的恶名声。(5)亡僧生前购置衣物,未付钱便死,可退还原衣物;无原物可退,应变卖死者衣物偿还。

对于亡僧死处、负债处、质物处、取钱处等不是一处,债务应如何偿还,《十诵》有以下规定:

(1)衣钵寄在余处,身在余处死,随物处僧得。(2)负债处、死处,负债处僧得。(3)死处、出息处、保任处,保任处僧得。(4)死处、质物处、取钱处,质物处僧得。(5)死处、取钱处、执券书处,执券书处僧得。

据《行事钞》所载,此处还有些情况。若息物在俗边,索未得者,可准《十诵》依券征取。若物在僧边者,亡后随物处僧得。终不能以券书故,摄他异界僧物。以彼此具僧故。若论重物,亦不得取,以不听移此僧物而送彼僧,除羯磨法。

若负物在俗,同无住处,五众先来者得,重物随见者送寺,若多人所知共争不决者,如《十诵》五断。《毗尼母》云,若有生息物在处,遣寺内僧祇净人准求取之,入此寺常住僧。《五百问》云,比丘借人物,前人死,要须白僧,得取本物。不白而取,得罪。若僧不与,强取,或僧知而不还,自他具犯。祇(《僧祇》?)云,若索债者,当看前人，持戒可信者，与；不可信者，不应与。若有可信人证明者，应与；不信证者，不应与。①

（五）对看护亡僧疾病者的劳赏

僧尼没有家属，至少在理论上是如此。僧尼有了疾病，要依靠同寺僧尼等人来看护。内律规定，病人死后，应由死者财物中抽出一部分作为对看护人的劳赏。《行事钞》称作"具德赏劳"。

《行事钞》说有两种看护病人的人，是最应该受到劳赏的。一种是病人难看而能看："一、所不应食而欲食，不肯服药；二、看者有志心而不如实语；三、应行不行，应住不住；四、身有痛苦不能忍；五、少能、堪能而不作，仰他作。又不能静坐，止息内心。"另一种是有能力有耐心看护病人，"一、知病人可食不可食，可食应与；二、不恶贱病人大小便唾吐；三、有慈悯心，不为衣食；四、能经理汤药，乃至差死；五、能为病人说法，令病者欢喜，已身于善法增益。"前者谓之"德满"，后者谓之"行满"。对这两种人，"应与病人衣物"。

下面一些人，虽然也在亡者病时有过看望，却不合给予劳赏：

若小瞻视，佛判不许。

《五分》，多人看病，与究竟者（究竟者，大约是指看护到底的人）。

《僧祇》，四种：一、暂作；二、僧次差看；三、自乐福德；四、邪命而作。并不合得。

---

① 本节未注出处引文，俱见《行事钞》卷下一《二衣总别篇》，见《大正藏》卷四〇，第114页上至中。

　　若看犯王法死者,亦不合赏。

　　《五分》《十诵》,七众看比丘病,唯二众得,沙弥及比丘,余五不合。尼中三人得,余四不合。虽父母兄弟,不应与。

　　《摩得迦》云,白衣看比丘病,应与少许。

　　《迦论》,外界看者,亦合赏之。

　　《十诵》,若看病者出行为病人乞衣药者,留还付之;亦可摄入现前,喝和付与。若余处安居来看病者,合赏。①

赏给看护人的物品,是三衣六物。

(六) 亡僧财物处理的程序和仪式

　　僧尼死后,由他的持戒可信的弟子或僧中知事人将亡僧衣物所在的房间封锁。亡僧出丧众僧回寺后,由瞻病人将亡人轻重之物,并集僧中。不能拿到分物现场的财物,如"床、瓮、屋、舍、园林、牛、奴等,并须历账,对僧明读,令知其多少"。

　　财物集中以后,"鸣钟遍召,一同僧式,不得闭门限客,假托昏夜,意遮十方"。

　　分时,由众中持律上座主持。"先问僧中谁知亡者负三宝、别人物? 又谁知三宝、别人负亡者物? 一一检问,有者如上处分。次明嘱授杂相、同活共财二别,并准上断已。决定轻重讫,重者一处,依名抄记,轻物一处,依名抄之。"然后,先坐赏劳法。坐赏看病六物羯磨,即白二与之。然后点"数僧数,量其衣物相参,掷筹取

---

　　①　引文俱见《行事钞》卷下一《二衣总别篇》,见《大正藏》卷四〇,第115页下至116页上。

分"。①

※　　　　　※　　　　　※

　　以上对释道宣《行事钞》和《量处轻重仪》两书中关于僧尼私有
财产的规定的材料,做了些分类排比,也进行了些初步分析和说
明。尽管材料是不完备的,分析说明也是初步的,但从这些不完备
的材料和初步的分析说明中,也可以看到佛教经律中有关僧尼私
有财产的大体轮廓。

　　早期印度佛教僧尼是在丛林里,稍后又在简陋的僧房精舍里
修炼,吃饭的时候到了,即到居民区乞食,由居民供养。这时期是
无所谓寺院财产和僧尼私有财产的。后来佛教发展,有了像样子
的居住点——寺院,僧尼人数也逐渐增多,有的僧尼在家时就是富
有阶级,财产问题也就跟着发生了。寺院有了财产,僧尼私人也有
了财产。

　　随着寺院财产和僧尼私有财产的发生和发展,佛教戒律中关
于寺院财产和僧尼私有财产的规定也跟着产生。

　　寺院财产是属于僧院集体的,佛教经律中称作三宝财物。其
中僧物为僧众集体所有,也为僧众集体消费。随着寺院财产的发
展,财物范围的扩大,财物种类的繁多,动用寺院财物的权力、项
目、手续的法规和管理寺院财产的法规等等,也跟着出现了。

　　僧尼蓄有私财和佛教出世的教义,是有矛盾的。但生活,维持
僧尼生命的存在,是每个僧尼所必需的。只要不能立刻圆寂死去,
就离不开吃饭穿衣,离不开财物。僧尼私有财产竟然产生了。跟

---

　　①　引文见《行事钞》卷下一《二衣总别篇》,见《大正藏》卷四〇,第116页上至中。

着,规约僧尼私有财产的法规,处理亡僧私有财产的法规等等,也就产生了。

佛教戒律关于僧尼私有财产规定的第一义是限制。规定哪些财物僧尼可以私有,哪些财物不能私有。从而产生了轻重的规定,可蓄、不可蓄和开蓄等等规定。僧尼私有财产法的第二义是占有。僧尼私有财产在所有者死亡以后,应归寺院所有,别人不得染指。这条内律的规定,无论在印度还是在中国,都引起寺院和国家以及亡僧尼亲属的矛盾。国家和亡僧尼的亲属要占有亡僧尼的财产,寺院也要占有亡僧尼的财产。

寺院和僧尼财产制度是脱不开它所处的社会的财产制度的影响的。寺院和僧尼财产制度就是社会财产制度的模式在寺院内的反映。寺院内律中的财产法也逃不脱外部社会财产法的影响。它也是社会上财产法的模式在寺院内律的反映。

佛教经律关于寺院财产和僧尼私有财产的规定,虽然在印度古代和中国古代实际上都没有完全施行,但一部分还是执行了的。无论在印度古代还是在中国古代,佛教僧众都承认它的法律地位,承认它是应该遵守的法规和准则。在研究"汉—唐间佛教寺院和寺院经济"时,佛教经律关于寺院财产和僧尼私有财产的规定,是一个重要课题。对于佛教经典,我是初学,错误一定不少,望方家指正。

附记:本篇并《佛教经律关于寺院财产的规定》初稿打印本曾提交 1980 年 10 月下旬在西安举行的唐史研究会讨论。并送请中国社会科学院世界宗教研究所研究员郭朋同志指教。他提了宝贵的意见。"五篇七聚"和"满五犯重"两注，就是据他的话写出的。特此致感谢之意。

（原载《北京师范大学学报》1982 年第 6 期）

秦汉地主与魏晋南北朝地主的不同

我是汉魏之际封建论者。这篇文章不谈社会分期问题,只谈秦汉和魏晋南北朝的地主阶级情况。但我以为,通过这两个时期地主阶级情况的比较,会有助于对社会分期问题的思考。

一

从社会关系、社会身份方面看,秦汉的地主或地主阶级和魏晋南北朝的地主或地主阶级是有很多不同的。秦汉的地主,除一小部分皇室子弟封王封侯,保有前代社会传下来的贵族身份外,其他的地主、地主阶级的主要部分,都属于自由民阶级,那是郡县编户齐民。汉代编户齐民大约有五千万上下。这五千万编户齐民,在身份上大体部是平等的、自由的。齐人娄敬到边境去戍守,路过洛阳,正好刘邦刚做了皇帝来到洛阳。娄敬有个同乡人在刘邦手下做将军,娄敬告诉他说:"我要面见皇帝。"那位同乡要娄敬换换衣服,娄敬说:"臣衣帛衣帛见,衣褐衣褐见,终不敢易衣。"①他向刘邦建议定都关中,刘邦听了很高兴,采纳了娄敬的建议,即日命驾

---

① 《史记》卷九九《刘敬叔孙通列传》。

入关。刘邦说:"本言都秦地者,娄敬。娄者,乃刘也。"①赐姓刘氏,拜为郎中,号为奉春君。本去服役,半路上做了官。这个故事,活现出一幅自由民的音貌遗风,秦汉以后是看不到的。又如汉武帝的皇后卫子夫,原是平阳公主家的奴婢,被武帝看中了,选进宫去,以后就做了皇后。奴隶解放了,变成自由民了,还可以做皇后,上升为贵族。在汉代,我们从来没看见有人指责卫子夫是奴隶,出身卑贱,不能做皇后,后世也没有看见有人在这题目上作文章。武则天出身比卫子夫要高得多,她父亲武士彠是个大木材商人,"家富于财"。当唐高宗要废王皇后立她为后时,大臣褚遂良极力反对,理由是"(王)皇后名家,先帝为陛下所娶"、"陛下必欲易皇后,伏请妙择天下令族,何必武氏"②。骆宾王为徐敬业所作《讨武氏檄》也说:伪临朝武氏者,"地实寒微"③。名家、令族、地实寒微,都是从家族出身、社会门第来看人,汉代没有人从这角度来评卫子夫。卫皇后的弟弟卫青,原来也是平阳公主家的骑奴。弟以姊贵为官。征匈奴有功,位为大将军,封侯。后来平阳侯"曹寿有恶疾就国,长公主问列侯谁贤者,左右皆言大将军。主笑曰:此出吾家常骑,从我,奈何? 左右曰:于今尊贵无比。于是长公主风白皇后,皇后言之,上乃诏青尚平阳主"④。长公主是武帝姊,下嫁给她家的骑奴,她虽曾因此有所犹豫,但因卫青"于今尊贵无比",还是嫁给他。这情况也是魏晋南北朝时所不可能出现的。

---

①　《史记》卷九九《刘敬叔孙通列传》。
②　《资治通鉴》卷一九九。
③　《资治通鉴》卷二〇三。
④　《汉书》卷五五《卫青霍去病传》。

汉代王侯是贵族,必须是刘姓才能封王,刘邦立下规约:非刘姓而王者,天下共诛之。有功者才能封侯。汉承秦制有二十等爵。编户齐民包括地主阶级的人通过立功可以由平民起步逐步上升为贵族。编户齐民中的地主,在身份上没有什么异于其他编户齐民的。

编户齐民中也有尊贵与否之分。但这个尊贵与否是由贫富来定的,不是有什么社会身份高下的不同。当时的情势是:"凡编户之民,富相什,则卑下之;伯,则畏惮之;千则役,万则仆。物之理也。""人富而仁义附焉。富者得势益彰,失势则客无所之"①。魏其侯窦婴失势,武安侯田蚡用事,"天下吏士趋势利者,皆去魏其归武安"②。汲黯、郑当时"中废,家贫,宾客益落"。太史公感慨地说:"夫以汲、郑之贤,有势则宾客十倍,无势则否,况众人乎!下邽翟公有言,始翟公为廷尉,宾客阗门。及废,门外可设雀罗。翟公复为廷尉,宾客欲往,翟公乃大署其门曰:一死一生,乃知交情;一贫一富,乃知交态;一贵一贱,交情乃见。汲、郑亦云悲夫!"③窦婴、田蚡、汲黯、郑当时,在汉代都属于地主阶级人物,且都贵为列侯,他们与其宾客也只有贫富的差别和因贫富而产生的尊贵与否的差别。他富了,有势了,宾客就蜂拥而至,他们失势了,贫了,宾客又离去,丢下他们"门可罗雀"。他们之间的社会身份无高下、贵贱的差别,有的只是贫富的差别、势力的差别。

魏晋南北朝时期,情况就不大相同了。自东汉以来,豪族地主

---

① 《史记》卷一二九《货殖列传》。
② 《史记》卷一〇七《魏其武安侯列传》。
③ 《史记》卷一二〇《汲郑列传》。

阶级，由于经济力量的强大，政治地位的高贵，文化知识的独占，已逐渐形成一些世代相承的世家，以门第显世的阀阅之门已出世了。汉章帝的一个诏书已经提到"阀阅"①。魏晋以后，社会上已出现贵贱阶级的对立。《宋书·恩倖传序》说："魏晋以来，以贵役贱，士庶之科，较然有辨。"士是地主阶级，庶是平民。士庶贵贱之分定型后，庶族中也出现地主，但却很难进入士族。魏晋南北朝时期，士庶贵贱之分是很严格的。《宋书·王弘传》说："士庶之际，实自天隔。"又说："士庶缅绝，不相参知。"

社会身份地位不同的士庶，即门阀贵族和平民两个阶级的对立是非常森严的。士庶是不能通婚的。齐武帝时，东海王源嫁女与富阳满氏。王是士族，满则"士庶莫辨"。王、满联姻，激起维护士庶门第的御史中丞沈约的愤怒，他上疏弹劾王、满说："王、满联姻，实骇物听"，建议："寘以明科，黜之流伍。"②士庶不但不通婚，而且不相交接。下面几条记载，生动地说明这种情况。《宋书·张邵传附子敷传》："迁正员中书郎。……中书舍人狄当、周赳并管要务，以敷同省名家，欲诣之。赳曰：彼恐不相容接，不如勿往。当曰：吾等并已员外郎矣，何忧不得共坐。敷先设二床，去壁三、四尺。二客就席，敷呼左右曰：'移吾远客。'赳等失色而去。"《宋书·蔡廓传附子兴宗传》："中书舍人王弘为太祖所爱遇，上谓曰：卿欲作士人，得就王球坐，乃当判耳！殷、刘并杂，无所知也。若往诣球，可称旨就席。球举扇曰：若不得尔。弘还，依事启闻。帝曰：

① 《后汉书》卷三《章帝纪》。
② 《文选》卷四〇。

我便无如此何。"《南史·王球传》:"时中书舍人徐爱,有宠于上,上尝命球及殷景仁与之相知。球辞曰:士庶区别,国之章也,臣不敢奉诏。上改容谢焉。"按:王弘是王导的曾孙,王球也是王导的曾孙,王弘、王球是同曾祖兄弟,哪能去看王球连坐也不能坐!而且王弘是宋的开国大臣,宋国初建时即任尚书仆射。宋文帝时任侍中、司徒、扬州刺史、录尚书事,从不曾任中书舍人。《南史》作徐爱,大约是对的。

从这些故事里,看到魏晋南北朝时地主阶级的贵族化。以地主阶级为主的士族和以平民为主的庶族之间,已隔着一道贵贱的鸿沟。

所以从社会身份来看,秦汉的地主与魏晋南北朝的地主有很大的不同,很大的变化。秦汉时期,地主阶级和平民都是编户齐民,身份地位是平等的,他们之间的差别其性质是贫富的差别。魏晋南北朝时期,士庶之分是贵贱之分。他们之间隔着一道不可逾越的鸿沟。魏晋南北朝的士族地主,不仅是富人,而且是贵族,甚至不是富人了,还可以维持住他们的门阀贵族身份。

二

秦汉时期的地主阶级,在政治上没有特权。地主阶级的人物要做官,需要经过察举与征辟。他们是靠贤良才能上进的,而不是靠什么门第、特权和身份。沈约《宋书·恩倖传序》说:"周汉之道,以智役愚,台隶参差,用成等级;魏晋以来,以贵役贱,士庶之科,较然有辨。"沈约把周汉都看成是"唯才是举"的,这是错误的。周代的贵族是氏族贵族,是靠血缘关系成为贵族的。他们生下来就是贵族,而不是靠什么贤良、才能。他说汉代地主是靠才能起家,话虽片面,却有一定道理。自然,汉代真正的劳动农民,除非有武功,是很少有机会被察举或征辟出来做官的。但一般说来,无论贫富,只要有才能,就有被举出来的机会。当然,人人有被推举的权利,并不等于人人都要被举出来。就是在资本主义社会,人人有被选做总统和议员的权利,并不等于说人人都能被选出来做总统、议员。这民主有虚伪性,对封建特权说,它仍是民主。汉代的察举有虚伪性,但就地主阶级说,这就使得汉代的地主要想进入政治,就得靠选举,靠才能,而不是靠身份,靠特权。

《汉书》、《后汉书》记载下来的官吏,大都是通过察举、征辟走上政治舞台的。公孙弘,菑川薛人,家贫,牧豕海上。年四十余,乃学《春秋》杂说。汉武帝时,以贤良文学征,得到武帝的喜爱,一岁官至左内史,"起徒步,数岁至宰相,封侯"①。兒宽,千乘人,家贫,"时行赁作,带经而鉏(锄)"。后补廷尉及文学卒史,一篇奏文作得好,为武帝赏识,官至御史大夫②。朱买臣,吴人,家贫,好读书,不治产业,"艾(刈)薪樵卖以给食"③。老婆都和他离了婚。后来以同乡推荐,见武帝说《春秋》、《楚辞》,武帝喜欢,拜为中大夫,不久拜为会稽太守。

这里举出来的几个人,都是出身比较贫苦的。他们都是靠才能而不是靠身份、门第,被举出来做官。

---

① 《汉书》卷五八《公孙弘传》。
② 《汉书》卷五八《兒宽传》。
③ 《汉书》卷六四《朱买臣传》。

魏晋南北朝的地主不是如此。魏晋南北朝的地主进入政治舞台，不是靠才能而是靠门第，靠家族的社会地位。这种情况在东汉前期就已经出现了。东汉章帝的一个诏书说："乡举里选、必累功劳。今刺史守相，不明真伪，茂才孝廉，岁以百数。既非能显，而当授之政事，甚无谓也。每寻前代举人贡士，或起畎亩，不系阀阅。敷奏以言，则文章可采，明试以功，则政有异迹。文质彬彬，朕甚佳之。"①魏文帝曹丕时，创立九品官人之法，更助长了地主阶级对政治职位的独占。西晋时期已经是"上品无寒门，下品无势族"②。东晋南朝时，门阀地主阶级更形成一个变相的世袭的贵族阶级。《南齐书·褚渊王俭传》论："自是世录之盛，习为旧准，羽仪所隆，人怀羡慕，君臣之节，徒致虚名，贵仕素资，皆出门庆，平流近取，坐致公卿。"门阀地主中，甲族弟子起家就做秘书郎及著作郎，《南史·张缵传》说："秘书郎有四员，宋齐以来，为甲族起家之选，待次入补其职，例数十日便迁任。"徐坚《初学记》："秘书郎与著作郎，江东以来多为贵族起家之选，故当时谚曰：上车不落为著作，体中如何则秘书。"上车不落为著作，言其年龄小，体中如何则秘书，言其腹中无学。

秦汉时期，地主阶级在政治上没有特权，地主和平民一样，要服徭役服兵役。编户齐民从二十三到五十六要服两年兵役，《汉官仪》载："民年二十三为正，一岁为卫士，一岁为材官、骑士。……年五十六老衰，乃得免为民就田。"③另外每年服一个月的更卒，服役

---

① 《后汉书》卷三《章帝纪》。
② 《晋书》卷四五《刘毅传》。
③ 《续汉志·百官五》注引。

于地方政府。虽三公九卿之子,也无例外。《汉书·盖宽饶传》载:
"盖宽饶……身为司隶,子常步行自戍北边。公廉如此。"按照规
定,不亲自去践更的人,可以向政府出钱雇别人去服役,这叫做过
更,出的钱叫做更赋。益宽饶身为九卿,不出更赋过更,儿子步行
自戍北边,所以称颂他为公廉。

　　魏晋南北朝的地主就不同了。他们在政治上取得特权,不仅
使自身免除役调负担,而且可以荫庇亲族、依附人口,使他们也免
除对国家的租调徭役负担。

　　这个转变是在东汉末年和三国时期。地主豪族镇压下去黄巾
起义,中央权力衰落了;董卓之乱,东方地主豪族更借讨伐董卓为
名,纷纷聚众自守,割据称雄。在这混乱时期,大大小小的豪族地
主便自动摆脱了对国家的租税徭役负担。如《三国志·魏志·王
脩传》载:"胶东人公沙卢,宗强,自为营堑,不肯应发调。"同书《司
马芝传》载:"太祖平荆州,以芝为营长。时天下草创,多不奉法。
郡主簿刘节,旧族豪侠,宾客千亲家,出为盗贼,入乱吏治。顷之,
芝差节客王同等为兵。掾吏据白节家前后未尝给徭,若至时藏匿,
必为留负。芝不听,与节书曰:君为大宗,加股肱郡,而宾客每不与
役,既众庶怨望,或流声上闻。今调同等为兵,幸时发遣。"从这里
看到,在三国初期,豪族地主是自主的不服役调,国家还没有承认
他们有此特权。但到了三国后期,政府已明令给豪族地主以特权,
使他们可以荫庇他们的依附户口免除对国家的徭役了。《晋书·
外戚王恂传》载:"魏氏给公卿已下租牛客户,数各有差。自后小人
惮役,多乐为之,贵势之门,动有数百。又太原诸部亦以匈奴胡人
为田客,多者数千。"西晋时,正式规定了官僚地主可依官品高低

"荫人以为衣食客及佃客"的制度。这些受荫庇的佃客和衣食客对国家皆无课役。东晋有给客制度,《隋书·食货志》载:"都下人多为诸王公贵人左右、佃客、典计、衣食客之类,皆无课役。……客皆注家籍。"世家贵族地主这种自身免除役调还可荫庇依附户免除役调的特权,南北朝时期是继续存在而且发展着的。《南史·齐东昏侯纪》载:"先是,诸郡役人,多依士人为附隶,谓之属名。……凡属名,多不合役。"《魏书·食货志》载:"魏初不立三长,故民多荫附,荫附者,皆无官役。"这里只举此做个例证。

士族地主阶级有免除役调并荫庇大批依附户免除役调特权,构成魏晋南北朝地主阶级区别于秦汉地主阶级的一个显著的特点。同时它也成为统治者和私家地主阶级的一个矛盾焦点。私家地主多一户荫附户,国家就少一户负担课役的编户。争夺户口(即争夺劳动力),成为魏晋南北朝时期突出的社会问题。而其源则皆起于此时期地主阶级有免除自身对国家役调的特权,还有荫庇所占有的依附户免除对国家役调的特权。

秦汉时期,地主阶级和平民阶级在法律上是平等的。地主阶级没有法律特权,地主犯法和平民一样受同一条法律的制裁。

魏晋南北朝时期在法律条文中似乎也没有地主阶级持有特权的规定。宋文帝元嘉年间,王弘和大臣讨论士庶在法律上的地位时,反映地主是没有法律特权的。《宋代·王弘传》载:"(弘)与八座丞郎疏曰:同位犯法,无士人不罪之科。然每有诘谪,辄有请诉,若垂恩宥,则法度不可行;依事纠责,则物以为苦怨。宜更为其制,使得忧苦之衷也。"王弘在总结讨论时又说:"寻律既不分别士族,又罹谪者无处无之。"可证法律上是不分别士庶的。但事实上这种特权是存在的。就在这次关于士庶是否连坐的讨论中，就反映出在一些大臣的心目中，士庶在法律上是不能平等的，而有些地方在执行法律时，也就是不平等的。如左丞江奥议："士人犯盗脏不及弃市者，刑竟，自在脏污淫盗之目，清议终身，经赦不原，当之者足以塞愆，闻之者足以鉴诫。若复雷同群小，谪以兵役，愚谓为苦。符伍虽比屋邻居，至于士庶之际，实自天隔。舍藏之罪，无以相关。奴客与符伍交接，有所藏蔽，可以得知，是以罪及奴客。自是客身犯愆，非代郎主受罪也。如其无奴，则不应坐。"尚书王准之议："昔在山阴，令士人在伍，谓之押符，同伍有愆，得不及坐。士人有罪，符伍纠之。……于时行此，非唯一处。"

江奥的建议，王准之在山阴和别处所行的办法，都说明士族地主阶级在法律上事实上是和庶族不平等的，是有特权的。

齐竟陵王萧子良的话也说明士族地主阶级在法律上事实上是有特权的。他说："狱讼惟平，划一在制。虽恩家得罪，必宜申宪；鼎姓贻罾，最合从网。若罚典惟加贱下，辟书必蠲世族，惧非先王立理之本。"①狱讼惟平，这是他争的理；罚典只加贱下，辟书必蠲士族，这却是事实。当然，我们也可以说，秦汉时代，事实上地主和平民在法律上也是不平等的，和魏晋南北朝时期没有两样。这话也是对的，但同时也不能不看到秦汉时期的地主和魏晋南北朝时期的地主，事实上法律地位是有不同的。秦汉时期的不平等是私下的不平等，魏晋南北朝时期的不平等，却是公开的不平等，"理直气壮"的不平等。

---

① 《南齐书》卷四〇《竟陵文宣王子良传》。

<h1 style="text-align:center">三</h1>

秦汉时期,地主使用两种人为他们耕地,一种人是奴隶,一种人是平民。

秦汉时期的官僚、地主、大工商业者,保有大量的奴隶。其中一部分是家内奴隶,奴隶数量越多,家内奴隶的数量也会越多。但奴隶主的奴隶,绝大部分是要从事生产劳动的。不可想象,奴隶主会使用平民给他种田收租,而养着大批奴隶无所事事。

材料说明秦汉的地主是使用奴隶于农业劳动的。《后汉书·樊宏传》载:"樊宏,南阳湖阳人,世祖之舅,为乡里著姓。世善农稼,好货殖。其营理产业,物无所弃,课役僮隶,各得其宜。故能上下戮力,财利岁倍,乃至广开田土三百余顷。"樊宏对奴隶们"课役僮隶,各得其宜",其中应包括手工业、运输业、贸易等,但不能说不包括农业。樊宏的例子可以看为大地主用奴隶作农业劳动的例证,中小地主也使用奴隶耕田种地。《湖北江陵凤凰山一六八号汉墓发掘简报》[①]说:"墓中的《遗册》还记有:田者,男女各四人,大奴大婢各四人。它是与其他奴婢分别记载的。过去在凤凰山八、九、一六九号汉墓发现的《遗册》也有类似的记载。它说明在西汉初(墓主人是汉文帝时期的五大夫)不仅有家内奴隶的存在,而且还有从事农业生产的奴隶存在。"五大夫是二十等爵的第九级,是中等爵位。在田间劳动的有男女各四人,大奴大婢各四人,不算是大

地主。《简报》提到八、九、一六九号汉墓发现的《遗册》中也有类似的记载,这说明在这一个小地区,奴隶使用在农业劳动上,也不是个别现象。

在农业上使用奴隶劳动,这是秦汉时期社会上习以为常的现象。蜀汉丞相主簿杨颙对丞相诸葛亮的一段话是很可注意的。诸葛亮身为丞相,却大小事事必躬亲,主簿杨颙劝他说:"为治有体,上下不可相侵,请为明公以作家譬之。今有人使奴执耕稼,婢典炊爨,鸡主司晨,犬主吠盗,牛负重载,马涉远路,私业无旷,所求皆足,雍容高枕,饮食而已,忽一旦尽欲以身亲其役,不复付任,劳其体力,为此碎务,形疲神困,终无一成。"①杨颙把奴执耕稼、婢典炊爨和鸡主司晨、犬主吠盗一样看待,这必须农业上使用奴隶相当普遍,他才能说出这样的话。杨颙是三国时人,但也不会是三国时才出现这种现象,奴主耕稼,婢供炊爨,必是前代社会就是如此的。

总之,秦汉地主用奴隶耕田种地从事农业劳动是没有什么问题的。

奴隶之外,便是役使平民。《汉书·陈汤传》载:"关东富人益众,多规良田,役使贫民。"所谓役使,主要有两种形式,一是租佃,一是雇佣。租佃关系,商鞅变法以后就逐渐出现。董仲舒所谓:"或耕豪民之田,见税什五"②,就是佃耕。董仲舒用了个"或"字,可能在西汉前期,租佃关系还是不很普通的。但实例也还是有的,例如汉武帝时的宁成,"乃贳贷陂田千余顷,假贫民,役使数千

---

① 《三国志》卷四五《杨戏传》注引《襄阳记》。
② 《汉书》卷二四《食货志》。

家"①。汉代常以公田假贫民，收假税，即收田租。假，赁也，租也。宁成以田"假贫民"，就是出租而收田租。西汉后期可能就比较多见了。王莽的令说："汉氏减轻田租，三十而税一，常有更赋，罢癃咸出；而豪民侵陵，分田劫假，厥名三十，实什税五。"②

雇佣劳动，自战国到秦汉都是存在的。手工业、矿业、商业、运输业都使用雇佣劳动者。这里只说地主阶级在农业方面使用雇佣劳动者。《韩非子·外储说左上》载："夫卖佣而播种者，主人费家而美食，调布而求易钱者，非爱佣客也，曰：如是，耕者且深，耨者熟耘。庸客致力而疾耘耕者，尽巧而正畦陌畦畴者，非爱主人也，曰：如是，羹且美，钱布且易云也。"《史记·陈涉世家》："陈涉少时，尝与人佣耕，辍耕之垄上，怅恨久之，曰：'苟富贵，无相忘。'庸者笑而应曰：'若为庸耕，何富贵也？'"《后汉书·循吏传·孟尝传》："（尝）隐处穷泽，身自耕佣。"《循吏传·第五访传》："（访）少孤贫，尝佣工以养兄嫂。"这几例，可以说明从战国到东汉地主阶级都使用雇佣劳动者在他们的土地上从事劳动。从《汉书·昭帝纪》所载始元四年秋七月的一个诏书"比岁不登，民匮于食，流佣未尽还（颜师古注：流庸谓去其本乡而行为人佣作）"来看，雇佣劳动是相当普遍的。

佃耕者和雇佣劳动者，都是人身自由的劳动平民。《后汉书·循吏传·卫飒传》："卫飒……家贫，好学问，随师无粮，常佣以自给。"家虽贫，佣以自给，但他是为了随师学问，他是自由平民。后

① 《汉书》卷九〇《酷吏传·宁成传》。
② 《汉书》卷二四《食货志》。

来官做到桂阳太守。第五访后来官至郡太守，护羌校尉。孟尝"身
自佣耕"时，"邻县士民慕其德就居止者百余家"。身为佣耕，身份
却是一点也不低下的。雇客和主人的关系，只是一方出钱，一方供
劳动力。崔寔《政论》说："长吏虽欲崇约，犹当有从者一人，假令无
奴，当复取客。客佣一月千钱"佃客身份也是自由的。东汉大儒郑
玄也曾做过佃客，且看他是什么样的一个佃客。《后汉书·郑玄
传》："玄自游学十余年乃归乡里。家贫，客耕东莱（玄东海高密
人），学徒相随已数百千人。……（郑）玄后尝疾笃，自虑，以书戒子
益恩曰：吾家旧贫，为父母群弟所容，去厮役之吏，游学周秦之都，
来往幽、并、兖、豫之域，获觐乎在位通人，处逸大儒。……年过四
十，乃归奉养，假田播种，以娱朝夕。"从郑玄自己的话里，知道客耕
东莱，是假田播种，是佃，不是雇。这个佃客，虽然家贫，却是一代
大儒。他假田播种的时候，"学徒相随已数百千人"。姑不论这相
随学问的数百千学徒如何生活，有数百千学徒相随的这个佃客也
就够可以的了。从最低处说，有一点是可以肯定的，他是自由的平
民身份。

　　事物总是发展的、复杂的。汉代的佃农总的说来是自由的，但
由于经济上的不平等，地主有钱有势有土地，佃户贫无立锥之地，
难以糊口，这种自由平等是难以维持的，自由的契约租佃关系会向
依附关系上发展。崔寔《政论》已说："下户踦𨂂，无所跱足，乃父子
低首奴事富人，躬率妻奴，为之服役。"[①]自由的佃户向依附民转化
是正常的，东汉后期的历史，就正是这样发展的。

————————

①　《全后汉文》卷四六。

　　总之,秦汉(可以上溯到战国)时期的庸客和佣客是自由平民,他们耕种地主家的土地,取得佣钱或留取一部分土地收获物,他们身份并不低下。卖劳动力的佃客或庸客都可以成为大学问家或者做大官。

　　魏晋南北朝时期,地主用来耕种他们的土地的劳动者,主要的是他们的依附民,多数仍保留"客"这个名称。魏末分给公卿和百官的依附民称为租牛客户。西晋、东晋给品官的依附民称佃客,衣食客。客皆注家籍,就是从国家户籍中注销,编入主人的家籍中。他们耕种地主的土地,收获物和主人量分。《南齐书·州郡志·兖州志》:"晋元帝过江,……时百姓遭难,流移此境,流民多庇大姓以为客。元帝太兴四年,诏以流民失籍,使条名上有司,为给客制度,而江北荒残,不可捡实。"《隋书·食货志》:"晋自中原丧乱,元帝寓居江左,百姓之自拔南投者,并谓之侨人。……都下人多为诸王公贵人左右佃客、典计、衣食客之类,皆无课役。官品第一、第二,佃户无过四十户,第三品三十五户,第四品三十户,第五品二十五户,第六品二十户,第七品十五户,第八品十户,第九品五户。其佃谷,皆与大家量分。……客皆注家籍。"

　　客是隶属于主人的,他们有"私属"、"私附"、"荫附"等等名称。他们没有离开主人的自由。《晋书·王敦传》载:王敦起兵反对东晋朝廷时,指责刘隗的罪名说:"复依旧名,普取出客,从来久远,经涉年载,或死亡灭绝,或自赎得免,或见放遣,或父兄时事,身所不及,有所不得,辄罪本主。"这里"或自赎得免"、"或见放遣",说明客的身份是不自由的,是隶属于主人的。他们要取得自由,须得赎买或经主人放遣。

　　客的来源有两途，一是自由民的投靠，一是奴隶的解放。曹魏"给公所以下租牛客户，小人惮役，多乐为之"。这些畏惧徭役去投靠官僚地主做客户的"小人"，就是通过投靠变成客户的。西晋末年，北方混乱，中原地区的豪强多聚众坞堡自守，不能自保的平民，大批依附这些坞主，也都通过投靠变成坞主的客。逃往南方的，也是多庇大姓以为客。晋元帝的一个诏书说："其免中州良人遭难，为扬州诸郡僮客者，以备征役。"①这个诏书一方面说明客是隶属于主人的，需要诏书来"免"才能离开主人，一方面说明良人遭难是客的一个来源。

　　秦汉时期，奴隶解放，即为自由民。魏晋南北朝不同，奴隶解放一般不是完全解放为自由民，而是半解放为客。东晋初年，曾多次免奴为兵。刘隗、刁协帮助元帝限制地主、强化中央权力，曾"悉发扬州奴为兵"②。庾翼在荆州，"悉发荆、江二州编户奴以充兵役"③。戴若思"发投刺王官千人为军吏，调扬州百姓家奴万人为兵配之"④。魏晋南北朝的兵，身份是低于郡县编户民的，兵户不经放免，世代为兵。兵是半自由的国家依附民。免奴或发奴为兵，是奴隶的半解放。

　　客须依附于主人，还可以由北周武帝的一个诏书得到说明。建德六年灭齐，十一月诏："自永熙三年七月已来，去年十月已前，东土之民被抄略在化内为奴婢者，及平江陵之后良人为奴婢者，并

---

① 《晋书》卷六《元帝纪》。
② 《晋书》卷九八《王敦传》。
③ 《晋书》卷七七《何充传》。
④ 《晋书》卷六九《戴若思传》。

宜放免,所在附籍,一同民伍。若旧主人犹须共居,听留为部曲及客女。"①魏晋两北朝时期,部曲也是大量存在的,而且和客一样,成为地主阶级的私兵、私属、依附民。一部分和客一样参加农业劳动。《梁书·张孝秀传》载:"为建安王别驾。顷之,遂去职归山,居于东林寺。有田数十顷、部曲数百人,率以力田,尽供山众,远近归慕,赴之如市。"

部曲、客是隶属于主人,是不自由的。这种身份,在《唐律》里反映得非常清楚,《唐律·盗贼律》疏议曰:"奴婢、部曲,身系于主。"《名例》疏议曰:"部曲为私家所有。"但部曲的身份比奴婢要高。《名例》疏议曰:"奴婢贱人,律比畜产。"《盗贼律》疏议曰:"奴婢比之资财","部曲不同资财"。

在士族地主土地上的劳动者中,奴隶还是大量存在的。魏晋南北朝时期的大世族地主,常常有奴隶千百人。如东晋的刁逵"有田万顷,奴婢数千人"②。谢混"仍世宰相,一门两封,田业十余处,僮仆千人"③,沈庆之"广开田园之业,……奴僮千计"④。私家这些奴隶,多是耕田种地的,颜之推说:"江南朝士,因晋中兴,南渡江,……至今八、九世,未有力田,悉资俸禄而食耳。假令有者,皆信僮仆为之,未尝目睹起一坺土,耘一株苗,不知几月当下,几月当收。"⑤颜之推是一个中庸主义者,他所要求于他自己的理想家园

①　《周书》卷六《武帝纪》。
②　《晋书》卷六九《刁协传》。
③　《宋书》卷五八《谢弘微传》。
④　《宋书》卷七七《沈庆之传》。
⑤　《颜氏家训·涉务》。

是："常以二十口家,奴婢盛多,不可出二十人,良田十顷,堂屋才蔽风雨,车马仅代杖策,蓄财数万,以拟吉凶急速,不啻此者,以义散之,不至此者,勿非道求之。"①南朝也有流行的两句话:"耕当问奴,织当访婢。"②

北朝大世族地主,和南朝一样,也都是常有数千数百的奴隶。北魏、北齐均田令中都规定奴隶可以授田。

但魏晋南北朝时期,世族地主的土地上的主要劳动者是部曲、客。这种新的生产关系,是魏晋南北朝的地主和秦汉的地主不同的主要标志之一。

综上所述,不难看出:

一、秦汉时期的地主,除一部分皇家宗室和功臣封王封侯有爵邑者外,地主和平民都是编户齐民,身份地位是平等的。编户齐民靠察举、征辟入仕,地主阶级也没有特权。虽三公九卿之子,也要服徭役、兵役。

二、魏晋南北朝的地主,在政治上、社会上都是有特权的,甚至法律面前,他们和平民也是不平等的。他们自身不负担役调,还可以荫庇亲族、部曲、客不负担役调。他们和一般平民之间,贵贱之分是极严格的,是"士庶之际,实自天隔",而且是"士庶之别,国之章也"。

三、秦汉时期,地主土地上的劳动者是他们的奴隶和来自平民的佃客和佣工;魏晋南北朝时期,则主要的是部曲、客。奴隶是主

---

① 《颜氏家训·止足》。
② 《宋书》卷七七《沈庆之传》。

人的财产,身份上是完全不自由的。来自平民的佃客和佣工是自由民,他们和地主的关系,基本上是租佃关系、雇佣关系。部曲、客是半自由的。他们的身份,高于奴隶而低于自由民平民。他们身系于主,在地主家注籍,他们依附地主而没有离开主人的自由。

(原载《北京师范大学学报》1985 年第 2 期)

两汉豪族发展的三个时期

这里所说的豪族,班固《汉书》里常称之为"世家、富人、豪杰"①,也常用"富商大贾"、"豪强并兼之家"、"大姓"、"大族"。仲长统称为"豪人"②,《后汉书》常用"豪族"、"大姓"、"巨姓"、"世家衣冠"、"家世冠族"。这里用"豪族"作为通称。

两汉的豪族,是一股强大的社会势力。他们一般都占有大量财富,在他们周围团聚着大量人口。他们中的一部分常常是政府的各级大小官吏或贵族,一部分是富商大贾,以货殖起家。他们兼并农民,武断乡曲,干扰吏治,构成社会上和皇权对抗的不安因素。

在两汉四百年中,豪族的性质和作用不是一成不变的。随着时代的推移,他们有变化。各时代的豪族有共性,又各有比较突出的时代面貌。变化大体可以分为三个时期,一是汉初到武帝时期,二是武帝到王莽时期,三是东汉时期。下面说一下具体情况和看法。

---

① 见《汉书》卷二八《地理志》。
② 《昌言·理乱篇》,见《后汉书》卷四九《仲长统传》。

一

西汉初年到武帝时期的豪族,以残存下来的六国旧贵族、游侠以及豪杰兼并之家为比较突出。

秦朝统一时间短,六国旧贵族很多还残存和潜伏下来。陈胜、吴广领导的农民起义一爆发,六国贵族和豪杰之士都冒出来了。楚人拥立的楚怀王孙心,齐的诸田,魏王豹,韩王信,都是六国诸侯宗室,都是世家大族。齐的田儋、田荣、田横,"皆豪,宗强,能得人"①。张良、项梁、张耳、陈余,也都是六国贵族、游侠、豪杰之士。除张良外,他们参加起事反秦的目的都在恢复战国封王封侯的局面。张耳、陈余受陈胜之命去略赵地时所说:"于此时而不成封侯之业者,非人杰也"②,反映了他们的心声。

游侠是战国时代的产物。西汉初年游侠仍是强大的社会势力,朱家、郭解、剧孟就是三个有代表性的人物,他们是战国游侠的继续。

朱家,鲁人,"用侠闻,所藏活豪士八百数,其余庸人不可胜言"③。他曾救过季布,以此闻名于世。剧孟,河南人。吴楚七国反时,汉朝廷领兵大将太尉周亚夫到河南后,看见剧孟没有附和吴楚,大喜,说:"吴楚举大事而不求孟,吾知其无能为已矣。"④司马

---

① 《史记》卷九四《田儋列传》。
② 《史记》卷八九《张耳陈余列传》。
③ 《史记》卷一二四《游侠列传》。
④ 同上。

迁说："天下骚动,宰相得之若得一敌国。"①游侠社会势力之强,政治影响之大,可以想见。

汉家的公卿将相吏二千石,无论他们原来的出身如何,在取得天下做了大官之后,也都发财致富,成为豪富兼并之家。陈平,少时家贫,有田三十亩。他投归刘邦时,穷的只有身上穿的袴褚,身外一无所有。做了丞相之后,他一次给陆贾送礼就是车五十辆,钱五百万,奴婢一百人。武帝时窦婴、田蚡是两家外戚,都占有大土地。田蚡是"田园极膏腴","后房妇女以百数"②,他还要夺窦婴的"城南田"③。

汉初的豪族,大多是奴隶主,畜有很多奴隶。田儋起事,假托告官杀奴,知道是有奴隶的。张良原是韩国贵族,家有奴隶三百多人④。汉初新发迹的贵族,也多成为奴隶主。陈平就是一例。他一次赠送陆贾奴婢一百人,他占有的奴隶显然要比一百人多得多。董仲舒说,汉初的新贵豪强之家,"身宠而载高位,家温而食厚禄,因乘富贵之资力以与民争利于下,民安能为之哉!是故众其奴婢,多其牛羊,广其田宅,博其产业,畜其积委,务此而亡已,以迫蹴民"⑤。奴隶之外,他们也役使贫民。武帝时的宁成,"买陂田千余顷,假贫民,役使数千家"⑥。成帝时的陈汤说:"关东富人益众,多

---

① 《史记》卷一二四《游侠列传》。
② 《史记》卷一〇七《魏其武安侯列传》。
③ 同上。
④ 《史记》卷五五《留侯世家》。
⑤ 《汉书》卷五六《董仲舒传》。
⑥ 《史记》卷一二二《酷吏列传》。

规良田,役使贫民。"①役使贫民的豪强之家是很多的,宁成只算是一例。

　　汉初的豪族,其气息、其精神面貌,多和战国时的世家豪族是一脉相传的。战国四公子养士之风,汉初仍很盛,达官新贵们招宾客成风。张平曾做过信陵君的客。司马迁说:"张耳、陈余,世传所称贤者,其宾客厮役,莫非天下俊杰,所居国无不取卿相者。"②窦婴封侯大贵之后,"诸游士宾客争归之"③。武安侯田蚡也是"卑下宾客,进名士"④。九卿灌夫,"不喜文学,好任侠,已然诺,诸所与交通无非豪杰大滑。家累数千万,食客日数十百人。陂池田园,宗族宾客为权利,横于颍川"⑤。九卿郑当时,"客至,无贵贱无留门者","不治其产业,仰奉赐以给诸公"⑥。

　　"士为知己者死",是士的行为标准,战国时的士就是重然诺为知己者死的。当然也有为利而来,为利而往的。他们间的关系有一点是清楚的,宾客都是自由人,合则留,不合则去,来去自由。汉初的宾客,仍是自由身份。他们和主人的关系,有的是以义气为重,这是标准的宾客,也有的是为利而来,利尽则去的。太史公司马迁在《史记·汲郑列传》后说:"夫以汲郑之贤,有势则宾客十倍,无势则否,况众人乎? 下邽翟公有言,始翟公为廷尉,宾客阗门。及废,门外可设雀罗。翟公复为廷尉,宾客欲往,翟公乃大署其门

① 《汉书》卷七〇《陈汤传》。
② 《史记》卷二三《张耳陈余列传》。
③ 《史记》卷一〇七《魏其武安侯列传》。
④ 同上。
⑤ 同上。
⑥ 《史记》卷一二〇《汲郑列传》。

曰：一死一生，乃知交情；一贫一富，乃知交态；一贵一贱，交情乃
见。汲郑亦云，悲夫！"翟公的讽刺，一则见士风日下，一亦见汉初
的宾客和战国时一样是自由民。

　　豪族豢养宾客，多为不法，扰乱吏治。以灌夫的宾客为例，他
的宾客横于颍川，欺压良民，颍川人为之歌曰："颍水清，灌氏宁；颍
水浊，灌氏族。"①

　　这种豢养宾客之风，是和皇权不相容的。大将军卫青就深知
这个道理。司马迁说，苏建曾告诉他，苏建曾向卫青建议招引宾
客。卫青辞谢说："自魏其、武安之厚宾客，天子常切齿。彼亲附士
大夫、招贤绌不肖者，人主之柄也。人臣奉法遵职而已，何与招
士。"②卫青是聪明人。

　　为了维护皇权，汉初的皇帝对世家豪族是采取打击政策的。
其中重要的一条做法就是徙关东世家豪族于关中。《汉书·高祖
纪》："九年十一月，徙齐楚大族昭氏、屈氏、景氏、怀氏、田氏五姓关
中，与利田宅。"这是由刘敬的建议引起的。《史记·刘敬叔孙通列
传》："刘敬……因言……夫诸侯初起时，非齐诸田，楚昭、屈、景莫
能兴。今陛下虽都关中，实少人。北近胡寇，东有六国之族，宗强，
一日有变，陛下亦未得高枕而卧也。臣愿陛下徙齐诸田，楚昭、屈、
景，燕赵韩魏后，及豪杰名家居关中，无事可以备胡，诸侯有变，亦
足率以东伐。此强本弱末之术也。上曰：善。乃使刘敬徙所言关
中十余万口。"从这里知道，徙关东贵族入关的有十余万人。除齐

---

① 《史记》卷一七〇《魏其武安侯列传》。
② 《史记》卷一一一《卫将军骠骑列传》。

楚的诸田及昭、景、屈外,还有燕赵韩魏诸侯国的贵族。刘敬为刘邦划过三条策,一是都关中,二是与匈奴和亲,三就是徙关东诸侯国贵族世家于关中。对汉初形势来说,这都是长治久安之策。无怪太史公司马迁感慨地说:"千金之裘,非一狐之腋也;台榭之榱,非一木之枝也;三代之际,非一士之智也。信哉!高祖起微细,定海内,谋计用兵,可谓尽之矣,然而刘敬脱挽辂,一说建万世之安,智岂可专邪!"①隐隐之中,实为刘敬抱不平。

徙关东豪贵之家于关中的政策,西汉时期一直执行着。范围在逐步扩大,吏世二千石之家、高赀富人等新贵都在迁徙之列。《汉书·地理志》载:"汉兴,立都长安,徙齐诸田、楚昭、景、屈及诸功臣家于长陵。后世,世徙二千石、高赀富人及豪杰兼并之家于诸陵。盖亦以强干弱支,非独为奉山陵也。"

汉初的游侠,属于豪杰并兼之家,所以也在迁徙之列。如郭解其人,"少时阴贼,慨不快意,身所杀甚众。以躯借交报仇,藏命作奸,剽攻不休,及铸钱掘冢,固不可胜数"②。这样一个人,影响却很大,少年人羡慕他的为人,向他学习。地方官都怕他,他说一句话,应服役的就可以免役。"及徙豪富茂陵也,解家贫不中訾,吏恐,不敢不徙。卫将军(青)为言'郭解家贫不中徙'。上(武帝)曰:'布衣权至使将军为言,此其家不贫。'解家遂徙。诸公送者出千余万。"③游侠的势力不来自他的资财。他们对人解囊相助,有钱财也存不下。但他们得钱也是容易的。郭解徙关中,别人送礼一来就是千余万。

汉初皇权对世家豪族的打击,迁徙之外就是就地镇压。郭解的父亲就是"以任侠,孝文时诛死"[1]。景帝、武帝时出了一批酷吏,这些酷吏并不是对老百姓酷,而是对欺压人民、武断乡曲的豪杰之家酷。《史记·酷吏列传》载:"济南瞯氏,宗人三百余家。豪猾,二千石莫能制。于是景帝乃拜(郅)都为济南太守。至则族灭瞯氏首恶,余皆股栗。……迁为中尉,……行法不避贵戚,列侯宗室见都,侧目而视,号曰苍鹰。"又载:"郅都死,后长安左右宗室多暴犯法。于是上召宁成为中尉。其治效郅都,其廉弗如。然宗室豪杰,皆人人惴恐。"

如上所述,可以看出:西汉初期豪族的性格,突出的是旧贵族和游侠以及新起的贵族。这些游侠、新起的贵族,在性质上是我国旧贵族、旧游侠的延续,他们的精神面貌也完全是旧时代的。他们是奴隶主,也役使贫民。他们养士,招致宾客。士和宾客虽然要为他们所用,甚至为他们卖命,但关系是自由的,身份是自由的,合则留,不合则去,看不到依附性、隶属性。他们对皇权的威胁,主要是政治性的。他们武断乡曲,欺压良民,其中已有财富夺取,土地并兼,但还不突出,不显著。皇权对他们的打击,也多是采用政治手段,迁徙他们,镇压他们,经济制裁手段还少用。这是因为他们对皇权的威胁,也主要是政治性的而不是经济性的。

---

[1] 《史记》卷一二四《游侠列传》。

二

武帝到王莽,是西汉的中期和晚期。这晚期,也还要加上新莽一朝。

这时期的豪族中,比较活跃和突出的是富商大贾。这不是说世家贵族和新生官僚贵族不活跃,但比起富商大贾来,他们不如富商大贾突出,有时代代表性。而且在世家贵族和新生的官僚贵族的活跃中,也渗透了商业经济性质,远不是西汉初期那股武断乡曲、作奸犯科的势头了。

经过高、惠时期一段休养生息,经济逐步恢复,而商人兼并也随之而来。文帝时,商业活跃,商人兼并农民的现象已露出苗头。有识之士,已有所觉察。当时的大思想家贾谊就曾指出:"今背本而趋末,食者甚众,是天下之大残也;淫侈之俗,日日以长,是天下之大贼也。残贼公行,莫之或止,大命将泛,莫之振救。"①他所说的本,是农业;末,是工商业。他所说的淫侈之俗,就是在商品的引诱面前,人们生活的改变。

事隔二十来年,商人更活跃了。晁错对景帝讲到农民生活如何苦,富商大贾生活如何豪侈,如何贱买贵卖、兼并农民时说:"此商人所以兼并农人、农人所以流亡者也。今法律贱商人,商人已富贵矣;尊农夫,农夫已贫贱矣。"②这些富商大贾,不仅有雄厚的财

---

① 《汉书》卷二四《食货志》。
② 《汉书》卷二四《食货志》。

富可以兼并农民,还能勾结官府,使官吏为之效力。晁错就指出,商人们"因其富厚,交通王侯,力过吏势,以利相倾"[①]。官吏们拜倒在金钱之下,受商人的指使挟制了。司马迁《史记·货殖列传》对武帝时城市商业手工业的繁荣,画了一幅详赅生动的画像。他描述了现状,也追述了历史。他写了分布全国各地的大小都市,全国各地区的特产和商品生产,各个大小都邑的经济活动能力,商业交换触角所能达到领域。商业交换经济发达的结果,使经营商业成为致富捷径,"用贫求富,农不如工,工不如商,刺绣文不如倚市门"。影响所及,"天下熙熙,皆为利来;天下攘攘,皆为利往"。

社会上出现了富有千万、万万的大商人。司马迁举出了"当世千里之中贤人所以富者,令后世得以观择焉"的人物有:蜀卓氏、程郑、宛孔氏、曹邴氏、齐刁间、周师史。这些人都是"致富数千金"、"富至巨万"、"起富数千万"。司马迁说此外"关中富商大贾,大抵尽诸田,田啬、田兰,韦家栗氏,安陵杜杜氏,亦巨万"。他还指出,当时以"力农畜工虞商贾,为权利以成富,大者倾郡,中者倾县,下者倾乡里者,不可胜数"。

商人经济和交换经济的发展,影响到全社会人群的生活。商人掌握着社会生产活动,也掌握着人民群众的生存命脉。我们从司马迁的记述里知道,武帝时商业的发展不是几个城市及其近郊的孤立现象,而是商业网已深入到全国各地,深入到农村。富商大贾是大者倾郡,中者倾县,小者倾乡里。这个"倾"字用得好,在"倾"中,商人富了,农民穷了。这里"倾"出来晁错所说的,"此商人

----

① 《汉书》卷二四《食货志》。

所以兼并农人，农人所以流亡者也"。

大商人的商品生产中，主要是盐铁。盐铁是农民的命脉。农民生活离不开盐，生产离不开铁。盐铁生产是有地区性的，需要是普遍的。生产、运输，都是商人的事。富商大贾以盐铁起家的都是极富的。

商人操纵运输，也操纵生产。社会里的商品财富，大多集中在商人手里。司马迁就举出："通邑大都，酤一岁千酿，醯酱千瓨，浆千甔，屠牛羊彘千皮，贩谷粜千钟，薪稾千车，船长千丈，木千章，竹竿万个，其轺车百乘，牛车千辆，木器髹者千枚，铜器千钧，素木铁器若卮茜千石，马蹄躈千，牛千足，羊彘千双，僮手指千，筋角、丹沙千斤，其帛絮、细布千钧，文采千匹，榻布、皮革千石，漆千斗，蘖麴、盐豉千答，鮐鮆千斤，鲰千石，鲍千钧，枣栗千石者三之，狐貂裘千皮，羔羊裘千石，旃席千具，佗果菜千钟，……此亦比千乘之家。"[1] 又说："陆地牧马二百蹄，牛蹄角千。千足羊，泽中千足彘，水居千石鱼陂，山居千章之材，安邑千树枣，燕秦千树栗，蜀汉江陵千树桔，淮北常山已南、河济之间千树萩，陈夏千亩漆，齐鲁千亩桑麻，渭川千亩竹，及名国万家之城带郭千亩亩钟之田，若干亩卮茜，千畦姜韭，此其人皆与千户侯等。"[2]

掌握这么多各种各类商品的商人，他们的财富都是可以"比千乘之家"或"皆与千户侯等"的。司马迁说他们"比千乘之家"、"与千户侯等"，只是从他们财富的量上来说的。商人掌握这些财富和

---

[1] 《史记》卷一二九《货殖列传》。
[2] 同上。

千户侯的财富的能量,都是大不一般的。千户侯、千乘之家的财富,是从农民以地租的形式剥削来的。他们是坐在家里等。他们的财富,大部分是放在仓库里坐在家里吃。他们一般是寄生动物。商人的财富、商品,却是活财,通过交换,他们和社会各阶层的消费者联系着。他们的商品财富通过交换网带动着社会各阶层的生活乃至生产。在这个意义上,千户侯是死的,商人是活的;千户侯的财富是死的,商人的财富是活的。

武帝以后的大商人大盐铁商使用的劳动者和战国西汉初期区别不大,仍是流亡逃户和奴隶,《盐铁论·复古篇》所谓:"往者豪强之家,得管山海之利,采铁石鼓铸、煮盐,一家聚众或至千余人,大抵尽收放流人民也。"他们也使用奴隶,刁间就用奴隶做渔盐业。《史记·货殖列传》说:"齐俗贱奴虏,而刁间独爱贵之。桀黠奴,人之所患也,唯刁间收取,使之逐渔盐商贾之利,……终得其力,起富数千万。"蜀卓氏,富至僮千人。这些僮奴千人,不会不用于冶铸。

武帝连年和匈奴作战,又征南越,征西南夷,他父、祖给他存下来的国库财富,差不多被他用光了。如何筹措费用,武帝一眼便看到了富商大贾。武帝以强硬的经济政策为手段,夺取富商大贾手中的财富。他的政策是:

一、盐铁专卖。武帝以前,盐铁是私营的。武帝实施由政府专营。在大农下设盐铁丞,管理盐铁专营事务。

二、算缗钱。对商人的资本征税。商业资本二千钱征收一算。一算,二十钱。手工业资本,四千收一算。车,一算;船,五丈以上一算。资财由商人自报,呈报不实行,财产没收,本人戍边。

三、均输平准。由政府设官经营商品运输。郡国设均输,京师设平准。均输就地征收当地生产的商品和大特产运输各地,京师平准掌握天地货物,贵则卖之,贱则买之。

武帝政府靠这些政策,得到一笔很大收入。公元前110年,实行平准均输这一年,武帝出外巡狩,"赏赐用帛百余万匹,钱金以巨万计,皆取足大农。"①结果下来,这年库存帛还有五百万匹。史家评论说:"民不益赋而天下用饶。"②

武帝以后,商业交换经济继续发展,富贾大贾辈出。商人兼并农民、农民破产流亡的社会问题,也愈来愈严重。

人民穷困的原因是多种多样的,越到具体问题,情况越是多样化。但根本原因是:商业交换经济的发展,商人兼并农民。晁错的话,是有远见的。元帝时贡禹的话,也摸到问题的边缘。他给元帝的上疏说:"自五铢钱起已来,七十余年,民坐盗铸钱被刑者众。富人积钱满室犹亡厌足,民心动摇。商贾求利,东西南北各用智巧,好衣美食,岁有十二之利,而不出租税。农夫父子暴露中野,不避寒暑,捽草杷土,手足胼胝,已奉谷租,又出稿税,乡部私求,不可胜供。故民弃本逐末,耕者不能半,贫民虽赐之田,犹贱卖以贾,穷则起为盗贼。何者?末利深而惑于钱也。是以奸邪不可禁,其原皆起于钱也。"③

贡禹说奸邪不可禁其原皆起于钱,这是摸到了问题的一点边缘。但他把民弃本逐末,虽赐之田犹贱卖以贾,也说是由于"末利

---

① 《史记》卷三〇《平准书》。
② 同上。
③ 《汉书》卷七二《贡禹传》。

深而惑于钱"，就把问题看得太肤浅了。农民安土重迁，何尝愿意背井离乡弃本逐末，又何尝愿意虽赐之田犹贱卖以贾！农民如此，乃不得已。钱握在商人手里，农民不愿离开土地，是握有金钱的商人迫使他们离开土地的。商人掌握着农民的命脉。

宣帝、元帝都曾希望以公田赐给农民可以挽救农民的命运，维护汉家统治。但这政策是失败的。正像贡禹所说，农民是虽赐之田犹贱卖以贾，穷则起为盗贼。到成帝时，铁官徒暴动、农民暴动就不断爆发了。

哀帝初即位，王莽还未下台的时候，提出限民名田和限民占有奴隶的办法。《汉书·食货志》载："哀帝即位，师丹辅政，建言：'古之圣王，莫不设井田，然后治乃可平。孝文皇帝承亡周乱秦兵革之后，天下空虚……未有并兼之害，故不为民田及奴婢为限。今累世承平，豪富吏民訾（资）数钜万，而贫弱愈困。盖君子为政……所以有改者，将以救急也。亦未可详，宜略为限。'天子下其议。丞相孔光，大司马何武奏请：'诸侯王、列侯皆得名田国中，列侯在长安，公主名田县道，及关内侯、吏民名田，皆毋过三十顷。诸侯王奴婢二百人，列侯、公主百人，关内侯、吏民三十人。期尽三年，犯者没入官。'"议是议了，定也定了，但因权贵的反对便搁置起来，未实行。

限田限奴议中虽然包括诸侯王等贵族，但主要对象却是吏民，即官僚及豪富之家，其中主要的又是富商大贾。这在王莽改制中，就反映得更清楚了。王莽改制，主要内容有三项：

一、对土地、奴隶制的改革。他下令"更名天下田曰王田，奴婢曰私属,皆不得买。"①

二、币制改革。

三、六管。他下令说:"夫盐,食肴之将;酒,百药之长,嘉会之好;铁,田农之本;名山大泽,饶衍之藏;五均赊贷,百姓所取平,卬以给赡;铁布铜冶,通行有无,备民用也。此六者,非编户齐民所能家作,必卬于市。虽贵数倍,不得不买;豪民富贾,即要贫弱。先圣知其然也,故斡之。"②

六管是直接对待"豪民富贾"的,王莽的诏书就说得很清楚。币制的改革,更是针对商业交换的,也即是针对商人的。改天下田曰王田,奴婢曰私属,也是对付商人的。土地兼并、集中,农民破产沦为奴隶,都是商业、交换经济发展的结果。土地、奴隶、货币三位一体,是西汉社会问题的集中点,从贾谊、晁错到王莽,要解决的问题都是这个问题。武帝以后,皇权的对立面主要就是富商大贾。时间愈后,问题的实质,表现得愈明显。

综上所述,可以看出:武帝到王莽时期,豪族中最活跃的是有钱的富商大贾。他们掌握着全社会的经济命脉。他们的活跃,主要是经济性的。当然,通过经济他们也就取得政治地位,取得社会地位。但经济方面的活跃,是他们的基础。他们不像汉初的世家豪族,汉初的世家豪族,主要是政治性的。他们和皇权的对抗是政治性的对抗。武帝和王莽对付富商大贾的政策是经济性的或为经济服务的政治手段,汉初皇权对世家豪族的手段是政治镇压。

---

① 《汉书》卷二四《食货志》。

② 同上。

三

　　东汉时期的豪族,其突出的面貌是:在他们下面团聚了成千的宗族、宾客、部曲、门生故吏等,但其地位却逐渐低下来,在主人面前不平等了。他们向依附、隶属关系走近了一步。同时,豪族的世家性显著起来。有的世家出自官僚,如弘农杨氏,自杨震到杨彪,四世三公;汝南袁氏,自袁安到袁隗,也是四世三公,加上袁绍,是五世三公了。有的世家出自商人,一些大的富商大贾也成为世家豪族。还有些世家,出自儒学世家。

　　王莽末年,战争多,社会不安,各地豪族多结合宗族、宾客,自立营垒保卫家园。有的率宗族、宾客起事,参加政争。刘縯、刘秀两兄弟就是率宗族、宾客起兵的。刘秀与李通率宾客起兵于宛,刘縯发春陵子弟七八千人,部署宾客起兵家乡。钜鹿昌城人刘植率宗族宾客聚兵数千人据昌城起兵。钜鹿宋子人耿纯与从昆弟亲、宿、植共率宗族宾客二千人从刘秀。东汉末年,这情况就更普遍了。

　　豪族地主对宗族宾客在经济生活上是常常给予帮助的。马援破金城羌,刘秀"以玺书劳之,赐牛羊数千头。援尽班诸宾客"①。任光封阿陵侯,食邑万户。子隗嗣侯,所得奉秩常以"赈恤宗族,收养孤寡"②。侯瑾,敦煌人,"少孤贫,依宗人居。恒佣作为资"③。

---

①　《后汉书》卷二四《马援传》。

②　《后汉书》卷二一《任光传》。

③　《后汉书》卷八〇《文苑列传·侯瑾传》。

宗族宾客常常是举家老小一起跟随豪族主活动的。耿纯投依刘秀，就是"举族归命，老弱在行"①的。为了断绝宗族宾客反顾之望，耿纯就把房屋全都烧掉。舂陵侯原封在零道之舂陵乡，后来才徙封到南阳之白水乡，但仍以舂陵为国名。这次迁徙就是带领宗族一起迁徙的。② 这就自然加强了宗族宾客和主家的经济关系。

宗族宾客在政治上也是和主家祸福与共的。南阳李通"世以货殖著姓"，随刘秀起兵，王莽"诛通兄弟门宗六十四人"③。王郎遣兵攻信都，信都大姓马宠等开城降。及刘秀收复信都，"收郡中大姓附邯郸（王郎）者，诛杀数百人"④。南阳郡富商张汎，桓帝美人之外戚，用势纵横，岑晊"诛之，并收其宗族宾客，杀二百余人"⑤。窦武诛宦官失败后被害，"收捕宗亲、宾客、姻属，悉诛之"⑥。主家犯罪，宗族宾客都要免官。窦宪被诛后，"宗族、宾客以宪为官者，皆免归本郡"⑦。邓骘犯罪，"免特进，遣就国，宗族皆免官归故郡"⑧。不但主家犯法宗族宾客要受累及，后来宗族宾客犯法，主家也要受累。王莽末，吴汉"以宾客犯法，乃亡命至渔阳"⑨。

东汉时期，宾客对于主人渐渐居于被役使的地位。马援在北

① 《后汉书》卷二一《耿纯传》。
② 《后汉书》卷一四《城阳恭王祉传》。
③ 《后汉书》卷一五《李通传》。
④ 《后汉书》卷二一《李忠传》。
⑤ 《后汉书》卷六七《党锢列传·岑晊传》。
⑥ 《后汉书》卷六九《窦武传》。
⑦ 《后汉书》卷二三《窦融传附曾孙宪传》。
⑧ 《后汉书》卷一六《邓禹传附孙骘传》。
⑨ 《后汉书》卷一八《吴汉传》。

地"牧畜,宾客多归附者,遂役使数百家"①。后来马援到洛阳后,以"所将宾客猥多,乃上书求屯田上林苑中。帝许之"②。

凡此种种,都使宗族、宾客和主人的关系越来越紧密,并越来越向依附关系上发展,而宾客中比较低下的客也渐渐和"奴"联系起来,出现"奴客"的联称。

"奴客"名称在西汉后期已出现。《汉书·胡建传》载:"渭城令(胡)建将吏卒围捕(丁外人客),盖主闻之,与外人、上官将军多从奴客往奔射追吏,吏散走。"大将军霍光家在平阳的"奴客持刀兵入市斗变,吏不能禁"③。成帝"好为微行出游,选从期门有材力者及私奴客多至十余人,少五六人,皆白衣,袒帻,带持刀剑"④。

这是见于《汉书》的西汉后期奴客的联称,东汉的记载,奴客联称更多起来。奴客联称,反映东汉时期客的社会地位越来越低了。

豪族羽翼下的人,除宗族、宾客外,还有门生、故吏。门生,顾名思义是跟随老师求学的学生。东汉的门生,其本义也是如此。东汉儒学盛,名儒大师动有成百成千甚至上万的门生弟子。儒师做三公九卿二千石官,有的仍带门生弟子。《后汉书·儒林传》载,张兴,名儒,习《易》,明帝时拜太子少傅,"弟子自远至者,著录且万人"。曹曾,治《尚书》,"门徒三千人"。牟长,治《尚书》,曾任博士,河内太守。"长自为博士及在河内,诸生讲学者常有千余人,著录前后万人"。其子牟纡,"又以隐居教授,门生千人"。

---

① 《后汉书》卷二四《马援传》。
② 同上。
③ 《汉书》第七六《尹翁归传》。
④ 《汉书》卷二七《五行志》。

　　后人研究，说门生、弟子含义不同。但看看有关记载，门生、弟子、门徒、诸生，也实在看不出有什么不同。它们的本义，都是老师的学生。但门生的本义，后来有发展。到东汉后期，门生常常和故吏并提。门生和本师的关系加强了，门生之于本师，有如故吏之于旧君，有了些依附关系。

　　汉代三公、州刺史、郡守都可以自辟掾属，逐渐在主官特别是郡守和掾属之间形成为君臣关系，曾被用作掾属已调职或升官的，对原来的主官便是故吏。逐渐故吏和旧主官也保留很强的君臣关系。

　　马超杀凉州刺史、郡守，州别驾杨阜谋起兵复仇，说："守城不能完，君亡不能死，亦何面目以视息天下。"①这里的"君"，是指刺史，不是天子。甚至本县人对县令长都是君臣关系。《后汉书·董卓传》注引谢承《后汉书》说："伍孚，少大命，为郡门下书佐。其本邑长有罪，太守使孚出教，使曹下督邮收之。孚不肯受教，伏地仰谏曰：君虽不君，臣不可不臣。明府奈何令孚受教，敕外收本邑长乎？"刘表派韩嵩去许下察看形势，韩嵩不愿去，对刘表说："嵩至京师，天子假臣一职，不获辞命，则成天子之臣，将军之故吏耳。在君为君，不复为将军死也。唯加重思。"②又如：公孙瓒为辽西郡上计吏，太守坐事徙日南。瓒于北芒上祭辞先人说："昔为人子，今为人臣。当诣日南，日南多瘴气，恐或不还，便当长辞坟茔。"③这些材料都有力地说明：到东汉晚期，州郡刺史太守和他们的属下已形成

①　《三国志》卷二五《杨阜传》。
②　《后汉书》卷四七《刘表传》。
③　《后汉书》卷七三《公孙瓒传》。

君臣关系。君已不只指皇帝。

　　韩嵩对刘表说的,将军之故吏耳,不复为将军死也,是就故吏与现吏对比说的。既已有现君,自当先为现君死。这不等于说故吏不当为旧主尽忠。故吏对旧君仍有"忠"的关系,仍当有很多义务。王允被董卓部将杀死后,"莫敢收允尸者,唯故吏平陵令赵戬弃官营表"①。故吏和门生一样,和老师、旧主之间,有着祸福与共的关系。故君、老师犯罪,门生、故吏都要免官。羊陟,家世冠族,太尉李固府举高第,拜侍御史。"会固被诛,陟以故吏,禁锢历年"②。张奂曾为梁冀故吏,梁冀诛,"奂以故吏免官禁锢"③。陈蕃反宦官失败被害,"宗族、门生、故吏皆斥免禁锢"④。

　　门生、故吏,是东汉豪族势力的一大支柱。周毖对董卓说:"袁氏树恩四世,门生、故吏遍于天下,若收豪杰以聚徒众,英雄因之而起,则关东非公之有也。"⑤

　　东汉豪族的另一大支柱是部曲。

　　西汉军队组织中有部有曲,就如现代军队中有团有营一样。东汉时期,部曲渐渐成为军队或士卒的代称。豪族势力强大起来以后,豪族的私兵、家兵也就被称作部曲了,这种转化,东汉末年就很明显了。豪族往往有自己的宾客、部曲,豪族强宗常有宾客、部曲数百家,数千家。如东汉末年的李典一家:"山阳钜野人也。典

---

① 《后汉书》卷六六《王允传》。
② 《后汉书》卷六七《羊陟传》。
③ 《后汉书》卷六五《张奂传》。
④ 《后汉书》卷六六《陈藩传》。
⑤ 《后汉书》卷七二《董卓传》。

从父乾,有雄气,合宾客数千家在乘氏。太祖(曹操)与袁绍相拒官渡,典率宗族及部曲输谷帛供军。……邺定,……迁捕虏将军,封都亭侯。典宗族部曲三千余家居乘氏,自请愿徙诣魏郡。遂徙部曲宗族万三千余口居邺。"①

李乾合宾客数千家在乘氏,李典的宗族部曲三千余家也是居乘氏,大概就是同一个集体。他们这个集合体数千家私属,一会称宾客,一会称宗族,一会又称部曲。可以看出,到东汉末年,宗族、宾客、部曲已有合一的情势,都是世家豪族的私家势力。

对东汉以货殖起家的豪族的面貌,仲长统有很好的描述。现在看看他对他们的描写。"豪人之室,连栋数百,膏田满野,奴婢千群,徒附万计。船车贾贩,周于四方;废居积贮,满于都城。……宾客待见而不敢去,车骑交错而不敢进。"②"井田之变,豪人货殖。馆舍布于州郡,田亩连于方国。身无半通青纶之命,而穷三辰龙章之服;不为编户一伍之长,而有千室名邑之役。荣乐过于封君,势力侔于守令。财赂自营,犯法不坐,刺客死士,为之投命。"③

无论是由官僚起家的豪族,还是以货殖起家的豪族,在发展过程中是逐渐向合一的路上走的。他们都成为世家豪族。在他们的羽翼下,都汇集了成千上万的依附民。这些依附民的名称有宗族、宾客、部曲、门生、故吏、徒附等等。他们和主人构成一个集团,祸福与共。他们之间,有相互的义务,你护我保,你义我忠;相互支持,共为一体。

① 《三国志》卷一八《李典传》。
② 《昌言·理乱篇》,见《后汉书》卷四九《仲长统传》。
③ 《昌言·损益篇》,见《后汉书》卷四九《仲长统传》。

他们间的关系,已近乎依附关系。这种依附关系,身份地位有高有低,有多种类型。同是宾客、门生、故吏,高的可以为官,为大官;低的可以如奴仆。无论是高是低,有一种精神是共通的,即有一种不成文的约束,使他们结合在一起,并按照这些约束行事。

综上所述,两汉四百年间豪族的发展,依其各时期突出的面貌的不同,大体可以分为三个时期。汉初是一个时期,这时期豪族突出的形象是战国旧贵族、游侠的继续。他们的活动,主要是政治性的;他们和皇家的矛盾,也是政治性的。皇权对他们的对策是:或则迁徙,或则镇压。武帝到王莽是一个时期,这时期的豪族,以富商大贾为主,他们的活动主要是经济性的。东汉是一个时期,这一时期是前一时期的继续,但又向前发展了一步。突出的特点是豪族已形成世家,在豪族的羽翼下,有一大批人口,依附关系在滋长。

自然,这是就总的发展趋势讲的,不是说各时期就是如此简单的划一。汉初有旧贵族有游侠,也有商人兼并,像蜀卓氏、齐刁间都是大商人。东汉时期,富商大贾之外,也有贵族。但就突出面说,总的来说两汉四百年间豪族的发展变化似可以分为这样三个时期。

(1984 年 3 月 25 日初稿,1992 年 9 月 21 日有修改)

南北朝隋唐时代的经济与社会
——《中国中古寺院经济·序论》[①]

一、南北朝隋唐社会经济性质

"寺院",也不是超时代超社会的事物,它和人类社会发展史上所有的其他事物一样,乃是一特定阶段及特定社会组织下的产物。因此我们要深刻完整地了解南北朝隋唐的佛教寺院,对这一阶段的社会经济不能不有全盘的认识。

南北朝隋唐是中国历史上的封建阶段。中国社会发展史之阶段的划分,现在还是一个争论中的问题。我们的意见,以自三国到清末是封建时期。在这个长期的封建阶段中,以唐为分界又可分为前后两期。唐以前是封建的发展期,尤其北朝,封建制度可说相当的完整。唐代封建制度渐次分解,中唐以下到清末,封建制度崩溃,商业资本兴起。萌芽的资本主义生产方法与崩溃中的封建生产方法相互对峙,而且作了有机的结合。这时期从封建社会说,我

---

① 这篇"序论"稿由于在《益世报》上发表而保存下来,《中国中古寺院经济》一书,由于请陶希圣教授推荐到商务印书馆出版,在"七七"事变后日本侵华战争中失落。这是我一生憾事。

们可以说它是封建制的破坏期。从资本主义说,我们可以说它是商业资本时期。总之它是由封建制度到资本主义的过渡时代。

研究中国社会发展史,有两点应注意:一是地区问题。中国地方太广了,研究时我们必须注意到它的地域性,否则一定闹出许多错误的结论。一个是社会发展形态的不典型化问题。一种社会组织,是由各种复杂的生产关系组合而成的,它包含有前一时代生产关系的遗迹,它又包含有后一时代生产关系的胚芽,而且还有许多次要的生产关系。

西欧社会经济的发展,各种形态虽比较典型,但也绝不会像理论化了的一般社会形式发展史所讲的那样典型,那样简单。中国社会形态的发展,则是更不典型的。譬如我们说中国两汉是奴隶社会,但另方面小农经济确也是很发达的。我们说唐代以后封建制度崩溃,但农奴经济就是在宋在元确是仍很发达的,假如你只研究一个阶段时,你很容易被这种复杂的不典型的社会关系所混淆,而不能认识它的本质,究竟是哪一种生产方式占支配的地位。不过你要从整个阶段的演变过程上看,你便会发现各阶段究竟哪种关系占支配的地位,以及它是怎样向另一社会转变。

封建社会中前后两时期的变化,是很重要的。过分看重这种变化,而于封建制度和资本主义之间划出一个商业资本社会的独立阶段,固然是不妥,过分忽视这种变化,而含糊地看下去,也是不妥。最明显的,从经济方面看,我们可以看到,封建时代前期的经济中心在乡村,后期城市兴起而与乡村对立,渐次使乡村依附城市;从社会方面看,我们可以看到,封建关系渐次为自由契约关系所代替,封建领主变成单纯的地主;从政治方面看,基于有土地有人民而产生的权利——封建诸侯，渐次衰落，兴起了专职王权。（许多人过分为专制主义所眩蔽，而于封建社会和资本主义之间，另立一专制主义阶段，是很不妥的。专制主义是商业资本时期，即封建制度到资本主义的过渡时代的政治形态。以商业资本主义为独立社会阶段是不妥，以商业资本时期的政治形态专制主义来作社会经济的阶段的划分更不妥。）从社会意识方面看：原始的佛教迷信渐衰，现世主义人文主义渐次兴起。我们不否认这一切的变化，都充分带有过渡性质，但我们仍不敢也绝不愿忽视这种变化的重要。

二、城市经济的破坏

封建制度的形成，是在魏晋时期。三国开头的黄巾暴动与西晋末年的五胡乱华，是中国社会史上一个关键，两次动乱，把中国社会拖进一个新的时代。元魏外族的入侵，使封建制度在黄河流域走到发展的最高点。

秦汉以来，在整个社会经济结构中占支配地位的，是以奴隶生产作基础而发达的交换经济，社会经济的重心在城市而不在农村。我们不否认小农经济发达，我们也不否认小农数量众多，但支持秦汉社会性质的，却是基于奴隶劳动而发达的城市交换经济。经过黄巾暴动及五胡之乱，城市破坏，交换经济衰落。社会经济的重心才由城市转移到乡村，自然经济占了优势，封建关系与封建的生产才突破旧的社会关系，成为社会经济中支配的主导的生产与生产关系。

黄巾、五胡两次荒乱的区域极广大,以黄河流域作中心,江淮荆楚都曾波及。在荒乱中,生产事业几乎完全停止,大部分的劳动者参加流动群中到处转动。土地荒芜,发生普遍的灾荒。两汉以来,农业发达的区域,如关中如山东河南,都出现人口稀少、千里无人烟的萧条现象。

在这举世荒乱中,最受破坏的,还是城市经济。东汉以来,城市经济是非常发达的,仲长统说过"船车买贩,周于四方,废居积贮,满于都城"的话①。王符《潜夫论·浮侈篇》对城市生活也有如下的描写:

> 今举俗舍农趋商贾,牛马车舆填塞道路,游手为巧,充盈都邑,务本者少,浮食者众,商邑翼翼,四方是极。今察洛阳,资末业什于农夫,虚伪游手什于末业;天下百郡千县,市邑万数,类皆如此。

这种发达的城市,经黄巾、五胡之乱,便完全破坏。各地的交通道路,因荒乱而断绝。交换经济于是衰退,人口集聚,财富丰积的城市,现在变成空无人居的地方。仲长统说:

> 以及今日,名都空而不居,百里绝而无民者,不可胜数。②

五胡之乱,城市破坏更甚:

> 中夏荡荡,一时横流。百郡千城,曾无完郭者。③

即以洛阳为例,董卓迫汉献帝西迁时,大加焚烧,趋数百万口西行,到献帝又回到洛阳时,洛阳的情形是:

---

① 《昌言·理乱篇》,引自《后汉书》卷四九《仲长统传》。
② 同上。
③ 《晋书》卷五六《孙绰传》。

　　　　天子入洛阳,宫室烧尽,街陌荒芜,百官披荆棘依丘墙
间……饥穷稍甚,尚书郎以下自出樵采,或饥死墙壁间。[①]

　　五胡乱中,洛阳的情形是:

　　　　自刘曜入洛,元帝渡江,官署里间,鞠为茂草。[②]

　　农业固然是同样地遭受破坏,但农业终究还是比较原始的维
持生活的产业,城市的破坏,使愿意维持生活的人,都回到农村里
去。自然经济代替了交换经济,农村代替了城市。

三、封建制度的形成

　　东汉以来,封建的生产关系——农奴制度,大土地所有制——
已在孕育发展。封建贵族前身的大族豪家,以兼并的方式占有了
大土地,自由民向大族依附为部曲、宾客的现象,也已经极普遍而
且显著,仲长统对这种现象有明确的指说:

　　　　豪人之室,连栋数百,膏腴满野,奴婢千群,附徒万计。[③]

　　在前一时代社会的底层,已经这样孕育发展的大族兴起,由于
战乱的发生,更给他们一空前的发展机会。战乱兴起,政府权力破
坏,无力戡乱。各地拥有大土地及许多人口的大族,便起而自保。
这种自卫的组织,史书上称之为"坞"、"壁"、"堡"、"垒",在黄巾之
乱与五胡之乱中,大地主这种自卫的组织于各地普遍的林立存在。

　　荒乱下的自由农民,一部分参加流民集团流移各地,一部分便

---

①　《三国志》卷六《董卓传》。

②　《晋书斠注》卷一四《地理志上》注引华延俊《洛阳记》。

③　《昌言·理乱篇》,引自《后汉书》卷四九《仲长统传》。

投附于大地主的坞壁中以求保护。这种事例,在当时是极普遍的。荒乱中,个人的生存是极没有保障的,只有团体的力量才能保障分子。所以就是流移的人群,也都要有相当的组织。以大族作中心的流移集团,力量是比较强大的,所以不但住居的人要投附大地主坞壁求保护,就是流徙的人,也多是投附大族流徙集团而流徙。

在战乱中,农民流徙逃亡了,土地也荒芜起来。因此一般小自由农都丧失了土地的所有权。这时土地权既不在官,也不在民,有能力有人的就可以占有。结果,土地遂大量地落到大族的手里。聚众自守的大族,固可收取庄坞附近的土地为己有,流徙的大族,到定居的时候,也可以随地占有大量土地,利用投附的农民的劳力从事垦殖经营。

战乱过后,大族这种土地及人口的占有,成为固定的形态。国家虽反对这种制度,但这种制度仍是存在而且发展着。卒之,国家政治经济为这种制度所分解,政权为这种制度所分割。国家也不得不承认这种制度。两晋都有占田荫户规定。国家还常以户口赐给臣下及功臣之后。

北魏拓跋族侵入中原后,使其氏族末期的经济与中原大土地制经济,作成有机的结合,依氏族的习惯,把土地与人民分封给王公大臣。这种情形,和日耳曼人侵入罗马帝国一样,对封建制度发生了同样的作用,使封建制度在黄河流域出现发达的形态。

四、国家的封建化

"大地主以各种便宜吸收了他的佃农,结果国家的土地及中产的农民失去了固有的佃农。群犬争食的吠声亦随之而起,国家亦不得不采取各种方法以强迫小佃农及再租佃农为自己耕地。佃农制也因之而形成了(佃农是指耕种他人的土地的农民而言)。自由的农民变成了农奴。"①

　　这是库斯摄左夫对于四、五世纪罗马帝国国家向封建制度演化过程的说明。这种过程在中国魏晋时期是同样地奏演着的。

　　黄巾、五胡两次荒乱中,因农民逃亡而留下许多荒芜无主的土地。除了大族的占有外,国家是更有权力占作国有。

　　但当时的问题,不在土地,却在农民大量的逃亡与投附大族使国有户口锐减,劳动力大量缺乏。国家虽可大量地收取无主的荒田为国家所有,但却没有农民来耕种。

　　农民不但可以耕田生产,而且还可以做兵。政权的支持,是需要越多越好的军事力量的。因此在地广人稀的情况下,更特别显出了获得人口的重要。

　　国家和其他贵族大族一样,用尽方法来扩大国领户口。对于逃亡流徙的农民,用尽方法使其附籍。战争也是以夺取户口为目的,把战败地方的农民徙入内地耕地。对于已有的户口更是加强其管理与隶属的关系。

　　魏晋时代,都施行屯田制度,田卒一方面要向国家提供兵役,一方面还要向国家缴纳租课。另外还有州郡领兵的制度,以国有土地小块的分给兵户,和屯田田卒一样,收纳租课。《三国志·司马朗传》:

　　──────

　　①　库斯摄左夫:《社会形式发展史》,第 80 页。

（朗）又以为宜复井田。往者以民各有累世之业,难中夺
之,是以至今。今承大乱之后,人民分散,土业无主,皆为公
田。宜及此时复之。议虽未施行,然州郡领兵,朗本意也。

司马朗建议施行井田,而"州郡领兵",却说是他的本意。因此
我们认为这完全近似一种以土地分给农民来征收租课的农奴制
度。军法,田卒是不许离开军营的,那么他也就是不许离开土地。
在这种耕作方式下,农民变成了国家庄园的农奴①。

北魏入主中原后,国家的封建化,更进了一步。它把所占领区
域的土地都看作国家的土地,把农民都看作国家的农奴。除一部
分的土地及农民分封给王公贵族外,把大部分的农民安插在国有
土地上,计口授田,一家分给一小块土地,这就是历史上北朝的均
田制,实则均田就是国家庄园的经营形式。

封建时代的经济重心在农村而不在城市,封建时代的经济基
础,在土地与农民相结合而进行的生产。而且土地与农民的结合,
不但构成封建的财产源泉,还是封建权力的源泉。封建贵族所有
的土地和人口越多,则"缴纳赋税的人和为他服役的人就越多,他
所能维持的武装侍从者也就越多"②。反之,他的土地人民越少,
他的财力便越小,他的权力便也越弱。

封建时代的国家,和封建贵族是一样,其基础是建立在国有土
地与国有农民上。考茨基对封建国家的这种性质,有如下的说明:

国家首领的权力,国王的权力,是薄弱的,正像国家的组

---

① 兹全按:在20世纪30年代我的文章里,常常用"农奴"一词来指称魏晋南北朝
的依附民。这是教条主义作祟。实则,他们最好称为依附民,不要使用"农奴"。
② 考茨基:《乌托邦社会主义之评判》,第31页。

织是松弛的一样,君主政体从国家的本身得不到什么权力。像当时其他的社会力量一样,君主政体是从地产得到它的力量,它的地产越多,农民越多,国内对他忠实的社会(?)越多,他生活的资料也越丰富,他所能使用的人员也越广聚。[①]

国家的这种性质,中国魏晋南北朝时代和西欧中古都是一样的。不过在中国,国家始终占有绝对大量的土地和人民,所以中国的政府总是保持很大的压倒一切的权力和威势。

五、户口分割制度

封建贵族领下的人民,有种种名称的不同,最普通的是"荫附"、"部曲"、"宾客"、"客",此外还有"门生"、"故吏"、"义附"等。大概魏晋和北朝,通常都是称荫附、部曲、宾客、宾,南朝于部曲、宾客、客外,又有门生、故吏、义附等。这些名字在北朝是不大见的。

封建贵族包庇下的农民数量是非常可观的。魏晋时期的记载,我们看到一家大族,常有数千乃至数万家的部曲宾客。

五胡乱华时期,中原贵族虽因蛮族的打击多数向江南流徙,但户口庇护制度在蛮族中也是存在而且发展着的。

北朝初年,因国家政权的强固,封建贵族的势力不甚显著。但由国家大量的赐户给王公来看,封建大族之存在是毫无问题的。到北朝末年,王权衰落,拥有数千家部曲的大族便又见于记载了。

南朝贵族势力更盛,中原人口随大族渡江而南,便即依附大族

---

① 考茨基:《乌托邦社会主义之评判》,第8页。

为部曲为客,不出为国家编户。南朝贵族又有时压倒君主的势力,拥有数千家"部曲"或"客""门生"的大族更是例不仅见的。

封建贵族领下的人口,对国家是一种分割。他们对国家是免除课役的。证如下:

> 魏氏给公卿以下租牛客户,数各有差。自后小人惮役,多乐为之。权贵之门,动有百数。①

> 初表所受赐复人得二百家,在会稽新安县。表简视其人,皆堪好兵,乃上疏陈让,乞以还官,充足精锐。诏曰:"先将军有功于国。国家以此报之,卿何得辞焉?"表称曰:"今除国贼,报父之仇,以人为本,空枉此劲锐,以为僮仆,非表志也。"皆辄料取,以充部伍。所在以闻,权甚嘉之。②

> 方镇去官,皆割精兵器仗以为送故,既力入私门,复资官廩布,兵役既竭,枉服良人。③

> 都下人多为诸王公贵人左右佃客典计衣食客之类,皆无课役。④

> 魏初不立三长,故民多荫附。荫附者皆无官役,豪强征敛,倍于官赋。⑤

北朝在法令上,奴婢也受田输客。部曲、客是否受田,记载不详。不过,部曲对国家像是有课的,所以隋炀帝时曾以府库盈溢,

---

① 《晋书》卷九三《王恂传》。
② 《三国志》卷五五《陈武传附陈表传》。
③ 《晋书》卷七五《范宁传》。
④ 《隋书》卷二四《食货志》。
⑤ 《魏书》卷一一〇《食货志》。

除奴婢、部曲之课①。大概，北朝贵族荫附下的户口，只对国家免役。

　　封建贵族荫附的户口对贵族是有许多封建义务的。第一在身份上他们是半自由的，对贵族有密切的隶属关系。他们虽不同奴婢本身就是贵族的财产，他们有身体的自由，但他们却仍要隶属于主人，而没有脱离的自由。兹举证如下：

　　　　当陛下践祚之始，投刺王官本以非常之庆，使豫蒙荣分，而更充征役，复依旧名，普取出客，从来久远，经涉年载，或死亡灭绝，或自赎得免，或见放遣，或父兄时事，身所不及。有所不得，辄罪本主，百姓哀愤，怨声盈道。②

　　　　自永熙三年七月已来，去年十月以前，东土之民被抄略在化内为奴婢者，及平江陵之后，良人没为奴婢者，并宜放免，所在附籍，一同民伍。若旧主人犹须共居，听留为部曲及客女。③

　　　　奴婢部曲，身系于主。④

　　　　部曲者谓本是贱品，赐姓从良，而未离本主。⑤

　　而且这种隶属关系，是历代的传下去。父兄的"部曲"、"客"可以传给子弟。父兄做人家的部曲、客，子弟仍是部曲、客。他们若想获得自由的身份，须经过"赎"或"放免"的手续。

---

①　《隋书》卷二四《食货志》。
②　《晋书》卷九八《王敦传》。
③　《周书》卷六《武帝纪下》。
④　《唐律疏议》卷一七。
⑤　道宣：《度量轻重仪》卷上。

第二,部曲、客等对贵族主人有种种的服役和课纳。有的要为主人耕地,经营田园。有的便在主人家庭提供服役,或受主人的指挥,做一切产业的经营。最重要,他们还需要跟随主人打仗。

对国家的免除客役,对主人身份上的隶属关系,及对主人的提供徭役,使这些人口完全由国家中分割出来,他们就是贵族的人口,他们与国家的关系是非常薄弱。主人迁徙,他们便跟着迁徙,主人叛国作乱,他们便也跟着叛国作乱。这种情形,我们看了下举几例,更觉清楚了然:

> 时四方大有还民,关中诸将多引为部曲。觊与荀彧书曰:"关中膏腴之地,顷遭荒乱,人民流入荆州者十余万家,闻本土安宁,皆企望思归,而归者无以自业,诸将竞招怀以为部曲,郡县贫弱,不能与争,兵家遂强,一旦变动,必有后忧。"[1]

> 艾言景王曰:"孙权已没,大臣未附,吴名宗大族,皆有部曲,阻兵仗势,足以建命。"[2]

这种人口分割的形式,是遍行南北,并贯通魏晋南北朝,直到隋才慢慢地破坏的。

从这例中,我们可以了解"部曲""客"等贵族人口,和国家是怎样的疏远,而和贵族则是怎样的密切。封建时代,土地与人民是权力的源泉。实际上,贵族和国家是同质的东西,都有自己的土地,有自己的人民。而且各自从土地与人民中产生了自己的权力。只是在中国——主要是北朝——国家始终占有绝大的土地与人民,

---

① 《三国志》卷二一《卫觊传》。
② 《三国志》卷二八《邓艾传》。

所以国家始终保持绝对优越的权力。但在国家政治腐败时，这些封建贵族便乘机而起，率领自己的户口，"托迹勤王，规自署置"，表现自己的权力了。这种权势实在也太不可侮了。

六、国家与贵族之户口争夺与国家的胜利

"封建贵族不单要土地，而且要人民。他的土地人口愈多，则缴纳赋税的人和为他服役的人就愈多，他所能维持的武装侍从者也就愈多。中世纪贵族的企图不是排斥农民，而是使他依附于土地，并且尽量的吸引新的居住者。"①

这是考茨基对西欧中古封建贵族对人口的渴求的说明。

土地与人民的结合，作成封建财产与封建权力的基础，这点我们在前已说明过了。封建贵族与国家为扩大自己的权力，都在渴望扩大自己的土地与人民。因此在贵族与国家之间便形成许多争夺户口的冲突。贵族尽力以自己的特权作引诱，吸收国家逃户，国家便尽力使用优越的强力搜刮贵族下的荫附户口。

南北朝及隋主要的租课制度，是户调之式，唐代是租庸调制。国家把国有土地，以均田的方式平均分配于农民，从而便以户或口作单位，使农民向国家出课役。户调是以户作课征单位的，庸调是以丁作课征单位。户调、租庸调都是物租，租调或租庸调外还有以户或丁作课征单位的力役或兵役。人类劳动者的解放，大概是由"力租"到"物租"的演进的。南北朝力役户调还居对立的地位，其

---

① 考茨基：《乌托邦社会主义批判》。

后力役渐渐也变成"物租",到唐代就成为租庸调中的"庸"了。

以户或丁为课征单位的租调或租庸调的税与役,是以均田制度为前提的。均田制度使土地平均的分配与各农家,而且使土地与农民密切地结合为一个东西。课役虽以户丁作征收单位,而其基础却不单在户丁,也不单在土地,而在土地与农民的密切结合上。固然,在实际上,均田制与租调制有时分离,但两者的历史意义,却有一种不可分离性。

因为课役是以户丁作课征单位,户口便成为重要的东西,尤其在土广人稀的时代,户口更显示了他的重要性。户口是权力财富的源泉。多有一家户口,便多一家人给他服役,多一家人给他纳税。领户越多,权力越大,财力便也越富。

封建贵族与国家都在渴求扩大自己领有的户口。贵族领有的户口对国家是免除课役的,通常国家户口徭役总是比较重的,尤其在战乱的时期,兵役更是一种苦重的负担。同时均田制度并未能完整地施行,一次均过之后,马上便又陷于不均的情景,均的时期是极短,不均的时期是极长而且极普遍的。均田制与租税并未能完全符合。因此在南北朝隋唐有一种普遍现象,就是国家户口为逃避课役,大量地投进贵族庄园之下,由国家农民转为贵族农民。

国家对这种情形是不能熟视无睹的。这种情形总是行之于君主无能国权衰落的时期。一遇到英明能干的君主,整饬政权,第一招便是扩大户口,制止贵族之人口荫附,并且搜括逃亡的人口。在南朝因为贵族始终占有极大的优势,国家君主对贵族无可如何。北朝国家政权始终有压倒贵族的优势,但北朝政权基础在农村——土地与农民——只有农民课役来支持,不像南朝商业发达,政府的基础不全在土地,农村以外,还有城市能支持。所以户口争夺总是多在北朝。

在五胡时期,国家与封建贵族就有几次户口争夺。到了北朝,政府定出许多办法,以制止贵族户口的隐附。魏太和年间以李冲的建议而立三长之制,三长制是:五家立一邻长,五邻立一里长,五里立一党长。三长制的好处是:

> 立三长则课有常准,赋有恒分,包荫之户可出,侥幸之人可止。①

北齐、北周皆注意下层政治组织的严密,且把户口逃亡的责任加在下层政治组织的负责人身上。如北周的刑律:

> 正长隐五户及丁以上,及地顷以上皆死。②

隋继周制,户口不实者,正长配远役。北周武帝及隋文帝皆极力打击贵族,搜括户口。隋朝对于户口的整理尤加重视。实施析籍与貌阅政策,以制止人民的隐匿,《隋书·食货志》:

> 是时山东尚承齐俗,机巧奸伪,避役惰游者十六七。四方疲人,或诈老诈小,规免租赋。高祖令州县大索貌阅,户口不实者,正长远配,而又开相纠之科。大功以下,兼令析籍,各为户头,以防容隐。于是计账进四十四万三千丁,新附一百六十四万一千五百口。

这种政策施行的结果,造成隋朝的强盛。《通典》卷七言:"隋受周禅……至大业二年……有户八百九十万矣。其时承西魏丧

---

① 《魏书》卷五三《李冲传》。
② 《隋书》卷二五《刑法志》。

乱,周齐分据,暴君慢吏,赋重役勤,人不堪命,多依豪室,禁网疏纟
纟,奸伪尤滋。高颖睹流冗之病,建输籍之法。于是定其名,轻其
数,使人知为浮客,被强家收太半之赋,为编甿奉公上,蒙轻减之
征。(原注——高颖设轻税之法,浮客悉自归于编户,隋代之盛实
由于斯。)"

周隋对贵族的打击,真是绝命的打击。自此王权占了绝对胜
利,贵族势力一蹶不振。唐代在法律上虽还保有部曲的明文,但实
际上已没有南北朝"部曲"的内容了。封建意味、与王权相抗、有威
有势的贵族,我们看唐代历史可知其绝迹了。

七、商业资本与专制主义

贵族的衰落及专制主义王权的建立,并非单纯的政治问题,实
在是整个社会经济变化的结果。

城市经济的破坏,是限于北方蛮族侵占下的地带的。江南的
商业始终在继续两汉的情形而发展。北方的城市经济在北朝末期
也慢慢地恢复着。远在魏孝文帝太和十一年,韩麒麟上表就曾说:

> 富贵之家,童妾袨服。工商之族,玉食锦衣。……谷帛罄
> 于府库,宝货盈于市里,衣食遗于室,丽服溢于路。[1]

庄帝时高道穆上表曾说:

> 四民之业,钱货为本。[2]

---

[1] 《魏书》卷六〇《韩麒麟传》。
[2] 《魏书》卷七七《高道穆传》。

这些话所说明的都是商业发达后的现象。这证明那时商业已渐渐恢复。北齐、周、隋城市经济更形发达。齐后主时鬻官敛财，富商大贾多得爬上政治舞台。隋时秦淮水北有大市百余处，小市十余处。富商大贾，周游往来，遍于天下。大业元年曾"徙天下富商大贾数万家于东京"①。供商旅贮积停住的邸店，已成为很盛的产业经营。

唐初经几十年的安定，商业更形澎湃发展。当时水路贸易的盛况，可看崔融的话：

> 且如天下诸津，舟航所聚，旁通巴汉，前指闽越，七泽十薮，三江五湖，控引河洛，兼包淮海，弘舸巨舰，千轴万艘，交贸往还，昧旦永日。②

陆路贸易的发达，可以邸店客舍之盛来表明：

> 定州何名远大富，主关中三驿。每于驿边起店停商，专以袭胡为业，赀财巨万。③

> 东至宋、汴，西至岐州，夹路列店斯待客，酒馔丰溢。每店皆有驴凭客乘，倏忽数十里，谓之驿驴。南诣荆、襄，北至太原、范阳，西至蜀川、凉府，皆有店肆，以供商旅。远适数千里，不持寸刃。④

商业资本的发达，对封建经济尽了极大的分解破坏作用，随着经济上的这种变化，专制主义遂得以成立。

---

① 《隋书》卷三《炀帝纪》。
② 《旧唐书》卷九四《崔融传》。
③ 《朝野佥载》卷三。
④ 《通典》卷七。